智能辅助科研：
深度学习革命

Artificial Intelligence for Science:
A Deep Learning Revolution

〔美〕阿洛克·乔杜里（Alok Choudhary）
〔美〕杰弗里·福克斯（Geoffrey Fox）　编著
〔英〕托尼·海伊（Tony Hey）

张　浩等　译

科学出版社
北　京

图字：01-2024-5202

内 容 简 介

本书系统介绍了人工智能（AI）、机器学习（ML）和深度神经网络技术，这些技术正引领着从超级计算机模拟和现代实验设施产生的数据集中进行科学发现。海量的实验数据来源众多，包括望远镜、卫星、基因测序仪、加速器和电子显微镜，以及位于瑞士日内瓦的欧洲核子研究中心（CERN）大型强子对撞机（LHC）和国际热核聚变实验堆（ITER，总部位于法国）托卡马克装置等国际大型设施。这些来源每年产生从数拍字节（petabytes）到艾字节（exabytes）级别的海量数据。科学家们面临的主要挑战是如何从这些数据中提取科学洞见，而最新的 AI 发展成果对此至关重要。

本书可为科学与工程领域的专业人士、研究人员，以及人工智能、机器学习和神经网络技术方向的从业者与学习者提供参考。书中展现的前沿视野和深刻洞见，不仅适用于跨学科研究者，也将启迪所有关注科技发展的广大读者。

Title: Artificial Intelligence for Science: A Deep Learning Revolution by Alok Choudhary, Geoffrey Fox, Tony Hey, ISBN:978-981-126-566-2

图书在版编目（CIP）数据

智能辅助科研：深度学习革命 / (美) 阿洛克·乔杜里 (Alok Choudhary), (美) 杰弗里·福克斯 (Geoffrey Fox), (英) 托尼·海伊 (Tony Hey) 编著；张浩等译. -- 北京：科学出版社，2025. 9. -- ISBN 978-7-03-081341-1

Ⅰ. G31-39

中国国家版本馆 CIP 数据核字第 2025D9E274 号

责任编辑：冯晓利　吴春花/责任校对：王萌萌
责任印制：师艳茹/封面设计：赫　健

科学出版社 出版
北京东黄城根北街 16 号
邮政编码：100717
http://www.sciencep.com
北京建宏印刷有限公司印刷
科学出版社发行　各地新华书店经销
*
2025 年 9 月第　一　版　开本：787×1092　1/16
2025 年10月第二次印刷　印张：32
字数：756 000

定价：238.00 元

（如有印装质量问题，我社负责调换）

本书翻译委员会

主　　译　张　浩

副 主 译　邱景义　朱振威　祝夏雨

其他翻译人员（按姓氏笔划排序）

丁华清　王　珂　王　嫣　王芳芳

邓子岑　古志超　刘　艳　苏　韵

肖　雄　吴龙涛　周璐佳　赵晨光

郭千黛　曹德富

编著者简介

Alok Choudhary

美国西北大学电子和计算机工程系的讲座教授。1989～1996 年，担任锡拉丘兹大学的教员。数据科学软件公司 4C Insights 的创始人兼董事长。获得了伊利诺伊大学厄巴纳-尚佩恩分校在超级计算和大数据科学领域的博士学位。曾担任美国能源部人工智能顾问委员会秘书。2007～2011 年，美国西北大学电子和计算机工程系教授。获得美国国家自然科学基金青年研究员奖、IEEE 工程基金会奖和 IBM 教员奖。IEEE、国际计算机学会和美国科学促进会院士。获得印度皮拉尼波拉技术与科学研究院颁发的杰出校友奖。发表 450 多篇论文，指导 40 多名学生获得博士学位。

Geoffrey Fox

获剑桥大学理论物理学博士学位，并以优异的成绩获得该大学的数学学士学位。现为美国弗吉尼亚大学生物复杂性研究所和计算机科学系教授。在其职业生涯中，他曾在多个知名机构担任科研人员，包括加州理工学院、锡拉丘兹大学、佛罗里达州立大学和印第安纳大学。此外，他还曾在普林斯顿大学、劳伦斯伯克利实验室和剑桥彼得学院从事博士后研究工作。他指导了 76 名学生攻读博士学位。凭借着在并行计算方面的贡献，于 2019 年获得了高性能并行和分布式计算成就奖和 ACM/IEEE CS Ken Kennedy 贡献奖。美国物理科学院和计算机联盟会士。致力于计算和应用程序之间的跨学科接口研究，其当前的研究重点是智能辅助科研所需的算法和软件系统。

Tony Hey

于 1970 年获得牛津大学理论粒子物理学博士学位。在加州理工学院和欧洲核子研究中心担任博士后研究职位后，他接受了南安普敦大学物理系的终身职位。20 世纪 80 年代，他转到了该校的电子和计算机科学系，并创立了一个并行计算研究小组。该团队设计并构建了早期分布式内存消息传递计算系统之一，并参与了 MPI 消息传递标准的开发。2001 年，Tony Hey 离开南安普敦，出任英国电子科学创新基金负责人。由于他在科学服务领域的突出贡献，于 2005 年获得英国皇室高级勋章。同年，他加入微软研究院，担任副总裁一职，并于 2015 年返回英国。现为卢瑟福·阿普尔顿实验室的首席数据科学家，也是美国科学促进会、美国计算机科学协会和英国皇家工程院的院士。

译 者 序

AI for Science，即智能辅助科研，从 2021 年前后开始越来越频繁地出现在科研工作者的视野中。国际顶级学术期刊之上，人工智能（AI）辅助计算分子、设计药物、挖掘数据逐渐成为常态，国内的科技管理部门也在有识之士的推动下启动了多个重大专项，支撑 AI 在科研领域的应用。在日常工业、科技和生活中，AI 的渗透面更是广得多、深得多，可谓无处不在，在此不再一一列举。

智能辅助科研思想的首次出现，可追溯到 2016 年，就在人们为 AlphaGo 首次战胜人类围棋世界冠军而或欢呼或惊叹之时，科学家已经在尝试将机器学习等 AI 工具用于科学问题的求解。芝加哥大学丰田中心的许锦波教授尝试用深度神经网络预测蛋白质的三维结构，普林斯顿大学的鄂维南和 Roberto Car 团队也开始着手运用机器学习构建原子间相互作用的势函数。

2020 年前后，智能辅助科研正式走入人们的视野。DeepMind 推出的 AlphaFold2 在 CASP14 大赛中轰动世界，深度势能团队的 DeePMD 以“AI+ 物理模型 +HPC”新范式获得高性能计算界的“诺贝尔奖”——戈登 · 贝尔奖。此后 FermiNet、DeePKS、DM21 等优秀开源工具也相继诞生。这些工具与成果的出现，意味着智能辅助科研已经得到真正意义的重视，科学家在很多领域不用再“造轮子”，而是可以直接使用新方法、新工具进行科学研究。

2016～2021 年是智能辅助科研的“概念导入期”：智能辅助科研的概念被初步证明，智能辅助科研思想的潜力被核心圈层认可，但更多处在萌芽阶段。该阶段的主要目标是 AI 在各个科学场景应用的概念落地，主要工作是定义出迫切需要也十分适合使用 AI 来求解的关键科学问题，并实现算法领域从 0 到 1 的突破。2021 年后，智能辅助科研进入大规模基础建设期，我国在 2022 年和 2023 年分别在国家自然科学基金委员会与科学技术部新列了该领域的重点专项。另外，AI 的头部公司开始打造平台和面向工业及大众应用的工作流，吸引科研工作者和社会普通用户使用和贡献数据，进一步推进各自模型的进步，并在材料、生物、环境、制造等领域起到显著的加速研发的作用。这些工作都进一步加速了已经精进的智能辅助科研领域的发展速度。

尽管智能辅助科研领域的国内外科研论文众多，但系统总结进展的著作较少。2023 年 4 月，该领域的三位计算机和数据科学家出版了 *Artificial Intelligence for Science: A Deep Learning Revolution*。

智能辅助科研是一个快速发展的新兴领域，新概念与新方法不断涌现，部分术语尚无统一或确切的中文译法。此外，本书作为一部涵盖数学、物理、化学、材料、农学、医学等多个学科成果的综合性文集，各章节由不同领域的专家撰写，写作风格与表述深度存在一定差异。

针对新兴概念与创新性表述，译者力求忠实原文，尽可能还原作者的原意与思想。书中若有翻译疏漏或内容不足之处，恳请广大读者不吝指正，以利后续改进。

译　者
2025 年 7 月于北京

目　录

译者序

第一部分　智能辅助科研简介

1

第 1 章　人工智能辅助科研 / 3

1.1　科学发现简史 / 3
1.2　人工智能、机器学习和深度神经网络 / 4
1.3　人工智能与现代科学发现 / 5
1.4　本书介绍 / 6
1.5　总结 / 7
参考文献 / 8

第 2 章　本书概要 / 9

2.1　概述 / 9
2.2　基本方法与内涵：第 3～10 章 / 10
2.3　探索应用领域：第 11～26 章 / 11
2.4　智能辅助科研生态圈：第 27～33 章 / 14
2.5　智能辅助科研前景：第 34～38 章 / 16
2.6　结语：AI 工具与概念：第 39 章和第 40 章 / 17

第二部分　基本方法与内涵

2

第 3 章　人工智能时代的数据驱动科学：从模式到实践 / 21

3.1　引言 / 21
3.2　发现收敛的模式 / 22
3.3　将模式转化为正式过程 / 25

3.4 大型数据集的可扩展性和可计算性的设计原则 / 26
3.5 规模经济——从 SkyServer 到 SciServer / 27
3.6 开放科学和大型开放数据集 / 29
3.7 长期高价值数据集 / 30
3.8 未来发展趋势与展望 / 34
致谢 / 35
参考文献 / 35

第 4 章 数据科学大背景下的人工智能 / 37

4.1 引言 / 37
4.2 美国视角下的数据科学简史 / 38
4.3 数据科学的“4+1”模型 / 39
4.4 “4+1”模型视角下的人工智能 / 41
4.5 可理解的 AI / 43
4.6 结论 / 43
参考文献 / 44

第 5 章 AlphaFold——蛋白质折叠问题的终结还是更伟大事物的开端 / 46

5.1 引言 / 46
5.2 背景 / 47
5.3 结果 / 48
5.4 DeepMind 是如何赢得 CASP 的 / 50
5.5 AlphaFold 蛋白结构数据库 / 51
5.6 AlphaFold 真的解决了蛋白质折叠问题吗 / 51
5.7 对实验结构生物学家的影响 / 53
参考文献 / 54

第 6 章 人工智能在天文学中的应用 / 55

6.1 引言 / 55
6.2 早期应用：数字巡天 / 56
6.3 挑战日益增加：时域天文学 / 56
6.4 应用日益广泛 / 58
6.5 小结和展望 / 59
参考文献 / 59

目　录

第 7 章　基于机器学习的复杂仪器设计与优化 / 63

7.1　引言 / 63

7.2　机器学习的挑战和要求 / 65

7.3　优化仪器操作性能 / 66

7.4　仪器设计优化 / 72

7.5　结论 / 74

参考文献 / 74

第 8 章　实验设备中的人工智能和机器学习 / 77

8.1　实验设备的快速发展 / 77

8.2　什么是“人工智能”/ 79

8.3　将 AI/ML 应用于实验科学所面临的挑战 / 80

8.4　案例研究 / 81

8.5　AI/ML 在实验和计算中的未来机遇 / 90

8.6　AI/ML 用于发现和理解科学全局 / 92

参考文献 / 93

第 9 章　第一台艾次超级计算机：加速人工智能辅助科研及在更多领域的应用 / 95

9.1　Fugaku：驱动智能辅助科研的尖端 CPU 型超级计算机 / 95

9.2　智能辅助科研的应用——案例研究 / 98

9.3　智能辅助科研的架构——过去、现在和未来 / 102

参考文献 / 103

第 10 章　人工智能辅助科研的基准测试 / 106

10.1　引言 / 106

10.2　人工智能在科学研究中的作用 / 108

10.3　方法和优点 / 112

10.4　未来发展方向 / 114

致谢 / 114

参考文献 / 115

第三部分　探索应用领域

3

天文学与宇宙学

第 11 章　射电天文学与平方千米阵列 / 119
11.1　现代射电天文学与平方千米阵列 / 119
11.2　SKA 的大数据挑战：为什么需要人工智能 / 121
11.3　用于射电天文学图像分析的人工智能 / 122
11.4　射电天文学时间域分析中的人工智能 / 124
11.5　SKA 的 AI 挑战 / 126
参考文献 / 127

第 12 章　天文学中的人工智能：机器学习的崛起 / 131
12.1　引言 / 131
12.2　机器学习在天文学中的崛起 / 132
12.3　开放数据与开放科学 / 133
12.4　开放框架的出现与机器学习的民主化 / 134
12.5　流数据环境下机器学习面临的挑战 / 134
12.6　物理驱动的机器学习方法 / 136
12.7　机器学习的可扩展性 / 137
12.8　科学中的培训与软件工程 / 138
12.9　未来的机遇与挑战 / 139
参考文献 / 139

气候变化

第 13 章　人工智能辅助净零排放 / 141
13.1　引言 / 141
13.2　人工智能在净零排放中的应用 / 142
13.3　面向人工智能的净零排放 / 150
13.4　结论与未来展望 / 151
参考文献 / 152

第 14 章　人工智能在气候科学中的应用 / 155
14.1　引言 / 155
14.2　气候建模 / 155
14.3　气候模型数据分析 / 159

14.4　人工智能在气候科学中的地球观测 / 161
14.5　人工智能/机器学习将如何改变气候科学 / 164
参考文献 / 166

能源

第 15 章　应用人工智能加速聚变能源研究 / 171

15.1　引言 / 171
15.2　核聚变反应堆在运行和控制中的挑战 / 172
15.3　仿真的加速和验证 / 174
15.4　设计优化 / 177
15.5　AI 与聚变的未来 / 177
参考文献 / 177

第 16 章　人工智能为灵活弹性电网赋能 / 180

16.1　引言 / 180
16.2　电网运行虚拟化 / 181
16.3　人机协作以实现高效的电网运营 / 183
16.4　分布式能源资源促进高效的电网服务 / 185
16.5　本章小结 / 187
参考文献 / 187

环境科学

第 17 章　人工智能和机器学习在从太空观测地球中的应用 / 190

17.1　引言 / 190
17.2　遥感中的人工智能和机器学习 / 190
17.3　观测目标 / 191
17.4　辐射转移、人工智能和机器学习 / 192
17.5　机器学习在解释遥感图像中的应用实例 / 195
17.6　结束语 / 196
参考文献 / 196

第 18 章　植物和农业研究中的人工智能 / 200

18.1　引言 / 200
18.2　前景和预期 / 200
18.3　生物学挑战 / 201
18.4　治理挑战 / 202

18.5 数据挑战 / 203
18.6 结论：AI 成为农业发展的促进平台 / 205
18.7 资助说明 / 206
参考文献 / 206

健康

第 19 章 人工智能和病理学：指导治疗和预测结果 / 209
19.1 引言 / 209
19.2 数字病理学：简要背景 / 209
19.3 组织病理学数字化中人工智能的应用 / 210
19.4 总结 / 216
参考文献 / 218
第 20 章 人工智能在流行病学建模中的作用 / 221
20.1 引言 / 221
20.2 建模方法 / 222
20.3 应用 / 224
20.4 决策支持工具 / 230
20.5 讨论和总结 / 232
参考文献 / 233

生命科学

第 21 章 大人工智能：大数据与大理论融合下的虚拟人构建 / 237
21.1 引言 / 237
21.2 狭义的人工智能：传统人工智能 / 238
21.3 人工智能能走多远 / 239
21.4 传统人工智能的问题 / 240
21.5 大人工智能的崛起 / 240
21.6 应对混乱 / 242
21.7 药物发现中的大人工智能 / 242
21.8 大人工智能应用于虚拟人类 / 243
21.9 大人工智能的未来 / 245
参考文献 / 246

生命科学

第 22 章　定义生命科学领域中机器学习标准的路线图 / 249

22.1　引言 / 249
22.2　挑战 / 250
22.3　新兴解决方案 / 251
22.4　机会 / 254
22.5　结论 / 255
参考文献 / 255

材料科学与工程

第 23 章　人工智能辅助材料科学研究 / 257

23.1　引言 / 257
23.2　人工智能使构建材料模型成为可能 / 258
23.3　应用程序模式 / 260
23.4　自主科学 / 261
23.5　挑战 / 262
23.6　结论与展望 / 264
参考文献 / 265

第 24 章　人工智能加速材料发现 / 268

24.1　引言 / 268
24.2　人工智能如何推进材料科学和工程领域的发展 / 269
24.3　人工智能辅助材料研发：挑战与机遇 / 271
24.4　人工智能辅助材料研发：解释性应用 / 272
24.5　人工智能辅助材料研发：前景和更加广泛的影响 / 274
24.6　总结 / 274
参考文献 / 274

粒子物理学

第 25 章　人工智能与实验粒子物理学 / 277

25.1　引言 / 277
25.2　粒子水平推断 / 278
25.3　事件水平推断 / 280
25.4　实验水平推断 / 282
25.5　模拟 / 285
25.6　结论 / 286
参考文献 / 286

粒子物理学

第 26 章 人工智能与理论粒子物理学 / 290

26.1 引言 / 290
26.2 代理模型：大海捞针 / 290
26.3 ML 模型作为拟合函数 / 293
26.4 使用 ML 进行多维积分 / 293
26.5 LQCD / 294
26.6 用于高效生成规范构型的 ML 方法：应用于格点规范理论 / 295
26.7 对比两种黑盒子：LQCD 与 ML / 296
26.8 ML 预测平均值的偏差纠正的通用方法 / 298
26.9 物理感知 ML 模型的例子 / 299
26.10 无监督 ML 方法 / 300
26.11 探索可能理论的空间 / 300
26.12 从深度神经网络解读额外维度 / 302
26.13 结论 / 302
参考文献 / 303

第四部分 智能辅助科研生态圈

4

第 27 章 Schema.org 在科学研究数据中的应用 / 309
27.1 引言 / 309
27.2 使用 Schema.org 增强 Web 搜索 / 310
27.3 数据集搜索：专用搜索门户 / 312
27.4 Bioschemas（生物数据库）：生命科学的 Schema.org / 313
27.5 使用生物化学方案的应用程序 / 315
27.6 结论与未来研究方向 / 318
参考文献 / 319

第 28 章 人工智能耦合高性能计算工作流 / 321

28.1 引言 / 321
28.2 无处不在的学习范式 / 321
28.3 “处处学习”范式示例 / 323
28.4 机器学习和科学计算流应用 / 327

28.5　讨论 / 329
参考文献 / 330

第 29 章　人工智能用于科学可视化 / 334

29.1　引言 / 334
29.2　具体的挑战 / 335
29.3　科学可视化与人工智能 / 336
29.4　DNN 应用案例：可视化替代模型 / 339
参考文献 / 341

第 30 章　科学领域人工智能中的不确定性量化 / 346

30.1　引言 / 346
30.2　深度学习中的不确定性量化综述 / 347
30.3　去伪存真 / 353
30.4　结语 / 355
参考文献 / 356

第 31 章　面向下一代全球网络集成系统与测试平台的人工智能 / 358

31.1　引言 / 358
31.2　AI 带来的创新 / 359
31.3　开放研究面临的挑战 / 361
31.4　真实网络的统计数据：美国能源科学网络（ESnet）/ 363
31.5　背景：当前和新兴的网络技术 / 363
31.6　广域网流量预测案例研究　/ 366
31.7　迈向构建自动驾驶网络 / 376
31.8　展望与下一步计划 / 378
31.9　结论 / 378
参考文献 / 379

第 32 章　人工智能在最优实验设计与决策中的应用 / 382

32.1　引言 / 382
32.2　贝叶斯定律 / 383
32.3　先验构建 / 384
32.4　在不确定性下的决策制定 / 386

32.5 最优实验设计 / 387
32.6 结论：从精炼概率到扩大可能性 / 389
参考文献 / 390

第 33 章 FAIR：让数据为人工智能使用做好准备 / 393

33.1 FAIR 原则：数据科学的先决条件 / 393
33.2 机器可读的元数据的重要性 / 394
33.3 FAIR 评估体系：进展如何 / 397
33.4 工业中的 FAIR 数据策略 / 398
33.5 前瞻 / 400
参考文献 / 400

第五部分 智能辅助科研前景

5

第 34 章 科学大型语言模型 / 405

34.1 引言 / 405
34.2 从自然语言到科学语言 / 412
34.3 机遇和未解决的问题 / 414
34.4 结论 / 417
参考文献 / 417

第 35 章 自动驾驶汽车领域的人工智能 / 424

35.1 引言 / 424
35.2 传感器 / 424
35.3 视听系统架构 / 425
35.4 感知 / 426
35.5 总结 / 427
参考文献 / 428

第 36 章 自动化人工智能驱动科学发现未来 / 430

36.1 引言 / 430
36.2 人工智能主导的科研自动化 / 431
36.3 关键里程碑 / 432

36.4 人工智能引领科学发现的未来 / 434
36.5 人工智能辅助科研的评级 / 435
36.6 结论 / 436
参考文献 / 437

第 37 章 科学智能系统中的反思能力 / 439

37.1 引言：80 年来的人工智能辅助科研 / 439
37.2 人工智能对科学的重要性 / 440
37.3 科研导向的通用智能能力体系：深思型人工智能 / 441
37.4 人工智能科学系统的具体能力：核心能力 / 442
37.5 科学智能系统中的反思能力 / 443
37.6 结论 / 446
参考文献 / 446

第 38 章 机器学习与因果推理的接口 / 448

38.1 引言 / 448
38.2 解释深度神经网络的预测 / 448
38.3 利用连续处理推断非线性因果关系 / 453
38.4 结论 / 456
参考文献 / 457

第六部分 结语：AI 工具与概念

6

第 39 章 深度学习与机器学习概述 / 463

39.1 引言 / 463
39.2 经典人工智能/机器学习 / 464
39.3 深度学习组件 / 465
39.4 深度学习网络 / 468
参考文献 / 473

第 40 章 各章讨论的主题、概念和人工智能方法 / 475

第一部分

智能辅助科研简介

第1章 人工智能辅助科研

Alok Choudhary，西北大学电子和计算机工程系，美国伊利诺伊州埃文斯顿市。E-mail：a-choudhary@northwestern.edu

Geoffrey Fox，弗吉尼亚大学生物复杂性研究所和计算机科学系，美国弗吉尼亚州夏洛茨维尔市。E-mail：vxj6mb@virginia.edu

Tony Hey，英国科技设备委员会卢瑟福·阿普尔顿实验室，英国迪德科特镇。E-mail：tony.hey@stfc.ac.uk

1.1 科学发现简史

“第四范式”由图灵奖得主吉姆·格雷（Jim Gray）首次提出，用来描述面向未来的数据密集型科学探索[1]。1000多年来，科学仅仅是基于观察得来的经验。1687年，艾萨克·牛顿（Isaac Newton）的《自然哲学的数学原理》一书出版，其理论建立在开普勒（Kepler）和伽利略（Galileo）的科学发现之上[2]。该书中提出了三大运动定律。这三大定律既定义了经典力学，又为他的引力理论奠定了基础。这些工作奠定了通过理论来解释科学现象的范式，即科学探索的第二范式。约200年后，牛顿力学定律被麦克斯韦（Maxwell）用于统一电磁学方程[3]，后又在20世纪初，被用于发展量子力学领域中的薛定谔（Schrödinger）方程[4]。在过去的几百年里，实验观察和理论计算这两种范式一直是科学探索和发现的基础。

吉姆·格雷是美国国家科学院计算机科学与电信委员会的成员，该委员会发布了一项关于未来计算机发展的研究报告。该委员会提出，计算科学是科学探索的第三范式。吉姆·格雷说：

“随着理论模型在解决众多复杂问题时难以直接分析求解，人们不得不逐渐转向对这些模型进行仿真模拟。这一转变在过去的数千年间引领了科学探索的后半程。当前，模拟实验已经积累了海量数据。与此同时，实验科学的数据规模也大幅增加。实际上，现今的研究人员已不再单纯依赖远程观测，而是通过传输至数据中心的各类先进仪器设备得到的研究数据来‘观察’，并通过计算机进一步解析和研究这些信息。”

吉姆·格雷得出结论，科学研究的情况已经发生了变化[1]：

“新的研究模式的运作机制在于，数据在被软件进行处理之前，先由精密仪器测试得到或通过模拟生成，并将产生的信息和知识存储在计算机中。在这个过程中，科学家往往只能在相当后期的阶段对这些数据进行审查分析。这种高度依赖于数据的新科学范式，其技术方法与传统计算科学截然不同，因此，值得将数据密集型科学从计算科学中区分出来，作为科学探索的全新‘第四范式’。”

1.2 人工智能、机器学习和深度神经网络

计算机诞生后不久，这一领域的早期先驱之一艾伦·图灵（Alan Turing）就提出了关于“机器智能”概念的想法。1950 年，在其题为《计算机器与智能》的论文中，他以独到且闻名遐迩的方式探讨了“机器是否能够思考”这一问题[5]。然而，另一位计算机领域的开拓者约翰·麦卡锡（John McCarthy）在 1956 年的研讨会上首次提出了“人工智能”这一术语。约翰·麦卡锡不仅率先在麻省理工学院创立了人工智能研究实验室，随后又在斯坦福大学建立了类似的研究机构。他进一步将人工智能定义为：

“一种制造智能机器尤其是编写智能程序的科学和工程。”

拉塞尔（Russell）和诺威格（Norvig）在他们最近的人工智能教科书[6]中介绍了“弱人工智能”和“强人工智能”这两个概念：

“哲学家将形式上表现得具备智能特征的机器称为弱人工智能，而将真实能够思考的机器（不仅仅是模拟思考）称为强人工智能。”

在将人工智能应用于科学的过程中，我们不会关心两者之间的区别，并默认为通常应用的都是弱人工智能。机器学习（ML）可以被视为人工智能的一个子领域。在乔丹（Jordan）和米歇尔（Mitchell）最近的综述[7]中，他们将机器学习定义为：

“机器学习解决了如何通过经验让计算机自动改进算法的问题。它是当今发展最快的技术领域之一，是计算机科学和统计学的交叉前沿，也是人工智能和数据科学的核心与前沿。机器学习的进步主要是由两个因素推动，一个是新学习算法和理论的发展，另一个是可用在线数据的增多和计算成本的降低。”

作为人工智能的最新领域，深度神经网络（图 1.1）是人工神经网络的机器学习方法的分支[8]：

“人工神经网络是基于一组被称为人工神经元的连接单元或节点的集合，这些单元或节点对生物大脑中的神经元的功能进行模拟。每一个连接，就像大脑的突触一样，可以将信号传递给其他神经元。接收信号的人工神经元会处理信号，并向连接到信号的神经元发出信号。连接处的‘信号’是一个实数，每个神经元的输出是通过其输入之和的一些非线性函数来计算的，这些连接称为边缘。而神经元和边缘的权重通常会随着学习的进行而调整。”

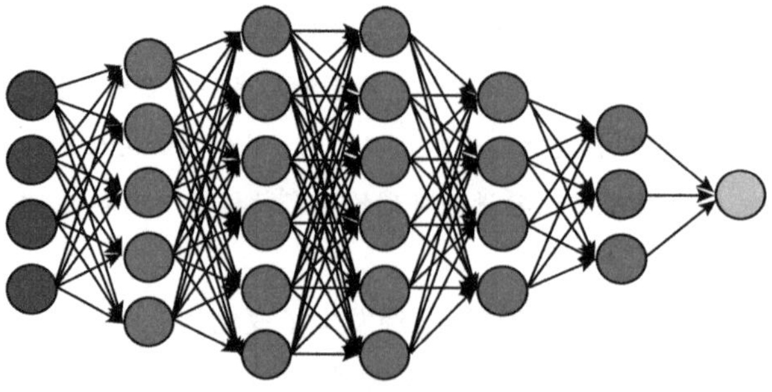

图 1.1 深度神经网络示意图

输入层使用来自大型数据集的数据实例。而隐藏层则用来共同学习函数和模型，这些函数和模型反过来用于预测感兴趣的输出变量（或多个变量）。输出变量可以是一个分类变量（如图像内容或股票价值等数字）。这只是神经网络中的一种，而一些深度神经网络可能有超过 100 个隐藏层。

这些网络中的人工神经元被排列在从输入层到输出层中的每一层中，不同层中的神经元之间存在连接。深度神经网络只是这种网络的一种，而且在输入层和输出层之间还含有大量隐藏的中间层。当人工智能领域尤其是人工神经网络的倡导者杰弗里·欣顿（Geoffrey Hinton）领导的团队在 2012 年赢得 ImageNet 图像识别挑战赛时，深度学习网络开始崭露头角[9]。他们最初的竞争对手开发的 AlexNet 是一个由 8 个隐藏层组成的深度学习网络，其训练过程主要依赖图形处理器（GPU）进行计算。2015 年，微软研究团队使用了一个深度神经网络，该网络使用 GPU 集群训练了 150 多个层，从而实现了与人类错误率相当的机器识图技术[10]。

深度学习网络现在是 IT 行业的一项关键技术，并广泛被用于各种重要的商业应用，如图像分类、面部识别、手写转录、机器翻译、语音识别、文本到语音转换、自动驾驶和定向广告。最近，谷歌的英国子公司 DeepMind 利用深度神经网络开发了优秀的围棋软件 AlphaGo 及其衍生产品。然而，人工智能辅助科研更典型的成果是 DeepMind 的 AlphaFold 蛋白质折叠预测系统[11]。他们最新版本的 AlphaFold 令人吃惊地实现了计算机辅助合成规划（CASP）蛋白质折叠[12]。诺贝尔奖获得者 Venki Ramakrishnan 曾说过：

“这项计算工作展现了人工智能在计算方面惊人的进步，代表了解决蛋白质折叠问题取得了重大进展。蛋白质折叠问题是生物学中一个 50 年来的重大挑战，许多人在几十年前就已经预测和关注到这个问题。令人兴奋的是，这个问题的解决将从根本上改变生物学研究的许多方面。”[13]

1.3 人工智能与现代科学发现

如前所述，现代常用的四种科研范式是：①经验科学；②理论科学模型；③计算科学（模拟仿真）；④（大）数据驱动科学。图 1.2 展示了这四种范式。

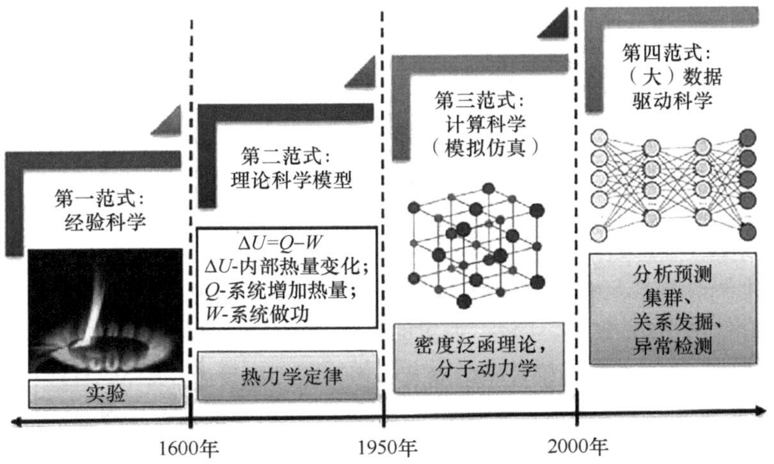

图 1.2 科学发现的四种现有范式

每种范式都有其局限性。实验的进展速度非常缓慢，很难大规模进行，甚至有些条件根本无法完成。此外，一些大型仪器，如大型强子对撞机（LHC）或平方千米阵列（SKA）射电望远镜，其建造和维护成本非常高。每个实验的数据结果通常在各自实验装置中独立分析，因此获得新知识的潜在途径仅限于分析单个实验的输出和输入参数。然而，人工智能技术不仅可以应用于单种实验的单个实例，还可以应用于分析许多此类实验的综合信息，并有助于产生新的科学发现和见解。

原理驱动的范式也有其局限性：首先，需要简化假设以创建模型；其次，模型中的复杂方程组时常无法得到分析解。在实践中，计算机模拟可以在一定程度上解决以上两个难题。事实证明，模拟气候科学、分子动力学、材料科学和天体物理学等各种不同研究领域的计算机模拟都非常成功。使用超级计算机可有效增强建模计算能力。超级计算机的计算能力现已接近艾级水平（相当于每秒 10^{18} 次浮点计算）①。然而，即使是这样的超级计算机模拟也会在几个方面受到限制。首先，超级计算机价格昂贵，因此全世界目前只有少数此类超算，模拟本身还会受到所模拟数学模型和数据格式的限制。其次，一次模拟仅代表具有一组特定初始条件和约束问题的一个实例。最后，一些模拟可能需要几天或几周才能完成，这就限制了可计算的模拟数量，进而限制了对大参数空间的探索。

此类基于超级计算机模拟受限的一个例子是气候模拟。对气候的模拟是人类面临的一个紧迫问题。美国国家大气研究中心（NCAR）是美国国家科学基金会（NSF）新成立的人工智能与物理学习地球中心（LEAP）的成员之一。NCAR 科学家大卫·劳伦斯（David Lawrence）这样说道[14]：

“LEAP 对于一个多学科团队来说是一个巨大的机会，可以去探索通过使用机器学习来改进复杂地球模型的可操作性，而这一切都是为了社会的长远利益。”

LEAP 将聚焦使用机器学习技术来改进 NCAR 的地球系统模型（CESM）。CESM 由一系列复杂的基础模型组成，可以模拟大气、海洋、陆地、海冰和冰盖过程的相互作用。然而，CESM 的能力有限，无法整合一些难以模拟的重要物理过程。例如，云的形成和演化就发生在一个十分精细的尺度上，模型无法对此进行表达。另外，地面上的生态过程也过于复杂，无法在模拟中体现。为了将这些重要物理过程的近似值纳入 CESM，气候科学家创建了参数化的描述方法。LEAP 的一个主要目标是通过使用机器学习技术整合大量地球系统观测数据和目前可用的高分辨率模型模拟数据中学到的知识来改进这些近似值。

1.4 本书介绍

本书讲述了如何将人工智能、机器学习和深度学习技术应用于由超级计算机模拟或者现代实验设施产生的海量科学数据集。如今，海量的科学数据来自卫星、基因测序仪、大功率望远镜、X 射线同步加速器、中子源、电子显微镜以及许多大型国际设施［如位于日内瓦的欧洲核子研究中心（CERN）的大型强子对撞机以及位于汉堡的德国电子加速器装置研究机构（DESY）的

① 译者注：截至目前，中国已有多台艾级超级计算机投入运行。

欧洲 X 射线自由电子激光器（European XFEL）]。这些数据源自每年产生数百亿字节的数据，并且这些设施的改进预计至少产生超过现在一个数量级的数据。对科学家来说，如何从这些不断增加的数据中提取有意义的科学见解将是一项重大挑战。因此，科学领域中的“大数据”是人工智能辅助科研的前提，也为应用新型人工智能技术提供了一个令人兴奋的机会，这可能将会彻底改变许多科学领域。

目前，在国际上有许多关于应用人工智能技术来管理和分析日益庞大且复杂的数据集的倡议。在美国，美国国家科学基金会已经建立了 18 个国家级人工智能研究所，其合作伙伴覆盖了 40 个州 [15]。此外，美国能源部（DOE）也为美国国家实验室的大型设施和超级计算机提供资金。2019 年，美国能源部实验室组织了一系列大型会议，吸引了数百名科学家、计算机科学家，以及来自工业界、学术界和政府的参与者。该会议旨在研究利用人工智能技术加速或转变其职责范围内相关科学领域研究的机会 [16]。这次会议的目标是

“研究未来十年人工智能、大数据和高性能计算领域的科学机遇，且为抓住这些机遇构思相关重大发展思路、研讨可能面临的重大挑战以及具体实现措施”。

这次会议使用了“人工智能辅助科研”这一术语来广泛代表计算和数据分析领域的下一代方法和科学机遇。人工智能辅助科研包括开发和应用人工智能方法，如机器学习、深度学习、统计方法、数据分析和自动控制。利用数据建立模型，并单独使用这些模型或者结合模拟数据使用这些模型来推进科学研究。会议得出结论，在未来十年，人工智能方法在科学领域的应用有可能会给许多科学研究领域带来重大变革。总之，会议认为人工智能技术可以：

（1）加速新材料的设计、发现和评估；

（2）推进新硬件和软件系统、仪器和仿真数据流的发展；

（3）通过高带宽仪器数据流揭示新科学和理论；

（4）通过在控制和分析循环中加入推理能力来改进实验；

（5）实现从光源、加速器到仪器探测器和高性能计算数据中心等复杂系统的设计、评估、自主运行和优化；

（6）推动自动驾驶实验室和科学工作流程的发展；

（7）利用人工智能代理模型，大幅提高 E 级超级计算机和未来超级计算机的能力；

（8）自动化大规模创建“FAIR”数据——可发现的、可访问的、可互操作的和可重用的数据。

在英国，位于伦敦的艾伦 · 图灵研究所是英国国家数据科学和人工智能研究所 [17]，该所的“人工智能辅助科研与政府”项目与位于哈威尔地区的英国国家实验室合作，目的是对人工智能辅助科研领域的相关重大工作进行研究 [18]。

1.5　总结

本书充分讨论了人工智能技术在多个科学领域实现重大推进作用的潜能。各章节均由各领域顶尖科学家撰写，他们权威地论述了人工智能技术在其专业领域所面临的挑战和发展前景。

参考文献

[1] J. Gray (2009). Jim Gray on eScience: A transformed scientific method. In T. Hey, S. Tansley, and K. Tolle (eds.), The Fourth Paradigm: Data Intensive Scientific Discovery. Redmond: Microsoft Research.

[2] I. Newton (1687). Mathematical principles of natural philosophy. https://en.wikipedia.org/wiki/Philosophi%C3%A6_Naturalis_Principia_Mathematic a (accessed June 2022).

[3] J. C. Maxwell (1865). A dynamical theory of the electromagnetic field. Philosophical Transactions of the Royal Society of London, 155, 459–512.

[4] E. Schrödinger (1926). An undulatory theory of the mechanics of atoms and molecules. Physical Review, 28(6), 1049–1070.

[5] A. Turing (1950). Computing machinery and intelligence. Mind, 49, 433–460.

[6] S. Russell and P. Norvig (2020). Artificial Intelligence: A Modern Approach, 4th edn. Pearson Education Limited, New York.

[7] M. I. Jordan and T. M. Mitchell (2015). Machine learning: Trends, perspectives and prospects. Science, 349, 255–260.

[8] Artificial Neural Network. https://en.wikipedia.org/wiki/Artificial_neural_network (accessed June 2022).

[9] A. Krizhevsky, I. Sutskever, and G. E. Hinton (2012). Imagenet classification with deep convolutional neural networks. Advances in Neural Information Processing Systems, 25, 1097–1105.

[10] K. He, X. Zhang, S. Ren et al. (2016). Deep residual learning for image recognition. In Proceedings of the IEEE Conference on Computer Vision and Pattern Recognition, 27–30 June 2016, Las Vegas, NV, USA, pp. 770–778.

[11] A. W. Senior, R. Evans, J. Jumper et al. (2020). Improved protein structure prediction using potentials from deep learning. Nature, 577, 706–710.

[12] J. Jumper, R. Evans, A. Pritzel et al. (2021). Highly accurate protein structure prediction with AlphaFold. Nature, 596, 583–589.

[13] D. Rice (2020). Stunning advance on 'protein folding': A 50-year-old science problem solved and that could mean big things. Protein folding discovery a major breakthrough from DeepMind (usatoday.com) (accessed June 2022). 3 December 2020, https://www.usatoday.com/story/news/nation/2020/12/03/protein-folding-discovery-major-breakthrough-deepmind/3809693001/.

[14] L. Snyder (2021). NCAR will collaborate on new initiative to integrate AI with climate modeling | NCAR & UCAR News (news.ucar.edu) (accessed June 2022). 10 September 2021, https://news.ucar.edu/132809/ncar-willcollaborate-new-initiative-integrate-ai-climate-modeling.

[15] NSF AI Map (accessed June 2022).

[16] AI for science report | Argonne National Laboratory (anl.gov) (accessed June 2022).

[17] Home | The Alan Turing Institute (accessed June 2022).

[18] SCD Scientific Machine Learning (stfc.ac.uk) (accessed June 2022).

第2章 本书概要

Alok Choudhary，西北大学电子和计算机工程系，美国伊利诺伊州埃文斯顿市。E-mail：a-choudhary@northwestern.edu

Geoffrey Fox，弗吉尼亚大学生物复杂性研究所和计算机科学系，美国弗吉尼亚州夏洛茨维尔市。E-mail：vxj6mb@virginia.edu

Tony Hey，英国国家科研与创新署卢瑟福实验室，英国迪德科特镇。E-mail：tony.hey@stfc.ac.uk

2.1 概述

本书分为6个部分。

第一部分，“智能辅助科研简介”包含两章（第1章和第2章），内容涉及科学领域的人工智能基本理念和现状。

第二部分，“基本方法与内涵”中包含8章（第3～10章），提供了各个领域的典型示例，为展开讨论奠定了背景。这些章节涵盖了大数据与数据科学的推动作用，以及AlphaFold在人工智能辅助预测蛋白质结构方面的成功案例。随后是观测科学的相关内容，分别涉及天文学、引力波探测和加速器。第9章描述了多个在首台每秒1艾次（10^{18}次）超级计算机上进行的智能辅助科研的开创性研究。最后，讲述了基准测试在推进跨学科科学发现与人工智能发展中的作用。

第三部分，“探索应用领域”，是本书的核心内容，包含第11～26章，每两章内容组成一个领域，共8个领域，讨论了人工智能在科学与工程领域的研究应用。这八个领域按照英文首字母顺序排列，分别是天文学与宇宙学；气候科学与气候变化；涵盖聚变能和电力网格的能源领域；环境科学与遥感农业；健康学、病理学和流行病学；生命科学与利用虚拟人体研究药物，以及人工智能标准的作用；材料科学与工程，包括代理模型仿真的应用；粒子物理学，描述人工智能在实验分析和理论理解两方面的应用。

第四部分，“智能辅助科研生态圈”，包含第27～33章，阐述了促进科学领域中人工智能应用的基础架构。首先讨论了构建大数据库及其分析所需的各种本体论和模式的发展。第33章描述了FAIR（findable, accessible, interoperable, reusable，即可查找、可访问、可互相操作、可重复利用）数据的重要性及其实现方式。这部分介绍了支撑现代科学领域复杂工作流程的网络基础设施和中间组件，展示了人工智能是如何提升科学可视化的，以及人工智能的影响。多个章节强调了不确定性量化的必要性，因为来自人工智能的结果可能非常不透明，也阐述了当前能够解决此问题的方法。许多科学进步需要国家间数据的共享，在这方面，人工智能能够帮助控制连接各类数据的网络。科学建立在实验之上，第 32 章介绍了设计最优实验和决策的人工智能方法。

第五部分，“智能辅助科研前景”，包含第 34～38 章，描述了一些面向未来具有广泛影响力的理念。第 34 章讲述了自然语言处理（NLP）的进步如何引领科学推理领域的革命。第 35 章则突出了工业领域的进步，这些进步是基于图像处理、自主决策、自动控制等众多科学领域的进步而实现的。第 36～38 章讨论了未来通用人工智能的发展趋势，以及可能带来的深层次问题，这些问题的解答有望突破智能辅助科研目前只能协助寻找规律的状况，实现发现定理、自主思考设计。

第六部分“结语：AI 工具与概念”包含第 39 章和第 40 章。第 39 章是 AI 方法的简明手册，第 40 章则回顾了书中各章节讨论的各种主题、概念和方法。

下面介绍第 3～40 章的具体信息。

2.2　基本方法与内涵：第 3～10 章

第 3 章和第 4 章描述了对人工智能有效辅助至关重要的大数据环境。在第 3 章中，Szalay 讲述了大规模科学数据集创造与发展所需的技能和协作方法。他以模拟结果数据库（如湍流、宇宙和海洋的模拟）以及由 SkyServer 访问的斯隆数字巡天 SDSS 天文数据所示的观测科学为例，并运用了云和 Kubernetes 基础设施。在第 4 章中，Alvarado 和 Bourne 着重指出，人工智能需要数据来学习。这意味着，必须将人工智能放在更广阔的数据科学背景下进行考量，其中包括考虑所学内容的伦理含义、如何理解和解释这些学习成果，以及如何最好地将结果呈现给人类。作者回顾数据科学的历史，提出了一个 4+1 模型，其中数据科学的四大支柱是系统、设计、分析和伦理，而 +1 则代表具体应用领域。

第 5 章“AlphaFold——蛋白质折叠问题的终结还是更伟大事物的开端”中，Jones 和 Thornton 描述了人工智能近期的一个显著成就：AlphaFold2 在 2020 年的 CASP 竞赛中脱颖而出，仅基于氨基酸序列就成功预测出了蛋白质结构的原子坐标。本章详细介绍了蛋白质结构的科学问题，并概述了 AlphaFold2 采用深度学习解决方案，预测出了 100 万种新的蛋白质结构。这令人鼓舞，尽管这只是开端，还有配体和碳水化合物等领域有待探索。AlphaFold2 建立在谷歌早期的创新技术之上，如 AlphaGo 和 Transformers。一家公司通过利用其人力资源、人工智能特长及庞大的计算资源赢得了比赛，这非常具有启发性。我们期待科学领域能更广泛地受益于学术界、政府与工业界的协作。新方法无所不在，并且需要多学科、多机构的合作。

在第 6 章“人工智能在天文学中的应用”中，Djorgovski 及其合作者描述了人工智能在天文学、天体物理学和宇宙学中的应用。这包括综合研究多种波长的天文学。全景天空调查和时域天文学产生了千万亿级的数据流，对于有趣事件的分类与识别需要实时处理。一个典型的问题是，如何从包含数十亿个特征向量、数百维数据中分离并分类出恒星和星系。在过去十年里，涉及各种越来越复杂人工智能应用的天文学文献呈指数增长。

在第7章中，Barish及其合作者介绍了在大型物理实验中的经验，如使用激光干涉仪引力波天文台（LIGO）观测引力波的实验，以及使用大型强子对撞机发现希格斯玻色子的实验。其他章节关注的是利用人工智能分析此类仪器产生的数据，但Barish在此则考察了如何运用人工智能来确保仪器本身的运行稳定性和灵敏度。这得益于现有仪器上的运行监控设备产生的大量数据。人工智能可以用来减少噪声并生成替代模拟的数据。可解释的人工智能使得识别仪器异常的前兆成为可能。本章最后展示出这为实现端到端的人工智能驱动的仪器设计铺平了道路。

在第8章中，Sethian及其合作者讨论了仪器操作和数据分析，特别是关于光、中子和电子源的研究。这些研究利用高级的新型人工智能技术来分析基本物理、材料科学以及生物过程，在错误代价高昂的情况下进行深入探究。本章提出了自动运行的实验优化方法和人工智能引导及选择科研实验的方法，同时还提出了针对训练数据有限的情况而采用的多尺度方法。理论可以通过代理模型得以推进。

在第9章中，Matsuoka及其合作者介绍了基于新型FujitsuA64FX处理器设计的富岳超算，讨论了跨越计算能力、带宽和延迟等问题的设计原则。来自Top500、MLCommons和Green500的基准测试展示了该机器的强大性能。该机器专注于借助人工智能加速科学研究，并展示了多个成功案例，包括远程遥感洪水损害评估、模拟集群聚类、海啸洪水、多元组分固体构型采样、密度泛函理论、三维流场围绕圆柱体的非线性模式、航空航天设计、超新星模拟、量子自旋系统、压缩、可解释人工智能和基因网络及癌症药物耐药性的因果关系，以及在量子计算机中的数据表示。

在第10章中，Thiyagalingam及其合作者强调了针对科学发现能力及计算机性能方面建立基准测试方法的重要性。这包括跨越不同科学领域的算法及其软件实例的研究，理解它们共有的特性以及对特定领域的优化。作者对人工智能辅助科研进行了广泛讨论，并给出了气象、气候和电子显微镜领域的示例，不仅指出各领域之间亟须建立一个分类体系，还对基准测试所需的软件基础设施进行了解释。

2.3 探索应用领域：第11～26章

2.3.1 天文学与宇宙学

在第11章中，Scaife介绍了平方千米阵列，这将是全球最大的射电观测台，由位于澳大利亚和南非的两座望远镜组成，每年每座望远镜收集约300PB的数据。AI不是从仪器端硬件信号处理开始工作，而是全部通过软件对数据进行实时处理。深度学习将在多种天文物理系统的对象检测和形态分类、数据增强、利用旋转、反射以及保持对称性等方面发挥作用，以解决标注数据不足的问题。要解决的问题包括去除射电图像噪声、对射电星系的Fanaroff-Riley分类、生成合成种群、去除射频干扰（RFI）和无线电信号干扰以及脉冲星分类。

在第12章中，Connolly描述了随着鲁宾天文台等巡天装置的工作，人工智能将识别出新型爆炸或瞬变事件，提前发现可能对地球构成威胁的小行星，并绘制出与其他星系合并后留下的恒星遗迹。要实现这一目标，需要一个科研生态体系提供便捷的数据访问方式，一套能够应对包含数十亿源数据集的软件基础设施，以及一个持续稳健培养人工智能研究人才队伍的教育计划。

2.3.2 气候变化

在第 13 章中，Arribas 及其合作者总结了实现净零排放的背景，并解释了为什么人工智能是一项能够加速碳排放计算进步和经济脱碳进程的关键技术。过去几年来，利用人工智能应对气候变化已经成为一个活跃的研究领域，但目前存在一些与数据可用性、实际部署人工智能的经验以及使用人工智能的激励机制相关的因素，限制了其发挥作用。本章讨论了解决这些限制的方法，并指出了两个关键的知识缺口（直接测量碳排放和材料工程），在这些方面，人工智能有可能极大地助力实现净零排放目标。最后，本章阐述了确保人工智能自身环境可持续性的必要性，并探讨了如何将人工智能融入人类活动、流程管理及政策制定系统中，以加快向净零排放目标迈进的步伐。

在第 14 章中，Stier 着重强调需要推动气候科学研究，旨在减少与决策相关的尺度上气候预测中的不确定性。Stier 描述了人工智能将如何通过物理约束、可信/可解释的结果创造数字孪生地球，为气候科学做出变革性的贡献。气候模拟可以利用人工智能对无法解决的过程进行参数化，从而加速和缩小规模，达到更精细的分辨率。基于人工智能的模拟，可从大型复杂气候模型的大型集合输出中获取关键气候参数。当前，大量的地球观测数据（如云图），可以通过人工智能提取其特征，并为建立精细气候模型提供重要支撑。

2.3.3 能源

在第 15 章中，Cowley 及其合作者介绍了聚变能源，并肯定它能为未来提供一种清洁、无碳的能源来源。由于聚变等离子体的高度非线性动力学横跨了较大的时间和空间尺度，人工智能能够帮助解决设计、建设和运行下一代聚变装置面临的诸多挑战。人工智能正在应用于实时控制聚变装置，采用了多个传感器，并且利用强化学习进行灵活控制。此外，人工智能还被用来创建代理模型，加快聚变模拟在各个层面的速度，从完全黑盒变成灰盒甚至白盒。这些代理模型的速度快到足以用于实时控制决策的调整。

在第 16 章中，Kuruganti 及其合作者讲述了在现代可持续且灵活的电网中使用人工智能技术时所面临的挑战以及解决方案。电力电网是一个重要、复杂的基础设施，对任何国家的基本民生、经济增长、安全以及现代社会的各个方面都至关重要。全球范围内的电力电网，特别是在发达国家，大多基于非常老旧的技术，复杂且脆弱。现代电力电网基础设施也受到新型电源（如太阳能和风能）的影响，这些新型电源分布分散、动态多变。强化学习被用于分布式电网的布局仿真，可提升电能的利用效率，增强电网稳定性。

2.3.4 环境科学

在第 17 章中，Dozier 前瞻性地聚焦于“地球系统科学”来理解影响气候及气候变化的大气、陆地和海洋之间的复杂相互作用。这凸显了从太空观测地球以监测变化趋势并为建模提供数据的重要性。在这一背景下，人工智能能够整合水、能源和碳循环，完成新颖的无监督图像分类，并融合来自多个传感器的信息以估计雪水当量。特别是，在近十年发射的搭载成像光谱仪的卫星获得的大量数据基础上，人工智能在辅助判断地球的环境变化方面可以发挥更大作用。

在第 18 章中，Leonelli 和 Williamson 介绍了许多人工智能用例，以应对气候变化、粮食生产以及“精准”农业方面的挑战。生物多样性是关键挑战之一，因为它会受到环境变化的影响。此方面利益相关者众多，需要跨学科合作并关注数据的权属和管理。此领域涉及的个人隐私问题可采用分布式计算的解决方案，同时所有数据必须遵守 FAIR 规则。

2.3.5 健康

在第 19 章中，Saltz 及其合作者讨论了数字病理学，旨在定量表征疾病状态、患者结果和治疗反应。人工智能可以使用高性能计算对巨大的 3D 整张幻灯片图像进行分析，以获得比传统方法更好的结果。这些分析包括多分辨率检测、分割和分类对象以及多尺度千兆像素图像中的复杂多对象结构。新的个性化深度学习方法对解剖病理学中使用的传统形态学模式的预测价值和再现性进行了评估，并发现了新的诊断生物标志物。本章的方法可以推广到许多生物医学学科。

在第 20 章中，Marathe 及其合作者根据他们在新型冠状病毒感染和 21 世纪其他六种流行病方面的经验，描述了一种支持实时流行病科学的人工智能驱动方法。这项工作的特点是提供实时评估，以帮助各州和更高级别的政府进行政策决策。人工智能使用基于代理的复杂社会技术系统模拟。Marathe 描述了三项大规模工作：州和地方公共卫生部门信息的按周更新；按周预测以支持疾病控制与预防中心（CDC）和欧洲 CDC 预测中心；支持 CDC 情景建模中心。

2.3.6 生命科学

在第 21 章中，Coveney 和 Highfield 提出将人工智能与基于物理学（PB）的机制理解相结合，创造出他们所谓的“大人工智能”。在大人工智能中使用了一个迭代循环，即在基于物理学的模拟中测试人工智能假设，并利用 PB 模型的结果来训练人工智能。机器学习与 PB 之间的协同作用使得大人工智能比传统的“窄”人工智能更强大，这标志着朝着通用人工智能迈进了一步。作者通过几个例子展示了人工智能的潜力，包括虚拟脑模型规划癫痫手术；基于人工智能辅助计算结合自由能来评估候选药物；对 AlphaFold2 及其局限性的评论；生成对抗网络（GAN）在药物发现中的应用；应对混沌和对输入数据极度敏感的集成方法；增强模拟相空间采样；用于模拟中计算密集型细粒度组件的替代模型。

在第 22 章中，Psomopoulos 及其合作者介绍了来自欧洲生命科学研究联盟 ELIXIR 项目的支持可复现性、基准测试、公平性和标准化的生命科学推荐方案“数据、优化、建模与评估”（DOME）。这个社区活动定义了与 FAIR 原则相兼容的方法，用于生物学领域的人工智能和数据报告。它们支持生命科学中人工智能在所有方面的开放性。DOME 与生物模式（第 27 章）以及生命科学领域的机器学习操作（MLOps）最佳实践工具包建立了联系。

2.3.7 材料科学与工程

在第 23 章中，Warren 及其合作者阐述了在材料研究中，人工智能正彻底改变人们发现、设计材料以及应用材料制造产品的方式。材料支撑着现代生活，这一领域的进步能够显著提高人类生活质量，解决紧迫的环境问题。本章深入探讨了目前人工智能被应用于加速材料研究与发现的各个方面、这场革命的意义以及探索的最前沿。重点介绍数据的稀缺性激发机器学习、物理学与人工智能结合，人工智能与密度泛函理论、相位映射、力场替代模型、自动化材料发现、设计以及高通量实验控制的结合，并为未来的研究提供建议。

在第 24 章中，Agrawal 和 Choudhary 继续基于材料科学与工程的主题，着眼于正向和逆向模型，探讨知识发现的工作流程。该工作流程的重要特征包括数据可用性（小规模和大规模）以及材料设计空间（大规模和超大规模）。正向模型是处理-结构-性能的科学流程，而逆向工程的目的是寻找具有期望属性的可能材料。随着材料科学领域对开放数据原则日益广泛的采纳，以及人工智能领域的开创性进步，将加速先进材料的发现和部署，实现材料加速发现的愿景。

2.3.8 粒子物理学

在第 25 章中，Rousseau 描述了在过去十年间人工智能在实验粒子物理学中发挥着越来越重要的作用。如 2014 年 XGBoost 赢得了 HiggsML Kaggle 竞赛。本章重点介绍了欧洲核子研究中心的大型强子对撞机。利用粒子层面的推断，人工智能有助于从粒子在探测器中散射时形成的信号中识别粒子。通过事件层面的推断，人工智能有助于找到不稳定粒子（如希格斯玻色子）的特征，这些粒子是在质子碰撞中产生的，几乎立即衰变。最后，通过实验层面的推断，人工智能有助于直接提升基本物理参数的测量精度。此外，人工智能还可以利用人工智能替代模型，完成之前复杂且计算成本高昂而无法实施的模拟，极大地加快事件模拟的速度。

在第 26 章中，Gupta 及其合作者描述了人工智能将通过使用替代模型降低模拟的计算成本，从而推动理论粒子物理学的重大进展。Gupta 等还介绍了使用正则化流进行有效重要性抽样的蒙特卡罗积分中的格点量子色动力学。人工智能也被用于推动弦理论的进步——这也许是当今最前沿的理论思想——这项工作通过高效地搜索与宇宙相对应的真空状态进行。作者指出，人工智能并不比计算量子色动力学（QCD）更像一个黑盒，关键在于理解每种方法中的误差和偏差。规范不变网络被描述为一种具有物理意识的人工智能的例子。作者还介绍了在量子退火算法中使用二进制变量表示数据压缩的学习算法。

2.4 智能辅助科研生态圈：第 27～33 章

在第 27 章中，Gray 及其合作者介绍了最初由业界推出、旨在支持网页搜索的 Schema.org。机器可读的元数据可以被人工智能利用，并支持 FAIR 原则。为了超越通用概念，满足特定科学社区的需求，需要对 Schema.org 词汇表进行有针对性的扩展。Bioschemas 社区已经为生命科学类型，如基因、蛋白质和化学物质开发了扩展。这些扩展可用于标记，进而生命科学社区可以利用这些标记来填充专业社区注册表，并在多个来源中生成集中的知识图谱。包括 TeSS 培训门户在内的课程和培训等验证工具已被开发出来。

在第28章中，Jha及其合作者讨论了复杂工作流应用所需的中间件，这些应用综合运用了人工智能、大数据以及在HPC系统上的模拟。通过典型例子展示了适应性异构任务带来的需求变化。工作流程类别包括混合HPC-HTC（高通量计算）工作流程；集成人工智能的工作流程；以及从边缘到中心的工作流程，其中包含分布式人工智能与HPC工作流程（例如，全部或部分人工智能位于边缘）；多尺度集合体工作流程，人工智能优化相空间路径。该章还介绍了如何在应用程序的全部或部分中使用代理模型，分为三个类别：ML-in-HPC，使用完整或部分代理；ML-out-HPC，ML控制模拟；ML-about-HPC，ML与模拟相结合。本章还讨论了这些系统的有效性。

在第29章中，Shen和Johnson将科学可视化定义为一门利用计算机图形学和数据分析技术从科学数据集中提取知识的学科，通常来自一系列科学模拟的数据集。作者回顾了近期采用人工智能技术在科学可视化方面各个阶段的工作，包括预测、提取、减少、渲染、超分辨率、交互以及数据比较。此外，作者还展示了两个深度神经网络用于构建可视化代理的案例，使得科学家能够借助实时反馈快速探索模拟参数空间。

在第30章中，Bhattacharya及其合作者讨论了不确定性定量，其重要性在许多章节中都得到了强调，并重点讨论了多层密集网络的深度学习的一个简单而重要的案例（MLP）。用于深度学习的不确定性定量是不容易得到的，因为建模的函数空间仅由正则化标准隐式指定，并且通常是不可理解的。此外，由于网络架构、数据表示选择、训练方法和正则化程序之间的紧密相互作用，最终能够表示任何数据依赖性的数据驱动方法模糊了预测（统计）和认识（系统、偏差）不确定性之间的传统区别。从异方差和分位数aleatoric模型，到深度集合和贝叶斯方法，本章介绍了一些在深度学习中提供不确定性估计的策略。确定不确定性的原则性方法，再加上预测的可解释性工具，是人工智能在现实世界应用中提高可信度的关键。

在第31章中，Kiran和Neumann强调了网络在许多领域实现全球科学协同的作用，以及突发的高带宽网络管理系统方面的挑战。作者首先介绍了当前网络硬件和路由软件及其监控方法和标准。在将路由问题与智能道路交通等其他领域进行比较时，必须解决路由、异常检测和分类问题。必须考虑软件定义网络（SDN）。同时，高效地使用深度学习技术，包括马尔可夫决策过程、自动编码器、编码器-解码器架构、扩散卷积和图神经网络、长短期记忆（LSTM）和强化学习等技术。

在第32章中，Alexander及其合作者强调，在当今大数据狂热的领域，传统的实验过程已经无法满足需要。大型团队会降低生产力。他们提出了一种贝叶斯方法，对不确定性定量进行编码，并与人工智能和自然语言处理的进步相结合，以正面应对这场危机。专家通过精心设计的架构构建先验分布。优化实验设计（OED）将以改进基因调控网络的实验为例，减少模型的不确定性。

在第33章中，Sansone及其合作者介绍了FAIR的历程、状态和未来发展的关键。机器可读和可操作的FAIR数据能够原生地理解语义上下文并提供信息来源。FAIR数据对未来人机协作和实现机器对机器自主通信是至关重要的。制药行业就是一个很好的例子。FAIR是一个目标，而不是一个具体操作。FAIR 能够描述通用数据，包括软件、界面和应用程序接口（API）。本章还描述了 Schema.org（第 27 章）的作用，涵盖了目录、度量以及数据和元数据的打包。

2.5 智能辅助科研前景：第 34～38 章

在第 34 章中，Stevens 及其合作者指出，绝大多数的科学文献以及科学研究的方法论并不是由清晰、结构化的数据所描述的。随着科研产出的增长，将科学文献完全融入计算实践、开发数据驱动的假设、探究推理和更新旧有假设，变得越来越具有挑战性。然而，大规模语言模型（LLM）已经在日常文本的自然语言处理方面取得了显著的进步，显示出在知识检索、问答系统、解析结构化数据和逻辑推理方面的潜力。因此，本章引入了基础模型的概念。在此背景下，本章研究了 LLM 可以通过直接与科学文献、可解释性和概念形成相结合来推进人工智能科学的预测，从而推进人工智能和 HPC 与人类科学实践的互操作。本章提供了关于 LLM 在自然语言处理领域取得进步的广泛概述，突出了科学研究语言建模的独特挑战，并为科学假设生成、数据解析和推理建立了一个 LLM 路线图。

在第 35 章中，St.John 和 Janapa Reddi 概述了自动驾驶汽车领域的现状及未来发展方向，指出 94% 的车辆事故是由人为错误造成的。他们考虑了来自激光探测、雷达和摄像头的数据感知、预测和规划步骤，并通过 Waymo、NVIDIA 和 Velodyne（激光雷达）的例子，利用深度学习进行了分析。减少或消除人为错误导致交通事故的自主技术已成为最重要的研究领域之一。虽然执行诸如目标检测等任务的深度学习方法在许多应用中已经常见，但自动驾驶汽车独特的安全标准对其准确性和延迟性有更为严格的要求，这使得它需要自己的机器学习模型，并采用各种传感器技术来提供输入数据，尤其是对三维物体的检测非常重要。

在第 36 章中，Zenil 和 King 断言，人工智能、实验室机器人和科学的日益融合提供了一个千载难逢的机会，可以大大加速科学发现，并在科学领域创造协同效应。用于科学的人工智能技术是通用的，因此立即受益于广泛的科学领域。人工智能驱动的实验将大大加快和改进实验。与汽车（SAE0-5）一样，设施可以根据其自动化程度进行分类。生物医学领域给出了自动化实验设施的例子：图灵实验室的亚当和夏娃，范德比尔特的创世纪，当然还有 AlphaFold2。

人工智能具有推动科学进步的巨大潜力，其将加速科学发现，使人类受益，并提供应对一些巨大挑战的能力。

在第 37 章中，Gil 回顾了人工智能在科学中的作用，并认为人工智能系统不仅仅是使用给定的指标并从给定的数据中学习，还要有自主学习的能力，其作用将十分广泛。科学家将需要与具备独立探究、主动学习和深思熟虑推理能力的人工智能系统合作，以协作且负责任的方式进行合作。本章提出了人工智能科学家应具备的六大核心能力（反思、观察、建模、探查、提取和创造），并详细阐述了其中的反思能力，这包括制定科学问题、设计回答这些问题的一般策略、执行实施这些策略的方法，以及将新发现置于原始问题的背景中。书中列举了来自癌症研究、基因组学、神经科学以及洪水预测等领域的例子。全球的科学团队应当视人工智能为合作者，而不仅仅是助手。

在第 38 章中，Bahadori 和 Heckerman 指出，人工智能已经在发现相关性方面取得了巨大成功，但这不一定是因果关系。观察自然会给出相关性，但干预才能引导我们研究科学发现的核心——因果关系。本章回顾了因果推断的基础知识，通过一个利用因果推断技术来推进人工智能的例子和一个利用人工智能技术来推进因果推断的例子进行说明。在第一个鸟类数据集的例子中，作者展示了如何利用因果推断中的双重回归技巧来改进黑箱人工智能算法提供的解释。在第二个医疗健康领域的例子中，人工智能的优化技术被用来推断因果关系。

2.6 结语：AI 工具与概念：第 39 章和第 40 章

在第 39 章中，本章汇集了本书中使用的许多主要机器学习和深度学习思想的描述。本章从一些总体概念开始，介绍了经典的机器学习方法：决策树、LightGBM、XGBoost 和随机森林、支持向量机、聚类以及遗传算法（GA）；然后是深度学习的一些基本块：神经元；之后介绍权重和链接，激活（ReLU、Sigmoid、Tanh、SELU、Softmax）层；损失函数，优化器；随机梯度下降（SGD）和批量大小；反向传播；一个热矢量；消失梯度；超参数和神经结构搜索；以及泛化。最后一节描述了有用的深度学习架构：多层感知网络、前馈网络、全连接网络；卷积神经网络；编码器-解码器网络；自动编码器，变分自动编码器；递归神经网络；长短期记忆网络；门控单元；解码器生成对抗网络；强化学习；迁移学习和预训练；基础模型。最后，阐述了什么是 PyTorch、TensorFlow、JAX 和 MXNET。

在第 40 章中，总览了第 3～38 章的关键思想，并将它们记录在表格中，呈现了一个结构化的索引。这些表格列出了信息要点、目标、概念、主题以及人工智能应用的目标。本章介绍了各类电子资源，如数据集以及物理资源（如仪器）。更重要的是，本章还列出了人工智能和计算领域的方法与工具（也被称为解决方案）。此外，本章还列举了一些原则，如可解释性和 FAIR 原则。

第二部分

基本方法与内涵

第3章

人工智能时代的数据驱动科学：从模式到实践

Alexander Sandor Szalay，约翰斯·霍普金斯大学计算机科学系与物理与天文学系，美国马里兰州巴尔的摩。E-mail：szalay@jhu.edu

3.1 引言

科学领域正在进行一场革命。人工智能工具不仅能协助驾驶汽车，而且能帮助设计和完成实验，并在数据中发掘新的知识。然而，人们越来越意识到，发掘知识的能力在很大程度上取决于底层数据集的质量 [1,2]。最近人工智能突破主要得益于如 ImageNet 和 AlexNet 这样的大型、高质量的数据集。因此，了解当今最大的科学数据集是如何创建的，以及如何进行知识发掘非常重要。在本章中，我们将讨论过去几十年在大规模数据驱动发现工作中积累的经验教训，并希望这能帮助他人设计并完成未来的实验。

如第 1 章所述，目前第四科研范式已成为当今科学研究的主流 [3]。科学发现依赖于前所未有的大规模数据集。计算机和算法负责完成实验的大多数阶段，从自动化数据采集到原始数据的工作流程转换，再到它们的结构化组织和最终分析。虽然这一范式相对较新，但我们自 20 世纪初以来已经见证了这种范式在大科学中的作用。核物理和粒子物理实验设施数量的增加很好地说明了这种大科学的趋势：从最初的范德格拉夫（Van Der Graaff）起电机到回旋加速器，再到同步加速器，以及 20 世纪末各国的国立加速器实验室。这种趋势在其他科学领域也在发生，但有几十年的延迟，如基因组学中的人类基因组项目，或者正在建设中的每台成本超过 10 亿美元的望远镜，如极大望远镜（ELT）或平方千米阵列射电望远镜。

在 20 世纪初开始，小规模的实验相继进行，并迅速迭代。因此，科学数据集的寿命相对较短。随着大科学的到来，实验设施动辄数十亿美元，需要用数十年来建造，甚至更长的时间来执行，这使得科学实验的相关方面都在改变。因此，实验不太可能再以逐步改进的形式重复，而实验产生的数据将长期存在。然而，科研界并未做好应对这种数据大规模快速增长和有效性极大延长的挑战的准备。

到 20 世纪末，科学界在很大程度上变得双峰分布：一方面有由小额研究拨款资助的单个研究人员和小团体，另一方面有大科学项目、国家实验室和国际实验室，两者之间几乎没有交集。由于极大的规模体量，大型实验必须规避潜在风险，必须建立相对长期规划的技术路线，就像太空任务一样，因此缺乏技术的灵活性。

半导体技术的快速发展不仅使计算机更快、更便宜，还使探测器和传感器变得更好，其发展似乎遵循摩尔定律：能力在逐年增长。这种能力的快速年度增长导致了一个新的趋势：中等规模科研的出现。这些项目，预算在1000万～1亿美元，可以保持更高的敏捷性，围绕一个独特的科学仪器（显微镜或望远镜）使用尖端自动化科技，并可以创建相当大的数据集，使用最新的软件技术（机器学习，AI工具）进行分析。这些中等规模项目的例子包括早期的斯隆数字巡天（SDSS）[4]，或1000基因组项目[5]。其他形式的中等规模项目是那些拥有大量廉价商业传感器的项目，可以收集极其庞大的、全面的数据集，它们的整合数据可以是另一种实现重大科学突破的方式。这些趋势不仅出现在科研领域，而且出现在遥感设施的数据处理方面，如Planet Labs（https://www.planet.com/）。所有这些新型科学实验都代表了新的模式，需要不同的数据管理（和数据分析）方法。这些中等规模项目代表了今天科研的“甜点”，这是最创新的研究所在，能够释放出大量的智力能量推动发现。

数据分析行业也在经历重大变化。这种趋势与音乐行业发生的情况惊人地相似。在20世纪60年代，每个人都购买黑胶唱片，把它们带回家，在他们自己的设备上听。新的媒体，如CD和DVD，基本上保留了这种模式——我们必须购买并拥有播放器，并在我们自己的设备上播放。随着iTunes和MP3的出现，情况发生了变化。我们能够以不同的方式访问音乐，可以一次只选择并下载某一首歌，并在我们自己的MP3播放器上播放，而不必购买并下载整张专辑。最新的升级是流媒体服务，如Pandora和Spotify。一切都发生在某个云存储中，我们提供偏好，播放列表由AI工具为我们组合，音乐以我们看不到的格式传输给我们。研究者在分析科学数据方面也有类似的情况。

我们过去遵循低功耗（LP）模式，将大型实验的数据文件通过磁带带到我们的研究机构，在那里我们在自己的计算机上进行分析。后来，这被通过不同介质（硬盘驱动器、HDD，然后是互联网下载）发送数据所取代，但数据仍然遵循原始文件组织的形式，分析是在本地进行的。然后，我们开始将数据放入在线的索引数据库中。今天，我们可以运行SQL查询或在网络表单中指定选择，从而得到一个小的、个性化的数据子集，包含我们指定的确切内容。然后我们下载这个提取的数据，并在本地计算机上进行分析——基本上遵循iTune的“一次一首歌曲”的模式。流媒体模型正在通过像Google的Colaboratory或JHU SciServer这样的平台出现，数据与计算共存，所有数据选择和转换都在服务器端进行，AI工具执行分析中的许多模式识别。

还有另一个趋势也被认定为第四范式[3]的一部分——不同学科之间的融合越来越多。虽然物理学、化学和生物学的传统计算方法在很大程度上是不同的，但AI处理分析密集数据的方法用到了多个科学领域。在本章的剩余部分，将讨论我们团队过去几十年在这一前沿工作中的研究成果，讨论我们看到的模式以及如何将这些转化为有用的方法工具。

3.2 发现收敛的模式

通过以前的研究，我们了解到科学领域中非常不同的领域也会产生非常相似的数据密集型结果。这为在数据密集型生态系统中综合运用一套通用的实践和工具打开了大门，而不是孤立地“重新发明轮子（工具或平台）”。从天文学开始，研究者20年前为斯隆数字巡天建立了交互式 SkyServer 平台。多年来，在 NSF 重点拨款的支持下，我们将其转变为通用的 SciServer。我们把整个平台架构变得更模块化、通用化，从生物学到社会科学都可应用[6,7]。SciServer 包含了科学家今天所需的大多数工具——从交互式协作探索到运行大规模工作流程，以获取、存储、共享、分析和发布数据，从 PB 级别的数据到运行大规模工作流。

高效的收敛策略需要重要的跨学科不同学者的合作，这是我们在过去几年中通过许多试错得到的经验。我们今天的方法是最重要的一个方面，即我们如何系统地巩固和填补这些角色，并利用这些角色提高约翰斯·霍普金斯大学及其他地方的收敛过程的效率。简而言之，这些需要的学者角色如下。

设计者：通常是中年、成熟的科学家，在科学界享有威望且具有良好的人际交往能力，既擅长广泛的科学领域，也擅长数据科学。他们是能够在新领域问题和解决方案平台之间建立桥梁的人。他们非常重要，但很难找到，也很难获得资助。

执行者：一群跨学科的博士后、应用程序员和有经验的软件工程师，他们设计、制作原型模型并交付实施。这里的关键是，技能和科学兴趣的多样性，以及团队建设的凝聚力。他们也是快速部署团队的一部分，与破局者一起工作。

破局者：具有高度创新能力的教师，通常处于职业早期到中期阶段，他们在前沿提供真正颠覆性、改变游戏规则的解决方案的例子和证明，这些解决方案将变成未来方法的模板。他们与博士后和程序员一起工作，后者能够迅速将一个想法转化为端到端的应用。

收敛也体现在项目和数据集的自然进展和生命周期中。创建一个新的数据资源有几个不同的阶段：①原型设计；②数据采集，以及将其转化为适用于分析的形式；③稳定状态的托管操作，如果数据来自开放资源，还有额外的步骤；④建立社区的信任并创建广泛的用户基础；⑤在直接导致数据集的项目结束后建立可持续的长期支持。

③和④之间有一个巨大的差距：与广泛的社区建立“信任”需要长期的努力。这类似于初创公司跨越臭名昭著的“死亡之谷”——需要更多的投资才能将一个工作原型变成一个精致的产品。

我们多年来看到的各种模式如下：

（1）第一步是收集分析所需的数据。每个人都需要收集数据，无论是通过实验和仪器，还是通过大型计算机模拟，或者从不同地点收集数据。我们的 SciServer 特别针对高效的数据聚合，因为这可能成为最重要的活动，但也是最难支持的。

（2）数据需要被组织、清理和校准，这需要特定的数据科学和领域专业知识，以及一个结合的硬件和软件基础设施，以实现数据的快速传输，因为数据需要从仪器转移到处理的地方。我们是开放存储网络合作组织（OSN）的成员，该组织试图在全国范围内解决这个问题[8]。在这个阶段，数据组织反映了数据采集的连贯性。

（3）数据需要被转换和组织成与预期科学用途相匹配的结构。这包括构建特别排序的数据结构或索引数据库。这个阶段必须包括预期科学用户与系统架构师之间的频繁互动，以优化存储布局和性能。我们已经开发了一种详细的方法论，与新团队合作，帮助他们通过这个阶段。我们的两阶段数据摄取协议（由 Jim Gray 引入）在我们所有的使用场景中都表现得很好。

（4）大多数数据是通过智能服务访问，这些服务隐藏了并行访问大量数据的复杂性。设计、架构和实施这些服务需要多种技能的结合，从数据库程序员到 HPC 专家、网络服务程序员和接口专家。很少有研究小组拥有这些技能中的任何一个。通过规模经济，可以在每个大学建立一个关键的架构师、共享程序员和跨学科博士后的群体，他们具备所需的各种专业知识，以解决这个持久的挑战。

（5）创建、维护并为整个社区提供这样的开放数据集需要一个成本效益高的共享基础设施，可以提供大规模的经济支持。目前我们有超过 4PB 的活跃使用数据作为开放资源，另外还有 20PB 用于临时数据访问和冗余存储。SciServer 已经成功地移植到亚马逊云服务（AWS）和微软云服务（Azure），并在这些平台上被活跃使用，因此我们已经可以看到灵活迁移到云的路径，商业模式也使其能够负担得起对大规模数据的处理。

（6）计算技术的快速发展在过去 20 年中为科学创造持续助力。在科学出版中，我们依赖商业出版商作为作者和论文最终用户之间的“可信中介”。由于技术进步，这种模式正在崩溃，期刊逐渐被开源的电子替代品所取代，但对于数据，我们还没有一个可行的可持续数据发布的模型。信任是在长时间内建立的，因此我们需要紧急开始研究如何为今天的科学数据集创建“可信中介”。

（7）数据集将会因仪器停止运行而变得固化。有些实验运行了 20 年，耗资超过 1 亿美元，最终产品是它们的开放和共享数据集。这样的高价值数据在不久的将来不会被取代，为了能够持续得到利用，需要设计可持续的数据保存路径，且时间尺度需要数十年。然而，它们的设计需要与实验技术的进步一并考虑，避免实验技术的进步迫使历史数据必须校正才能使用。我们需要与大学图书馆合作，创建联合团队，开发可长期保存、使用数据的架构。

我们目前托管的数据集正处于它们生命周期中的不同阶段。SDSS 数据具有巨大的影响力：1000 万的访客用户，超过 1 万个核心用户，产生了超过 1 万篇经过同行评审的文献。它已经达到了④阶段的尾声，并很快将进入⑤阶段。我们的湍流数据库[9,10]类似，它刚刚进入了④阶段，在更广泛的湍流社区中获得了认可，从其 650TB 的集合中向社区提供了 183 万亿数据点。MHD 湍流数据集在 2013 年[11]已经被用于科学发现：即使在高导电流体中，通量冻结也会迅速破裂，这有助于解释太阳耀斑和日冕物质抛射观测中的快速重连事件。这个发现之所以能够完成，是因为约翰斯·霍普金斯湍流数据库（JHTDB）包含了流动的整个时间历史，使得回溯（向后运行时间）成为可能，以找到重连事件的前兆。

我们的海洋循环合作将很快达到 2.5PB[11,12]，并且正处于①阶段的末尾。通过共享湍流的许多低级工具和方法（沉浸式传感器作为网络服务），它的进展得到了实质性的加速。我们刚刚发布了 Indra，一个公开的 1.1PB 的宇宙学模拟套件[13]。Indra 在千禧年数据库的支持下刚完成了③阶段。我们的生物信息学努力处于类似阶段，已经创建了一个大型档案。材料科学正处于②阶段的开始，参与构建数据资源的 PARADIM 平台[14]很好地利用了现有的共享 SciServer 基础设施进行数据采集和原型分析。Indra 现在准备进入下一阶段。另有几个项目在①阶段，均具有巨大的突破潜力。

3.3 将模式转化为正式过程

多年来，我们开发了一种完整的方法论，以加速建立科学研究体系。我们将 3.2 节所述的模式转化为研究过程。指导原则是“颠覆性协助”，在研究的整个生命周期中，通过各种步骤帮助不同的团队改变他们的数据密集型研究方法。

我们的方法包括以下几个关键组成部分。

3.3.1 通过架构设计和快速原型设计来跨越第一道信任鸿沟

这是由上述的设计者执行的步骤。在第一次深入参与一个新的科学项目时，我们要求他们收集最重要的“20 个问题”[15]。问题顺序反映了优先级，这可以传达不是每个问题都同样重要的信息，为整个系统设计提供了指导。这之后是数据组织计划、快速原型制作和开发可扩展的数据收集插件。一般来说，我们的理念是“颠覆性协助”：我们教我们的合作伙伴如何自助，在本地范围内建立信任。这个项目的这个阶段，将第一个合理规模的数据放入一个适当设计的数据系统中，此阶段通常需要 3～4 个月。

3.3.2 部署并建立全球信任

建立全球信任不仅仅局限于最初的团队。它也有一个更长的时间尺度，由于前面提到的“死亡之谷”问题，一般较难跨越。在当今的数据科学环境中，建立资源并不能保证用户会自动出现。因此，在开始时，我们通常专注于特定领域的关键个人。我们与他们接触，并为他们提供额外的操作支持和资源协助，促使他们将数据集或工具引入到我们的系统中。

3.3.3 创建颠覆性应用程序

这些通常是来自截然不同、有时是意想不到的方向的早期参与。一个例子是天体物理学家 Tamas Budavari 与巴尔的摩市房屋专员合作，开发一种机器学习方法，用于在处理巴尔的摩市的倒塌空置房屋时进行决策[16]。“颠覆者”团队在这一过程中发挥了关键作用。他们的非常规方法随后被其他人跟进。

3.3.4 发展的可持续性

最终的可持续性将来自一个好的商业提案：“在我们的帮助下，您可以比单独管理数据更好、更便宜、更快地管理和分析您的数据！”已经有许多用户社区的例子，他们的持续拨款向 SciServer 资源提供了部分支持，包括硬件和程序员。例如，医学领域越来越需要接受大数据，甚至超越基因组学，我们已经建立了五年的信任。其他好的例子包括湍流、海洋学和材料科学。鉴于我们日益多样化的参与，我们预计这些协作贡献将稳步增长，五年后，与医学项目相结合，将使我们能够实现可持续性。希望这可以为其他人提供一个模型。

3.3.5 长期“遗产”

数据的长期托管成本只是获取数据“总成本”的一小部分，但从长远来看仍是一个挑战。

我们相信，大学研究图书馆可能是解决这一问题的潜在途径。通过将负责数据集的科学家与图书馆的策展专家协同合作，有望开发出可靠且可持续的解决方案。然而，获得长期资助并不容易。

3.4 大型数据集的可扩展性和可计算性的设计原则

通过过去的项目，我们得到了许多教训，将其总结为一组要点，并附上相应的设计原则，以供我们在未来的工作中使用。我们开发的方法论遵循这些原则，并且至今已成功应用于许多不同的项目中：

（1）并非所有的数据和查询都是等价的。项目执行人必须学会理解和列出潜在的优先级，以缩短架构师和项目之间的沟通时间，从而大大加快设计过程。

（2）可扩展性是很难实现的。从一开始就应该实现最大程度的自动化和并行化。数据应该从仪器无缝地流到数据库/数据存储器，并且只需要最小的人为干预。这需要一个明确定义的严格协议，包括文件格式、命名约定、目录结构等，这些都需要在简短的参考文档中详细说明。

（3）对于足够大的数据集，磁盘总是会出现故障。数据必须以冗余方式存储，以确保数据弹性，实现多粒度的快速恢复。

（4）使用两阶段加载，其中数据以自打包的块进行摄取，然后在摄取到最终的数据仓库之前进行清理和仔细验证。

（5）整个摄取流程的设计应该考虑到硬件的极端并行性，以便未来传入的数据可以在独立的服务器上处理，直到最终的数据（基础）加载。

（6）将最终数据存储在精心设计的关系数据库中，可以使下游的数据实现更好的一致性和可重复性。从一开始，自记录、一致的元数据就必须成为数据系统的一部分。我们必须捕获所有几何和空间信息、位置和形状。

（7）对于数量足够多的数据集，统计误差变得很小，而系统误差占主导地位。只有通过有意识的系统地努力，使用额外的观测结果，才能发现这些系统误差。可重复性需要一个深思熟虑的质量保证和校准过程。

（8）可重复性是一个核心问题，保留旧版本的数据集极其重要。今天在旧版本数据上运行的查询必须返回与几年前相同的结果。

（9）必须能够轻松访问底层原始数据，以消除在后续分析中检测到的以前未检测到的数据伪影。

（10）我们需要一个与数据库绑定的灵活可视化浏览器，能够以层次结构显示所有信息，而无需键入 SQL 查询。

（11）所有增值代码和数据都应在合作小组之间共享。

（12）高级用户应该能够进行交互式和批处理计算，并精确控制数据的本地性，轻松集成不同的框架（Jupyter、TensorFlow、PyTorch）。

（13）使用基于 DevOps 原则的敏捷开发方法论（http://radar.oreilly.com/2012/06/what-is-devops.html）。

（14）数据必须通过并行 I/O 操作进行组织和访问（例如，FileDB[17]）。

（15）横向扩展计算（特别是深度学习）必须能够扩展到并行（HPC、云）体系结构，并能够使用 GPU 和其他专用协处理器（TPU），以及 Kubernetes 编排。

（16）计算必须能够弹性地扩展到大多数主要的云计算平台。这要求建立一个充分利用数据密集型体系结构的，有不断发展远景的，“为未来做好准备”的系统。

3.5 规模经济——从 SkyServer 到 SciServer

SDSS 科学档案（SDSS Science Archive）[18] 在 2001 年发布了 SkyServer[19]，开创了服务器端分析的概念，这是当前科学平台概念的基石。SkyServer 是第一个可在线访问的公众天文数据档案，它体现了“将分析引入数据”的理念 [20]，并允许用户以交互式和批处理模式对非常大的数据集进行查询和数据服务器端操作。认识到 SkyServer 在天文界的基础作用，美国国家科学基金会（通过数据基础设施构建块计划）于 2013 年向约翰斯·霍普金斯大学的数据密集型工程研究所（IDIES）提供资金支持，将服务器端分析功能扩展到所有科学领域。因此，SkyServer 成为 SciServer，一个功能齐全的科学平台，围绕服务天文学十多年的构建块构建了一个最先进的协作和跨领域框架。SciServer 可供免费使用，任何注册用户都可以立即开始使用。数据提供者和具有更大资源需求的用户（GPU、内存节点）可以将其添加到系统中，或在其自有环境中部署 SciServer 实例 [15]。除了天文学，SciServer 目前还支持许多其他科学领域，如湍流/流体动力学、海洋学、基因组学、地球科学、材料科学和社会科学。

数据聚合是一项艰巨的任务。一个特别的挑战是拥有足够丰富、自解释的元数据、正式的数据模型和适当的本体来描述数据的意义。很多时候，这是数据聚合的第一道绊脚石。许多团体已经从一个一致的数据集合中建立了良好的数据档案。一旦我们添加第二个相关但不同的数据集，人们就很容易将这两个数据集深入整合在一起——合并两个数据模型和本体，并在适当的数据项之间创建正式的链接。这是许多项目无法克服的一个难点。其中一个原因是，两个项目之间的链接和关系往往不是唯一的，它们取决于我们想要提出什么问题。大型数据上的许多对多关系很难建立和验证。此外，修改近似但不完全相同的数据模型也是非常棘手的问题——正如人们所说，“爱斯基摩人有 17 个表示雪的单词”，而其他国家从未见过雪。如果不同实体中的数据模型包含这样的别名，以一种能让各方都满意的方式解决它们是非常困难的。随着需要成对集成到先前的数据集中的第三和第四个数据集的到来，构建的链接数量将成倍增加，尤其是在它们不是唯一的情况下。

虚拟天文台项目学到的经验之一是，只要我们可以同时访问不同的数据集合，我们就可以让用户/项目确定特定于他们自己研究的最佳链接。我们只需要使他们能够建立必要的链接表，以支持他们明确界定的重点，并使他们能够轻松地以可共享和可管理的方式进行管理。为了支持这一点，我们给 SciServer 用户提供专属的数据库，这些数据库位于核心数据集所在的主机室中（在同一信息主干网上），他们甚至不必复制来自其他任何集合的原始数据，就可以创建新的、增值的数据集，他们只需要存储链接（外部）。如果各个单独的深度集合有充分的文档记录，具有适当领域专业知识的有动力的用户能够非常迅速地找到正确的连接。

结果是，在这种模型中，我们可以轻松地以线性方式聚合新的数据集，因为我们只需要独立处理每个数据集。我们只需将每个新数据集加载到 SciServer 中，并使用相同的原则和访问方法来表示其元数据。我们称这些基本的高价值数据集为“数据上下文”。今天，我们在 SciServer 上有超过 70 个数据上下文，其中大多数是公开的。

科学家通常希望将他们的私人数据集上传到共享的数据库中，因为这样可以更有效地执行连接操作。事实证明，这是一个非常有用的功能，基本上所有数据集在不同的颗粒度（单个文件、数据量、完整数据库、单个数据库表）都可以在个人、团体之间共享，或完全公开（图 3.1）。

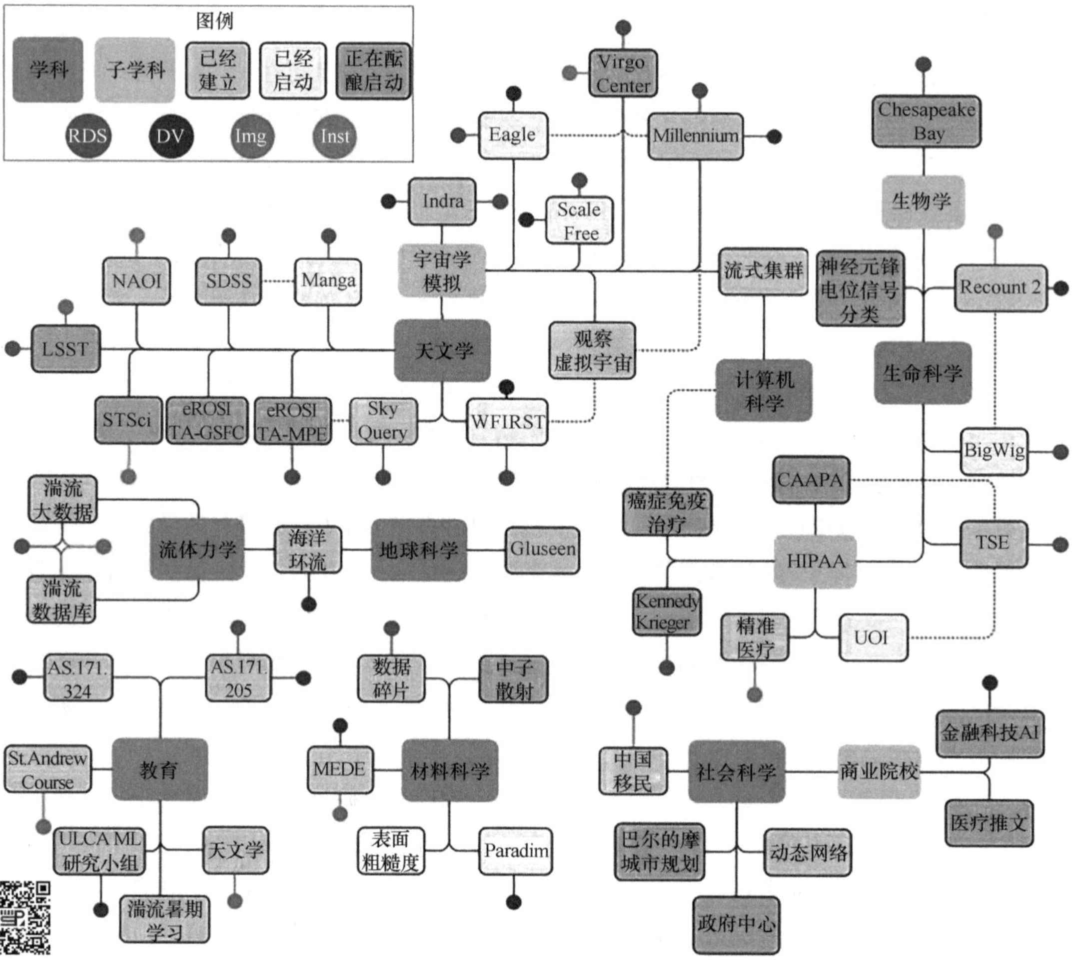

扫码见彩图

图 3.1　SciServer 上当前项目的描述（按科学领域组织）

图中展示了数据密集型科学的融合，以及不同学科如何在同一平台上共存

我们需要帮助项目组自己创建和使用他们自己的数据集。我们的解决方案是使用共享的基础设施，包括数千兆字节的快速存储、复杂的数据分析和管理平台 SciServer。为了构建一个更便于共享的数据生态系统，我们为合作项目提供多种数据服务，帮助他们构建和实施各自的系统，并提供存储和计算基础设施。

对于较小的项目（通常数据量低于 100TB），我们提供免费存储以支持其稳定状态的操作。对于超过此阈值的数据集，我们希望项目组能够认真筹备自身的基础设施资金，我们将作为合作伙伴参与其中，并通过为硬件组件的回收成本提供帮助。在最初的几年，我们将把数据服务作为基础设施的一部分来运营。这将有助于项目能够顺利度过建立公众信任的阶段。我们也预计，在未来 5 年内，数据存储领域将发生重大变化，因此需要定期更新该计划。

所有数据集都至少存储三个副本：①“热”版本，存储在高性能（通常是固态硬盘）磁盘上；②“温”版本，主要存储在高速硬盘存储器（HDD）上，与①相同；③“冷”备份。如果出现故障，服务将自动切换到“温”版本，同时恢复“热”版本。我们的大型数据库都是共享的，因此当出现故障时，我们只需恢复一个分片，恢复时间通常在 10～15min。对于我们最重要的数据，还有一个冷备份磁带，离线存储在两个位置。被访问最多的数据集（如 SDSS 的最新版本）由多个负载均衡服务器提供服务。SDSS 的最新数据版本通常由 6 个独立的实例提供服务。这些副本还有另一个用途——我们将短期交互式查询与中长批量队列分开，因为短期查询需要随机访问，而数据的长期扫描通常按顺序读取查询。

虽然提供大量共享存储是必要的，但共享、集中式帮助的重要性主要在于它所代表的人力资本。现有项目需尽快从数据集中积累知识，并帮助人们更深入地理解、加速从原型到可信赖的开放数据集的过渡，进而产生贡献。

3.6 开放科学和大型开放数据集

当今的许多科学活动都集中在与大型数据集的交互上。其中包括创建新的开放数据集并将其作为共享资源服务于科学界及其他领域；以创新方式探索和分析现有数据集；创建一套可在许多不同的使用场景中互连的可共享工具模块。这些数据集和工具构成了新发现的基础，并且它们的质量和易用性是关乎其最终影响力的主要因素，未来的数据分析和人工智能应用可以在此基础上构建。在此，我们讨论了创建大型数据集的不同方式、分析这些数据集的创新方法，以及我们如何利用现有资源并保持灵活以应对新出现的挑战。

随着越来越多的科学数据集在 FAIR 原则下创建，迫切需要找到让数据开放且真正好用的方法。通常，科学家会将数据转移到自己的电脑上进行分析。但随着数据量越来越大，这变得越来越困难。因此，科学家正在学习如何“将分析转移到数据中”，即在与数据储存库位于同一位置的计算机上执行数据分析，而这种分析通常作为智能数据服务提供给客户。在数字世界中，大多数数据集都可以通过服务访问，我们不仅要重新思考“数据生命周期”，还需要考虑“服务生命周期”。

随着科学家越来越热衷于使用先进的机器学习和人工智能技术来增强他们的分析，必须强调，需要有经过良好校准的参考数据和基准数据[2]。ImageNet 数据挑战赛的创建是深度学习的一个转折点，但对于不同的科学领域来说，并没有太多类似的赛事。我们已经看到作为机器学习项目的训练集，SDSS 和湍流数据的使用有了迅猛的增长。大型的、可靠的“AI 就绪”参考数据集将为在科学中创建新的 AI 应用带来新的突破。科学结果的可复制性要求公开获取基础（甚至是原始）数据。

建立大型数据集有不同的模式。这些数据可能源于一个大型实验，也可能源于大量边缘设备（传感器、基因测序仪、炉管、显微镜）的数据集合；它们可能源于世界各地相关但不同的数据聚合（虚拟天文台、社会学数据、气候观测）；也可能源于实时流（对推文的分析、多信使天文学）。大型超级计算机模拟本身也成为新的工具，它们的输出现在可以达到PB级别（流体动力学、气候建模、宇宙学N体）。

在SciServer上，目前我们有足够的计算资源来支持直接在存储上的服务和分析（约8000个核），部分原因是我们将NSF资助的100节点DataScope集群（升级后）转换成了虚拟化的Kubernetes编排共享环境，在那里，人们可以使用预安装的工具来运行定制的工具进行分析。

吉姆·格雷曾经说过："除了成功或失败，你没有什么可害怕的！"[21]事实上，我们的担忧之一是，随着越来越多的人关注繁重的深度学习任务，任何免费的计算环境都将会很快耗尽容量。解决办法之一是对本地系统上的免费分析计算进行合理限制，同时确保商业云有弹性溢出，在商业云中，最消耗资源的分析可以扩展。

我们正在与AWS和微软合作，创建一个完全透明的环境，其中一些计算（甚至一些数据）可以驻留在其中一个云中，并且超过我们可以免费提供的计算成本的部分可以在那里执行。例如，使用NSF保证的云分配，或者他们可以使用开放存储网络将一些数据移动到XSEDE。我们已经在两个云中都有了SciServer的工作版本，而且我们也有直接的私有光纤连接到两个云中，这可以让我们能够避免摄取和出口费用。这有效地为基于云的学术计算提供了一种新的商业模式：数据永久存储在我们身边，但我们会及时将数据流传输到云中，并立即返回结果。目前，我们正在研究如何使整个弹性溢流尽可能完美。这还需要对新型流媒体算法进行能力提升。

越来越多的中型项目的出现将改变科学计算的本质——它们将变得越来越机会主义。计算环境将需要适应这种情况。当大型数据集的一部分位于不同的商业云中时，我们需要考虑数据"及时"流式传输到可以与其他集合交叉关联的地方的情况。联合学习方法正在兴起[22]，其中数据聚合是在本地构建的，然后跨国界共享，并且在这些大型集合（或草案）上执行学习，从而避免了移动原始数据。

3.7 长期高价值数据集

大数据正在从根本上改变科学研究。有许多重大的研究工作往往跨越几十年，收集了海量的数据。这些大型的、开放的数据集的大部分分析是由更广泛的科研群体进行的，他们通常是通过智能数据服务访问开放的数据存档。创建智能、协作的数据分析环境是一种新兴的趋势，其中大部分的数据分析都可以在这些环境中进行。这些工作开始于几十年前，首先是在高能物理领域，然后是许多其他学科领域。今天，我们几乎在物理研究领域［大型综合巡天望远镜（LSST）、阿塔卡玛大型毫米波天线阵（ALMA）、斯隆数字巡天（SDSS）、地球观测系统（EOS-DIS）、地球立方（EarthCube）、海洋观测计划（OOI）、材料基因组计划（Materials Genome Initiative）、人类基因组计划（Human Genome Project）、费米实验室、欧洲核研究机构大型强子对撞机］的每一个方面都有这样的项目。这些项目产生的数据可被使用长达50～70年。

这些项目的总成本往往在几亿美元甚至几十亿美元之间。这些数据将在几十年内保持独特的有用性。有许多研究如何从如此大规模数据中获益更多的工作正在进行。主要方向是建立一个共同的数据生态系统，由所有参与数据收集工作的项目共享。然而，由于许多项目需要特定领域的专门知识和特定软件，数据共享有一定难度。海洋学家的工具与基因组学、粒子物理学或天文学几乎没有共同之处。因此，数据处理和分析软件的大部分开发都是孤立地开发的，常常是“重新发明车轮”，即使是那些本来可以共享的组件也是如此。

然而，情况却越来越糟糕。随着这些大型项目的第一代仪器在数据收集方面已经接近尾声，当原有的仪器慢慢变得过时，一个新的挑战正在出现：仪器停止后的数据将会面临什么样的命运？这是一个比最初可能出现的问题要困难得多的问题。即便是为了解决这个问题，我们也需要建立一个共同的“通货”，在这个通货上可以进行更容易地比较，并制定一个合理的决策过程。让我们尝试对数据的价格、价值、成本这三个不同的方面进行定义和量化。

数据的价格是创建一个大科学项目的数据集合所花费的成本。它包括对设施的资金投入，数据基础设施，操作仪器的成本，剔除数据、建立和运行一个开放的和可访问的数据归档、源源不断地收集活跃的数据的成本等。这就是数据的价格，资助机构投入了多少资金来创造这种独特的资源。总的来说，这个过程比较清晰，容易理解，并且在实验运行的过程中，项目的各个方面都得到了很好的控制。

数据的价值体现在它产生了多少科学成果。虽然很难以算法的方式对科学研究的结果赋予货币价值，但我们可以使用另一种近似度量。每一篇发表在权威期刊上的科学论文都代表了一项耗资约 100 万美元的研究工作。这就是花费在支付学生、博士后、研究工具、计算机时间上的科研经费的多少，才能够写出合意的论文。分析一个数据集的论文数量表明，研究社区成员愿意花费多少自有的研究资金在这个特定的数据集上。他们用自己的研究经费对数据的价值进行有效地投票。

“数据成本”衡量的是在稳定状态下，也许是在原文件被关闭，不再有新的数据被添加到存档之后，以开放和可访问的方式保存和继续为社会服务的数据每年花费的成本。这项任务不仅仅是简单拷贝，而是基于一个大数据库动态地处理数据。这需要比在磁盘上复制数据多得多。操作系统的变化，数据库系统的变化，浏览器的变化，计算机硬件的变化，以及用户的期望都在增加。

3.7.1 比较价格、价值与成本

我们可以以 SDSS 为例。迄今为止，数据的价格约为 2 亿美元。该项目的数据产生了约 9000 篇已发表的论文，即在此期间吸引了约 9 亿美元的研究资金。从这些数字可以看出，总体上，这是一笔非常值得的投资。

在运行数据集 20 年后，我们估计未来维持必要的技术进步的成本约为每年 50 万美元。以价格表示年度成本：50 万美元/2 亿美元 = 0.25%。我们可以看到，在项目预算中增加 5%，将使档案有 20 年以上的保障。如果数据集的持续运营带来一年只需发表 5 篇论文，那么保持数据集的持续运营仍然是合理的投资！

目前，美国国家天文学旗舰项目“鲁宾天文台”的案例很类似。预计到项目结束时，价格约为 12 亿美元，成本约为 600 万美元/年，即 600 万美元/12 亿美元 = 0.5%，与 SDSS 相似。

与数据的价格相比，运维成本是相当小的，但我们没有一致的计划或长期的资金机制来解

决这个问题，特别是如果我们不仅考虑利益，而且考虑风险。如果我们不能证明过去的投资得到了充分的保护、保存和照顾，那么仅仅一个数据集的潜在损失或损坏将对科学造成巨大的损失。如果我们不能证明过去的投资得到了充分的保护、保存和照顾，那么它也必将危及国家继续资助未来实验的意愿[23]。

3.7.2 一种可持续的数据基础设施

我们已经谈到了长期数据保存的成本，但没有谈到谁是维护服务的人。一般来说，我们已经投入了相当数量的资金用于网络基础设施、数据服务和软件工具的开发。潜在的（往往是隐含的）预期是，这些服务将在某一时刻变得自我维持。我们来分析一下这个问题的不同方面。

一方面，期望为所有人提供开放、免费的数据服务，与开放科学、科学的日益民主化相呼应。另一方面，开放数据只有以实用的方式获得，意味着智能服务，用户不需要花费任何成本就可以使用。我们可以将开放的数据放到亚马逊云中，但是如果每个用户都必须用他们的信用卡支付数据访问和计算，那么就会有很多不满意的用户。此外，在这个模型中，仍然需要有人为环境和用户界面的持续改进与进化付出代价。有些项目也许能够招募众筹，但即使是 arXiv 也没能仅靠自愿捐赠而存活下来。

长期数据保存有三个方面：开放/免费数据，可用/可访问数据，以及自我维持，类似于项目管理的三条腿：快/好/便宜。你可以选择任何两个，但不是全部。如果我们想获得免费和可访问的数据，那么有人就必须为维护这些服务而付出代价。如果我们想要免费和可持续，那么我们就可以把数据放在磁盘上，把它放在磁盘上，希望不会发生什么坏事，但不能提供高级的、智能的服务。最后，如果我们想获得可及性和可持续性，但没有外部资金，我们将不得不收取用户费用，即传统的出版模式。这是需要解决的问题。

3.7.3 谁能长期保存数据？

从科学出版的演进中得到的最大教训是，科研群体将永远需要一个可信任的中介来处理收集的知识，不管是以文献还是数据文件的形式。我们应该通过考察提供长期数据保存所需的标准，谁将是这个可信的中介。我们需要找到具有以下一个或多个特征的组织：

（1）具有可预测的、稳定的、未来的长期记录；

（2）受到科学界的信任；

（3）理解知识保存；

（4）技术上有能力；

（5）可以在可持续的模式下运行；

（6）没有单一的失败点。

让我们对这些标准进行详细的阐述。为了这个讨论，我们假设一个可预测的未来意味着 50 年。在过去的 2 年中，一些联邦机构没有成功地为他们的数据维护一个安全的避风港。如果没有科学社区的帮助，我们就会看到一个重大的破坏，成为遗产数据的重大灾难。目前尚不清楚，即便是围绕大型仪器建立的国家实验室或联邦研究机构，在 50 年的时间尺度上也会有稳定的使命和存在。

可能在地球上存在时间最长的稳定组织是天主教会，其次是大学及其图书馆。虽然教会并不特别受到科学界的信任，但大学图书馆已经为科学家服务了数百年。我们几乎可以确信，主要研究型大学在未来 50 年左右的时间里还会有图书馆。这些图书馆可能与今天的机构或馆藏大不相同，但它们为后代保存科学知识的使命始终如一。

虽然今天图书馆的数字技能可能与一些更先进的技术中心的数字技能不相上下，但它们已经被数字革命所颠覆，并开始积极地实施当今技术所要求的快速变革。一个由研究图书馆组成的联盟，再加上领域科学家和数字档案工作者的集群，可能为这些挑战提供一个几乎不可或缺的解决方案。将多个库作为一个大联盟的一部分参与，可以避免单点故障，并且可以很好地访问广泛的局部领域知识。

3.7.4 长期职业发展路径

当今的数据档案大多由一个高层管理团队负责监管，成员通常是国际公认的领域科学家。他们虽然在国家实验室或研究型大学任职，但经营数据设施的资金主要依赖官方科研经费，其职业生涯也维系于实验项目的持续资助。资深数据科学家或者更好的“数据架构师”是独一无二的，他们让“火车准时开行”。他们在领域方面的专门知识，结合对底层数据系统的深刻理解，使他们知道应如何建立社区，以及社区该有什么功能。他们构成了高级管理层、用户社区和执行日常维护任务的低级程序员之间的桥梁。然而，他们没有稳定的职业发展道路。

当数据集从“活跃使用”变为“遗产存档”时，这种矛盾变得更加明显。这些资深的数据架构师，投入了几十年的时间，他们的大部分科学生涯专注于相同的数据集，正是最能监督数据向长期托管过渡的人选。无论数据迁移到哪里，他们都要跟着走。

3.7.5 可持续融资：一种数据信任？

毋庸置疑，任何新的组织都不会自动获得可持续的能力。然而，图书馆是用来筹集资金的，如果他们需要资金来获得和保管一个稀有标本，就像一个古老的法典一样。一种可能的途径是寻求捐赠以建立数据信托，其中捐赠的利息收入将用于支付数据监护的成本。就未来而言，我们可以设想建立公私伙伴关系，由联邦机构为一项罕见的数据收集提供一次性捐款，或者，例如，使一个运行了 30 年的项目能够开始将年度捐款转化为一个基金，该基金将继续积累复利，如退休账户。

3.7.6 隐私问题

吉姆·格雷曾经说过：“我喜欢和天文学家一起工作，因为他们的数据毫无价值！”许多科学数据没有任何直接的货币价值，这的确使生活变得更加轻松。然而，并不是每一个数据集都是如此。在社会科学和生命科学中，存在着大量的个人隐私信息，甚至在物理科学中有些研究具有严重的商业性和/或保密性问题。显然，我们需要仔细思考开放数据以及如何确保隐私和数据安全。

3.8 未来发展趋势与展望

收集和管理大型开放数据集非常困难。我们离拥有一个通用的、现成的、适合所有情况的解决方案还很遥远。在过去的20年，我们在很大程度上创造了应对挑战的解决方案。虽然我们在前进的道路上学到了很多东西，但是我们仍然在应对新的挑战（如已出现的长期数据、机会计算、大规模数据的移动性）。资助机构的支持仍然以响应遇到的问题需求为主，而不是有远见的提前投入避免问题。因此，大部分资金被用于解决昨天的问题。

现在是时候考虑整个科学事业在10年的时间尺度上向何处迈进，以及我们如何能够用未来证明我们的计算模型。显然，单个大学，甚至是国家资助机构无法在规模经济上与商业云提供商竞争。我们可以想当然地认为，给定时间，很大一部分科学数据将在商业云中找到一个长期的家园。这些年来，会有一个逐渐过渡到这个未来的过程。

在云环境对于大规模科学数据来说过于昂贵的今天，本地存储数据的成本仍然与移动到云端的成本相差5～7倍。考虑到科学经费很难短期有巨大变化，它将显著降低商业存储成本，以使商业云模型可行。一般来说，科学家似乎更容易接受比目前的云产品更弱的鲁棒性，以换取更低的价格。出口费也阻碍了云计算获得更广泛的接受。然而，一旦学术网络与云端建立了足够快的专有光纤连接，就应该有可能就科学数据的出口费用进行广泛的豁免谈判。这也将推动云间科学分析。现场实例的计算成本已经与本地计算的成本相匹敌。一旦我们有了快速和廉价的方法来移动云中和云外的数据，这就成为做机会计算的可行方法，正如最近已经证明的那样[24]。

然而，正如我们的中尺度仪器的例子所示，我们将永远需要PB级的本地存储——这类似于“第一米问题”。需要捕获来自高科技仪器（例如，冷冻电镜）的超快突发数据，并将其缓冲在仪器旁边，然后将处理和长期存储的数据传输到另一个位置。这种情况将一直存在。

GPU的快速发展是科学计算领域面临的又一重大挑战。现在的神经形态硬件有1年的生命周期。每个人都希望使用最新的GPU或TPU卡，而新的芯片架构比传统的CPU发布频率快得多。这就为按需租算力提供了越来越大的激励，只需在当地购买一个基础级别的核心设施。这意味着，在本地资源和商业云之间不断需要弹性的溢出和科学代码的转换。

不同的云层提供了截然不同的扩展环境。虽然所有这些都依赖于Kubernetes集群系统和随处可得的标准AI包，但管理扩展的方式却截然不同。这意味着，大多数科学软件将需要在未来几年重新设计，以使我们的数据和代码都符合ARCO标准［易于分析（Analysis Ready）和云存储适用（Cloud Optimized）］，并且可以在任何地方传输。这将需要大量的软件工程工作[24]。例如，我们需要开始使用数据抽象，而这些数据抽象对于数据是否来自可移植操作接口（POSIX）文件系统或云对象存储系统是不可知的。

今天的科学软件很多都是由研究生编写的。未来我们将看到更多的“软件蓝领”[25]：从开源仓库中复用软件。我们将看到科学界将对科学研究中的软件工程给予更多的重视和尊重，这也将反映在大学生职业道路的选择上。就像前面章节提到的架构师和实施者一样。这一转变大概需要10年时间，但这一定会发生。

未来将发生关于我们如何收集数据的革命。今天，我们迷恋于可以轻松地构建许多廉价的数字传感器，这些传感器可以收集和保存少量数据。然而，当我们面临一个艰难的决策时，我们正接近一个临界点。问题是“我们有足够的科学数据吗？还是我们想要更多？”没有哪个科学家会对这个问题说“不”。但它是对一个不适定问题的错误回答。每个科学家都希望得到更多的数据，这些数据与他们的研究相关，包含新的信息。没有科学家想要充满噪声的数据，占用更多的存储空间，花费更长的时间将噪声从相关项中分离出来。一个极端是，我们可以收集我们可以想到的一切，并将整个实验的预算花费在存储上，然后没有剩余的资源来分析它。另一个极端是，我们花费了所有的金钱在仪器上，但是收集的数据太少，并且没有一个有统计意义的数据集。

正确的权衡应是居中的，通过明智地使用帕累托的 80—20 规则，该规则是，你可以在（正确的）20% 潜在收集的数据上完成 80% 的科学研究。目标是即使在我们开始收集数据之前，也能识别出这个相关的分数。最好的例子是大型强子对撞机，通过使用灵敏的触发器，仅将单个事件的筛出率控制在千万分之一左右。每个实验都需要决定在 80—20，或 99—1，或 9999—1 处设置的阈值，但在未来几年中，我们都将面临寻找平衡点这个挑战。在我们信赖 AI 算法可用来驱动汽车的时代，很容易想象将有类似的算法运行显微镜和望远镜。

总之，尽管在过去的几年中，我们在如何管理大规模、高价值的科学数据集方面取得了巨大的进步，但仍然存在许多挑战，这些挑战将使我们在可预见的未来有很多研究需要完成。

致谢

我们的工作得到了已故吉姆·格雷的指导，感谢他对整个数据科学和数据库领域的巨大贡献，以及他对我们的帮助。同时，对艾尔弗雷德·P. 斯隆（Alfred P. Sloan）基金会、戈登和贝蒂·穆尔（Gordon and Betty Moore）基金会、施密特未来（Schmidt Futures）基金和马克（Mark）基金会的大力支持表示感谢。我们的研究也得到了微软、NVIDIA 和英特尔公司的各种研究基金的资助。此外，我们的研究工作还得到了国家自然科学基金的资助：SciServer 得到了 NSF-1261715 的支持，湍流数据库得到了 NSF-1633124 和 NSF-2103874 的支持，宇宙学 N 体模拟得到了 NSF-1517007 的支持，海洋环流模拟得到了 NSF-1835640 的支持，开放存储网络（Open Storage Network）得到了 NSF-1747493 的支持。

参考文献

[1] Cory Doctorow blog on Data Cascades. https://pluralistic.net/2021/08/19/failure-cascades/#dirty-data.

[2] N. Sambasivan, S. Kapania, H. Highfill et al. (2021). Everyone wants to do the model work, not the data work: Data Cascades in High-Stakes AI. SIGCHI, ACM. https://research.google/pubs/pub49953/.

[3] T. Hey, S. Tansley, and K. Tolle (eds.) (2009). The Fourth Paradigm: Data-Intensive Scientific Discovery. Redmond: Microsoft Research.

[4] D. G. York, J. Adelman, J. E. Anderson Jr. et al. (2000). The Sloan Digital Sky Survey: Technical Summary. The Astronomical Journal, 120, 1579.

[5] The 1000 Genomes Project website. https://www.internationalgenome.org/.

[6] The SciServer platform. https://www.sciserver.org.

[7] M. Taghizadeh-Popp, J. W. Kim, G. Lemson et al. (2020). SciServer: A science platform for astronomy and beyond. Astronomy and Computing, 33, 100412.

[8] The Open Storage Network website. https://www.openstoragenetwork.org/.

[9] The JHU Turbulence database. http://turbulence.pha.jhu.edu.

[10] Y. Li, E. Perlman, M. Wan et al. (2008). A public turbulence database cluster and applications to study Lagrangian evolution of velocity increments in turbulence. Journal of Turbulence, 9, N31.

[11] G. E. Eyink, E. Vishniac, C. Lalescu et al. (2013). Flux-freezing breakdown observed in high-conductivity magnetohydrodynamic turbulence. Nature, 497, 466–469. https://doi.org/10.1038/nature12128.

[12] The Poseidon Project website. https://poseidon.idies.jhu.edu/.

[13] OceanSpy website. https://oceanspy.readthedocs.io/en/latest/datasets. html.

[14] B. Falck, J. Wang, A. Jenkins et al. (2021). Indra: A public computationally-accessible suite of cosmological N-body simulations. Monthly Notices of the Royal Astronomical Society, 506, 2659. Also arXiv:2101.03631.

[15] W. A. Phelan, J. Zahn, Z. Kennedy et al. (2019). Pushing boundaries: High pressure, supercritical optical floating zone materials discovery. Journal of Solid State Chemistry, 270, 705.

[16] A. S. Szalay (2017). From SkyServer to SciServer. The ANNALS of the American Academy of Political and Social Science, 675, 202.

[17] P. M. E. Garboden, L. Fan, T. Budavari et al. (2019). Combinatorial optimization for urban planning: Strategic demolition of abandoned houses in Baltimore. Working Papers, 2019-5, University of Hawaii Economic Research Organization, University of Hawaii at Manoa. https://ideas.repec. org/s/hae/wpaper.html.

[18] G. Lemson (2018). File D B, a pattern for querying cosmological simulations. In Proceedings of the ADASS Conference, P10.7. https://adass2018.astro. umd.edu/abstracts/P10.7.html.

[19] A. S. Szalay (1999). The Sloan Digital Sky Survey. Computing in Science & Engineering, 1(2), 54.

[20] A. S. Szalay, P. Kunszt, A. R. Thakar et al. (2000). Designing and mining multi-terabyte astronomy archives: The Sloan Digital Sky Survey. In Proceedings of the SIGMOD 2000 Conference, Dallas, Texas USA May 15–18, 2000, 451–462.

[21] A. S. Szalay (2008). Jim Gray, astronomer. Communications of the ACM, 51(11), 58–65.

[22] V. Wei, N. Ivkin, V. Braverman et al. (2020). Sketch and scale: Geo-distributed tSNE and UMAP. In Proceedings of IEEE Big Data Conference, arXiv preprint arXiv:2011.06103.

[23] A. S. Szalay and B. C. Barish (2019). The emergence of long-lived, high-value data collections. In Astro2020: Decadal Survey on Astronomy and Astrophysics, APC white papers, no. 16; Bulletin of the American Astronomical Society, 51(7), id. 16.

[24] R. Abernathey, T. Augspurger, A. Banihirwe et al. (2021). Cloud-Native repositories for Big Scientific Data. Computing in Science & Engineering, 23, 1.

[25] G. Wilson (2016). Software Carpentry: Lessons learned [version 2; peer review: 3 approved]. F1000Research, 3, 62. https://doi.org/10.12688/f1000research.3-62.v2.

第4章 数据科学大背景下的人工智能

Rafael C. Alvarado，弗吉尼亚大学数据科学学院，美国弗吉尼亚州夏洛茨维尔。E-mail：rca2t@virginia.edu

Philip E. Bourne，弗吉尼亚大学数据科学学院及生物医学工程系，美国弗吉尼亚州夏洛茨维尔。E-mail：peb6a@virginia.edu

4.1 引言

在数据科学的背景下，应采取一种更全面的观点来看待 AI。AI 目前和未来的成功很大程度上将取决于从数据中学习的能力，并且围绕着一般意义上的数据的新兴科学正在形成。更好的数据意味着更好的 AI 结果。更好的数据包括更多的数据、更完整的数据、更可用的数据、更全面的数据，或者这些特性的组合。这些特性体现在 FAIR 数据的概念中[1]。更好的 AI 结果可以依赖于更好的硬件和软件架构来管理和操作这些数据。AI 的更好结果依赖于人类解释输入和输出的能力。AI 的成功也取决于我们管理我们处于正在改变的社会中位置的能力。简而言之，AI 是分析性的，应该在数据科学更广泛的背景下进行研究，这种研究更全面，并且由实际应用驱动。正如计算科学是从计算机科学应用于不同学科中产生的；数据科学也是从 AI 研究中产生的，它对数据有着永不满足的需求，这意味着，它可以被应用于每一个学科。至少这是在弗吉尼亚大学着手建立数据科学学院时所持的观点："一所没有围墙的学校"。

本章内容不仅仅是关于弗吉尼亚大学数据科学学院的一些研究进展，更是体现我们应如何看待 AI、高等教育需要向前走[2]。仅仅学习某个学科领域的孤立性质，将人文学科和社会学科与科学、技术、工程和医学（STEM）领域分开，正在导致各种社会问题。此外，许多 AI 的创新都来自学术界之外，这并非巧合。这反映了一种需要在其围墙之外拥抱创新并将其构建到正在进行的教育和研究项目中的学术文化。从基础架构开始从头设计建立一所学院，不加预设的文化，有望面向未来实现创新。未来，AI 扮演着重要的角色，这恰恰是需要研究并贯彻到学院的建设中去的。

为了探索数据科学与 AI 之间的相互作用，我们首先要简要回顾数据科学的历史。问 10 个人数据科学是什么，你会得到 10 个答案——就像你问这些人如何定义互联网一样，尽管这两个概念都被这 10 个人和数百万其他人每天使用。我们跟随这个简短的历史，给出我们对数据科学的定义，体现在 4 + 1 模型中，其中 AI 是一个独特的部分。然后我们在这个 4 + 1 框架内探索

AI，重点从算法转向系统、人机交互、伦理、政策、法律、正义、心理学等领域。简而言之，这与工程学校通常研究的内容不同，但我们认为这对于数据科学学院是恰当的。

4.2 美国视角下的数据科学简史

数据科学的名字和实践的起源可以追溯到20世纪60年代初。在那个时期，至少有两个数据科学公司：Data Science Corporation 和 Mohawk Data Sciences，分别由 IBM 和 UNIVAC 成立。另有一个主要的研究中心，空军剑桥研究实验室（AFCRL）的数据科学实验室（DSL）。这些组织的建立是为了解决第二次世界大战后美国面临的一种新问题：管理并处理一系列新的数据生成技术产生的大量电子数据。这些技术包括广域雷达阵列、卫星、粒子加速器、高速风洞、地球物理传感器及在物理和军事科学中使用的其他先进仪器，以及用于收集手动输入数据的装置。

这些仪器和工具的输出经常被描述为“数据洪流”——数据产生速度之快、量之大、复杂程度之高，传统的统计方法和现有的仪器无法处理。今天，我们称这种数据洪流为“大数据”，这是一个更广泛、更积极的概念，强调潜在价值而不是即将到来的灾难。情感变化的一个原因是数据科学家和其他人成功开发了管理和处理这些数据的方法和工具。

管理数据洪流的问题可以描述为数据阻抗：科学家和工程师在理解原始研究数据时面临的数据生产过剩和计算能力稀缺之间的持久瓶颈。在20世纪50年代末和60年代初，计算机本质上是复杂的数值计算器，尚未整合集成电路及处理分析数据流所需的专业软件，特别是实时处理。数据处理工程师和科学家不得不改进技术以满足不断增长的需求。当时数据科学与计算机科学的紧密关系可能带来了 Peter Naur 在20世纪70年代提出将计算机科学更名为数据科学的建议[3,4]。

为了克服数据阻抗，研究人员转向了新兴的人工智能领域。模式识别、分类、特征工程、机器学习以及我们现在与数据科学相关联的其他方法，都是 DSL 和当时所谓的“数据处理科学家”用来处理这个问题的方法。这些方法以及促成它们发展的材料条件，推动了计算工具拓展和计算思维边界的进一步发展。到了20世纪90年代，这些发展成果在机器学习的成功以及数据库中数据挖掘和知识发现的新兴领域中显而易见，这些领域已经成为当代数据科学的基础。

20世纪60年代至今，数据科学领域在科学、工业和政府中悄然繁荣，作为处理、管理和从数据中提取价值的科学和艺术。在这段时间里，“数据科学家”的角色经常出现在与数据驱动科学相关的职位广告、新闻报道和政策报告中，从物理学到地理学皆是如此。

尽管数据科学的原始形成发生在美国，但该领域的发展是国际性的。首先，DSL 的发展以及林肯实验室之前的活动都是基于运筹学的发展，运筹学是在第二次世界大战期间英国发明的[5]。随着数据密集型科学在全球的发展，数据科学家的角色在英国、欧洲和日本被认可为科学研究的重要组成部分。

20世纪90年代和21世纪初，数据科学这一术语被少数学术统计学家使用，最初是在日本，后来是美国的统计学家，他们想要找到能拓宽和重塑自己领域的办法，来应对计算统计学和数据挖掘的快速发展与遮蔽效应[6-9]。然而，这个词的使用从未流行起来。作为一个群体，统计学家并没有能够团结起来去更名和扩展他们的领域[10]。就其本身而言，这一个已经建立起来的数据科学的领域仍被视为是像 NSF、JISC 和 CODATA 这样的组织。

2008 年，术语“数据科学”的主要含义发生了改变。它渐渐与一些像谷歌、脸书和领英这种数据驱动的公司的工作联系在一起，这些公司都是将大规模提取和战略使用行为数据作为基础的。这一年是脸书的杰夫·哈默巴赫尔使用了这个术语并将它应用到了社交媒体上，以管理其产生的大量数据并开始货币化，效仿谷歌发明的基于机器学习的商业模式[11,12]。另外，通过像 FlowingData 的邱南森（Nathan Yau）这样的博主的努力和 O'Reilly 等行业思想领袖的推动，这个术语变得很流行[13-16]。2012 年《哈佛商业评论》将这一领域称为“21 世纪最性感的工作”[17]，这源于 2008 年谷歌首席经济学家哈尔·瓦里安（Hal Varian）在接受麦肯锡的采访时说的一句俏皮话[18]。

在这些事件之后，“数据科学”这个词变得流行起来，在这一行业里对于数据科学家的需求快速增加。数据科学变成了一种先进的商业智能形式，它基于统计学、数据挖掘、人工智能、计算机科学，建立在一系列生成大数据（如由社交媒体、大量的传感器产生的数据）的基础上，这些数据远远超越了几十年前的数据洪流源。它渐渐与许多从新业务环境里诞生的软技能联系在一起，如需要可视化沟通的结果、理解数据商业价值的需求，这被认为是新的宝藏[19,20]。

学术界对产业需求的回应一般都很迅速。在美国和其他一些地方，建立了成百上千个数据科学及相关领域的硕士学位点，这激发了学术界一系列变化，促进学生、人才和内部资源向此方向倾斜，从系统工程、计算机科学到统计学、各种与计算科学相关的学科，全面将发展重点转向这个交叉领域。尽管之前数据科学这门课在学院并未开设过，这些相关领域的发展支撑了课程的形成和教师队伍的发展，基于此构建了丰富的学科建设，且扩展迅速、富有活力。

虽然有了这些发展，数据科学的核心在它整个历史中仍旧没有改变。无论是在模拟军事空域、全球气候、人类基因组还是消费者行为的背景下，数据科学关注的都是数据阻抗的管理和利用。有一个基本结构在每一个应用领域依然存在：结合大数据和人工智能生成数据。可以肯定的是，数据科学家用来从数据中提取价值的工具并不局限于人工智能。从一开始，统计学和数据分析的方法就与运筹学和统计物理学的方法一样，起到了至关重要的作用。但这些并不能区分数据科学领域，也不是它产生的原委和成功的原因。数据科学是因为它与数据科学技术的深刻联系而作为一个独立领域存在并繁荣发展，这些数据科学技术可以追溯到自动化数据处理和雷达的时代，以及当前社交媒体、大数据、云计算、数据挖掘和深度学习的时代。

4.3　数据科学的“4 + 1”模型

在这一历史视角下，如何建立一个数据科学学院，并确定人工智能在更广泛的领域和机构中的作用？这是一个我们仔细思考过的问题，并在三个可交付成果的背景下得出了一个适合我们的模式：独特的研究贡献；适用于各种各样的垂直领域的教育；为本地、国内和国际的利益相关者提供负责任的服务。我们把这叫作“4 + 1”模型。

贯穿数据科学历史的一个共同的主题是，数据科学家的本职工作是在数据经过一系列阶段时进行引导。这个过程常被喻为管道（或称作工作流）。从 20 世纪 50 年代作为“数据处理科学”的模型，到 90 年代用于数据挖掘的 CRISPDM 模型[21]，再到玛丽·梅森（Mary Mason）和克里斯·威金斯（Chris Wiggins）在2010年提出的数据科学分类法[22]，这一“工作流”已经有了一种十分稳定的形式：数据被摄取、存储、清理、转换、分析和建模，然后根据具体场景进行可视化、报告或部署。尽管管道的形象可能意味着与数据和用于处理数据的技术之间的被动关系，但这是不确切的：数据科学家的工作通常涉及创建或修改管道的组件，包括硬件、软件和模型。

数据管道的各部分意味着劳动分工，无论是由个人还是团队执行。当被看作流程各个部分时（图4.1），在管道的起点和终点对齐的地方，我们可以识别至少4个涉及的知识和专业知识领域：“4 + 1”模型中的“4”。

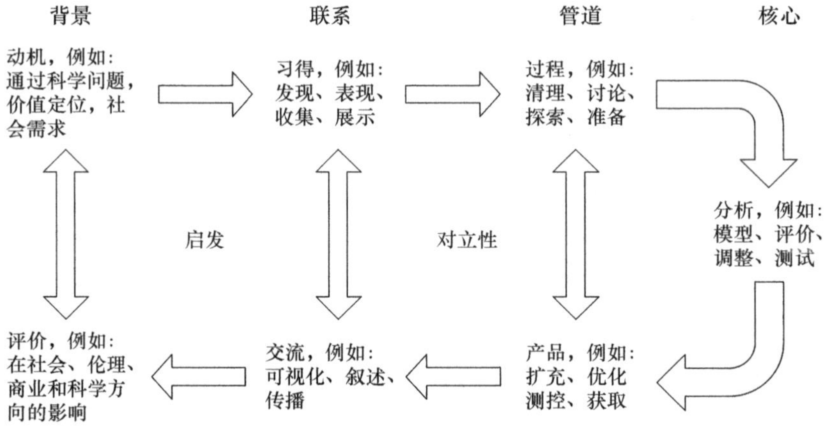

图4.1　数据科学系统关系图

这4个部分详述如下：

（1）数据硬件和软件系统（管道）。硬件架构和软件开发方面的专家，主要工作是支持数据存储和探索与生产大规模的高性能数据产品，或其他支持数据处理的计算工具。随着数据设计，当数据移动进出管道时，它主要出现在图4.1中的上侧与下侧。与计算机科学、信息技术相关工程、云计算、DevOps、编程语言、网络安全，以及构建实际系统所需的其他具体知识。

（2）数据设计（联系）。通过数据模型表示现象的专业知识，以便可以对其进行机器处理和数学分析，以及将分析结果传递给决策方和科学研究中的非专业人士。它出现在图4.1的中间相连部分，原始数据是输入的，分析结果是输出的，涉及人机交互、可视化、信息学、知识表示、数据库设计等领域，重点研究人机通信。

（3）数据分析和建模（核心）。擅长数据分析和数学建模。它产生于图4.1的右侧，在数据已经准备好建模之后在建模结果最终确定之前。这部分与统计学的运筹学、模拟、机器学习等方法有关。简而言之，就是大多数人认为的人工智能的区域。

（4）数据伦理和价值（背景）。这部分涉及构建数据的战略或科学价值方面的专业知识，以及对数据产品的社会影响的批判性理解。该部分位于图4.1的左下侧，其通过实验收集或提取来产生数据。与哲学、人类学、法律、商业等领域有关的研究，重点是对人类价值的理解。

在实践中，这4个领域应用到特定领域（“+1”）时，会结合起来，如基因组学、环境科学、金融交易和任何其他可以想象的垂直领域。当应用于一个域时，“4”相互补充，并且经常重叠。

4.4 “4 + 1”模型视角下的人工智能

4.4.1 数据硬件和软件系统

人工智能的崛起与数字数据的数量和多样性，以及系统处理和发现这些数据中的特征的能力密切相关。特别是深度学习，它包含了对大量数据执行的重复任务，因此适合于大内存的单条指令架构。GPU 擅长的就是这个方面。GPU 最初是为了支持游戏中的图像处理，但它推动了深度学习的发展。结合如 NVIDIA 的 CUDA 的软件开发，产生了 PyTorch 和 TensorFlow 等工具，使深度学习和更广泛的人工智能变得更加普及。将 GPU 和传统 CPU 结合起来提供了一个强大的计算环境，但是在哪里计算呢？在云计算中，在机构内部，还是通过一种混合的方法？在培训数据科学家时，这成为一个有趣的困境，这点可谓仁者见仁智者见智。数据科学硕士的学生希望访问在弹性环境中运行尽可能多的 GPU/CPU 算力。当成本不是问题且资金充足时，这当然没问题。但在学术界资金从来都是有限的。因此，当讨论支持人工智能的系统时，学生用于学习的系统和未来他们工作时的系统是不一样的。

当涉及数据科学的系统组件时，在数据科学培训和数据工程培训的背景下，出现了进一步的矛盾关系。根据大多数定义，两者都包含人工智能的元素，但数据科学比数据工程包含更多的人工智能，而算力系统更少，数据工程专注于数据科学家使用的工作流，强调数据架构、数据库和数据仓库。

4.4.2 数据设计

从人工智能的角度来看，数据设计与人类决定确定什么数据对研究有意义以及这些数据的完整性有关。该研究的结果（数据输出）如何由研究中的利益相关者进行解释，这是基于该系统的工作流的另一端。例如，对医学文献的自然语言处理研究，试图发现一种给定药物的副作用，可以权衡所研究文献的真实性。但是如何得出加权方案，它引入了什么偏差呢？结合来自临床试验的数据增加了重要的补充信息，但也增加了隐私带来的隐患，这将涉及伦理问题。更不用说那些因为不成功而没有被报告的试验数据，增加了进一步的偏差。类似地，也有像 Tableau 这样的工具提供了简单的方法，以易于解释的可视化方式操作数据和报告结果。有价值，但要受到“丝带的诅咒”。这个比喻指的是，蛋白质和 DNA 的分子结构看起来像交织在一起的丝带。DNA 双螺旋在这方面是标志性的。然而，它们是如此根深蒂固，所以很容易相信这是一个分子结构的真实样子，而实际上它是一个高度扭结在一体的实体，经历着复杂的运动，往往无序至极。丝带既是一种祝福，也是一种视觉提示，还限制了我们的思维。因此，进行任何人工智能分析可视化的结果时，我们必须教我们的学生超越“丝带思维”，鼓励他们寻找替代的表现形式，并为其他人开发这样做的工具。

4.4.3 数据分析和建模

这部分的内容在业内被充分研讨过。在这里，我们只进行一些与人工智能相关的宽泛的介绍。负责任的数据科学的概念超出了下文将介绍的数据伦理和价值，恰恰说明了人工智能的局限性，以及我们研究和教授人工智能的人的局限性。除了直接从事该领域的人之外，人工智能在能力、限制和威胁方面还没有被很好地理解。它已经对我们所有人的生活产生了深远的影响，但很少有人理解颠覆性的技术对我们的社会即将产生的影响。社会职业的转变正悄悄演进——传统的工作被人工智能取代，并因此创造了新的就业机会。当我们解决以下问题时，这将会让我们感到不安：在一个人工智能在我们过去所做的许多工作上都做得更好的社会中，人类还意味着什么？一个古老的论点可以追溯到卢德“争论”，但当我们所做的事情和我们如何生活的各个方面都被打乱时，它就显得更加深刻。人工智能对人类意义问题产生的心理影响很少受到关注，我们必须培训一代又一代的数据科学研究人员来思考和解决其影响。对自动化的恐惧是一回事，因为它消除了进行体育活动的需要；消除精神需求则完全是另一回事。他们必须从了解人工智能开始，以及以一种广泛可访问的方式传达人工智能的优势、劣势、机会和威胁的能力。到目前为止，这些问题已经交给了研究人工智能的工程和信息科学学院。我们认为，这并没有达到必要的水平，他们往往扮演着一个非常次要的角色，而且没有足够的合格教师来解决这些问题。数据科学是一个新的机会，因为它的实践者广泛地跨越了政策、法律和人文学科，这些学科对话语有很大的贡献。

这种理解始于认识到“如何实现”是容易的部分，“为何如此”却不那么容易。这就是如何收集适当的数据，定义一组要探索的特性，运行一个机器学习工作流，并获得一个结果是相对容易的。为什么你得到的结果就不那么严重了？考虑一个例子。《科学》杂志今年的突破是DeepMind 使用人工智能管道 AlphaFold，有效地解决了一个被分子生物学家视为分子生物学圣杯的问题。如何从一维氨基酸序列中预测蛋白质的三维结构？这将在本书的其他章节中详细介绍。这里的重点是，我们可以预测最终的结果，但不能预测折叠发生的过程。我们已经有效地解决了蛋白质结构预测问题，但没有解决蛋白质折叠问题。后者需要理解为什么 AlphaFold 可以工作——可解释的人工智能和理解导致最终折叠状态的生物过程。尽管如此，知道最终状态有巨大的意义，可以加速从药物发现到食品生产再到能源生产。

这就是为什么要把我们带到可解释的人工智能的领域。可解释的人工智能遵循三个原则：透明度、可理解性和可解释性。我们回到这个问题，首先考虑 4+1 模型中的第四象限——数据伦理和价值。

4.4.4 数据伦理和价值

正如人们普遍认为食用西蓝花对健康有益，尽管人们可能并不喜爱，但人们仍需研究并思考所从事活动可能带来的伦理后果。这种不喜爱往往缘于对其缺乏深入理解，至少在规范性层面上如此。在 STEM 教育中，伦理学和价值观念通常不被作为重点进行深入研究，而伦理学家在更广泛的哲学课程中也往往不涉及 AI 的基础知识。这种现状反映了当前教育体系的分割问题。我们需要的不仅仅是让 STEM学生有机会选修一两门伦理课程，或者让伦理学家学习一些基础的 AI 知识。我们需要的是在两个领域之间建立一种整合的文化。作为数据科学学院，我们的方法是通过 4 + 1 模型的视角来审视我们所教授和研究的一切内容，从而将数据伦理和价值观念融入教学和研究的核心，而非仅仅作为事后补充。实现这一目标具有挑战性，需要时间和不同的思维方式。当前，我们缺乏足够多能够在这两个传统上分离的领域之间进行思考的导师。首要任务是培训这样的人才，并随后建立起超越学科界限的声誉。目前，伦理学家对领先的 AI 研究人员及其工作了解甚少，反之亦然。如果采取一种特别悲观的观点，我们社会的未来发展可能取决于这种跨领域的理解和合作。我们必须教育下一代 AI 研究人员和数据科学家具备前瞻性思维。可理解的 AI 是这一使命的重要组成部分。

4.5　可理解的 AI

如果数据科学的起源和功能发展在于将 AI 应用于大数据以提取价值，那么开发可理解的 AI 就适用于数据科学工作流的每个核心领域。尽管大部分关注都集中在深度学习算法的黑盒特性上及其引发的伦理问题，如当人脸识别软件被发现存在种族偏见时 [23]，但使 AI 变得可理解的问题远不止于此。

正如数据科学家利用 AI 来管理和利用数据，AI 也利用大数据来发展和完善其模型。从经典的机器学习到当前的深度学习，大多数 AI 模型的实现都依赖于大量数据集，用于训练模型和发现规律。要理解 AI 解决方案，需要详细揭示工作流的每个组成部分，从数据集的提取和创建，到将数据产品部署给用户。例如，ImagNet 和 BERT 等产品不仅以其算法设计为特征，而且也以其特定的数据集为特征。它们还由用于结构化数据的数据库模型定义，以及组织部署模型的具体方式。在这种情况下，可解释性有两个显著的维度：认识论维度，涉及知识；伦理维度，涉及正义。利用 AI 推进知识发展的科学家（如使用深度学习模型预测蛋白质折叠）希望将模型发现的规律概括为理论知识。他们还希望了解如何复制结果以验证理论。受到 AI 产品监视的公民有权了解该产品的实际工作原理。他们希望了解产品编码的假设是否公平，而不仅仅是其性能表现。

通过在工作流的每个阶段开发开放的程序，可以解决认识论和伦理问题。纠正和暴露深度学习隐式模型的工具和方法正在开发中，并已取得一定成果 [24]。然而，工作流的其他部分也同样重要。应记录数据的发现和获取方法，提供原始数据集（在数据科学家进行修改之前的状态）供检查。数据库应遵循标准，并按照链接开放数据标准实现互操作性。数据整理过程应识别所做的假设和遵循的具体程序，以清洗和塑造数据来满足模型的要求。同样，数据产品的规格及其在决策中的角色应被记录并提供给所有利益相关者。

最终，真正可解释的 AI 将有望在数据科学家的努力下实现。

4.6　结论

AI 的发展受到大量数字数据的驱动。从广义上看，这些数据背后的科学以及在各个可能领域中的探索自然地形成了数据科学。我们可以将 AI 视为在数据科学中应用的一套分析技术，并在此框架下看待 AI。我们提供了一种解释这一框架的方法，即 4+1 模型，该模型正在被弗吉尼亚大学数据科学学院积极采用。我们未来几年的工作之一是评估该模型在研究、教育和服务中的适用性。该模型基于一个数据管道，这个管道在数据科学成为一个领域之前就已经存在，并且经过了验证。随着数据科学在我们社会中变得越来越重要，同时发生改变的是进入工作流的数据量和复杂性，计算机基础设施、工具、方法，以及参与该领域的研究人员的数量。

这种核心地位既是机遇也是挑战，并且无疑是颠覆性的，正如我们正在经历的那样。与以往的颠覆性事件遭遇的一样，流行文学和媒体似乎更关注 AI 的负面信息。作为从业者，我们有责任学习足够的知识，并向公众传达一种更平衡的观点。数据科学提供了一个更广泛的背景来支持这种平衡观点，我们在这里提供了一种实现这种更广泛背景的方法。这是我们教给学生的，以便他们能够实践并传达对我们共同未来具有重大意义的内容。

参考文献

[1] M. D. Wilkinson, M. Dumontier, I. Aalbersberg et al. (2016). The FAIR Guiding Principles for scientific data management and stewardship. Scientific Data, 3(1), Article no. 1. doi: 10.1038/sdata.2016.18.

[2] S. Galloway (2020). Higher education needs an overhaul. Insider, 2 December 2020. https://www.businessinsider.com/scott-galloway-how-to-makehigher-education-more-accessible-2020-12.

[3] P. Naur (1966). The science of datalogy. Communications of the ACM, 9(7), 485. doi: 10.1145/365719.366510.

[4] P. Naur (1974). Concise Survey of Computer Methods, 1st edn. New York: Petrocelli Books.

[5] M. W. Kirby (2008). Operations research in World War Two: Its role in RAF Fighter Command. Military Operations Research, 13(1), 65–72.

[6] C. Hayashi (1998). Data science, classification, and related methods. In Proceedings of the fifth Conference of the International Federation of Classification Societies (IFCS-96), Kobe, Japan, March 27–30, 1996. Kobe: Springer.

[7] N. Ohsumi (1994). New data and new tools: A hypermedia environment for navigating statistical knowledge in data science. In New Approaches in Classification and Data Analysis. Berlin: Springer-Verlag, pp. 45–54.

[8] C. F. J. Wu (1997). Statistics = Data Science? https://www2.isye.gatech.edu/~jeffwu/presentations/datascience.pdf.

[9] W. S. Cleveland (2001). Data Science: An action plan for expanding the technical areas of the field of statistics. International Statistical Review/Revue Internationale de Statistique, 69(1), 21–26. doi: 10.2307/1403527.

[10] D. Donoho (2017). 50 years of Data Science. Journal of Computational and Graphical Statistics, 26(4), 745–766. doi: 10.1080/10618600.2017.1384734.

[11] J. Hammerbacher (2009). Information platforms and the rise of the data scientist. In Beautiful Data: The Stories Behind Elegant Data Solutions. Sebastopol, CA: O'Reilly Media, pp. 73–84.

[12] S. Zuboff (2019). The Age of Surveillance Capitalism: The Fight for a Human Future at the New Frontier of Power, 1st edn. New York: Public Affairs.

[13] N. Yau (2009). Google's Chief Economist Hal Varian on statistics and data. FlowingData, 25 February 2009. https://flowingdata.com/2009/02/25/googles-chief-economist-hal-varian-on-statistics-and-data/(accessed 4 October 2020).

[14] N. Yau (2009). Data is the new hot, drop-dead gorgeous field. FlowingData, 7 August 2009. https://flflowingdata.com/2009/08/07/datais-the-new-hot-drop-dead-gorgeous-field/(accessed 3 October 2020).

[15] N. Yau (2009). Rise of the Data Scientist. Flowing Data, 4 June 2009. https://flowingdata.com/2009/06/04/rise-of-the-data-scientist/(accessed 31 August 2020).

[16] M. Loukides (2010). What is data science? O'Reilly Radar, 10 June 2010. http://radar.oreilly.com/2010/06/what-is-data-science.html.

[17] T. H. Davenport and D. J. Patil (2012). Data Scientist: The sexiest job of the 21st century. Harvard Business Review, 1 October 2012. https://hbr.org/2012/10/data-scientist-the-sexiest-job-of-the-21st-century (accessed 11 February 2017).

[18] H. R. Varian (2009). Hal Varian on how the web challenges managers. McKinsey & Company, 1 January 2009. https://www.mckinsey.com/industries/technology -media - and - telecommunications/our-insights/hal-varian-on-how-the-web-challenges-managers (accessed 4 October 2020).

[19] J. Toonders (2014). Data is the new oil of the digital economy. WIRED, July 2014. https://www.wired.com/insights/2014/07/data-new-oil-digital economy/(accessed 16 January 2022).

[20] K. Bhageshpur (2019). Data is the new oil — And that's a good thing. Forbes, 15 November 2019. https://www.forbes.com/sites/forbestechcouncil/2019/11/15/data-is-the-new-oil-and-thats-a-good-thing/(accessed 16 January 2022).

[21] R. Wirth and J. Hipp (1999). CRISP-DM: Towards a standard process model for Data Mining. http://cs.unibo.it/~danilo.montesi/CBD/Beatriz/10.1.1.1 98.5133.pdf.

[22] H. Mason and C. Wiggins (2010). A taxonomy of Data Science. Dataists, 25 September 2010, https://sites.google.com/a/isim.net.in/datascience isim/taxonomy (accessed 3 February 2023).

[23] S. U. Noble (2018). Algorithms of Oppression: How Search Engines Reinforce Racism. New York, NY: New York University Press.

[24] S. Palacio, A. Lucieri, M. Munir et al. (2021). XAI Handbook: Towards a unified framework for explainable AI. ArXiv210506677 Cs, May 2021. http://arxiv.org/abs/2105.06677 (accessed 16 January 2022).

第 5 章

AlphaFold——蛋白质折叠问题的终结还是更伟大事物的开端

David T. Jones，伦敦大学学院计算机科学系，英国伦敦高尔街。E-mail：d.t.jones@ucl.ac.uk

Janet M. Thornton，欧洲分子生物学实验室 — EMBL 的欧洲生物信息学研究所（EMBL-EBI），英国剑桥郡欣克斯顿惠康基因组园区，CB10 1SD。E-mail：thornton@ebi.ac.uk

5.1 引言

2020 年 12 月，总部位于伦敦的 AI 公司 DeepMind（现为 Google 的一部分），宣布了一项重大的科学突破，其 AI 系统 AlphaFold 的最新版本被 CASP（蛋白质结构预测技术关键评估）的组织者认定为解决了长期存在的蛋白质折叠问题。这一声明如果属实，无疑将对实验和计算结构生物学产生深远影响。本章旨在将这些新成果置于更广泛的背景下讨论，并探讨其未来的发展方向。

DeepMind 利用了过去 50 多年积累的关于蛋白质结构的几乎所有信息，训练了其强大的机器学习算法。这些算法中的一部分曾在 AlphaGo 项目中使用，并战胜了顶尖的围棋选手。2021 年 7 月，《自然》杂志刊登了描述 AlphaFold 模型的论文，并公开了完整的工作源代码，这对科学界来说是一个极大的惊喜。图 5.1 展示了 AlphaFold 迭代模型的"最差"和"最佳"预测结果，旨在提供一个公允的评价。

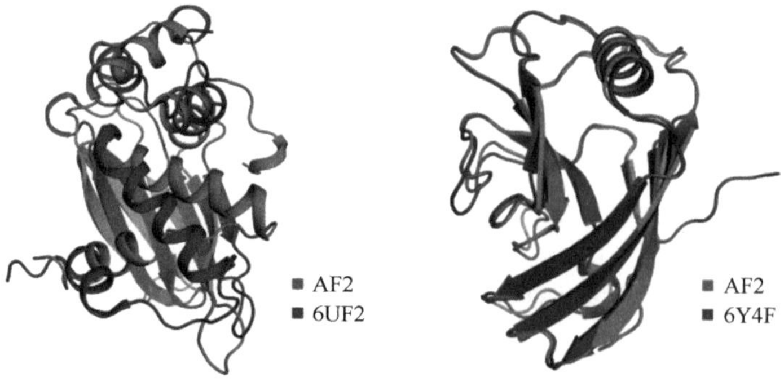

扫码见彩图

（a）T1029　　（b）T1049

图 5.1　AlphaFold 迭代模型的"最差"和"最佳"预测结果

这些图展示了预测模型与后来确定的实验结构的叠加。目标 T1029 揭示了在多聚体结构或大的构象变化方面仍然存在待解决的问题，而目标 T1049 则展示了一个更典型的情况，并突显了 AlphaFold 在没有可用模板信息的情况下建模的卓越能力

5.2 背景

蛋白质是分子生物学的基石，负责执行生物体中的大部分生物化学反应、免疫功能、结构构建和 DNA 解码工作。这些由氨基酸链构成的聚合物具有惊人的特性，最为显著的是它们能够自发地折叠成独特的三维结构，这些结构决定了它们的生物学功能。人类拥有超过 20000 种不同的蛋白质，每种蛋白质都执行特定的功能。目前，只有大约 2% 的人类蛋白质的完整结构，以及 22% 的人类蛋白质的部分结构被确定。基于其他物种的结构建模信息，已为大约 75% 的人类蛋白质建立了相对可靠的模型。对于大多数其他生物体来说，确定的蛋白质结构比例更低。了解蛋白质结构对于理解蛋白质如何执行其生物学功能至关重要，在药物和疫苗设计方面也尤为关键。尽管全球结晶学实验室付出了巨大努力，但仍有大量蛋白质（UniProt 目前持有近 2.1 亿个序列）的三维结构尚未确定，这通常是因为结晶过程困难造成的。

自 1958 年肯德鲁（Kendrew）首次解析蛋白质（肌红蛋白）的结构，以及从安芬森（Anfinsen）那里了解到简单蛋白质能在适当环境中自发折叠以来，科学家一直在尝试通过氨基酸序列预测蛋白质的三维结构。1969 年，大卫·菲利普（David Phillips）实验室首次人工构建了同源模型 [1]，即使用最近确定的溶菌酶结构来模拟相关的 α-乳清蛋白的结构。然而，通常从序列预测蛋白质结构的工作非常依赖于从简单的统计方法到先进的基于硬件的分子动力学模拟计算方法。

机器学习的出现对众多科学领域产生了巨大影响。机器学习在结构预测领域已经使用了近 30 年，如今，由于深度学习等强大算法的开发和高效且相对便宜的算力硬件，蛋白质折叠的计算已经取得了突破性进展。如今，蛋白质折叠问题在多个方面成为测试机器学习技术的理想场所——首先，它是一个复杂的科学问题；其次，相关数据组织规范、免费开放，且数量巨大；再者，有经过充分验证的评分标准（允许结果导向的机器学习）；CASP 实验提供了一个独立的评估过程；并且有一个庞大的科学群体致力于该领域的研究。然而，对如此大规模的数据集进行机器学习会消耗大量的计算资源，尤其是在训练模型阶段。

多年来，如何从序列上预测蛋白质结构的问题一直吸引着科学家，以至于每两年就会举办一次对当时预测能力进行的独立评估——CASP 会议。这个实验自 1993 年成立以来一直由 John Moult 及其同事组织（主要是美国资助），并对该领域产生了深远的影响。每两年，在结构确定之前或至少在结构提交发布之前，这些序列由全球的结晶学实验室提供给预测者。预测者提交他们的模型坐标，一旦实验结构确定，预测就由独立的评估者进行评估——通常每年是不同的专家。结果随后在 CASP 会议上发布和讨论，大约 9 个月后，表现最优异的团队会发表相关论文。在最近的实验（CASP14）中，超过 200 个团队提交了 67976 次预测结果，涉及 84 个目标蛋白质。到目前为止，CASP 的评估目标一直是以单个结构域为主，而不是整条蛋白质链，但结构域的定义是在事后进行的，预测者事先没有得到任何关于结构域边界的信息。另外，评估工作完全基于单个结构域进行。目标结构域的难度分级最初是根据序列与 PDB（蛋白质结构数据库）中任何可用模板结构的相似性来判断，而在最终评估中则根据结构相似性来判断。

多年来，CASP 积累了各种独特的指标来评估预测的质量，这无疑使 CASP 群体之外的人更难理解。起初，CASP 使用了业界熟知的指标，如模型与实验结构的均方根偏差（RMSD），包括 Cα 原子或所有重原子上的数值。RMSD 的一个问题是它对结构中可能不那么重要的差异过于敏感，如在长环或末端的弹性区域。RMSD 仍然是评估预测准确度的相对最佳标准，但对于从头计算的方法，仅依赖 RMSD 评估时，容易忽视至少能预测正确折叠结构的方法。因此，CASP 组织者开发了容错度更高的指标，这些指标适用于从“正确折叠级别”到“接近原生结构”的模型质量范围。CASP 的主要指标已经形成名为 GDT 分数的体系，确切地说是整体距离测试-总分（GDT-TS）。简而言之，GDT 分数是基于能够在特定距离阈值内与实验结构叠加的 Cα 位置的比例。然而，GDT-TS 并不是采用单一阈值，而是使用四个阈值（1Å、2Å、4Å、8Å）并取平均值。因此，如果你有一个较差的模型，其中所有 Cα 原子只能叠加到 4～8Å（随机），你将得到一个 25% 的 GDT-TS 分数，但如果所有 Cα 原子能够叠加到小于 1Å，则你将得到一个完美的 100% 分数。分数在 40～50 通常表明已经得到了正确的折叠结果。这意味着，一个 GDT-TS 分数为 100 的模型至少会使所有 Cα 原子与实验结构中相应原子相距 1Å 之内，但这并不一定意味着完全匹配。与晶体学中的全原子坐标中误差相比，这显然是一个相当宽松的评价标准，但无论如何，它为在同一尺度上比较困难的从头计算模型和较容易的同源模型提供了有效方法。

5.3 结果

图 5.2 展示了 CASP 的结构预测近年来的发展以及 AlphaFold 的重要贡献。该图是 John Moult 在 CASP14 会议上展示的简化版本。线条显示了各个 CASP 实验中的小组从易于同源建模的目标到困难的从头建模目标的平均 GDT-TS 分数表现。最下方的曲线显示了 1993 年第一次 CASP 的情况。显而易见的是，即使在那时，通过同源建模也有可能为简单目标制作出色的模型。这并不令人惊讶，因为仅凭序列比对就能得到这些目标的几乎正确答案。当然，这并不意味着侧链的放置预测是正确的，尽管这里没有讨论，但在 CASP 发展的这些年里，侧链预测的准确度确实有所提高。

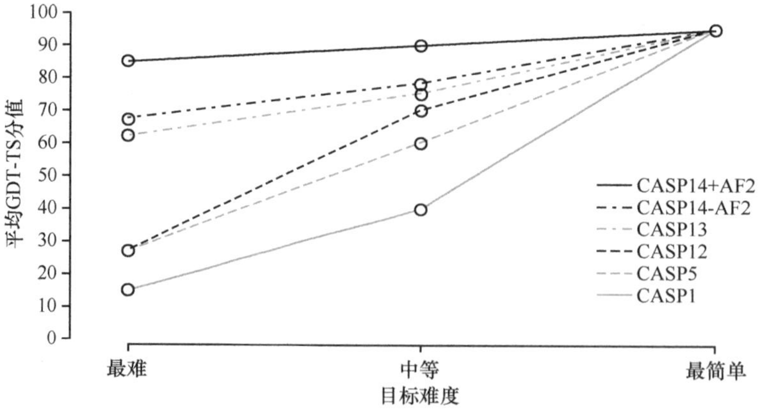

扫码见彩图

图 5.2 自 1993 年 CASP1 以来的 CASP 实验汇总结果的比较图

研究目标分为最难的（从头计算目标）、中等难度和最容易的（简单的同源建模目标）。对于 CASP14，展示了包含和不包含 AlphaFold 预测在内的两种统计数据

数据来源：https://predictioncenter.org/casp14

CASP 的第一个重大进步发生在中等困难的任务区域。诸如用于改进序列对比的隐马尔可

夫方法、识别远源同源蛋白质的折叠识别技术，以及通过识别已知的折叠片段并将其拼接在一起的片段组装方法等都产生了重大影响。然而，这种进展在 CASP5 和 CASP12 之间或多或少地停滞了。同时，在这段时间里，至少一些最困难的目标对所有小组而言都是棘手的，直到 2018 年的 CASP13。有两件事促成了预测精度的大幅提升。首先，随着序列数据库的迅速扩充，氨基酸共变方法开始在 CASP 中被用来捕捉多序列比对中的相关突变。这些进化约束识别了在 3D 结构中相互靠近的氨基酸，使得即便是一些难度较大的目标也能被准确地建模。其次，研究者开始使用深度学习方法从这些变化信息中获取更准确的信息。AlphaFold 实质上是这些进步的巅峰，同时也包含了一些它自己的新进展。

图 5.2 展示了 AlphaFold 在 CASP14 中的突出表现。最上方的曲线显示了所有小组在 CASP14 中的平均表现，下一条曲线显示了相同的数据，但排除了 AlphaFold 的模型。很明显，AlphaFold 的出现为蛋白质结构域的建模带来了又一次重大突破。并且它非常准确，为 2/3 的目标制作了 GDT 分数为 90 或以上的模型，所有目标的中位数分数为 92.4，即使是最难的目标，中位数也为 87；它还为超过 90% 的目标制作了最佳模型。这是非常了不起的。当然，可能有人会批评 AlphaFold 从未获得过 100 分的 GDT 分数，因此显然没有达到好的晶体结构所期望的准确度。然而，这种看法过于天真。作为一个很好的实际例子，图 5.3 展示了 DeepMind 对 SARS-Cov2 ORF8 的模型与 PDB 条目 7jtl 的链 A 的比较结果，后者是 CASP14 中的官方目标结构。很明显，AlphaFold 在这里做得很好，GDT 分数为 87，Cα RMSD 为 1.84Å。乍一看，这个模型虽然很好，但似乎还有提升空间。但结合具体背景来分析，现在已有另一个分辨率更高的 ORF8 晶体结构，PDB 代码为 7jx6。7jtl 和 7jx6 的分辨率分别为 2.04Å 和 1.61Å。AlphaFold 模型对于这个新结构仍然只有 87 的 GDT 分数，这可能并不令人惊讶，但更值得注意的是两个晶体结构之间的最大 GDT 分数也只有 87。因此，尽管我们期望这种分辨率的结构具有低坐标误差，但哪种构象是正确的呢？当两个独立计算出的相同小蛋白的结构不一致时，我们能称 AlphaFold 模型是不正确的吗？现在，通过检查所有这些结构，可清楚地看出，在这种情况下，差异归结于位于图 5.3 左上方的 44～68 残基之间的大环，其可能是弹性的，也许只有在与其正确配体结合时才会是稳定的构象。也有可能两个晶体结构中的环因不同的晶体接触而变形。AlphaFold 模型实际上可能是该环在自由溶液中更好、更精准的构象特征。

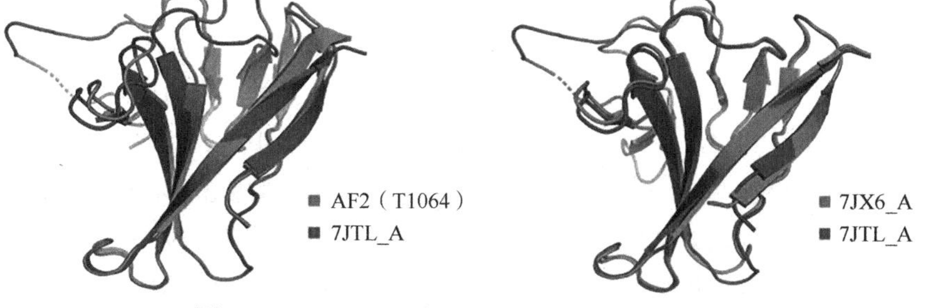

扫码见彩图

图 5.3　AlphaFold 对 SARS-Cov2 ORF8 的预测

这是一个很好的模型，但该模型（AF2）与两个独立解析的晶体结构（PDB 结构 7JTL_A 和 7JX6_A 链）之间存在差异

CASP14 中一个非常有趣的结果：对于 3～4 个结构，当晶体学家难以解析时，AlphaFold 模

型的准确度足以产生一个分子替换解决方案。其中一个蛋白质是目标 T1100（古生菌跨膜受体 Af1503），由 CASP14 的评估者之一 Andrei Lupas（马克斯·普朗克生物发展研究所）提供。该蛋白质自 2010 年以来一直"未被解析"，仅有分辨率 3.5Å 的天然衍射数据可用。尽管其在 PDB 中有一个合理的模板可用，但从未有任何相位模型成功得出解决方案。然而，AlphaFold 得到了一个准确的结构模型。这个案例很有趣，因为尽管目标 T1100 的结构折叠方式并无争议，许多小组都制作了相当合理的模型，但模型的细节显然很重要。正如评估者之一 Nick Grishin 开玩笑说的那样，AlphaFold 在这个案例中准确预测出其他方法都未能把握的精细结构特征。这一点从 DeepMind 最佳模型的整条链上的全原子 RMSD（均方根偏差）为 2.0Å，与次优团队的 4.7Å 相比时优势就很明显，这一点尤其令人印象深刻，尤其是当你意识到 T1100 是一个同源二聚体（由两条相同的蛋白质链组成的蛋白质结构），而 AlphaFold 只提交了单链模型。

5.4 DeepMind 是如何赢得 CASP 的

总体来看，DeepMind 领跑其他追赶者的原因是，其对 CASP 预测的整个过程进行了数值优化。这种方法通常是可微编程过程，在此，特指端到端蛋白质结构预测。基本上，1 次 CASP 竞赛的整个过程都被融合在一个单一的神经网络系统中，从序列比对中提取接触和距离信息，通过产生一个近似折叠的步骤（这是大多数 CASP 参与者止步的地方），最后到非常困难的计算仿真，即将这个近似折叠精炼成一个精确的全原子模型，一直到为生成的所有模型计算最终的 RMSD。这些步骤通常被视为 CASP 实验的独立部分，但在这里，它们以一组相互连接的神经网络的形式实现，使整个过程完全可微分。DeepMind 构建了一个建模系统，理论上具有高精度预测蛋白质结构的能力，找到初始合理的参数设置，让系统演化迭代，直到达到最高的准确度。这听起来可能很简单，其他人也提出了类似思路的一些方法，但让所有这些过程运转起来仍然是一个非常了不起的工程壮举。这个过程所需的参数搜索量可能远远超出了普通学术研究人员可用的计算资源，随着算力变得廉价，这种情况可能会改变。

AlphaFold2 研究论文 [1] 的最终发表对 CASP14 会议结束后许多悬而未决的问题提供了答案。DeepMind 在会上的报告对该模型的运作提供了一些见解，但也留下了许多空白，以至于研究者对所遗漏的内容津津乐道。其基础从一开始就显而易见，AlphaFold2 是利用注意力概念构建的一组 Transformer 模型 [2]。

Transformer 模型在解决自然语言处理问题方面（如机器翻译）非常成功。Transformer 模型的基本功能是从一串输入向量中计算出一串新的向量。在人类语言的应用背景下，这些向量最初代表不同的单词，如"红色"或"苹果"，但在 AlphaFold 中，这些向量最初代表构成蛋白质的 20 种不同的氨基酸。关于 Transformer 模型如何工作的描述超出了本书的范围，但基本上，这意味着表示输入标记（如氨基酸）的向量被转换为基于原始向量加权平均的新表示向量。权重来自所有向量对之间计算出的注意程度（实际上只是相似性），要么来自不同输入的向量对，要么来自同一输入（称为自注意力）。因此，每个变换器层都可以根据输入向量集的上下文产生更有意义的表示。在自然语言模型的情况下，通过堆叠足够的 Transformer 层，英语单词向量可能会被转换为意大利单词向量，只需在两种语言的文本上训练模型。类比到 AlphaFold，表示氨基酸的向量被简单地转换为表示三维空间中原子位置的向量。

对于 AlphaFold，其整个系统架构有两个主要轨道，一个轨道的输入代表多重序列比对（MSA）的行和列，另一个轨道的输入基本上代表模型中每个氨基酸之间的距离。MSA 路径允许网络跟踪氨基酸的保守性和共变异特征，而距离矩阵提供了氨基酸的三维空间信息。这两个轨道之间交换信息，这意味着随着距离信息的不断优化，MSA 被重新解释。同样，随着 MSA 的重新解释，距离图也可以得到改进。最终，两个轨道的信息被输入到所谓的结构模块中，该模块将表示信息嵌入到三维空间中，即生成一组原子坐标。结构模块的工作不仅仅是产生单一的坐标集合，它还通过注意力机制对初始坐标集合进行优化，同时采用了一种对旋转和平移不变的特殊几何表示方法。人们猜测 DeepMind 使用了几何机器学习中的一些前沿技术，称为 SE（3）等变注意，但实际上，旋转和平移不变性是通过结构生物信息学中的一个经典技巧实现的，即基于氨基酸的不变骨架几何定义每个残基的局部坐标框架。

从某种程度上说，在 CASP 会议之后形成的高预期下，一些人看到 AlphaFold 最终完整描述时感到些许失望。不是因为方法不聪明，而是因为似乎没有提供这个问题的关键性见解。在许多方面，AlphaFold 是一个非常精心设计的系统，它整合了生物信息学和机器学习领域最新的研究成果，如解释氨基酸共变的方法，并使用注意力机制将它们无缝地拼接在一起。

5.5 AlphaFold 蛋白结构数据库

2021 年 7 月，DeepMind 与 EMBL-EBI 合作，在 AlphaFold 数据库中发布了人类蛋白质组和最常见模式生物的预测结构[3]。这些结构对所有人开放获取（CC BY-4.0 许可），数据可以通过 FTP 批量下载。数据库结构良好，易于非专业人士使用，并且包括一个易用的 3D 浏览器。此后，又发布了两个版本：一个版本覆盖了 UniProt（SwissProt）中所有注释的蛋白质序列，最近（2022 年 1 月）的版本则覆盖了世界卫生组织“被忽视的热带病”名单上的生物和负责抗微生物药物耐药性（AMR）的生物的序列。现在数据库中总共有大约 100 万个结构，覆盖了 49 个生物体的序列。预计 2022 年 UniProt 序列条目的模型将提供总共超过 1 亿个结构。截至 2022 年 4 月，全球超过 46000 个独立用户访问了该数据库，产生了 150 万次页面浏览量，这表明生物学家对蛋白质模型的广泛兴趣。在未来几年里，这将对我们在分子水平上理解生命的运作方式产生重大影响。

5.6 AlphaFold 真的解决了蛋白质折叠问题吗

事实上，蛋白质折叠问题从来都不是一个真正可以一次性解决的问题。它有很多层面，包括当环境条件变化、序列突变或与其他分子相互作用时蛋白质折叠如何变化。这与数学问题非常不同，数学问题会追求确定性和普遍认可的解决方案。尽管如此，AlphaFold 在 CASP14 中展现的结果无疑非常好，当然也代表了蛋白质建模领域的一个重大飞跃。然而，这种方法仍然有一些明显的局限性。CASP 是一个非常有限的实验，只有在相对较小的时间窗口（大约 6 个月）内通过实验解析的结构才能进行测试验证。因此，CASP 只关注相对较小的测试蛋白质样本。之所以选择这些蛋白质，并不是因为它们涵盖了广泛的问题案例，而是因为它们恰巧是在 CASP 实验时间轴上被解决的。考虑到时间限制，结果并没有充分地采样重要的蛋白质类别，因此无法说明 AlphaFold 是否可能对该类别的蛋白质起作用。

通过 EBI AlphaFold 提供的模型数据库确实让我们对该方法的性能有了更广泛的了解，但是在这些模型中，我们通常不知道如何来验证其准确性。尽管如此，如果我们观察由大约 20000 个基因编码的人类蛋白质所产生的模型，仍然可以从中获得一些了解。这些蛋白质中有很多结构域，AlphaFold 在那里的输出实际上是随机的（图 5.4）。也许相当不明智的是，数据库是通过将每个完整的、未处理的蛋白质序列输入神经网络来填充的。那些已经花了很多时间分析人类蛋白质组的人已经知道，这些序列的很大一部分是无序的和/或低复杂度序列结构域，而且很明显，AlphaFold 对这些结构域的处理并不会比任何先前的方法更好。它只是输出了一长串“随机卷曲”，并且置信度得分极低。考虑到这些结构域可用的实验数据非常少，这也许是我们所能期望的相对最优结果。AlphaFold 产生的许多奇怪伪影不能全归因于固有的无序结构域。相当多的模型产生不良结构域的原因来自与其他链的多聚体相互作用，或与同一链重复结构的同源相互作用。AlphaFold 源代码 [4] 和 Colab 工作簿 [5] 已经发布，并在近期进行了更新，以支持预测多聚体结构。

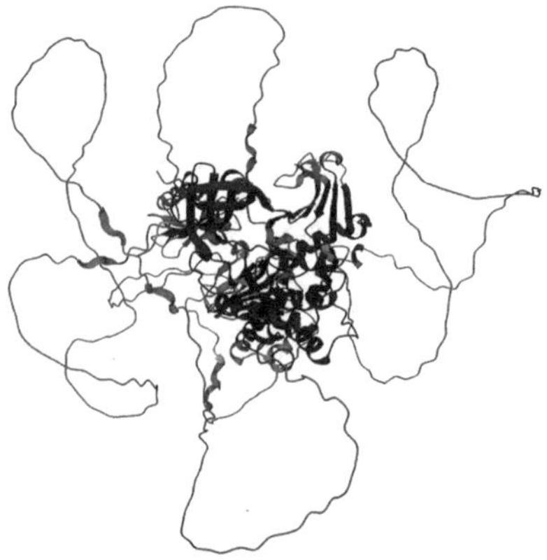

扫码见彩图

图 5.4　一个典型的 AlphaFold 对人类蛋白质序列（丝/苏氨酸蛋白激酶 PLK4）的预测（取自 EBI AlphaFold 模型数据库）

颜色表示模型置信度，红色表示低置信度的预测

AlphaFold 模型也没有考虑到配体结合，无论是小分子还是生物聚合物（如与 DNA/RNA/糖或脂质结合）。但令人惊讶的是，在某些情况下，配体结合位点竟然被正确建模了，这可以归因于 PDB 中的大多数结构在其晶体中都有该配体存在，因此神经网络主要在“全占据”形式的结构上进行训练，并且只是复制了原始训练数据中的（有用的）偏差。例如，锌结合位点（在蛋白质结构中非常常见）在模型中通常与 PDB 中的一个占据锌结合位点几乎相同，尽管模型中没有锌。从物理角度来看，这是没有意义的，因为锌离子的正电荷明显稳定了观察到的构象。没有锌，构象在能量上将不稳定。正如 AlphaFold 官方网站上指出的：“AlphaFold 本质上是被训练用于预测蛋白质在 PDB 中可能出现的结构”。

当然，如果配体与其同一蛋白家族的结合是高度可变的，AlphaFold 不能产生有用的结果，免疫球蛋白-抗体结合是最突出的例子。

现在有很多研究人员根据AlphaFold创建“附加组件”和构建工具。例如，荷兰癌症研究所的研究人员创建了AlphaFill，通过使用PDB[4]中相关的蛋白质数据，为AlphaFold蛋白质结构预测添加缺失的配体和辅因子。同样，Agirre及其同事在AlphaFold预测的结构中添加了碳水化合物链[5]。

另一个可能没有被指出的基本局限性是，AlphaFold依赖于有一个高质量的多序列比对方式作为输入。没有证据表明（与真实蛋白质不同）它可以将单个氨基酸序列折叠起来，其只能是像以前的方法那样，利用演化信息进行预测。从纯粹的实践角度来看，特别是考虑到基因组测序发生的速度，这可能不那么重要，但总会有一些小众蛋白质，只能找到一个或几个可能相关的序列。此外，还有一个建模突变对蛋白质结构的影响问题，其中AlphaFold通常会产生与原生蛋白质相同的结构，导致它不能区分良性变异和致病性变异。

尽管人们对DeepMind用于制作其CASP模型的计算时间感到非常惊讶，但在实际中，该模型似乎并不需要如此极端的资源来生成至少可接受的模型。事实上，该流程已经简化到任何用户都可以使用Google的免费CoLab网络服务生成模型，对于小到中等规模的蛋白质来说，模型生成的时间甚至不到半小时。但最好的结果仍然需要更多的处理时间来采样不同的多序列比对或允许对输出模型进行进一步的随机搜索，对于典型的模型来说，AlphaFold需要的计算时间大致与其他流行的蛋白质建模方法相同。

因此，关于本章关心的主要问题，我们得出结论，AlphaFold并没有解决蛋白质折叠问题，但确实比迄今为止的任何其他方法都更接近了。对于细胞中蛋白质分子的折叠和稳定性所产生的每一个问题，可能永远都不会有一个明确的单一解决方案，但至少目前来看，这个挑战仍然存在。

5.7 对实验结构生物学家的影响

那么，这一突破对当前参与实验结构测定的实验室有什么影响呢？从晶体学家在社交媒体上的反应可以看出，他们的反应从几乎荒谬的热情到接近于恐慌。有些人显然认为，任何预测都无法取代实验结构分析。有些人根本不相信这些预测，或者至少是不相信这些预测能解决他们目前正在面临的问题。最极端的结果是，有些人担心他们可能会失业。我们觉得这些立场是没有意义的。AlphaFold确实代表了我们从氨基酸序列中预测蛋白质结构能力的一次巨大飞跃。如今，使用任何类型的蛋白质建模或结构预测工具的生物学家今天都很可能受益于这些新的技术发展。

晶体学家面临的一个重大挑战是，如何利用丰富且合适的测试案例来评估这些预测的准确性。我们需要更好地量化预测的准确性以及该方法的局限性。许多晶体学家手中都有未解决的数据集，就像前面提到的目标T1100一样，这些问题或许能通过更精确的分子替代模型找到解决方案。此外，与DeepMind共同进行预测可能会有助于解决许多此类结构的问题（它们是通过实验数据和预测模型组合的方式解决的）。

另一个重大挑战是，研究蛋白质与各种配体的相互作用。如果没有这些知识，解释结构如何执行其功能就变得非常困难。我们希望可以通过利用机器学习和与 AlphaFold 类似的技术，从而在预测这种交互能力方面取得一定的进展。目前，准确放置配体仍然具有一定的挑战，尽管在某些情况下这是可能的。

在更广泛的层面上，原则上，研究者需要共同努力，以实现对蛋白质组的完整结构覆盖，至少需实现对典型生物和那些引起疾病的细菌和寄生虫的覆盖。预测数据和实验数据的结合肯定会使我们更快地朝着这一目标前进。一种方法（类似于 20 世纪 90 年代的结构基因组计划）是为所有已识别的，且在生命中普遍存在的结构域提供可用的结构。这样的百科全书将加速我们解释基因组、蛋白质组及其生物功能性和对细胞过程的影响，以提高我们对蛋白质组内容及其在各类细胞中分布的理解。

从研究者的角度来看，这一成就最令人兴奋的事情是：这并不是任何事情的结束，而是许多新事物的开始。我们相信，这将推动结构生物学领域的进一步发展，使我们在分子水平上对生命有更深入的理解。

参考文献

[1] J. Jumper, R. Evans, A. Pritzel et al. (2021). Highly accurate protein structure prediction with AlphaFold. Nature, 596(7873), 583–589.

[2] A. Vaswani, N. Shazeer, N. Parmar et al. (2017). Attention is all you need. Advances in Neural Information Processing Systems, 30, 5998–6008.

[3] K. Tunyasuvunakool, J. Adler, Z. Wu et al. (2021). Highly accurate protein structure prediction for the human proteome. Nature, 596(7873), 590–596.

[4] M. L. Hekkelman, I. de Vries, R. P. Joosten et al. (2021). AlphaFill: Enriching the AlphaFold models with ligands and co-factors. bioRxiv. https://doi.org/10.1101/2021.11.26.470110.

[5] H. Bagdonas, C. A. Fogarty, E. Fadda et al. (2021). The case for postpredictional modifications in the AlphaFold Protein Structure Database. Nature Structural & Molecular Biology, 28, 869–870. https://doi.org/10.1038/s41594-021-00680-9.

第6章 人工智能在天文学中的应用

S. G. Djorgovski，A. A. Mahabal，M. J. Graham，加州理工学院，美国加利福尼亚州帕萨迪纳，邮编 91125。E-mail：djorgovski@caltech.edu，aam@astro.caltech.edu，mjg@caltech.edu

K. Polsterer，海德堡理论研究所，德国海德堡，邮编 69118。E-mail：kai.polsterer@h-its.org

A. Krone-Martins，加州大学尔湾分校，美国加利福尼亚州尔湾，邮编 92697。E-mail：algol@uci.edu

6.1 引言

20 世纪 90 年代，随着大规模数字巡天的出现，天文学进入了大数据时代，这开启了 TB 级数据规模的时代。自那时起，巡天一直是天文学的主要数据来源，到 2010 年末达到了 PB 级；具体内容请参见文献 [1]。这刺激了虚拟天文台（VO）框架 [2,3] 的创建，该框架现已演变为全球天文学数据网格（https://ivoa.net），提供地面天文台和天基观测数据档案的访问通道。

数据增长速率、数量和复杂性的丰富和提升，对自动化数据处理和分析工具提出了要求。虽然虚拟天文台和各大档案馆可供数据访问并配备一定工具，但大多数剩余的天文网络基础设施和数据分析工具都是由个人研究小组在天体信息学框架下开发的。如今机器学习和其他人工智能方法正在变得普遍并迅速发展。根据 2021 年的天体物理学数据系统（ADS，https://ui.adsabs.harvard.edu）数据，大约有 1000 篇天文学/天体物理学论文涉及机器学习或人工智能，它们的数量呈指数级增长，大约 20 个月翻一倍。人工智能现已成为天文工具包的标准组成部分。

机器学习和人工智能方法在数据深加工中的应用广泛，包括数据源检测、分割、结构和形态分类，以及各种普通的分类和回归任务。监督分类工具可能存在忽略新现象的风险，无监督分类可发现未知种类数据，在一些特征空间中将罕见、不寻常甚至以前从未出现的对象列为异常值。

鉴于本领域的广泛性，本章的目标不是提供全面的综述，而是提供一些具体的案例，说明机器学习和人工智能在天文学方面取得了重大进展。

文献 [4] 提供了一种有用的概述。文献 [5] 对这一主题进行了广泛而实用的综述。有关最近的一些示例，请参见文献 [6]。

6.2 早期应用：数字巡天

虽然在20世纪90年代初有一些早期实验，但随着第一次大型数字巡天的出现，机器学习和人工智能在天文学中的应用在20世纪中期才真正开始增长[7,8]。最初的应用程序是自动化以前由人类完成的重复性任务。一个很好的例子是，在巡天中探测到的天体目录中的恒星-星系分离。在识别单个来源的图像分割之后，对每个来源评估几十到数百个形态和结构参数，从而形成可以使用机器学习工具进行分析的特征向量。从本质上讲，最初的TB级和现在的PB级图像已经被转换成数百万到数十亿个特征向量的数据库目录，每个特征向量都代表一个单独的检测源，在数百个维度的数据空间中，若整合多个目录，维度甚至可以达到数千个。

在可见光、紫外线和红外波长范围内，一阶分类是纯粹基于图像形态的，将未解析的源（“恒星”）和已解析的源之间（“星系”）区分开来。如人工神经网络（ANN）或决策树（DT）等监督方法已有效地用于这项任务，参见文献[9]、[10]。形态分类可用于识别和去除各种伪像，这些伪像可能在特征空间中表现为异常值[11]。而将对象划分为不同类型，如星系恒星与类星体、不同类型的星系和不同类型的恒星，需要在后续分析中进行额外的数据处理。

数字巡天开辟了一种全新的、高效的天文发现模式。传统的定点观测模式侧重于单个天体或小样本天体。巡天可以探测到数十亿个来源，机器学习可以用于选择具有研究价值的目标并确定其优先级，以便使用大型或空间望远镜进行后续行动，从而优化这些稀缺资源的使用。根据领域专业知识在特征空间中应用监督学习分类工具，已被证明在寻找相对罕见物体的明确样本方面非常有效，如高红移类星体或棕矮星[12–14]。

6.3 挑战日益增加：时域天文学

随着天文探测器尺寸、质量和成本的逐步优化，成功推动了大幅面成像相机的发展，这反过来又促进了综合天象观测（synoptic sky surveys）的兴起，通过这种方法可以对大片天空进行反复观测。时域（time domain）的开放使得各种短暂现象系统性、规模化的研究成为可能，包括恒星和活动星系核的变化、各种类型的宇宙大爆炸（例如，许多类型的超新星、引力波事件等）、移动天体如潜在危险的小行星等。时域天文学可以应用于天文学中从太阳系到宇宙学的所有领域，从本质上讲它是一种全景式的宇宙摄影技术。

时域天文学的兴起为科学研究开辟了新的机遇，但也带来了新的挑战。除了传统的天空巡测所面临的挑战，还增加了将变化信息纳入分类任务的困难，以及由于观测事件的瞬时性质而经常出现的时间紧迫性：潜在最具研究价值的事件必须被实时识别，因为它们必须在消失之前得到跟进研究[14–19]。图6.1展示了这些挑战的概念性说明。

除了完整的电磁（EM）光谱之外，引力波、高能宇宙射线和中微子天文台现在也在提供大量的数据，开启了多信源天文学（multi-messenger astronomy）领域。通常，这些非电磁（non-EM）信道检测信号的角分辨率和方向性非常差，但识别它们的电磁信号对于理解天文现象的物理性质至关重要。对于大面积搜索中产生的众多潜在研究对象，机器学习方法可以用来对它们进行分类[20]。另外，其他机器学习方法正被用来审查和分类非电磁信号[21,22]。

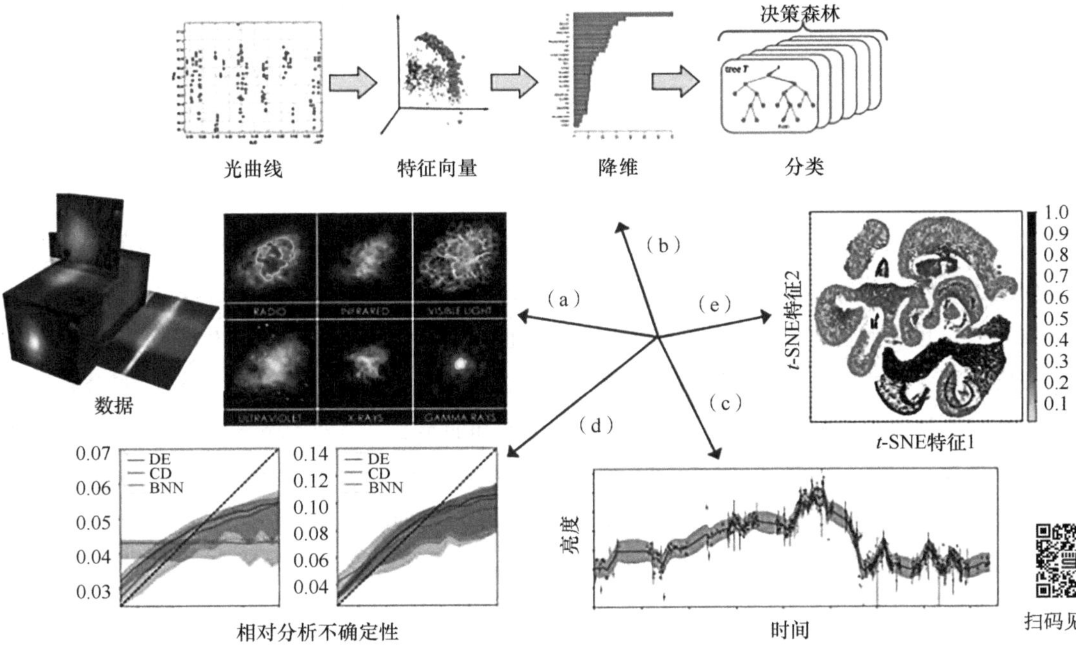

扫码见彩图

图 6.1 当今时域天文学面临的五大挑战

（a）多波长和多波段观测蟹状星云的多维数据集图示；（b）数据特征的多样性；（c）高斯过程回归作为拟合观测误差的一种方式；（d）理解噪声对目标影响的效果（来自文献 [23]）；（e）检测异常值（来自文献 [24]）

在分类算法中的一个关键的问题是，分类算法在特征空间维度的扩展性较差。这在时域天文学中尤为重要；一些方法已经在文献 [25]、[26] 中讨论过。现在，从几十到几百的特征维度已经成为常规。并非所有这些特征都是独立的（正交的），有些特征甚至对特定类别增加了噪声，这使得降维成为一个关键。对于多类别分类，区分对某一类别重要而对另一类别不重要的特征可能并非易事，例如对兹威基瞬变设施（Zwicky transient facility，ZTF）使用二元分类器[27]。深度神经网络（DNN）和 XGBoost 之类的工具也可以用来识别最重要的特征。当外部特征（例如，与其他巡天的交叉匹配）被纳入时，可能会有缺失的特征，这进一步复杂化了某些机器学习技术的使用。数据表（data sheets）[28] 和模型卡（model cards）[29] 等技术可以用来标准化数据集的创建，并得出可复用的模型[30]。

在测量点之间预测时间序列的值是一个常见问题，特别是在多维时间序列中，所有记录数据上的所有值并不总是可用的。在天文学中，这可能涉及有研究意义的瞬变事件需要优先安排后续观测。在缺乏对基础过程描述的良好理论模型的情况下，可以采用各种插值方案。然而，这些也可能是额外系统误差的来源。

另一种方法是采用概率方法，将观测到的时间序列视为从一个多元高斯分布中抽取的单个样本，该分布完全由均值（通常假设为零或恒定）和协方差函数描述。预测点则代表随后的观测，并且可以计算出相关的不确定性。高斯过程回归（Gaussian process regression，GPR）[31] 使用观测数据来学习潜在协方差内核（以及如果存在的均值函数）的超参数。内核函数的形式由用户选择，但潜在过程的具体属性，如平稳性、自回归行为或谱密度表示，则能够被轻易地体现出来。实际上，某些 GPR 内核与神经网络架构之间存在理论上的对偶性[32]，而且在某些 GPR

实现过程中，神经网络也可以直接作为内核函数使用。

使用 GPR 的主要问题是拟合速度，特别是在处理包含数千个数据点和/或数千个样本的大型多维数据集时，因为模型拟合过程通常涉及大量的矩阵求逆操作。某些 GPR 通过对内核函数的功能形式做出高度定制化调整来实现良好的性能，例如它仅使用指数项并相应地进行优化，但这不是一个普适的解决方案[33]。

GPR 在数据预测方面的效果尚不明确。使用非周期性内核函数时，存在一种趋势，即随着时间超过最后一个观测数据点，预测会回归到均值，并且不确定性增加。循环神经网络似乎表现更好[34]，但它们也更多地用于预测下一个数据值，而不是一段较长时间内的数据。显然，如果底层过程是非线性的，那么预测的复杂性会急剧增加，可能需要更高级的深度学习架构。

在机器学习分析中纳入误差范围是一个众所周知的难题。另外，还需对接近检测极限的天体进行分类，这是一种非常大的挑战。观测到的天体越来越微弱有助于将科学推向新的领域，但同时，这些天体被证明是伪正向的风险也越大（如短暂的瞬变体，它们低于静态极限，但在短时间内亮度增加到可观测范围）。例如[35]，不确定性量化可能需要结合仿真工具[29]，以及基于贝叶斯理论的模型[36]。

寻找看起来不属于任何已知类别的对象或事件的异常值是更大的挑战。很难准确地定义什么是异常：这是一个分布外的对象，还是一个完全独立或者全新的类别？更多的观察是否会倾向于这种或那种解释，又需要什么样的观察才能得出结论呢？主动学习，即通过迭代方式使用新的观测数据持续改进分类模型，常常需要在模糊边界上不断修订分类。然而，后续资源是有限的，随着数据速率的不断增长，优化它们的使用变得至关重要。在这一领域的一些早期探索请参见文献 [30]、[37]～[40]。

6.4 应用日益广泛

分类和异常值搜索仍然是天文学巡天研究的主要内容，而现在机器学习和人工智能的应用范围变得愈发广泛。

对光度红移估计是机器学习在天文学中的应用领域之一。在宇宙学中，红移反映了宇宙尺度的增加，因为光线是由某个遥远的天体发出的，由于宇宙的膨胀，红移是一种距离的度量，因此在确定遥远星系和类星体的物理参数时是重要的，如它们的亮度和质量。传统上，红移是通过光谱测量的，这在观测上是非常昂贵的。Photo-z 是一种从多色测光法中估计红移的方法，这种方法在观测上要便宜得多，因此可以对大量的天体进行测量。在此方面，机器学习通过包含仪器特性和数据隐式表达的物理模型，使观测效率得到了显著提高，所需时间显著缩短。这方面有许多文献报道，包括各种各样的机器学习方法[41–50]和许多其他方法。此领域一个重要的变化是用概率密度分布来代替单一数值表示的估计光度红移。

机器学习还被用作发现引力透镜效应的一种方法，既可用于天空巡天图像[51]也可用于对类星体变化时间序列的图像进行操作[52]。这种大规模、系统筛选的引力透镜效应案例可以用作探测暗物质和宇宙膨胀速率的探针。

除了通过观测获得的数据之外，大型数值模拟的输出是另一个需要自动化分析的海量数据源。当前的发展导致了经典计算物理模型与机器学习模型相结合的混合方法。通过这种方式，之前耗时的计算可以大幅度加速。因此，可以在不需要更多资源的情况下计算出空间和时间分辨率更大的对象。另外，还可以检测到关键的分支条件，并且可以自适应地更改模拟的分辨率，以确保在模拟时这些细节不会丢失或放大失真[53–56]。

这只是人工智能/机器学习在天文学中多种多样、不断发展和创造性应用的一小部分工作。

6.5 小结和展望

虽然天文学中人工智能应用的范围和多样性继续扩大，但迄今为止，大多数应用都侧重于分析已经获得的数据集及其衍生数据产品，如预先按照专家设计的特征表进行数据提取。然而，机器学习和人工智能应用的前景也在迅速变化，影响着数据驱动方法的不同阶段，包括数据采集、处理和分析。

数据获取阶段包括策划和执行观察的过程。在大多数情况下，这个过程由个别专家完成，但是基于特定的质量标准，人工智能系统可以自动学习、自动执行某个计划。在对初始数据进行快速分析的基础上，调节仪器设置、曝光时间等因素，可以在选择合适的观测设置和获得高质量的科学数据之间实现闭环。这种基于人工智能的快速观测规划和控制系统可能会取代目前的规划、调度和观测方式，从而提高观测的质量和数量。这对时域和多信源天文学领域至关重要，在这一领域，暂态事件可能被多个不同的巡天和观测设施检测到，对后续观测的优先级排序将至关重要。

将领域知识融入机器学习和人工智能分析中，如“基于物理的”人工智能，是一个活跃的研究领域，但仍然存在许多突出的挑战[57,58]。

除了对科学数据的分析，机器学习方法还被用来访问复杂的科学内容，如科学出版物，或者实现对存储在目录中的数据进行自然语言和对话式访问。基于机器学习和人工智能的系统可能很快就会改变查找和访问数据的方式。同样地，机器学习也可以用来根据用户的偏好对文献进行分类，如 http://www.arxiv-sanity.com/。

另一个新的方向是，使用人工智能不仅仅是映射数据空间和找到有研究价值的对象，而是发现可能存在于数据中的潜在有研究价值的关系，一种方法是使用符号回归[59,60]，另一种相关的技术是使用模型回归[61,62]。

随着数据复杂性的不断增加，人工智能用于检测数据中出现的有意义的模式或行为，这些模式或行为可能会难以检出。例如，由于数据的高维度性，这种检测需要的量只会不断增加。对这些基于人工智能发现的奇异数据的解释仍然属于人类，有可能某些发现会超出人类的认知能力。相信未来我们会看到越来越多的人工智能与科学家合作研究的例子。

参考文献

[1] S. G. Djorgovski, A. A. Mahabal, A. Drake et al. (2012). Sky surveys. In H. Bond (ed.), Astronomical Techniques, Software, and Data. Planets, Stars, and Stellar Systems, Vol. 2, ser. ed. T. Oswalt. Dordrecht: Springer, pp. 223–281.

[2] R. J. Brunner, S. G. Djorgovski, and A. S. Szalay (2001). Virtual Observato-ries of the Future. A. S. P. Conf. Ser., Vol.

225. San Francisco: Astronomical Society of the Pacific.
[3] S. G. Djorgovski and the NVO Science Definition Team (2002). Towards the National Virtual Observatory. Washington, DC: National Science Founda-tion. https://www.nsf.gov/mps/ast/sdt-final.pdf.
[4] D. Baron (2019). Machine Learning in Astronomy: A Practical Overview. https://arxiv.org/abs/1904.07248.
[5] Z. Ivezí, A Connolly, J. VanderPlas et al. (2020). Statistics, Data Mining, and Machine Learning in Astronomy: A Practical Python Guide for the Analysis of Survey Data. Princeton: Princeton University Press.
[6] I. Zelinka, M. Brescia, and D. Baron (eds.) (2021). Intelligent Astrophysics. Emergence, Complexity and Computation, 39. London: Springer Nature.
[7] N. Weir, U. Fayyad, S. G. Djorgovski et al. (1995a). The SKICAT system for processing and analysing digital imaging sky surveys. Publications of the Astronomical Society of the Pacific, 107, 1243–1254.
[8] U. Fayyad, P. Smyth, N. Weir et al. (1995). Automated analysis and exploration of image databases: Results, progress, and challenges. Journal of Intelligent Information Systems, 4, 7.
[9] N. Weir, U. Fayyad, and S. G. Djorgovski (1995b). Automated star/galaxy classification for digitized POSS-Ⅱ. The Astronomical Journal, 109, 2401–2414.
[10] S. Odewahn, R. de Carvalho, R. Gal et al. (2004). The Digitized Second Palomar Observatory Sky Survey (DPOSS). Ⅲ. Star-Galaxy separation. The Astronomical Journal, 128, 3092–3107.
[11] C. Donalek, A. Mahabal, S. G. Djorgovski et al. (2008). New approaches to object classification in synoptic sky surveys. AIP Conference Proceedings, 1082, 252–256.
[12] S. G. Djorgovski, A. Mahabal, R. Brunner et al. (2001a). Searches for rare and new types of objects. In R. Brunner, S. G. Djorgovski, and A. Szalay (eds.), Virtual Observatories of the Future, A. S. P. Conf. Ser., 225, 52–63.
[13] S. G. Djorgovski, R. Brunner, A. Mahabal et al. (2001b). Exploration of large digital sky surveys. In A. J. Banday et al.(eds.), Mining the Sky. ESO Astrophysics Symposia. Berlin: Springer, pp. 305–322.
[14] S. G. Djorgovski, A. Mahabal, R. Brunner et al. (2001c). Exploration of parameter spaces in a virtual observatory. In J.-L. Starck and F. Murtagh (eds.), Astronomical Data Analysis. Proceedings of SPIE, 4477, 43–52.
[15] A. Mahabal, S. G. Djorgovski, A. Drake et al. (2011). Discovery, classification, and scientific exploration of transient events from the Catalina Real-Time Transient Survey. Bulletin of the Astronomical Society of India, 39, 387–408.
[16] S. G. Djorgovski, A. Mahabal, A. Drake et al. (2012a). Exploring the time domain with synoptic sky surveys. In E. Griffin et al.(eds.), Proceedings of the IAU Symposium 285: New Horizons in Time Domain Astronomy. Cambridge: Cambridge University Press, pp. 141–146.
[17] S. G. Djorgovski, A. Mahabal, C. Donalek et al. (2012b). Flashes in a star stream: Automated classification of astronomical transient events. Proceedings of the IEEE e-Science 2012 (IEEE Press), 6404437.
[18] M. Graham, S. G. Djorgovski, A. Mahabal et al. (2012). Data challenges of time domain astronomy. Distributed and Parallel Databases, 30, 371–384.
[19] M. Graham, A. Drake, S. G. Djorgovski et al. (2017). Challenges in the automated classification of variable stars in large databases. In M. Catelan and W. Gieren (eds.), Wide-Field Variability Surveys: A 21st Century Perspective, EPJ Web of Conferences, Vol. 152, 03001.
[20] I. Andreoni, M. Coughlin, E. Kool et al. (2021). Fast-transient searches in real time with ZTFReST: Identification of three optically discovered gamma-ray burst afterglows and new constraints on the kilonova rate. The Astrophysical Journal, 918, 63.
[21] M. Cabero, A. Mahabal, and J. McIver (2020). GWSkyNet: A real-time classifier for public gravitational-wave candidates. The Astrophysical Journal Letters, 904, L9. doi: 10.3847/2041-8213/abc5b5 [arXiv:2010.11829 [gr-qc]].

[22] T. C. Abbott, E. Buffaz, N. Vieira et al. (2022). GWSkyNet-Multi: A machine learning multi-class classifier for LIGO-Virgo Public Alerts. http s://arxiv.org/abs/2111.04015.

[23] J. Caldeira and B. Nord (2020). Deeply uncertain: Comparing methods of uncertainty quantification in deep learning algorithms. Machine Learning: Science and Technology, 2(1), 015002.

[24] J. R. Martínez-Galarza, F. B. Bianco, D. Crake et al. (2021). Monthly Notices of the Royal Astronomical Society, 508, 5734.

[25] C. Donalek, A. Kumar, S. G. Djorgovski et al. (2013). Feature selection strategies for classifying high dimensional astronomical data sets. In Scalable Machine Learning: Theory and Applications, IEEE BigData 2013, New York: IEEE Press, pp. 35–40.

[26] A. D'Isanto, S. Cavuoti, M. Brescia et al. (2016). An analysis of feature relevance in the classification of astronomical transients with machine learning methods. Monthly Notices of the Royal Astronomical Society, 457, 3119–3132.

[27] J. van Roestel, D. A. Duev, A. A. Mahabal et al. (2021). The Astronomical Journal, 161, 267.

[28] T. Gebru, J. Morgenstern, B. Vecchione et al. (2021). Datasheets for datasets. Comm. ACM, 64(12), 86–92.

[29] M. Mitchell, S. Wu, A. Zaldivar et al. (2019). Model cards for model report-ing. In FAT* '19: Conference on Fairness, Accountability, and Transparency, New York: ACM Press, pp. 220–229.

[30] A. Mahabal, T. Hare, V. Fox et al. (2021). In-space data fusion for more productive missions. Bulletin of the AAS, 53(4), 500.

[31] C. Rasmussen and C. Williams (2006). Gaussian Processes for Machine Learning. Cambridge, MA: MIT Press.

[32] J. Lee, Y. Bahri, R. Novak et al. (2017). Deep neural networks as Gaussian processes. https://arxiv.org/abs/1711.00165.

[33] D. Foreman-Mackey, E. Agol, S. Ambikasaran et al. (2017). Fast and scalable Gaussian process modeling with applications to astronomical time series. The Astronomical Journal, 154, 220.

[34] Y. Tachibana, M. Graham, N. Kawai et al. (2020). Deep modeling of quasar variability. The Astrophysical Journal, 903, 17.

[35] M. Abdar, F. Pourpanah, S. Hussain et al. (2021). A review of uncertainty quantification in deep learning: Techniques, applications and challenges. Information Fusion, 76, 243–297.

[36] M. Walmsley, L. Smith, C. Lintott et al. (2020). Galaxy Zoo: Probabilistic morphology through Bayesian CNNs and active learning. Monthly Notices of the Royal Astronomical Society, 491, 1554–1574.

[37] S. Webb, M. Lochner, D. Muthukrishna et al. (2020). Monthly Notices of the Royal Astronomical Society, 498, 3077.

[38] V. A. Villar, M. Cranmer, E. Berger et al. (2021). A deep-learning approach for live anomaly detection of extragalactic transients. The Astrophysical Journal Supplement Series, 255, 24.

[39] E. E. O. Ishida, M. V. Kornilov, K. L. Malanchev et al. (2021). Active anomaly detection for time-domain discoveries. Astronomy & Astrophysics, 650, A195–A204.

[40] M. Lochner and B. Bassett (2021). ASTRONOMALY: Personalised active anomaly detection in astronomical data. Astronomy and Computing, 36, 100481.

[41] N. Ball, R. Brunner, A. Myers et al. (2008). Robust machine learning applied to astronomical data sets. Ⅲ. Probabilistic photometric redshifts for galaxies and quasars. The Astrophysical Journal, 683, 12–21.

[42] O. Laurino, R. D'Abrusco, G. Longo et al. (2011). Astroinformatics of galaxies and quasars: A new general method for photometric redshifts estimation. Monthly Notices of the Royal Astronomical Society, 418, 2165–2195.

[43] M. Brescia, S. Cavuoti, R. D'Abrusco et al. (2013). Photometric redshifts for quasars in multi-band surveys. The Astrophysical Journal, 772, 140.

[44] M. Carrasco Kind and R. Brunner (2014). Exhausting the information: Novel Bayesian combination of photometric redshift PDFs. Monthly Notices of the Royal Astronomical Society, 442, 3380–3399.

[45] S. Cavuoti, M. Brescia, G. Longo et al. (2012). Photometric redshifts with the quasi-Newton algorithm (MLPQNA): Results in the PHAT1 contest. Astronomy & Astrophysics, 546, A13.

[46] S. Cavuoti, V. Amaro, M. Brescia et al. (2017). METAPHOR: A machine-learning-based method for the probability density estimation of photometric redshifts. Monthly Notices of the Royal Astronomical Society, 465, 1959–1973.

[47] A. D'Isanto and K. Polsterer (2018). Photometric redshift estimation via deep learning. Generalized and pre-classification-less, image based, fully probabilistic redshifts. Astronomy & Astrophysics, 609, A111.

[48] M. Salvato, O. Ilbert, and B. Hoyle (2019). The many flavours of photometric redshifts. Nature Astronomy, 3, 212–222.

[49] S. J. Schmidt, A. I. Malz, J. Y. H. Soo et al. (2020). Evaluation of probabilistic photometric redshift estimation approaches for The Rubin Observatory Legacy Survey of Space and Time (LSST). Monthly Notices of the Royal Astronomical Society, 499, 1587–1606.

[50] O. Razim, S. Cavuoti, M. Brescia et al. (2021). Improving the reliability of photometric redshift with machine learning. Monthly Notices of the Royal Astronomical Society, 507, 5034–5052.

[51] A. Krone-Martins, L. Delchambre, O. Wertz et al. (2018). Gaia GraL: Gaia DR2 gravitational lens systems. I. New quadruply imaged quasar candidates around known quasars. Astronomy & Astrophysics, 616, L11.

[52] A. Krone-Martins, M. Graham, D. Stern et al. (2022). Gaia GraL: Gaia DR2 gravitational lens systems. V. Doubly-imaged QSOs discovered from entropy and wavelets. https://arxiv.org/abs/1912.08977.

[53] H. Kamdar, M. Turk, and R. Brunner (2016). Machine learning and cosmo-logical simulations — Ⅱ. Hydrodynamical simulations. Monthly Notices of the Royal Astronomical Society, 457, 1162–1179.

[54] Y. Ni, Y. Li, P. Lachance et al. (2021). AI-assisted superresolution cosmo-logical simulations — Ⅱ. Halo substructures, velocities, and higher order statistics. Monthly Notices of the Royal Astronomical Society, 507, 1021–1033.

[55] C. Lovell, S. Wilkins, P. Thomas et al. (2022). A machine learning approach to mapping baryons on to dark matter haloes using the EAGLE and C-EAGLE simulations. Monthly Notices of the Royal Astronomical Society, 509, 5046–5061.

[56] J. Chacón, J. Vázquez, and E. Almaraz (2022). Classification algorithms applied to structure formation simulations. Astronomy and Computing, 38, 100527.

[57] G. Karniadakis, I. Kevrekidis, L. Lu et al. (2021). Physics-informed machine learning. Nature Reviews Physics, 3(6), 422–440.

[58] Z. Liu, Y. Chen, Y. Du et al. (2021). Physics-augmented learning: A new paradigm beyond physics-informed learning. https://arxiv.org/abs/2109.13 901.

[59] M. Graham, S. G. Djorgovski, A. Mahabal et al. (2013). Machine-assisted discovery of relationships in astronomy. Monthly Notices of the Royal Astronomical Society, 431, 2371.

[60] S.-M. Udrescu and M. Tegmark (2020). AI Feynman: A physics-inspired method for symbolic regression. Science Advances, 6, 2631.

[61] H. Sun and P. Moscato (2019). A memetic algorithm for symbolic regression. In 2019 IEEE Congress on Evolutionary Computation (CEC). New York: IEEE Press, pp. 2167–2174.

[62] P. Moscato, H. Sun, and M. Haque (2021). Analytic continued fractions for regression: A memetic algorithm approach. Expert Systems with Applica-tions, 179, 115018.

第7章 基于机器学习的复杂仪器设计与优化

Barry C. Barish，Jonathan Richardson，Evangelos E. Papalexakis，Rutuja Gurav，加利福尼亚大学河滨分校，美国加利福尼亚州河滨。E-mail：barry.barish@ucr.edu，jonathan.richardson@ucr.edu，epapalex@cs.ucr.edu，rutuja.gurav@email.ucr.edu

7.1 引言

在大规模科学实验的时代，为了快速存储、检索和分析生成的海量数据，大数据管理和高性能计算必不可少。与此同时，人们对使用先进的 ML 技术进行数据分析以获得科学发现的兴趣也越来越大。然而，ML 加速科学发现的潜力并不局限于对实验主要数据产品的分析。像 LHC、激光干涉引力波天文台（LIGO）和电子离子对撞机（EIC）这样的前沿实验设备是高度复杂的仪器，具有数百个自由度，通过交叉耦合反馈伺服和数千个辅助传感器得以稳定运行。LIGO 的探测器长 4km，其控制室如图 7.1 所示。该装置由悬挂在四级摆上的数十面镜子组成的 6 个耦合激光腔组成，并且镜子均安装在主动隔震平台上。LIGO 的主要数据产品是应变 [1]，它被天体物理学家用来寻找引力波信号。除主应变外（应变是干涉仪 4km 长的臂相对于臂的总长度变化的比值），每个 LIGO 探测器记录超过 10000 个通道，监测每个子系统的运行以及地震、声学和电磁环境（有关 LIGO 环境监测系统的概述，请参见文献 [2]）。大型科学仪器的复杂性及其大量的辅助数据为更广泛地使用 ML 增强仪器提供了一个新的机会。

图 7.1　路易斯安那州利文斯顿的 LIGO 的控制室

图片来源：Amber Stuver/Wikimedia Commons [https://commons.wikimedia.org/wiki/File:LLO Control Room.jpg]

利用 ML 工具来寻找仪器检测性能的短板所在（如来路不明的噪声或控制的不稳定性），可促使通过提高灵敏度、优化运行时间和数据质量来实现优化仪器设计。例如，非线性或非平稳噪声耦合的来源大多未知，也是目前限制先进的 LIGO 探测器的主要原因之一。特别是，20～60Hz 这个关键波段的探测器噪声仍然没有被完全识别。未识别的噪声在图 7.2 的左图阴影区域示出。图 7.2 的右图显示了这种噪声对关键天体物理度量的影响。识别和减少这种噪声将显著扩大宇宙的体积和引力波科学所能研究的天体物理质量范围，包括使观测最大质量的黑洞的合并成为可能。

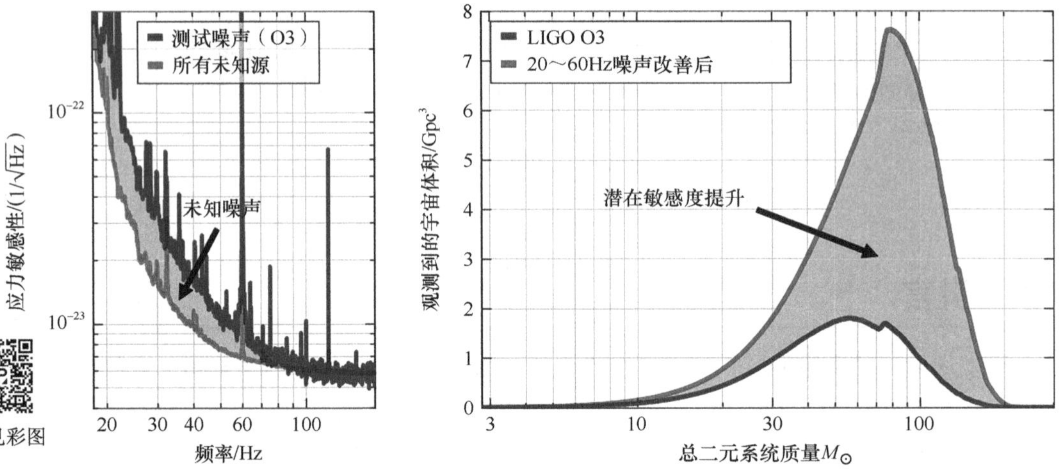

扫码见彩图

图 7.2　左：O3 观测运行期间 LIGO Hanford 引力波探测器的本底噪声（红色）与预算探测器噪声（蓝色）的比较。右：如果这种多余的噪声被识别并被完全消除，那么对于等质量的黑洞合并，宇宙的可观测信号情况将得到极大改善

LIGO 探测器中未识别的过剩噪声被认为是通过非线性机制产生的，因为它没有表现出与任何其他信号的强相干性。因此，利用传统的（线性时不变）系统辨识技术来精确定位高级 LIGO 中非线性噪声的来源是非常困难的。然而，这些挑战远不是 LIGO 特有的。事实上，它们在复杂的主动控制仪器中很常见，其中一个例子是粒子加速器。在加速器中，ML 可用于优化碰撞束流的性能，降低束流损耗并引导束流。

因此，开发新的工具和方法来理解仪器噪声，以及其他操作中的异常，对 LIGO、LHC 和 EIC 等复杂仪器的发展至关重要。新的无监督 ML 方法可以在较长的时间内对探测器中记录的大量信号信息进行建模和分析，并基于此产生改进意见，指导仪器调试和设计改进。之前 ML 在复杂系统中的应用，如 LIGO[3] 或加速器 [4] 采用的监督学习范式，其中期望的系统输入-输出行为是已知的，并由 ML 模型对其进行逼近（如在观测到的引力波中估计两个碰撞黑洞的质量）。在复杂仪器操作时遇到的许多问题中，这种监督信息很少或根本不存在，需要开发新的 ML 方法来解决这些问题。

类似的挑战也出现在大型复杂系统的操作中 [5]，因此该领域的进展将为无监督和可解释的知识发现提供机会。

在本章的其余部分，我们将首先讨论为复杂仪器开发无监督学习模型的关键挑战和需求。

然后以 LIGO 探测器为示例，讨论 ML 诊断和优化实验设备操作性能的潜力。最后，讨论了将 ML 应用于仪器设计的前景，包括优化现有的加速器（如 LHC）以及未来前沿加速器（如 EIC）的初步设计[6]（更多信息可见 https://www.bnl.gov/eic/）。

7.2 机器学习的挑战和要求

在适应或开发用于复杂仪器操作管理和设计的新的 ML 方法时，有许多基本的挑战必须解决。我们将在下文简要概述这些挑战。尽管下文它们以连续和独立的方式呈现，但通常在我们可能遇到的任何问题中，它们都会一起出现。

7.2.1 监督不力或有限

监督学习是 ML 的一个关键方面，而监督学习的范式大多数读者已经接触过：通过大量配对的输入数据和期望输出，学习构建一个能将输入映射到正确类别并能很好地泛化到未见数据的模型。然而，仪器诊断和设计过程中的大量问题无法提供训练此类模型所需的大量人工注释。例如，在预测操作故障时，最理想的注释将是那些能够定位导致故障的仪器部件的信息。不幸的是，这产生了一个困境，因为这些信息是我们试图从机器学习应用中提取的知识。在这种情况下，我们可以求助于代表性数据，它不仅可以廉价地获得且不需要大量的人工注释，还可以帮助我们训练模型，从而为难以解决的任务提供一些见解。我们可以将仪器故障的存在与否作为表示正常或异常操作的粗标签，希望能够成功预测这种粗标签的模型可以捕获有用的信息，从而进行探索性分析并进一步表征这种故障。尽管仪器生成的数据量庞大，但要创建适合机器学习的数据集，使模型能够学习有意义且可泛化的模式，通常需要进行大量的数据清理、通道和时间段的筛选以及其他预处理工作，这最终导致可用的精选数据集规模大幅缩减。这种情况使得后续的学习过程变得更加困难。

7.2.2 模型的可解释性

ML 模型的任务是映射输入特征表示（例如，在特定时间窗口内监视仪器状态的传感器读数）到期望的预测（例如，发生故障的时间 t_f），可以采取从分类树和参数方程到深度神经网络的许多不同形式。正如我们上面提到的，任何这样的模型的一个基本要求是能很好地推广到难以预见的例子。然而，这只是可以考查 ML 模型的维度之一。可解释性是本章遇到的许多问题中的一个重要维度，它衡量人类能够多大程度地理解模型决策背后的推理过程，并将此类决策归因于输入数据的不同部分（在我们的运行示例中，这种归因可以突出不同的传感器和时间窗口，因为它们承担了故障预测的大部分权重）。简单的线性模型或基于树的模型直接适用于这种解释（线性模型为输入分配不同的权重，树可以根据导致决策的输入提供一组规则）。随着 ML 模型向高度过参数化的深度神经网络发展，成功泛化的能力也在增加。然而，为输入提供解释和归因的能力变得越来越具有挑战性。因此，ML 中有一个活跃的研究领域，涉及不同的范式和可解释性方法，从易于解释的模型到只能提供事后解释的模型[7]。无论形式如何，任何这样的解释都是至关重要的，这些解释可辅助专家进一步系统地思考、检查。通过这种方式，我们可以深入了解可能导致观察结果失真的潜在物理机制（例如，仪器故障）。

7.2.3 理论/物理引导模型

现代深度学习模型的一个重大承诺是，它们声称能够捕获输入和输出之间的任意非线性函数。然而，这样一种笼统的说法在很大程度上取决于大量的因素和问题参数，如我们可用的数据的数量和质量、当前预测任务的固有难度以及监督的质量。因此，这种承诺并不总能实现，在实践中，成功训练一个达到理想状态的模型需要对不同的超参数和设计选择进行大量实验。因此，ML 研究中产生了一个新兴领域：理论引导或物理引导建模[8]。它的目的是利用特定科学领域中充分理解的信息，将这些信息纳入模型的设计或训练中，其核心是优先考虑那些与理论一致的模型而非不一致的模型（严格程度取决于指导方式的整合）。这样做可能会赋予模型在性能和泛化方面的稳定性和效率，从而使这种引导方法极具吸引力。在我们的场景中，可以设想识别仪器中操作被充分理解，并可能由精确的方程式表达的部分，强制训练的模型与这些方程式保持一致。这一操作的预期副产品是，所学习的模型将以更高的保真度捕捉数据中的现象（包括已记录的和未知的），尽管完全先验地对所有现象进行建模是不可行或不可能的。

7.2.4 人机交互学习与主动学习

监督 ML 中，人类注释的过程常常是离线、缓慢和烦琐的。然而，ML 中的一个新兴趋势是通过引入“人机交互框架”来模糊这两个过程的边界，使得模型根据人类反馈不断被优化。这样做的关键挑战包括：确定何时以及如何频繁地征求反馈、反馈的形式（例如，人类标注者可能更容易识别两个数据点是否属于同一类型，而不是为单个数据点提供类型[9]），以及模型应如何适应人类提供的新的反馈。尽管人机交互分析和学习是一个积极和新兴的领域，但它与信息检索领域（研究和开发用于高效搜索和检索信息的算法）以及相关反馈领域[10]中之前的工作密切相关。此外，人机交互框架中的一些需求也是主动学习领域的主题[11]，其目标是为有限数量的数据点征求新的注释，以便最大化新模型的性能。主动学习已在科学问题中找到应用，如天文学中的异常检测[12]。然而，在实现端到端的人机交互框架时，还需要在多个领域取得更多进展，包括可扩展性和可视化/人机交互[13–15]。

7.3 优化仪器操作性能

优化仪器性能对于实现大规模实验的科学目标至关重要。然而，大型仪器的复杂性常常使得在操作过程中难以识别错误的根本原因。正常操作通常涉及同时控制多个耦合的自由度，存在多种潜在的故障点和噪声来源。因此，使用仪器数据来识别不良操作条件和诊断错误需要监控许多相互作用的子系统。尽管如此，仪器甚至单个子系统的建模通常无法捕捉足够的现实细节来重现操作错误，因为故障模式可能庞大且未知，仪器及其所有子组件的状态在任何时刻都不完全已知。因此，发现异常操作或故障的根本原因的最佳途径在于，从大量的诊断通道中挖掘时间序列[16]（用于进行仪器诊断的一组通道，主要由传感器读出或与仪器控制有关的其他参数组成）。其中，各不同的子集可能是非线性相关的。

寻找所谓的异常非常关键，这种异常是数据中的异常值，这些数值可能暗示着仪器被干扰。文献 [4] 介绍了现代粒子加速器（大规模复杂仪器的典型代表），并引用了在 LHC 中使用各种异常检测技术来识别束流位置监测器的错误读数，并协助自动校准器对准[17]。人类操作员面临的一个关键挑战是，如何从记录仪器动态的大量通道中选择一小部分相关通道进行调查。在这一部分中，我们系统描述了两个 ML 流程，以帮助诊断两种类型的操作问题：瞬态噪声和控制故障。我们首先简要介绍这些操作问题，然后展示其在最先进的复杂仪器：地面引力波探测器中遇到的这些问题的详细例子。

7.3.1 瞬态噪声

噪声可能会污染实验的主要数据结果，降低数据质量。对于像粒子加速器这样的仪器来说，意味着需要重复实验，这是昂贵的但可行的。但对于像 LIGO 地面引力波探测器这样的被动观测站，这种瞬态噪声可能导致错过无法再次观察的独特天文事件。图 7.3 展示了一个著名的示例，即一个响亮的噪声瞬态污染了 LIGO 首次探测到的双中子星合并信号的一部分。因此，理解这种噪声的来源以及潜在地通过升级来消除它是至关重要的。通过使用存档数据和 ML 方法，我们可以寻找一组诊断通道中的瞬态之间的相关性来识别噪声。这些诊断通道的一个子集，称为见证通道，可以用来对某些噪声瞬态进行分类、定位并消除导致噪声的因素。

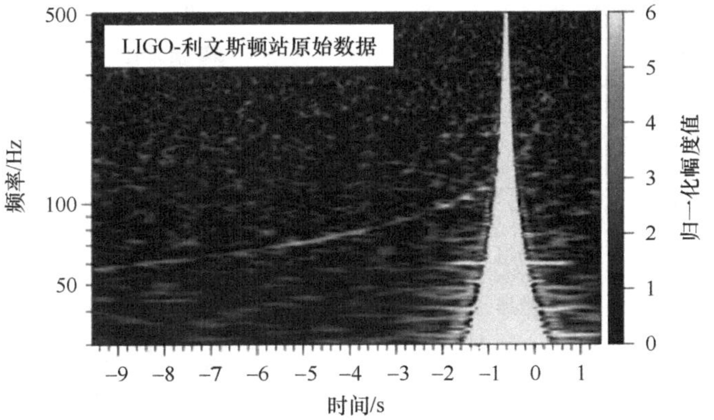

扫码见彩图

图 7.3 LIGO 利文斯顿探测器观测到的引力波事件 GW170817 的时间-频率表示

在合并前不久，出现了比引力波信号大 1000 倍的噪声故障。图片由 LIGO/Calte 提供

7.3.2 控制故障

控制故障导致仪器无法正常工作。这种操作问题比瞬态噪声问题的影响更大，因为在仪器恢复过程中无法获得科学数据。诊断控制故障的原因对于减少未来的不良事件至关重要。这类故障相对容易缓解，因为它们是实时发生的，但关键任务是预测即将发生的故障。我们可以通过 ML 来解决这一任务，通过使用一组诊断通道中的故障事件之前的数据来识别这些故障事件的前兆。在文献 [18] 中，作者探索了深度神经网络[19]（一类监督 ML 模型，特别擅长学习复杂的非线性输入函数，将其映射到预测目标）的使用，通过从一组诊断通道[16]建模故障前兆来预测粒子加速器设备的操作故障。在文献 [18] 中的 2.1 节有限监督中，ML 问题被表述为一种二元分类任务，其中故障（正类）和标称行为（负类）对应的数据点可以自动标注，无须人工操作。

在文献 [18] 中的 2.2 节可解释的模型中，由于深度神经网络通常是黑盒模型，作者采用了一种分层关联传播的技术 [6]，以突出与故障相关的诊断通道的子集 [16]。在展示我们选择的复杂仪器 LIGO 的两种操作问题的现实世界例子之前，让我们先了解一下通用的 ML 流程（如图 7.4 顶部所示）。数据存档中的原始数据在领域专家的指导下被处理以创建特定任务的数据集。然后使用这个特定任务的数据集来训练适当的 ML 模型。模型的性能在不包含通过一组未参与训练的数据点进行测试，以评估其泛化能力——这是任何 ML 模型的关键。最后，使用领域专家定义的测试来验证模型输出，这对于模型的下游应用通常是必要的。

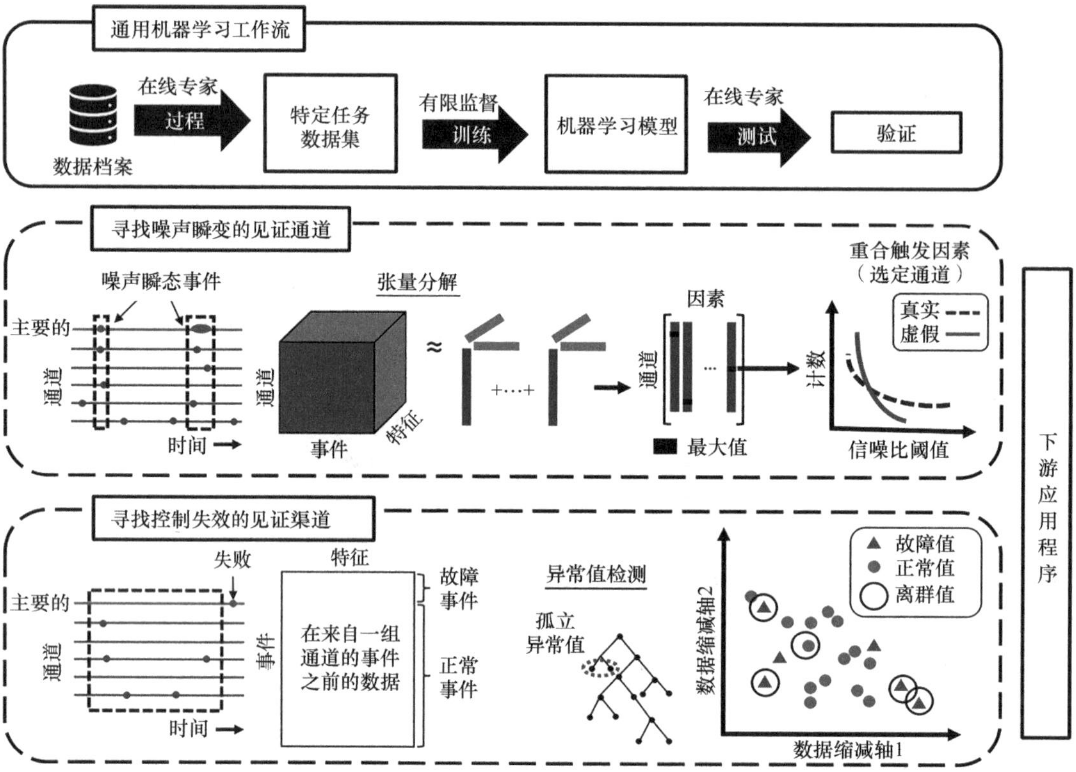

图 7.4　顶部：一个通用的 ML 流程通常包括从特定任务数据集创建到模型输出验证的四个阶段。中部：寻找噪声瞬态见证通道的端到端流程依赖于从主通道选择感兴趣的瞬态事件，并在一组诊断通道中寻找这些事件的巧合。底部：寻找控制故障事件前兆的端到端流程依赖于从一组见证通道中隔离出前兆数据，将这些数据视为异常值

扫码见彩图

7.3.3　噪声瞬态对引力波搜索的影响

对于 LIGO 的在线天文物理搜索流程，一类非线性噪声伪迹特别有问题：大量未知来源的瞬态噪声暴发，被称为噪声故障 [16,19]。在典型的一个观测时长中会发生多个故障。故障污染了天文数据流（图 7.3），混淆了暴发源引力波搜索，并阻碍了及时发布电磁暴发后续的实时警报。通过在仪器噪声背景中引入一个非高斯长尾分布，故障也提高了检测真正天文事件的统计阈值。降低故障的频率将提高所有类型事件的检测率，尤其是对于信号噪声比最差的高质量双黑洞合并。

在文献 [20] 中，研究者使用矩阵和张量分解 [21] 自动从 LIGO 数据中识别出一组诊断通道

的子集，这些通道被认为可能是LIGO数据中存在的故障的潜在记录通道。图7.4（中部）展示了这个任务的端到端流程。我们选择了一组诊断通道和一组从LIGO主通道中选择的故障，其中观察到引力波。然后，以模式3张量的形式构建任务特定数据集[22]（在ML的背景下，张量是一个多维数组），其中，模式1对应于主通道的故障，模式2对应于为该分析选择的诊断通道，模式3对应的是故障特征（例如，持续时间、峰值频率、带宽和信噪比）。这个张量本质上是对诊断信道中与主信道中的故障“同时”出现或不出现的故障进行编码。选择的ML模型是张量分解。我们将这个张量分解成N个因子，并得到与每种模态的潜空间表示相对应的因子矩阵。我们使用“诊断通道”模式对应的因子矩阵来选择N个通道（每个因子一个），见图7.5。我们验证了因此被选为主信道故障的潜在信道数据集，通过检测每个选择的通道信噪比阈值的递增值的正向率[3]和伪正向率[23]（图7.6），前者是在一个选定的通道和主通道中发生同步故障的次数除以选定通道中总故障次数，后者是在一个选定的通道中出现故障但主通道中没有同时出现故障的次数除以整个选定通道中出现故障的次数。通过这个验证步骤选出合理的方法和阈值设置，用于下游，如在搜索引力波信号之前，使用该方法避免删除有用的数据。

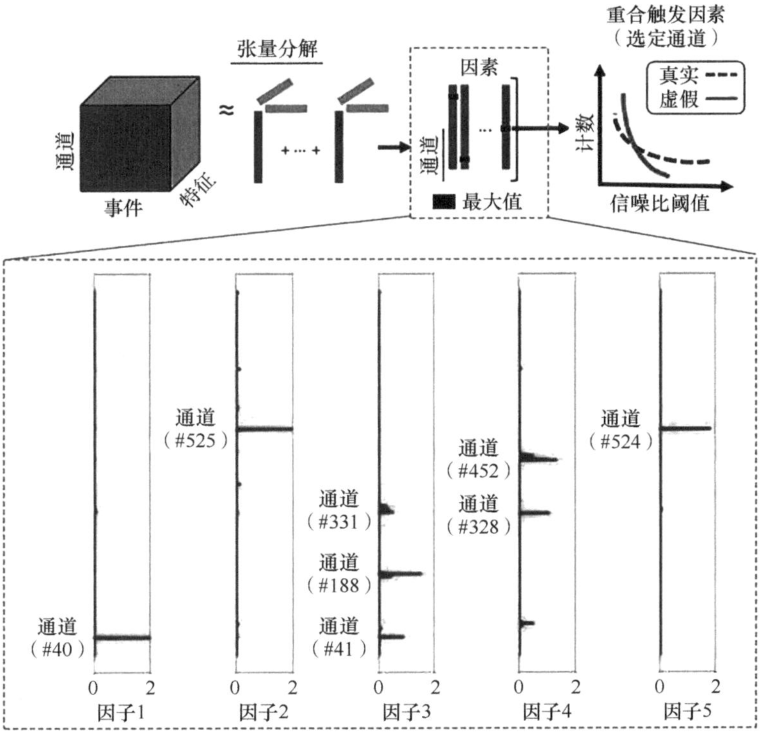

图7.5 寻找噪声瞬态的见证通道

通道×事件×特征张量的$n=5$个分量张量分解的诊断通道对应的见证选择因子，该分解编码诊断通道中是否存在同步噪声瞬态。它们在一个因子中显示出高的量值。共900个通道用于此分析。例如，因子1显示了通道#40的高幅度值

7.3.4 控制故障对引力波探测器工作周期的影响

实现全LIGO系统的共振是一个复杂的过程[24]，通常需要30min才能完成。当内部或外部的干扰导致激光腔体从其共振操作点“解锁”时，会发生控制故障。这种类型的控制故障被称

为锁定损失。由于锁定损失的频率，三个 LIGO-Virgo 探测器［利文斯顿（Livingston）、汉佛德（Hanford）和室女座（Virgo）］在第三次观测运行期间同时运行的时间只有大约 50%。大多数锁定损失没有明显的环境原因[25]，因此也可能是由非高斯噪声事件触发的。识别和消除锁定损失的触发器会显著提高所有三个探测器数据采集的时间比例，增加三重同时引力波检测的数量。多个探测器的观测，具有不同的天线模式，对于精确的天空定位至关重要，这是针对潜在多信源事件进行有针对性的电磁后续观测所必需的。

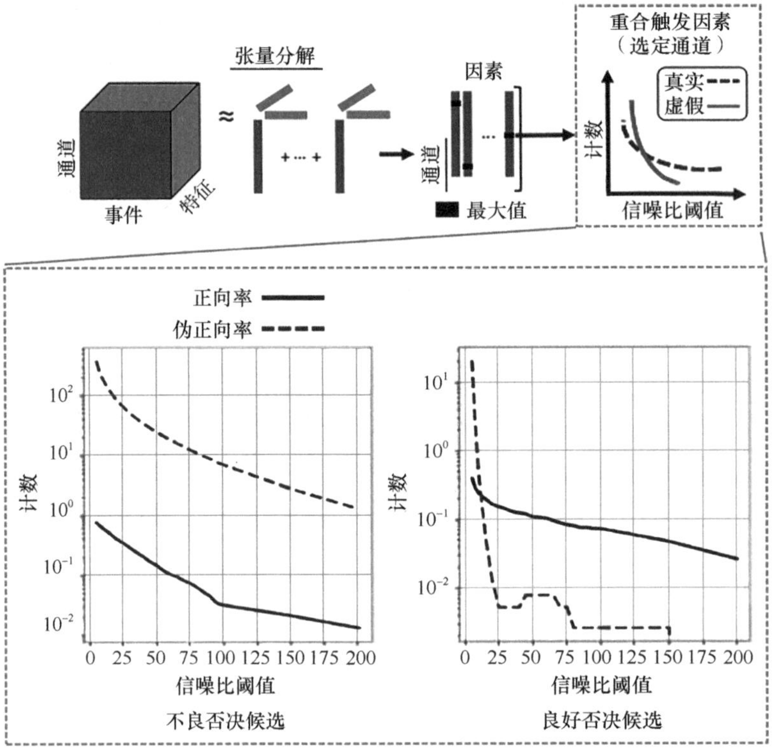

图 7.6　利用通道 × 事件 × 特征张量因子选择的两个不同的信道显示出不同的正向和伪正向特征
左：所选通道在信噪比阈值增大时，与正向率相比，其误报率较高，这表明它可能只是一个固有的噪声更大的诊断通道，因此不能用于否决下游引力波搜索工作流的科学数据段，因为这会导致大量科学数据的丢失。右：所选通道在信噪比阈值 25 以上时，伪正向率急剧下降，而正向率相对稳定。我们可以使用这个选择的通道来否决科学数据中的一致噪声瞬态

图 7.4 底部显示了诊断控制故障的思路，其中任务特定的数据集是通过从一组诊断通道获取控制故障前产生的数据构建的。我们还从这些通道获取了正常操作期间的数据。因此，不需要任何明确的监督，因为数据集中的数据点自动具有真实标签（故障或正常事件）。我们假设在故障事件前的数据子集具有异常，这可能是故障事件的前兆。这里选择的 ML 模型是一个无监督的基于树的异常检测算法，称为隔离森林（isolation forest）[26]，它使用树结构划分数据集并将异常隔离为离群值。我们通过将算法视为异常的事件与真实标签进行比较来验证事件，见图 7.7。

在 7.3.1 节和 7.3.2 节中描述的 ML 流程中，有一些关键挑战值得强调。首先，我们假设一个预处理步骤，从大量原始归档时间序列数据中创建任务特定的数据集。这一步不可避免地需要领域专业知识，因为有可能有数以万计的诊断通道可供选择，只有其中的一部分可能与任务

相关，而这些通道通常以不同的速率采样，捕捉不同时间和频率尺度上发生的各种现象。除了为任何给定分析选择一组诊断通道之外，原始数据流中的“特征”其实对领域专家的相关研究很有意义，它们也有可能被ML模型进行隐式学习。通过深度神经网络等黑盒模型可以得到数据的隐式特征，减少专家研究的负担，但使工作流输出的可解释性下降。此外，在工作流的末端，我们还寻求专家指导，以创建验证测试，检查ML模型输出对于下游诊断应用的实用性。

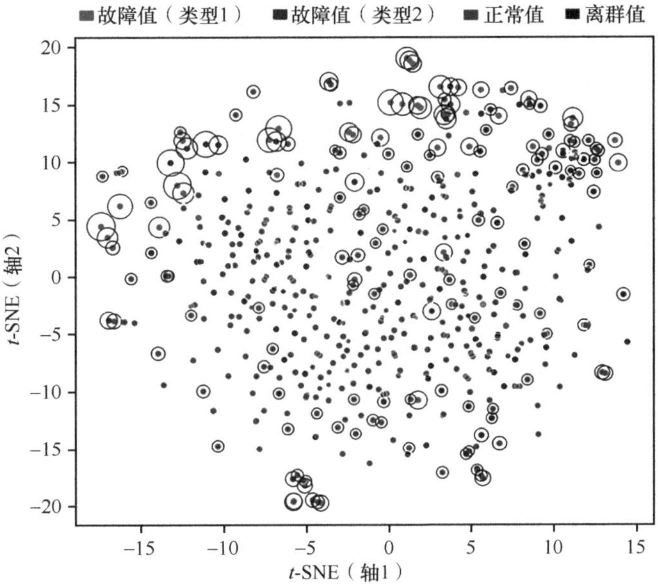

扫码见彩图

图 7.7 寻找控制故障的通道

图中显示了使用 t 分布随机邻域嵌入（t-SNE）[27] 的 m 维数据（m_2）的二维投影，保留了高维空间中的距离，仅供可视化使用）。我们从一组 n 个诊断通道（$m = k \times n$）中，从两种控制故障（红色和蓝色）之前的数据段中获得 k 个特征。为了完成数据集，在正常操作期间（绿色）对数据段进行采样。离群值检测算法是完全无监督的，并且不使用数据集中事件（故障或正常）的地面真实标签来将某些事件隔离为离群值（用黑色圈出来）。可以看到，在控制故障之前的数据实例（红色、蓝色）被识别为异常值。图中黑色圆圈的直径对应于一个异常值分数（较大的分数 = 较大的离群值），这个分数可能被用作减少伪正向性的阈值

7.3.5 公共数据集

大多数复杂仪器都有大量的原始归档操作数据，这些数据不容易用于训练ML模型。因此，ML应使用在数据存档中策划的较小基准数据集或创建合成数据集进行概念验证。

以下是一些针对复杂仪器诊断的LIGO特定公共数据集，可用于机器学习。

（1）LIGO Gravity Spy：这个数据集，如文献[28]中所述，由LIGO主数据产品中的各种噪声瞬态的时间-频率谱图图像组成。机器学习的任务是使用最先进的深度学习模型，如卷积神经网络，将这些图像分类为一组类别。样本数据集可在此处获得——https://zenodo.org/record/1476551#.YjoQ-3XMKV5。

（2）LIGO诊断通道的数据集：这是一个多变量时间序列数据集，由大约1000个LIGO诊断通道在真实引力波事件GW170814周围3h的数据组成。这个数据集可以用于识别噪声瞬态的见证通道，或者用于从主数据产品中减去噪声。该数据集可以在引力波开放科学中心网页找到——https://www.gw-openscience.org/auxiliary/GW170814/。

7.4 仪器设计优化

仪器设计的一个基本要求是能够准确高效地模拟各种仪器配置的不同场景，以追求优化某个特定目标物理量。在本节中，我们首先简要概述传统的模拟和优化流程，然后介绍一种新兴的机器学习方法，它有可能彻底改变仪器设计。

7.4.1 当前的仿真和优化工具

传统上，仪器设计流程大致分为两部分：仿真，即通过软件评估仪器（或其组件之一）的性能；优化，设计人员根据相关组件的要求寻求满足特定要求的最佳参数组合。

7.4.1.1 仿真

仿真是通过软件评估仪器或其组件之一的响应的过程，从而减少对该组件进行制造和物理实验的需要。这种仿真工具已被加速器 [1] 和引力波探测器 [29] 广泛使用。通常，在仿真过程中，用户/设计者需要建立仿真的组件参数体系，并提供需要组件响应的环境条件（例如，某个感兴趣的事件）作为输入。反过来，仿真软件通过数值求解控制响应的方程来计算该设备的响应。最后，工作流中的最后一步将组件的响应/状态作为输入，并输出感兴趣量的重建，用作评估指标（如能量）。

7.4.1.2 优化

在仿真仪器的单次运行期间，要模拟的设计参数是由用户定义的。然而，手动迭代不同的设计以追求满足所选标准的一个或多个设计可能是极其低效和不完整的。为此，除了仿真之外，还要优化设备，这些优化设备被赋予用户指定的优化目标（如能量），其目标是有效地搜索设计空间并识别能够实现最佳优化目标的一个或多个设计方案。Ocelot[30] 就是这样一种通用优化工具，在加速器设计中非常流行。有趣的是，仪器设计中的优化工具与现代机器学习中用于微调大型模型的设计参数（也称为超参数）的工具之间存在密切的联系，如贝叶斯优化的基础理论 [31,32]。

7.4.2 用于仪器仿真的生成式模型

尽管存在高效的优化器，其目标是最大限度地减少必须运行模拟的次数，但模拟本身是一个计算量非常大且缓慢的过程。此外，为了使模拟准确，它通常仅限于大型仪器中非常特定的组件。因此，端到端模拟仪器需要结合大量专用模拟器，而这些模拟器不一定设计为彼此兼容。因此，这样的工作可能在技术上具有挑战性，甚至是难以实现的。

另外，ML 模型，尤其是深度神经网络，可以用作廉价的通用非线性函数逼近器。它们已被用于仪器主要数据产品的“数据分析”（例如，使用深度神经网络快速实时估计引力波信号的天体物理参数，而不是进行精确的数值计算 [33]）。然而，仪器设计的一个新兴趋势是用深度学习模型取代传统模拟器，特别是利用生成对抗网络（GAN）的最新进展 [34]。

GAN 是一种 ML 模型，它由两个子模型组成：生成器和判别器。通常，这两个模型都是基于神经网络的，因此在提及它们时通常使用术语“网络”。生成器将向量作为输入，通常从高斯分布中随机抽取，其任务是输出“真实”的数据点（例如，图像或仪器模拟器的输出）。另外，判别器需要两个输入：“真实数据点”（例如，数据集中的实际图像或仪器模拟器的实际输出）和“生成的数据点”（生成器的输出），其任务是确定哪个数据点是真实的，哪个是虚假的。在训练过程中，这两个网络参与两人博弈，随着生成器更好地产生真实输出，判别器也相应提高其检测虚假数据的能力，反之亦然。在训练过程结束时，理想情况下，生成器将生成与“真实数据”无法区分的数据，同时有效地提供从“真实数据”的分布中进行采样的方法。

GAN 最著名且成功的实例是生成看起来极其逼真的图像和视频 [35]。然而，GAN 的成功远不止于此，它在药物发现 [36] 和材料设计 [23] 方面都有成功的应用。最近，人们已经成功尝试使用 GAN 来模拟复杂的科学仪器，特别是应用于加速器热量计的模拟 [37-39]。图 7.8 提供了一个说明性示例。最近的这些尝试清楚地证明了利用 GAN 的力量进行复杂仪器设计的可行性和潜力。

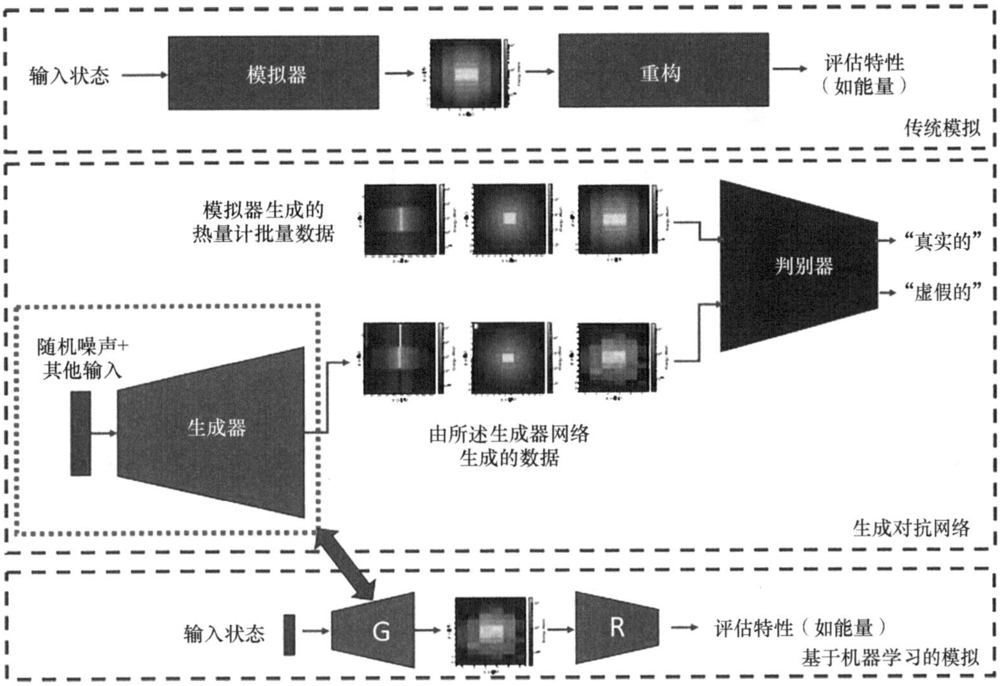

图 7.8 顶部图为“传统”模拟流程的图示。中部图为 GAN 的图示：生成器网络将随机噪声和有关要模拟的状态的附加信息作为输入，并生成“伪数据”。判别器网络将“真实数据”（由 Geant4 等传统模拟器模拟）和生成器生成的“伪数据”作为输入，并确定哪个数据点是虚假的或真实的。底部图为在基于 ML 的模拟管道中，模拟器被 GAN 生成器取代，“重建”神经网络正在取代分析重建过程，该过程将模拟输出转换为感兴趣的量（如能量）。数据图显示了模拟和生成的热量计簇射，修改自文献 [39]

尽管在热量计应用方面取得了早期成功，但 GAN 在仪器模拟和设计问题中的广泛应用仍然面临着诸多引人注目的跨学科研究挑战。这些挑战包括确保生成的数据不仅具有高质量的真实性，还具备数据点的多样性（已知 GAN 的一种故障模式是记忆训练集或生成非常相似的数据点）[40]。7.2 节概述的以下领域的进展可以为应对这些挑战铺平道路。

（1）物理引导模型：为了确保生成器遵守其建模仪器的物理约束和定律，物理引导方法可以将这些信息纳入模型的设计或训练阶段。在 Paganini 等[39]所提出的 GAN 采用了这种物理引导的方法，通过修改训练期间优化的损失函数。

（2）有限的监督：GAN 的训练数据来自非常耗时耗力的模拟。因此，创建非常大的训练数据集可能是不可行的，这一挑战可能会放大 GAN 对训练数据集的记忆等问题。因此，设计在有限监督下工作的解决方案势在必行。

（3）人机交互：将 GAN 应用于仪器模拟的一大优势是“现实”的定义是客观的并且可以通过分析测量。这与 GAN 的原始应用形成鲜明对比，在 GAN 的原始应用中，判断生成的人脸或自然图像的真实性可能是主观的。然而，在判断生成数据的多样性时，人类专家的参与可能至关重要。

除了用高效的神经网络替代低效模拟器所带来的直接效率提升之外，ML 驱动的仪器设计的一个主要承诺是灵活性和模块化：一旦仪器的每个组件都可以由神经网络有效地模拟，这可以促进仪器更大的部分的模拟，理想情况下是一直扩展、实现端到端仿真和设计。

7.4.3 公共数据集

文献 [22] 中使用的三个数据集，用于在 LHC 的 ATLAS 探测器上使用 GAN 模拟粒子簇，参见 https://opendata.cern.ch/record/15012。

7.5 结论

当代的前沿科学仪器正经历复杂性和数据密集程度的急剧增长。需要引入智能自动化来处理这种复杂性，提高可靠性，并突破这些技术的桎梏，以取得新的科学发现。本章探讨了 ML 在复杂仪器操作管理和设计中的新兴应用。目前已经展示了非常有希望的结果，ML 方法能够早期检测故障、诊断噪声源，并能够模拟仪器的不同组件——这些任务以前可能非常乏味或完全不可能通过人力完成。ML 研究中存在许多基本挑战，如实现可解释和理论指导的建模，需要攻克这些挑战才能将 AI 更好地用于解决复杂仪器所面临的问题。这些技术的成功应用将为新一代复杂仪器的设计与应用铺平道路。

参考文献

[1] S. Agostinelli, J. Allison, K. Amako et al. (2003). Geant4-a simulation toolkit. Nuclear Instruments and Methods in Physics Research Section A: Accelerators, Spectrometers, Detectors and Associated Equipment, 506(3), 250–303.

[2] P. Nguyen, R. M. S. Schofield, A. Effler et al. (2021). Environmental noise in Advanced LIGO detectors. Classical and Quantum Gravity, 38(14), 145001. https://doi.org/10.1088/1361-6382/ac011a.

[3] E. Cuoco, J. Powell, M. Cavaglià et al. (2020). Enhancing gravitational-wave science with machine learning. Machine Learning: Science and Technology, 2(1), 011002.

[4] A. Edelen, C. Mayes, D. Bowring et al. (2018). Opportunities in machine learning for particle accelerators. arXiv preprint arXiv:1811.03172. https://arxiv.org/pdf/1811.03172.pdf.

[5] S. Khan and T. Yairi (2018). A review on the application of deep learning in system health management. Mechanical Systems and Signal Processing, 107, 241–265. https://www.sciencedirect.com/science/article/pii/S0888327017306064.

[6] S. Bach, A. Binder, G. Montavon et al. (2015). On pixel-wise explanations for non-linear classifier decisions by layer-wise relevance propagation. PlOS ONE, 10(7), e0130140.

[7] R. Guidotti, A. Monreale, S. Ruggieri (2018). A survey of methods for explaining black box models. ACM Computing Surveys (CSUR), 51(5), 1–42.

[8] A. Karpatne, G. Atluri J. H. Faghmous et al. (2017). Theory-guided data science: A new paradigm for scientific discovery from data. IEEE Transactions on Knowledge and Data Engineering, 29(10), 2318–2331.

[9] R. K. Vinayak and B. Hassibi (2016). Crowdsourced clustering: Querying edges vs triangles. Advances in Neural Information Processing Systems, 29, 1316–1324.

[10] G. Salton and C. Buckley (1990). Improving retrieval performance by relevance feedback. Journal of the American Society for Information Science, 41(4), 288–297.

[11] B. Settles (2009). Active learning literature survey. University of Wisconsin Report. https://minds.wisconsin.edu/bitstream/handle/1793/60660/TR1648.pdf.

[12] E. E. Ishida, M. V. Kornilov, K. L. Malanchev et al. (2019). Active anomaly detection for time-domain discoveries. arXiv e-prints, arXiv–1909.

[13] A. Endert, M. S. Hossain, N. Ramakrishnan et al. (2014). The human is the loop: New directions for visual analytics. Journal of Intelligent Information Systems, 43(3), 411–435.

[14] D. Xin, L. Ma, J. Liu et al. (2018). Accelerating human-in-the-loop machine learning: Challenges and opportunities. In Proceedings of the Second Workshop on Data Management for End-to-end Machine Learning, pp. 1–4.

[15] Y. Zhang, F. Zhang, P. Yao et al. (2018). Name disambiguation in aminer: Clustering, maintenance, and human in the loop. In Proceedings of the 24th ACM SIGKDD International Conference on Knowledge Discovery & Data Mining, pp. 1002–1011.

[16] L. Blackburn, L. Cadonati, S. Caride et al. (2008). The LSC glitch group: Monitoring noise transients during the fifth LIGO science run, Classical and Quantum Gravity, 25(18), 184004. https://doi.org/10.1088/0264-9381/25/18/184004.

[17] G. Valentino, R. Bruce, S. Redaelli et al. (2017). Anomaly detection for beam loss maps in the large hadron collider. In Journal of Physics: Conference Series, Vol. 874 (IOP Publishing), p. 012002.

[18] L. Felsberger, A. Apollonio, T. Cartier-Michaud et al. (2020). Explainable deep learning for fault prognostics in complex systems: A particle accelerator use-case. In International Cross-Domain Conference for Machine Learning and Knowledge Extraction (Springer), pp. 139–158.

[19] M. Cabero, A. Lundgren, A. H. Nitz et al. (2019). Blip glitches in advanced LIGO data. Classical and Quantum Gravity, 36(15), 155010. https://doi. org/10.1088/1361-6382/ab2e14.

[20] R. Gurav, B. Barish, G. Vajente et al. (2020). Unsupervised matrix and tensor factorization for ligo glitch identification using auxiliary channels. In AAAI 2020 Fall Symposium on Physics-Guided AI to Accelerate Scientific Discovery.

[21] T. G. Kolda and B. W. Bader (2009). Tensor decompositions and applications. SIAM Review, 51(3), 455–500.

[22] ATLAS Collaboration (2021). Atlfast3: The next generation of fast simulation in atlas. arXiv preprint arXiv:2109.02551.

[23] Y. Dan, Y. Zhao, X. Li et al. (2020). Generative adversarial networks (GAN) based efficient sampling of chemical composition space for inverse design of inorganic materials. NPJ Computational Materials, 6(1), 1–7.

[24] A. Staley, D. Martynov, R. Abbott et al. (2014). Achieving resonance in the advanced LIGO gravitational-wave interferometer. Classical and Quantum Gravity, 31(24), 245010. https://doi.org/10.1088/0264-9381/31/24/245010.

[25] J. Rollins (2017). Machine learning for lock loss analysis. LIGO Technical Report LIGO-G1701409.

[26] F. T. Liu, K. M. Ting, and Z.-H. Zhou (2008). Isolation forest. In 2008 Eighth IEEE International Conference on Data Mining (IEEE), pp. 413–422.

[27] L. van der Maaten and G. Hinton (2008). Visualizing data using T-SNE. Journal of Machine Learning Research, 9(86), 2579–2605. http://jmlr.org/papers/v9/vandermaaten08a.html.

[28] M. Zevin, S. Coughlin, S. Bahaadini et al. (2017). Gravity spy: Integrating advanced ligo detector characterization, machine learning, and citizen science. Classical and Quantum Gravity, 34(6), 064003.

[29] A. Freise, D. Brown, and C. Bond (2013). Finesse, frequency domain interferometer simulation software. arXiv preprint arXiv:1306.2973.

[30] S. Tomin, G. Geloni, I. Agapov et al. (2017). On-line optimization of European XFEL with ocelot. In Proceeding 16th International Conference on Accelerator and Large Experimental Control Systems (ICALEPCS'17), pp. 1038–1042.

[31] M. McIntire, T. Cope, S. Ermon et al. (2016). Bayesian optimization of FEL performance at LCLS. In Proceedings of the 7th International Particle Accelerator Conference.

[32] R. Turner, D. Eriksson, M. McCourt et al. (2021). Bayesian optimization is superior to random search for machine learning hyperparameter tuning: Analysis of the black-box optimization challenge 2020. arXiv preprint arXiv:2104.10201.

[33] D. George and E. A. Huerta (2018). Deep learning for real-time gravitational wave detection and parameter estimation: Results with advanced Ligo data. Physics Letters B, 778, 64–70.

[34] I. Goodfellow, J. Pouget-Abadie, M. Mirza et al. (2020). Generative adversarial networks. Communications of the ACM, 63(11), 139–144.

[35] T. Karras, S. Laine, and T. Aila (2019). A style-based generator architecture for generative adversarial networks. In Proceedings of the IEEE/CVF Conference on Computer Vision and Pattern Recognition, pp. 4401–4410.

[36] Ł. Maziarka, A. Pocha, J. Kaczmarczyk et al. (2020). Mol-cyclegan: A generative model for molecular optimization. Journal of Cheminformatics, 12(1), 1–18.

[37] L. de Oliveira, M. Paganini, and B. Nachman (2017). Learning particle physics by example: Location-aware generative adversarial networks for physics synthesis. Computing and Software for Big Science, 1(1), 1–24.

[38] ATLAS collaboration (2020). Fast simulation of the ATLAS calorimeter system with generative adversarial networks. ATLSOFT-PUB-2020-006. https://cds.cern.ch/record/2746032.

[39] M. Paganini, L. de Oliveira, and B. Nachman (2018). Accelerating science with generative adversarial networks: An application to 3D particle showers in multilayer calorimeters. Physical Review Letters, 120(4), 042003.

[40] K. Shmelkov, C. Schmid, and K. Alahari (2018). How good is my GAN? In Proceedings of the European Conference on Computer Vision (ECCV), pp. 213–229.

第8章

实验设备中的人工智能和机器学习

J. A. Sethian，加州大学伯克利分校数学系，劳伦斯伯克利国家实验室数学系，劳伦斯伯克利国家实验室能源研究应用高等数学中心，美国加利福尼亚州伯克利。E-mail：sethian@math.berkeley.edu

J. J. Donatelli，劳伦斯伯克利国家实验室数学系，劳伦斯伯克利国家实验室能源研究应用高等数学中心，美国加利福尼亚州伯克利。E-mail：jjdonatelli@lbl.gov

A. Hexemer，劳伦斯伯克利国家实验室能源研究应用高等数学中心，劳伦斯伯克利国家实验室先进光源部，美国加利福尼亚州伯克利。E-mail：ahexemer@lbl.gov

M. M. Noack，劳伦斯伯克利国家实验室数学系，劳伦斯伯克利国家实验室先进光源部，美国加利福尼亚州伯克利。E-mail：MarcusNoack@lbl.gov

D. M. Pelt，劳伦斯伯克利国家实验室先进光源部，莱顿高级计算机科学研究所（LIACS），荷兰。E-mail：d.m.pelt@liacs.leidenuniv.nl

D. M. Ushizima，劳伦斯伯克利国家实验室数学系，劳伦斯伯克利国家实验室能源研究应用高等数学中心，美国加利福尼亚州伯克利。E-mail：dushizima@lbl.gov

P. H. Zwart，劳伦斯伯克利国家实验室能源研究应用高等数学中心，劳伦斯伯克利国家实验室分子生物物理学与整合生物成像部，美国加利福尼亚州伯克利。E-mail：phzwart@lbl.gov

8.1 实验设备的快速发展

大型实验设备正在经历一场影响深远的变革。例如，在光源、中子源和电子源方面，由于探测器和相干技术的进步，空间和时间上的分辨率得到提高，使我们能够深入研究一些最小的尺度和最快的过程，以洞察物理和生物机制，并有助于加快新型材料的设计、理解生物过程，解释复杂的物理原理。

这些实验的结果以及科学设备的使用方式也在发生变化：

（1）在一些领域，由于自动化的发展，可以更快地设计和开展实验，这就带来了一个挑战，即要决定以何种顺序开展哪些实验。

（2）在有些领域，实验可操作性有限，并且实验非常复杂，因此必须谨慎选择要开展的实验。

（3）实验的可配置范围在不断扩大，这代表着输入空间的维度大大增加，也意味着可以测试更多的东西，使得理解各因素间的依赖性和相关性任务变得更加困难，也更加关键。

（4）无论是单个实验产生的数据，还是不同实验数据组合获得的数据，数据量都很庞大，这为获取连贯的理解和信息提供了巨大的机遇和挑战。

8.1.1 指导科学探究

用算法指导实验设置，包括选择样本、设置实验参数和成像模式，可以帮助引导新发现。那么我们怎样才能建立能指出新研究方向的模型？测试一切是不切实际的——我们如何才能将目标纳入搜索过程，帮助提出新的实验建议？试想有一种算法可以加速材料的设计过程，在这种算法中，通过使用先前的和现有的实验数据结果来指出需要测试的新配置，可以大大提高在高维参数空间中的搜索能力。

建立这类算法，需要将已知的物理学、生物学、化学等知识融入数学算法，从而优化算法属性。

8.1.2 自驱动实验室

优化实验的周转时间和效率：常见的实验程序是建立一个实验，等待数小时/数天/数周至实验结束，然后人为解释结果，以决定下一步要开展的实验。不妨想象一下，在大量可访问的相关实验资料库的帮助下，自驱动实验室可以快速自动分析实验结果，快速解释输出结果，然后增强计算模型，从而进行下一步实验。最终，这些算法将为更快、更高效的实验铺平道路。

构建这样的算法将需要考虑各个方向的基础设施/生态系统、标准化的数据格式、跨计算平台的可读性，以及从设备的边缘计算、集群和高性能架构的远程工作流执行等方面获取计算资源。

8.1.3 分析嘈杂且复杂的数据

由于实验会产生最精细尺度的结果，因此需要新的数学算法来从高度复杂的实验中重建模型，这些实验围绕着概率信息、精细的相关性和多尺度依赖性，以及大量实验产生的问题，包括丢弃、对准、配准和低信噪比。近年来的良好范例包括 X 射线自由电子激光的相关方法、相干表面散射成像（CSSI）和 X 射线光子相关光谱（XPCS）。

开发这种新的数学算法涉及多个领域，包括计算谐波分析、降维、贝叶斯概率和离散图方法。

8.1.4 跨实验检测模式

所发现的模式可以帮助建立新的模型、新的预测能力，并最终形成新的理论。当对多个实验观察时，数据中的规律可能会被发现，而在单个或几个孤立的实验中，这些规律可能并不明显。那些能够采取综合方法来检测共享数据并发现相关性的算法和共享通信系统，对构建强大的新预测模型和理论将具有极高价值。

开发这些新方法需要全新的数学和统计方法，以及能够进行各种规模计算的资源。

8.1.5　调整和优化实验

随着实验设备变得越来越复杂，了解设备性能并保证稳定性、重现性和稳健性是关键问题。例如，调整大量参数、磁体和配置以确保光束的稳定性是一个主要挑战。既能初步优化实验配置，又能实时检测和校正扰动的算法将非常宝贵。

这些技术需要将设计和性能影响因素紧密结合，并采用快速、实时的策略。

近年来，人工智能技术的应用在解决光源和中子源的这些挑战方面，以及在其他模式中都取得了重大突破。在本章的其余部分，我们讨论了人工智能背后的基本思想，指出将人工智能应用于实验数据的一些特殊挑战，并提供了一些正在进行的将人工智能用于大型光源和其他设施的研究案例。最后，我们给出了一些关于未来工作的意见、建议和重点。

8.2　什么是“人工智能”

“人工智能”的概念令其支持者兴奋不已，但也可能令许多传统科学家望而却步。有人认为，人工智能可以让机器在没有数据、没有科学知识体系、没有偏见、没有明确模型的情况下找到相关性，预测结果，且结果远远超出我们目前的理解力。另有反对者则认为，生成与观察结果相匹配的输出并不是理解，而如果没有这种理解，人们既不能自信地将结果外推至其他领域，也不能放心地相信所预测的结果。

这种矛盾是不必要的。科学一直依赖于数据和理论之间的相互作用，可以说理论往往落后于数据分析和经验模型。

这种矛盾关系部分源于“人工智能”一词本身：它既有目的性，也有不必要的挑衅性。它避开了对“智能”的定义，同时强调“人工”是一种新的、陌生的东西，既令人感到恐惧又有一种居高临下的意味。

不过，更令人欣慰的是，从广义上讲，人工智能和机器学习都是建立在成熟的（且正在快速发展的）数学分支之上的。例如，有监督的机器学习依托于数学近似理论，该理论关注的是一个简单明了的问题：“如果你知道某些地方发生了什么，那你能否说出其他地方发生了什么？”最简单的测量方法是用线性、二次和最小二乘的模型来估算数值，即利用已知的信息来构建这些模型。

继续以有监督的机器学习为例，在过去的几十年里，由于大量数据库资源的融合、基于这些数据构建模型的数学算法取得了重大突破，以及能够在海量数据集上快速执行这些算法的大型计算机的出现，近似理论的应用以及集合论、拓扑学、几何学、线性代数和离散数学的新成果，都呈现出爆炸式增长。

这些经典的和新发展的数学、统计学和计算机科学的应用极大地扩展了数学工具箱，将具有不确定性的数据、更为复杂的因果关系和相关关系、概率分析和简化建模纳入其中。这些进步不仅开辟了令人惊叹的新应用领域，还推动了许多有助于新技术的相关子领域的基础理论进步。

更广泛地说，机器学习被一些人认为等同于人工智能。我们的观点是，核心数学与现代数据相结合是机器学习的基础，而将这些方法与硬件（仪器、机器人等）连接起来就形成了人工智能。

总的来说，这些进展有时被统称为“人工智能”。理查德·费曼（Richard Feynman）的《计算讲座》[1]就以睿智的视角审视了这个仍然年轻的领域，用“人工智能”取代“计算机科学”并不会削弱费曼的洞察力：

计算机科学（人工智能）与物理学的不同之处还在于，它实际上不是一门科学，它不研究自然物体。计算机科学（人工智能）也不像你想象的那样是一门数学学科，尽管它确实广泛地使用了数学推理。相反，计算机科学（人工智能）就像工程学一样——它的核心是让某些东西去做某些事情，而不是仅仅处理抽象概念……

但这并不是说计算机科学（人工智能）都是实用的、脚踏实地的建设的工作，并且远非如此。计算机科学（人工智能）涉及各种深层次问题，它揭示了我们自以为已经理解的语言本质：早期的机器翻译之所以失败，是因为关于语法的陈旧观念未能涵盖语言的所有本质。它自然而然地鼓励我们思考关于可计算性极限的问题，以及关于我们对周围世界可以知道什么、无法知道什么的问题。计算机科学（人工智能）人员花了大量时间讨论人类是否只是一台机器，人类的大脑是否只是一台功能强大的计算机，有朝一日可能会被复制；而“人工智能”领域——我更喜欢“高级应用”这个词——可能对“真正”智能和心智的本质发表许多深刻的见解。

在本综述的其余部分中，我们将使用AI/ML来指代这些进展，并重点介绍它们对分析同步辐射科学实验结果所作出的贡献。

8.3 将AI/ML应用于实验科学所面临的挑战

如何将AI/ML的这些数学进展应用到实验和科学数据分析中？在此，有必要强调此领域存在的挑战。

8.3.1 训练数据有限

AI/ML有监督学习最成功的应用领域包括商业分析、图像和信号识别、语言翻译等。其部分原因在于丰富的“训练数据”——这些数据被标记、注释，并可作为（输入/输出）对用于建立插值。相比之下，虽然特定科学应用中可能存在大量数据，但这些数据往往没有注释或标记，因此在初始训练阶段用处不大。虽然有很多所谓的“自举”方法来增加数据集，但这些方法可能无法显著增加训练数据的广度。

8.3.2 内插法与外推法

大多数的有监督AI/ML方法都是通过插值来工作的。算法处理的数据越多，并且能有效地将数据分类，则做出准确预测的概率就越高。然而，科学研究最感兴趣的往往是外推法，即有趣的新领域往往在训练集之外。目前的AI/ML方法通常只是盲目地应用于训练集之外，结果往往不尽如人意。

8.3.3 融入科学知识

将科学领域知识嵌入到AI/ML中肯定是有益的。守恒定律和等价变换等物理原理都是我们深入理解科学公式的一部分。然而，尽管在这一方向上已经有了许多工作进展，但仍有很长的路要走。

8.3.4 稳健性、可解释性和可靠性

如何知道 AI/ML 方法提供的信息是否可靠？什么时候才能相信结果？如果方法是在数百万个数据点和数百万个自由参数的基础上进行训练的，很难知道发生了什么。

矛盾的是，科学 AI/ML 使用的训练数据往往少得多。因此，尽管我们还有很长的路要走，但确定这种方法的有效性可能会更容易一些。一个模型需要的自由参数往往比可用数据多得多，这会导致模型不确定性高、收敛性差或错误收敛。

归根结底，将 AI/ML 应用于科学数据所面临的挑战是一个根本不同的问题。在语言翻译和商业模式检测等领域，错误的代价很小，而在科学应用领域，错误的代价可能很高。预测错误的药物或建造不稳定的大型建筑都可能带来灾难性后果。

8.4 案例研究

接下来，我们将介绍一些 AI/ML 应用于同步辐射光源信息的相关工作实例。

8.4.1 案例研究 1：AI/ML 和优化的自驱动实验

8.4.1.1 概述

试想一下，在同步辐射实验中，通过系统测量输入参数和配置（如温度或压力）的变化所产生的影响，用效果来探测材料[1]。在典型的实验中，通常会采用两种方法中的一种：①事先选择测量序列并按顺序执行；②先进行一次实验，然后根据人类专家的直觉决定下一步执行哪项实验。

这两种方法的效率都不高：第一种方法可能会因为收集多余的数据而浪费仪器时间，而第二种方法则依赖于等待人类做出决定，这本身就可能引入偏见或主观决策。在高维空间中，第一种方法是不可行的，实验人员往往只能凭直觉做出决定。

相反，更好的方法是在实验进行后立即对其结果进行分析，然后将这些发现整合到从之前的实验中得出的不断发展的模型中。这种“替代模型”充当高维响应面的低阶近似。然后，这个稀疏采样的表面及其不确定性可以作为下一个实验的指南，该实验可能位于高维参数空间的未探索部分或发生特别有趣结果的区域。

在更复杂的研究领域，正在采取的策略包括：①将生成结果与优化函数结合起来以引导输入参数；②运行模拟以构建、完善与收集的数据相匹配的模型。

8.4.1.2 示例：gpCAM

图 8.1 展示了 gpCAM 数学、算法和软件环境相配合的流程。收集数据时，它们首先通过预处理过程，该过程识别关键特征向量并执行降维处理。这可能包括用于图像分割、结构提取和分类的 AI/ML 技术（参见案例研究 2）。

根据分析的数据，基于高斯过程的自主实验算法，通过查找数据随距离可能的各向异性和非平稳变化来创建先验概率密度函数。条件先验产生后验均值和协方差函数，这些函数与经过训练的先验相结合，用于定义采集函数，其最大值（或最小值）代表高值测量点。

更详细地说，给定测量值 $D = \{(\boldsymbol{x}_1, y_1),\cdots, (\boldsymbol{x}_N, y_N)\}$，我们的目标是构建函数 $y_i = f(\boldsymbol{x}_i) + \varepsilon(\boldsymbol{x}_i)$，其中，$f(\boldsymbol{x})$ 是未知的潜在函数，$\varepsilon(\boldsymbol{x})$ 是噪声。

（1）我们从在所有可能的模型函数上定义的高斯概率密度函数（先前）开始。这里，模型函数是在参数空间上定义的：测量结果的所有可能组合（位置、温度等）。

$$p(\boldsymbol{f}) = \frac{1}{\sqrt{(2\pi)^N |K|}} \exp\left[-\frac{1}{2}(\boldsymbol{f}-\mu)^{\mathrm{T}} K^{-1}(\boldsymbol{f}-\mu)\right] \tag{8.1}$$

式中，μ 是先验高斯概率密度函数（PDF）的平均值；K 是协方差，通过核函数定义。

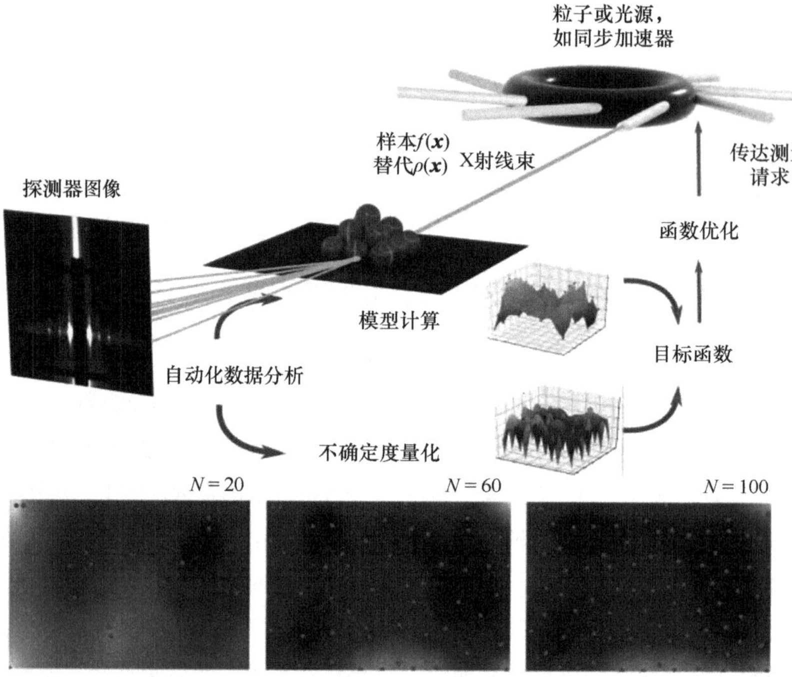

图 8.1　上图：在同步辐射束线处进行 gpCAM 自主驱动实验的执行序列。下图：示例响应面的近似序列随着测量次数 N 的增加而变化：基于最大后验方差选择的点，保证放置在高度不确定性的区域，因此自然避免了聚类（上图来自文献 [2]，下图来自文献 [3]）。相同的原理也可用来查找感兴趣材料的特征

（2）为了将其转化为贝叶斯框架，我们将可能性定义为 f 上的边缘化和数据条件。所得后验表示潜在函数在一组位置 x 处的概率分布。

$$p(\boldsymbol{y}) = \frac{1}{\sqrt{(2\pi)^N |\boldsymbol{V}|}} \exp\left[-\frac{1}{2}(\boldsymbol{y}-\boldsymbol{f})^{\mathrm{T}} \boldsymbol{V}^{-1}(\boldsymbol{y}-\boldsymbol{f})\right] \tag{8.2}$$

（3）核函数是对称的半正定函数：一种常见的选择是 Matérn 核函数类。该核函数类允许用户更改可微分的阶数，这提供了将领域知识嵌入函数逼近中的最简单的方法之一。

（4）然后通过最大化边际对数似然 $\mathrm{argmax}_{\varphi\mu}(\log(L(D; \varphi, \mu(\boldsymbol{x}))))$ 来找到影响核函数和先验均值函数的超参数，其中 $\log(L(D; \varphi, \mu(\boldsymbol{x}))) = -1/2(\boldsymbol{y}-\mu)^{\mathrm{T}} (K(\varphi)+\boldsymbol{V})^{-1}(\boldsymbol{y}-\mu) - \dfrac{1}{2}\log(|\boldsymbol{K}(\varphi)+\boldsymbol{V}|) - \dfrac{\dim}{2}\log(2\pi)$。

这种优化可以通过纳入更多领域知识的约束来增强。将经过训练的先验函数、GP 后验均值

和方差函数组合起来形成采集函数，该函数将用于查找下一个最佳测量值。

8.4.1.3 结果

自主框架 gpCAM 已应用于世界各地数十个大型光源和粒子源自主实验。所有实验均是在无人指导的情况下进行的。仪器利用率提高了 400%，总实验时间仅为原来实验时长的 2%～10%（表 8.1 和图 8.2）。AI/ML 在 gpCAM 工作流程循环的许多阶段发挥着关键作用，包括确定适当的替代结构、确定特征向量和数量以及优化步骤。

表 8.1 由 CAMERA 的 gpCAM 算法引导进行自主数据采集的一些大规模实验的精选实例

实验	益处
自主 X 射线散射成像[3-5]，美国国家同步辐射光源（NSLS-Ⅱ）	通过快速识别收效因子（ROI），光束利用率提高了 15%，达到 80% 以上，多项测量结果翻了 6 倍
自主同步辐射红外成像[6]，先进光源（ALS）	快速识别 ROI，无人为偏差，所需数据减少至 2%～10%，光束利用率提高，可实现更高的时间分辨率[6,7]
自主发现相关电子相[8]，ALS	数据集大小减少至小于 10%
非弹性中子散射（准备中），劳厄-朗之万研究所（Institute Laue-Langevin，ILL）（法国）	无须人工干预，实验时间从几天缩短到一个晚上，ROI 内的命中率是原来的 2 倍
自主小角 X 射线散射（SAXS）技术探索纳米级有序结构刮涂聚合物层接枝纳米棒薄膜，NSLS-Ⅱ 和空军研究实验室（AFRL）	数据集大小减少至小于 15%
扫描隧道显微镜自动鉴别缺陷[9]，分子铸造公司自主探索多维材料共聚物混合物自组装的基本状态空间，功能纳米材料中心（CFN）	数据集大小减少到 4%，数据采集时间从 1 个月减少到 35h 首次优化 5D 空间采样，数据需求降至约 6%
自主发现最佳 DNA 折纸（DNA-Origami）超晶格组装途径，哥伦比亚大学，NSLS-Ⅱ	首次维度＞2D，产生意料之外的科学认识

8.4.2 案例研究 2：针对有限科学训练数据的 AI/ML

8.4.2.1 概述

用于图像分析、识别和分类的典型机器学习算法依赖于大量带注释和标记图像的数据库，这些图像的数量通常达到数千万。机器学习算法（例如，卷积神经网络）将大量（通常是数百万个）具有很少参数的简单函数组装成一个网络，然后通过使用能量最小化算法来“训练”互连网络，以使数百万个参数收敛到合适的取值。

需要数百万训练数据的网络通常很复杂，并且容易过度拟合和收敛到非最优局部最小值。尽管如此，此类技术非常强大，并且导致了高效信号和图像识别方案的爆炸式增长。

然而，在科学应用中，特别是使用复杂的成像设备，生成图像数据的成本可能很高，因此可用的图像数据相对较少。更重要的是，这些图像很少被标记或注释，因此需要耗时的人工分析才能用作训练数据。

这指出了将 AI/ML 应用于实验科学中的一个关键问题。目前，AI/ML 的主要原则之一是“数据越多，结果越好”。对于科学应用来说，重新思考这一原则并探索其他方向非常重要。

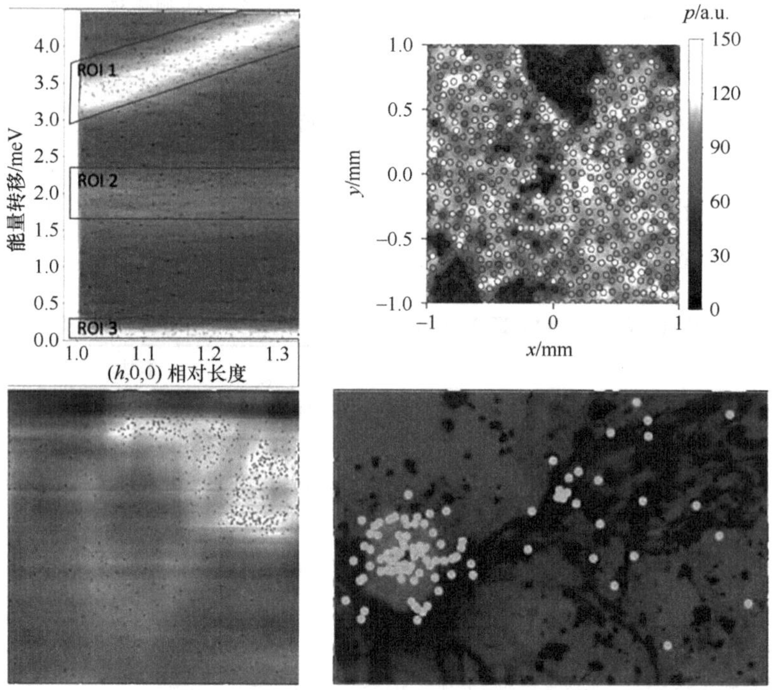

图 8.2　一小部分 gpCAM 的应用。左上：在法国格勒诺布尔的 ThALES 仪器上进行的一项有针对性的自主实验，获取中子散射数据。一旦收集到的数据支持了大多数点，gpCAM 就可以可靠地将它们放置在对应区域中。右上：NSLS-Ⅱ 自主 X 射线散射实验的结果。虽然这些数据点看起来是随机分布的，但实际上每个数据点都是经过精心选择的，以最大限度地降低模型函数的不确定性。左下：ALS 的自主角度分辨光发射光谱。数据点主要位于特定的区域（黄色）。右下：ALS 的自主红外光谱。该算法旨在寻找以参考光谱为特征的特定分子

8.4.2.2　示例：混合尺度密集网络

“混合尺度密集卷积神经网络”[10] 是重新思考这一观点并为有限的科学数据构建 AI/ML 的一个例子。

典型的深度卷积神经网络（DCNN）通过输入和输出图像之间的卷积操作将降尺度和升尺度操作添加到连接的中间层，以捕捉各种图像尺度的特征。

相反，混合尺度密集（MSD）网络建立在不同的网络体系结构上。它们使用膨胀卷积作为缩放操作的替代，以捕捉不同空间范围以及单层内多个尺度的特征。这意味着，所有层都具有相同大小的元素，并且所有中间图像都可以密集地连接在一起。MSD 网络需要的图像和中间参数较少，因此收敛到非最优最小值的风险较小。

更详细地说，标准卷积神经网络构建函数序列 $z_i{*}j = \sigma(g_{ij}(z_{i-1}) + b_{ij})$，其中，$z_i{*}j$ 是单个通道 j 的输出层 i，具有偏置 b_{ij}。这里，g 将每个通道与不同的滤波器进行卷积，并逐像素对得到的图像求和，因此：

$$g_{ij}(z_{i-1}) = \sum_{k=0}^{c_{i-1}} C_{h_{ijk}} z_{i-1}^{k} \tag{8.3}$$

这里，σ 是非线性运算，通常是整流线性单元（ReLU）的形式；$C_g\alpha$ 是图像 α 与滤波器 g 的 2D 卷积。这些滤波器通常很小（3 像素 ×3 像素），目标是根据可用数据训练这些滤波器。

相反，混合尺度密集网络将卷积与扩张模板算子相关联，然后将所有尺度连接在一起。在这种观点中，信道算子和卷积算子的形式如下：

$$
\begin{aligned}
z_i^j &= \sigma(g_{ij}(\{z_0,\cdots,z_{i-1}\})+b_{ij}) \\
g_{ij}(\{z_0,\cdots,z_{i-1}\}) &= \sum_{i=0}^{i-1}\sum_{k=0}^{c_{i-1}} D_{h_{ijkl},s_{sj}} z_l^k
\end{aligned}
\tag{8.4}
$$

其中，扩张卷积 $D_{h,s}$ 使用仅在距中心 s 个像素的倍数的距离处为非零的扩张滤波器 h。

在这种视图中，由于模板操作符执行放大和缩小，所有层都可以连接，这样做的好处是，如果在体系结构的早期检测到某个特征，则不需要由其他层重新计算/重新发现。这意味着，收敛到预测模型需要更少的图像、更少的参数和更少的迭代。架构示意图如图 8.3 所示。有关详细信息，请参见文献 [10]、[11]。

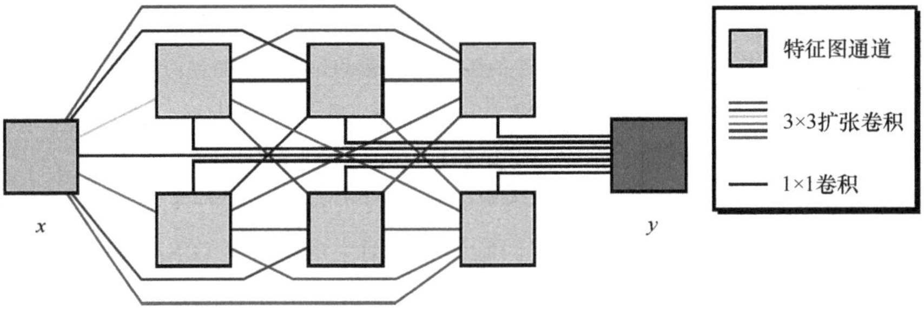

扫码见彩图

图 8.3　$w=2$ 和 $D=3$ 的 MSD 网络的示意图

彩色线代表 3×3 扩张卷积，每种颜色都代表不同的扩张卷积。请注意，所有特征图都用于最终输出计算。图取自文献 [10]

8.4.2.3　结果

例如，图 8.3 显示了 MSD 在冷冻电子断层扫描图像分割中的应用。在这里，目标是从断层图像中提取、分析和分类各种结构。这些都是耗时的图像：①培养细胞并提取所研究的寄生虫需要几个小时；②对样本进行深度冷冻需要几个小时；③收集单个倾斜序列需要 1h；④处理原始数据需要 1h 才能获得 3D 断层重建。然后需要 30min 手动标注每张照片，需要 10h 标注 20 张照片，手动识别训练所需的 9 个不同结构。总的来说，只生成少数训练图像是一个非常耗时和劳动密集的过程，这使得标准的 AI/ML 方法遥不可及。

图 8.4 显示了 MSD 网络在这个有限的图像集中的应用，成功训练和提取了整个断层图像范围内的结构，仅在 20 张 2D 手动标注照片上进行了训练。

8.4.3　案例研究 3：用于自动化高通量数据分析的 AI/ML

8.4.3.1　概述

随着实验快速性和复杂性的增加，需要自动化、高通量的数据分析来配合。随着数据的收集，一个关键步骤是使用先前收集的数据和信息对新结果进行分类。这样做将使我们能够利用以前的模型和信息，既可以快速识别收集到的数据中的模式和原理，也可以用新的结果改进提出的模型。

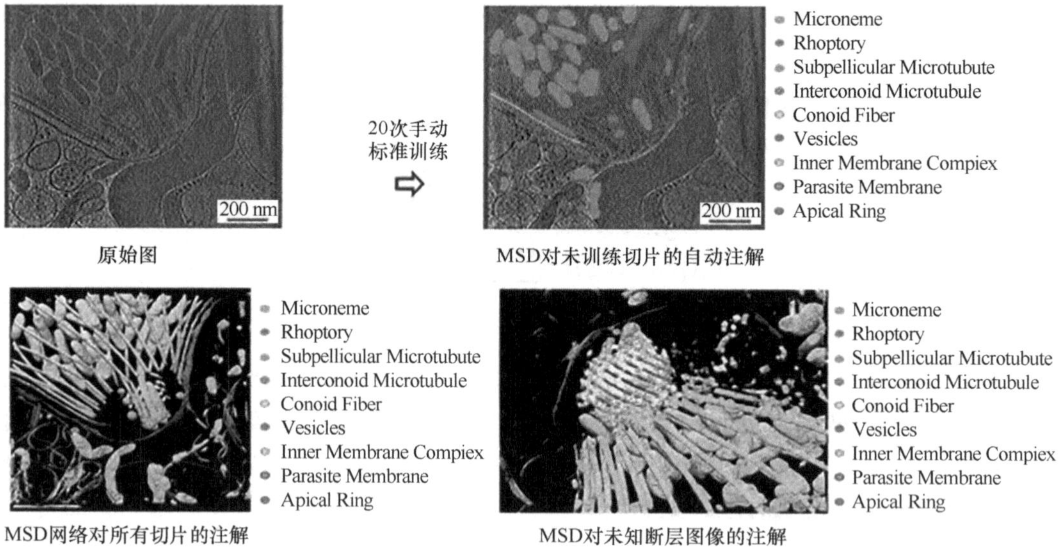

图 8.4 MSD 网络在弓形虫冷冻电子断层成像中的应用

仅使用 20 张 2D 手动注释的训练切片提取和分类多个 3D 结构

（有关生物学问题和贡献者的详细讨论，请参见文献 [12]）

扫码见彩图

从同步加速器实验中可收集大量散射图案。典型的实验包括四种主要类型，即小角度和广角 X 射线散射（SAXS 和 WAXS），以及表面敏感变化衍生出的种类 GISAXS 和 GIWAXS。

在高通量的单次实验中，这些模式可以互换使用，因此分类很困难，因为仪器很少包含标注的能力。人们可能想自动将收集到的图像与之前生成的库中的图像进行比较，以确定实验的类型，并找到与之前已知材料的散射模式密切匹配或相似的模式（图 8.5）。在这些应用中，大量标记和注释的图像可能很容易获得，而 AI/ML 识别技术可能是一种强大的方法。

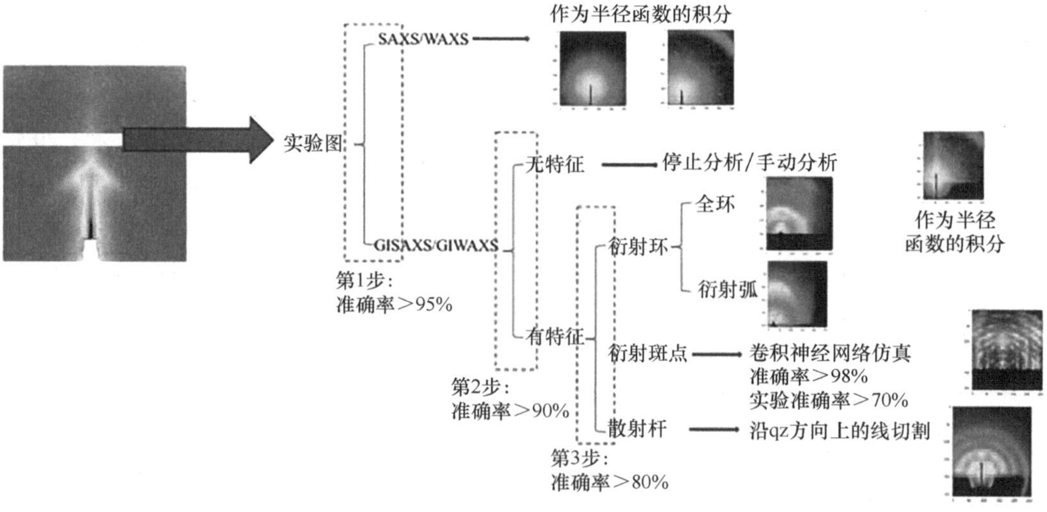

图 8.5 使用分层分类方案将 CNN 应用于 X 射线散射图案

第一阶段将图案分为两大类，SAXS/WAXS 和 GISAXS/GIWAXS，第二阶段将图案划分为无特征和有特征，第三阶段将图案分割为三个最具特征的特征之一：衍射环、衍射斑点和散射杆 [13]

8.4.3.2 示例：使用基于内容的图像检索的 pyCBIR

pyCBIR[14,15] 是一个高通量图像推荐系统，用于快速分析模式并将其与宿主库进行比较。首先，每个模式都使用一个或多个 CNN 架构进行特征化，提取关键特征向量；此外，pyCBIR 还允许使用基于直方图分析的方法进行特征提取，这可以调整到散射模式固有的特征。然后，比较特征向量，并根据相似度对图像进行排序。

为了实现 GISAXS 图像的自动分类，进一步研究采用 CNN 对包含环、峰和弧等特征的图像进行分类（图 8.5）。初步结果表明，利用不同尺度和不同噪声 [13] 的信息，GISAXS 分类任务具有较高的性能。

此工作流还可以使用来自一个或多个 CNN 架构的模式特征（如 VGG-16、VGG-19、ResNet-50、X 初始空间和初始空间 ResNet），作为自动机器学习（AutoML）的输入，这是一种分类和性能评估的自动化范例。通过与 pyCBIR 接口，该 AI/ML 工具通过随机森林和基于决策树的方法来学习预测原则，增强了性能。典型的工具如 LightGBM、XGBoost、Extra Trees 和 Catboost[15]。

8.4.3.3 结果

利用由 3512 张 GISAXS、746 张 GIWAXS、746 张 WAXS 和 645 张 SAXS 图像组成的数据库，对实验中的图像进行识别和分类，准确率达到 99.11%（图 8.5）。

8.4.4 案例研究 4：用于解决复杂逆问题的 AI/ML

8.4.4.1 概述

逆问题的核心挑战是确定对给定输出的函数/过程的输入。这个函数/过程既可以是简单的，也可以是复杂的，其带有大量未知的、隐藏的参数。使用哪种反演技术取决于问题的性质，图 8.6 显示了三层的复杂性，从直接反演到对已知值进行的重构近似。

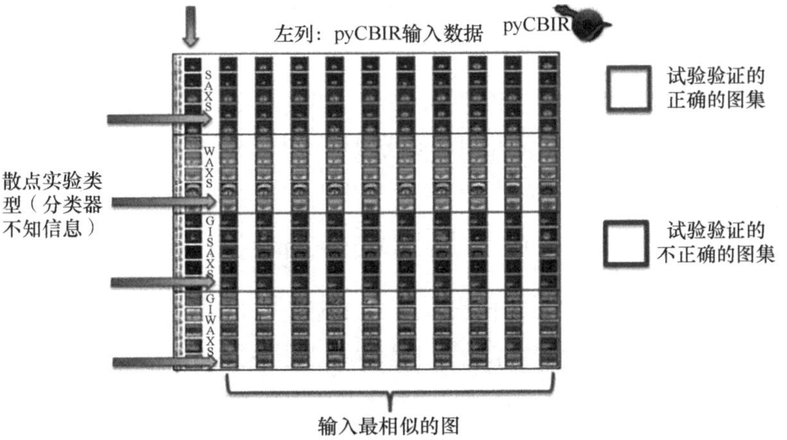

扫码见彩图

图 8.6 由 pyCBIR 识别的散射花样

最左边的一列显示提交给图像推荐系统的单个图像，而其他列表示通过相似性的图像检索结果，从最相似到不太相似的顺序从左到右排列。如果实验类型已知，则推荐系统将显示与发现的相似图像对应的绿色边界图像，并正确分类实验类型

实际上，与其只使用一种方法，我们有机会将三种方法结合起来，将复杂的反演问题分解成更小的部分，每个问题都通过上述适当的方法来解决。

随着更先进的AI/ML的出现，这种相互推演的能力得到极大增强。我们在此给出了一个利用当前先进AI/ML技术融合处理问题的例子（图8.7）。

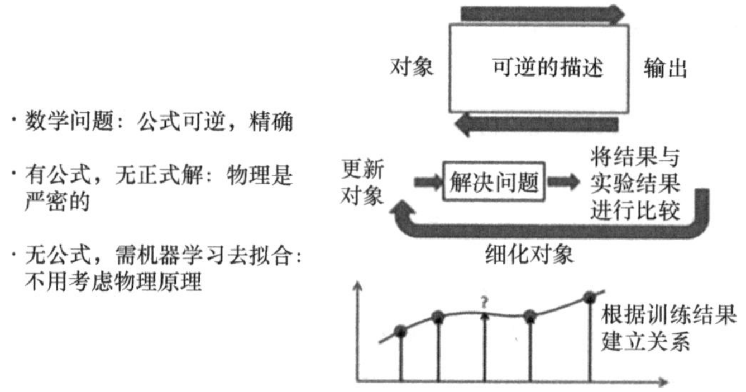

图8.7 处理逆问题的不同方法

直接数学反演（顶部），正求解的迭代（中间），以及已知答案的近似（底部）

8.4.4.2 示例：多层迭代投影

最近，一种名为多层迭代投影（M-TIP）[16,17]的数学计算方法被开发出来解决复杂的逆问题。其基本思想是将一个复杂问题分解为子部分，使用每个子部分的最佳反演，并迭代子部分直到收敛。这些单独的子步骤可以包括精确反演、伪反转和重复的前向迭代以减少残差。数据本身，以及相关的物理原理（守恒性、非负量、对称性等），在投影运算符中被强制执行。

在这里，我们考虑一个大类别的逆问题，其中正向模型 $F(M)=D$，其涉及物理模型 M 和数据 D，可以分为一系列更简单的，但可能不可逆的，数学运算 $F_1, \cdots, F_N$ 和中间模型量 $w_1, \cdots, w_{N-1}$ 通过

$$w_1 = F_1(M), w_2 = F_2(w_1), \cdots, D = F_N(w_{N-1}) \tag{8.5}$$

F_i 的常见例子包括线性变换、初等函数、非线性乘积等。此外，模型 M 可能需要满足更多的约束条件，如正性、对称性或紧凑性。

对于式（8.5）中的每个层和模型约束，导出一个投影算子，从先前的估计中计算最小扰动，使其与给定的约束一致。例如，将 w_{i-1} 项目设置为与 w_i（或 $w_N=D$）和式（8.5）一致，并对项目 M 满足约束 C 进行计算：

$$P_{w_i} w_{i-1} = \underset{F_i(w)=w_i}{\arg\min} \| w - w_{i-1} \|, \ P_C M = \underset{\tilde{M}\ \text{满足约束}\ C}{\arg\min} \| \tilde{M} - M \| \tag{8.6}$$

对于式（8.6）中的任何约束如果不能满足，投影就会计算一个最小二乘解。

M-TIP应用于式（8.6）中的投影在一个收敛到与所有约束和数据一致的模型的迭代中。具体来说，我们使用随机值 $M(0)$ 和 $w_i(0)$ 进行初始化，并进行迭代计算：

$$\begin{aligned} & w_1^{(n)} = F_1(M^{(n-1)}),\ w_2^{(n)} = F(w_1^{(n)}), \cdots, w_{N-1}^{(n)} = F(w_{N-2}^{(n)}) \\ & z_{N-1}^{(n)} = P_D w_{N-1}^{(n)},\ z_{N-2}^{(n)} = P_{z_{N-1}^{(n)}} w_{N-2}^{(n)}, \cdots, z_1^{(n)} = P_{z_2^{(n)}} w_1^{(n)} \\ & M^{(n)} = P_C P_{z_1^{(n)}} M^{(n-1)} \end{aligned} \tag{8.7}$$

其中，z_i 是 w_i 的中间投影（图 8.8）。重复这个过程，直到收敛到与数据和约束一致的不动点。式（8.7）可以推广到这里，通过使用负反馈来防止局部极小值的停滞，并可以通过施加统计约束来处理数据中的噪声。

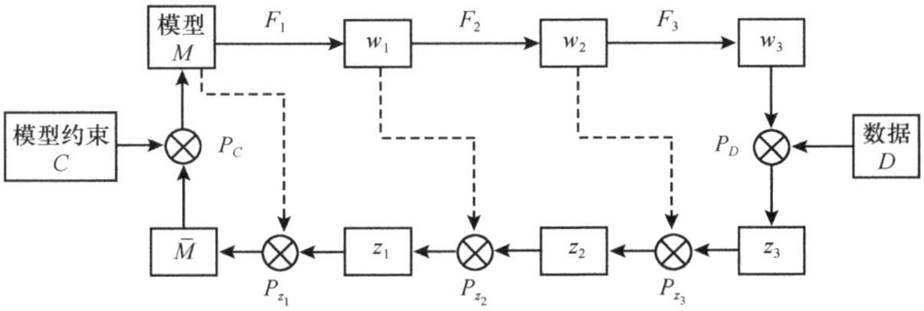

图 8.8　M-TIP 的流程图描述

实线箭头表示操作的顺序，虚线箭头表示依赖关系，圈出的叉表示投影运算符的输入和输出

通过利用等式中的分解（8.5），M-TIP 可以通过等式中的投影来利用子问题的最优解（8.6），这在许多情况下可以非常有效地计算。例如，使用数值线性代数、凸面优化，甚至通过简单的解析表达式的投影。

8.4.4.3　结果

以 M-TIP 为例，应用于基于 X 射线自由电子激光器上进行的波动 X 射线散射（FXS）实验数据，重建三维大分子结构的问题。在这个实验中，生物粒子（如病毒）通过流体动力喷射过程发射，并被一个非常明亮的 X 射线激光器照射。这就产生了一个由探测器测量的二维散射模式，但每个模式都是光束中所有粒子在随机方向上的散射的叠加。它表明大量的图像中包含一幅独特的三维结构的指纹谱图。然而，自 20 世纪 70 年代首次提出 FXS 以来，基于这些相关性重建三维结构的逆问题一直没有解决。

FXS 重构问题是非常具有挑战性的，因为它是一个高维、非线性和非凸的优化问题，其中结构和数据之间的前向关系在数学上非常复杂。这些特性限制了传统的比较有效的优化方法（如最陡下降和反向蒙特卡罗），因为它们往往被困在局部最小值，变得不稳定，或无法有效地扩展到所需的问题规模。

M-TIP 方法通过迭代应用精心设计的投影算子，优化利用问题的数学子结构，提供了第一种重建此类数据的可靠技术。它可以使用计算调和分析、优化理论和数值线性代数的最新进展，高效而稳健地计算投影算子。图 8.9 给出了将问题分解为迭代子部分的流程图。

通过该技术，科学家第一次成功地基于实验 FXS 数据中三维重建了 PBCV-1 病毒（图 8.10）。在 FXS 重建的情况下，M-TIP 中使用的投影算子（图 8.9）包括易于理解的数学操作和使用计算调和分析、优化理论和数值线性代数的反演。通过使用 AI/ML 学习问题子部分的前向和投影算子的有效表示，TIP 可以用来解决更复杂的问题，比如数学运算中未知的或没有有效的计算方法的问题。这将提供一种高效的方法来融合 AI/ML 和优化算法，可以结合它们的优势并减少它们各自的局限性，这点我们将在后面的章节中详细描述。

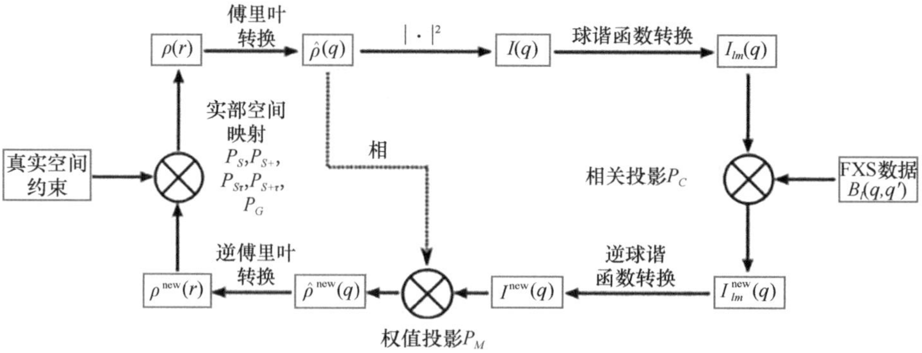

图 8.9　通过正向和投影算子的迭代应用，FXS 重建的 M-TIP 流程图

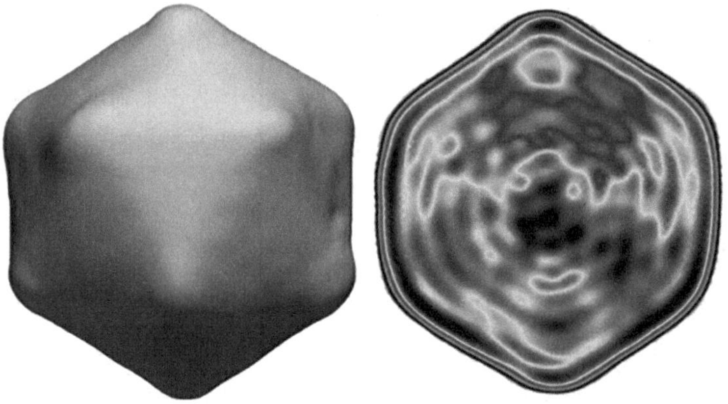

图 8.10　PBCV-1 病毒颗粒壳（左）和穿过中心（右）的二维切片

8.5　AI/ML 在实验和计算中的未来机遇

AI/ML 在几个方面能加速甚至从根本上促进科研。

在大多数情况下，实验通常与计算脱节，计算要么是为了验证或理解实验结果，要么是独立进行，并在以后联系起来。然而需要指出的是，这两者结合可以带来巨大的好处。设想一下，进行一个实验，获得部分结果，从这些结果中学习，并根据这些实验结果进行复杂的模拟来细化给定的模型，然后建议进一步的实验。而 AI/ML 则可以是连接这两个世界的驱动器。

我们可以考虑在多个方面连接这两个领域，包括以下几点：

（1）提出新材料和解决方案。

（2）通过实验来推进模拟和理论：提供有针对性的见解，提高我们通过计算和建模完全复现复杂过程的能力。

（3）优化，自驱动实验：通过高效，自主实验，以优化有限资源的使用。

（4）理解复杂数据：解决逆问题，从测量数据中提取规律。

（5）用于发现和理解科学全局：汇总不同的信息来源、实验、模拟和理论以构建集成的理解。

这些步骤是紧密相连的，接下来，我们对其展开阐述。

8.5.1 AI/ML 用于材料设计

若给定的设计目标是寻找一种具有特定特性、寿命等特征的新材料，该从哪里开始寻找？通过实验或模拟确定的具有大量相关属性的编目材料库，可以作为AI/ML的输入数据，以提供新的可能性。

例如，挖掘相空间以寻找所需的结构-性质关系将加速新材料的设计过程。一个具有不同的实验技术和准确性的智能推荐系统，可以进一步推荐最佳测量方法，以便准确地验证系统。理想情况下，该推荐系统也将为实验提供一个优化的分析工作流程。

8.5.2 AI/ML 实验用于推进模拟和理论研究

建模、计算和模拟中最具挑战性的问题之一是涉及物理现象的巨大的时间和空间尺度。例如，分析电池的性能和失效机制依赖于物理、化学和材料科学，从原子和分子水平到电子特性，再到连接离散尺度和连续尺度的介尺度的现象、断裂起始和裂纹扩展、大规模循环动力学等。

挑战在于，机制、模型和方程的单个尺度已经开发出来，但将它们结合在一起是非常困难的。在不同尺度保持足够的空间和时间分辨率难度极大，因此我们需要某种机制以某种方式跨尺度传递信息，以便运行一个完整的“多尺度”模拟。

AI/ML带来的影响是深远的和变革性的。例如，设想对一个双尺度模型进行详细的、高分辨率的计算，并结合两个尺度上的数据，学习如何将来自一个尺度的信息传递到更高和/或更低的尺度上。一系列这样的学习模型可以用于连接各种不同的尺度，然后在每个尺度上的解析计算可以依赖于学习模型，将各种全局和综合的量传递到下一个层级。

通过大量数学建模和介尺度近似发现所需关键变量和机制，这种方法将在众多应用领域的计算模拟中提供重大支撑。

使用AI/ML来提供尺度之间的耦合并不局限于模拟数据——人们可以很容易地设想专门为提取尺度耦合模型而设计的实验。例如，将材料置于一系列应力下，提供输入数据，将微尺度的离散模型与更大尺度的连续模型耦合。

8.5.3 优化、自驱动实验

上述工作已经证明了自驱动实验的有效性。在大多数情况下，这些实验都是在单一实验室和单一实验模式的背景下完成的。下一步是建立数学、算法和工作流程，以实现交叉设施、交叉实验和交叉计算优化的自驱动实验，这些实验将利用广泛可用的先前实验和信息。

例如，我们可能想要通过实验技术、仪器，甚至设施来探索一种材料特征。人们可以设想在法国的中子散射设施、布鲁克海文的同步辐射光束线和伯克利的显微镜中正在研究同样的材料。与此同时，一台超级计算机也可以提供模拟结果。所有这些数据流都必须被收集和解释，以及接下来要进行哪一组实验和模拟，所有这些数据流都要带有一个科学问题。我们已经有了实现这一目标所需的所有工具，但它需要大量的专业知识来连接所有的应用程序并找到一个有用的应用程序。决策引擎的候选对象可能是一个向量值随机过程，它可以检测和利用一个数据流内的数据点之间的关系，也可以利用来自不同仪器的数据集之间的关系。基于核函数的随机过程需要更多的灵活性来检测不同数据流之间的关系，并且需要非常精确的计算来实现实时决策。与此同时，随机过程的优雅数学方法允许随时可进行假设测试、验证或证伪猜测，并使用这些信息进行结果优化。

8.5.4 用 AI/ML 来理解复杂的数据

所有实验中最核心的目标之一是构建一个可行的输入模型的反问题来解释测量的输出。虽然传统的优化方法基于数据解决逆问题比较有效，它们从根本上局限于物理需要有效地用数学描述、约束条件必须足够，以及数据必须清晰。ML 方法，如神经网络，为解决反问题提供了学习和合并缺失的物理、约束和数据特征的潜力。然而，对于足够复杂的高维逆问题，基于直接学习整个逆算子的标准网络方法通常需要一个难以完成的自由度数量和训练数据，并且对噪声和缺失的测量值过于敏感。

一个有希望克服这些限制的方法是将优化和 ML 结合在一个数学框架中，能够利用每种方法的优势，同时减少它们各自的限制。特别是，M-TIP 框架通过编织在一起来处理复杂的反演，为先进的 AI/ML 提供了一个强大视角。

TIP 提供了一种无缝的方法来结合和优化神经网络，可以学习任何前向算子 F_i 或投影 Pw_i，PM 的有效表示，这些都不能用现有的技术有效地计算。因此，网络不需要学习整个反演，而是只需要解决更小、更简单的子问题，这将大大减少所需的参数和训练数据的数量。此外，这提供了一种处理不完整和缺失数据的自然方法，因为正向操作可以用于填充（或预测）在伪反转步骤中使用的缺失数据，并且这个过程可以通过对物理模型 M 执行约束来正则化。

图 8.11 简要显示了如何将一个复杂的问题分解为包含多种方法的子部分的过程。

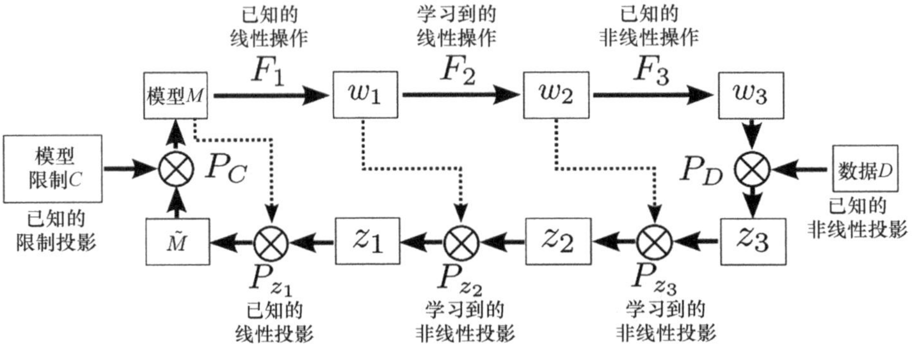

图 8.11 ML 增强的 M-TIP 的流程图

F_1 有快速线性前向和投影算子，F_2 没有已知的快速算子，F_3 有快速非线性前向算子但没有已知的快速投影算子。在可用的地方使用已知的快速运算符，NNs 用于学习和计算剩余的运算符。实线箭头表示操作的顺序，虚线表示依赖关系，圈出的叉子表示投影运算符中的组合输入

8.6 AI/ML 用于发现和理解科学全局

总之，我们正在从多个来源收集大量信息，包括来自成像技术（如光、中子和电子源）的实验测量，以及处理一系列尺度、模型和复杂性的数学模型和算法。AI/ML 对于帮助寻找这些不同来源的信息中所包含的常见和相似的模式和链接至关重要。分类相关性与因果关系，识别

缺失的差距，并建立概率关系是 AI/ML 大显身手的领域和成功的关键。

要抓住这些机会，需要注意 AI/ML 应用于科学问题所面临的最具挑战性的问题，即建立一个连贯、平稳的综合基础设施。实际上，我们必须从一次性训练的模型测试过渡到设施内和跨设施内的全面部署。在不久的将来，跟踪和共享这种 AI/ML 和分析解决方案将成为每个实验设施的一个综合组成部分。这将需要对从测量中提取科学知识的方式进行根本性的转变。

在这些方向上已经取得了相当大的进展。AI/ML 工具、数据处理协议和相关基础设施的稳健性，为大规模用户设施中的许多科学学科的快速部署制订解决方案奠定了基础。在过去的几年里，越来越多的自动化和大数据类型的实验现在可以在一个小组自己的实验室中进行，而为大型设施开发的工具可以扩展到部署在实验室中。

来自共享算法、数据、计算资源和最佳选择高效和有针对性的实验的机会取决于几个关键的需求，包括：通用格式；灵活和可重构的工作流和架构；稳健和可靠的数学公式，算法编写有多个目标；软件可以将这些不同领域融合在一起，并协调多个移动部件、能力和目标。

总之，这些能力将进一步加速 AI/ML 多学科的辅助科研的能力。

参考文献

[1] R. P. Feynman, T. Hey, and R. W. Allen (2018). Feynman Lectures on Computation. Boca Raton, London, New York: CRC Press.

[2] M. Noack, P. Zwart, D. Ushizima et al. (2021). Gaussian processes for autonomous data acquisition at large-scale synchrotron and neutron facilities. Nature Review Physics, 3, 685.

[3] M. M. Noack, G. S. Doerk, R. Li et al. (2020). Autonomous materials discovery driven by Gaussian process regression with inhomogeneous measurement noise and anisotropic kernels. Nature Scientific Reports, 10, 17663.

[4] M. M. Noack, K. G. Yager, M. Fukuto et al. (2019). A kriging-based approach to autonomous experimentation with applications to X-ray scattering. Scientific Reports, 9, 11809.

[5] M. M. Noack, G. S. Doerk, R. Li et al. (2020). Advances in kriging-based autonomous X-ray scattering experiments. Scientific Reports, 10, 1325.

[6] E. Holman and M. Fang (2020). Autonomous adaptive data acquisition for scanning hyperspectral imaging. Communication Biology, 3, 684.

[7] P. M. Valdespino-Castillo, P. Hu, M. Merino-Ibarra et al. (2018). Exploring biogeochemistry and microbial diversity of extant microbialites in Mexico and Cuba. Frontiers in Microbiology, 9, 510.

[8] C. N. Melton, M. Noack, T. Ohta et al. (2020). K-means-driven Gaussian process data collection for angle-resolved photoemission spectroscopy. Machine Learning: Science and Technology, 045015.

[9] J. C. Thomas, A. Rossi, D. Smalley et al. (2022). Autonomous scanning probe microscopy investigations over WS2 and Au {111}. NPJ Computational Materials, 8(1), 1–7.

[10] D. Pelt and J. A. Sethian (2017). A mixed-scale dense convolutional neural network for image analysis. Proceedings of the National Academy of Sciences, 115, 254.

[11] D. M. Pelt, K. J. Batenburg, and J. A. Sethian (2018). Improving tomographic reconstruction from limited data using mixed-scale dense convolutional neural networks. Journal of Imaging, 4(11), 128.

[12] L. Segev-Zarko, P. Dahlberg, S. Sun et al. (2022). Cryo-electron tomography with mixed-scale dense neural networks reveals key steps in deployment of Toxoplasma invasion machinery, PNAS Nexus, 1(4), 183.

[13] S. Liu, C. N. Melton, S. Venkatakrishnan et al. (2019). Convolutional neural networks for grazing incidence X-ray scattering patterns: Thin film structure identification. MRS Communications, 9, 1–7.

[14] F. H. Araujo, R. R. Silva, F. N. Medeiros et al. (2018). Reverse image search for scientific data within and beyond the visible spectrum. Expert Systems with Applications, 109, 35–48. https://www.sciencedirect.com/science/article/pii/S0957417418302987.

[15] D. Ushizima, F. Araujo, R. Silva et al. (2021). Automated sorting of X-ray scattering patterns with convolutional neural networks. Transactions on Computational Science & Computational Intelligence, July.

[16] J. J. Donatelli, P. H. Zwart, and J. A. Sethian et al. (2015). Iterative phasing for fluctuation X-ray scattering. Proceedings of the National Academy of Sciences, 112(33), 10286–10291. https://www.pnas.org/content/112/33/10286.

[17] J. J. Donatelli, J. A. Sethian, and P. H. Zwart et al. (2017). Reconstruction from limited single-particle diffraction data via simultaneous determination of state, orientation, intensity, and phase. Proceedings of the National Academy of Sciences, 114(28), 7222–7227. https://www.pnas.org/content/114/28/7222.

第9章 第一台艾次超级计算机：加速人工智能辅助科研及在更多领域的应用

Satoshi Matsuoka，Kento Sato，Mohamed Wahib，Aleksandr Drozd，日本理化学研究所计算科学研究中心，神户日本。E-mail：matsu@acm.org，kento.sato@riken.jp，mohamed.attia@riken.jp，aleksandr.drozd@riken.jp

9.1 Fugaku：驱动智能辅助科研的尖端 CPU 型超级计算机

9.1.1 硬件

Fugaku[1] 是由日本理化学研究所（RIKEN）管理的旗舰超级计算机。其性能达到 488（双精度）PFLOPS，是世界上最快的超级计算机（在世界超级计算机 Top500 列表中排名第一[2]）。Fugaku 由 158976 个计算节点组成，每个节点都配备了一个富士通 A64FX CPU。A64FX 提供 48 个应用 CPU 核心，并集成了 32GB 的 HBM2 内存。计算节点之间通过 TofuD 网络相互连接。在 Fugaku 计算机中，每 16 个计算节点共用 1.6TB 的 SSD 内存，且所有节点都能够访问全局部署的 150PBLustre 文件系统。图 9.1 展示了 Fugaku 计算机从整体到每个计算单元的设计概览图。

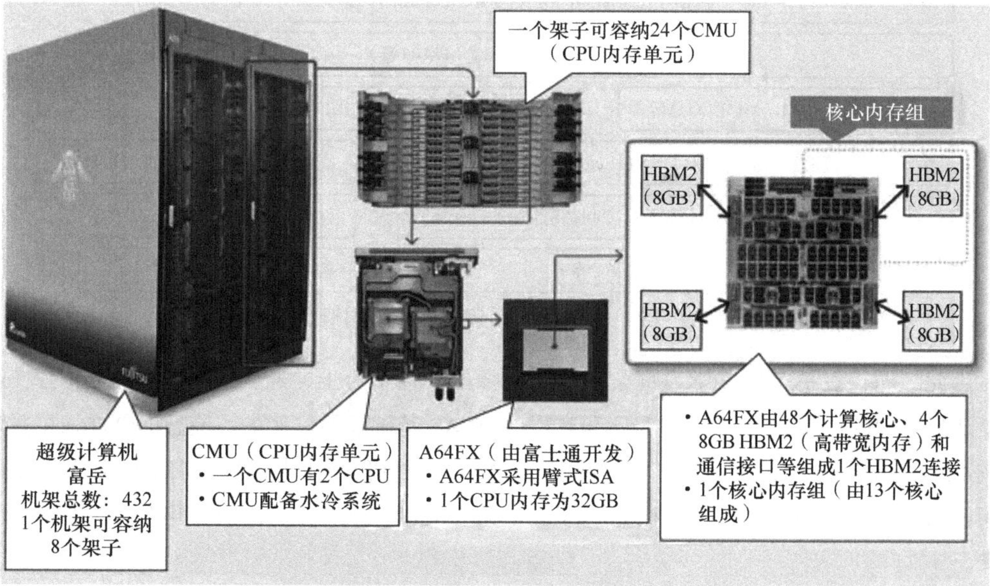

图 9.1　Fugaku 的组成示意图[3]

9.1.2 软件

从硬件规格的角度来看，Fugaku 是一个能够高效运行深度学习算法的计算平台。然而在 Fugaku 生产时，基于人工智能的生态还几乎不存在。这是因为在 Fugaku 设计之初（大约 2014 年），深度学习方面的工作还没有引起人们的广泛关注。

9.1.2.1 深度学习软件栈

研究者要使用深度学习方法，需要在计算机上先安装深度学习框架——一种专门的软件，允许用户设计和训练人工神经网络（ANN）。现行主流的框架包括 PyTorch、TensorFlow 和 MXNet 等。简单地说，框架的功能是允许用户：①通过基本张量操作和预定义的基本构建块（卷积核、密集层、递归单元、各种激活函数等）构建 ANN；②计算损失函数的导数以进行反向传播；③在给定硬件上高效执行前向传播和反向传播；④提供更多的辅助功能，如分布式训练、数据处理等。

现代深度学习框架是极其复杂的软件产品，通常以分层和模块化的方式设计。图 9.2 概述了深度学习框架的堆栈结构。用户可以使用特定的语言或调用专门的 API 以生成 ANN 的计算图；这个图可以被选择性地转换为中间表示形式，以便进行一些优化操作。单个基本构建块通常被隔离成可多次使用的库，这些库优化了原始的深度学习算法。这样的库通常针对特定的硬件平台，或者在某些情况下针对某一类平台。值得注意的是，对于特定的平台，研究者一般可以找到多个可以互相替代的库。最后值得注意的是，尽管这些库对基本构建用的函数或类提供了自定义的实现，在某些情况下，这些库中仍在使用原语或相应的库，如基础线性代数子程序库（BLAS）或快速傅里叶变换库（FFT）。然而，在不同的库中，这些较为基础的库也有基于不同平台的自定义的实现方式。

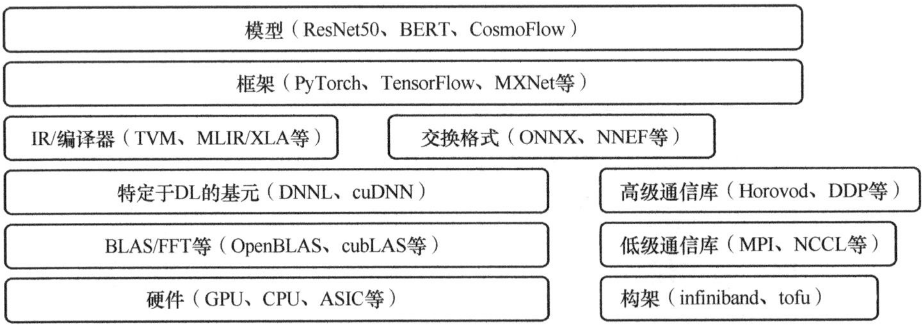

图 9.2 深度学习框架中堆栈结构概览

因此，即使在单个深度学习框架和单个选择的硬件平台上，通常也有多种执行模式可用，包括选择不同的后端/深度学习原语库和底层的 BLAS 基础设施。例如，流行的 PyTorch 框架在传统 CPU 上可以在定义时运行或 JIT 模式下工作，并可以使用“本地”后端来计算 ANN 原语，使用 oneDNN[4] 具有两种可能的张量布局（“本地”和 DNNL 特定），或使用 TVM 编译器进行编译。

9.1.2.2 在 Fugaku 上进行深度学习

要使 Fugaku 适用于深度学习相关工作，首先需要解决的是确定应该在软件层次结构的哪个/哪些级别上投入研究，以及是否有任何现有解决方案可以直接参考。RIKEN 计算科学研究中心启动了多个方面的专项研究，包括研究流行的深度学习框架的内部设计、调查优化原语的库和相关解决方案，这些研究是与工业伙伴（富士通公司、ARM 有限公司和 Linaro）合作完成的。在后期，优化特定内核的工程工作主要在富士通公司进行。

我们还探索了支持 A64FX 处理器的有前途的候选方案：cuDNN[5]、TVM[6]、ARMNN[7] 和 oneDNN[4]。另一种选择是专注于大多数深度学习框架都有的“本地”实现，特别是对于 CPU 平台，并在那里贡献优化的代码。后一种方案的问题是其对不同深度学习框架的可移植性有限。

NVIDIA 的 cuDNN[5] 是最著名的优化深度学习原语库之一。这个库的源代码不是公开可用的，其架构目标受限于 NVIDIA GPU。然而，在一项试点研究中，我们成功地创建了一个模拟 GPU 设备，并将几个选定内核（例如，没有步长和扩张的常见大小的卷积）的相应 API 调用重定向到一个简单的基于 BLAS 的实现。这种方法的优点是，深度学习框架往往针对 GPU 目标进行了大量优化，这包括原始库之外的代码，如对异步内核调度的支持。

TVM[6] 和 ARMNN[7] 的优势在于支持 ARM CPU。然而，这两种解决方案主要关注推理，并仅提供基本的训练支持。

最后，oneDNN 被选为实现深度学习框架对 A64FX 平台的性能可移植性的基础。以前称为 MKL DNN 的库最初是为在 Intel x86 CPU 上进行推理而设计的，但最终演变成了一个开源项目，具有更广泛的能力范围，包括推理和训练。为 DNNL 添加 A64FX 支持首先需要将 A64FX 目标添加到 Xbyak JIT 汇编器中[8]，然后为各个内核编写个性化的代码。

9.1.2.3 在 Fugaku 上进行深度学习基准测试

为了评估将深度学习框架移植和优化到 Fugaku 的进展，我们开发了一个名为 benchmarker 的定制方案。它可以用于评估单个内核以及小合成数据集上的完整模型。我们还加入了 MLCommons 组织[9]，特别是 MLPerf HPC 工作组，不仅使用 MLPerf 基准测试，还积极参与开发这个基准测试套件。

MLPerf HPC 基准测试是全面的，因为它们体现了新兴科学机器学习方面的关键特征：大量数据量、大型复杂模型和包含数据并行性、模型并行性和超参数优化的训练方案。MLPerf HPC 基准测试也是独特的，因其提供了对科学发现中最先进的实践的性能特征能力。将模拟与 AI 耦合产生了套件中的前两个基准测试：CosmoFlow 和 DeepCAM。其中，CosmoFlow 模型是一个 3D 卷积网络，用于预测大规模模拟中质量分布的宇宙演化中的宇宙学参数。总共有 637 个实例的 CosmoFlow 学习模型在 8h 16min 内进行了训练：每分钟约有 1.29 个深度学习模型——比其他系统快 1.77 倍[10]。值得注意的是，在 MLPerf HPC 1.0 基准测试（2021 年 11 月 17 日发布）的一周扩展时间尺度（衡量单位时间内可以训练的深度学习模型的数量）中，Fugaku 实现了前所未有的高性能[10]。

最后，尽管优化 Fugaku 的深度学习生态系统的主要工作已经完成，但开发仍在继续。正在进行的工作主要目标是优化算法以尽可能较少地使用原语、网络和输入/输出（I/O）。

9.2 智能辅助科研的应用——案例研究

9.2.1 地球科学和气候科学

9.2.1.1 通过从模拟数据中深度学习遥感，用于洪水和泥石流测绘，以评估洪水灾害损失

Yokoya 等[11] 提出了一个框架，通过将深度学习和数值模拟相结合，从遥感图像中估计洪水深度（最大水位）和泥石流引起的地形变形。水和泥石流模拟器为各种人工灾害场景生成训练数据。研究者展示了基于 Attention U-Net 和 LinkNet 架构的回归模型，通过这种合成数据可以预测遥感派生的变化检测图以及数字高程模型的最大水位和地形变形。所提出的框架具有修复能力，从而减轻了遥感图像分析中不可避免的伪否定的预测结果。

9.2.1.2 使用生成拓扑映射对 1000 个成员集合模拟的天气模式进行聚类，以调查导致 2020 年 7 月九州大雨的潜在因素

2020 年 7 月初，日本九州地区经历了严重的降雨，许多站点的降雨量创下了纪录。这在熊本和鹿儿岛两个县造成了严重的损害和生命损失。为了在未来对此类事件的预报系统方面有所改进，理解潜在的机制是必要的。

Duc 等[12] 通过集合一个由 1000 个潜在的三维大气状态组成的巨大数据集，这些状态是从观测和最先进的数值模型中估计出来的，调查了可能导致这一事件的因素。使用生成拓扑映射技术，他们将这 1000 个大气状态分类为 20 种典型的天气模式。与九州的降雨观测最匹配的数据集已经被详细检查。2020 年 7 月的大雨对沿着梅雨前线的中尺度梅雨锋面低压的位置非常敏感。这意味着，中国东部的观测对降低这种情况下的不确定性非常重要。

9.2.1.3 使用人工智能进行高分辨率实时海啸和洪水预测

日本东北大学、国立地球研究所、东京大学和富士通公司使用世界上最快的超级计算机 Fugaku 进行了大量的高分辨率海啸模拟，并利用离岸海啸波形和从模拟中获得的沿海地区的洪水条件作为训练数据，构建了一个新的人工智能模型。通过在地震发生时输入离岸观测到的海啸波形到人工智能模型中，可以在海啸到达之前以 3m 的高空间分辨率预测沿海地区的洪水状态。这使我们能够为每个方位获得详细的洪水预报信息，预测局部海啸的上升，并兼顾考虑沿海城市区域建筑物、结构、道路和其他社会基础设施的影响，从而支持更适当的疏散行动。使用“Fugaku”预先训练好的人工智能模型，可以实现普通电脑几秒钟内完成计算，使得构建实时洪水预报系统变得更加容易，而这在之前必须由超级计算机完成[13]。

9.2.2 生物分子科学

基因调控网络对于理解疾病的复杂机制至关重要，因为复杂疾病（如癌症）涉及许多基因

在分子网络中的连接，而不是单个基因的异常。基于网络分析的有效性已在各种研究中得到验证，如在药物组合识别、癌症预测和蛋白质-蛋白质相互作用中[14-16]。尽管已经开发了各种基因网络分析方法，但对大规模基因网络的全面解释仍然是一个挑战。为了解决这个问题，我们考虑使用可解释人工智能（XAI）方法［即基于深度张量和张量重构的可解释预测（TRIP），由Maruhashi等[17,18]提出］，这些方法是基于张量重构的深度学习方法，用于学习多维关系。Park等[19]提出了一种新的策略，用于全面分析大规模基因网络。他们的策略基于两个阶段完成，即构建基于核的L1型正则化的样本特定基因网络和使用XAI TRIP对构建的多层网络进行全面分析。使用XAI能够克服现有基因网络分析的局限性（即在大规模基因网络分析中的狭窄视角），使得对疾病中涉及的分子相互作用有更好的理解。我们应用以上策略分析了上皮细胞-间充质转化（EMT）状态特定的基因网络[20]，并发现了EMT标记。通过文献可以看出，所确定的标记作为EMT标记非常有效，尽管在我们的分析中没有包含任何关于所确定基因的生物学知识。这意味着，基于XAI的数据驱动策略可为大规模基因网络分析提供生物学上可靠的结果。

9.2.3 健康与福祉

9.2.3.1 利用可解释人工智能发现基因之间的关系

通过分析大规模数据来获得发现，这是许多领域（如医学研究）的关键问题。Maruhashi等[21]开发了TRIP，这是一种通过增强深度张量的、基于张量的图学习的可解释人工智能[22]。一组大规模图可被表示为张量，TRIP通过使用组件的显性值来分解这些张量，从而实现高预测准确性。TRIP被应用于基因调控网络，即基因之间的关系，并在一天内使用超级计算机Fugaku发现了关于上皮癌的全面见解，这些认识超过10年相关研究发现的总和。此外，关系应该根据器官和个体以及基因表达的变化而显著不同，并且结合多种基因表达水平的模式超过1000万亿。然而，在普通计算机上计算所有20000个基因的表达组合模式的关系需要超过4000年。为了解决这个问题，我们利用了广泛学习方法，这是一种可解释人工智能，它通过Iwashita等[23]提出的挖掘约束模式的有效算法列举所有可能的假设，并在Fugaku上进行计算研究。结果，成功在一天内提取到了暗示多种基因表达模式中肺癌药物耐药性原因的未知关系。

9.2.3.2 快速发现与癌症药物耐药性相关的未知因果机制的新技术

当针对癌症的分子靶向药物持续用药时，获得药物耐药性的癌细胞可能会增殖并复发。因此，精确的数据和分析技术对于阐明癌症耐药性获得的机制至关重要，尤其是了解多种突变的细胞异常行为。虽然有技术可以全面提取具有特征因果关系条件下的“广泛学习”，即能够解释决策基础和发现知识的人工智能技术，但在普通计算机上对所有20000个人类基因进行全面搜索估计需要超过4000年。因此，加快处理速度是一个挑战。富士通公司和东京医科牙科大学通过并行化、实现条件和因果搜索的算法，最大化了计算性能，并在超级计算机Fugaku上分析所有人类基因。此外，通过提取有希望的基因组合，这些组合可能是基于统计信息产生药物耐药性的条件，我们开发了一种技术，可以在不到一天的时间内实现全面搜索[24]。

9.2.4 材料科学与工程

9.2.4.1 使用网格神经网络模型和主动学习促进多组分固体的从头构型抽样

Kasamatsu 等[25]提出了一种方案，使用 Behler-Parrinello 类型的神经网络势（NNP）以一种非常规方式促进多组分晶体固体的从头构型抽样：NNP 被训练来预测来自具有构型无序的完美晶格的松弛结构的能量，而不是通过一般的训练方式来预测作为连续原子坐标的函数的能量。通过主动学习方案避免了训练集偏差。这使得在将传统 NNP 方法应用到晶格构型问题时可以绕过结构松弛过程。这种方法在计算 $MgAl_2O_4$ 中 A/B 位点倒置度的温度依赖性时得到了证明，这是一个需要仔细处理长程相互作用的多价系统。目前的方案可能作为“困难”系统的替代方法，如具有许多组分和亚晶格的复杂块体或界面系统，而这些系统与当今许多技术应用相关。

9.2.4.2 从监督学习中得到的密度泛函理论

密度泛函理论（DFT）是标准的电子结构理论，广泛用作材料设计的基础。DFT 基于 Hohenberg-Kohn 定理，即粒子密度和能量之间存在一对一的对应关系，这种关系应该是机器可学习的，但由于缺乏这种关系，其准确性受到限制。Nagai 等[26,27]最近提出了一种使用神经网络方法来建立这种关系的方法。他们发现，研究中开发的 DFT 不仅可以提高分子系统的准确性（对于这些分子体系，训练集可以通过非常准确的量子化学方法获得）还可适用于固体系统（对于这些固体体系，训练集不可用，但理论上导出的物理条件可以作为替代）。这为进一步提高准确性铺平了系统化的道路，并将成为开发最终材料数据库的工具。

9.2.4.3 在 Fugaku 上使用分布式机器学习对三维流场进行非线性模态分解和降阶建模，显著降低了高精度流场模拟的计算成本

通过在 Fugaku 上的分布式机器学习提取了三维流场的非线性模态。模态分解是一种用于将流场分解为物理上重要的流结构（称为模态）的方法。Ando 等[28]将 Murata 等[29]提出的基于卷积神经网络的模态分解方法扩展到了三维流场。然而，由于这个过程在计算和内存使用方面对即使是小流场问题也很费算力，因此使用了超级计算机 Fugaku 的巨大计算和内存资源。在 Fugaku 上使用了一种混合并行方法，结合了网络结构的分布（模型并行性）和训练数据（数据并行性），使用了多达 10500 个节点进行学习。此外，他们构建了一个降阶模型，使用长短期记忆网络来预测降阶空间（即潜在向量）中状态变量的时间演化。

最后，Ando 等[28]将模型复制的流场与原始全阶模型的流场进行了比较。此外，他们还评估了学习过程的计算效果。使用单个核心内存组，可达到 129.50 GFLOPS（即每秒十亿次浮点运算），占全机单精度浮点算术峰值性能的 7.57%。值得注意的是，反向传播的卷积计算达到 1103.09 GFLOPS，占全机峰值性能的 65.39%。此外，通过弱缩放测试，整个学习过程表明，与 25250 个节点（1212000 个核心）相比，750 个节点的相对性能为 72.9%。持续性能为 7.8 PFLOPS（即每秒千万亿次浮点运算）。特别是，反向传播的卷积计算表明结果为 113 PFLOPS（占全机峰值性能的 66.2%）。

9.2.4.4 用于航空航天系统的多学科设计优化的神经网络辅助遗传算法

寻找关于设计多个学科的最优设计是航空航天设计优化的目标之一。数值设计优化一直是有效解决这个问题的流行方法，这主要归功于计算能力的提高。遗传算法（GA）是核心优化器，因为它具有全局优化的特点，不需要梯度信息。然而，它需要大量的评估，这些评估通常是非常耗算力的。Hariansyah 等 [30] 开发了一个基于代理的优化框架，称为神经网络辅助遗传算法（NN + GA），它使用多层感知器（MLP）来替代昂贵的评估。MLP 是通过实验设计方法，即拉丁超立方抽样（LHS）获得的初始样本进行训练的。除了 LHS，NN + GA 还配备了一种新方法，称为基于深度卷积生成对抗网络（DCGAN）的采样，以有效地探索设计空间并为 MLP 提供更多信息的数据。NN + GA 已应用于超音速翼型的气动形状优化 [30] 和复合飞机机翼的结构布局优化 [31]。NN + GA 通过减少所需的评估次数，在解决这些优化问题上优于单独的 GA。当前的挑战是解决高维问题中的维度灾难。在高维问题中构建准确的代理模型是困难的。未来的研究必须在方法上取得进展，以有效地探索高维设计空间。一个可能的解决方案是采用基于卷积神经网络的几何过滤方法去快速检测形状异常，以便只有有意义的样本被用于训练代理模型。然而，这种方法仍需要进一步研究，因为它目前的应用有限。

9.2.5 天文学和天体物理学

9.2.5.1 利用深度学习预测 3D 时空超新星壳层膨胀，以实现高分辨率星系模拟

使用大规模并行计算进行高分辨率星系模拟的瓶颈是积分时间步长过小。Hirashima 等 [32] 对于未来更高分辨率的星系模拟提出了解决方案。哈密顿量分裂方法是一种可行的方法，该方法将只有需要小时间步长的区域进行单独计算。由于存在由激波引起的耗散，流体动力学上分裂是近似的。由于受到超新星（SN）爆炸影响的气体通常需要最小的时间步长，所以在哈密顿量分裂方法中，将上述区域分裂。假设我们使用平滑粒子流体动力学（SPH）进行星系模拟来验证哈密顿量分裂方法。在这种情况下，我们需要提前在随后的全局步骤（整个星系的积分时间步长）中拾取受 SN 影响的粒子（目标粒子）。因此，研究者开发了深度学习模型，以预测 SN 爆炸后的壳体膨胀，并开发了图像处理算法，以识别预测区域中的目标粒子。研究者证实，该方法可以识别 95% 以上的目标颗粒，这比使用谢多夫-泰勒（Sedov-Taylor）解的分析方法识别率更高。结合哈密顿量分裂方法，使用深度学习的粒子选择方法将提高具有极高分辨率的星系模拟性能。

9.2.5.2 基于神经网络进行量子多体问题求解器和实验数据分析的机器学习

量子多体问题是非常难的非确定多项式（NP）难题。Nomura 等 [33,34] 和 Yamaji 等 [35] 利用玻尔兹曼（Boltzmann）机器准确高效的近似解法，开发了一个求解器。同时，把它应用于一个具有挑战性的量子自旋模型问题中，并建立了长程量子纠缠的量子自旋液体相。在机器学习的另一个应用中，他们提取了隐藏在光电子实验数据中的电子能量，确定了引起高温超导电性的显著共振峰的存在。

9.2.6 计算机科学和量子计算

9.2.6.1 通过预测性深度神经网络压缩时间演化图像数据以加速大数据传输

大数据管理是数据驱动科学的关键任务。大数据的主要来源是大型同步辐射设施（SPring-8），预计每年可产生 1.3EB 的数据。数据压缩一直是通过减少实际需要传输的数据大小来对抗爆炸性增长的图像数据集的主要方法。Roy 等[36]开发了一个高效的（解）压缩框架，称为时间演化 ZIP（TEZIP），该框架能够以高压缩率和速度支持时间演化图像帧的动态有损和无损压缩。TEZIP 通过 PredNet 利用时间演化数据的时间局部性，预测下一帧图像，并导出预测帧与实际帧之间的差异作为更可压缩的增量帧。接下来，他们应用三种编码技术来利用增量帧中的空间相似性，然后应用无损压缩器压缩这些编码帧。他们对 SPring-8 生成的真实世界时间演化数据的评估表明，在压缩比方面，TEZIP 比现有的无损压缩器（如 ×265）高出 3.2 倍，以及比有损压缩器（如 SZ）高出 3.3 倍。

9.2.6.2 经典数据的量子电路编码

虽然量子计算机原则上可以处理指数级数量的数据，但将经典数据（如经典图像）表示为量子电路仍是实践中的主要挑战。受到张量网络方法的启发，Shirakawa 等[37]提出了一种量子-经典混合算法，为经典数据构建最佳量子电路，该电路通过幅度编码将经典数据表示为量子状态，并使用经典计算机来演示所提出的算法。

9.3 智能辅助科研的架构——过去、现在和未来

在本节中，我们讨论了智能辅助科研的未来架构。众所周知，摩尔定律即将终结，而探索在 2028～2030 年能够实现性能提升的未来计算机架构是一项重大研究挑战。为了做到这一点，有必要回到原理上，分析当前的机器和未来的技术，进一步回答应用程序是如何计算的，瓶颈在哪里，以及我们如何利用未来机器的特性。

通过观察发现，应用程序有三种主要类型的内核（图 9.3）：计算密集型、带宽密集型和延迟密集型。在实践中，大多数应用程序是以 HPCG 基准测试为代表的带宽密集型的，有些是以 Graph500 基准测试为代表延迟密集型的。20 世纪 90 年代的“地球模拟器”等经典向量机基本上涵盖了带宽密集型应用程序，也在某种程度上涵盖了计算密集型应用程序。“地球模拟器”仅能用于某些特定类型的应用程序，但它仍成为世界超级计算机 Top500 列表的第一名。

控制成本的 CPU 集群，如 TSUBAME1、T2K、Jaguar 和 K 计算机，在 20 世纪 90 年代至 21 世纪初问世。它们使用标准内存技术，通过并行所有处理器来基本实现性能。由于不易扩展，研究者开始使用 GPU。这使得基于 GPU 的异构机器流行起来。这一类型的机器包括 TSUBAME2/3、ABCI、Summit、Frontier、Piz-Daint 和 Aurora。在这种情况下，GPU 将覆盖计算密集型和带宽密集型内核，而 CPU 覆盖延迟密集型内核。

我们在 Fugaku 上设计一种架构，让 CPU，即 A64FX，也会像 GPU 内核一样运行，不仅覆盖带宽密集型内核，而且通过宽矢量化（即 SVE）覆盖计算密集型内核。此外，可以通过片上

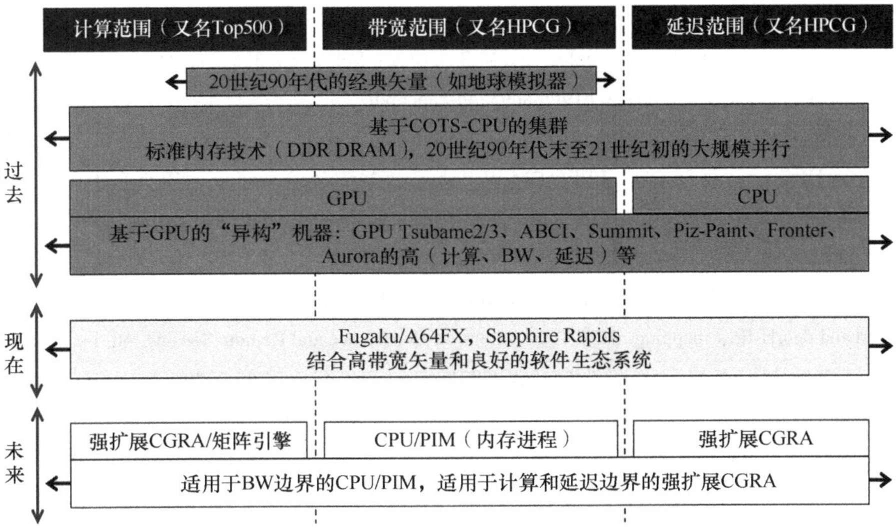

图 9.3　应用程序内核分类和体系结构

集成（SoC）、多芯片封装、节点内加速器或通过互连的特定加速节点的形式使用领域专用加速器。但我们想强调的是，加速器是手段而不是目的本身。

因此，需要分析领域专用加速器的有效性，以弄清楚加速器的优缺点，以及它的适用范围。但我们发现基本上只有极少数代码依赖于通用矩阵乘法（GEMM）内核，许多应用程序对这种线性代数的依赖性非常低。换言之，即使 GEMM 内核的性能是无限的，即使获得了完美的加速比，整体上也只能获得大约 30% 的加速[38]。我们真正需要做的不仅是适度增加算力（FLOPS）[例如，通过强缩放粗颗粒可重构阵列/矩阵模块（CGRA/Matrix Engine）]，还要增加带宽（例如，通过通用 CPU 和/或 PIM），并降低下一代系统的延迟（例如，通过强缩放 CGRA）。

参考文献

[1] RIKEN Center for Computational Science. (2022). Fugaku supercomputer. [1 April 2022]. https://www.r-ccs.riken.jp/en/fugaku/.

[2] E. Strohmaier, J. Dongarra, H. Simon et al. (2021). TOP500. November. http://www.top500.org/.

[3] Nikkei XTech. (2022). Fugaku supercomputer. [1 April 2022]. https://xtech. nikkei.com/atcl/nxt/mag/nc/18/020600014/080600068/?P=2.

[4] Intel. (2022). oneAPI Deep Neural Network Library (oneDNN). [1 April 2022]. https://github.com/oneapi-src/oneDNN.

[5] S. Chetlur, C. Woolley, P. Vandermersch et al. (2014). CUDNN: Efficient primitives for deep learning. https://arxiv.org/abs/1410.0759.

[6] T. Chen, T. Moreau, Z. Jiang et al. (2018). TVM: An automated end-to-end optimizing compiler for deep learning. In Proceedings of the 13th USENIX Conference on Operating Systems Design and Implementation, ser. OSDI'18. USA: USENIX Association, pp. 579–594.

[7] L. Lai, N. Suda, and V. Chandra (2018). CMSIS-NN: Efficient neural network kernels for arm cortex-m cpus. https://arxiv.org/abs/1801.06601.

[8] Mitsunari Shigeo. Xbyak: A C++ JIT assembler for x86 (IA32), x64 (AMD64, x86-64). https://github.com/herumi/xbyak.

[9] P. Mattson, C. Cheng, G. Diamos et al. (2020). Mlperf training benchmark. In Proceedings of Machine Learning and Systems, I. Dhillon, D. Papailiopoulos, and V. Sze, (eds.), Vol. 2, pp. 336–349. https://proceedings.mlsys.org/paper/2020/file/02522a2b2726fb0a03bb19f2d8d9524d-Paper.pdf.

[10] S. Farrell, M. Emani, J. Balma et al. (2021). MLPERF HPC: A holistic benchmark suite for scientific machine learning on HPC systems. In 2021 IEEE/ACM Workshop on Machine Learning in High Performance Computing Environments (MLHPC). Los Alamitos, CA, USA: IEEE Computer Society, November, pp. 33–45. https://doi.ieeecomputersociety.org/10.1109/MLHPC54614.2021.00009.

[11] N. Yokoya, K. Yamanoi, W. He et al. (2022). Breaking limits of remote sensing by deep learning from simulated data for flood and debris-flow mapping. IEEE Transactions on Geoscience and Remote Sensing, 60, 1–15.

[12] L. Duc, T. Kawabata, K. Saito, and T. Oizumi (2021). Forecasts of the July 2020 Kyushu Heavy Rain Using a 1000-Member Ensemble Kalman Filter, SOLA, 2021, Vol. 17, pp. 41–47, Released on J-STAGE 8 March, 2021, Advance online publication 29 January, 2021, Online ISSN 1349–6476, https://doi.org/10.2151/sola.2021-007, https://www.jstage.jst.go.jp/article/sola/17/0/17 2021-007/article/-char/en.

[13] Fujitsu leverages world's fastest supercomputer 'fugaku' and ai to deliver real-time tsunami prediction in joint project. (2022). https://www.fujitsu. com/global/about/resources/news/press-releases/2021/0216-01.html.

[14] M. Daoud and M. Mayo (2019). A survey of neural network-based cancer prediction models from microarray data. Artificial Intelligence in Medicine, 97, 204–214. https://www.sciencedirect.com/science/article/pii/S0933365717305067.

[15] F. Cheng, I. Kovács, and A. Barabási (2019). Network-based prediction of drug combinations. Nature Communications, 10(1), December, funding Information: The authors thank Yifang Ma, Marc Vidal, and Joseph Loscalzo for useful discussions on the manuscript. The authors thank Alice Grishchenko for polishing the figures. This work was supported by NIH grants P50-HG004233 and U01-HG001715 to A.-L. B. from NHGRI, and K99HL138272 and R00HL138272 to F. C. from NHLBI.

[16] A. Fout, J. Byrd, B. Shariat et al. (2017). Protein interface prediction using graph convolutional networks. In Proceedings of the 31st International Conference on Neural Information Processing Systems, ser. NIPS'17. Red Hook, NY, USA: Curran Associates Inc., pp. 6533–6542.

[17] K. Maruhashi, M. Todoriki, T. Ohwa et al. (2018). Learning multi-way relations via tensor decomposition with neural networks. In S. A. McIlraith and K. Q. Weinberger, (eds.), AAAI, AAAI Press, pp. 3770–3777. http://dblp.uni-trier.de/db/conf/aaai/aaai2018.html#MaruhashiTOGHIA18.

[18] K. Maruhashi, H. Park, R. Yamaguchi et al. (2020). Linear tensor projection revealing nonlinearity. CoRR, abs/2007.03912. https://arxiv.org/abs/2007. 03912.

[19] H. Park, K. Maruhashi, R. Yamaguchi et al. (2020). Global gene network exploration based on explainable artificial intelligence approach. PLOS ONE, 15(11), 1–24 November. https://doi.org/10.1371/journal.pone. 0241508.

[20] T. Shimamura, S. Imoto, Y. Shimada et al. (2011). A novel network profiling analysis reveals system changes in epithelial-mesenchymal transition. PLOS ONE, 6(6), 1–17, June. https://doi.org/10.1371/journal.pone.0020804.

[21] K. Maruhashi, H. Park, R. Yamaguchi et al. (2020). Linear tensor projection revealing nonlinearity. CoRR, abs/2007.03912. https://arxiv.org/abs/2007. 03912.

[22] K. Maruhashi, M. Todoriki, T. Ohwa et al. (2018). Learning multi-way relations via tensor decomposition with neural networks. In S. A. McIlraith and K. Q. Weinberger (eds.), Proceedings of the Thirty-Second AAAI Conference on Artificial Intelligence, (AAAI-18), the 30th innovative Applications of Artificial Intelligence (IAAI-18), and the 8th AAAI Symposium on Educational Advances in Artificial Intelligence (EAAI-18), New Orleans, Louisiana, USA,

February 2–7, 2018, AAAI Press, pp. 3770–3777.

[23] H. Iwashita, T. Takagi, H. Suzuki et al. (2020). Efficient constrained pattern mining using dynamic item ordering for explainable classification. CoRR, abs/2004.08015. https://arxiv.org/abs/2004.08015.

[24] Fujitsu and Tokyo medical and dental university leverage world's fastest supercomputer and AI technology for scientific discovery to shed light on drug resistance in cancer treatment. (2022). https://www.fujitsu.com/global/about/resources/news/press-releases/2022/0307-01.html.

[25] S. Kasamatsu, Y. Motoyama, K. Yoshimi et al. (2020). Enabling ab initio configurational sampling of multicomponent solids with long-range interactions using neural network potentials and active learning. https://arxiv.org/abs/2008.02572.

[26] R. Nagai, R. Akashi, and O. Sugino (2020). Completing density functional theory by machine learning hidden messages from molecules. NPJ Computational Materials, 6, 43, March. https://doi.org/10.1038/s41524-020-0310-0.

[27] R. Nagai, R. Akashi, and O. Sugino (2022). Machine-learning-based exchange correlation functional with physical asymptotic constraints. Physical Review Research, 4, 013106, February. https://link.aps.org/doi/10.1103/PhysRevResearch.4.013106.

[28] K. Ando, K. Onishi, R. Bale et al. (2021). Nonlinear mode decomposition and reduced-order modeling for three-dimensional cylinder flow by distributed learning on fugaku. In H. Jagode, H. Anzt, H. Ltaief and P. Luszczek (eds.), High Performance Computing. Cham: Springer International Publishing, pp. 122–137.

[29] T. Murata, K. Fukami, and K. Fukagata (2020). Nonlinear mode decomposition with convolutional neural networks for fluid dynamics. Journal of Fluid Mechanics, 882, A13.

[30] M. A. Hariansyah and K. Shimoyama (2021). On the use of a multilayer perceptron as an aerodynamic performance approximator in multi-objective transonic airfoil shape optimization. In Proceedings of the 18th International Conference on Flow Dynamics, pp. 754–763.

[31] Y. Inaba, S. Date, M. A. Hariansyah et al. (2021). Optimization of structural layout for composite aircraft wings. In Proceedings of the 18th International Conference on Flow Dynamics, pp. 793–795.

[32] K. Hirashima, K. Moriwaki, M. S. Fujii et al. (2022). Predicting the expansion of supernova shells for high-resolution galaxy simulations using deep learning. Journal of Physics: Conference Series, 2207(1), 012050, March. https://doi.org/10.1088/1742-6596/2207/1/012050.

[33] Y. Nomura, A. S. Darmawan, Y. Yamaji et al. (2017). Restricted Boltzmann machine learning for solving strongly correlated quantum systems. Physical Review B, 96, 205152, November.

[34] Y. Nomura and M. Imada (2021). Dirac-type nodal spin liquid revealed by refined quantum many-body solver using neural-network wave function, correlation ratio, and level spectroscopy. Physical Review X, 11, 031034, August.

[35] Y. Yamaji, T. Yoshida, A. Fujimori et al. (2021). Hidden self-energies as origin of cuprate superconductivity revealed by machine learning. Physical Review Research, 3, 043099, November 2021. https://gateway2.itc.u-tokyo.ac.jp/,DanaInfo=link.aps.org, SSL+doi/10.1103/PhysRev Research.3.043099.

[36] R. Roy, K. Sato, S. Bhattachrya et al. (2021). Compression of time evolutionary image data through predictive deep neural networks. In 2021 IEEE/ACM 21st International Symposium on Cluster, Cloud and Internet Computing (CCGrid), pp. 41–50.

[37] T. Shirakawa, H. Ueda, and S. Yunoki (2021). Automatic quantum circuit encoding of a given arbitrary quantum state. arXiv e-prints, arXiv:2112.14524, December.

[38] J. Domke, E. Vatai, A. Drozd et al. (2021). Matrix engines for high performance computing: A paragon of performance or grasping at straws? In 2021 IEEE International Parallel and Distributed Processing Symposium, IPDPS 2021, Portland, Oregon, USA, 17–21 May 2021, Portland, Oregon, USA, May, p. 10.

第10章

人工智能辅助科研的基准测试

Jeyan Thiyagalingam，卢瑟福·阿普尔顿实验室科学和技术设施委员会，英国迪特科特哈韦尔园区。E-mail：t.jeyan@stfc.ac.uk

Mallikarjun Shankar，橡树岭国家实验室，美国田纳西州橡树岭。E-mail：shankarm@ornl.gov

Geoffrey Fox，弗吉尼亚大学计算机科学与生物复杂性研究所，美国弗吉尼亚州夏洛茨维尔。E-mail：gcfexchange@gmail.com

Tony Hey，卢瑟福·阿普尔顿实验室科学和技术设施委员会，英国迪特科特哈韦尔园区。E-mail：tony.hey@stfc.ac.uk

10.1 引言

在过去的二十年里，DL 在 ML 领域中不断发展，为解决许多与人工智能相关的传统问题提供了可能，如视觉识别和自然语言理解等问题。正因如此，这些方法正被应用于各种领域。科学家和从业者们基于 DL 的方法已取得初步成功的领域，例如在图像处理，高分辨率 2D 和 3D 数据分析中领域。除了这些早期成果，基于 DL 的技术还在拓展到其他应用领域，以应对许多重大挑战，如发展出蛋白质折叠[1]（其核心是建立了 ML 力场解读化学体系的演化模型[2]）和大型语言模型（LLM）[3]等技术，这些成果都改变了我们分析和理解复杂系统行为的方式。

虽然各种 ML 技术在解决许多科学问题方面带来了突破，但衡量其是否成功或是否适合仍然是一门黑箱中的艺术。这其实间接地阻碍了科学发展，因为传统科学发现的核心是发展对自然现象和行为的可理解的机理，这通常需要基于简约和可解释的定理和公式，从而使研究结果能够得到更广泛的应用和持续的观察验证。

因此，发展科学 AI 基准概念（一种将不同的 ML/DL 与科学 AI 算法和模型相互比较的连贯方法）对于加速由 AI 驱动的科学发现的进展至关重要。然而，目前仍有许多挑战需要克服。

（1）聚焦科学应用能力：传统的基准概念，特别是在计算机科学中，通常被认为是时间所标度指导的。因此，目标一直集中在通量和定时测量上。例如算法在一秒内执行的浮点运算的数目（每秒浮点运算或 FLOP）和算法每秒产生的数据。该概念也扩展到子系统，如测量互连性能（带宽或延迟）或每秒可从磁盘读取的字节数。换句话说，评估这些传统基准的关键度量是时间或时间的函数。虽然这在很大程度上对于衡量算法（包括机器学习算法的训练和推理时间）

的时间响应能力一直都很有用，但它们并没有评估 ML 算法应用到科学领域的优点。当数值性能（或数值精度，通常是任何算法的核心）被视为固定且不可妥协时，这是可接受的。然而，这可能不是最优的选择，尤其是在不同的科学挑战中具有不同的成功指标的情况下。有时间限制的绩效衡量可能无法很好地抓住科学重点。需要一个 AI 基准来映射不同的 ML 算法、一系列科学问题以及它们的科学价值。

（2）分类和组织：使用数百个 ML/DL 模型及其变体，或处理数千个特定领域的问题时，各种以各自学科为中心建立的基准可能很快变得无法使用。理想情况下，基准应该作为 AI 实践者和科学家的蓝图，以便为所有相关人员提供经验教训。这不仅需要对这些基准进行可以接受程度的分类，以便易于定位相关科学案例，而且需要仔细组织这些（潜在重叠的）基准测试。

（3）整理和分发：正如文献 [4] 所强调的，这些以科学为重点的基准将固有地依赖于数据集和参考实现（它是对所研究的科学问题的解决方案的一种实现），通常被打包为一个套件。因此，简单的“下载-启动”模型不适用于一组基准数据集，其中数据集可能具有相当大的存储占用。为了公众能够使用，包含数据集、参考实现甚至即将到来的解决方案的套件必须以务实的方式进行维护、管理和分发。

（4）评估标准设置：一套基准测试的结果不会令人难以置信，除非它们是在受控设置下获得的。正如文献 [4] 所强调的，一个评估框架通常对于促进这些基准的公平评估至关重要。

（5）结果编目：尽管基准的分类和组织对于制定蓝图议程至关重要，但对科学家和实践者来说，最终的衡量标准是针对给定类型的问题，使用不同 ML 算法的相对效益。这种相对度量通常由科学或绩效指标（或前者由后者标准化）提供。这很可能需要通过类似于传统基准所采用的排行榜机制来实现。

（6）保持相关性：智能辅助科研基准必须与传统基准社区保持相关性，其中实际效果应是最终衡量标准。智能辅助科研基准的各种新举措必须将绩效作为辅助指标之一。

最近围绕建立 AI 基准测试[5-10]进行了多项工作。虽然其中大多数以性能为重点导向，但其中也有一些尝试研究科学 AI 基准测试的方面，如“大涡旋[6]”、“天气台[7]”和“人工智能 500[10]”。然而，很难找到一个单一的工作来解决我们上述的所有挑战。传统的基准测试旨在使用原始性能或能效等指标来评估系统的性能（参见高性能 LINPACK 或 Green500 的 Top500 成果[11]），而越来越多的基准测试正推动着 ML 和 AI 性能与算法创新。MLCommons 的工作包含基准测试部分[12,13]，其中涉及系统性能和高性能计算（HPC）方面的考量，还有其科学工作组，其目标与推动 AI 实现科学工作的目标最为一致。混合精度应用性能通过 HPL-AI 基准[14]进行评估，该基准旨在了解系统支持面向 AI 的混合精度计算方法的能力。竞争型基准[15,16]和目标或任务导向的基准[17]推动了重大的方法创新，其结果将成为科学发展的前驱。在文献 [4] 中，我们对基准方法进行了系统评估，并鼓励读者参考该文章，以便获取对此类举措更详细地讨论和综述。

在本章中，我们进一步围绕科学 AI 基准讨论了更广泛的问题。本章其余部分安排如下：在 10.2 节中，我们讨论了 AI 在科学中的作用。本节根据上述挑战提供了更广泛的问题背景，在 10.3 节中，讨论人工智能如何解决科学界的总体挑战及其潜在益处。最后，我们在 10.4 节给出了本章的主要结论和进一步研究的方向。

10.2 人工智能在科学研究中的作用

为了理解对 AI 在促进科学发现方面的适用性进行基准测试的意义，我们需要区分当今 AI 方法论与科学中采用方法的根本差异。对自然现象的凝练和概括性表达是科学发现过程的核心组成部分。在科学活动中，我们的目标是理解现象，并利用我们对数学语言表达的关系和规则的最佳理解来描述它们。通过更多的观察实验对这些关系和规则进行验证，使我们更加确信自己已经准确地识别出了潜在的原理。为了关注 AI 在科研活动中的作用，我们对简约表征的发现及其“正向应用”和基于 AI 的方法进行了区分，以及明确了它们在研究活动中的应用方式和地点。因此，AI 方法在科学中出现节点及产生的影响引起了广泛关注，并为智能辅助科研基准设定了背景。

10.2.1 科学发现的构成要素和 ML/DL 模型

我们通过比较研究的基本模型来说明传统科研和 AI 驱动科研之间的区别，该模型用于描述二维平面上的数据点的拟合。构成要素模型的科学构建方式可能会用一个基本的封闭形式公式来表示所观察到的关系，如图 10.1 左侧所示，通常会做出某些平滑度假设（或具有定义的统计不确定性）。相比之下，图 10.1 右侧所示的 ML/DL 或 AI 模型通常通过矩阵模型构建数据的“表示”。两种方法都对数据的分布做出了某些假设。

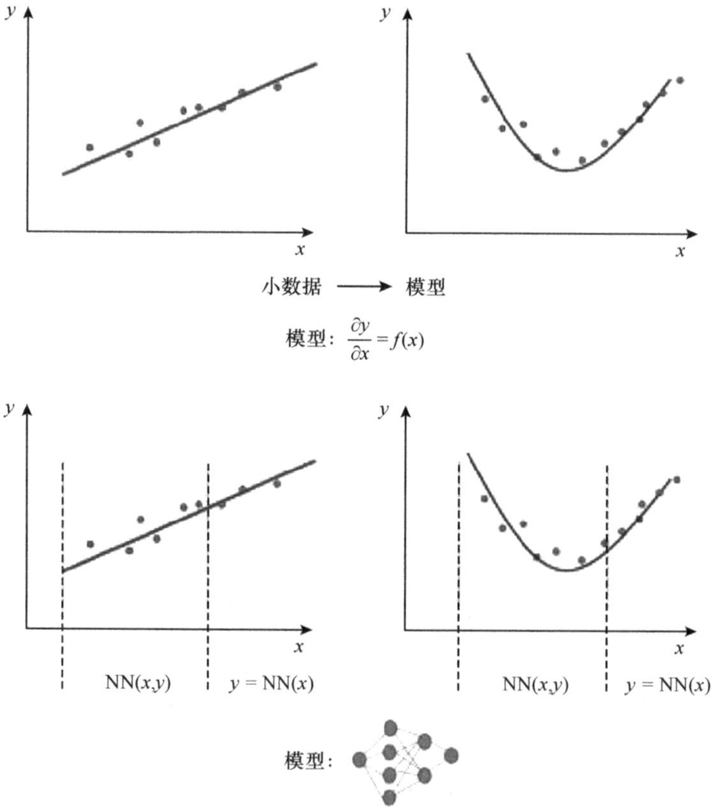

图 10.1　科学和 AI 中构建块模型的简化视图

然而，这两种方法的使用和应用存在显著差异。传统科研模型通常通过与其他模型结合来预测复杂系统的运行方式，即所谓的建模过程。相反，AI 模型的目标在于揭示数据中的规律。从机器学习（ML）的起源领域（如统计学），到预示当今使用技术的早期 AI 方法（例如利用神经网络[18,19]和自适应线性单元进行学习），用于“学习”的基本模型可以通过非线性数学运算符的组合创建数据间的关系表示。在随后的四十年里，深度神经网络（DNN）成为了强大的分布式数据表示工具[20]。当处于监督模式下时，DNN 会在特定的数据域上接受训练，以形成关系模型，比如图 10.1 右侧所示的 NN(x, y)，其中 DNN 实现了 NN(x, y) 形式的关系建立。之后，该模型可以在推理模式下对区域 y = NN(x) 中的新输入数据进行处理。因此，神经网络可以被视为一种将系统状态转换为其他表示形式的操作符。对于分类任务，这个操作符会生成一个类别；对于时间序列的回归分析，它则会对下一个事件进行预测（或生成）等。类似地，科学模型也能实现这样的转换：通过内部变化或外部输入将当前状态转换为下一个结果状态，这些转换由基础模型的组件所决定。

在计算科学驱动的科研活动中，代表组件模型的模块可以根据逐渐广泛接受和理解的原则组装成一个复杂的依赖关系集合——形成一个更大的模型来研究现象。这些较大的模型通常可能无法通过封闭式解决方案或近似值来“求解”，而是需要大规模的模拟来执行模型。图 10.2 描述了一个重大挑战领域的结构：预测天气和气候模式。

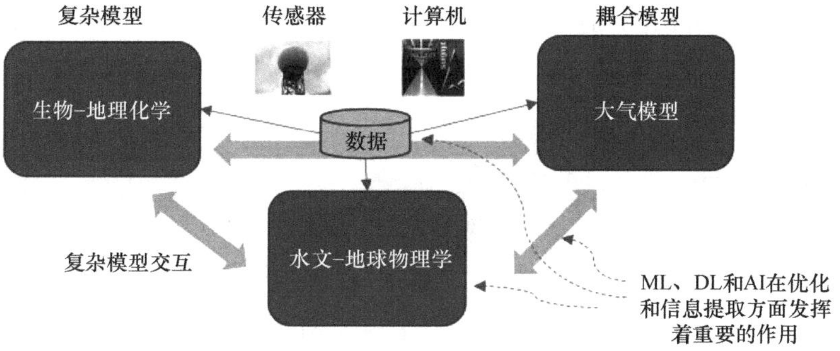

图 10.2 使用观测数据和计算建模进行交互的模型

这个天气和气候科学建模以及 AI 使用的例子是美国能源部《人工智能科学报告》中提到的几个例子之一[21]。在地球、环境和气候研究中，AI 方法的应用正在迅速增长，因为 AI 可以实现优化、数据同化、数据生成、聚类和降维、代理模型创建（和模型仿真）以及数字孪生处理，以有效地解决执行大规模相互依赖模型的挑战。因此，AI 在当今科学模型的间隙中运作。这些大型复杂模型生成的数据集可以使用 AI 方法进行分析，以便将预测结果与观测数据进行比较，并验证这些模型在越来越高分辨率下的理论耦合及其执行所获得的预测结果。使用物理模型与 AI 模块交错的混合方法正成为重大科学发现活动的未来发展趋势。

传统的 ML 和算法方法，包括采用采样和概率技术的方法，提供了可用于量化结果的不确定性和统计变化的性能界限。当前的 AI 方法在这种估计和模型近似的体系中运行时取得了巨大的成功。目前，还正在探索关于性质（如收敛性）以及如何取决于数据分布、网络结构和相关超参数等方面的界限[22]。AI 的适用性缺乏大的底层约束与规则建议，这是开发强大的智能辅助科研基准测试程序的驱动因素之一。在本节的其余部分，我们将强调在科研中使用 AI 的设计模式，并激发我们对智能辅助科研基准测试方法的探索初衷。

10.2.2 科学研究中 AI 的设计模式

我们列出 AI 在科研活动中常用的三种示例设计模式，这些模式为用于科学目标的 AI 方法提供了基准测试的背景。这些设计模式代表了将 AI 与基于第一原理模型（系统中的物理学）相结合的一般化表达的不同版本，以便更好地理解自然现象。

10.2.2.1 模拟生成用于训练和推理的数据

一种新兴的科学设计模式是利用模拟数据辅助开发 AI 模型，从而创建能够有效分类实验中观察到的行为的模型。这些方法被用于电子显微镜，以帮助在原子级（埃级）精度下探测材料的结构参数 [23]。

图 10.3 展示了这些实验中使用的工作流程。而对观测数据的 ML 分析可以揭示观测数据的属性，为了有效地使用深度学习，AL 模型必须在更大的数据集上进行训练。在此过程中，通过对科学模型（通常是简约表达的）的计算模拟，以生成 2D 和更高维结构形式的大量数据，这些数据将被用于训练卷积神经网络，该网络对图像分析非常有效。随后，卷积神经网络可以快速处理和分类来自材料的观测数据，这对于传统的 ML 方法来说是非常困难的。AI 模型的分类性能和对材料预期变化（如缺陷）的识别可以反馈到理论模型中，以进一步改进该反馈循环。

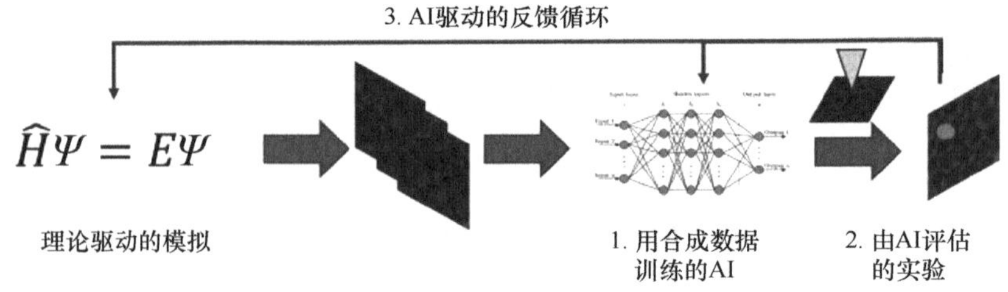

图 10.3　使用模拟科学数据进行 AI 训练和自动化

这种反馈回路的扩展可以使显微镜操作自动化，进一步将 AI 的使用与科学发现的端到端反馈回路联系起来 [24]。

10.2.2.2 加速计算探索的代理模型

另一种将 AI 方法的力量整合到科研中的发展模式是将其用作大规模模拟活动的替代方案。例如，量子物理学、核物理学和材料科学中的蒙特卡罗模拟需要有针对性的函数评估（如原子构型的势能），即使针对包含数百个原子的小系统来说，这也可能需要相当长的时间。在详细的模拟模型上训练 AI 替代方案可以为我们提供一个结果模型，该模型可以在更大规模的应用中有效地“缩短”计算密集型操作。

这一中心思想也可以应用于数字孪生科学模拟。科研活动的数字表示（例如，一个具有先验已知组成模型，但与其他模型放在一起时复杂度很高的模型）可以用替代模型来简化，代替计算成本很高的模型。实现 AI 模型适当精度所涉及的训练时间是一种权衡因素，可能会影响在科研中使用 AI 替代的有效性。

10.2.2.3 增强上下文信息的生成模型

在特定领域数据分布上训练的 AI 模型，其一个强大用途是使用 AI 模型生成数据。这是对使用基于理论的模拟数据生成的补充。在这种情况下，AI 模拟的数据集没有明确或明显的基本原理结构，如图像（*n* 维）和序列（例如，信号和文本流）。这些生成数据集可能具有预测价值，如使用 Transformer 模型来生成系统的下一个状态。

通常，这些生成模型可用于填补缺失的数据，创建系统的增强表征（例如，在数字孪生中），并实现可能有助于指导计算活动的探索性研究。

10.2.3 智能辅助科研的基准

传统意义上的智能辅助科研基准测试是衡量系统组件、软件或特定方法的性能。这些数据通常以每秒操作数、吞吐量、延迟等形式进行量化。当前 AI 系统和软件的基准测试也关注底层硬件、软件框架和应用程序的有效性。图 10.4 显示了学习系统和模拟（即计算科学）堆栈之间的相似之处，应用位于顶部，依赖于框架，最终运行在最底层的硬件操作上。

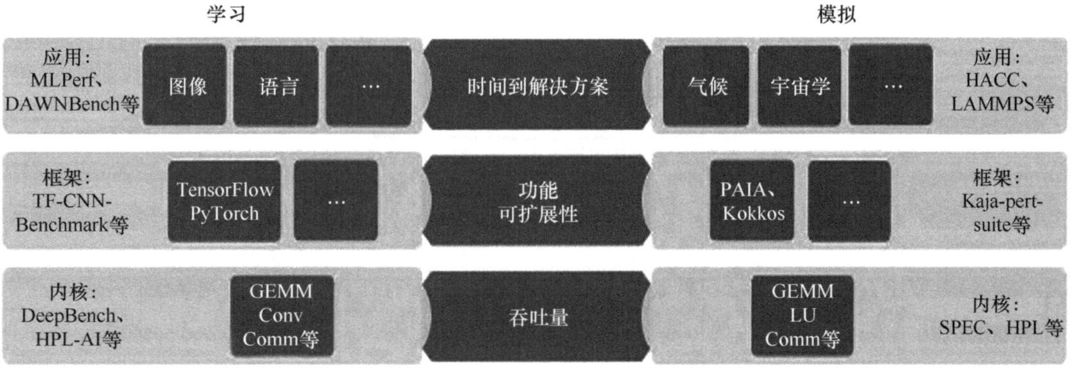

图 10.4 AI 和 Mod-Sim 堆栈的等效性 [25]

我们认为，由于 AI 方法和模型本身的有效性存在差异，以及可用于使 AI 技术适应各自问题的超参数选择范围广泛，因此对 AI 在科研活动中进行的基准测试需采取不同的形式。此外，AI 方法的选择及其推进科学研究的有效性可能取决于科学领域的基本假设和有效的数据。这使得 AI 在科研活动中的基准测试成为一个改进方法和科学发现本质适用性的问题，而不是系统特征，如通量（例如，DL CNN 模型每秒处理的图像）。因此，对 AI 在科研活动中进行的基准测试必须强调现有 AI 技术对科研活动的支持程度。

用于评估 AI 技术性能的基准指标包括改进众所周知的统计和 ML 指标，如分类准确性、精度、召回率、相关 F1 分数和受试者工作特征曲线。然而，正如 10.2.1 节所述，AI 的使用模式比狭隘地分析一组数据更加多样化。例如，在研究中使用 AI 作为代理模型不仅取决于训练模型的准确性，还取决于在端到端活动中训练所需的时间和代替模型有效性之间的权衡——在不损失结果正确性的情况下获得的时间。同一 AI 模型的有效性可能取决于其运行的数据体系——在模拟数据训练的背景下（如 10.2.2.1 小节所述），或者通过 GAN 生成数据（如 10.2.2.2 小节所示）。

底层硬件也决定了所使用的 AI 方法的有效性。今天的 GPU 加速器在为深度学习执行矩阵多重运算时能够比 CPU 更快。在系统架构中的图形引擎 [26] 可以实现链接的学习结构，从而为一种算法提供比另一种算法更快的解决时间。需要注意的是，虽然在图形引擎上执行的图神经网络作为平台可能无法提供更大的 FLOPS，但它在基于图的 AI 方法研究活动方面可能表现得更好。类似的论点也适用于正在使用的软件框架。在基准测试方法中，理想情况下，在测量目标度量时，我们保持比较操作中的所有组件不变，同时改变所研究的一个（或几个）量。对于 AI 在科研活动中的基准测试，AI 技术的可变性及其适用性要求我们限制比较的性质。图 10.5 说明了 AI 在科研活动中的基准测试为我们提供的广泛范围。M_1、M_2 和 M_3 曲线代表三种 AI 模型和方法，根据底层系统、软件框架、数据分布等宏观特征，它们对所关注的 AI 目标指标（y 轴）的表现不同。

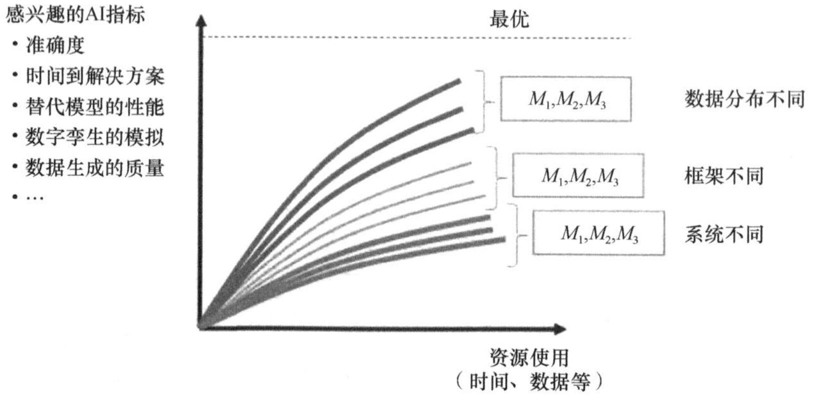

图 10.5　AI 基准测试的维度

在 10.3 节中，我们将讨论一种建立基准测试的方法，旨在简化我们实现 AI 在科研活动中的基准测试。

10.3　方法和优点

正如 10.2 节所强调的，AI 在推进各种科学问题的发现过程中可以发挥重要作用。然而，这种转变不太可能由一位科学家或一些科学家独自完成。相反，整体解决方案很可能是由具有不同能力的专家团队开发，这些能力涵盖特定领域的知识、机器学习、信号处理、数学优化、统计学、贝叶斯统计和研究软件工程。在某种程度上，数据科学涵盖了许多交叉领域。这种开发独特解决方案的协作方法对于科学界来说并不新颖，正如各种电子科学工程项目所证明的那样 [27]。然而，这种方法不仅需要从开发开始就制定这种复杂的解决方案，而且还要花很长的时间来确定是否是最好的解决方案。

10.3.1　人工智能科学的结构化方法

我们在这里概述的基准方法旨在汇集智能辅助科研面临的种种挑战，研讨一个解决方案，确保其更加合理、可行、广受认可。将科学目标、潜在有用的 AI 方法和底层系统基础设施相结合的连贯方法对于确保这种方案的成功应用至关重要。科研群体竞赛（如卡格尔竞赛 [15]）的方式并不是寻找最佳解决方案的新方法。然而，在我们所讨论的 AI 辅助科研进行基准测试的背景下，需要一套精心设计的流程，以及这些流程之间规范的控制流程。图 10.6 描述了我们提出的方法。

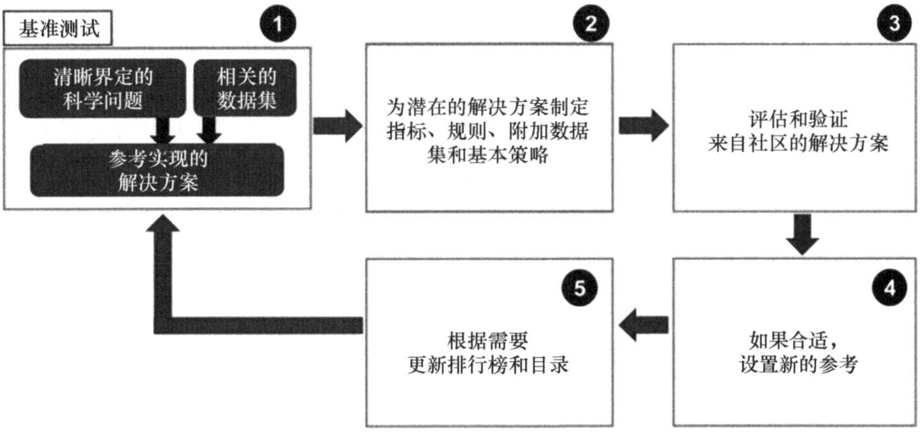

图 10.6　通过与科研社区合作实现 AI 在科研中的基准测试可能的方法

AI 辅助科研基准由两个部分组成：一个是在数据集上运行并解决明确定义的科学问题的参考实现。这个基准测试沿着一组基本的规则和策略发布给社区，社区在生成性能优于参考实现的解决方案时必须遵守这些规则和策略。然而，我们更关注的是科学而不是系统性能，社区更大期望是方法创新，以推动系统的改进（即使是在超参数调整或模型搜索等方面）。这些策略还可能包括附加约束，如指定参考实现的哪个部分可以被增强，新解决方案是否可以捕获整个过程等。在可能的情况下，社区也可以被允许使用其他数据集。在大多数情况下，如果有一个框架，如 SciMLBench[4,5]，这些框架本身将处理许多问题。报告的解决方案通常需要经同行评审，主要由基准维护者或问题发起者进行评审。如果提出的解决方案优于当前参考的方案，则建议将其更改为新的解决方案。这将需要更新基准数据库中的业绩表和技术目录。此外，不同解决方案的性能结果也可以相互比较，并且可以使用容器化解决方案在一系列架构中自动进行此类评估。通过这种方法，社区有几个好处，包括：

（1）社区可以获得针对特定类型问题的广泛性解决方案。虽然目前没有两个领域共享相同的问题，但在大多数情况下，技术方案可以相互借鉴。

（2）在社区内存在良性竞争，促进人们使用最好的技术来保持竞争力。

（3）由于业绩结果是作为次要指标报告的，该社区评价与传统的社区评价没有脱节。因此，硬件供应商将能够确定一些用例，以专注于特定的子系统。

（4）这将提供一组丰富多样的问题场景，可以利用各种 ML 技术解决这些问题，使之成为测试各种 ML 框架、平台和工作流模型的潜在实用工具。

（5）基准测试套件、问题和解决方案可以很容易地作为 AI 爱好者和从业者的学习平台。

（6）这可能会鼓励不同社区之间的合作，如信号处理和自然语言处理。这些益处只是一个开始，是 AI 科学社区尚未看到的一系列益处的一部分。

10.3.2 智能辅助科研基准的进展

近几个月来，MLCommons 科学工作组和其他研究团队已经聚集在一起，采用上述建议的方法开发基准。工作组创建了四个科学基准，其特征如图 10.6 所示。这些基准已经被描述出来并出版[28]，主要实现了以下四个科学领域的相关目标。

（1）云掩膜：开发分割模型，用于对卫星图像中的像素进行分类，确定给定的像素是属于多云还是晴天。云掩膜基准测试的范围是探索使用 ML 驱动的算法是否可以优于或取代传统的贝叶斯技术。

（2）STEMDL：为固态材料的空间群提供一个通用分类器，并执行局部电子密度的重建。其目标不是依赖于昂贵的模拟，而是探索 ML/DL 算法进行先进的聚束电子衍射结果的分析能力。

（3）UNO：基于跨多个数据源的肿瘤细胞的分子特征，预测肿瘤对单一和成对药物的反应。ML 组件旨在预测药物反应值。

（4）时间序列演化算子：提取时间序列的演化，如使用地震预测。其目标不仅是使用 ML 用于提取进化数据，还使用预测来测试其有效性。

在追求科学目标的过程中，各个领域在一定程度上促使了不同方法的采用。由于领域数据往往难以标注且通常是非人类可分类的特征集，这就要求改进底层的人工智能方法以推动科学发展。

10.4 未来发展方向

在本章中，我们介绍了与传统的 AI 能力测试不同的智能辅助科研基准测试的概念。虽然两者确实有部分重叠，但初衷和潜在结果是不同的。具体而言，传统的 AI 能力测试只专注于时间敏感的性能指标，而智能辅助科研基准测试则专注于科学相关指标。然而，这非常具有挑战性，我们已经概述了之前在着手这个项目时面临的更加广泛的挑战。我们还介绍了科研活动中使用 AI 的设计模式。这些设计模式是 AI 科学社区正在寻找 AI 用途的更大和更广泛领域的一部分。同时，我们还概述了可以采用的潜在方法，以加速建立智能辅助科研基准的步伐，从而加快通过应用 AI 获得科学发现的步伐。我们也讨论了智能辅助科研基准测试计划对 AI 科学从业者社区以及技术提供商的直接好处。然而，要使这一发现取得成功，仍有一些问题需要解决。在一段时间内保持和维持一系列丰富的功能基准是一项具有挑战性的任务，需要投入大量资源，如果没有各个社区齐心协力，很难实现这些目标。这些工作可以从贡献一个简单问题或数据集开始，并在各种硬件平台上评估这些基准。通过 SciMLBench 或 MLCommons WG Benchmarks[13] 等框架，我们相信未来能够说服不同的社区和行业共同努力。

致谢

本章的研究工作得到了 EPSRC 基金 EP/T001569/1 下的 UKRI 战略优先基金“智能辅助科研”主题项目的支持，以及 EPSRC 基金 EP/V001310/1 下的“智能辅助科研基准（BASE）”项目的支持。感谢 UKRI 科学技术设施理事会（STFC）的资助、NSF 基金（2204115 和 2210266）以及 DOE 项目（DE-SC0021418）。本章由 UT-Battelle、LLC 与美国能源部（合同编号 DE-AC05-00OR22725）共同资助。本研究还使用了来自橡树岭计算设施的资源，这些计算设施来自美国能源部科学办公室的用户设施（合同编号 DE-AC05-00OR22725）。同样感谢 RAL、STFC 的 PEARL AI。

参考文献

[1] J. Jumper, R. Evans, A. Pritzel et al. (2021). Highly accurate protein structure prediction on with AlphaFold. Nature, 596, 583–589. https://doi.org/10.1038/s41586-021-03819-2.

[2] H. Wang, L. Zhang, J. Han et al. (2018). DeePMD-kit: A deep learning package for many-body potential energy representation and molecular dynamics. Computer Physics Communications, 228, 178–184. https://doi. org/10.1016/j.cpc.2018.03.016.

[3] T. B. Brown, B. Mann, N. Ryder et al. (2020). Language models are few-shot learners, Arxiv. https://doi.org/10.48550/arXiv.2005.14165.

[4] J. Thiyagalingam, M. Shankar, G. Fox et al. (2022). Scientific machine learning benchmarks. Nature Reviews Physics, 4, 413–420. https://doi.org/10.1038/s42254-022-00441-7.

[5] J. Thiyagalingam, K. Leng, S. Jackson et al. (2021). SciMLBench: A benchmarking suite for 人工智能科学 . https://github.com/stfc-sciml/sciml-bench.

[6] The MAELSTROM Project. https://www.maelstrom-eurohpc.eu/.

[7] S. Rasp, P. D. Dueben, S. Scher et al. (2020). WeatherBench: A benchmark data set for data-driven weather forecasting. Journal of Advances in Modeling Earth Systems, 12(11), e2020MS002203.

[8] C. Coleman, D. Narayanan, D. Kang et al. (2017). DAWNBench: An endto-end deep learning benchmark and competition. https://dawn.cs.stanford. edu/benchmark/.

[9] T. Ben-Nun, M. Besta, S. Huber et al. (2019). A modular benchmarking infrastructure for high-performance and reproducible deep learning. In 2019 IEEE International Parallel and Distributed Processing Symposium (IPDPS), pp. 66–77. https://doi.org/10.1109/IPDPS.2019.00018.

[10] Z. Jiang, W. Gao, F. Tang et al. (2021). HPC AI500 V2.0: The methodology, tools, and metrics for benchmarking HPC AI systems. In 2021 IEEE International Conference on Cluster Computing (CLUSTER), Portland OR, USA, pp. 47–58. https://doi.org/10.1109/Cluster48925.2021.00022.

[11] https://www.top500.org/project/linpack/; https://www.top500.org/lists/green500/.

[12] https://mlcommons.org/en/groups/training-hpc/.

[13] MLCommons Science Working Group. https://mlcommons.org/en/groups/research-science/.

[14] https://hpl-ai.org/.

[15] Kaggle Competitions. https://www.kaggle.com/.

[16] Billion-scale approximate nearest neighbor search challenge. https://big-ann-benchmarks.com/.

[17] Beyond the Imitation Game: Quantifying and extrapolating the capabilities of language models. https://arxiv.org/abs/2206.04615; https://github.com/google/BIG-bench.

[18] W. S. McCulloch and W. Pitts (1943). A logical calculus of the ideas immanent in nervous activity. Bulletin of Mathematical Biophysics, 5, 115–133.

[19] F. Rosenblatt (1958). The perceptron: A probabilistic model for information storage and organization in the brain. Psychological Review, 65(6), 386–408.

[20] D. Rumelhart, G. Hinton, and R. Williams (1986). Learning representations by back-propagating errors. Nature, 323, 533–536. https://doi.org/10.1038/323533a0.

[21] R. Stevens, V. Taylor, J. Nichols et al. (2020). 人工智能科学 : Report on the Department of Energy (DOE) Town Halls on Artificial Intelligence (AI) for Science. United States: N.p. Web. https://doi.org/10.2172/1604756.

[22] M. Jordan (2019). Artificial intelligence: The revolution hasn't happened yet. https://hdsr.mitpress.mit.edu/pub/wot-7mkc1/release/10.

[23] M. P. Oxley, J. Yin, N. Borodinov et al. (2020). Deep learning of interface structures from simulated 4D STEM data: Cation intermixing vs. roughening. Machine Learning: Science and Technology, 1, 04LT01.

[24] S. V. Kalinin, M. Ziatdinov, J. Hinkle et al. (2021). Automated and autonomous experiments in electron and scanning probe microscopy. ACS Nano, 15(8), 12604–12627. https://doi.org/10.1021/acsnano.1c02104.

[25] J. Yin, A. Tsaris, S. Dash et al. (2021). Comparative evaluation of deep learning workload for leadership-class systems. BenchCouncil Transactions on Benchmarks, Standards and Evaluations, 1(1), https://doi.org/10.1016/j.tbench.2021.100005.

[26] GNNerator: A hardware/software framework for accelerating graph neural networks. arXiv:2103.10836.

[27] T. Hey, S. Tansley, and K. Tolle et al. (2009). The Fourth Paradigm: Data-Intensive Scientific Discovery. Microsoft Research. https://www.microsoft. com/en-us/research/publication/fourth-paradigm-data-intensive-scientificdiscovery/.

[28] J. Thiyagalingam et al. (2022). AI Benchmarking for Science: Efforts from the MLCommons Science Working Group. ISC 2022, Workshop on HPC on Heterogeneous Hardware (H3) — to appear in Springer LNCS.

第三部分

探索应用领域

第11章 射电天文学与平方千米阵列

Anna Scaife，曼彻斯特大学乔德雷尔银行天体物理中心，英国曼彻斯特。
E-mail：anna.scaife@manchester.ac.uk

11.1 现代射电天文学与平方千米阵列

2019 年 3 月，来自七个不同国家的代表齐聚罗马，签署了一项条约，促使建成世界上最大的射电天文台——SKA。在开展工作过程中，SKA 项目的国际合作伙伴不仅认识到此项工程是促进科学发展的推动力，还认识到天文学在推动技术发展和创新方面的潜力。次年，SKA 条约得到批准，第一个射电天文学的政府间组织被创建，标志着世界上最大的科学设施的正式成立。

SKA 的科学驱动力涵盖了现代天体物理学的众多核心科学问题。为了更合理地依据技术需求规划任务调配资源，国际射电天文学界对这些待研究的科学问题进行梳理，提炼出对观测站的技术要求，进行了优先级排序。其中，最引人注目的科学问题之一，是对“再电离时代”（epoch of reionization，EoR；文献 [1]）的宇宙历史时期进行探测并绘制。EoR 代表着宇宙演化进程中的关键时期，彼时，宇宙尚处于以中性氢为主导的黑暗状态，而最早的恒星和星系正是从中孕育而生。SKA 通过绘制中性氢光谱发射线的变化图谱，能够精准厘定这些事件发生的机制和时序，这将从根本上重塑我们对宇宙形成与演化历程的认知。

SKA 的另一项关键科学任务是验证爱因斯坦的广义相对论。该理论预测了引力波的存在，其是由于物体的运动或坍塌而在时空中传播的涟漪。SKA 将通过极其精确地测量由一系列中子星网络（称为脉冲星）发出的规律性无线电脉冲，探测到纳赫兹（nHz；文献 [2]）频率的引力波。这些引力波源于规模远超先进激光干涉引力波天文台（advanced LIGO，约 100Hz）或欧洲航天局的 LISA 航天器（约 mHz）可观测范围的天体物理事件。

在此不详细探讨 SKA 的全部任务，但简而言之，它将对现代天体物理学中的众多开放性问题研究产生重大影响。这些问题包括：理解星系的形成和演化，第一个磁场是如何产生的，我们在宇宙中是否孤独。然而，最重要的是，随着每一代新的天文观测设施的出现，它们最持久的遗产不一定是在我们推进当前科学目标中获得的，而有可能是在追求这一目标的过程中偶然发现的。在这个大科学和大数据的时代，科学价值的挖掘愈发依赖算法技术，而非个人的洞察能力。因此，我们必须以更加开放和积极的态度，拓展探索的边界，捕捉那些可能带来革命性突破的偶然发现。

在撰写本章时，有 15 个国家参与 SKA 的设计和建设，包括澳大利亚、加拿大、中国、法国、德国、印度、意大利、日本、荷兰、葡萄牙、南非、西班牙、瑞典、瑞士和英国。在该项目第一阶段，这些国家将合作共建两台望远镜。之所以建造两台独立仪器，是因为 SKA 若要实现其科学目标，需对兆赫兹（MHz）至吉赫兹（GHz）频段范围内的射电波进行测量；而高效测量射电频谱不同部分的信号，需要运用不同的技术手段。

虽然政治和经济因素总是影响新科学设施的选址，但在天文学领域，这一决策的一个关键因素也受到当地观测环境适宜性的影响。对于 SKA 频率的射电天文学来说，主要的环境因素是射频干扰（RFI）的密度。RFI 是人造电子设备的副产品，因此，在世界上大多数地区它的干扰程度与当地人口密度强烈相关。对于 SKA 来说，最理想的望远镜位置被确定为澳大利亚西部偏远地区，距离珀斯（Perth）约 800km，这里是瓦亚力・亚玛基（Wajarri Yamaji）人的祖居之地；另一个是南非北部开普省的卡鲁（Karoo）地区，当地政府设立了一片广袤的无线电静默天文保护区。

第一台 SKA 望远镜将在低射电频率（50～350MHz）区间工作，在这一频段内，射电信号的波长为数米。该频段接收器的首选技术是基于偶极天线排列成被称为“站”的群组，并通过电子相位调制以在天空中创建可定向的接收模式。在 SKA 的第一阶段建立 SKA-LOW 望远镜，其由 130000 个偶极天线组成，分为 512 个站，每个站直径为 65m。SKA-LOW 望远镜将位于西澳大利亚，其设计初衷主要是用于研究宇宙的再电离纪元，见图 11.1。

图 11.1　SKA-LOW 望远镜的设计示意图像（融合了西澳大利亚现有的原型站和艺术家对未来 SKA-LOW 站的想象）

图片来源：SKAO

第二台 SKA 望远镜将在中频射频带（350MHz～1.7GHz）区间运行，在此频段，射电信号的波长大约为几十厘米到 1m。SKA-MID 仪器所采用的技术，更接近大众对射电望远镜的普遍认知，它运用碟形天线来接收传来的射电信号。这台望远镜的选址为南非，待其建成后，将由197 个单独的射电碟组成，这些射电碟之间的距离最多约为 200km，见图 11.2。

图 11.2 SKA-MID 望远镜的设计示意图像（将现有前体 MeerKAT 望远镜碟形物与艺术家对未来 SKA 碟形物的印象融合在一起）

图片来源：SKAO

为了生成天空图像，两台望远镜都将采用一种称为射电干涉测量的技术，更专业准确地讲，是地球旋转口径合成技术。该技术利用来自碟形天线或天线组所接收的信号，来合成出等效于阵列中最大分离距离的口径。这一技术突破了建造超大型单碟望远镜所面临的物理局限。通过这种方式，射电望远镜的分辨率由能够在口径上容纳的波长数量所决定，它现在变得极其灵活，并可以根据阵列设计研究的特定科学目标进行定制。

SKA-MID 各单碟收集的信号和 SKA-LOW 天线站接收的信号，均需经长距离传输，分别抵达位于珀斯与开普敦的核心信号处理设施，以便开展高效的初步分析工作。在这一信号链上，每台望远镜的数据传输速率预计将达到约 10Tbit/s。在初步分析处理之后，信号将被传输到另一个被称为科学数据处理器的处理设施，以进行校准和图像形成工作。

同时，时域信号也将被传输、处理和校准，来完成非成像的科学目标，如脉冲星定时等。当这两台望远镜在 2027 年完全投入运行时，预计 SKA 的输出数据将达到每台望远镜每年约 300PB 的总量。

11.2 SKA 的大数据挑战：为什么需要人工智能

与许多其他领域一样，射电天文学在过去的二十年中已经被高时间分辨率数字化技术所改变。

对于射电天文学来说，这在许多特定方面深刻影响着射电望远镜的设计和建造。其中，最重要的影响在于能够通过软件完成历史上只能使用物理射频（RF）硬件执行的信号处理的工作。这使得频谱分辨率大幅提高，并可使用无线电接收器阵列（即无线电干涉仪），实现了以往因信号处理限制而难以达到的精度。可以说，现在大多数现代射电望远镜都是“软件”（数字）望远镜，这在很大程度上也得益于数字处理技术的飞速发展，如信号处理链不同阶段的现场可编程硬件（FPGA）和图形处理单元（GPU）。

这些进步给射电天文学带来了灵敏度的提高，但也增加了运行的负担：标准天文数据集的数据量显著增加。20 年前，超大阵列（VLA）望远镜的典型数据集的数据量约为千兆字节；如今，来自升级后的 Jansky VLA（JVLA）、MeerKAT 或 LOFAR 望远镜的数据集的数据量达到了 TB 级；当 SKA 望远镜在 21 世纪第 1 个十年晚些时候开始正式运行时，它将产生 PB 级的单个数据集。

正如在许多其他科学领域一样，天文学家正在学习适应这种大数据的新常态。特别是，对于 SKA，正在构建一个由全球各区域数据中心组成的网络体系，以提供计算和存储，从而支持天文学家可以远程访问他们的数据并将其处理为最终的科学结果。国家或区域范围内的此类干预措施对于及时从望远镜中提取科学价值以及允许科学界尽可能广泛地参与至关重要。然而，除了这种分析的特定计算要求外，还需要分析方法的范式转变。这一转变不仅源于数据规模的爆发式增长，更是数据灵敏度显著提升带来的必然要求。历史上的无线电调查在天空中每平方度探测到数十到数百个天文物体，SKA 及其前代仪器将在同等面积内探测到数千到数十万个来源。因此，SKA 面临的大数据挑战不仅仅是处理数据量本身，还包括处理数据中包含的天文信息。

现代天体物理学的众多研究都依赖于种群分析来约束物理模型，因此，从 SKA 数据集中提取这些不同的种群对于实现许多科学目标至关重要。此外，考虑到与 SKA 数据产品相关的数据量，人工智能无疑将在这些信号群识别过程中发挥关键作用；然而，这种分析依赖于对内在和观测（即仪器选择）产生的偏差和不确定效果。因此，当天文学家在将不同的人工智能技术应用于实验时，必须充分考量这些技术的潜在偏差和可靠性。

11.3 用于射电天文学图像分析的人工智能

与诸多运行基于光子成像系统的天文学分支不同，射电天文学依赖于无线电波的经典集合。因此，射电望远镜并不能原生地恢复天空图像，而是对射电天空亮度分布中，作为时间、频率和角度尺度函数的固有功率分布进行测量。从这些数据形成图像需要额外的信号处理，该信号处理通常依赖于空间傅里叶逆变换。尽管计算成本高昂，但对于使用无线电数据的天体物理学的许多分支来说，这种图像形成过程是数据处理框架的标准和必要组成部分，并使得高能物理过程实现可视化，否则人是看不见的。

射电天文学界对将人工智能用于成像过程本身越来越感兴趣（参见文献 [3]、[4]）。用于从离散和固有欠采样的无线电测量中重建图像的优化方法与用于训练深度学习模型的方法具有天然的协同作用，最近对 SKA 先驱望远镜无线电数据的应用显示，深度神经网络方法在可扩展性和性能方面都取得了很好的结果[5]。与成像过程相关的是使用卷积自动编码器对无线电图像进行去噪，以恢复对天体物理结构识别和量化的改进约束，特别是对于追踪大规模结构的宇宙网的微弱散射无线电发射（例如，文献[6]、[7]）。

一旦无线电图像形成，对其内容的科学调查就使用了许多相同的信号处理技术，这些技术在物理科学和计算机视觉应用中得到了更广泛的应用。随着射电望远镜图像数量的增加，以及这些图像中结构的多样性，人工智能越来越多地被用来及时提取和分析这些信息。该领域的关键应用包括一系列天体物理系统类型的物体检测和形态分类的深度学习方法。然而，天文学中的形态学分类在许多情况下植根于现象学，而不是对天体物理系统的先验物理理解。这当然是天文学性质的结果，也许是天文学的唯一完全基于物理推断的分支：天文学家无法直接操控引发特定天体物理现象的基本参数，只能通过对复杂且难以预测的系统进行观测，进而推断这些参数的性质与数值。简单地说，对于分类来说，这意味着天文学中的目标标签不一定与真正离散、可分离的群体一致，而是代表了由连续物理过程支撑的形态谱上的有用路径点。此外，通过眼睛标记历史的主观性质在如何定义这些路径点方面引入了额外的偏差。也许部分是由于这些原因，再加上数据收集和标记中的内在和观测选择效应，射电天文学中多类别分类的监督学习方法现在伴随着各种各样的无监督和自监督方法，旨在重新评估我们对天体物理系统的分组方式，从这些新的集合中提供更深入的物理理解，并识别新的或不寻常的物体类型（例如，文献[8]、[9]）。

在射电天文学中使用人工智能进行基于图像分类的一个典型例子是射电星系。射电星系是一种活跃星系，其特征是存在由吸积到中心超大质量黑洞上的大型喷流或外流。这些主要是等离子体，其被压缩磁场加速，产生在无线电波段可见的强同步辐射。在 20 世纪 50 年代发现其后不久，人们发现这些同步辐射源与一些质量最大的光学星系有关，这些星系是中心黑洞的宿主。此外，这些星系的光学性质表明，相当一部分星系受到干扰或正在合并，这使得射电天文学家认为，这些事件的动力学在某种程度上触发了导致大规模射电发射的活动。如今，可以探测和成像大量的射电星系，这尤其要归功于 1974 年诺贝尔物理学奖的成果——绕地旋转合成孔径成像技术的发明，该技术使射电天文学能够克服使用单个天线进行长波长观测时固有的分辨率限制。因此，种群研究表明，射电星系可以分为各种亚类，在过去的 60 年里，这种分类已经演变为包含来自其他频带（光学、红外、X 射线、伽马射线等）以及从多代先进射电天文台的发展中获取的更详细的形态信息。

在射电星系的形态分类方案中，最广泛采用和应用的分类方案之一是 Fanaroff-Riley（FR）分类[10]。尽管这一方案早在 40 多年前就被提出，但它却仅仅是存在于射电天文学文献中。在这个分类方案中看到的形态划分在历史上主要被解释为喷射动力学所造成的不同结果。Fanaroff-Riley Ⅰ（FR Ⅰ）型射电星系的喷射流在距离中央超大质量黑洞较近的地方被破坏，因此中央区域明亮。而 Fanaroff-Riley Ⅱ（FR Ⅱ）型射电星系的喷射流在较远的距离仍然保持相对论速度，导致出现明亮的终止冲击区域，详见图 11.3。

FR 分类方案突出的结构差异可能与射流中的内在功率有关，但也可能受到来自独立星系附近环境特征的影响，特别是星系周围星际介质的密度。然而，由于各种原因，仅使用综合电磁波特性来解密这些内在和环境影响的后果是困难的[11]。因此，射电星系形态仍然是至关重要的，它有助于我们更全面地了解射电星系群体的全面形态多样性，从而构建出基于 FR 二分法的物理图像。将各种影响因素分离开来，并明确它们对射电星系不同特性所产生的作用，不仅对于更宏观地理解射电星系本身的物理和星系演化至关重要，同时还对于天文学和宇宙学的其他领域都至关重要，这些领域需要在宇宙学距离上使用射电星系作为更为广泛的宇宙探测器。尽管射电星系形态分类这一领域持续取得进步，但要想更深入地理解相关问题，期望借助新一代射电测量技术，如 SKA，来提升分辨率、灵敏度以及动态范围，这些技术上的提升将在最终阐释上述问题的过程中起到关键作用。然而，考虑将有极大量射电星系需要 SKA 探测以及以前的仪器的情况，将不可能再采用之前那种重度依赖对个别星系进行目测分类的方法来分离 FR Ⅰ和 FR Ⅱ型群体。因此，射电天文学社区正在应用基于图像的深度学习方法自动化处理越来越多的工作，也包括曾经相对常规的射电星系分类任务。

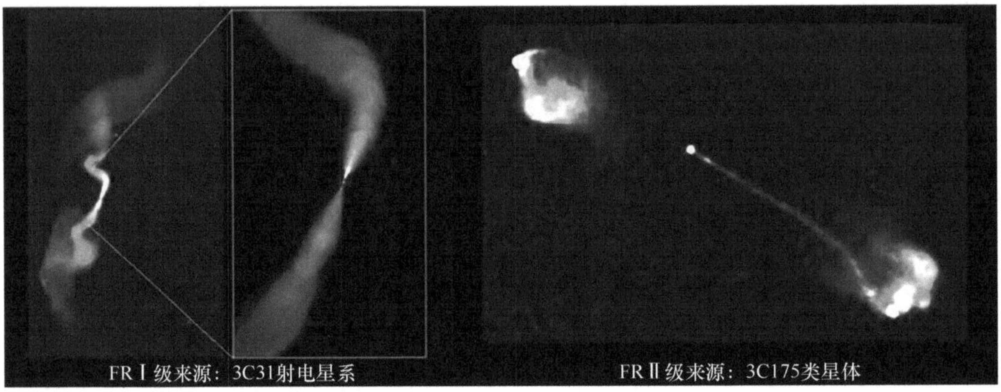

图 11.3　无线电星系 3C31 和 3C175 显示了 FR Ⅰ型和 FR Ⅱ型分类在形态上的差异
图片来源：这些图像使用了国家射电天文台（NRAO）超大阵列望远镜获得的数据，并经艾伦布里德尔图片库许可复制

这个领域的基础工作是由 Aniyan 和 Thorat[12] 完成的，他们首次使用 CNN 来对 FR Ⅰ型和 FR Ⅱ型的射电星系进行分类。随后很快就有其他涉及深度学习在源分类中应用的研究。例如，Lukic 等 [13] 使用 CNN 对 Radio Galaxy Zoo 目录 [14] 中的紧凑型和扩展型射电源进行分类，CLARAN[15] 模型使用 Faster R-CNN 网络来识别和分类射电源；Alger 等 [16] 则使用包括 CNN 在内的多个分类器来执行宿主（光学）星系的交叉识别。Tang 等 [17] 利用 CNN 进行交叉调查分类的迁移学习。胶囊网络曾被探讨作为 CNN 的替代方案，但与传统的 CNN 相比并没有找到明显的优势 [18]。与许多其他领域一样，Transformer 也被引入射电天文学的分类中，Bowles 等 [19] 的研究表明，一个具有注意力机制的 CNN 可以用来做射电星系的 FR 分类，其性能与文献中的其他模型相当，但使用的可学习参数比该领域中第二小的传统 CNN 少约 50%。最近，Scaife 和 Porter[20] 的研究表明，使用保持欧几里得群的旋转和反射等变换同构性的卷积层，可以改善射电星系在不同方向上的整体模型性能和模型置信度的稳定性，Bastien 等 [21] 使用结构化变分推断生成了 FR 射电星系的合成群体。

11.4　射电天文学时间域分析中的人工智能

尽管天文学通常被认为是一门以直观视觉为特点的研究领域，但射电数据的性质使其频谱和时间特性在理解高能宇宙中发生的极端物理现象方面同等重要。在射电波段显示时频行为的动态谱图构成许多研究领域的重要部分：从了解太阳和太阳系内其他行星的磁层活动，到利用最近发现的神秘快速射电暴（其持续时间极短，约为毫秒级），这些信号频率高度分散，其起源尚未被完全了解，用于研究更广泛的宇宙学研究。

从信号处理的角度来看，处理这些动态谱的关键环节是消除人造信号，即 RFI。这些信号的来源广泛，既有来自地面设施的，也有源于卫星等星基设备的。因此，在数字时代的现代射电天文学中，它们是不可避免的现实情况。其实，从射电数据集中清除或分离此类 RFI，并非仅仅是射电天文学领域所面临的问题；对于其他一些行业来说，这同样至关重要。特别是那些依赖雷达系统运行的行业，也需要应对此类RFI的挑战。然而，由于天文射电信号相对非常微弱[22]，这就使得在射电天文学领域中，有效处理射频干扰问题显得尤为紧迫和关键。

因此，使用基于人工智能的方法来消除和减少 RFI 具有重要意义。与用于 RFI 消除的其他更标准的统计分析技术相比，深度学习方法，尤其是使用 U-net 架构的深度学习方法，已被证明取得了一些成功，尽管在某些应用和数据集上有所差异（例如，文献 [23]、[24]）。最近，这些方法还被应用于处理被认为是外星生命迹象的射电技术数据的 RFI 污染[25]。RFI 目前是检测射电技术标志的最重要挑战，世界各地的多个天文台正在积极开展对 RFI 的识别技术研究，这也是 SKA 科学研究的一部分。

在试图分离时间域中的天文信息与人造污染信号时，存在一种普通情况，真正的天体物理信号与 RFI 之间存在着高度类别不平衡，真实信号的典型发生率远远小于 0.1%。因此，尽管文献中报道了许多这种信号分离的工作，但真实天文信号相对罕见，使用一对多分类或异常检测方法更适合解决这类异常值检测问题。

脉冲星是快速旋转的中子星，它可以发出周期为毫秒至秒级的极其精确定时的重复射电脉冲。这些天体是通过质量大于 8 倍太阳质量的大质量恒星死亡而形成的，这些恒星的坍缩质量不足以发生完整的引力坍缩并形成黑洞，但因其质量足够大，坍缩会导致其电子与质子结合形成中子，且这一过程会一直持续，直至中子的退化压力足够高，以阻止进一步的引力坍缩。在这种情况下，这些恒星几乎完全由中子组成，压缩成直径约 20km 的球体[26]。

寻找和观测脉冲星是 SKA 的核心科学目标，它计划对宇宙中脉冲星群体进行普查，以解释现代物理学中的一些核心问题。脉冲星的天生质量特性使其成为强场引力的独特实验室，这是在地球上无法复现的环境。事实上，正是这些极端的物理条件使脉冲星天文学家首次获得了爱因斯坦的广义相对论理论预测的关于引力波存在的观测证据，这一发现被授予了 1993 年的诺贝尔物理学奖。SKA 要回答的一个重要科学问题是，在一项大型试验中，借助数千颗具有毫秒级自旋周期的脉冲星所发出的射电脉冲，来映射引力波通过银河系时的传播，这种传播会导致这些脉冲到达时间的规律性发生扰动[27]。这将开启一个新的引力波机制，不同于地球上的 LIGO 实验可检测的区域（例如，文献 [28]）。但是，为了进行这样的实验，SKA 首先必须将数千颗以前未知脉冲星的周期性信号与其他污染数据分离，尤其是排除人造射频干扰。

与主要通过 SKA 天文台提供的离线数据产品的后期处理来解决的射电星系分类问题不同，时间域观测数据的输出量非常庞大，以至于在当前硬件和成本限制下，持久性存储解决方案立马变得不可能。这对于搜寻脉冲星来说成为一个巨大的问题，因为迄今为止，大多数新脉冲星都是通过对已存档数据进行离线重新处理发现的，有时甚至是在首次观测数年以后。因此，从SKA数据中识别脉冲星的软实时约束代表了射电天文学界方法的重大变革，也正因为此，在过去几年中，开发出能够解决这一问题的分类算法已成为一个备受关注的课题。

2010年，Eatough等使用多层感知方法完成的模型是首次将人工智能应用于脉冲星研究的模型。这项工作的初期进展是从时间域数据中提取了12个数值特征，从那之后，这种特征工程在脉冲星分类中的应用已成为后续工作中一个反复出现的主题（例如，文献[29]、[30]）。Lyon等[31,32]采用了信息论而不是物理方法进行特征工程研究，也实现了基于高斯-赫林格极快决策树（GH-VFDT）的脉冲星候选快速分类。这种方法也是一种增量式流分类器，直接设计用于实现SKA的准实时要求以及数据分布中的时间相关变化，如图11.4所示。与脉冲星识别问题相比，基于流的方法被证明优于基于批处理的静态分类器，Tan等[33]也对该方法进行了进一步改进。

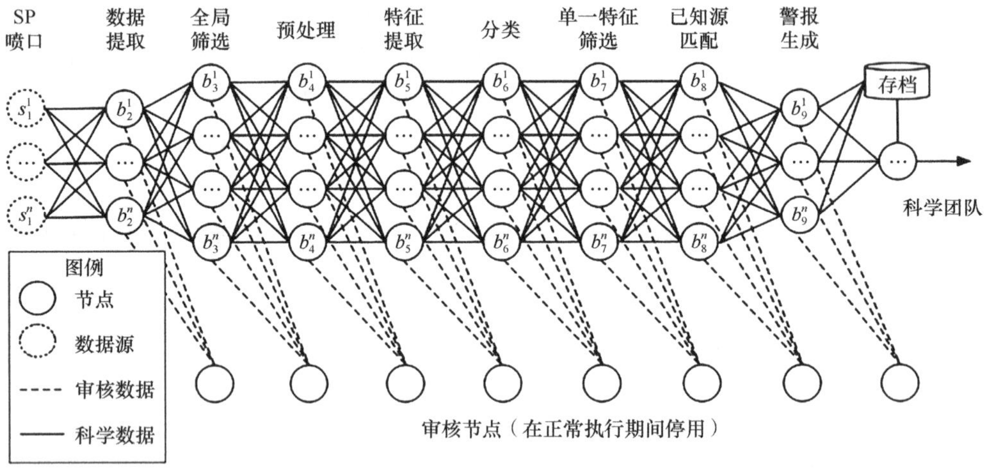

图11.4　文献[31]中利用Apache Storm框架[34]的增量流脉冲星分类器的数据处理器拓扑结构

脉冲星分类中的类别不平衡问题仍然是该领域的关键要点，同样重要的是RFI在短时和长时尺度上的变化导致的先验概率偏移。Yao等[35]通过使用加权损失函数的集成分类器解决了脉冲星和非脉冲星之间的类别不平衡问题，Bethapudi和Desai[36]探讨了少数类过采样方法，Agarwal等[22]证明了使用合成孔径天文数据生成平衡的训练集在真实数据测试时是有效的。最近，Kordzanganeh等[37]展示了使用单量子位量子神经网络将脉冲星分类问题映射到布洛克（Bloch）球上的良好效果。

11.5　SKA的AI挑战

将人工智能，特别是深度学习应用于射电天文学带来了许多挑战。SKA的数据量和数据速率本身在技术上可能令人生畏，这也许将会是人工智能辅助SKA操作实施时面临的最大挑战。这个领域的一个关键因素是标记数据的缺乏——具有讽刺意味的是，尽管我们有太多的数据，但仍不足够。例如，虽然用于训练射电星系分类器的档案数据集与许多计算机视觉中使用的基准数据集（如CIFAR、MNIST）大小相当，有大约10^5个样本可用，但这些射电星系数据集中标签的稀疏性是一个根本性的不同，因为只有一小部分数据点被标记。这主要是由于标记所需的领域知识，与典型的基准数据集相比，每个标签的成本要高得多。

这在射电天文学中尤其令人担忧，因为数据本身是具有仪器、观测和内在效应的选择偏差性的，特别是通量密度（亮度）和红移（距离）范围数据。这使得我们难以知道标记或未标记数据对结果真实性的影响如何，因此，多个数据集偏移对模型性能的复合效应并不总是事先清楚的。

因此，使用这些数据训练模型的泛化性能是值得质疑的 [38]，并且直接转移学习的可能性也可能受到限制 [17]。在天文学领域，运用机器学习辅助研究的典型例子是，使用高斯过程建模来增强光度分类训练数据 [39]，以及在星系合并分类中探索领域适应技术 [40]，使训练数据更接近测试数据。然而，在这两种情况下，解决方案都是解决标记和测试数据之间的协变量偏移，尚未解决更一般或复合形式的数据集偏移。

对于监督深度学习的应用场景而言，标记数据的缺乏常常使得扩充数据集成为必要之举。然而，这种做法在贝叶斯深度学习的应用中存在隐患。有研究者提出，无原则的数据扩充可能导致误规范，这可能是冷后验效应被广泛观察到的一个重要因素 [41]。其中，证据下界目标（ELBO）函数中的贝叶斯复杂度项需要降低相对权重，以实现最佳性能。在射电天文学中，特别是在射电星系分类中，通过深度学习辅助广泛观察到了冷后验效应 [42,43]；然而，与其说数据扩充是贡献发展的主要因素，不如说在训练数据中使用平均或共识标记的贡献更大。目前，射电天文学（以及更广泛的天文学）中的许多训练数据集的标签是从现存档案目录中获取的，其中没有单个标记信息可用，这表明在制作数据目录的方式上需要进行改变。

标记数据的缺乏还表明，目前无监督或半监督学习方法可能是更有效地利用射电天文学可用信息的方式。尽管许多半监督学习算法在低数据（约 [10,1000] 个数据点）的基准数据集上是成功的。

然而，目前针对评估标记缺失对建模仿真的鲁棒性影响的研究仍较为稀少。在半监督学习实现中，当标记和未标记数据都来自相同的生成分布时，这被证明在小标记数据集的脉冲星分类中提高了性能 [44]。但早期应用于射电星系分类的尝试表明，当使用真正的未标记数据时，标记和未标记数据池之间的数据集偏移是有问题的，并且半监督学习的有效性可能在没有现有方法适应的情况下受到限制 [45,46]。

另一个挑战是数据集中的人造数据、误分类的对象和射电天文学数据集中因定义方式不同引起的歧义。在机器学习领域的相关文献中，对于与模型输出相关的不确定性的低估和校准不足，以及与主要数据质量边缘的数据样本所带来的问题，已经非常普遍并得到了一定的研究 [47]。研究表明，标准神经网络会以任意高的精度将分布外的数据点错误分类 [48]。尽管采用人工智能方法来解决这些问题无疑是射电天文学长期需要进行的工作，但在这个领域的特定领域文献仍然很少。这可能会有些令人吃惊，因为在射电天文学和宇宙学分析中是广泛强调统计推断的，而且天文学界对早期贝叶斯深度学习的发展也有贡献（例如，文献 [49]）。此外，正确处理分布外样本可能是确保新天文观测任务的关键，这个任务就是发现。

参考文献

[1] L. Koopmans, J. Pritchard, G. Mellema et al. (2015). The cosmic Dawn and Epoch of reionisation with SKA. In

Advancing Astrophysics with the Square Kilometre Array (AASKA14), p. 1. https://doi.org/10.22323/1.215.0001, arXiv:1505.07568 [astro-ph.CO].

[2] E. Keane, B. Bhattacharyya, M. Kramer et al. (2015). A cosmic census of radio pulsars with the SKA. In Advancing Astrophysics with the Square Kilometre Array (AASKA14), p. 40, arXiv:1501.00056 [astro-ph.IM].

[3] L. Connor, K. L. Bouman, V. Ravi, and G. Hallinan (2022). Deep radio interferometric imaging with POLISH: DSA-2000 and weak lensing. Monthly Notices of the Royal Astronomical Society, 514(2), 2614–2626. Radio Astronomy and the Square Kilometre Array 199.

[4] H. Sun and K. L. Bouman (2020). Deep probabilistic imaging: Uncertainty quantification and multi-modal solution characterization for computational imaging. arXiv:2010.14462arXiv:2010.14462 [cs.LG].

[5] Y. Wiaux, F. Vazza, and A. Bonafede (2021). Radio-interferometric imaging with learned denoisers (airi). Monthly Notices of the Royal Astronomical Society, 480, 3749–3761. https://doi.org/10.1093/mnras/sty2102.

[6] C. Gheller and F. Vazza (2021). Convolutional deep denoising autoencoders for radio astronomical images. Monthly Notices of the Royal Astronomical Society, 509, 990–1009. https://doi.org/10.1093/mnras/stab3044.

[7] C. Gheller, F. Vazza, and A. Bonafede (2018). Deep learning based detection of cosmological diffuse radio sources. Monthly Notices of the Royal Astronomical Society, 480, 3749–3761. https://doi.org/10.1093/mnras/sty2102.

[8] R. I. J. Mostert, K. J. Duncan, H. J. A. Röttgering et al. (2020). Unveiling the rarest morphologies of the lofar two-metre sky survey radio source population with self-organised maps. https://doi.org/10.1051/0004-6361/202038500.

[9] K. Ntwaetsile and J. E. Geach (2021). Rapid sorting of radio galaxy morphology using haralick features. Monthly Notices of the Royal Astronomical Society, 502, 3417–3425. https://doi.org/10.1093/mnras/stab271.

[10] B. L. Fanaroff and J. M. Riley (1974). The morphology of extragalactic radio sources of high and low luminosity. Monthly Notices of the Royal Astronomical Society, 167, 31P–36P. https://doi.org/10.1093/mnras/167.1.31P.

[11] M. J. Hardcastle and J. H. Croston (2020). Radio galaxies and feedback from AGN jets. New Astronomy Reviews, 88, 101539. https://doi.org/10.1016/j.newar.2020.101539, arXiv:2003.06137 [astro-ph.HE].

[12] A. K. Aniyan and K. Thorat (2017). Classifying radio galaxies with the convolutional neural network. The Astrophysical Journal Supplement, 230(2), 20. https://doi.org/10.3847/1538-4365/aa7333, arXiv:1705.03413 [astro-ph.IM].

[13] V. Lukic, M. Brüggen, J. K. Banfield et al. (2018). Radio Galaxy Zoo: Compact and extended radio source classification with deep learning. Monthly Notices of the Royal Astronomical Society, 476(1), 246–260. https://doi.org/10.1093/mnras/sty163, arXiv:1801.04861 [astro-ph.IM].200 Artificial Intelligence for Science: A Deep Learning Revolution.

[14] J. K. Banfield, O. I. Wong, K. W. Willett et al. (2015). Radio Galaxy Zoo: Host galaxies and radio morphologies derived from visual inspection. Monthly Notices of the Royal Astronomical Society, 453(3), 2326–2340. https://doi.org/10.1093/mnras/stv1688, arXiv:1507.07272 [astro-ph.GA].

[15] C. Wu, O. I. Wong, L. Rudnick et al. (2019). Radio Galaxy Zoo: CLARAN — A deep learning classifier for radio morphologies. MNRAS, 482(1), 1211–1230. https://doi.org/10.1093/mnras/sty2646, arXiv:1805. 12008 [astro-ph.IM].

[16] M. J. Alger, J. K. Banfield, C. S. Ong et al. (2018). Radio Galaxy Zoo: Machine learning for radio source host galaxy cross-identification. Monthly Notices of the Royal Astronomical Society, 478(4), 5547–5563. https://academic.oup.com/mnras/article-pdf/478/4/5547/25204505/sty1308.pdf, https://doi.org/10.1093/mnras/sty1308.198 Artificial Intelligence for Science: A Deep Learning Revolution.

[17] H. Tang, A. M. M. Scaife, and J. P. Leahy (2019). Transfer learning for radio galaxy classification. Monthly Notices of the Royal Astronomical Society, 488(3), 3358–3375. https://doi.org/10.1093/mnras/stz1883, arXiv:1903.11921 [astro-ph.IM].

[18] V. Lukic, M. Brüggen, B. Mingo et al. (2019). Morphological classification of radio galaxies: capsule networks versus convolutional neural networks. Monthly Notices of the Royal Astronomical Society. https://doi.org/10.1093/mnras/stz1289.

[19] M. Bowles, A. M. Scaife, F. Porter et al. (2021). Attention-gating for improved radio galaxy classification. Monthly Notices of the Royal Astronomical Society, 501(3), 4579–4595.

[20] A. M. M. Scaife and F. Porter (2021). Fanaroff-Riley classification of radio galaxies using group-equivariant convolutional neural networks. Monthly Notices of the Royal Astronomical Society, 503(2), 2369–2379. https://doi.org/10.1093/mnras/stab530, arXiv:2102.08252 [astro-ph.IM].

[21] D. J. Bastien, A. M. M. Scaife, H. Tang et al. (2021). Structured variational inference for simulating populations of radio galaxies. Monthly Notices of the Royal Astronomical Society, 503(3), 3351–3370. https://doi.org/10.1093/mnras/stab588, arXiv:2102.01007 [astro-ph.IM].

[22] D. Agarwal, K. Aggarwal, S. Burke-Spolaor et al. (2020). FETCH: A deep learning based classifier for fast transient classification. Monthly Notices of the Royal Astronomical Society, 497(2), 1661–1674. https://doi.org/10. 1093/mnras/staa1856, arXiv:1902.06343 [astro-ph.IM].

[23] M. Long, Z. Yang, J. Xiao et al. (2019). U-NetIM: An improved U-net for automatic recognition of RFIs. In P. J. Teuben, M. W. Pound, B. A. Thomas and E. M. Warner (eds.), Astronomical Data Analysis Software and Systems XXVII, Astronomical Society of the Pacific Conference Series, Vol. 523, p. 123.

[24] A. Vafaei Sadr, B. A. Bassett, N. Oozeer et al. (2020). Deep learning improves identification of Radio Frequency Interference. Monthly Notices of the Royal Astronomical Society, 499(1), 379–390. https://doi.org/10.1093/mnras/staa2724.

[25] P. Pinchuk and J-L. Margot (2021). A machine-learning-based direction-of origin filter for the identification of radio frequency interference in the search for techno signatures. arXiv e-prints, arXiv:2108.00559 [astro-ph.IM]. Radio Astronomy and the Square Kilometre Array 201.

[26] A. Lyne and F. Graham-Smith (2012). Pulsar Astronomy. Cambridge University Press, Cambridge, UK.

[27] G. Janssen, G. Hobbs, M. McLaughlin et al. (2015). Gravitational wave astronomy with the SKA. In Advancing Astrophysics with the Square Kilometre Array (AASKA14), p. 37, arXiv:1501.00127 [astro-ph.IM].

[28] B. P. Abbott and the LIGO Consortium (2016). Observation of gravitational waves from a binary black hole merger. Physical Review Letter, 116, 061102. https://link.aps.org/doi/10.1103/PhysRevLett.116.061102.

[29] S. D. Bates, M. Bailes, B. R. Barsdell et al. (2012). The High Time Resolution Universe Pulsar Survey-Ⅵ. An artificial neural network and timing of 75 pulsars. Monthly Notices of the Royal Astronomical Society, 427(2), 1052–1065. https://doi.org/10.1111/j.1365-2966.2012.22042.x, arXiv:1209.0793 [astro-ph.SR].

[30] V. Morello, E. D. Barr, M. Bailes et al. (2014). SPINN: A straightfor ward machine learning solution to the pulsar candidate selection problem. Monthly Notices of the Royal Astronomical Society, 443(2), 1651–1662. https://doi.org/10.1093/mnras/stu1188, arXiv:1406.3627 [astro-ph.IM].

[31] R. J. Lyon, B. W. Stappers, L. Levin et al. (2019). A processing pipeline for high volume pulsar candidate data streams. Astronomy and Computing, 28, 100291. https://doi.org/10.1016/j.ascom.2019.100291, https://www.sciencedirect.com/science/article/pii/S2213133718301343.

[32] R. J. Lyon, B. W. Stappers, S. Cooper et al. (2016). Fifty years of pulsar candidate selection: From simple filters to a new principled real-time classification approach. Monthly Notices of the Royal Astronomical Society, 459, 1104. https://doi.org/10.1093/mnras/stw656, arXiv:1603.05166 [astro-ph.IM].

[33] C. M. Tan, R. J. Lyon, B. W. Stappers et al. (2017). Ensemble candidate classification for the LOTAAS pulsar survey. Monthly Notices of the Royal Astronomical Society, 474(4), 4571–4583. https://doi.org/10.1093/mnras/stx3047.

[34] A. Jain and A. Nalya (2014). Learning Storm. Packt Publishing, Birmingham, UK.

[35] Y. Yao, X. Xin, and P. Guo (2016). Pulsar candidate selection by assembling positive sample emphasized classifiers. In 2016 12th International Conference on Computational Intelligence and Security (CIS), pp. 120–124. https://doi.

org/10.1109/CIS.2016.0036.

[36] S. Bethapudi and S. Desai (2018). Separation of pulsar signals from noise using supervised machine learning algorithms. Astronomy and Computing, 23, 15–26. https://doi.org/10.1016/j.ascom.2018.02.002, arXiv:1704.04659 [astro-ph.IM].

[37] M. Kordzanganeh, A. Utting, and A. Scaife (2021). Quantum machine learning for radio astronomy. In Machine Learning and the Physical Sciences — Workshop at the 35th Conference on Neural Information Processing Systems (NeurIPS). http://arxiv.org/abs/2112.02655.

[38] B. Becker, M. Vaccari, M. Prescott et al. (2021). CNN architecture comparison for radio galaxy classification. Monthly Notices of the Royal Astronomical Society, 503(2), 1828–1846. https://doi.org/10.1093/mnras/stab325, arXiv:2102.03780 [astro-ph.GA].

[39] K. Boone (2019). Avocado: Photometric classification of astronomi cal transients with Gaussian process augmentation. The Astronomical Journal, 158(6), 257. https://doi.org/10.3847/1538-3881/AB5182, https://iopscience.iop.org/article/10.3847/1538-3881/ab5182.

[40] A. Ćiprijanović, D. Kafkes, S. Jenkins et al. (2020). Domain adaptation techniques for improved cross-domain study of galaxy mergers. In Machine Learning and the Physical Sciences — Workshop at the 34th Conference on Neural Information Processing Systems (NeurIPS). http://arxiv.org/abs/2011.03591.

[41] F. Wenzel, K. Roth, B. Veeling et al. (2020). How good is the Bayes posterior in deep neural networks really? In H. D. III and A. Singh (eds.), Proceedings of the 37th International Conference on Machine Learning, Proceedings of Machine Learning Research, Vol. 119 (PMLR), pp. 10248–10259. https://proceedings.mlr.press/v119/wenzel20a.html.

[42] D. Mohan and A. Scaife (2021). Weight pruning and uncertainty in radio galaxy classification. In Machine Learning and the Physical Sciences — Workshop at the 35th Conference on Neural Information Processing Systems (NeurIPS). http://arxiv.org/abs/2111.11654.

[43] D. Mohan, A. M. M. Scaife, F. Porter et al. (2022). Quantifying uncertainty in deep learning approaches to radio galaxy classification. Monthly Notices of the Royal Astronomical Society, 511(3), 3722–3740. https://doi.org/10.1093/mnras/stac223, arXiv:2201.01203 [astro-ph.CO].

[44] V. Balakrishnan, D. Champion, E. Barr et al. (2021). Pulsar candidate identification using semi-supervised generative adversarial networks. Monthly Notices of the Royal Astronomical Society, 505(1), 1180–1194. https://doi. org/10.1093/mnras/stab1308.

[45] I. V. Slijepcevic and A. M. M. Scaife (2021). Can semi-supervised learning reduce the amount of manual labelling required for effective radio galaxy morphology classification? In Machine Learning and the Physical Sciences — Workshop at the 35th Conference on Neural Information Processing Systems (NeurIPS). http://arxiv.org/abs/2111.04357.

[46] I. V. Slijepcevic, A. M. M. Scaife, M. Walmsley et al. (2022). Radio Galaxy Zoo: Using semi-supervised learning to leverage large unlabelled data-sets for radio galaxy classification under data-set shift. Monthly Notices of the Royal Astronomical Society. https://doi.org/10.1093/mnras/stac1135.

[47] C. Guo, G. Pleiss, Y. Sun et al. (2017). On calibration of modern neural networks. In International Conference on Machine Learning (PMLR), pp. 1321–1330.

[48] M. Hein, M. Andriushchenko, and J. Bitterwolf (2018). Why relu networks yield high-confidence predictions far away from the training data and how to mitigate the problem. CoRR, abs/1812.05720. 1812.05720, http://arxiv. org/abs/1812.05720.

[49] D. MacKay (1992). Bayesian model comparison and backprop nets. In J. Moody, S. Hanson and R. P. Lippmann (eds.), Advances in Neural Information Processing Systems, Vol. 4 (Morgan-Kaufmann). https://proceedings. neurips.cc/paper/1991/file/c3c59e5f8b3e9753913f4d435b53c308-Paper.pdf.

第12章 天文学中的人工智能：机器学习的崛起

Andrew Connolly，华盛顿大学天文系。E-mail：ajc@astro.washington.edu

12.1 引言

2024年夏，经过十年的建设，薇拉·鲁宾天文台将开始投入使用，并扫视智利北部上空的天空。这座天文台配备了一个32亿像素的相机（图12.1），鲁宾天文台拍摄的每幅图像将覆盖约10平方度的天区，这样每三个夜晚鲁宾天文台就能勘测半个天空。每晚，鲁宾天文台将生成1000万条警示信息，用于追踪任何出现的、亮度变化的或在天空中移动的天体。每年，鲁宾天文台累积的所有数据将被重新处理，以生成更深入的图像和更完善的天体目录。在其为期十年的调查（即大型综合天体物理光谱巡天，简称LSST）结束时，预计鲁宾天文台将检测到370亿颗恒星和星系，并且每个天体将有大约1000次独立检测记录（这是一系列从紫外线到近红外的观测时间序列）。鲁宾天文台收集的所有数据将向天文学界和公众完全开放。

图12.1 鲁宾天文台LSST相机的焦平面

该相机由189个传感器组成，总共拥有32亿像素。相机拍摄的每幅图像可在2s内读出，并与鲁宾望远镜配合，可覆盖大约10平方度的天空区域

图片来源：杰奎琳·奥雷尔/斯坦福线性加速器国家实验室

鲁宾天文台的建设构想最初于20世纪90年代末提出，恰逢首个数字化宇宙调查项目——斯隆数字巡天（SDSS）的启动。包括查尔斯、丽莎·西蒙尼以及比尔·盖茨在内的慈善家和基金会提供资金，用于设计鲁宾天文台核心的广角相机和8.4m镜子的技术和原型。在经过多次评审后，该项目于2014年8月1日开始建设，资金来源包括国家科学基金会和美国能源部。

在过去的几十年发展过程中，计算机技术已经经历了无数次的发展迭代。Google公司成立于1998年，现在每天处理超过50亿次搜索查询。2012年，AlexNet的出现标志着深度神经网络的兴起，它在ImageNet大规模视觉识别挑战中显著提高了图像分类的性能。亚马逊在2006年8月推出了弹性计算云（EC2），如今占据了约400亿美元云计算市场的1/3份额，到2019年，Netflix（2007年首次向订阅者提供流媒体选项）每2h流式传输的数据量超过了Rubin在其十年寿命中预期总累积的数据量。

大型天文设施的设计、建造和运行需要数十年时间，在此过程中，用于开展科学研究的科技将从最初提案中考虑的概念中发生巨大变革。一个设施的运营为天文学界提供了一个机会，促使学界重新思考他们如何获取和利用数据，评估当前方法和方法论的能力，并审视社区以支持其科学研究的计算需求。本章将探讨过去十年间机器学习及其所依赖的计算资源是如何演变的，以及天文学界在实现LSST科学潜力时面临的机遇和挑战。

12.2 机器学习在天文学中的崛起

牛津英语词典对机器学习的定义——“计算机在没有明确指令的情况下，通过使用算法和统计模型分析与从数据中推断模式的能力”——与用于分析和解释大规模天文调查数据的科学方法高度一致。新的实验、调查和仪器往往推动了天文学中机器学习方法论的采纳。图12.2展

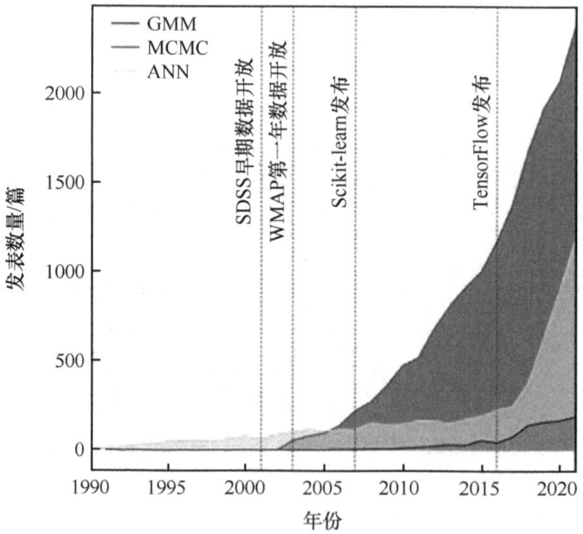

扫码见彩图

图12.2 根据SAO/NASA天体物理数据系统，提及马尔可夫链蒙特卡罗方法、人工神经网络或高斯混合模型的论文数量随年份的变化

虚线分别代表第一批SDSS早期数据的发布、威尔金森微波各向异性探测器宇宙微波背景观测的首次年度数据发布，以及开源机器学习库Scikit-learn和TensorFlow的初始发布

示了马尔可夫链蒙特卡罗（MCMC）、人工神经网络（ANN）和高斯混合模型（GMM）等技术的使用增长情况，以及它们被天文学界采用的情况。例如，MCMC 作为估算宇宙参数后验概率方法的迅速采用，恰逢威尔金森（Wilkinson）微波各向异性探测器（WMAP）数据的发布，该数据测量了宇宙微波背景温度的波动。当 TensorFlow 等软件包公开发布时，神经网络作为分类工具被采用的次数显著增加。

在 LSST 的背景下，科学研究的范围在增大，我们可以预期机器学习方法论和途径的应用也将更加广泛。LSST 的四大科学驱动力是宇宙学（理解暗能量和暗物质的本质）、银河系科学（限定银河系的构筑历史）、对内外太阳系小天体进行普查，以及描绘变化和瞬变天空。从 LSST 中涌现的科学研究显然将远远超出这些研究领域（正如 SDSS 所发现的）。鉴于本书篇幅所限，不可能对这些科学主题中的任何一个做出全面的阐述。相反，我们将聚焦于鲁宾望远镜的一个独特方面，即其监测夜空的能力，以及如何通过开启对宇宙第四维度（即时间）的探索，可能会对机器学习在时间序列数据方面的发展和进步产生影响。我们将考虑机器学习在实时发现新的天体物理现象以及在离线或批量处理历史数据上的应用，以刻画宇宙中变量源的种群特征。

尽管我们认为机器学习是推动天文学发现的动力，但机器学习技术的应用往往出现在科学工作流的末端。在数据探索和发现阶段之前，必须先具备以下条件：数据的可用性及获取工具，使天文学家能够以稳健和可复现的方式实施统计方法的软件库，可扩展到数据规模的计算资源，以及受过专业培训可执行这些复杂分析的人才。

12.3 开放数据与开放科学

统计学和机器学习工具在天文学中的广泛应用，与数据获取的极大便利化同步增长。SDSS 率先推动了开放数据的趋势，通过一系列校准图像和光谱的发布，以及从这些光谱和图像中提取的源属性目录，使得 SDSS 成为世界上发表论文使用最多的天文设施之一。截至 2019 年，使用 SDSS 数据发表的论文已超过 8000 篇，累计引用次数超过 40 万次，若以 h 指数计算，SDSS 的引用综合值可排进全球前 20 位的作者之列。

随着 LSST 等巡天项目的推进，其首年运营产生的数据量将超越 LSST 开始前积累的所有光学数据集。与 SDSS 一样，LSST 也将在巡天期间定期发布其累积数据。然而，数据的可用性仅是开放数据的第一步，也可能是最简单的部分。快速分类天文预警或瞬变事件通常需要合并多个数据集（例如，利用广域成像寻找与 LIGO 引力波信号相对应的天体，或对伽马射线暴进行光谱随访）。跨电磁谱范围的数据集联合处理可以在天体物理属性建模时消除不确定性（例如，通过结合罗曼空间望远镜的近红外数据与 LSST 的光学数据来改善光度红移距离的估计）。各大设施间的互操作性对于简化数据集的联合分析至关重要。其中一部分将通过国际虚拟天文台联盟（IVOA）等机构制定的数据格式和交换标准来实现。然而，对于稀疏采样的多波段时间序列数据的格式，目前仍处于初级阶段，尽管社区内对于如 Apache Parquet 这样的列式数据存储格式的兴趣正在增长[1]。数据池概念以及集中存储结构化与非结构化数据的实践，特别是共享基于云的基础设施的实现，将在简化天文台跨平台数据访问中发挥关键作用。实际上，鉴于鲁宾临时数据设施已部署于云端，这不仅提供了在云中存储数据的机会，还能促使天文学家转向利用云资源的工作框架，包括计算资源的弹性和可扩展机器学习框架（例如，SageMaker 和 AutoML）的可用性。这将以类似于 SDSS（它引领天文学界使用数据库）所实现的方式提高调查天文学数据集的可访问性，但前提是使用云资源时能够保持较低的入门成本。

12.4 开放框架的出现与机器学习的民主化

如果说 21 世纪初见证了开放数据对研究生产力的影响，那么 2010 年则是 Astropy[2]、Scikit-learn[3]、astroML[4]、PyTorch[5] 和 TensorFlow[6] 等开源软件包的使用扩大了机器学习技术在天文学中的应用（图 12.2）。展望未来，天文数据分析科学平台（例如，鲁宾科学平台）的发展是一个打开新时代的机会，这个时代可以向整个研究界提供服务（例如，科学平台也是服务）。通过这种方式，由 Astropy 和 Scikit-learn 启动的软件包和软件框架可以扩展到鲁宾数据的规模，而不需要研究人员学习许多关于调试分布式计算框架的晦涩难懂的实践。这既能通过访问云的弹性计算能力，也能通过社区开发通用工具来加速科学的发展。

要实现这一愿景，天文学界需要为数据定义合适的通用接口。对于科学数据分析的并行化的抽象，以一种易于被大多数天文学家使用的方式仍然难以定义（许多机器学习应用程序不能在核外工作或使用分布式计算）。通过 LSST 科学协作的科学和软件路线图的发展、LSST 跨学科协作和计算网络（LINCC）等项目的创建，对计算要求高的科学用例的需求开始出现，以支持所需的软件框架的开发。

除了抽象问题之外，还有许多障碍阻碍了框架的成功和公平。这包括如何在云中提供资源以便任何研究人员都可以访问它们，如何确保成本模型与研究资金一致，以及如何最大限度地减少云中新用户的入站。这些问题的解决方案将需要计算（缩放算法以在大型分布式计算系统上运行并定义适当的计算抽象）、方法（为嘈杂和不完整的数据开发正确的统计技术和方法）、社会学（使天文学社区能够分享其工具和知识，造福所有人）等各方面的共同努力。

12.5 流数据环境下机器学习面临的挑战

尽管鲁宾观测通常被认为是一项时域调查，对天空的每个部分进行了 1000 次观测，但实际上，这些时间序列数据将是稀疏采样的、有噪声的，分布在六个单独的滤波器或通带上，并且需要 10 年的时间来积累。由于调查策略、天气和太阳的升起，观测之间的差距意味着数据不均匀，采样也很稀疏。这给天文学中机器学习带来了许多有趣的挑战。在接下来的章节中，我们将考虑时域和科学两个方面，即鲁宾事件的实时流（例如，超新星的探测；图 12.3）和累积时间序列数据的批量或离线处理（例如，表征天文种群的可变性）。

机器学习用于实时天文学的最大进步之一不是创建一个分类器来检测不寻常的来源，而是开发了一套方法，通常被称为真伪分类器，用于删除数据中的“垃圾”或工件[7]。其中，第一个是为帕洛马瞬态工厂（PTF）开发的。PTF 用一个小而宽的视场相机，它以每小时 3750 平方度的速度对北半球进行了调查。每天晚上的图像与早些时候拍摄的合成图像进行比较，通常是通过数字方法减去一对图像并识别可能指示瞬变（例如，超新星）或变星（例如，RR 天琴座恒星）源的剩余源。图像对齐的微小误差或夜间图像质量的变化都会导致错误的检测。错误探测的数量非常之多，以至于其数量可能超过天文来源数量的两个数量级。在一篇具有里程碑意义的论文中，Bloom 等[7]应用了随机森林（一种基于决策树的集成学习技术），将误报数量减少了 90%。这种背景的减少，本质上是把天文上的小麦从谷壳里筛出来，它本身并没有提供对数据中可变来源或人为因素特性的伟大科学见解。它的影响在于降低了 PTF 警报流中的噪声，从而可以识别新的天文来源，包括潮汐破坏事件[8]和最早识别 Ia 型超新星的起源[9]。

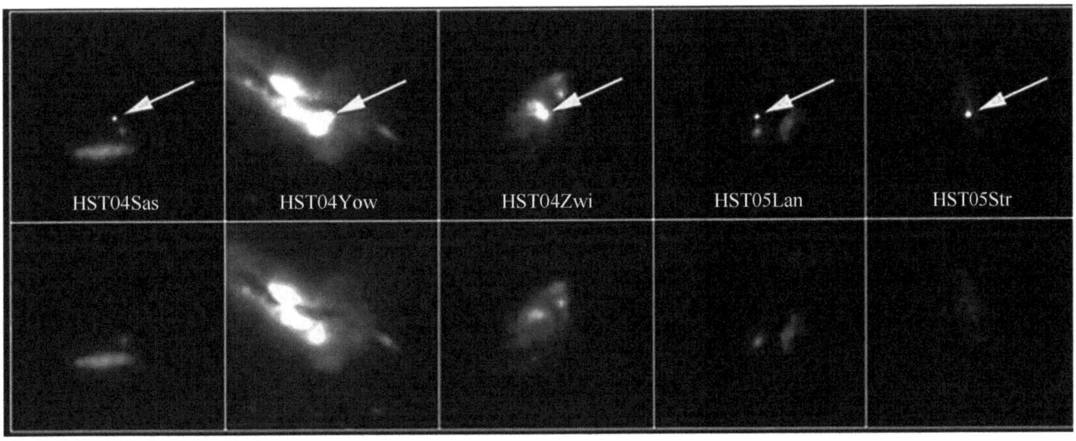

图 12.3　哈勃太空望远镜观测到的星系与遥远超新星的图像拼接图

下面一排显示了超新星爆发之前（或之后）的星系。上面一排显示了超新星的位置（恒星演化的最后阶段，伴随着前恒星的爆炸）。对于 Ia 型超新星，超新星的亮度与它的距离相关。通过 LSST 调查对成千上万颗这样的超新星的探测，可以用来测量宇宙的膨胀率，并限制黑暗能量的属性

图片来源：NASA、ESA 和 A.Riess，太空望远镜科学研究所

LSST 将整合真假方法，以减少其数据流中的误报数量，但每晚仍将产生大约 10^7 个事件。提供对这些警报流的访问需要开发用于向社区发送和过滤警报的基础设施。像 Apache Kafka 这样的开源包，最初是由 LinkedIn 开发的一个分布式事件流平台，已经可以扩展到比 LSST 产生的更高的数据吞吐量，现在已经被天文社区所采用。这导致了中介的概念，即连接到这些事件流和过滤源的系统，以便识别需要其他望远镜后续观测的高价值物体[10]。对瞬变的实时或早期检测（即在第一次观测的几个小时内）提供了对瞬变物理的详细解释。它包括在超新星爆炸期间从恒星表面爆发的潜在冲击探测，这将提供对早期恒星大小和类型的测量。如果没有这样的能力，超新星和早期恒星的物理学仍然知之甚少。

代理服务器采用的分类技术通常依赖于从光曲线的统计表征中提取特征或使用自编码器来降低数据固有维度。目前的技术水平是将这些特征输入到已在一组标签数据上训练过的神经网络。循环神经网络（RNN）和长短期记忆网络（LSTM）等变体通过利用层之间的连接对数据的时间特性进行编码，其性能优于传统的卷积神经网络[11]。RNN 在时间序列数据早期分类方面的成功来自它们能够保留以前数据时代的信息，并适应新的在线或流数据。最近，RNN 在近期直接应用于图像序列分类的实践[12]，这提供了预警分类的前景，该分类可以动态吸纳图像形貌和环境特性来实时调整。

12.6 物理驱动的机器学习方法

随着深度网络的不断发展，特别是像 AlphaFold 这样能够对复杂过程进行分类和解释的技术，我们是否可以利用人工智能和机器学习的发展，为鲁宾天文台的研究提供一个框架呢？正如我们之前所说，在早期的天文观测中，机器学习在对天体进行分类、去除虚假信号以及测量天体的统计特性（例如，大尺度聚类的测量）方面发挥了关键作用。那么，这些方法是否能够超越传统的过滤和分类，为我们提供对天文过程背后物理学的更深刻理解呢？有人曾经提出疑问，机器学习是否能够揭示出赫兹普隆-拉塞尔图？即恒星的有效温度与光度之间的密切关系，这个关系对于恒星天体物理学的发展至关重要。人工智能是否能够从观测数据中找到这种关系，并建立一个理论模型来解释这种关联呢？虽然目前的技术水平可能还无法做到这一点，但最近出现了一些方法，其通过减少需要学习的模型维度，为我们提供了更多的洞察，这有点类似于高能物理理论对现象学发展的推动。

在天体物理学中，机器学习更有趣的一方面是，其不仅仅是利用人工智能学习理论，而是在人工智能的结构中整合了物理模型。与其说是依赖人工智能来学习理论，不如说是通过将物理模型与数据结构相结合，以减少需要学习的模型维度。这是通过使用物理约束条件或识别数据中的对称性来实现的，如通过在天体的静止帧中学习数据结构，然后将红移和变暗作为训练好的网络的附加步骤，从而实现对模型维度的降低。这样，我们可以将大量通常是嘈杂和异构的数据集投影到一个具有物理意义的子空间中。

以 LSST 为例，其中超新星的分类及其在观测宇宙学中的应用展示了在物理框架内构建人工智能应用的优势。当天文学家能够在超新星爆发后时间足够短的情况下发现 Ⅰa 型超新星（SN）时，我们就能够探索暗能量。因为 Ⅰa 型 SN 可以作为标准烛光（即亮度恒定），所以我们可以估算它们的距离，并与红移进行比较，从而测量宇宙的膨胀速率。然而，在 SN 宇宙学中的一个主要挑战是准确地对 Ⅰa 型 SN 进行分类，这通常需要进行昂贵的光谱跟踪。通常情况下，我们会在接近 SN 爆炸的时间内拍摄 SN 的光谱。对 SN 进行光谱跟踪的成本很高，需要大量千万级望远镜的时间。虽然最初发现暗能量时使用了 50 个 SN，但像 LSST 这样的巡天将探测到成千上万个 SN。如果我们能够仅基于光变曲线对 Ⅰa 型 SN 进行分类，那么我们就不再需要昂贵的光谱学来确认了（我们之后可以总是从它们的宿主星系红移中获得 SN 的红移）。

因此，基于光学特性对超新星和其他瞬变源进行分类已经成为超新星宇宙学中的一个重要目标。这出现了许多机器学习数据挑战赛（类似于 ImageNet 和 Kaggle）[13]，它们的出现鼓励了新方法的开发，其中最成功的挑战之一是 PLASTICC 数据挑战。在这个挑战中，超过 1000 个团队参与，他们竞相对一系列天体物理可变源的时间序列观测数据进行分类。最终获胜的方法是采用了标准的机器学习技术，包括将高斯过程用于插值光变曲线以及使用增强决策树（LightGBM）对从光变曲线中测得的特征进行源的分类。然而，该方法最显著的进步是对训练数据进行增强，此方法是基于对物理学如何改变观测属性的理解，如红移导致的时间膨胀和变暗。这种增强技术解决了训练机器学习算法的一个主要挑战，即因为标注数据昂贵，训练样本通常有限且不能很好地代表实际数据。扩增后的训练样本增加了 75 倍， Ⅰa 型 SN 的分类从 0.83

提高到0.96（以曲线下面积计算）[14]。

对称性在数据中的存在使得我们可以利用已知的建模信息，这是一种新方法，即将内在未知或潜在变量（例如，表示SN光谱特性变化的变量）与我们知道如何建模的物理过程（即红移、滤波曲线响应函数、宿主星系内尘埃的特性以及时间序列数据采样）分离开来。通过这种方式，网络所需的复杂性或维度显著降低[15]，从而减小了所需训练集的大小。这种基于物理的方法在PLASTICC数据挑战的基准数据上表现出色，它将SN在红移$z = 0.4$时的完整性提高了10%，在红移$z = 1$时提高了50%[14]。为了进行更公平的比较（即不使用Boone使用的训练样本的数据增强），改进幅度在红移$z = 0.5$时几乎增加了两倍。

需要注意的是，这些改进并非来自神经网络架构复杂度的提高，而是来自对已知信息和我们想要学习的内容的精心分离。这种分离减轻了对训练样本类标签平衡性或代表性的依赖，这在过去的许多机器学习方法中曾是一个局限。尽管这些方法在学习更多关于变源物理学的知识方面表现出色，但仍然存在许多有待解决的有趣挑战。例如，如何处理数据中的噪声？如何使用后验分布表示分类，而不是使用当前的最大似然或变分方法？以及在使用深度网络的多层模型时，如何解释我们拟合的模型以及了解光变曲线采样对我们推断的影响？要解决这些问题，需要在人工智能理论和实现计算高效技术方面取得进展。

12.7 机器学习的可扩展性

在继续关注信息表示方式和降低计算复杂性的目标基础上，我们考虑物理驱动方法可能会影响我们想要构建的对LSST数据进行处理以提供科学成果的机器学习框架。我们应该构建可扩展的基础设施，以试图满足科学社区的广泛需求吗？这样的系统开发周期较长，成本较高，但具有潜在的多用性优势，可以产生大量科学成果。但在其他领域，如计算生物学，这种方法并不总是成功的，有些系统花费了数年和数百万美元进行开发，但当它们准备好时，科学已经向前发展了。另一种选择是为特定科学问题运行定制分析和创建简化的基础设施；这样的方法更具灵活性，开发迅速，但应用范围有限。这是否存在中间地带？

通过减小训练样本的大小和模型的复杂性，我们通常可以简化扩展分析所需的并行化（例如，每个源或光曲线都可以独立分析）。这种简化使得我们可以利用更广泛的计算工具——从云服务上的cloudknot[16]和lithops[17]这样的无服务器方法，将Python函数容器化以在云服务上运行，到更传统的并行分析框架，如Apache Spark、Dask和Ray。

在天文学中，一个使用行业支持的分析工具的例子是太空火花扩展（Astronomy Extensions for Spark，AXS）[1]，它通过集成适用于分布在天空中的源的数据分区方案，为天文应用添加了一种适用于大型跨匹配天文目录的排序-合并-连接优化，并利用Apache Parquet有效使用光曲线。Spark为编写用户定义的函数提供了简单的界面，这些函数可以封装天体物理学家在处理时间序列数据时使用的应用程序。这使得我们可以将大规模分析分布到大量核心上，而且每个光曲线都可以独立分析。在最近的一个例子中，AXS被用于搜索兹维基瞬态设备（Zwicky Transient Facility）的光曲线中的异常变化，其中处理和分类14亿个光曲线大约花费了450核时（或在云资源上花费2h）。

由此可见，要进行与天文学家在 LSST 数据上执行的相同规模的分析所需的计算资源相对较小。这是因为研究通常是迭代的。当我们探索数据集时，我们寻找识别信号所需的适当特征，然后识别并去除在数据处理中产生的数据工件，反复重新处理或分析数据以细化和筛选数据。这种分类的工作流可以看作一个分层过程，这种简单的过滤器就可以排除大部分数据，数据量越小，我们负担得起的计算复杂性就越大。逐渐修剪和筛选候选光曲线随着分析变得更加复杂，这限制了对内存的需求，简化了处理过程，并减少了在内存使用率高且数据无结构和异构时调试分布式系统的时间（这在面对挑战时尤为重要）。

12.8 科学中的培训与软件工程

随着机器学习成为天体物理分析（以及一般科学领域）的基石，训练和教育天文学界掌握相关统计和计算方法的需求日益增长。在过去五年中，这个领域已经取得了显著的发展，包括在天文学中创建数据科学课程、扩展统计和机器学习课程到天文系、出版大量书籍和在线教育资源，以及聘请教师教授这些领域。我们开始定义教授机器学习的课程，包括贝叶斯统计、监督和无监督学习、降维、抽样方法、聚类和密度估计技术，以及时间序列方法。这些课程和选项通常在大体量的学院中提供，我们仍然面临的挑战是如何将机器学习引入更小的机构（即在编程和软件工程课程等支持可能不那么容易获得的情况下，使其可用）。将开放的课程和教材设计成模块化，可能是一种解决方案，如此学生和教师可以根据自己的需求构建课程，而不必从头开始。

作为一个社区，开发教授数据科学的结构可以满足机器学习用户的需求，但不一定能满足那些将构建和部署新方法论与软件框架的人的需求。为了使软件在项目生命周期内可持续，我们需要将软件工程实践落实到位，以确保代码经过测试、易读和便于维护。这个挑战并不仅限于天文学领域。在 2020 年华盛顿大学的一项调查中，超过 41% 的受访者发现，尽管资金充足，但很难雇用具有软件工程专业知识的人。这是因为这些软件工程职位的资金通常与短期拨款挂钩，或者以部分支持的形式提供，这减少了愿意从事这项工作的人数。解决这个问题的方法是雇佣学生（超过 30% 的受访者）或使用外部劳务派遣（15%～20%）来满足他们的软件需求。但没有适当培训就雇佣学生执行软件工程任务显然是一个低效的方法，且会导致构建稳定和可复现软件出现众所周知的困难，更不用说这是使学生偏离其主要教育目标的“误导”了。依赖外部劳务派遣往往成本高昂，并且很难扩展到更广泛的研究领域。

在校园内开展针对天文学和物理学学生的培训项目是必要的，以便为学生提供软件开发的最佳实践和指导。这可以创建一个更大的人才库或软件开发专业知识的人才通道，以满足未来十年数据密集型科学的需求。也许最重要的是，它将为专注于软件开发并提供继续教育、指导和培训的研究人员创建一个实践社区，以便我们可以在校园内保留这种专业知识。目前，专注于软件的研究人员通常处于孤立状态，作为他们实验室、研究小组甚至整个部门中唯一的软件工程师，他们缺少同行社区。这种结构与行业中典型的软件工程团队截然不同。

大学拥有规模优势，可以帮助缓解这些问题，但前提是研究人员和研究团队之间能够共享资源。从学术界和行业界汇集的软件工程师团队，拥有各种不同的技能和资历，能够使软件工程师融入研究团队中，评估他们的需求并设计和实施软件解决方案。这将使研究团队能够在不必寻找长期且全额资助的职位的情况下与软件工程师合作，并且充分利用目前可用的部分资金来支持这项工作。

随着我们越来越依赖软件工程来开发和支持我们的计算工具，这方面未来成功的标志之一将是消除存在于行业和学术之间的半透膜（指的是当有人在业界找到工作时，他往往无路重返学术界）。随着天文学领域对更多软件工程人才和经验的需求，我们有机会打破这些障碍，使研究人员能够带着他们的新软件技能回归天文学（即使只过几年时间就再回到业界），并提供更自然的人才流动。这将扩大天文学领域的人才储备，并提供一种推动软件工程教育的手段。

12.9 未来的机遇与挑战

无论我们如何在这个新时代使用机器学习和可扩展软件，新的发现以及对宇宙更深入的了解都会逐渐出现。与过去一样，天文学家将适应现有的资源，并围绕统计方法的局限性展开工作。我们面临的挑战是能否利用我们之前的经验在未来十年中减少我们的失误。

虽然我们通常谈论 LSST 产生的数据量，但我们必须解决的问题与其说是数据量的大小，不如说是科学分析的复杂性。一项对 Rubin 科学合作的调查展示了多个科学案例，每个案例都需要 10 万～300 万 CPU 核时才能完成（Rubin 运营第一年的数据）。扩展这门科学不仅仅是提供更多的计算硬件。即使是行业内工具，也不总是足够强大以进行典型的科学分析或具有所需的功能。例如，许多可扩展的分析框架假设科学家独立工作（即他们不做多用户应用程序），而这并不是天文学家通常的工作方式。这意味着，我们需要扩展大型开源分析框架（例如，Spark、Dask 和 Ray）的功能。完成这些工作所需的技能通常超出了一般研究生的能力范围。我们需要在天文学领域培训或引入这些技能。

扩展现有的（行业和学术）分析框架和基础设施以满足我们的科学需求意味着需要将扩展功能上游化到现有的代码库中，这需要大量的软件工程技能。上述 AXS 扩展仍未集成到 Spark 的主分支中，因此开发人员必须支持维护一个单独的代码分支。我们有机会确定所有科学领域的研究人员需要什么样的软件基础设施，制定路线图解决共同计算需求，并确定支持这些代码库和服务开发所需的资源。如果从整体上看我们的科学问题是如何映射到软件需求的，我们可能会发现需要开发的软件基础设施是多个科学领域通用的。这可以减少扩展现有工具和新工具所需的资源，以实现我们期望从 LSST 中获得的发现，但前提是我们必须作为一个团体而不是个体研究人员来处理这个问题。

参考文献

[1] P. Zečević, C. T. Slater, M. Jurić et al. (2019). AXS: A framework for fast astronomical data processing based on Apache Spark. Astronomical Journal, 158(1), 37. https://doi.org/10.3847/1538-3881/ab2384, arXiv:1905.09034 [astro-ph.IM].

[2] Astropy Collaboration, A. M. Price-Whelan, B. M. Sipőcz et al. (2018). The Astropy project: Building an open-science project and status of the v2.0 core package. Astronomical Journal, 156(3), 123. https://doi.org/10.3847/1538-3881/aabc4f, arXiv:1801.02634 [astro-ph.IM].

[3] F. Pedregosa, G. Varoquaux, A. Gramfort et al. (2011). Scikit-learn: Machine learning in Python. Journal of Machine Learning Research, 12, 2825–2830.

[4] J. VanderPlas, A. J. Connolly, Z. Ivezic et al. 2012. Introduction to astroml:Machine learning for astrophysics. In CIDU. IEEE, ISBN 978-1-4673-4625-2, pp. 47–54, ISBN 978-1-4673-4625-2.

[5] A. Paszke, S. Gross, F. Massa et al. (2019). Pytorch: An imperativestyle, high-performance deep learning library. In H. Wallach, H. Larochelle, A. Beygelzimer, F. d'Alché-Buc, E. Fox and R. Garnett (eds.), Advances in Neural Information Processing Systems 32. Curran Associates, Inc., pp.8024–8035.

[6] M. Abadi, A. Agarwal, P. Barham et al. (2015). TensorFlow: Large-scale machine learning on heterogeneous systems. https://www.tensorflow.org/, software available from tensorflow.org.

[7] J. S. Bloom, J. W. Richards, P. E. Nugent et al. (2012). Automating discovery and classification of transients and variable stars in the synoptic survey era. Publications of the Astronomical Society of the Pacific, 124(921), 1175. https://doi.org/10.1086/668468, arXiv:1106.5491 [astro-ph.IM].

[8] S. Cenko, J. Bloom, S. Kulkarni et al. (2012). Ptf10iya: A short-lived, luminous flare from the nuclear region of a star-forming galaxy. Monthly Notices of the Royal Astronomical Society, 420(3), 2684–2699. https://doi. org/10.1111/ j.1365-2966.2011.20240.x.

[9] P. E. Nugent, M. Sullivan, S. B. Cenko et al. (2011). Supernova SN 2011fe from an exploding carbon-oxygen white dwarf star. Nature, 480(7377), 344–347. https://doi.org/10. 1038/nature10644, arXiv:1110.6201 [astro-ph.CO].

[10] T. Matheson, C. Stubens, N. Wolf et al. 2021. The ANTARES astronomical time-domain event broker. Astronomical Journal, 161(3), 107. https://doi.org/10.3847/1538-3881/abd703, arXiv:2011.12385 [astro-ph.IM].

[11] D. Muthukrishna, G. Narayan, K. S. Mandel et al. (2019). RAPID: Early classification of explosive transients using deep learning. Publications of the Astronomical Society of the Pacific, 131(1005), 118002. https://doi. org/10.1088/1538-3873/ab1609, arXiv:1904.00014 [astro-ph.IM].

[12] R. Carrasco-Davis, G. Cabrera-Vives, F. Förster et al. (2019). Deep learning for image sequence classification of astronomical events. Publications of the Astronomical Society of the Pacific, 131(1004), 108006. https://doi. org/10.1088/1538-3873/aaef12, arXiv:1807.03869 [astro-ph.IM].

[13] R. Hložek, K. A. Ponder, A. I. Malz et al. 2020. Results of the Photometric LSST Astronomical Time-series Classification Challenge (PLAsTiCC).arXiv e-prints, arXiv:2012.12392 [astro-ph.IM].

[14] K. Boone (2019). Avocado: Photometric Classification of Astronomical Transients with Gaussian process augmentation. Astronomical Journal, 158(6), 257. https://doi.org/10.3847/1538-3881/ab5182, arXiv:1907.04690 [astro-ph.IM].

[15] K. Boone (2021). ParSNIP: Generative models of transient light curves with physics-enabled deep learning. Astronomical Journal, 162(6), 275. https://doi.org/10.3847/1538-3881/ac2a2d, arXiv:2109.13999 [astro-ph.IM].

[16] A. R. Halford and A. Rokem (2018). Cloudknot: A Python library to run your existing code on AWS batch. In F. Akici, D. Lippa, D. Niederhutand M. Pacer (eds.), Proceedings of the 17th Python in Science Conference, pp. 8–14. https://doi.org/10.25080/Majora-4af1f417-001.

[17] J. Sampe, P. Garcia-Lopez, M. Sanchez-Artigas et al. (2021). Towardmulticloud access transparency in serverless computing. IEEE Software, 38(1), 68–74, 3029994. https://doi.org/10.1109/MS.2020.

第13章 人工智能辅助净零排放

Alberto Arribas，微软环境可持续性分部，英国雷丁。E-mail：aarribas@microsoft.com

Karin Strauss，微软研究院，美国雷德蒙德。E-mail：kstrauss@microsoft.com

Sharon Gillett，微软研究院，美国剑桥。E-mail：sharon.gillett@microsoft.com

Amy Luers，微软环境可持续性分部，美国雷德蒙德。E-mail：amyluers@microsoft.com

Trevor Dhu，微软环境可持续性分部，澳大利亚堪培拉。E-mail：trevor.dhu@microsoft.com

Roy Zimmermann，微软研究院，美国雷德蒙德。E-mail：royz@microsoft.com

Lucas Joppa，微软环境可持续性分部，美国雷德蒙德。E-mail：lujoppa@microsoft.com

Vanessa Miller，微软环境可持续性分部，美国雷德蒙德。E-mail：vanessa.miler-fels@se.com

13.1 引言

“证据是无可辩驳的：温室气体排放正在窒息我们的星球，使数十亿人面临紧急风险”；这是联合国秘书长安东尼奥·古特雷斯在2021年政府间气候变化专门委员会（IPCC）报告发布时的发言。世界已经升温约1.1℃，而要避免灾难性的气候变化（全球温度前所未有的极端变化，超过1.5℃/2℃）就需要停止人类活动产生的温室气体（GHGs），即达到净零排放。净零是指，总体上，人为温室气体排放被人为温室气体清除所平衡。温室气体包括二氧化碳（CO_2）、甲烷（CH_4）、氧化亚氮（N_2O）和氟化气体。由于化石燃料的燃烧，CO_2排放最为普遍，其影响也是最持久的。

实现净零排放是一个紧迫的挑战。正如IPCC所示，将全球温度升高限制在1.5℃需要在2050

年前达到净零 CO_2 排放。这意味着在不到30年内，将 CO_2 排放量从大约50Gt/a减少到5～10Gt/a，并需要额外清除剩余的5～10Gt/a。然而，影响整个基础设施系统的转型，如实现净零所需的条件，通常需要超过30年的时间来部署[1]。净零挑战的复杂性增加，因为不仅需要在几十年的时间尺度上平衡温室气体的减少和清除，而且需要与社会经济（例如，社会正义和经济增长）和生态要求（例如，水资源保护和生物多样性）相一致。这要求改进治理、问责和报告机制，目前这些机制尚不充分[2]。因此，实现净零排放是一个复杂的挑战，需要提高碳核算能力，提高全球经济所有部门的脱碳能力，包括从大气中移除 CO_2。好消息是，技术进步可以提升我们的这些能力。

AI是加速和实现所需能力的关键技术，因为它已经证明了能够处理来自异构来源（例如，卫星、传感器、移动电话或书面报告）的大量数据集，提高优化和自动化（例如，帮助增加可再生能源的可用性），并加速科学发现（例如，促进无碳材料的开发）。此外，AI已经被证明是可扩展的——它可以全球应用——并在帮助解决各种复杂问题方面取得了成功[3-5]。然而，值得记住的是，除了研发之外，世界还需要更多的实践经验来测试和部署新技术和商业策略[1]。

总的来说，没有哪个单一领域比电力领域能够提供更大的深度脱碳机会[1]，但在其他许多领域AI可以帮助实现碳核算和经济脱碳。事实上，AI最令人兴奋的方面之一是它有潜力使其他领域的专家能够采用AI来实现自己的目的[6]。正如本章所示，直接测量温室气体排放和材料工程是两个关键的知识空白，AI可以在实现净零排放方面产生重大影响。

本章的结构如下：13.2节介绍了AI如何迅速改善碳核算和减少温室气体排放以实现低碳经济。它讨论了如何克服现有限制，并分析了AI可以产生影响的最相关知识。

13.3节解释了确保AI本身环境可持续性的必要性。

最后，AI并非孤立存在。13.4节讨论了如何将AI集成到人员、流程和政策系统中，以加速实现净零的进展。

13.2 人工智能在净零排放中的应用

实现净零排放需要提高核算、减少和去除温室气体排放的能力。本节首先提供了对挑战规模的估计，然后简要描述了AI如何已经被成功使用（表13.1），最后识别并讨论了AI可以显著加速和改进温室气体排放核算、减少和去除的关键研究挑战（表13.2）。

13.2.1 挑战的规模有多大？

首先，需要对净零挑战规模提供估计方法。在本章中，“核算”一词包括直接测量温室气体排放、通过排放因子估计排放，以及最终在适当的总账中监测和平衡这些排放。为了实现净零排放，有必要核算今天发生的所有约50Gt/a温室气体排放，并跟踪到2050年将这些排放减少到5～10Gt/a的进展。核算挑战还包括需要测量和验证剩余5～10Gt/a的排放清除。

经济脱碳需要减少和去除温室气体排放。在减少方面，考虑一些关键部门及其代表的温室气体排放份额是有用的：①电力发电约占全球温室气体排放的25%；②交通约占全球温室气体排放的14%；③制造业（工业过程）约占全球温室气体排放的21%；④建筑约占全球温室气体

表 13.1 以往应用 AI 促进净零排放的案例汇总

	统计	减少				去除	
		发电	运输	制造（建筑）	土地部门	基于自然的解决方案	技术
挑战的规模[a]——最先进的案例*	2021 年温室气体排放量为 50Gt 检测基础设施排放、跟踪检测温室气体泄漏排放、监测土地使用排放	约占温室气体排放量的 25% 平衡变量生成、动态调度和定价、本地电网管理和优化	约占温室气体排放量的 14% 运输系统效率、模式转换、替代燃料研究	约占温室气体排放量的 27% 建筑、无碳材料研究的实时管理	约占温室气体排放量的 24% 灌溉管理、作物产量预测、排放监测	5～10Gt/a（从 2050 年开始） 监测废气排放	5～10Gt/a（从 2050 年开始） 材料研究、储存地点的识别
数据来源	遥感/原位传感器监测和报告数据	原位传感器、遥感	车辆传感器、移动电话、遥感	原位传感器、遥感、移动电话、基准日期	原位传感器、遥感、无人飞行器（UAV）	遥感、原位传感器、UAV	原位传感器
目前使用的相关 AI 工具*	计算机视觉、数据融合、计算流体动力学、NLP、迁移学习	计算机视觉、无监督学习、强化学习、模型生成、因果关系、迁移学习	计算机视觉、无监督学习、强化学习	计算机视觉、数据融合、NLP、计算流体动力学、强化学习、无监督学习、迁移学习、因果关系	计算机视觉、强化学习、迁移学习、因果关系	计算机视觉、强化学习	计算机视觉、数据融合、无监督学习

* 来自 Rolnick 等于 2019 年发表的“Tackling Climate Change with Machine Learning”。

a 据 IPCC 估计，电力系统占温室气体排放量的 25%；交通运输为占能源相关 CO_2 排放量的 25%；建筑物消耗的能源为占能源相关排放的 25%。

表 13.2 处理这些问题的关键知识与 AI 工具

	统计	减少				去除	
		发电	运输	制造（建筑）	土地部门	NbS	技术
挑战的规模[a]	2021 年温室气体排放量为 50Gt	约占温室气体排放量的 25%	约占温室气体排放量的 14%	约占温室气体排放量的 27%	约占温室气体排放量的 24%	5～10Gt/a（从 2050 年开始）	5～10Gt/a（从 2050 年开始）
直接测量和材料科学知识差异的影响领域	用可靠的统计系统直接测量温室气体，直接测量来自土地管理部门	能源储存材料学	可持续燃料材料学	无碳材料材料学（如水泥、钢铁、半导体）	直接测量 CO_2 和 CH_4	直接测量——验证和泄漏	吸附材料材料学
用于直接测量和材料科学知识差异的关键 AI 与计算工具	计算机视觉，多传感器数据融合，计算流体力学	生命周期分析，材料设计，强化学习，推理，NLP，计算流体力学	生命周期分析，材料设计，强化学习，推理，NLP，计算流体力学	生命周期分析，材料设计，强化学习，推理，NLP，计算流体力学	计算机视觉，多传感器数据融合，计算流体力学	计算机视觉，多传感器数据融合，计算流体力学	生命周期分析，材料设计，强化学习，推理，NLP，计算流体力学

a 据 IPCC 估计，电力系统占温室气体排放量的 25%；交通运输为占能源相关 CO_2 排放量的 25%；建筑物消耗的能源为占能源相关排放的 25%。

排放的 6%；⑤土地利用约占全球温室气体排放的 24%。

数据来自 2014 年 IPCC 第五次评估报告第三工作组的贡献。

电力发电蕴含深度脱碳的最大机会。正如 IPCC 所述，“普遍使用无碳电力可以覆盖实现净零所需的超过一半的温室气体减排”，但要实现这一点，需要将低碳电力发电技术的占比从今天的大约 1/3 增加到 2050 年的 80%[1]。

交通约占所有与能源相关的 CO_2 排放量的 1/4（IPCC）。尽管存在电气化的机会，该行业的大部分（例如，货运运输占交通排放的一半）很难脱碳，因为航空和航运中使用的化石燃料的高能量密度难以替代。

据估计，制造业约占全球温室气体排放量的 20% 以上（IPCC）。工业过程和建筑材料是难以消除排放的主要原因[7]，高温工业过程如钢铁、水泥和炼油约占全球能源使用的 25%[1]。如果水泥行业作为一个国家，它将是继中国和美国之后的第三大温室气体排放国[8]。此外，建筑物消耗的能源约占全球能源相关排放量的 1/4（IPCC），但通过设计和管理的正确组合，建筑物几乎可以不消耗能源[9]。

最后，土地部门被估计约占 1/4 的全球温室气体排放（IPCC），这可能被低估[10]，因为温室气体排放量中最大的不确定性（超过 20%[11]）在土地部门。额外的排放量来自气候变化加速过程，如森林火灾和永久冻土融化等。

根据评估[12]，更好的土地管理和农业实践可以实现全球温室气体减排需求的 1/3。

在移除温室气体排放方面，所面临的挑战是在 2050 年前使用基于自然、基于技术和混合方法的组合，从大气中消除 5～10Gt/a 的排放。需要注意的是，碳移除行业仍处于起步阶段，尤其是技术解决方案的开发。以下是基于自然、基于技术和混合方法的碳移除方法的不完整总结。有关更深入的讨论，请参见文献 [13]。

基于自然的解决方案主要涉及陆地生态系统和土壤，包括增强植物、树木、土壤和土壤生态系统（微生物和真菌）中碳储存的土地利用实践。技术解决方案和混合解决方案包括以下内容：直接空气捕获（通过化学过程从大气中捕获 CO_2 并进行地质封存和储存）；BiCRS（生物质碳去除和储存）；BECCS（生物质能源与碳捕获和封存，或电力、液体燃料和热能生产使用生物质，其中产生的 CO_2 被捕获和封存）；以及碳矿化（CO_2 与活性矿物形成化学键的过程，可以在地表和地下发生）。

13.2.2 已经做了什么？

在过去几年中，人工智能在气候方面的应用一直是一个活跃的研究领域。人工智能已成功应用于与碳核算和经济脱碳化相关的各种项目，通过帮助减少和消除温室气体排放。表 13.1（参见文献 [3] 和人工智能气候改变，有关人工智能在气候中应用的更全面列表）概述了代表性项目、数据源和人工智能工具。以下简要描述一些实际例子。

13.2.2.1 温室气体排放核算

人工智能，特别是计算机视觉工具，已用于处理遥感数据，监测和估计森林与泥炭地固定碳的数量[14]。人工智能还用于通过处理全球可用的高分辨率卫星数据来检测排放温室气体的基础设施，以生成国家层面的建筑足迹（例如，微软为美国提供的计算机生成的建筑足迹：https://github.com/Microsoft/USBuildingFootprints）。除了使用卫星或激光雷达数据外，自然语言处理工具已应用于房地产记录，以预测建筑物高度[15]，这是估计其能源消耗和排放的有用工具。在书面记录中使用自然语言处理很重要，因为它说明了人工智能如何改进传统记录和核算温室气体排放的过程。

尽管取得了成功，但要使人工智能对温室气体排放处理产生显著影响，仍有许多工作要做，并且需要克服数据可用性和知识方面的局限性。例如，卫星可以测量全球范围内的温室气体浓度，但 CO_2 的长寿命和高背景基准浓度使得当前一代卫星难以精确定位特定建筑物或工厂的新 CO_2 排放。此外，当前的卫星数据具有粗糙的空间分辨率以及大的时间和空间间隙，特别是在高光谱数据方面，这使得它们不适合精确跟踪排放。

应该注意的是，在测量 CO_2 排放量方面，知识差距最大、不确定性最大。中国和美国的测量不确定性都超过 20%，巴西超过 60%[11]，这与土地部门测量有关。甲烷和一氧化二氮排放量的直接测量（以及相关排放因子的估计）也存在很大的不确定性。

13.2.2.2 经济脱碳——减少温室气体排放

在电力发电方面，一场重大变革已经在进行中。成功应用人工智能的例子包括改进可再生能源发电的预测（太阳能[16]，风能[17]）；生产和需求的平衡[18]；实时定价策略的设计[19]；以及电池材料的设计[20]。可以认为，清洁电力的技术进步已经启动了一个良性循环，每一次创新都激发更多的政治意愿，促进人们采取更多的行动[1]。在其他领域复制这种模式是必要的。

对于交通，人工智能成功的应用例子包括优化物流决策[21]，通过学习用户行为提高公共交通效率[22]，以及改进电动汽车的充电调度[23]。对于制造业（和建筑物），成功的应用例子包括使用机器学习开发需要更少原材料的结构[24]，以及实时管理建筑物和基础设施——例如，使用智能控制系统，可以使设备和系统在热管理上做得更好，降低住宅、建筑物[25]的能耗（DeepMind AI 将谷歌数据中心冷却费用降低了 40%）。人工智能还可以帮助改进建筑物和基础设施的维护[26]，并促进电网平衡[27]。对于土地部门来说，成功的例子包括改进灌溉、疾病检测、作物产量预测[28]，以及监测泥炭地和森林的排放[29]。

尽管人工智能在减少温室气体排放和加速向净零过渡方面取得了明显进展，具有巨大的潜力，但仍有一些局限性需要克服。这些限制包括：数据可用性（例如，人工智能驱动的材料科学的一个挑战是处理小或中等大小的数据集）；在复杂系统中部署新技术的实践和跨学科经验（如电力网和制造业是庞大而复杂的物理基础设施）；政策和经济激励（这些是成熟和复杂的市场，拥有大量客户）。

13.2.2.3 经济脱碳——消除温室气体排放

人工智能已被用于帮助监测自然排放，这可以促进基于自然的解决方案。此外，人工智能可以用于加速材料发现，以提高捕获碳的吸附剂的效率，减少其随时间的降解[30]，并帮助确定碳的潜在储存位置，就像石油和天然气公司使用机器学习和地下图像/数据来确定石油和天然气储层一样[31]。

碳去除是一个新兴领域，还有许多工作要做。人工智能可能对温室气体排放的去除产生显著影响，但与减少碳排放的情况类似，它需要克服数据、知识、跨学科实践经验在复杂系统中部署新技术以及政策/经济激励方面的限制。

13.2.3 人工智能可以对实现净零产生重大影响的关键限制和关键知识差距是什么？

人工智能在处理来自异构来源的大型数据集、其可扩展性以及其适用于广泛复杂问题的能力方面已得到证明，这使得人工智能成为加速实现净零转型的关键技术。然而，鉴于在不到30年的时间内对多个复杂系统（电力生产、交通、制造业和土地部门）进行根本性和同时转型的需要，人工智能在净零方向有巨大的应用前景且十分迫切。

为了使人工智能更有效，它必须通过以下方式应用：整合和扩展已经存在的大量知识[4]，并且必须集成在人、流程和政策系统中。

如图13.1所示，有三个共同因素目前限制了人工智能在经济核算和脱碳（即减少和去除温室气体排放）方面的影响：政策、经济和技能激励；在复杂系统中部署新技术的多学科经验；以及数据质量和可用性。

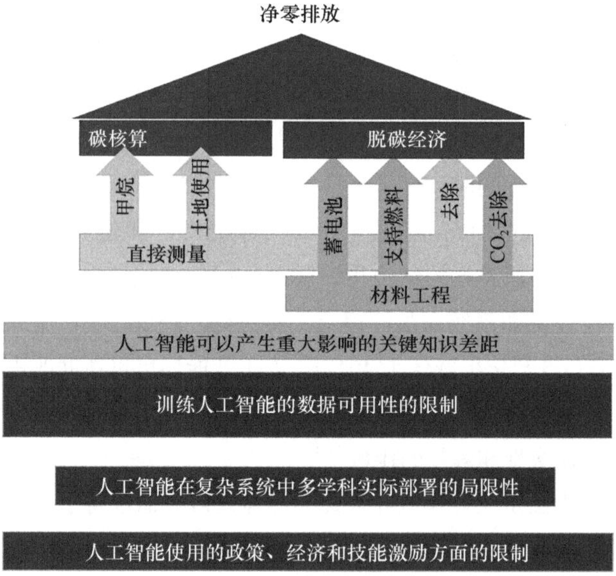

图13.1 描述人工智能可以实现并加速向净零过渡的当前限制和关键知识差距的示意图

下面讨论如何克服这些限制以使人工智能对净零产生显著影响。

13.2.3.1 政策、经济和技能方面的限制

要让人工智能发挥实效，需要对问题采取多层次和多学科的观点，采用系统动态方法，认识到相互依赖性和反馈循环，并关注用户的关切、利益和价值观[5]。这需要在政策、经济和教育方面提供适当的激励。

例如，改善电动汽车充电和效率所需的必要人工智能技术在很大程度上已经存在，但它需

要补充资产，如通过政策来增加电动车保有量（例如，禁止销售汽油发动机）、经济激励和城市规划来提供充电点的接入。同样，人工智能可以对减少建筑物的能源消耗和排放产生显著和快速的影响。然而，考虑到它们的长寿命，建筑物通常需要对解决方案进行改造，这需要政策和经济激励来增加采用人工智能解决方案的机会。

同样重要的是要认识到，为了使人工智能实现净零的潜力，还需要解决当前的技能短缺问题。例如，英国政府在2020年完成的“了解英国人工智能劳动力市场”报告发现，约有50%的组织受到缺乏合适技能候选人的影响。此外，人工智能中缺乏多样性和社会不平等也是一个需要解决的重要问题。

净零排放是政策发展中的一个活跃领域。例如，欧盟的绿色协议不仅旨在应对气候变化，而且也被作为欧洲的关键经济增长战略。“碳边界调整机制”（绿色协议中的一项措施，旨在确保进口商品为其碳排放支付与欧盟国内生产商支付价格相当的费用）是帮助减少制造业大量碳足迹的政策的一个例子。这些类型的政策对于激励和加速转型以及人工智能的采用至关重要。否则，由于转型对物理设施投资巨大，政府通常采取低风险策略和抗拒变革，这点对制造业尤为明显。

人工智能可以帮助设计有效的政策和激励措施：因果关系框架和基于代理的建模为评估不同的选择和优化政策提供了机会，同时还能平衡各种权衡。

13.2.3.2 在复杂系统中多学科应用新技术的局限性

制定适当的政策和经济激励措施并不是唯一的问题：世界还需要在大规模部署和测试新技术以及商业战略方面迅速获得更多的实践经验[1]。

如13.2.2节所述，人工智能技术已经存在，可用于碳核算并帮助经济部门脱碳；问题是如何更快更好地部署这些技术，以帮助改造和优化现有系统。例如，电网对可再生能源的依赖程度越高，供不应求的情况就越频繁[1]。人工智能算法可以通过优化系统目标来提供帮助（例如，同时优化调度、定价和最小化排放[32]）。关键是，平衡电网需要运营商做出重大改进，同时，人工智能还需要纳入特定领域的知识，因为之前的许多工作都采用了与该领域无关的方法。

为了在复杂系统中部署新技术，运筹学领域已有大量知识，人工智能可以在此基础上进一步改进。例如，利用人工智能和数字孪生可以在实际实施之前对流程和设备进行测试，并在实施之后对机器进行预测性维护。这为降低成本和风险提供了巨大的可能性。同样，人工智能还可用于提高能源-运输-制造三者之间的效率（例如，在考虑到无碳能源和运输网络可用性的情况下，确定制造设施的最佳位置）。

13.2.3.3 数据的局限性

在解决政策局限性和克服实际部署挑战方面不断取得进展的同时，还需要辅之以释放人工智能潜力的基本要素：数据。目前，数据可用性的局限性影响了碳的适当核算以及有效减少和清除温室气体排放以实现经济去碳化的进程。

遥感是人工智能的一个重要数据来源。当今许多测量温室气体的卫星［GOSAT、OCO和CAMS；全面清单见《太空温室气体监测报告》（wgicouncil.org）］都配备了高光谱照相机，可以测量温室气体与阳光的相互作用并估算其浓度[14]。不过，虽然卫星可以测量覆盖全球的温室气体浓度，但 CO_2 的生命周期长，背景基线浓度高，因此目前的卫星很难精确定位特定建筑物或工厂新排放的 CO_2。此外，目前的卫星数据空间分辨率较低，时空差距较大，尤其是高光谱数据，因此不适合精确跟踪排放情况。

幸运的是，新的卫星发射任务已经计划完毕［见《关于从太空监测温室气体的报告》(wgicouncil.org)］，并将生成具有更高空间、时间和光谱分辨率或尺度范围的数据集。此外，人工智能可以使用标准卫星图像（高分辨率RGB图像）来填补高光谱数据的空白。除遥感数据外，手机、无人机和现场传感器也在增加可用于直接测量温室气体排放的数据量，但其中一些数据源（如手机）在隐私和数据管理方面带来了潜在挑战。最后，遥感和传感器数据需要与来自国家和非国家行为者清单中已有的数据（如全球碳项目等项目中的数据）以及不动产或行业数据库等其他数据源［如材料计划项目（materialsproject.org）和用于材料发现的加利福尼亚大学洛杉矶分校机器学习资料库］结合起来。然而，许多必要的数据可能是专有的、低质量的，或仅代表某些特定的资产或流程，因而难以使用（例如，据估计有60%～70%的工业数据未被使用；见工厂记录：通用电气为宝洁公司提供更多的云访问，以分析制造数据——来自通用电气新闻）。

数据绝对重要，提供数据的趋势是积极的，但要让人工智能发挥其净零的潜力，还必须继续改进质量控制、标准和数据许可，以便所有必要的数据都能用于训练人工智能算法。Climate TRACE、Global Carbon Project、Carbon Monitor 和 Terrain AI 等开创性项目正在探索人工智能方法和合作关系，以克服数据挑战，并提供近乎实时的全球温室气体排放测量。碳呼唤（carboncall.org）等近期倡议正在解决当前分类账系统中的低效问题，因为这些系统无法提供国家和组织所需的问责制。

13.2.3.4 关键知识差距

目前，人工智能在解决政策、实际部署以及数据质量和可用性方面的局限性正在发生着快速的变化与进展。然而，还有最后一个限制因素需要解决：知识。具体来说，在实现净零排放方面有两个关键的知识缺口，人工智能可以在其中发挥重要作用：直接测量温室气体排放；无碳材料工程的科学发现。

如表13.2和图13.1所示，这两个关键知识缺口都涉及碳核算和经济去碳化的所有领域。虽然很难对它们的影响进行精确的量化评估，但它们对实现净零排放的重要性却很容易体现出来。

直接测量温室气体排放（CO_2、CH_4 和 N_2O）对于正确核算碳排放（每年5000万t的挑战）至关重要，这需要可靠和可互操作的核算系统，而这种责任是当前温室气体分类体系无法提供的（carboncall.org）。此外，要减少土地部门的温室气体排放（其不确定性最大，占全球排放量的24%，包括大部分 CH_4 排放），还需要直接测量；最后，要开始利用基于自然的碳清除解决方案（5亿～10亿t/a的挑战），也需要直接测量。

科学发现，特别是材料工程学，对经济的去碳化至关重要，包括通过实现无碳能源的储存、实现航空和航运所需的可持续燃料（货运排放占运输排放的50%）以及实现无碳制造（如钢铁、水泥或半导体中的内含碳）来减少温室气体排放。材料发现对于以技术为基础的碳清除（估计从 2050 年起将达到 5～10Gt/a）也至关重要。最后，正如第 3 节所讨论的，材料发现对于减少 IT 基础设施中的内含碳可能也是必要的。

下面讨论人工智能如何帮助解决这两个关键的知识缺口。

13.2.3.5 第一个知识缺口与温室气体排放量的直接测量有关

人工智能可以将多种数据源结合起来，提供更好的温室气体排放量估算。例如，《气候 TRACE》和《碳监测》使用原地测量数据（从传感器和船只位置等来源获得的高精度数据，但并非完全可用或覆盖每个国家、部门或资产）、遥感图像（来自公共和私人卫星以及可见光和其他频谱），以及企业披露的其他数据来源（通常使用排放因子估算）。通过与合作伙伴组织［如瓦特时刻（Watt Time）、海洋之心（Ocean Mind）和蓝天分析（Blue Sky Analytics）（气候 TRACE 的案例）］的合作，这些数据被用于训练和不断改进人工智能算法，以估算排放资产的位置、排放发生的时间和排放量。

人工智能还可用于应对减小土地部门排放量误差的具体挑战。例如，Terrain AI［Terrain-AI-发现新见解，支持有效的气候变化决策（terrainai.com）］建立了完全仪器化的基准测试点（涵盖草地、耕地、林地、湿地、泥炭地和城市地区），并使用机器学习算法生成适用于可持续管理和政策制定的信息。碳计划利用卫星图像识别了因森林砍伐而导致森林减少的地点，并估算了从森林中移除的碳量；Synthetaic 利用高性能计算、生成式人工智能和深度神经网络，从卫星图像中绘制了动物集中饲养场（CH_4 的主要排放源）地图。

一个活跃的研究领域是利用迁移学习，将在丰富数据环境中开发的人工智能算法推广应用到负数据环境中。利用人工智能从激光雷达数据中估算树木高度或泥炭厚度以评估碳储量就是一个实际例子，然后利用人工智能从卫星图像中预测激光雷达的测量值[33]，将其推广到没有激光雷达数据的地区，从而实现全球范围的扩展。

利用人工智能改进对全球温室气体排放的直接测量，可以通过解决核查和泄漏等关键问题，大大改进和加快利用基于自然的碳清除解决方案。例如，人工智能可以改善政策激励措施的制定[34]（例如，鼓励农民采用欧盟农业政策中规定的固碳和减排措施），并使农民能够在适应当地土地需求的同时大规模工作的农业做法成为可能（FarmBeats：AI，Edge & IoT for Agriculture-Microsoft Research 就是一个开创性的例子）。最后，人工智能可以实现生物肥料的工程化，从而取代化学肥料，降低成本并促进土壤中的碳固存。人工智能在生物学中的应用是一个新兴且有前景的研究领域。

13.2.3.6 第二个知识缺口涉及无碳材料

总体来说，发现新材料的过程缓慢且艰难，但人工智能可以通过优化研发、降低成本，并加速无碳材料的发展来帮助经济脱碳[6]。利用人工智能开发新材料将需要利用来自实验（小数据）和现实世界的数据。

例如，可以利用监督学习和生成模型，使用自然资源来开发储能电池。同样，人工智能也可以改善替代燃料的开发，并减少其当前的绿色溢价。生物燃料有潜力作为低碳替代性燃料，保留化石燃料属性（高能量密度）的同时，与现有基础设施兼容[35]。此外，如果使用无碳电力生产，氢气可以作为可持续燃料及能量储存使用，因为其储存成本低于电力。氢气还可以用于对那些需要高温的制造过程进行脱碳。

人工智能可以帮助我们建模和设计无碳建筑材料。例如，已经利用强化学习提出了新的低排放混凝土配方，能够满足所需的结构特性[36]。

最后，向无碳电力的过渡（需要从今天的1/3迅速增长到2050年的大约80%）也将需要使用碳捕获和存储技术，人工智能可以通过开发新材料和优化过程来提供帮助。人工智能还可以在基于技术的方法中改善碳移除，如直接空气捕获（例如，通过改进吸附剂的可重用性和CO_2吸收能力，或开发耐高温的抗腐蚀组件[37]），并协助识别和监测碳封存地点[38]。

13.3 面向人工智能的净零排放

人工智能扮演着双重角色：一方面它可以帮助实现净零排放，另一方面它也会产生温室气体排放。和任何其他与信息技术相关的活动一样，人工智能依赖于计算资源，如处理器、内存和网络。这种依赖意味着人工智能产生温室气体排放的来源有两个：一是所需基础设施制造过程中固有的碳排放；二是使用该基础设施来训练和部署人工智能所直接消耗的能源。

包括人工智能在内的所有形式的计算都在迅速增长，因为它们是对社会有用的工具，包括应对净零排放挑战的工具。相应地，其能源使用也在增加，据估计，2018年全球数据中心的能源使用已增长至全球电力消耗的1%[39]。然而，应注意的是，由于能源效率的提高，全球数据中心能源使用的增长速度远低于全球数据中心数量及其设备的增加。以每个计算实例的能源来计算，全球数据中心的能源强度自2010年以来每年减少了20%[39]。

尽管能源效率有所提高，但这并不是自满的理由：最近观察到人工智能资源消耗的进一步加速，这是由深度学习人工智能模型的规模增加和应用范围扩大所驱动的[40]。人工智能的迅速增长引发了对其碳足迹的担忧[41]，并使人们注意到让人工智能本身实现净零排放的重要性。

通常，人工智能模型的开发周期可以分为四个阶段（数据处理，实验，训练，推理），直到最近，这些阶段的关注点一直是性能，而很少考虑提高环境效率。让人工智能达到净零排放将需要广泛转变重点，关注模型开发周期的所有四个阶段以及基础设施的整个生命周期的环境效率，从制造到报废。

一些转变已经在进行中。到目前为止，实施的最重要的减少碳排放的措施是广泛使用无碳电力。例如，Facebook AI报告显示，在2020年，可再生能源为其人工智能的全部运营使用提供动力，将其总碳足迹减少了大约2/3[40]，所有主要云服务提供商（包括微软Azure、亚马逊Web服务和谷歌云）要么已经用100%无碳能源为其数据中心供电，要么有要在2030年前制定这样做的路线图。

使用无碳能源为全球数据中心供电，需要作为更大规模推动全球无碳能源总体可利用量增加的一部分——这不仅用于交通和制造等领域，还用于全球数据中心外的计算和机器学习。例如，设备上的分布式人工智能学习变得越来越普遍，并提供隐私优势。对分布式学习的估计显示，其碳足迹与在集中式环境中训练数量级更大的模型相当[40]，而且可再生能源对客户端设备的限制通常远大于全球数据中心。

在固有碳方面，已经确定全球数据中心的一个关键问题是半导体，约占总固有碳的 1/3。关于设备，据估计，固有碳足迹占客户端设备总足迹的 74%（例如，苹果对 iPhone 11 的环境报告）。因此，之前关于科学发现无碳材料的分析对于减少人工智能的碳足迹也极为重要。

展望未来，有必要将人工智能开发的重点转移到环境效率上。需要开发简化和标准化的环境效率测量方法，以优先考虑最高影响力的优化。基于硬件和软件创新相结合的迭代工程改进需要继续进行，以使学习模型运行更高效。此外，有必要优先使用计算和内存需求较低的人工智能方法，解决机器学习效率问题，开发更有效的技术来重复使用已经训练的昂贵模型，并将深度学习研究中的效率进步知识转化为实践。

13.4 结论与未来展望

避免灾难性气候变化需要停止因人类活动导致的温室气体在大气中的积累，即实现净零排放。实现净零排放是一个复杂且紧迫的挑战，需要改进碳核算能力，以便为全球经济的所有部门脱碳（通过减少和移除温室气体排放）。好消息是，技术进步可以使我们进一步提升能力。

人工智能是实现所需转型的关键技术，因为它已经证明能够处理来自异构源（如卫星、传感器、手机或书面报告）的大数据集，解决广泛问题[3–5]，提高优化和自动化（例如，帮助增加可再生能源的可用性），并支持研发以填补知识空白。

本章已经介绍了人工智能如何成功应用（表 13.1）的例子，并分析了人工智能如何实现净零排放以及目前高耗能的人工智能技术本身如何实现环境可持续性。尽管不是本章的重点，但应该指出，人工智能还可以通过促进气候适应、评估和管理气候风险来增加对气候变化的适应性。

目前，限制人工智能在碳核算和脱碳（减少和移除温室气体排放）经济影响的三个共同因素已被识别（图 13.1）：人工智能使用的激励（政策、经济、技能）；人工智能在复杂系统中的实际部署；数据质量和可用性。

正如已经展示的，正在迅速取得进展以解决所有这些限制。实现净零排放需要进一步的发展和同时行动——人工智能可以实现并进一步加速——在所有这些维度上。此外，仍然存在两个关键领域的重要知识差距：直接测量温室气体排放；材料工程的科学发现。

直接测量温室气体排放对于实现净零排放至关重要（图 13.1 和表 13.2），因为它们在碳核算（减少目前土地部门较大的不确定性并解决 CH_4 等关键温室气体问题）、减少排放（覆盖能源、交通、制造和土地部门）和移除排放（针对基于自然和技术的解决方案）方面至关重要。

人工智能可以在加速研发和解决这两个知识空白方面发挥基础性作用。

对于直接测量温室气体排放，使人工智能得以使用的关键数据包括遥感、现场传感器、移动数据和行政记录（例如，房地产记录）。关键的人工智能方法和计算工具包括计算机视觉、多传感器数据融合和计算流体动力学。

对于材料工程，使人工智能得以使用的关键数据包括：材料和制造特性数据；化学性质数据库、可合成性数据和供应链数据。关键的人工智能方法和计算工具包括生命周期分析、材料设计、强化学习、推理、自然语言处理和计算流体动力学。

此外，应该指出的是，这两个关键知识空白目前没有达到所需的投资水平。正如最近对气候技术投资的分析（普华永道 2021 年气候技术状况报告）所显示的，制造、农食品和建筑环境领域的气候科技风险投资份额约占总风险资本投资的 25%，尽管这三个部门的排放量占全球温室气体排放量的 70%。相比之下，交通部门的风险资本投资占比超过 60%。因此，有充分的理由将投资重点放在填补这些知识空白上。

通过聚焦解决直接测量温室气体排放和材料工程这两个基础性知识空白，人工智能可以实现适当的核算（包括减少来自土地部门和 CH_4 排放的现有较大的不确定性）并通过促进温室气体减少（能源存储、可持续燃料和无碳材料）和实现碳排放移除（解决基于自然的解决方案如验证和泄漏的限制，使基于技术的解决方案具有成本效益）加速经济脱碳。

参考文献

[1] I. Azevedo, M. R. Davidson, J. D. Jenkins et al. (2020). The paths to net zero: How technology can save the planet. Foreign Affairs, 99(3), 18–27.

[2] S. Fankhauser, S. M. Smith, M. Allen et al. (2022). The meaning of net zero and how to get it right. Nature Climate Change, 12, 15–21.

[3] D. Rolnick, P. L. Donti, L. H. Kaack et al. (2019). Tackling climate change with machine learning. arXiv.org.

[4] S. W. Fleming, J. R. Watson, A. Ellenson et al. (2022). Machine learning in Earth and environmental science requires education and research policy reforms. Nature Geoscience, 15, 878–880.

[5] R. Nishant, M. Kennedy, and J. Corbetta (2020). Artificial intelligence for sustainability: Challenges, opportunities, and a research agenda. International Journal of Information Management, 53, 102104.

[6] K. T. Butler, D. W. Davies, H. Cartwright et al. (2018). Machine learning for molecular and materials science. Nature, 559, 547–555.

[7] S. J. Davis, N. S. Lewis, M. Shaner et al. (2018). Net-zero emissions energy systems. Science, 360, 6396.

[8] J. Lehne and F. Preston (2018). Making Concrete Change, Innovation in Low-Carbon Cement and Concrete. Chatham House Report, Energy Environment and Resources Department, London, pp. 1–66.

[9] M. Olsthoorn, J. Schleich, and C. Faure (2019). Exploring the diffusion of low-energy houses: An empirical study in the European Union. Energy Policy, 129, 1382–1393.

[10] N. M. Mahowald, D. S. Ward, S. C. Doney et al. (2017). Are the impacts of land use on warming underestimated in climate policy? Environmental Research Letters, 12(9), 094016.

[11] E. McGlynn, S. Li, M. F. Berger et al. (2022). Addressing uncertainty and bias in land use, land use change, and forestry greenhouse gas inventories. Climatic Change, 170(5), 5.

[12] P. Hawken (2018). Drawdown: The Most Comprehensive Plan Ever Proposed to Reverse Global Warming. Penguin. London, United Kingdom.

[13] L. Joppa, A. Luers, E. Willmott et al. (2021). Microsoft's million-tonne CO_2 removal purchase — Lessons for net zero. Nature, 597, 629–632.

[14] B. Minasny, B. I. Setiawan, S. K. Saptomo et al. (2018). Open digital mapping as a cost-effective method for mapping peat thickness and assessing the carbon stock of tropical peatlands. Geoderma, 313, 25–40.

[15] F. Biljecki, H. Ledoux, and J. Stoter (2017). Generating 3D city models without elevation data. Computers, Environment and Urban Systems, 64, 1–18.

[16] C. Voyant, G. Notton, S. Kalogirou et al. (2017). Machine learning methods for solar radiation forecasting: A review. Renewable Energy, 105, 569–582.

[17] A. M. Foley, P. G. Leahy, A. Marvuglia et al. (2012). Current methods and advances in forecasting of wind power generation. Renewable Energy, 37, 1–8.

[18] H. S. Hippert, C. E. Pedreira, and R. C. Souza (2001). Neural networks for short-term load forecasting: A review and evaluation. IEEE Transactions on Power Systems, 16(1), 44–55.

[19] S. D. Ramchurn, P. Vytelingum, A. Rogers et al. (2011). Agent-based control for decentralised demand side management in the smart grid. 10th International Conference on Autonomous Agents and Multiagent Systems, 1, 5–12.

[20] K. Fujimura, A. Seko, Y. Koyama et al. (2013). Accelerated materials design of lithium superionic conductors based on first-principles calculations and machine learning algorithms. Advanced Energy Materials, 3(8), 980–985.

[21] Y. Bengio, A. Lodi, and A. Prouvost et al. (2018). Machine learning for combinatorial optimization: A methodological tour d'Horizon. arXiv.org.

[22] X. Dai, L. Sun, Y. Xu (2018). Short-term origin-destination based metro flow prediction with probabilistic model selection approach. Journal of Advanced Transportation.

[23] E. S. Rigas, S. D. Ramchurn, and N. Bassiliades (2015). Managing electric vehicles in the smart grid using artificial intelligence: A survey. IEEE Transactions on Intelligent Transportation Systems, 16(4), 1619–1635.

[24] R. H. Kazi, T. Grossman, H. Cheong et al. (2017). Early stage 3D design explorations with sketching and generative design. In UIST '17: Proceedings of the 30th Annual ACM Symposium on User Interface Software and Technology. New York: ACM Press, pp. 401–414. https://doi.org/10.1145/3126594.3126662.

[25] D. Urge-Vorsatz, K. Petrichenko, M. Staniec et al. (2013). Energy use in buildings in a long-term perspective. Environmental Sustainability, 5(2), 141–151.

[26] F. Jia, Y. Lei, J. Lin et al. (2016). Deep neural networks: A promising tool for fault characteristic mining and intelligent diagnosis of rotating machinery with massive data. Mechanical Systems and Signal Processing, 72, 303–315.

[27] F. Burlig, C. R. Knittel, D. Rapson et al. (2017). Machine Learning From Schools About Energy Efficiency. National Bureau of Economic Research. Working Paper Series 23908. doi: 10.3386/w23908, http://www.nber.org/papers/w23908.

[28] J. You, X. Li, M. Low et al. (2017). Deep Gaussian process for crop yield prediction based on remote sensing data. In Thirty-First AAAI Conference on Artificial Intelligence. San Francisco, 2017.

[29] H. Joosten, M. Tapio-Biström, and S. Tol (2012). Peatlands: Guidance for Climate Change Mitigation Through Conservation, Rehabilitation and Sustainable Use. Food and Agriculture Organization of the United Nations.

[30] V. B. Cashin, D. S. Eldridge, A. Yu et al. (2018). Surface functionalization and manipulation of mesoporous silica adsorbents for improved removal of pollutants: A review. Environmental Science: Water Research & Technology, 4(2), 110–128.

[31] M. Araya-Polo, J. Jennings, A. Adler et al. (2018). Deep-learning tomography. The Leading Edge, 37(1), 58–66.

[32] P. L. Donti, B. Amos, and J. Z. Kolter (2017). Task-based end-to-end model learning in stochastic optimization. Advances in Neural Information Processing Systems, 5484–5494.

[33] P. Rodríguez-Veiga, J. Wheeler, V. Louis et al. (2017). Quantifying forest biomass carbon stocks from space. Current Forestry Reports, 3(1), 1–18.

[34] C.-H. Chen, H.-Y. Kung, and F.-J. Hwang (2019). Deep learning techniques for agronomy applications. Agronomy, 9(3).

[35] L. H. Kaack, P. Vaishnav, M. G. Morgan et al. (2018). Decarbonizing intraregional freight systems with a focus on modal shift. Environmental Research Letters, 13(8), 083001.

[36] X. Ge, R. T. Goodwin, J. R. Gregory et al. (2019). Accelerated discovery of sustainable building materials. arXiv.org.

[37] G. Holmes and D. W. Keith (2012). An air–liquid contactor for large-scale capture of CO_2 from air. Philosophical Transactions of the Royal Society A: Mathematical, Physical and Engineering Sciences, 370(1974), 4380–4403.

[38] B. Chen, D. R. Harp, Y. Lin et al. (2018). Geologic CO_2 sequestration monitoring design: A machine learning and uncertainty quantification based approach. Applied Energy, 225, 332–345.

[39] E. Masanet, A. Shehabi, N. Lei et al. (2020). Recalibrating global data center energy-use estimates. Science, 367, 984–986.

[40] C.-J. Wu, R. Raghavendra, U. Gupta et al. (2022). Sustainable AI: Environmental implications, challenges and opportunities. arXiv.org.

[41] E. Strubell, A. Ganesh, and A. McCallum (2019). Energy and policy considerations for deep learning in NLP. arXiv.org.

第14章 人工智能在气候科学中的应用

Philip Stier，牛津大学物理系，英国。E-mail：philip.stier@physics.ox.ac.uk

14.1 引言

虽然人工智能已经被引入许多科学领域并带来技术变革，但人工智能在气候研究中引入的时间线却不那么清晰。这是因为气候研究本身就是一个数据密集型领域，因此研究界从一开始就不得不开发用于预测和统计数据分析的自动化工具，而不知道这些方法将来（甚至现在）会被视为人工智能或机器学习（机器学习指的是在没有明确指令的情况下应用人工智能从数据中学习）[1]。例如，回归和聚类分析几十年来一直被用于了解气候变量在观测数据和建模数据中的关联。概率方法和贝叶斯定理已被广泛用于解决从地球观测数据中推断气候参数的逆问题，如从卫星数据中对大气属性（如温度、云层和成分）进行优化估计检索[2]。聚类技术（如 *K*-means 算法）已被广泛应用于识别和归因天气模式和云系[3]。因果归因技术也被开发出来，用以将人为气候信号与自然变异性区分开来，通常结合主成分分析等方法进行降维处理[4]。

在早期工作的基础上，人工智能的最新进展正在深刻改变气候科学的各个领域，下面将对此进行探讨。本章的重点不在于具体介绍各个问题所采用的各种人工智能或机器学习方法（这些方法种类繁多且发展迅速，且通常对每项任务的最佳方法尚无广泛共识），而是聚焦于人工智能和机器学习如何改变气候科学中的关键应用领域和带来的机遇。

14.2 气候建模

气候模型的复杂度范围广泛，从具有解析解的简单零维能量平衡模型，到预测地球系统关键组成部分瞬态演变的复杂数值地球系统模型。本章重点关注后一类模型，特别是物理气候系统模型。气候模型可定义为映射算子 C，该算子将气候状态向量 $\boldsymbol{x}(t)$ 从初始状态 $\boldsymbol{x}(t_0)$ 映射到时间 t，通常伴随预设的时空变化边界条件，例如自然扰动（如火山排放、太阳辐射）和人为扰动（二氧化碳浓度、气溶胶、土地利用），用向量 $\boldsymbol{b}(t)$ 表示。映射 C 包括结构不确定性（因气候过程描述的底层方程形式）和参数不确定性（因方程中参数 θ 的不确定性）：

$$\boldsymbol{x}(t)=C(\boldsymbol{x}(t_0),\boldsymbol{b}(t),\theta) \tag{14.1}$$

其中，C代表各种复杂的物理过程，并在地球系统模型中还涵盖生物化学过程。气候模型一般对地球进行空间离散化（如结构化或非结构化网格、球面谐波），并依据物理守恒定律（动量、能量、质量），这些定律以耦合偏微分方程组的形式表示，并在时间上进行数值积分。为保证数值稳定性[5]，积分步长必须较短；以1°×1°（约100km）分辨率的模型为例，时间步长通常为O（10min）。对于更高空间分辨率的模型，时间间隔必须进一步缩短，如后文所述。对于1700年到2100年的典型瞬态气候模拟，这需要O（10^7）个时间积分步骤，以解决O（10^6）个网格点的复杂方程组。值得注意的是，气候模型本质上是对天气随机表现的时间积分，结构上通常与天气预报模型非常相似，因此随后讨论的许多人工智能应用都适用于气象和气候两者。

然而，关键气候过程发生在气候模型无法显式解析的小尺度上。例如，云滴在微观尺度约为O（10^{-6}m）形成，这些微小水滴通过扩散和碰撞过程增大，形成尺度约为O（10^{-3}m）的降水颗粒。宏观尺度上，云通常出现在O（10^2m）～O（10^5m）范围内。由于计算上资源极限，这些尺度无法全部被全球气候模型解析，因此这些过程通过参数化方法模拟，即利用显式分辨的大尺度气候变量对小尺度过程进行近似。尽管此类参数化方案在天气和气候预测中已取得显著成效，但其本质上对物理过程的简化处理仍导致了模型结构性缺陷，这些缺陷已成为模型整体不确定性的重要来源之一。

另一个往往被忽视的问题是，气候模型中包含许多此类参数化过程，涵盖云、辐射、湍流、重力波和海洋中尺度涡旋的描述。由于涉及的过程极为复杂，这些参数化通常采用算子分裂方法顺序求解，即独立计算各参数化算子对应的解，再将其组合计算变量的总体趋势，随后按时间积分推进。实际上，典型气候模型中仅对云过程就拆分为三个算子参数化：①计算云量；②对流输运（包括动量、水分及示踪物）；③云微物理，即水滴和冰晶的演变。物理气候模拟自其诞生以来就是推动超级计算能力边界的重要领域，因此气候模型社群积极采纳人工智能与机器学习技术所提供的机遇，接下来将对此进行探讨。

14.2.1 气候模型参数化的仿真

基于长期的气候模型开发传统，大多数在气候建模中应用人工智能的工作都聚集于对现有气候框架中参数化方案的仿真上，其主要目标有两个。

14.2.1.1 加速实现现有参数化方案的仿真器，以降低计算成本

1）利用神经网络对大气辐射传输进行仿真

已有研究表明，神经网络对气候模型中长波辐射代码的仿真速度可比原参数化方法提升50～80倍[6]，该方法后续成功扩展至短波辐射且精度得以增强[7]。

2）气溶胶微物理仿真

测试了诸多机器学习方法，如神经网络、随机森林和梯度提升等，结果显示，神经网络能够成功仿真包含物理约束的气溶胶微物理模块，且计算速度较原模型提高超过60倍[8]。

14.2.1.2 精度

借助人工智能/机器学习加速，可通过更高精度（之前计算负担难以承受）的参考模型进行

仿真替代计算负担较轻的简化参数化模型。具体示例包括：

1）用神经网络替换不确定性较大的大气对流云参数化

例如针对每个柱的二维云分辨模式仿真（超参数化）。Rasp 等[9]使用一个九层全连接网络组成、每层含 256 个节点，参数约 50 万个神经网络，成功替代气候模型中对流方案，实现多年模拟，良好再现了云分辨模拟的平均气候和重要变异特征。有趣的是，该神经网络虽未在训练中明示采用能量守恒物理约束，但能近似保持能量守恒。通过显式引入物理约束，可解决剩余稳定性问题[10]。

2）仿真重力波阻力参数化

基于更复杂版本的现有方案训练而成的仿真器，不仅生成了比操作版更准确的天气预报，而且在 GPU 上运行速度为 CPU 的 10 倍[11]。

3）描述未解析的海洋中尺度涡旋参数化

通过相关向量机及卷积神经网络，从高分辨模拟中开发了高效的涡旋参数化[12]，设计时明确嵌入物理约束，构建对称的涡旋应力张量元素，实现全球动量和涡度的严格守恒，并保证结果可解性。

鉴于长期积累的参数化专项开发历史，当前方法主要着眼于提升现有结构框架下参数化的速度和精度，这不足为奇。然而，人工智能/机器学习的引入为克服气候模型结构性限制提供了重要支撑。首先，关键的气候过程在时间尺度上耦合速度远快于气候模型积分时间步长，例如气溶胶与云之间的相互作用。然而，现行的算子分裂仅允许该过程每个模型步长［通常为 O（10min）］进行一次耦合。人工智能/机器学习有潜力联合仿真这些快速耦合过程，从而消除结构性算子分裂误差——此潜力尚未充分开发。其次，人工智能/机器学习还使得在观测约束条件下开发全新参数化方案成为可能，后文将进一步讨论。

14.2.2 新气候模型参数化的发展

气候模型参数化的发展通常结合理论研究与详细过程或高分辨率建模，或基于观测到的小尺度过程与大尺度气候变量（例如，作为网格尺度大气湿度函数的云分数参数化[13]）之间的联系。然而，在参数化发展中系统地纳入观测约束仍然具有挑战性。因此，观测数据多被用于参数化结构构建之后的模型评估和参数调优，且通常仅依赖汇总统计指标，如卫星观测的网格月平均值。令人惊讶且担忧的是，当前气候模型的开发和评估仅利用了极为丰富的地球观测信息内容的极小一部分。然而，针对在参数化方案开发中系统性地融合观测数据和高分辨率模拟的新方法正在不断被提出。已经概述了一个基于机器学习的参数化框架，以从地球观测和有针对性的高分辨率模拟中学习[14]。在该框架中，参数化的参数通过最小化精心设计选择的（但仍涉及主观判断）目标函数来学习。这些目标函数设计的目的是惩罚模拟结果与观测数据或针对性高分辨率模拟之间的不匹配。应该注意的是，此类方法仍然包含参数化具体表达式及其时空适用范围引入的结构性误差。例如，在现有气候模型中，对流参数化受到单个模型列的限制，这使得很难准确描述更大尺度的有组织云系统。在气候建模的观测数据驱动方法中，一个特别的挑战是，按照构建逻辑，我们预期气候系统将在训练期间（可获得观测数据的时期）和未来气候变化中发生变化。从大约 1980 年至今，即从已经历重大气候变化的时期可获得可靠的基于卫星的地球观测数据。这种由气候过程的非平稳性引起的数据集转变，不同于大多数传统的机器学习应用，后者假定训练集和测试集之间的底层分布保持不变。此外，由于地球观测数据的不完整性，还存在引入选择偏差的风险。

为应对由非平稳性导致的数据漂移，机器学习策略包括主动学习[15]、基于观测结果查询额外约束，或在检测到数据集偏移时进行过程建模[14]。常用的基于特征丢弃剔除漂移特征的方法，在实际物理分布随气候变化真正改变的气候状态变量不可取。Beucler 等[16]通过物理重标机器学习模型输入与输出，构造了亚网格尺度热力学变量的“气候不变”映射，成功推广至未观测气候态。然而，该方法如何应用于状态依赖及潜在不连续反馈过程（如相位变化引起的云反馈[17]或关键临界态跳变[18]）尚不明确。

14.2.3 气候和气候过程模型的校准

气候模型校准通常是在给定模型结构的前提下进行的，其涉及大量存在不确定性的模型参数 θ。例如，因与小尺度流动过程相关的极大不确定性，云与其环境混合的对流率表现出高度不确定性，但该过程对对流层上部的湿度、云量以及最终的气候敏感性具有深远影响[19]。在模型开发阶段，通常会对此类气候模型参数进行动态调整，以最大限度地减少模型输出与当前观测子集的之间的偏差。然而，即便依据现有观测构建不同参数组合的气候模型变体，也能合理匹配观测数据，且模拟结果在气候敏感性上会表现出显著差异[20]。扰动参数集合（perturbed parameter ensembles，PPES）是指其在不确定性范围内变化的气候模型参数集合，被提出作为探索全参数不确定性的一种方法[21]。然而，由于存在大量不确定的气候模型参数。如 HadGEM3 气候模型[22]中已识别出 47 个关键参数，而对这 47 维参数空间进行充分模拟需要庞大的计算量。该方法率先在大众科学计算项目 climateprediction.net[19,21]中得到应用，该项目依托众多用户贡献的计算能力来进行模拟。受限于计算资源，这类参数不确定性分析一般只能应用于复杂度较低的低分辨率模型，或者必须借助灵敏度分析来减少需探测的参数数量（如文献 [22] 所述）。

近年来，基于人工智能/机器学习的气候模型输出模拟技术为气候模型的不确定性估计和校准提供了一种有效的替代方案。基于高斯过程[23]的贝叶斯校准框架被引入大气科学领域。通过一系列气候模型模拟样本，全面探测所有参数维度上的不确定性。拉丁超立方体[24]采样方法则作为一种高效的参数空间采样技术，大幅减少所需模拟的次数。利用高斯过程等代理模型对模拟输出进行仿真，不仅可以用于观测约束，还能评估这些约束对关键气候指标的影响，比如全球能量平衡中的辐射扰动。气候模型的校准本质上是一个逆问题，旨在寻找一组参数 θ 的最优组合，使模型输出与观测数据达到最佳匹配。与稀疏执行的气候模型不同，相关观测数据通常可以实现高密度采样。由于模型自身存在结构不确定性和表示误差，气候模型无法完全再现实测观测，因此，此校准过程通常采用最小化某种目标函数的方法，通常是考虑观测误差的模型输出和相应观测之间的某种形式的距离度量。例如，在历史匹配方法中，常用的距离度量可通过近似贝叶斯计算（ABC）或马尔可夫链蒙特卡罗（MCMC）等技术进行[25]时使用的。这类气候模型校准方法是在限制气溶胶（即空气污染颗粒）对云和气候的高度不确定影响的背景下开创的[26]。现如今，多个开源工具已构建了完整的工作流程，支持具有广泛而异构的观测数据，完成气候模型的仿真与校准[27]。

14.2.4 数字孪生地球

随着高性能计算和小尺度流体流动的非流体静力方程高效计算求解器的融合，现在已经能够在云分辨率（千米级）尺度上对全球大气进行数值模拟[28]。将这类模拟与具有相似空间尺度的地球观测数据相结合，可以利用比以前更大比例的观测信息内容，避免传统参数化方法带来的关键结构缺陷，尤其是那些与深对流云或海洋中尺度涡旋相关的缺陷，因为这些流动现在已经能够被显式解析。然而，这种高分辨率气候模式面临巨大的计算挑战，例如，分辨率为 2.5km 的气候数值模型 ICON 有 84×10^6 个 90 级网格柱，为了保证数值稳定性，其气候时间尺度的积分需要在 4.5s 的时间步长。仅存储 10 个气候变量的数据就接近每个输出时间步长 1TB[28]，一天产生的数据量达到数 PB。为解决如此巨量数据问题，基于人工智能的数据压缩方法应运而生，如利用自动编码器学习底层物理，将数据编码到低维空间，以便更高效地输出和后续分析[29]。引入具备更高物理真实感的模型的，为数字孪生地球的发展开辟了新途径[30]。数字孪生地球将地球系统组成部分（如大气、海洋、碳循环甚至生物圈）的物理和生物地球化学耦合模型与使用数据同化的地球观测相结合。数据同化旨在在物理一致的框架内将观测与模拟最佳结合，这使我们能够弥补观测差距，观测则由于剩余的结构和参数误差而限制了模型的不确定性。这样的数字孪生地球将使我们能够在几天到几十年的时间范围内及时评估气候变化影响下社会决策的影响。尽管目前普遍认为，坚实的物理基础是数字孪生地球的可解释性和可信度的先决条件[31]，但人工智能/机器学习将在其发展中发挥重要作用。关键应用程序将包括模拟剩余的亚网格尺度参数化（如湍流、云微物理、辐射）、新参数化和模型组件的数据驱动开发，以及分析和查询此类模型创建的大量数据集的工具。展望未来，随着物理约束机器学习和可解释人工智能（XAI）技术的发展，有望带来范式转变，使得气候系统模拟摆脱昂贵的短时间步长数值积分，但这需要可信人工智能的重大突破及其社会广泛认可。

14.3 气候模型数据分析

14.3.1 模拟器

当前的气候模型之间对比实验产生的数据量极大，数据量大到无法通过简单查询为政策制定者提供指导。第六阶段耦合模型相互比较实验（CMIP6）[32]是主要的国际气候建模活动，包括来自单个气候模型的数万个模拟周；其输出数据规模约为 18PB[33]。因此，当前的气候模型集成只能探索决策者可用的社会经济情景的一个非常有限的子集[34]。因此关键的政策决策通常基于简单的全球平均气候参数，最著名的是《巴黎协定》中“将全球变暖限制在远低于 2℃，最好限制在 1.5℃”的目标。在联合国缔约方会议（COP）谈判期间，政策制定者的实时信息通常由降低复杂性的综合评估模型提供（例如，文献 [35]）。虽然这些模型在物理上是一致的，并且可以根据复杂的气候模型进行评估，但它们在构造上忽略了气候变化及其影响的复杂区域变化。人工智能/机器学习技术可用于模拟大规模数据集，这为开发新一代复杂性降低的气候模型模拟器提供了机会，以用于模拟关键气候参数。这些工具仍然可以完全追溯到复杂气候模型（如CMIP6）的大型集成输出，并预测区域气候变化的全球模式。

从人工智能/机器学习的角度来看，气候模型输出的仿真结果与气候建模本身没有什么不同。这种模拟器可以被概括为映射 E，它根据瞬态边界条件 $b(t)$ 映射气候状态向量 $\boldsymbol{x}(t)$ 随时间 t 的变化。

$$\boldsymbol{x}(t)=E(b(t),\theta_{\mathrm{ml}}) \tag{14.2}$$

然而，存在一些概念上的差异：由于 E 是从预先计算的训练数据集 X（气候模型输出）的拟合中学习机器学习模型参数 θ_{ml}，因此不需要明确的时间整合。此外，由于气候被定义为单个天气模式的长期平均值，因此通常可以在更大的时间尺度上进行汇总，如年平均值甚至十年平均值，尽管可能还需要模拟季节周期以及短期极端值甚至全概率分布。最后，作为社会经济情景选择决策工具的主要应用意味着边界条件，如 CO_2 排放，通常可以汇总为全球平均值。但是，应该记住，这可能会限制其适用性，如区域降水对短期气候驱动力（如气溶胶）的反应，排放位置会影响反应[36]。

针对 CMIP6[32]、ScenarioMIP[34] 和 DAMIP[37] 等全复杂的气候模型模拟，已经开发结合多种机器学习的模型的基准测试框架[38]。这些模拟器包括基于高斯过程[23]、随机森林[39]、长短期记忆网络[40]、神经网络以及卷积神经网络[41]等适用于地球系统组件仿真的通用框架中[27]。可预测关键气候参数的年平均全球分布，包括给定各种排放途径的极端值，涵盖广泛排放路径，支持高效探索先前未涉及的情景，这在计算昂贵的数字孪生地球模型中尤为重要。

14.3.2 缩小规模

全球气候模型的分辨率通常过于粗糙，难以预测具有实际意义的局地气候影响，如关键基础设施（如太阳能或风力发电厂）或流域面积的气候情况，用于洪水风险评估。传统上，这种更高分辨率的预测是使用区域气候模型进行的，这些模型基于全球气候模型的边界条件或使用统计降尺度进行预测以高分辨率模拟区域气候，从而在已解析的粗略气候变量和当地或区域气候变量之间建立统计关系[42,43]。

将二维气候数据集视为图像，降尺度问题与机器学习中的超分辨率概念密切相关，旨在从低分辨率输入图像生成一致的高分辨率图像。虽然这在原理上是一个病态问题，基于机器学习的超分辨率方法利用了关于高分辨率图像结构的先验知识，并已实现了显著的精度提升。对于气候降尺度，关于高分辨率地形（特别是降水，通常由山脉上的水流触发）和地表特征（特别是温度，因为它会影响太阳光的吸收和地表通量）的先验知识，预计有望改善预测效果。上述及其他物理约束可以明确或隐含地作为高分辨率训练数据集的一部分加以包含。

在监督的超分辨率缩放中，机器学习模型通过观测得到的高分辨率气候数据集（例如，雷达网络的降水数据或高分辨率气候模型）进行训练，以利用低分辨率输入（如低分辨率气候模型）预测高分辨率气候数据。成功的应用包括以下内容：利用卷积神经网络进行大陆尺度的温度和降水降尺度[44,45]，以及利用生成对抗网络对代表可再生能源发电的全球气候模型输出风速和太阳辐照度输出进行降尺度[46]。

然而，并非所有应用都有可靠的高分辨率训练数据集。例如，对非洲气候影响的评估具有至关重要的社会意义，但可用作高分辨率训练数据的观测网络非常有限。因此，开发无监督的缩放方法具有很大的潜力。Groenke 等[47]将降尺度视为域对齐问题，开发了一种无监督模型来学习两个随机变量之间的映射，该模型基于它们共享的结构，具有与现有监督方法相当的预测性能。

14.4 人工智能在气候科学中的地球观测

地球观测在发现和了解关键气候过程方面发挥了重要作用，自 Foote[48] 发现水蒸气和 CO_2 对大气辐射的重要性以来，这一点尤为明显。来自地球观测的强有力约束对于气候模型及其预测的可信度至关重要。如今，随着来自星载和地面观测系统的前所未有的大量地球观测数据可用，观测在气候科学中的作用越来越受限于我们提取相关数据信息内容的能力与规模。

几十年来，气候科学利用地球观测数据的主要方法是基于像素逐个提取相关气候参数，如温度剖面、大气成分和云特性，主要来自光谱辐射测量。这种方法取得了巨大的成功，但却忽视了来自单个像素以外的时空结构所蕴含的地球观测数据的重要信息内容。随着可靠且可扩展的人工智能/机器学习在特征检测和分类领域的出现，我们迎来了探索地球观测全部潜力的独特机会，还能为气候模型提供更有效的约束和验证工具。

14.4.1 遥感反演

遥感观测中对与气候相关参数（以状态向量 $\boldsymbol{x}$ 表示）的反演，是一个逆问题，通常不存在唯一解决方案。通常，假设存在状态向量的先验知识 $\boldsymbol{x}_a$，使用正向辐射传输模型 $F(\boldsymbol{x})$ 来模拟存在测量误差 ε 的光谱辐射率（无源仪器）或后向散射（有源仪器）的观测值 $\boldsymbol{y}$。检索旨在最小化差异，该差异通常表示为成本函数，包括测量前向模型 $F(\boldsymbol{x})$ 和观测值 $\boldsymbol{y}$ 之间拟合的数据拟合项，以及测量状态向量 $\hat{\boldsymbol{x}}$ 的最佳估计值和先验 $\boldsymbol{x}_a$ 之间的正则化项。这种检索通常在最优估计的贝叶斯框架[2]中进行，已成功应用于气候参数的卫星遥感，如温度和湿度分布、云特性和大气成分，并允许系统地考虑多个误差源[49]。然而，在基本气候参数的估计中仍然存在很大的不确定性；事实上，我们对大气中总冰水量估计的不确定性几乎与总量本身一样大[50]，以及相关的云特性，如云滴数量浓度[51]，严重限制了我们当前约束气候模型的能力。使用人工智能，包括多传感器融合和可逆神经网络，在当前的反演方面仍有很大的潜力。然而，应该注意的是，反演问题通常是高度受限的，详见第 17 章。

14.4.2 特征检测和跟踪

在大量商业应用的推动下，大规模带标签的训练数据集（如 ImageNet[52]）、机器学习开源平台的可用性、稳健可靠的机器学习模型的开发，以及图像特征的检测和分类得到了迅速发展，这一进步已渗透到现代生活的各个方面。

或许令人惊讶的是，来自地球观测的可观察特征，如云图案或海洋涡旋，迄今为止在气候模型的系统评估和约束中仍属于小众领域。部分原因在于，目前的低分辨率气候模型本质上对这类小尺度特征的模拟能力有限，因此评估主要基于统计汇总指标。同时，因手工检测庞大观测数据的特征极为复杂，并不实用（除非是较低频率事件，如热带气旋），这项任务曾令许多人望而却步。

然而，基于可靠和可扩展的人工智能/机器学习的特征检测（检测对象）和语义分割（对每个像素进行分类）技术的可用性已经开始迅速改变气候科学对地球观测的分析，从以下以云对气候的作用为中心的示例中可以明显看出，许多气候研究领域都有类似的应用：来自明确污染源（如船舶、火山、城市或工业区）的准线性轨迹已被广泛用于研究空气污染对云层增亮的影响[53]——但它们的人工检测仍然具有挑战性。基于 MODIS 卫星仪器手工标记的船舶轨迹数据，训练了具有跳跃连接架构（U-Net）的深度卷积神经网络[54]，并将其应用于加利福尼亚海岸外层积云的研究案例。应用类似的技术，最近可以对 2002 年以来全球所有船舶轨迹进行编目，并发现 2015 年和 2020 年引入的人工智能气候科学排放控制法规显著减少了排放[55]。这种基于人工智能的方法允许对人为气候扰动进行全球评估和持续监测。

云反馈是当前气候模型中气候敏感性的主要模型间差异因素[56]，通常涉及云态和形态之间的微妙过渡，这些过渡难以模拟，需要观测约束：低层积云将太阳光散射回太空，云量较大，从而使地球变冷。因此，了解从层积云到云量较低的积云的过渡非常重要，因为过渡后的冷却效果较弱，气候变化也可能对其产生影响。这种过渡可能发生在封闭的层积云场的空洞细胞（POCs）中，空气污染对这一过程的影响被假设为对气候有重大影响。然而，此类前期工作仅限于对少量 POCs 发生的案例进行研究。训练经过 ImageNet 预训练的改良版 ResNet-152，可以分析 13 年的卫星记录，在全球范围内识别超过 8000 个 POCs[57]。这使得我们首次得出结论，POCs 对气候的总体辐射影响很小。

理解云反馈的关键还包括环境因素控制着哪些云系和云态。来自 Zooniverse 平台[58]的中尺度云组织的标记数据集已被用于训练深度学习算法[59]，用于目标检测（Resnet[60]）和随后的图像分割（Unet[61]，来自 fastai 库）的深度学习算法。利用 11 年的卫星数据集，我们可以得出单个云形态的热图，并将其与物理驱动因素的存在联系起来，这些物理驱动因素可能会在气候变化下发生变化。然而，大规模的气候数据集通常使得人工标记变得不可能，因此开发和部署无监督分类技术具有巨大的潜力。基于 ResNet-34 CNN 残差网络的中尺度云组织无监督分类方案将产生的嵌入值馈送到分层聚类算法中，该方案已经开发、训练并应用于 GOES-16 卫星图像[62]。结果表明，导出的云簇具有独特的云结构、辐射、形态特征和物理特性。

14.4.3 极端事件和异常检测

尽管气候变化受到的广泛关注主要集中在全球平均气温的上升，但气候变化带来的最严重影响往往是极端事件的发生概率和强度的变化，如热浪、洪水、天气风暴、热带气旋或干旱。

因此，人们似乎期望具有可靠客观技术来检测、量化和预测极端事件的变化。然而事实并非如此，如图 14.1 所示为观测到的强降水变化的情况。事实上，对于全球大部分地区，包括非洲和南美洲的大部分地区，几乎缺乏足够的数据或文献以量化这些变化，更不用说可靠的方法论了。归因于气候变化的极端天气事件的选择[63,64]通常是爆发式的，有可能引入选择偏差（并可能忽略世界上欠发达和观测较少的地区）。联合国秘书长安东尼奥·古特雷斯在 2022 年要求世界气象组织“确保地球上的每个人在五年内受到早期预警系统的保护”[65]。

扫码见彩图

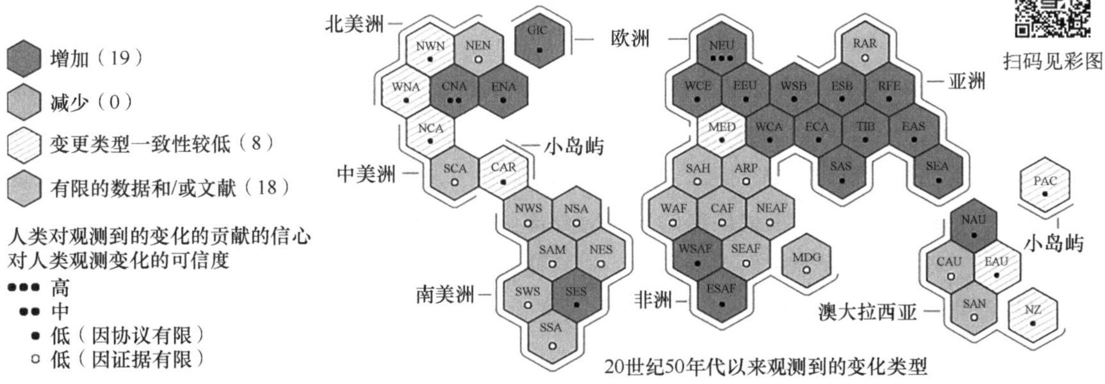

（a）观测到的强降水变化类型

（b）对观测到的强降水变化的综合评估和对人类对世界各区域观测到的变化的影响的可信度

图 14.1 IPCC 对观测到的强降水变化的当前综合评估以及人类对这些变化影响的信心

图片来源：IPCC AR6 政策制定者摘要[1]

人工智能在大规模数据集中的变化检测能力，为我们提升极端气候事件的检测、量化和预测能力提供了重要契机。

作为第一步，人工智能现在被用来客观地检测与极端事件相关的天气模式，如检测热带气旋、大气河流（作为强降水的原因）或锋面，主要通过监督或半监督的机器学习方法[66,67]。基于高分辨率模型模拟，相关专家标记数据集工具包正在开发中，用于热带气旋和大气河流的识别[68]。

然而，这些精心整理的数据集覆盖范围有限，仅囊括一小部分极端事件类型。目前它们仍未涵盖发展中国家极端天气的关键源头，如中尺度对流系统及其伴生的尘暴等。

无监督方法上，尤其是在极端事件的客观检测、分类及其对气候变化响应的研究方面，仍有巨大潜力待挖掘，但这一点尚未被充分探索。

14.4.4 学习气候变量和气候过程之间的关系

传统上，气候科学中地球观测的绝大多数例子都侧重于特定的气候变量。然而，关键的气候过程涉及多个变量，因此开发发现和利用这些变量之间关系的方法，可能为理解基础物理过程提供额外且更直接的约束。

例如，岭回归这一线性机器学习方法已被用于量化云对地球观测和气候模型模拟中环境变化的响应[69]。这使得能够识别云反馈的关键过程，并对云对全球变暖的放大效应提供更严格的限制。使用更广泛地控制云的环境因子和基于梯度提升决策树的非线性方法（LGBM[70]），已经从地球观测的数据中，识别出不同云控制环境变量状态[71]，为全球气候模型中云的表征提供了新的约束。

然而，需要指出的是，气候系统是一个耦合动力系统，因此在评估气候变量之间的统计关系时必须小心，因为相关性并不必然代表着因果关系。

14.4.5 因果发现和归因

在如地球这样的大尺度动力系统中，许多气候变量不可避免是耦合的。因此，当通过回归或相关观察气候变量之间的关系时，通常难以明确哪些关系是因果关系的，哪些是由共同驱动因素（混杂变量）驱动的[72]。

在气候建模中，扰动参数集合或集成汇聚数据的方法被广泛用于识别和量化与特定过程的重要性相关的因果关系。

研究者已经开发出最佳的天气指纹谱图识别方法来检测气候影响及其对特定人为因素的归因[4]。这通常涉及将模型模拟的气候对外部强迫响应的时空模式与降维空间中的观测记录（例如，来自主成分分析的观测记录）进行比较。模拟和观察到的响应均通过内部变异性进行标准化，以提高信噪比。观测到的气候变化被视为来自气候作用力（例如，温室气体或空气污染）的信号的线性组合，并且使用线性回归来估计内部气候变化和对每种作用力的响应幅度（参见文献 [73]）。然而，这种指纹谱图识别方法依赖于准确代表关键气候过程的气候模型。

因此，需要能够仅基于观察就能实现因果发现和归因的方法。鉴于对气候系统进行大规模控制实验通常不可行，因此先进的统计和人工智能因果方法具有巨大潜力。基于图的结构因果模型的因果推断近年来获得进展，模型中以气候变量作为节点，边表示因果关系，箭头表示因果方向，该方法在气候科学中应用日益增长（参见文献 [74]）。结合条件独立性检验（以识别潜在因果联系）与因果发现算法（以消除假阳性链接）的新方法已被开发，用以从大规模时间序列数据集中估计因果网络[75]。值得指出的是，许多气候观测都是不连续的。例如，大多数基于卫星的地球观测源自具有固定过境时间的太阳同步极地轨道卫星，通常每天仅测量一次（用于基于太阳波长的检索），因此时间分辨率低于绝大多数云的生命周期。在空气污染对云和气候影响的背景下，正在开发基于因果森林和神经网络的适用于不连续观测的新因果推理方法[76]。

14.5 人工智能/机器学习将如何改变气候科学

气候变化是地球面临的最严峻挑战之一。要实现《巴黎协定》设定的目标，需要世界经济以前所未有的速度进行转型。因此，支撑这一转型的科学证据必须是坚实、可解释且值得信赖，这一点至关重要。物理理解始终是其核心。

与此同时，气候研究的进展受制于我们能否以足够细小的尺度模拟关键过程，以及我们能否理解来自气候模型和地球观测产生的大量数据。越来越明显的是，人工智能和机器学习将为这两个领域做出变革性的贡献，关键在于如何产生既符合物理约束、又值得信赖且易于解释的结果。

对于气候建模来说，除了将基本物理方程的数值解与更快和/或更准确的人工智能组件相结合的混合模型之外，其他任何模型都将在中短期内占据主导地位，这似乎是不可想象的。人工智能将在不存在封闭物理问题的启发式模型组件中占据主导地位，如生物地球化学循环和生态系统模型。问题仍然主要是物理气候模型的哪一部分最终将被人工智能取代，这反过来又取决于其物理一致性和可解释性，这也是信任的基础。挑战包括物理约束的最佳结合；开发气候不变模型组件来处理非平稳性，因为气候系统将在训练期和未来气候之间发生变化；重要的是，可解释性：由于气候系统不允许进行控制实验，因此气候预测保持可解释性作为信任的基础至关重要。除了通过快速模拟来加速之外，利用人工智能改进气候模型的具体机会包括：从更准确的参考模型和观测中模拟参数化；通过同时模拟多个气候模型组件，可以避免操作员在不同的气候过程之间分裂；通过考虑仿真的非局部输入来克服当前参数化局部性的潜力[77]；如引入记忆性的方法，如长短期记忆网络（LSTM），用于对流参数化；以及利用 AI 驱动和降低精度气候模型组件共同进化的机遇[78]。

人工智能正在改变我们分析大量气候模型模拟输出的能力，而且这种影响将持续增强。基于人工智能的气候模型情景模拟将为决策者提供易于获取的时空指导，这些指导仍然完全可以追溯到支撑复杂气候模型模拟的基础。未来的机会包括模拟气候变量的完整概率分布，以灵活评估极端事件，以及在模拟器中纳入区域排放变化，以指导其区域和全球影响。将气候模型输出模拟与基于人工智能的降尺度技术相结合，以及无监督降尺度技术的进一步发展，最终可为地方和区域决策提供可访问的高分辨率气候变化数据及影响评估。

虽然目前气候科学中人工智能的大部分注意力都集中在建模上，但人工智能将彻底改变我们解释地球观测数据、充分利用其全部信息的能力。这并非没有挑战：气候观测是异构的、不连续的、非欧几里得空间特点，且数据量规模很大——每个观测快照远大于标准机器学习应用中使用的典型图像分辨率，而且总数据量每年增加量以 PB 计。众多干扰因素的普遍存在，使得仅凭观测进行因果归因极具挑战。但未来的机会巨大：人工智能将使得对气候现象（如单个云层或海洋涡流）的监测、跟踪和标注成为可能。与因果发现工具相结合将能够识别和量化气候变化的关键驱动因素。这将促进对气候影响及极端事件（如洪水、野火、干旱、热浪）在完整观测记录中的客观检测及归因。例如，将传统线性方法替换为非线性神经网络用于检测和归因应用。

最终挑战是如何将物理模型和地球观测与人工智能最佳地结合起来，以加速气候科学的发展。

在可预见的未来，即使目前正在规划中的风暴解决数字孪生地球的 O（1km）分辨率也不足以解决关键过程。例如，主导当前气候模型不确定性的低云反馈，因此可能需要利用 AI 由更高分辨率的大涡模拟（LES）或是直接数值模拟（DNS）模型提供信息。同样，在当前气候模型比对中探索的广泛参数空间中的大量场景中不可能常规运行风暴解析数字孪生地球，因此可能需要用低分辨率数字孪生地球进行补充，以实现长期气候情景模拟。正如最近成功证明的那样，低分辨率孪生参数化引入的偏差可以使用从高分辨率孪生导出的机器学习的校正项来系统地校正。来自高分辨率数字孪生的数据可以用作低分辨率数字孪生的监督超分辨率缩小的训练数据，以预测气候影响，特别是与决策相关尺度上的极端事件。这种双数字孪生地球（我们称之为 DTE^2）的愿景如图 14.2 所示，如果没有人工智能应用于气候科学领域，这种愿景是不可能实现的。

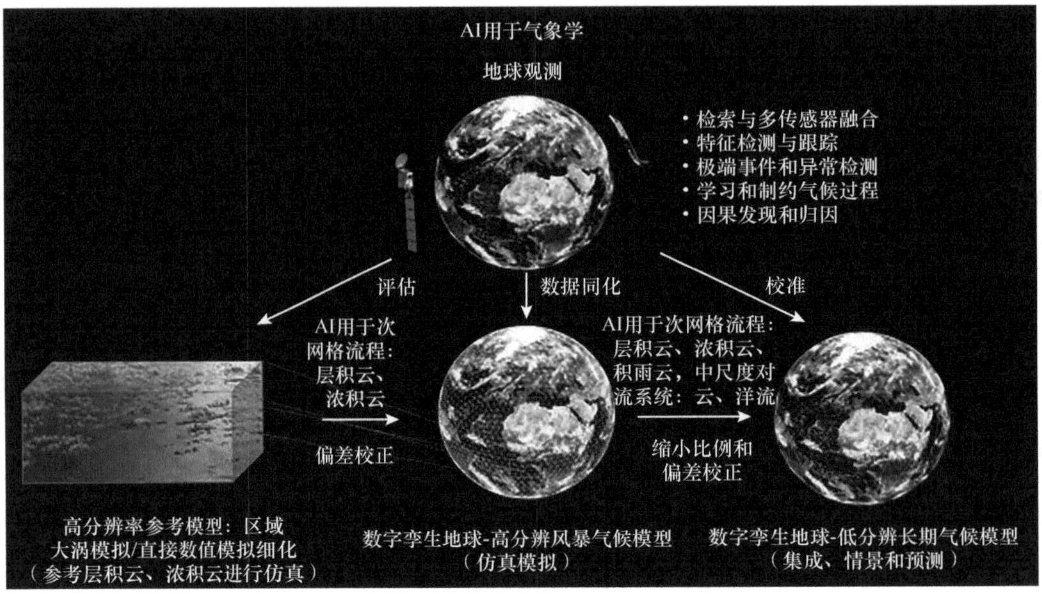

图 14.2　数字孪生地球背景下人工智能在气候科学中的应用

参考文献

[1] V. Masson-Delmotte, P. Zhai, A. Pirani et al. IPCC, 2021: Summary for policymakers. In Climate Change 2021: The Physical Science Basis. Contribution of Working Group I to the Sixth Assessment Report of the Intergovernmental Panel on Climate Change, In Press: Cambridge University Press.

[2] C. D. Rodgers (1976). Retrieval of atmospheric-temperature and composition from remote measurements of thermal-radiation (in English). Reviews of Geophysics, 14(4), 609–624. doi: 10.1029/RG014i004p00609.

[3] C. Jakob and G. Tselioudis (2003). Objective identification of cloud regimes in the Tropical Western Pacific (in English). Geophysical Research Letters, 30(21). doi: 10.1029/2003GL018367.

[4] K. Hasselmann (1993). Optimal fingerprints for the detection of timedependent climate-change (in English). Journal of Climate, 6(10), 19571971. doi: 10.1175/1520-0442(1993)006<1957:OFFTDO>2.0.CO;2.

[5] R. Courant, K. Friedrichs, and H. Lewy (1928). Über die partiellen Differenzengleichungen der mathematischen Physik. Mathematische Annalen, 100, 32–74. doi:10.1007/BF01448839.

[6] V. M. Krasnopolsky, M. S. Fox-Rabinovitz, and D. V. Chalikov (2005). New approach to calculation of atmospheric model physics: Accurate and fast neural network emulation of longwave radiation in a climate model (in English). Monthly Weather Review, 133(5), 1370–1383. doi: 10.1175/Mwr2923.1.

[7] V. M. Krasnopolsky, M. S. Fox-Rabinovitz, Y. T. Hou et al. (2010). Accurate and fast neural network emulations of model radiation for the NCEP coupled climate forecast system: Climate simulations and seasonal predictions (in English). Monthly Weather Review, 138(5), 1822–1842. doi: 10.1175/2009mwr3149.1.

[8] P. Harder, D. Watson-Parris, P. Stier et al. (2022). Physics-informed learning of aerosol microphysics. Environmental Data Science, 1, E20.

[9] S. Rasp, M. S. Pritchard, and P. Gentine (2018). Deep learning to represent subgrid processes in climate models (in English). Proceedings of the National Academy of Sciences of the United States of America, 115(39), 9684–9689. doi: 10.1073/pnas.1810286115.

[10] J. Yuval, P. A. O'Gorman, and C. N. Hill (2021). Use of neural networks for stable, accurate and physically consistent

parameterization of subgrid atmospheric processes with good performance at reduced precision (in English). Geophysical Research Letters, 48(6). doi: 10.1029/2020GL091363.

[11] M. Chantry, S. Hatfield, P. Dueben et al. (2021). Machine learning emulation of gravity wave drag in numerical weather forecasting (in English). Journal of Advances in Modeling Earth Systems, 13(7). <GotoISI>://WOS:000682994000010.

[12] L. Zanna and T. Bolton (2020). Data-driven equation discovery of ocean mesoscale closures (in English). Geophysical Research Letters, 47(17). <GotoISI>://WOS:000572406100081.

[13] H. Sundqvist, E. Berge, and J. E. Kristjansson (1989). Condensation and cloud parameterization studies with a Mesoscale Numerical Weather Prediction Model (in English). Monthly Weather Review, 117(8), 1641–1657. doi: 10.1175/1520-0493(1989)117<1641:Cacpsw>2.0.Co;2.

[14] T. Schneider, S. W. Lan, A. Stuart et al. (2017). Earth System Modeling 2.0: A blueprint for models that learn from observations and targeted highresolution simulations (in English). Geophysical Research Letters, 44(24), 12396–12417. doi: 10.1002/2017gl076101.

[15] B. Settles (2009). Active Learning Literature Survey in "Computer Sciences Technical Report" University of Wisconsin–Madison, Wisconsin–Madison, Vol. 1648.

[16] T. Beucler, M. Pritchard, J. Yuval et al. (2021). Climate-invariant machine learning. doi: 10.48550/arXiv.2112.08440.

[17] I. Tan, T. Storelvmo, and M. D. Zelinka (2016). Observational constraints on mixed-phase clouds imply higher climate sensitivity (in English). Science, 352(6282), 224–227. <GotoISI>://WOS:000373681600046.

[18] T. M. Lenton, H. Held, E. Kriegler et al. (2008). Tipping elements in the Earth's climate system (in English). Proceedings of the National Academy of Sciences of the United States of America, 105(6), 1786–1793. <GotoISI>://WOS:000253261900005.

[19] D. A. Stainforth, T. Aina, C. Christensen et al. (2005). Uncertainty in predictions of the climate response to rising levels of greenhouse gases (in English). Nature, 433(7024), 403–406. doi: 10.1038/nature03301.

[20] T. Mauritsen, B. Stevens, E. Roeckner et al. (2012). Tuning the climate of a global model (in English). Journal of Advances in Modeling Earth Systems, 4. doi: 10.1029/2012ms000154.

[21] M. Allen (1999). Do-it-yourself climate prediction (in English). Nature, 401(6754), 642. doi: 10.1038/44266.

[22] D. M. H. Sexton, C. F. McSweeney, J. W. Rostron et al. (2021). A perturbed parameter ensemble of HadGEM3-GC3.05 coupled model projections: Part 1: Selecting the parameter combinations (in English). Climate Dynamics, 56(11–12), 3395–3436. doi: 10.1007/s00382-021-05709-9.

[23] C. E. Rasmussen and C. K. I. Williams (2006). Gaussian Processes for Machine Learning (Adaptive Computation and Machine Learning). Cambridge, Massachusetts: MIT Press, p. xviii, 248 pp.

[24] M. D. Mckay, R. J. Beckman, and W. J. Conover (1979). A comparison of three methods for selecting values of input variables in the analysis of output from a computer code (in English). Technometrics, 21(2), 239–245. doi: 10.2307/1268522.

[25] I. Vernon, M. Goldstein, and R. G. Bower (2010). Galaxy formation: A Bayesian uncertainty analysis rejoinder (in English). Bayesian Analysis, 5(4), 697–708. doi: 10.1214/10-Ba524rej.

[26] L. A. Lee, K. J. Pringle, C. L. Reddington et al. (2013). The magnitude and causes of uncertainty in global model simulations of cloud condensation nuclei (in English). Atmospheric Chemistry and Physics, 13(18), 9375–9377. doi: 10.5194/acp-13-9375-2013.

[27] D. Watson-Parris, A. Williams, L. Deaconu et al. (2021). Model calibration using ESEm v1.1.0-an open, scalable Earth system emulator (in English). Geoscientific Model Development, 14(12), 7659–7672. <GotoISI>://WOS:

000731831100001.

[28] B. Stevens, M. Satoh, L. Auger et al. (2019). DYAMOND: The Dynamics of the Atmospheric general circulation Modeled On Non-hydrostatic Domains (in English). Progress in Earth and Planetary Science, 6(1). doi: 10.1186/s40645-019-0304-z.

[29] B. Stevens. Faster Faster — Machine learning our way to a new generation of storm-resolving Earth system models. United Nations ITU. https://aifor good.itu.int/event/ai-and-climate-science-bjorn-stevens/(accessed 2022).

[30] P. Bauer, P. D. Dueb en, T. Hoefler et al. (2021). The digital revolution of Earth-system science. Nature Computational Science, 1, 104–113. doi: 10.1038/s43588-021-00023-0.

[31] M. Reichstein, G. Camps-Valls, B. Stevens et al. (2019). Deep learning and process understanding for data-driven Earth system science (in English). Nature, 566(7743), 195–204. doi: 10.1038/s41586-019-0912-1.

[32] V. Eyring, S. Bony, G. A. Meehl et al. (2016). Overview of the Coupled Model Intercomparison Project Phase 6 (CMIP6) experimental design and organization (in English). Geoscientific Model Development, 9(5), 19371958. doi: 10.5194/gmd-9-1937-2016.

[33] V. Balaji, K. E. Taylor, M. Juckes et al. (2018). Requirements for a global data infrastructure in support of CMIP6 (in English). Geoscientific Model Development, 11(9), 3659–3680. doi: 10.5194/gmd-11-3659-2018.

[34] B. C. O'Neill, C. Tebaldi, D. P. van Vuuren et al. (2016). The Scenario Model Intercomparison Project (Scenario MIP) for CMIP6 (in English). Geoscientific Model Development, 9(9), 3461–3482. doi: 10.5194/gmd-9-3461-2016.

[35] R. J. Millar, Z. R. Nicholls, P. Friedlingstein et al. (2017). A modified impulse-response representation of the global near-surface air temperature and atmospheric concentration response to carbon dioxide emissions (in English). Atmospheric Chemistry and Physics, 17(11), 7213–7228. <GotoISI>://WOS:000403779200004.

[36] P. Stier, S. C. V. d. Heever, M. Christensen et al. (2022). Multifaceted aerosol effects on precipitation. Nature Geoscience, EGU22, the 24th EGU General Assembly, held 23–27 May, 2022 in Vienna, Austria; id. EGU22-2856. doi: 10.5194/egusphere-egu22-2856.

[37] N. P. Gillett, H. Shiogama, B. Funke et al. (2016). The Detection and Attribution Model Intercomparison Project (DAMIP v1.0) contribution to CMIP6 (in English). Geoscientific Model Development, 9(10), 3685–3697. doi: 10.5194/gmd-9-3685-2016.

[38] D. Watson-Parris, Y. Rao, D. Olivié et al. (2022). ClimateBench: A benchmark dataset for data-driven climate projections. Journal of Advances in Modeling Earth Systems, 14, doi: 10.1029/2021MS002954.

[39] T. K. Ho (1995). Random decision forests. In Proceedings of 3rd International Conference on Document Analysis and Recognition. IEEE, pp. 278–282.

[40] S. Hochreiter and J. Schmidhuber (1997). Long short-term memory. Neural Computation, 9(8), 1735–1780. doi: 10.1162/neco.1997.9.8.1735.

[41] Y. L. Cun, B. Boser, J. S. Denker et al. (1990). Handwritten digit recognition with a back-propagation network. In Advances in Neural Information Processing Systems 2. D. Touretzky (ed.). Denver, USA: Morgan Kaufmann Publishers Inc., pp. 396–404.

[42] T. M. L. Wigley, P. D. Jones, K. R. Briffa et al. (1990). Obtaining sub-gridscale information from coarse-resolution general-circulation model output (in English). Journal of Geophysical Research: Atmospheres, 95 (D2), 19431953. doi: 10.1029/JD095iD02p01943.

[43] G. Burger, T. Q. Murdock, A. T. Werner et al. (2012). Downscaling extremes — An intercomparison of multiple statistical methods for present climate (in English). Journal of Climate, 25(12), 4366–4388. doi: 10.1175/Jcli-D-11-00408.1.

[44] J. Bano-Medina, R. Manzanas, and J. M. Gutierrez (2020). Configuration and intercomparison of deep learning

neural models for statistical downscaling (in English). Geoscientific Model Development, 13(4), 2109–2124. doi: 10.5194/gmd-13-2109-2020.

[45] T. Vandal, E. Kodra, S. Ganguly et al. (2017) DeepSD: Generating high resolution climate change projections through single image super-resolution, arXiv:1703.03126. doi: 10.48550/arXiv.1703.03126.

[46] K. Stengel, A. Glaws, D. Hettinger et al. (2020). Adversarial super-resolution of climatological wind and solar data (in English). Proceedings of the National Academy of Sciences of the United States of America, 117(29), 16805–16815. doi: 10.1073/pnas.1918964117.

[47] B. Groenke, L. Madaus, and C. Monteleoni (2020). ClimAlign: Unsupervised statistical downscaling of climate variables via normalizing flows. doi: 10.48550/arXiv.2008.04679.

[48] E. Foote (1856). Circumstances affecting the heat of the Sun's rays. The American Journal of Science and Arts, 22(66), 383–384.

[49] C. D. Rodgers (2000). Inverse Methods for Atmospheric Sounding (Series on Atmospheric, Oceanic and Planetary Physics, no. 2). Singapore: World Scientific.

[50] O. Boucher, D. Randall, P. Artaxo et al. (2013). Clouds and aerosols. In S. Fuzzi, J. Penner, V. Ramaswamy et al. (eds.), Working Group I Contribution to the Intergovernmental Panel on Climate Change Firth Assessment Report (Climate Change 2013: The Physical Science Basis). Geneva: Cambridge University Press.

[51] D. P. Grosvenor, O. Sourdeval, P. Zuidema et al. (2018). Remote sensing of droplet number concentration in warm clouds: A review of the current state of knowledge and perspectives (in English). Reviews of Geophysics, 56(2), 409–453. doi: 10.1029/2017rg000593.

[52] J. Deng, W. Dong, R. Socher et al. (2009). ImageNet: A large-scale hierarchical image database. In 2009 IEEE Conference on Computer Vision and Pattern Recognition, 20–25 June 2009, pp. 248–255. doi: 10.1109/CVPR.2009.5206848.

[53] M. Christensen, A. Gettelman, J. Cermak et al. (2021). Opportunistic experiments to constrain aerosol effective radiative forcing. Atmospheric Chemistry and Physics Discussions, 2021, 1–60. doi: 10.5194/acp-2021-559.

[54] T. L. Yuan, C. Wang, H. Song et al. (2019). Automatically finding ship tracks to enable large-scale analysis of aerosol-cloud interactions (in English). Geophysical Research Letters, 46(13), 7726–7733. <GotoISI>://WOS:000476960100074.

[55] D. Watson-Parris, M. W. Christensen, A. Laurenson et al. (2022). Shipping regulations lead to large reduction in cloud perturbations. Proceedings of the National Academy of Sciences, 119(41), e2206885119.

[56] M. D. Zelinka, T. A. Myers, D. T. McCoy et al. (2020). Causes of higher climate sensitivity in CMIP6 models (in English). Geophysical Research Letters, 47(1). doi: 10.1029/2019GL085782.

[57] D. Watson-Parris, S. A. Sutherland, M. C. Christensen et al. (2021). A largescale analysis of pockets of open cells and their radiative impact (in English). Geophysical Research Letters, 48(6). doi: 10.1029/2020GL092213.

[58] B. Stevens, S. Bony, H. Brogniez et al. (2020). Sugar, gravel, fish and flowers: Mesoscale cloud patterns in the trade winds. Quarterly Journal of the Royal Meteorological Society, 146(726), 141–152. https://www.zooniverse. org/projects/raspstephan/sugar-flower-fish-or-gravel.

[59] S. Rasp, H. Schulz, S. Bony et al. (2020). Combining crowdsourcing and deep learning to explore the mesoscale organization of shallow convection (in English). Bulletin of the American Meteorological Society, 101(11), E1980E1995. <GotoISI>://WOS:000598066100007.

[60] T.-Y. Lin, P. Goyal, R. Girshick et al. Focal loss for dense object detection. arXiv:1708. (02002). https://ui.adsabs. harvard.edu/abs/2017arXiv170802002L.

[61] O. Ronneberger, P. Fischer, and T. Brox. U-Net: Convolutional networks for biomedical image segmentation, arXiv:1505.04597. https://ui.adsabs. harvard.edu/abs/2015arXiv150504597R.

[62] L. Denby (2020). Discovering the importance of mesoscale cloud organization through unsupervised classification (in English). Geophysical Research Letters, 47(1). <GotoISI>://WOS:000513983400007.

[63] M. Allen (2003). Liability for climate change (in English). Nature, 421(6926), 891–892. <GotoISI>://WOS:000181186900017.

[64] World Weather Attribution. https://www.worldweatherattribution.org (accessed 07/04/2022).

[65] World Meteorological Organization (2022). Early Warning Systems Must Protect Everyone within Five Years. Geneva: World Meteorological Organization.

[66] E. Racah, C. Beckham, T. Maharaj et al. ExtremeWeather: A large-scale climate dataset for semi-supervised detection, localization, and understanding of extreme weather events, arXiv:1612.02095. https://ui.adsabs.harvard.edu/abs/2016arXiv161202095R.

[67] Y. Liu, E. Racah, Prabhat et al. Application of deep convolutional neural networks for detecting extreme weather in climate datasets, arXiv:1605. 01156. https://ui.adsabs.harvard.edu/abs/2016arXiv160501156L.

[68] Prabhat, K. Kashinath, M. Mudigonda et al. (2021). ClimateNet: An expertlabeled open dataset and deep learning architecture for enabling highprecision analyses of extreme weather (in English). Geoscientific Model Development, 14(1), 107–124. <GotoISI>://WOS:000608796300001.

[69] P. Ceppi and P. Nowack (2021). Observational evidence that cloud feedback amplifies global warming (in English). Proceedings of the National Academy of Sciences of the United States of America, 118(30). doi: 10.1073/pnas.2026290118.

[70] G. Ke, Q. Meng, T. Finley et al. (2017). LightGBM: A highly efficient gradient boosting decision tree. https://proceedings.neurips.cc/paper/2017/file/6449f44a102fde848669bdd9eb6b76fa-Paper.pdf.

[71] A. Douglas and P. Stier (May 2022). Defining regime specific cloud sensitivities using the learnings from machine learning. In EGU General Assembly Conference Abstracts, pp. EGU22-8848.

[72] H. Reichenbach (1956). The Direction of Time. Berkeley: University of California Press (in English).

[73] G. Hegerl and F. Zwiers (2011). Use of models in detection and attribution of climate change (in English). WIREs Climate Change, 2(4), 570–591. doi: 10.1002/wcc.121.

[74] J. Runge, S. Bathiany, E. Bollt et al. (2019). Inferring causation from time series in Earth system sciences (in English). Nature Communications, 10. <GotoISI>://WOS:000471586600001.

[75] J. Runge, P. Nowack, M. Kretschmer et al. (2019). Detecting and quantifying causal associations in large nonlinear time series datasets (in English). Science Advances, 5(11). <GotoISI>://WOS:000499736100002.

[76] A. Jesson, P. Manshausen, A. Douglas et al. Using non-linear causal models to study aerosol-cloud interactions in the Southeast Pacific. arXiv:2110. 15084. https://ui.adsabs.harvard.edu/abs/2021arXiv211015084J.

[77] P. Wang, J. Yuval, and P. A. O'Gorman. Non-local parameterization of atmospheric subgrid processes with neural networks, arXiv:2201.00417. https://ui.adsabs.harvard.edu/abs/2022arXiv220100417W.

[78] P. D. Dueben, J. Joven, A. Lingamneni et al. (2014). On the use of inexact, pruned hardware in atmospheric modelling (in English). Philosophical Transactions of the Royal Society A, 372(2018). doi: 10.1098/rsta.2013.0276.

第15章 应用人工智能加速聚变能源研究

R. Michael Churchill，Mark D. Boyer，Steven C. Cowley，普林斯顿等离子物理实验室。E-mail：rchurchi@pppl.gov，mboyer@pppl.gov，scowley@pppl.gov

15.1 引言

核聚变能源为未来提供了一种清洁、无碳的基本能源。其中一种研究核聚变的方法是利用磁场将数百万摄氏度高温的等离子体束缚起来，实现核聚变发电。磁约束聚变的科学和工程技术已取得了显著进展，目前正在建造的一些装置预计将达到核聚变能源发展的里程碑：等离子体通过自热（由聚变反应本身产生）实现自加热，超过外部加热输入，即达到“燃烧等离子体”状态。其中一台典型设备是正在法国南部建造的国际热核聚变实验堆（ITER）。同时，一些私营公司也在积极研发和建造相关装置，如由马萨诸塞州的 Commonwealth Fusion Systems 公司建造的 SPARC 托卡马克。核聚变能源领域已有几十年科学研究的成果，AI 有望加速这些设备的开发，进而促使核聚变发电厂实现商业化运营。

科学家和工程师在设计、建造和运行核聚变装置时面临诸多挑战。核聚变等离子体必须被充分加热并维持足够长的时间，以实现经济可行的电厂运行。同时，还需要避免因装置在峰值性能边缘运行而产生的不稳定性以及高强度热量传输损失。尽管这些装置使用了许多不同的测量手段，但由于等离子体的极端环境，使得仅靠诊断手段无法完整理解其行为。因此，核聚变能源研究高度依赖模型和仿真来理解等离子体动力学，并支持向新装置的扩展应用。

图 15.1 人工智能增强的环形托卡马克反应堆中的核聚变
图片来源：普林斯顿大学的 Eliot Feibush 和哈佛大学的 Julian KatesHarbeck

与许多其他科学领域一样，核聚变能源领域对利用人工智能/机器学习工具的兴趣日益增强[1]。这些工具涵盖了从装置控制到大规模模拟等一系列核聚变研究活动（图 15.1 和图 15.2）。本章将描述磁约束核聚变的若干挑战，阐明人工智能/机器学习在解决方案中将发挥的核心作用，特别关注这些挑战中从人工智能/机器学习视角看具有独特和有趣特征的方面。

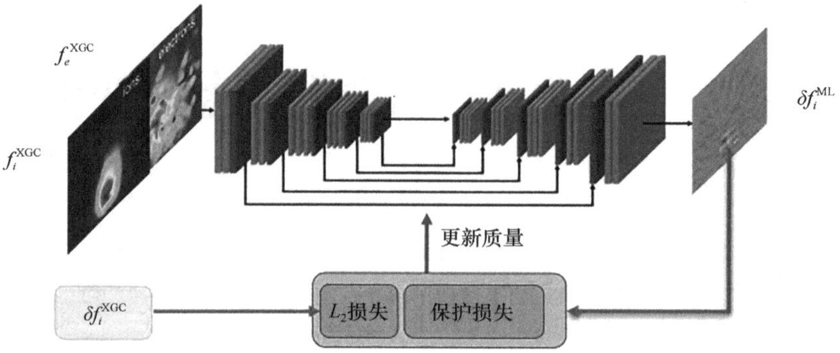

图 15.2　编码器-解码器神经网络用于加速较大规模的陀螺动力学湍流代码（XGC）内的目标核碰撞

15.2　核聚变反应堆在运行和控制中的挑战

核聚变反应堆是大型且复杂的物理系统，其各个子系统必须精密协同工作，才能实现并维持产生聚变所需的极端条件。在反应堆的核心中，氢的同位素被加热到数百万摄氏度，形成由磁场约束的环状等离子体。聚变等离子体的动态特征是高度非线性的，跨越了极广的时间和空间尺度。例如，ITER 是一个半径为 6.2m 的环形装置，实验冲击的持续时间长达 10min，而像湍流这样的物理现象（托卡马克中输运的主要驱动力）其长度尺度仅为毫米级，特征波动时间尺度则在微秒级。在核心周围，设有超导磁线圈、低温系统、真空系统和气体输入系统来维持等离子体的密度，中性束注入器负责加速粒子以燃料以及加热等离子体；射频（RF）系统则用于辅助加热和稳定等离子体。反应堆配备了数百种诊断工具，包括用于测量磁场、等离子体与激光相互作用以及由等离子体产生的 X 射线和中子等的系统。这些系统均有各自的工程极限，在操作期间必须考虑这些限制以保护机器并避免长时间停机。此外，尽管核聚变反应堆不会发生类似裂变反应堆堆芯熔毁的风险，运行过程中仍需避免众多等离子体不稳定性。这些不稳定性可能导致反应堆性能下降甚至等离子体反应的迅速终止。后者不仅会减少反应堆的运行时间和发电效率，同时还会伴随巨大的压力和热负荷，可能损坏反应堆组件。

15.2.1　实验设计与探索

目前的实验旨在建立示范反应堆的物理和技术基础。如今，全球只有少数几个此类重要实验项目，运行时间有限，而需要研究的物理现象范围却非常广泛。因此，高效利用每次实验中等离子体放电至关重要。随着更大、更昂贵装置（如 ITER）即将投入运行，对实验操作空间探索的效率和安全性的要求更为严苛。在实验间隔期间，决策通常依赖于实验人员事先制订的计划或操作人员的经验。然而，实际上存在大量的经验数据、计算分析和预测模拟能力，这些都可以用来积极指导操作空间的探索。主要挑战在于庞大的数据量和高昂的模拟计算成本。人工智能将历史数据和模拟融合提供了一个方法，为辅助研究者高效探索操作空间提供了工具。

高精度的模拟已经被研究用于工质轨迹优化[2]，但其计算时间过长，难以在实验期间或短时间内完成。另外，基于简化模型或经验模型的方法虽然速度更快，但可能缺乏实现高性能所需的精确度和泛化能力[3]。最近的方法旨在利用机器学习来加速高精度物理模型的编码，使其能够实时进行模拟，并辅以基于经验数据驱动的模型来表征缺乏经过验证的物理模型的现象[4-6]。通过集成学习或其他方式量化机器学习模型的不确定性，模型预测结果可以用来提出针对性能、预测稳健性或信息增益优化的执行器轨迹[7]。模型预测结果和新实验数据也可以用于提出新的高精度模拟，以拓展加速模型的训练数据。在这种基于主动学习的反应堆运行方法中，需要对大量执行器的时间轨迹进行优化。这将要求开发新的策略，如开发高维度和多保真度贝叶斯优化的高效方法[8,9]。随着实验向反应堆规模的设备发展，受力、热负荷和辐射的风险增加，因此优化和主动学习策略必须符合安全关键的监管环境的要求。

15.2.2　实时控制、监测和保护

为了在设备条件变化时保持等离子体的稳定性和维持最佳性能，必须采用主动控制系统。由于系统的复杂性，基于模型的控制技术成为首选，而非传统的手动调整算法。尽管大多数控制系统使用针对特定工作点的线性控制方法，但托卡马克等离子体的非线性和复杂性使人们开发了能够处理系统响应变化，并主动避免不稳定或触发运行状态变化的非线性控制策略。例如，这些策略可以实现从低约束模式切换到高约束模式，或通过触发边缘局部模式来清除等离子体中的杂质。

应用非线性模型的控制设计技术，需构建简化的预测模型，其运行速度要适当地快于实时预测的速度，或者能够在足够短的时间间隔内对当前工作点进行实时线性化，以适应不断变化的操作条件。如前面的部分所述，人工智能/机器学习技术可以加速这些基本原理模型的学习，并支持经验响应模型的离线或在线学习。鉴于反应堆操作的安全关键特性，对于控制设计的使用，这些模型必须具备高效计算和良好校准的不确定性估计[10-12]。随着新设备的开发和对运行空间的探索，模型可能会面临除训练数据分布之外的预测任务，因此必须开发并应用异常检测和规范化训练领域之外的预测技术。为了快速调试新的反应堆，还需引入迁移学习方法，使得在过去设备的数据上训练的模型能够凭借少量新设备数据便能迅速适应。

实现高性能实时控制，关键是从可用测量数据中准确估计等离子体的状态。当前实验中，经典控制系统利用了数百个传感器以亚毫秒级的采样时间进行采样，许多诊断系统提供了关于等离子体行为的重要信息，但其采样时间或分辨率使得实时分析成为一项挑战。近期的人工智能/机器学习硬件和软件方面的最新进展，使得高分辨率诊断数据可在边缘设备进行处理，并将特征化后的数据集供控制系统决策使用[13]。人工智能/机器学习模型还可以通过训练直接从高维数据中评估等离子体的行为，并直接做出决策。处理这类高分辨率数据时的一大挑战在于协调多尺度行为[14]，通过专门设计的卷积神经网络对此进行了研究。

除了反馈稳定和主动调整操作方案之外，实时控制系统还必须通过监测操作点与操作空间中不安全区域的接近程度来保持稳定控制，运行空间的不安全区域可能会直接损坏设备（因受力或热负荷），或引发不可控的等离子体不稳定现象，导致等离子体迅速终止（称为破裂）。系统应尽可能调整运行状态，保持与这些危险区域的安全距离；当无法避免接近危险边界时，则

必须启动安全的降载流程。同样，反应堆关键组件的健康状况和状态也需持续监控，以便在检测出反应堆组件受损时仍能够安全地维持、改变或停止操作。

破裂是反应堆运行中的重大威胁，因为巨大的压力和热负荷可能导致设备损坏，造成高昂的停机和维修成本。虽然对这些事件的物理机制理解和模拟是积极研究的领域，但基于理论的破裂发生预测尚未达到反应堆运行中所需的准确性和可靠性。近年来，基于丰富的破裂等离子体的经验数据库，人工智能/机器学习已经成为开发破裂预测的强大工具[15-17]。然而，这些方法尚面临着三个主要挑战：首先是模型的可解释性（以便明确破裂的成因，制定有效的响应策略），其次是泛化性/可迁移性（能否将模型从小型实验迁移到反应堆规模系统），最后是在安全关键环境中训练这些模型策略的开发（如何在不频繁或根本不越界的情况下学习和设定操作界限）。

在强化学习的发展和应用方面，最初的成果主要集中在具有规则明确和可完全观测的游戏领域。但最近在具有连续、高维且状态观察不完全的视频游戏中也取得了突破性进展，可参见文献 [18]。基于这一技术开发反应堆控制策略，成为当前的研究热点，因其可能有效应对破裂预警对应响应及异常处理的复杂决策和组合爆炸问题。2022 年，与 DeepMind 合作，研究团队在托卡马克装置变量（TCV）实验中成功演示了使用深度强化学习策略来控制托卡马克等离子体形状的方法[19]。该策略借助于自由边界格拉德-沙夫拉诺夫（Grad-Shafranov）方程求解器的仿真环境，采用最大后验策略优化（maximum a posteriori policy optimization）训练多层感知机模型，这是一种“演员-评论家”算法。训练过程由 5000 名并行“演员”完成，耗时 1～3 天，有效实现了多种复杂等离子体形状的稳定控制。虽然形状控制问题可以使用计算成本较低的模型准确模拟，训练策略在真实装置上的良好表现标志着聚变领域“从模拟到真实”之间的成功跨越。相比之下，其他托卡马克控制任务仍面临着理论模型与实验表现间的巨大差异及高昂的计算负担。为推广强化学习至更多控制领域，需开发能力更强、更高效的仿真模拟方法以及在多保真模型中学习的方法。同时，为确保技术在安全关键核能环境中的可行性，还需研究具备性能保证的学习和部署方法，以满足核能监管的严格要求。

15.3 仿真的加速和验证

由于聚变等离子体的多尺度和多物理特性，且运行环境极其极端，模拟和建模在解释和预测聚变设备的行为方面发挥着重要作用。这不仅适用于当前的设备，也适用于设计下一代机器。这些模拟涵盖了从简单、快速的解析物理模型到复杂的第一性原理代码，后者通常需依赖世界上最大的超级计算机才能运行。为了涵盖不同的物理和时间尺度，通常会将多个模型集成在一起，以实现更精准的整体设备建模。尽管在开发能够较好再现真实实验某些部分的模拟方面已经取得了显著进展，但仍然存在巨大的“模拟与真实”差距。即使是最先进的模拟，也无法再现所有聚变实验放电的所有重要细节，这主要源于等离子体的多尺度、多物理特性交互产生的复杂动力学。因此，在放电实验中验证这些模拟效果尤为重要，以确定这些模拟的结果在哪些方面会不准确，并指导科学家找出我们对模型理解的漏洞。虽然模拟的计算速度和物理真实度常常存在权衡，但对于那些需要减少时间的等离子体控制、机器运行或基于模型的设计优化而言，必须在保证计算时效的同时，最大限度地提高这些模拟的物理精度，以满足聚变科学家在各种使用情况下对解决问题的多样需求。

当然，与许多其他科学界一样，核聚变领域也在寻求加速模拟的人工智能/机器学习技术。所使用的技术范围以及所应用的模拟类型和规模差别很大，而且还有更多机会在机器学习模型中加入归纳偏差，从而能够更好地再现这些模拟代码中的物理现象。

15.3.1 人工智能/机器学习模拟加速

聚变科学家在将机器学习应用于仿真时面临的核心挑战之一，是确定应在仿真的哪个层面引入机器学习模型。选择合适的工具至关重要：部分应用场景可将整个仿真过程视为黑箱，仅需要少量的输出；而其他场景由于仿真复杂性高或数据规模大，则需对关键计算核进行有针对性的加速。

15.3.2 完全取代模拟“黑盒子”

美国通用原子公司（General Atomics）的研究团队，成功利用神经网络实现了对模拟的完全替代，具体体现在加速陷落陀螺-朗道流体（trapped gyro-Landau fluid，TGLF）简化准线性湍流模型上[20]。尽管 TGLF 是基于第一性原理陀螺激波湍流模拟数据库调优的一种简化模型，但其运行时间通常需几十分钟，在稳态综合建模中，为了求得托卡马克核心粒子与能量传输的自洽解时，需要进行多次迭代，这成为显著瓶颈。TGLF 输出一系列物理量，但对于这些迭代建模方案来说，湍流传输通量尤为重要。研究团队训练了一款多层感知机神经网络，输入 10 个代表磁几何形状及等离子体组成（密度和温度）梯度标量，并输出预测传输通量的四个标量。尽管该网络并不庞大，但在准确预测通量以收敛到稳态解的需求方面表现出色，同时速度提升了 10^6 倍[21]。

15.3.3 目标内核加速

基于第一性原理的模拟往往复杂且难以简化为简单的标量输入输出，但可以通过更复杂的神经网络来加速，或通过机器学习来加速代码的目标内核。XGC 代码[22]就是一个例子，它是一种大规模并行的陀螺动力学粒子入胞代码，用于研究核聚变装置困难边缘区域的湍流。该代码是一种混合拉格朗日代码，在拉格朗日意义上推动标记粒子，进行自洽电场计算，但在每个时间步将这些标记粒子插值到欧拉网格，以计算源贡献（中性粒子、碰撞、加热等）。与上述 TGLF 例子不同，由于 XGC 对计算资源的需求极大，生成涵盖多输入条件的大规模湍流平均通量数据集在计算上难以实现。不过，通过瞄准一个内核并计算碰撞的影响，XGC 代码已经实现了加速。碰撞核的输入是二维粒子分布函数 $f(v_{\perp}, v_{\parallel})\in R^2$，输出是碰撞导致的这些分布函数的变化 $\delta f(v_{\perp}, v_{\parallel})\in R^2$。这个问题的处理方法类似于计算机视觉中经常出现的语义分割问题，即把每个像素归类为属于某个类别的对象，但这里的任务为回归，输出为连续值。我们使用了编码器-解码器架构（ReSeg），其中编码器是一个卷积神经网络，解码器由四个循环神经网络组成，以捕捉更全面的结构[23]。该网络在数百万个 XGC 示例上进行训练，然后嵌入 XGC 的 C++ 代码库中，碰撞主导型 XGC 模拟的速度提高了 5 倍。

所使用的损耗包括基于物理的约束条件，因此值得进一步讨论，因为许多科学领域都要求

模拟解遵循物理守恒定律（达到所需的数值精度）。等离子体粒子碰撞中，粒子、动量和能量都是守恒的。这些守恒项作为“软约束”被添加到传统 L_2 损失之外的正则化损失项中，即 $L_{total} = L_2 + \Sigma_i\lambda_i|\delta x_i/x_i|$，其中 x_i 是分布函数 f 的归一化积分矩，δf 代表通常在传统迭代数值求解器中作为收敛约束使用的守恒条件。应用这些约束后，神经网络的预测精度提升了两个数量级；进一步使用随机增强拉格朗日技术动态调整 λ_i 正则化系数，精度还可再提高两个数量级。这种高精度在长时间模拟中至关重要，以防止误差积累破坏最终结果。

除了在损失函数中加入约束，近年来在确保深度神经网络满足物理约束方面也取得了显著进展。例如，许多等变神经网络中 [24] 已经能保持输出解保持特定对称性。此外，各种研究还实现了直接学习算子而非函数图的深度神经网络 [25]，这有助于更好地捕捉底层控制方程的对称性和其他特征。从而实现不同模拟网格和/或边界条件的更好适应。

然而，使用机器学习取代关键内核仍面临挑战。特别是，尤其是整个仿真过程的泛化能力和长期稳定性问题依旧是主要关注点。

15.3.4 数值偏微分方程求解器加速

为了规避在处理整个模拟或特定核心时可能出现的泛化和长期稳定性问题，一条有效的途径是采用机器学习复现或优化模拟内部实际使用的数值求解器。这种方法有多种形式，以下是在聚变能源领域及其他领域正在积极探索的几个实例。首先，机器学习可以应用于加速迭代求解器，例如，在广义最小残差法（GMRES）中，通过提供更优的初始参数来加速求解过程 [26]。这种方法已应用于电子等离子体波振荡的隐式粒子云网络（PIC）模拟中，神经网络通过学习多次模拟，提出了一个向量空间 V，使得线性方程解 $A^{-1}b$ 的初始猜测在 V 的跨度内紧密接近。初步研究表明，这可以减少 25% 的 GMRES 迭代次数以收敛到解决方案。此外，当前还有研究正在探索使用机器学习为等离子体中射频波传播的矩阵求解器生成更优的预处理器。

当前研究的另一个领域是利用可微分模拟，并借助神经网络学习动力学模拟的亚网格模型，从而实现稳定且长时间的模拟，同时减少网格点的数量（这一方法受到谷歌在天气预报工作中的启发 [27]）。这些方法表现尤为有益，因为它们兼具传统数值求解器的优势（稳定性和准确性保证）。在允许精度有所降低以换取计算速度提升的应用场景里，这些方法尤其关键。而在研究有精度要求的情况下，这些更接近数值求解器机制的方法可能是至关重要的。

15.3.5 模拟与实验的验证

为了确保对未来设备预测有高的可信度，模拟和建模需要实验验证。人工智能/机器学习在聚变能源领域的建模与仿真过程中展现诸多优势。贝叶斯推断通常使用合成诊断前向模型从实际实验诊断数据中提取物理参数（在聚变能源领域通常称为“集成数据分析”）。然而，现有数据算法，如马尔可夫链蒙特卡罗法，在对实验放电的多个时间点上进行统计推断时效率较低。最近，神经网络在聚变能源实验中被用来学习统计推断执行的逆映射，提供快速推断，能高效跟上实验输出 [28]。此外，基于模拟的推断（也称为无似然推断）技术使用机器学习方法，如归一化流，实现了模拟和实验的直接对比，提供模拟输入的不确定性，以匹配实验 [29]。人工智能/机器学习使得这些统计推断技术能够广泛应用于聚变能源模拟/建模与实验比较。

15.4 设计优化

科学家在设计下一代聚变装置时，通常依赖计算方法，结合工程和物理约束，通过迭代优化循环来确定磁铁和子系统最佳布局，以实现最大的聚变性能。这一需求在一种被称为类星器（stellarator）的先进聚变机器设计中尤为关键，类星器采用复杂的非平面磁铁来约束等离子体。类星器的优化过程通常包括根据多个物理和工程约束计算目标磁场，然后优化产生这些磁场的磁线圈结构[30]。当前的研究工作已着力于改进并实现线圈结构的基于梯度的优化方法，其中包括邻接方法[31]和自动微分[32]技术的应用。为了避免使用昂贵的物理模拟器，通常采用简单的代理函数来计算物理约束。正如 15.3 节所见，机器学习非常适合从模拟器中构建准确的替代模型，因此正逐渐被应用于类星器优化所涉及的模型中。在这里，设计能够保证物理守恒量的机器学习模型架构，对于维持物理真实性至关重要。鉴于类星器优化流程复杂且高度依赖基于梯度的优化，未来研究若能实现完全端到端的可微分优化流程，将极有可能为该领域带来重要突破和显著提升。

15.5 AI 与聚变的未来

在聚变能源领域，人工智能/机器学习的应用正成为推动该领域为社会创造更大价值的动力。除了本章简要介绍的例子之外，许多其他研究领域也开始应用人工智能/机器学习工具，或正在深入探索如何更有效地利用这些工具。这些工具的目标人群包括试图用他们的模型解释实验数据的聚变科学家，以及致力于确保装置稳健控制和安全运行的操作员与工程师。通过与聚变科学家和工程师合作，具备人工智能/机器学习专业技能的专家可以在解决实现聚变能源应用道路上面临众多独特科学与工程挑战中发挥重要作用。

参考文献

[1] D. Humphreys, A. Kupresanin, M. D. Boyer et al. (2020). Advancing Fusion with Machine Learning Research Needs Workshop Report. Springer US, Vol. 39, no. 4. https://doi.org/10.1007/s10894-020-00258-1.

[2] W. Wehner, E. Schuster, M. Boyer et al. (2019). Transp-based optimization towards tokamak scenario development. Fusion Engineering and Design, 146, 547–550. sI:SOFT-30. https://www.sciencedirect.com/science/article/pii/S0920379619300274.

[3] J. Barton, M. Boyer, W. Shi et al. (2015). Physics-model-based nonlinear actuator trajectory optimization and safety factor profile feedback control for advanced scenario development in DIII-d. Nuclear Fusion, 55(9), 093005, July. https://doi.org/10.1088/0029-5515/55/9/093005.

[4] M. Boyer, S. Kaye, and K. Erickson (2019). Real-time capable modeling of neutral beam injection on NSTX-u using neural networks. Nuclear Fusion, 59(5), 056008, March. https://doi.org/10.1088/1741-4326/ab0762.

[5] S. M. Morosohk, M. D. Boyer, and E. Schuster (2021). Accelerated version of NUBEAM capabilities in DIII-D using neural networks. Fusion Engineering and Design, 163 (August 2020), 112125. https://doi.org/10.1016/j.fusengdes.2020.112125.

[6] M. D. Boyer and J. Chadwick (2021). Prediction of electron density and 19 pressure profile shapes on NSTX-U using neural networks. Nuclear Fusion, 61, 046024.

[7] M. Boyer (2020). Toward fusion plasma scenario planning for NSTX-U using machine-learning-accelerated models. In Proceedings of the 2nd Conference on Learning for Dynamics and Control, ser. Proceedings of Machine Learning Research, A. M. Bayen, A. Jadbabaie, G. Pappas, P. A. Parrilo, B. Recht, C. Tomlin, and M. Zeilinger, Eds., Vol. 120. PMLR, 10–11 June, pp. 698–707. https://proceedings.mlr.press/v120/boyer20a.html.

[8] K. Kandasamy, A. Krishnamurthy, J. Schneider et al. (2018). Parallelised Bayesian optimization via Thompson sampling. In Proceedings of the 21st International Conference on Artificial Intelligence and Statistics, ser. Proceedings of Machine Learning Research, A. Storkey and F. Perez-Cruz, Eds., Vol. 84. PMLR, 09–11 April, pp. 133–142. https://proceedings.mlr.press/v84/kandasamy18a.html.

[9] K. Kandasamy, G. Dasarathy, J. Schneider et al. (2017). Multi-fidelity Bayesian optimisation with continuous approximations. In International Conference on Machine Learning, pp. 1799–1808. PMLR.

[10] B. Lakshminarayanan, A. Pritzel, and C. Blundell (2017). Simple and scalable predictive uncertainty estimation using deep ensembles. Advances in Neural Information Processing Systems, 30.

[11] Y. Chung, W. Neiswanger, I. Char et al. (2020). Beyond pinball loss: Quantile methods for calibrated uncertainty quantification. arXiv preprint arXiv:2011.09588.

[12] W. Neiswanger, C. Wang, and E. Xing (2014). Asymptotically exact, embarrassingly parallel MCMC. Technical Report. https://arxiv.org/pdf/1311.4780.pdf.

[13] A. C. Therrien, R. Herbst, O. Quijano et al. (2019). Machine learning at the edge for ultra high rate detectors. In 2019 IEEE Nuclear Science Symposium and Medical Imaging Conference (NSS/MIC), pp. 1–4.

[14] R. M. Churchill, B. Tobias, and Y. Zhu (2020). Deep convolutional neural networks for multi-scale time-series classification and application to tokamak disruption prediction using raw, high temporal resolution diagnostic data. Physics of Plasmas, 27(6), 062510.

[15] C. Rea, K. J. Montes, A. Pau et al. (2020). Progress toward interpretable machine learning–based disruption predictors across Tokamaks. Fusion Science and Technology, 76(8), 912–924.

[16] J. Kates-Harbeck, A. Svyatkovskiy, and W. Tang (2019). Predicting disruptive instabilities in controlled fusion plasmas through deep learning. Nature, 568(7753), 526–531. http://dx.doi.org/10.1038/s41586-019-1116-4.

[17] Y. Fu, D. Eldon, K. Erickson et al. (2020). Machine learning control for disruption and tearing mode avoidance. Physics of Plasmas, 27(2), 022501.

[18] O. Vinyals, I. Babuschkin, W. M. Czarnecki et al. (2019). Grandmaster level in StarCraft II using multi-agent reinforcement learning. Nature, 575(7782), 350–354. http://dx.doi.org/10.1038/s41586-019-1724-z.

[19] J. Degrave, F. Felici, J. Buchli et al. (2022). Magnetic control of tokamak plasmas through deep reinforcement learning. Nature, 602(7897), 414–419, February. https://doi.org/10.1038/s41586-021-04301-9.

[20] J. E. Kinsey, G. M. Staebler, and R. E. Waltz (2008). The first transport code simulations using the trapped gyro-Landau-fluid model. Physics of Plasmas, 15(5), 055908, May. http://aip.scitation.org/doi/10.1063/1.2889008.

[21] O. Meneghini, G. Snoep, B. C. Lyons et al. 2020. Neural-network accelerated coupled core-pedestal simulations with self-consistent transport of impurities and compatible with ITER IMAS. Nuclear Fusion, 61(2), 026006, December, publisher: IOP Publishing. https://doi.org/10.1088/1741-4326/abb918.

[22] S. Ku, R. Hager, C. Chang et al. (2016). A new hybrid-Lagrangian numerical scheme for gyrokinetic simulation of Tokamak edge plasma. Journal of Computational Physics, 315, 467–475. http://linkinghub.elsevier. com/retrieve/pii/S0021999116300274.

[23] M. A. Miller, R. M. Churchill, A. Dener et al. 2021. Encoder–decoder neural network for solving the nonlinear Fokker–Planck–Landau collision operator in XGC. Journal of Plasma Physics, 87(2), April, publisher: Cambridge

University Press. https://www.cambridge.org/core/journals/journal-of-plasma-physics/article/abs/encoderdecoder-neural-network-for-solving-the-nonlinear-fokkerplancklandau-collision-operator-in-xgc/A9D36EE037C1029C253654ABE1352908.

[24] R. Wang, R. Walters, and R. Yu (2020). Incorporating symmetry into deep dynamics models for improved generalization. arXiv:2002.03061v4, February. https://arxiv.org/abs/2002.03061v4.

[25] Z. Li, N. Kovachki, K. Azizzadenesheli et al. (2021). Fourier neural operator for parametric partial differential equations. arXiv:2010.08895 [cs, math], May, arXiv: 2010.08895. http://arxiv.org/abs/2010.08895.

[26] R. Kube, R. M. Churchill, and B. Sturdevant (2021). Machine learning accelerated particle-in-cell plasma simulations. NeurIPS Machine Learning for Physical Sciences Workshop, p. 8.

[27] D. Kochkov, J. A. Smith, A. Alieva et al. (2021). Machine learning accelerated computational fluid dynamics. Proceedings of the National Academy of Sciences, 118(11). arXiv:2102.01010 [physics], January, http://arxiv.org/abs/2102.01010.

[28] A. Pavone, J. Svensson, A. Langenberg et al. (2019). Neural network approximation of Bayesian models for the inference of ion and electron temperature profiles at W7-X. Plasma Physics and Controlled Fusion, 61(7), April, IOP Publishing. https://iopscience.iop.org/article/10.1088/1361-6587/ab1d26.

[29] C. Furia and M. Churchill. (2021). Likelihood-free inference using normalizing flows for experiment and simulation comparison. In Bulletin of the American Physical Society, Vol. 66, No. 13. American Physical Society. https://meetings.aps.org/Meeting/DPP21/Session/JP11.86.

[30] L.-M. Imbert-Gerard, E. J. Paul, and A. M. Wright (2020). An introduction to stellarators: From magnetic fields to symmetries and optimization. arXiv:1908.05360 [physics], August. http://arxiv.org/abs/1908.05360.

[31] E. J. Paul, M. Landreman, A. Bader et al. (2018). An adjoint method for gradient-based optimization of stellarator coil shapes. Nuclear Fusion, 58(7), 076015, May, IOP Publishing. https://doi.org/10.1088/1741-4326/aac1c7.

[32] N. McGreivy, S. R. Hudson, and C. Zhu (2021). Optimized finite-build stellarator coils using automatic differentiation. Nuclear Fusion, 61(2), 026020, February. http://arxiv.org/abs/2009.00196.

第16章

人工智能为灵活弹性电网赋能

Olufemi A. Omitaomu，美国橡树岭国家实验室计算科学与工程部，美国田纳西州橡树岭。E-mail：omitaomuoa@ornl.gov

Jin Dong，美国橡树岭国家实验室电气化和能源基础设施部，美国田纳西州橡树岭。E-mail：dongj@ornl.gov

Teja Kuruganti，美国橡树岭国家实验室计算科学与工程部，美国田纳西州橡树岭。E-mail：kurugantipv@ornl.gov

16.1 引言

国家电网是一个广泛覆盖的基础设施，过去一个世纪以来支撑了经济增长。然而，电网需要进行根本性的变革以应对21世纪脱碳和韧性的挑战。智能电网的目标是将电力电网从机电控制系统升级为电子控制系统，实现从被动响应向主动管理的转变。根据美国能源部的《智能电网系统报告》[1]，智能电网系统包括信息管理、控制技术、感知技术、通信技术和现场设备，这些设备从成功生成、传输到向终端用户供电在内的多个流程中协调工作。智能电网技术至少在以下三个关键领域改变了传统的电网规划和运营问题：①监控或测量过程，将数据回传到运营中心，并常自动响应以调整运行状态；②在设备和系统之间共享数据；③处理、分析数据，并辅助操作人员访问和应用整个电网的数字技术的所产数据。智能电网中的相关问题领域包括负载预测、电网稳定性评估、故障检测和智能电网安全。这些关键问题的解决使得电力电网运行中收集到大量的高维和多类型数据成为可能。然而，传统的建模、优化和控制技术在处理这些数据集时仍存在许多局限性。

电网中的数字化设备改变了决策者、行业利益相关者和电力消费者间信息的收集和传播方式，随着数字化设备在传统电网中的普及，智能电网技术的高速信息处理能力变得越来越重要。与传统的电网运营相比，智能电网提供了新的功能，包括支持清洁与分布式电力的生成与存储，适应车辆电气化带来的需求模式变化，以及实施需求侧管理策略。与传统的电力电网不同，智能电网允许客户参与电网运营：消费者不仅可以消耗电力并生成数据，还可以对系统中的动态过程做出响应，提供灵活性，在需求响应（DR）等多种背景下发挥决策作用。

因此，改进的通信和数据处理功能对于智能电网的成功运营至关重要。支撑智能电网运行的信息系统需要更加可靠和灵活，以适应许多复杂的分析和控制算法。此外，消费者参与还要求公用事业单位将数据和分析结果分发给多元化用户群体和第三方服务提供商。目前，电网数据收集和处理使用的是集中式的方法。在客户端-服务器模型中，只有少数服务器进行数据采集、存储、访问以及分析和可视化应用。尽管这种模式能够满足传统电网运营系统的要求，但对智能电网系统而言，仍存在显著不足。

随着电网现代化推进，电网信息可以划分为以下层次[2]：

物理层代表了传统的电力服务，包括发电、输电和配电基础设施，这主要是单向通信层。随着智能电网的出现，这一层现在包括分布式能源资源（DER），如风能和太阳能发电，以及智能电表、相量测量单元和电动汽车等辅助设备。

传感器层建立在物理层的传感器基础之上，用于监控运行情况和性能。这一层也可以被视为数据层，因为它提供了将传统机电控制系统转化为现代电子控制系统所需的大量数据。然而，仅仅依赖传感器的部署无法实现真正的智能电网。该层生成海量的数据和信息，必须经过分析才能发挥价值。

分析层使用 AI 技术支撑满足弹性和灵活性的电网运行。缺少高效且有效的分析层，智能电网无法真正实现。AI 在分析传感器层产生的数据和信息中起着关键作用。

市场层提供买卖电力的中介服务。传统市场层需改造，新增子层使客户能出售分布式能源资源，并支持云服务满足智能电网系统中的生产者、客户和其他用户的需求。

鉴于随着智能电网技术的应用实施，预计将有大量数据和信息流经电力公司，在智能电网中应用人工智能技术的需求愈加迫切和明显。AI 技术使用大量数据来创建和训练智能算法，以自动处理通常需要人工智能干预的复杂任务。尽管 ML 通常与 AI 互换使用，ML 仅是实现 AI 的众多途径之一。AI 系统中包括神经网络、机器人、专家系统、模糊逻辑和自然语言处理等方法。总的来说，AI 技术使决策能够快速且准确地完成。在智能电网应用中，AI 可以被定义为使用计算机模拟电网操作人员的认知功能，以实现自我修复和响应能力。然而，在某些情况下，AI 可能无法取代电网操作人员。尽管 AI 系统可以更精确、可靠和全面，但在将 AI 技术应用于智能电网方面仍存在许多挑战。智能电网中可能存在两种类型的 AI 系统：虚拟 AI 和物理 AI。虚拟 AI 系统包括辅助电网操作人员进行工作的信息学工具和软件系统。物理 AI 系统包括具备自我感知能力的智能系统，能够在人类干预存在或缺失的情况下，自动优化和控制特定的电网操作。

此外，智能电网中的 AI 系统可以进一步分为弱人工智能（ANI）和强人工智能（AGI）。ANI 指的是为特定任务开发的 AI 系统，具有需求适用性和约束性（例如，基于不同数据集进行电网负载预测的 AI 系统）。而 AGI 指的是为自主学习和进化——类似于人类智能发展过程的通用人工智能系统。AGI 的开发有望推动在未来实现真正的智能电网系统。

在过去的 10 年，基于 AI 的智能电网应用的研究显著增长。同样地，在过去 4 年，部分研究成果在最新工作中得到重新审视和深化[3-7]。本章探讨 AI 在电网运营中的关键作用，包括电网运营的虚拟化、人机协作以实现高效地运行以及通过分布式能源资源提升电网服务效率。

16.2　电网运行虚拟化

在 16.2 节中强调的一些智能电网方面的需求可能通过 AI 应用程序得到更好实现。这些应用通过云服务提供功能，而非依赖传统的客户端-服务器模型。下面列举了一些潜在的云服务模型[8]：

基础设施即服务（IaaS）模型按需向用户直接提供虚拟化资源。这类似于汽车租赁服务。用户选择所需资源，并依据个性化需求使用，但这些资源并不属于他们，指定租赁期结束后需归还。

平台即服务（PaaS）模型为开发者提供了一个可编程的环境，以便直接在云环境中构建应用程序。这一服务级别类似于出租车服务，用户指定目的地或最终目标，而平台则负责提供应用程序所需的资源和环境。

软件即服务（SaaS）模型通过云门户向用户提供成品生产软件。这个服务相当于公共汽车服务。软件有一套预定的应用程序，用户共享相同的软件。因此，用户从本地安装的软件转向具有相同功能的在线软件服务。对于资源有限的电力公司来说，SaaS 可能是最合适的服务模型。然而，大多数电力电网数据收集和分析应用程序可能需要进行重新设计，以充分利用 SaaS 的弹性、可扩展性和可靠性。鉴于 AI 技术的多样性，应当开发新系统以适应多种多样的智能电网应用程序。

这些云服务将允许电力设施公司尝试不同的计算方法、算法和模型，以确定最适合他们用例的方法。这些现成可用的服务还将加速数据分析应用程序的应用，以实现更优的决策，而无需事先在基础设备采购、技术人员招聘和培训等方面进行大量投资。

对于在电网上的应用，这些云服务的技术应当参照 Duvvuri[9] 制定的要求，包括：①可重用性，AI 算法和 AI 系统必须为电网操作多样化需求提供服务；②可扩展性，服务应满足纵向（例如，增加更多的 RAM 和 CPU 资源）和横向（例如，增加更多的服务器/用户）的需求；③分布式，服务应在数据源附近运行算法/模型，以模拟电网操作的分布式特性；④实时性，服务必须具备实时和近实时的数据处理能力，以满足运营商的需求；⑤离线支持，服务必须能够容纳数据和模型进行事后分析；⑥安全，服务必须保护电网数据、模型和输出免受恶意访问、篡改和/或盗窃，以确保运营完整性。

基于这些要求，传统的电网应用方法可能需要针对云计算平台进行调整。在这一领域，相关研究不断涌现。Zhou 等[10] 提出了一个智能电网的 PaaS 平台。该平台利用智能电网中丰富的感知设备和信息网络进行异常检测。具体而言，作者通过电网的数据流对住宅数据进行二分类，以识别正常和异常的客户活动。在电网中，设备故障的及时检测和实时诊断是智能电网不可或缺的一部分。最近，提出了一种针对电网云平台的故障检测方法[11]。这种方法由三层结构（设备层、现场层和云中心层）组成，将各种监控系统在设备层收集的数据上传至现场层进行数据预处理。云中心层提供 IaaS、PaaS 和 SaaS 服务，利用现场层之前存储的数据来训练一个 ML 模型，并对设备故障进行分类。Zhang 等[12] 探讨了一个用于电网调度和控制应用的云计算平台。所提出的平台通过云终端监测电网，调用各种服务并展示结果。根据作者的说法，该平台“提升了大型电网调度和控制系统的整体感知能力、整体分析能力和整体控制能力”。此外，Zhang 等[13] 提出无服务器平台和调度通信系统，以确保无论当地基础设施的可用性和可访问性如何，都能保证实现操作的连续运营。这些研究为其他电网运营商提供了保护其云服务的典范框架。

以下是这些服务可能帮助缓解的一系列问题。

保护电网数据和 AI 模型：传统上，公用事业企业自行收集、存储和保护数据，并开发 AI/ML 模型。随着数据收集量的显著增加，这些任务在基础设施和人力资源上的投入需求也持续增长。此外，电网数字化和互联程度提高，使得管理数据和模型愈发复杂且具挑战性。尽管 AI 技术有望增强电网数据和 AI 模型的安全性，但计算成本高昂——对于大型公用事业公司而言亦如此。采用云服务的解决方案有助于缓解这一问题，甚至使中小型企业也能在其运营中借助 AI 优势。因此，必须具备这些能力，以保护电网数据，同时促进行业内数据和 AI 模型的共享。

AI 技术助力电网弹性：全球气候变化导致干旱、过量降雨、极端天气和野火活动等因素影响发电、输电和配电系统。AI 模型需要更准确地预测数天前的天气模式，并评估其对电网操作的潜在影响，以减少非计划停电并加速电网服务的恢复。此外，对于可能通过电网传播的连续或同时发生的极端事件导致的级联故障风险也愈加重要。云服务有助于扩展现有的 AI 模型，并开发新型可扩展 AI 模型。

AI 助力集成智能社区的电网：正如电网一样，社区正在通过数字设备和传感器［如物联网（IoT）］，转型为智能社区，实现数据收集以及资产服务管理。一方面，越来越多的家庭正装备各种传感器和数字设备，用以监控活动、控制家电和减少浪费。许多房主正从单纯的电力消费者转变为电力产消者（即既能产生又能消费电力的客户），增加了活动建模的复杂性。另一方面，城市和县市正利用智能设备进行高效的服务控制和资源管理。新的基础设施正在助力智能交通新时代，包括电动汽车充电站和自动驾驶车辆的基础设施准备技术。一个可靠且具有弹性的电力供应系统是这些智能社区的核心。AI/ML 算法能够帮助多系统互联生态（电网、智能家居和智能社区）进行复杂的优化，从而实现无缝的集成和提高成功的可能性。

16.3 人机协作以实现高效的电网运营

通常，人们可以假设 AI 系统能够在电网操作的背景下思考、学习和理解呈现给它们的信息，只要提供了适当的数据集和算法，就像人类在电网控制室中所做的一样。然而，AI 算法面临着所谓的“黑箱问题”，即它们不提供输出的解释或理由。根据 Wenskovitch 和 North[14] 的观点，这只是问题的一半，因为还存在另一个黑箱：人类认知。一方面，算法没有为其输出提供解释，因此使用这些算法的用户或基于这些算法构建的 AI 系统面临是否接受结果而无法质疑或理解底层过程的决策。另一方面，人类（即电网运营商）的思维对算法来说是一个黑箱。这就是所谓的“两个黑箱问题”[14]。为了使 AI 系统更加有效和可用，驱动这些系统的算法必须能够从人类那里学习。AI 系统能够高效地发现大数据中的隐藏模式和隐性知识，而人类则以认知意义构建（如进行假设推理、推断、判断及运用领域专业知识）而著称。这两者的合作对于实现真正的智能电网是必不可少的。这种合作不仅仅是单一的技术，而是包括 AI、ML、自然语言处理和认知科学在内的一系列强大技术。因此，一些研究人员提倡使用“增强智能”这个术语来强调合作中人类的元素。

在电网应用中，认知系统是一种范式，它结合了信息技术、AI 和人类认知，以增强电网运营。因此，在未来，人类和 AI 将在电网运营的决策过程中共同发挥作用。最近的实验结果表明，当人类与 AI 协作时，他们在相同任务上的表现超过了单独工作的 AI 或人类[15]。有趣的是，这种组合表现的提升仅在一方面显现；即当 AI 将任务分配给人类时，表现有所提升，而当人类将任务委托给 AI 时，表现并未提升；这可能是因为人类在任务委托方面不够擅长[15]，还难以涵盖人类的认识规律。

以下是这种合作可能帮助缓解的一系列电网问题。

控制室运营：电网由公用事业控制室管理。控制室内的界面使得操作员能够通过位于不同控制台的指示器来监控各种变量的状态。警报系统会提示一个或多个子系统中出现的任何异常情况。操作员应能够从控制室随时调整系统的运行状态。随着公用事业在电网中集成更多的可再生能源、储能和需求侧资源，电网运营商面临着对大量数据的监控任务，工作复杂程度增加。这种从单一发电模式的转变增加了控制室运营的新层面，有时造成系统间的集成变得困难。因此，操作员的情境意识（SA）变得至关重要；这指的是操作员对当前过程状态的心理感知以及基于经验和培训对未来过程状态的预期。操作员维持尽可能高的 SA 能力始终取决于任务的工作量、信息流速、系统设计和任务的复杂性[16]。监控和快速处理大量实时数据是控制室运营中潜在的 AI 应用领域。

电网的可观察性和运营：电网通过传统和新型传感器产生大量且不断增长的数据，但目前仅有一小部分数据是可操作的。此外，越来越多的传感器技术正等待计算创新将新想法转化为实际应用。传统上，从分布式位置收集的监控控制和数据采集（SCADA）系统的操作系统数据被传输回中央控制室。资产健康传感器以类似的方式收集和传输数据，有些设备被配置为在本地收集数据并仅保留一段时间，工程师必须访问现场位置并手动检索数据。数据通常使用数据历史记录器或数据库进行归档，随后进行分析，以支持规划、可视化和运营的功能。通常，设备的扫描速率会受到存储或通信限制。在数据源（即边缘 AI）或集中式数据存储位置进行 AI 分析将使电网运营能够利用大量的传感器数据作为实时可操作信息，从而提高运营效率。边缘 AI 将促进感知能力的演进、通信策略、网络优化和应用场景的发展。

因此，电力行业有交融边缘 AI 的机遇。然而，边缘 AI 将在通信网络上引发面向任务的数据流，为此必须开发革命性的通信技术、高效的资源分配方法和整体系统架构。构建边缘 AI 生态系统的挑战涉及多学科多领域，包括无线通信、ML、运筹学、网格应用、法规和道德。

尽管 AI 在电网中的应用带来了巨大的好处，但这项工作仍然面临挑战，具体如下。

机器在人机协作中的接受度：如果 AI 算法要成为电网运营的一部分，电网运营商必须接受在决策过程中与人类具有相似权重的基于 AI 的见解。据报道，在其他应用中，人类对 AI 的算法见解有很强的抵触心理[17]；具体来说，机器的见解要么被忽视，要么被赋予较小的权重。为了实现 AI 与电网运营的融合，弄清楚以下几点很重要：①电网运营商是否愿意让机器参与决策；②操作员能接受 AI 参与的哪些电网任务和/或参与程度；③如何将机器的见解融入决策过程；④如何随着时间的推移评估机器洞察力的连续集成。

提高操作员信心的一种方法是通过协同学习循环[14]，在该循环中，人和机器必须近距离交互，以促进更好的理解。此为迭代学习过程。学习循环的目的是彻底破解黑箱问题，解决如何从 AI 中提取关键信息，如何以可操作的方式向人类呈现这些信息，如何从人类中提取认知以及如何以有意义的方式呈现等问题[14]。

决策平衡责任：责任平衡是实现人机协作的另一个挑战。正如 Fügener 等[15]所解释的那样，人机协作只有在一种情况下效率更高，即当机器将工作委托给人类时。因此，要弄清楚的相关问题包括：①电网运营商是否愿意接受机器的任务委托；②如何最好地规划人和机器之间的分工，以提高性能；③如何实现人类向机器委派任务时同等绩效。

在这种情况下，委派被定义为授予AI系统自主执行电网运行任务，赋予AI系统对任务的完全自主权。目前，已经对项目管理背景下的授权进行了研究，其中一些策略可以用于人机协作。与授权相关的问题包括：①影响协作成功的因素；②委派成功关键因素；③在合作中，哪些授权策略最有效；④任务复杂度与委派策略关联性。

将人类认知融入AI算法：在传统的电网操作中，操作员通常在决策过程中使用笔记、图表、外化知识和回忆信息。将这些资料转换为数字形式，将为操作员的思维过程提供一个可复盘观测的窗口。难题在于怎么对人类认知进行建模。Wenskovitch和North认为[14]，语义关系、树和相关的层次结构（如文件系统）有助于认知外化。但若无法转化为机器理解的形式和语境，则认知外化就毫无意义。

16.4 分布式能源资源促进高效的电网服务

在过去的20年中，配电网在多个方面都得到了快速发展，包括发电、供需和控制。受分布式能源资源（DER）广泛渗透的启发，整合可再生能源资源（renewable energy resources，RES）对于实现电网脱碳、提升配电系统的灵活性、活跃性至关重要[18]。在发电方面，近几十年来，分布式发电机（如光伏、风力涡轮机和微型涡轮机）在配电系统中的部署持续增加[19]。与此同时，在负荷方面，住宅和商业客户越来越多地选择电网服务，包括需求响应和辅助服务。一方面，可再生能源的间歇性和不确定性给配电网的运行和控制带来了巨大的挑战。另一方面，先进的计量基础设施（例如，双边智能电表）和智能逆变器有助于DER和配电系统运营商（DSO）之间的信息交换[20]。因此，开发先进的DER智能和数据驱动控制技术，将被动配电系统转变为主动配电系统势在必行，这一举措能够实现系统运行的最佳效率和可靠性。

AI在以下两个关键领域辅助构建灵活且可靠的配电网。首先是配电系统运营商的DER智能：如物联网、边缘计算、实时监控、点对点（P2P）能源交易、DER和需求响应等新兴技术，有潜力将配电网转变为更高效、灵活、可靠、灵活应变和可持续的基础设施[21]。传统SCADA系统虽然管理能源资源，但这种集中式架构可拓展性不强，不能适应日益增长的DER部署。系统层面的智能配电网包括整个配电系统中的高级监控设备，这些设备对来自终端用户的信息和动作做出积极响应。传统的基于模型的解决方案需要完整准确的配电网模型（在配电电路中）和具有挑战性的非凸优化问题（即最优潮流问题）的在线解决方案，这阻碍了其在现实世界馈线中的广泛采用[22]。因此，已经提出了各种DER情报模型，以优化作战数据，进而增强配电系统运营商的运作能力。总体目标是简化并加速管理算法，同时提供与基于模型的性能更好的解决方案。

Gao等[22]没有对馈线的详细电压降进行建模，而是开发了一种基于分散强化学习（RL）的无功电压/伏安控制，以根据操作数据调整有载分接开关的分接位置。对于类似的电压调节问题，Xu等[23]开发了一种安全关闭策略RL算法，以避免电压违规，同时最大限度地减少网络损失。Zhou等[24]提出使用AI或RL来设计最优定价信号，假设社区P2P能源交易是一个马尔可夫决策过程。同样，Eck等[25]指出，AI可以支持配电系统运营商根据当地能源市场处理高DER渗透率的问题。

其次是面向终端用户的DER智能：随着配电网从电力系统的被动组件过渡到电力市场的主动参与者，消费者参与当地电力市场并降低整体运营成本的机会增加。现代家庭能源管理系统以及智能设备使智能设备能够部署在电网边缘。例如，研究开发了针对智能消费者的需求侧管理系统开发了一种人工神经网络算法[26]；利用深度确定性策略梯度算法，优化多区域住宅供暖、通风和空调系统的设定值，以考虑舒适度的同时最大限度地减少能耗[27]；开发了一种基于深度RL的算法来控制建筑暖通和空调系统[28]。所有这些算法都表明，所提出的AI技术在提高网格的效率和灵活性的同时，还可以提供所需的室内环境。最近，一项比较研究[29]显示，数据驱动方法的计算负担远低于模型方法。因此，基于学习的方法更适合于住宅需求响应的在线部署。

尽管AI在应对DER集成挑战方面潜力巨大，但对于配电系统运营商和终端用户而言，仍存在一些问题，包括以下几个方面。

建模——缺乏来自物理环境的安全性和模型约束：RL成功的共同假设在很大程度上依赖于能够通过许多样本充分学习的内在状态-动作关系。然而，这不一定适用于配电网的全面模型。在该模型中，样本收集受到实时操作的限制，并且受物理模型约束难以有效地进行表示（即它们纯粹依赖于数据）。另外，为了保证电网的安全运行，必须始终满足某些物理标准：发电量必须符合需求，电压/频率必须在规定范围内。这基本上为AI算法提出了一个更关键的安全/稳定性要求（即所有AI解决方案都必须保证配电网运行的可行性）。

开发能够将领域信息、物理知识和学习技术[30,31]相结合的综合模型或物理模型有很大的研究前景，用以解决数据驱动学习算法面临的安全问题和模型约束不兼容问题。

控制——超越现成的基于RL的管理：大多数RL能源管理系统都专注于现成的RL算法在DER集成问题上的应用，但是并没有深入分析最优策略的收敛性。这样做的后果是，这样的策略搜索过程相当于解决非凸优化问题，解容易陷入局部次优点而不是全局最优点[32]。因此，需要采用量身定制的RL或替代AI算法[33]来为特定的配电网应用提供更好的控制策略和更快的收敛性。

此外，现有的基于RL的算法主要关注DER和批发电力市场的直接负荷调度，却很少关注配电市场中基于价格的控制。如何根据定价策略，如利用定位边际价格（DLMP），有效地开发分销市场的DER潜力，仍然是一个悬而未决的问题。考虑到现实世界的配电电路和客户响应的复杂动态，聚合器需要一个无模型的DLMP模型来管理个人居民，并最大限度地减少电费，以及维护配电系统的安全和经济运行。

部署——缺乏多智能体学习和顺序决策问题的可部署算法：尽管DER集成潜力巨大，但当前的云计算服务架构阻碍了DER智能算法在配电网中的广泛部署。由于整个离散动作空间呈指数级增长，应用RL来协调配电网中DER的操作变得几乎令人望而却步。因此，边缘计算[34]可以使用数据源附近网络边缘的资源来实现这些服务，已经成为一种理想的解决方案。此外，由于配电系统运营商和客户之间复杂的相互作用，进行准确的敏感性分析，以确定奖励对客户响应的影响，以及设计多智能体系统的最优控制仍然是具有挑战性的分销网络。Q-learning是一种无模型RL算法，用于学习特定状态下动作的值。基于多智能体Q-learning的方法可以在边缘设备上做出控制决策时提供更好的控制性能，降低电力成本并加快计算速度。

16.5 本章小结

新兴的智能电网将有助于实现一个完全自主的系统，该系统将具有响应性、自适应性、自我修复、全自动化和成本效益[35]。AI/ML 技术可以通过解决几个领域的问题来帮助实现真正的智能电网。

消除 AI 采用障碍的云服务：为了实现完全自主学习的智能电网系统，AI 与云计算的集成，可以增强安全性和鲁棒性并最大限度地减少停电，将在智能电网系统中发挥更重要的作用。

使用雾计算的 AI 数据预处理：雾计算通过在本地预处理原始网格数据而不是将原始数据转发到云端来促进边缘计算的操作。通过为计算提供按需资源，雾计算具有许多优点（例如，能效、可扩展性和灵活性）。有学者[36-39]对雾计算融入智能电网进行了尝试性研究，随着未来智能电网数据量的增加，雾计算将发挥更大的作用。

通过迁移学习增强知识：缺乏标记数据仍然是一些智能电网应用的挑战。因此，迁移学习的概念，其中在解决一个问题时，获得的知识可以应用于不同但相关的问题可能是有用的。迁移学习降低了对训练数据的要求，这激励研究人员使用它们来克服数据不足。近年来，深度迁移学习任务[40]受到了更多的关注，它们可能在智能电网应用中得到广泛的应用。

智能城市环境下的消费者行为预测/优化：随着智能城市的出现以及 5G 网络和物联网的发展，需求侧管理正在成为管理用户和生产商参与电力系统的重要任务。消费者行为和功耗的学习模式可有助于完成消费者侧的需求响应任务。

为智能电网运营提供增强智能：这种协同的人机系统结合了人类专业知识和 AI 技术，实现了更高效的控制室运营。理解在人类和机器之间分配任务的最佳策略，可能会导致一种更以人为中心的 AI 设计方法。

因此，一些建议的后续研究领域包括以下几点。

利用 AI 实现减碳减排：在美国，建筑物占能源相关二氧化碳排放总量的 35%，使其成为脱碳的首选。考虑到间歇性的可再生能源发电，电网中的碳强度是随时间变化的，并且可能在数小时内大幅波动，因此使用 AI 来调度建筑负荷以响应碳强度，可以降低整体建筑运营的碳排放。

研究集成 AI 设计：应该研究具有多目标的集成 AI，而不是单一目标，这将使控制规则的设计更好，以实现降低排放、供电弹性和成本降低的目标。

在人类和机器之间委派网格任务：为了消除将任务委派给机器的主观性，应该研究博弈论框架背景下的高级 AI 方法，以确定在人类和机器之间委派任务的最佳策略。

分析控制室中的人为因素问题：随着控制室变得越来越复杂，控制室中人为因素问题的研究变得更加重要。传统的学习方法中，人为因素问题是主观的、麻烦的，并且通常不可扩展。应该研究在虚拟环境中使用 AI 作为游戏代理来评估人为因素问题的可行性。

参考文献

[1] Smart Grid System Report, U. S. Department of Energy (2018). https://www.energy.gov/sites/prod/files/2019/02/f59/Smart%20Grid%20Report%20November%202018 1.pdf (accessed 15 January 2021).

[2] H. M. Meza and M. Rodriguez-Martinez (2017). Cloud-based and Big Data-enabled brokerage system for smart grids. In 2017 IEEE International Congress on Big Data (BigData Congress). IEEE, June 2017, pp. 502–506.

[3] O. A. Omitaomu and H. Niu (2021). Artificial intelligence techniques in smart grid: A survey. Smart Cities, 4(2), 548–568.

[4] P. Verma, K. Sanyal, D. Srinivasan et al. (2018). Computational intelligence techniques in smart grid planning and operation: A survey. In 2018 IEEE Innovative Smart Grid Technologies-Asia (ISGT Asia). IEEE, May 2018, pp. 891–896.

[5] B. K. Bose (2017). Artificial intelligence techniques in smart grid and renewable energy systems—Some example applications. Proceedings of the IEEE, 105(11), 2262–2273.

[6] S. S. Ali and B. J. Choi (2020). State-of-the-art artificial intelligence techniques for distributed smart grids: A review. Electronics, 9(6), 1030.

[7] M. D. Lytras and K. T. Chui (2019). The recent development of artificial intelligence for smart and sustainable energy systems and applications. Energies, 12(16), 3108.

[8] O. A. Omitaomu, A. Sorokine, and V. Chandola (2015). Virtualization of the evolving power grid. IEEE Smart Grid Newsletters. https://smartgrid.ieee.org/component/content/article/176-composite-loads-in-stand-alone-inverter-based-microgrids.

[9] V. Duvvuri (2020). Minerva: A portable machine learning microservice framework for traditional enterprise SaaS applications. https://arxiv.org/pdf/2005.00866.pdf (accessed 15 December 2021).

[10] M. Zhou, J. Li, W. Geng et al. (2021). IAPSG: A novel intelligent application platform for smart grid. IOP Conference Series: Earth and Environmental Science, 632(4), 042055.

[11] W. Li, Y. Li, J. Shi et al. (2021). Power grid fault detection method based on cloud platform and improved isolated forest. In 2021 IEEE 5th Advanced Information Technology, Electronic and Automation Control Conference (IAEAC). IEEE, March 2021, Vol. 5, pp. 864–867.

[12] L. Zhang, L. Zhang, M. Liu et al. (2020). Cloud terminal for bulk power grid dispatching system. In 2020 IEEE 4th Conference on Energy Internet and Energy System Integration (EI2). IEEE, pp. 3625–3630.

[13] S. Zhang, X. Luo, and E. Litvinov (2021). Serverless computing for cloud-based power grid emergency generation dispatch. International Journal of Electrical Power & Energy Systems, 124, 106366.

[14] J. Wenskovitch and C. North (2020). Interactive artificial intelligence: Designing for the "Two Black Boxes" problem. Computer, 53(8), 29–39.

[15] A. Fügener, J. Grahl, A. Gupta et al. (2022). Cognitive challenges in human-artificial intelligence collaboration: Investigating the path toward productive delegation. Information Systems Research, 33(2), 678–696.

[16] H. V. P. Singh and Q. H. Mahmoud (2020). NLP-based approach for predicting HMI state sequences towards monitoring operator situational awareness. Sensors, 20(11), 3228.

[17] T. Haesevoets, D. Cremer, K. Dierckx et al. (2021). Human-machine collab-oration in managerial decision making. Computers in Human Behavior, 119, 106730.

[18] L. Bai, Y. Xue, G. Xu et al. (2017). Distribution locational marginal pricing (DLMP) for congestion management and voltage support. IEEE Transactions on Power Systems, 33(4), 4061–4073.

[19] X. Wang, F. Li, J. Dong et al. (2021). Tri-level scheduling model considering residential demand flexibility of aggregated HVACs and EVs under distribution LMP. IEEE Transactions on Smart Grid, 12(5), 3990–4002.

[20] R. R. Mohassel, A. Fung, F. Mohammadi et al. (2014). A survey on advanced metering infrastructure. International Journal of Electrical Power & Energy Systems, 63, 473–484.

[21] I. Antonopoulos, V. Robu, B. Couraud et al. (2020). Artificial intelligence and machine learning approaches to energy demand-side response: A systematic review. Renewable and Sustainable Energy Reviews, 130, 109899.

[22] Y. Gao, W. Wang, and N. Yu (2021). Consensus multi-agent reinforcement learning for volt-var control in power distribution networks. IEEE Transactions on Smart Grid, 12(4), 3594–3604.

[23] H. Xu, A. Domínguez-García, and P. Sauer (2019) Optimal tap setting of voltage regulation transformers using batch reinforcement learning. IEEE Transactions on Power Systems, 35(3), 1990–2001.

[24] S. Zhou, Z. Hu, W. Gu et al. (2019). Artificial intelligence based smart energy community management: A reinforcement learning approach. CSEE Journal of Power and Energy Systems, 5(1), 1–10.

[25] B. Eck, F. Fusco, R. Gormally et al. (2019). AI modelling and time-series forecasting systems for trading energy flexibility in distribution grids. In Proceedings of the Tenth ACM International Conference on Future Energy Systems, June 2019, pp. 381–382.

[26] M. N. Macedo, J. Galo, L. A. L. De Almeida et al. (2015). Demand side management using artificial neural networks in a smart grid environment. Renewable and Sustainable Energy Reviews, 41, 128–133.

[27] Y. Du, H. Zandi, O. Kotevska et al. (2021). Intelligent multi-zone residential HVAC control strategy based on deep reinforcement learning. Applied Energy, 281, 116117.

[28] T. Wei, Y. Wang, and Q. Zhu (2017). Deep reinforcement learning for building HVAC control. In Proceedings of the 54th Annual Design Automation Conference 2017, pp. 1–6.

[29] X. Kou, Y. Du, F. Li et al. (2021). Model-based and data-driven HVAC control strategies for residential demand response. IEEE Open Access Journal of Power and Energy, 8, 186–197.

[30] J. Z. Kolter and G. Manek (2019). Learning stable deep dynamics models. Advances in Neural Information Processing Systems, 32.

[31] Y. Chen, Y. Shi, and B. Zhang (2018). Optimal control via neural networks: A convex approach. arXiv preprint arXiv:1805.11835.

[32] M. Fazel, R. Ge, S. Kakade et al. (2018). Global convergence of policy gradient methods for the linear quadratic regulator. In International Conference on Machine Learning. PMLR, July 2018, pp. 1467–1476.

[33] D. P. Kingma and J. Ba (2014). Adam: A method for stochastic optimization. arXiv preprint arXiv:1412.6980.

[34] C. Feng, Y. Wang, Q. Chen et al. (2021). Smart grid encounters edge computing: Opportunities and applications, Advances in Applied Energy, 1(Feb), Art. no. 100006.

[35] S. S. Ali and B. J. Choi (2020). State-of-the-art artificial intelligence techniques for distributed smart grids: A review. Electronics, 9(6), 1030.

[36] M. A. Ferrag, M. Babaghayou, and M. A. Yazici (2020). Cyber security for fog-based smart grid SCADA systems: Solutions and challenges. Journal of Information Security and Applications, 52, 102500.

[37] G. M. Gilbert, S. Naiman, H. Kimaro et al. (2019). A critical review of edge and fog computing for smart grid applications. In International Conference on Social Implications of Computers in Developing Countries. Springer, Cham, May 2019, pp. 763–775.

[38] S. Zahoor, S. Javaid, N. Javaid et al. (2018). Cloud–fog–based smart grid model for efficient resource management. Sustainability, 10(6), 2079.

[39] B. Tang, Z. Chen, G. Hefferman et al. (2017). Incorporating intelligence in fog computing for big data analysis in smart cities. IEEE Transactions on Industrial Informatics, 13(5), 2140–2150.

[40] C. Tan, F. Sun, T. Kong et al. (2018). A survey on deep transfer learning. In International Conference on Artificial Neural Networks. Springer, Cham, October 2018, pp. 270–279.

第17章 人工智能和机器学习在从太空观测地球中的应用

Jeff Dozier，加利福尼亚大学圣巴巴拉分校，美国。E-mail：dozier@ucsb.edu

17.1 引言

1957 年斯普特尼克 1 号和 1958 年探险者 1 号的发射，主要是出于冷战时期的政治动机，而非单纯的科学探索。尽管如此，这些早期的空间观测任务拉开了“从太空观测地球”[1] 这一研究领域的序幕。这一表述源自美国国家科学院的一份报告，该报告回顾了自首颗美国卫星发射以来半个世纪内取得的关键科学发现。

1958 年发射的三颗卫星——探险者 1 号、探险者 3 号和先锋 3 号——所搭载的探测器首次识别出强烈的辐射带，后被命名为范艾伦辐射带。这一辐射带从地球延伸约 105km，相当于地球至月球距离的四分之一 [2]。随后，电视红外观测卫星（TIROS）系列对地球反照率以及释放的热红外辐射进行了测量，开启了地球辐射平衡研究的先河 [3]。至今，这类观测仍在持续进行，帮助我们记录由地球能量失衡导致的变暖趋势，以及如海平面上升等全球尺度的环境变化 [4]。

本章标题的意义在于强调一种能力——无需依赖传输介质，便可感知长距离传播的信号。目前有两种自然力量符合这一条件：电磁辐射与重力。在遥感领域，大多数传感器都用于测量波长范围从紫外（＜ 0.4μm）到微波（＞ 2μm）的电磁辐射。被动遥感技术用于探测环境中的辐射来源，包括太阳反射、地表和大气自身的辐射，以及通信或全球定位系统等“机会信号”的反射或传输。主动遥感则包括使用雷达和激光雷达等自带辐射源的传感系统。另一方面，通过测量地球重力场在时空上的变化，还能获取水体在地下水、海洋和冰盖之间的迁移信息 [5]。

17.2 遥感中的人工智能和机器学习

在“从太空观测地球”的背景下，人工智能（AI）和机器学习（ML）的应用日益受到关注。遥感数据往往具有多维特征，涵盖二维或三维空间信息，辅以时间、波长，甚至极化维度。这些数据通常存在噪声，且信号会受到除感兴趣变量之外的多种因素干扰。因此，在处理过程中，不仅需要缓解吸收和散射等控制单个粒子及其集合行为的物理方程所带来的计算复杂性，还需应对信号反演中常见的多重局部解问题，以恢复潜在的输入变量。

在 IEEE 的一次采访中，计算机科学家兼统计学家 Michael Jordan 指出：“不要把所有事情都称为 AI”[6]。他肯定了计算机在低级模式识别方面的能力——这些任务理论上人类也能完成，但成本高昂；同时，他也强调这些系统并不涉及真正的高级推理或思考。本章将机器学习视为一种复杂的监督或无监督分类过程，用于揭示观测数据与信息之间的统计关系或聚类模式，从而在海量观测数据中提取有价值的信息。遥感领域中有关 ML 应用的研究不断涌现，对现有方法的系统评估（如文献 [7]）为该领域提供了诸多洞见。

相比之下，遥感中明确归类为 AI 的应用实例较为稀少，除非扩展 AI 的定义范围。否则，如 Jordan[8] 所言，“当今大多数被贴上 AI 标签的技术，其实都是机器学习”。这一点在《传感器》[9] 和《遥感》[10] 杂志的专题论文中尤为明显——尽管标题中常含“智能”字眼，实际内容更多体现为传统 ML 方法。本章也提出了一些问题示例，以探讨 AI 在遥感中可能发挥作用的空间。

实现“可解释的”AI 或 ML 是一项仍然具有挑战性的目标，而这一点对于科学研究尤为关键：我们不仅追求预测的准确性，更关注是否以科学合理的方式得出了“正确的答案”[11]。仅依赖无法解释的统计预测虽然在某些场景下有效，但在科学探索中，缺乏可解释性则可能带来潜在的不负责任的风险。

17.3 观测目标

本章关于“从太空观测地球”的讨论，聚焦于那些能够影响“地球系统科学”的定量测量变量。“地球系统科学”一词诞生于 20 世纪 80 年代，旨在研究由物理气候系统、生物地球化学循环以及固体地球之间的复杂相互作用所驱动的、发生在几十年至数百年尺度上的全球变化。这些过程均通过水循环彼此联系[12,13]。这一系统性观点推动了美国“地球观测系统”（EOS）[14] 的发展与实施，该计划在 1997～2004 年间成功发射了四颗卫星。截至 2022 年，其中三颗卫星仍在服役，远远超出其原定设计寿命。

EOS 在当时引入了两项具有开创性、如今已被视为理所当然的数据处理实践：其一，研究人员利用来自大气顶端的遥感信号，生成具有科学价值的全球变量估计值，从而使其他科学家无需进行复杂的电磁辐射或重力变化反演计算，便能直接开展科学分析；其二，EOS 所产生的数据产品对全球所有用户完全开放，既无专有禁运期，也不收取超出复制与传输成本的费用。值得指出的是，这项开放政策是在互联网尚未普及的背景下制定的，而如今，用户几乎可以零成本访问这些数据资源。

从这种面向地球系统科学的遥感视角出发，科学家将重点放在定量检索地球物理和生物变量上，这与传统图像处理中的分类任务有所不同。尽管有关人工智能（AI）与机器学习（ML）在图像分类领域的文献已非常丰富，特别是在计算机视觉[15]、医学成像[16]，以及相对小众的军事与情报分类领域[17]，但在地球系统科学中，图像中的对象识别（如区分雪和云[18]）虽然有其应用场景，更为关键的挑战则是对关键环境变量的精确测量。

17.4 辐射转移、人工智能和机器学习

17.4.1 辐射的吸收和散射

当辐射在介质中传播时，其行为会受到吸收与散射的共同影响，而吸收的能量又会引起辐射的再发射。这一过程由辐射传输方程（radiative transfer equation，RTE）描述，广泛应用于天体物理、气候科学和遥感等领域[19]。对于几何构型简单的情况，该方程可获得解析解。然而，在更复杂的情形下，通常必须依赖数值方法求解。为此，研究人员提出了多种计算方法，其中一些基于特定的简化假设。目前，大约有 24 个此类数值解算代码是公开可用的[20]。此外，所谓“介质”的辐射特性取决于其中吸收和散射粒子（如云滴、树叶、烟灰、藻类或尘埃）的尺寸与辐射波长之间的关系。当辐射波长远小于粒子的尺寸及其间距时，我们通常将整个系统视为一种介质，典型如空气，其中包含大量吸收和散射粒子，并对特定波长的辐射产生影响。相反，当波长大于粒子的尺寸及其间距时，则可以将这种粒子与背景环境的组合整体视为一种有效介质。

以雪为例，太阳辐射波长范围（0.28～2.5μm）远小于积雪中颗粒的有效半径（通常为 50～1200μm），因此在计算太阳辐射传输时，需明确考虑雪粒对辐射的吸收与散射，而可忽略其间空气在短距离内的吸收效应[21]。然而，在考虑波长为 2cm 至 1m 的雷达信号时，这种波长已大于雪粒间距，因而可将空气与雪粒混合体整体视为一种介质。积雪中若存在液态水，则会进一步复杂化辐射过程。在太阳波长范围内，冰和水的复折射率（决定其光学响应的关键物理参数）相似[22,23]，但水的主要作用在于增强雪粒的聚集效应[24]。在微波波段，水对辐射的吸收率约为冰的 80 倍[25]，因此对雷达信号的响应有显著影响。

尽管目前已存在适用于这些介质的有效数值方法，但在大规模数据处理时，计算负担依然沉重。早在 20 世纪初，Mie 理论就给出了球形粒子吸收与散射的解析解[26]，但直到 70 年后，才发展出针对该问题的高效快速计算方法[27,28]，并进一步扩展至处理非球形及包覆颗粒的模型[29]。类似的计算复杂性也存在于微波遥感环境中，此时雪、土壤和森林常被建模为具有整体光学性质和三维非均质结构的复杂介质[30]。

17.4.2 人工智能、机器学习和反转问题

对电磁信号的反演旨在恢复控制散射、吸收和发射过程的地球物理或生物参数，这些参数可能来自大气、水体、积雪或森林等多种地球系统组成部分。该过程显著增加了计算复杂度。反演的核心任务在于，通过最小化模拟结果与实际观测值之间的差异，估计出控制变量的最优值。实现这一目标通常需要计算梯度或采用其他优化方法，这意味着需要进行多次辐射传输模拟，尤其当图像为高光谱数据（通常包含数百个波段）时，计算成本将大幅上升。

尽管这种反演可以通过“蛮力”方式完成——即基于每个像素光谱特征的可独立分析特性，借助大规模并行计算来分摊计算负担，但这种方法在资源消耗上并不经济。机器学习（ML）为此提供了一种更具成本效益的替代方案：从整个图像中选择一个能覆盖感兴趣属性范围的代表性像素子集，在该子集上运行反演算法，然后将整个问题作为一个监督学习任务，通过训练模

型来估算整幅图像甚至多个图像集中的目标属性。采样策略在此过程中至关重要，需要在代表性和计算效率之间进行权衡。一种策略是识别具有光谱唯一性的像素集，理论上这一集合几乎与原始像素数相当；另一种策略是通过设定光谱相似性的容差范围，从而减少样本数。此外，利用超像素进行图像过分割不仅有助于降低噪声，还可以更有效地覆盖影响反演参数的多样环境条件[31]。在这种方法框架下，人工智能（AI）可被用于进一步优化：选择最具区分度的图像特征，以及识别驱动所关注地物属性变化的关键因素。

17.4.3 山区照明几何形状的不确定性

在水文学、生态学等多个学科中，山地区域扮演着至关重要的角色。全球约有 20 亿人口依赖春季和夏季的积雪融化来获取水资源[32]，而在中低纬度地区，绝大多数降雪都发生在山地。例如，尽管北美仅有约 24% 的区域属于山地，但这些区域却接收了总降水量的 60%，其中很大一部分以雪的形式降落[33]。类似的统计情况在全球范围内或许也普遍存在，但相关数据仍然较为有限[34]。此外，大多数严重的野火事件也集中发生在山区[35]。因此可以说，山区在水资源供给和野火风险方面具有关键作用，气候的任何显著变化在这些地区都可能产生深远影响。山地复杂的地形结构影响遥感观测，主要通过改变入射辐射的几何特性，尤其是太阳高度角、传感器视角以及天空可视范围等因素。这种几何效应在遥感中尤其显著，尤其是在高山阴影、坡向和遮挡问题频繁出现的情形下。

当前对全球数字高程模型（DEM）质量的评估多集中于绝对高程误差。然而，在遥感应用中，无论是被动遥感[36]还是主动遥感[37]，都必须将照明几何与图像中对应像素精准匹配。因此，照明几何计算中的误差应得到充分重视。特别是从数字高程数据推导的坡度和坡向计算过程往往会放大原始高程误差的影响。

目前关于 DEM 误差的分析（参见文献 [38]）通常未考虑误差的空间相关性。如果我们以全球常用 DEM 的均方根误差（RMSE）约为 8m 为例，并假设这些误差在空间上不相关，则在 1 arcsecond（约 30m）空间分辨率下，相邻像素之间高程差的不确定性将增大。这种情况下，依据正态分布差值的方差叠加规则[39]，高程差的 RMSE 将达到约 11m。这种误差在坡度和照明角度计算中的影响不可忽视，可能对遥感产品的定量分析产生显著误差。

在检索地表反射率以获取地球物理表面特性时，通常需要区分“本征反射率”（即在平坦、开放区域中所观测的反射率）与遥感器实际测量到的“表观反射率”之间的差异[40]。假设地形信息表示准确，建模地形效应可以解释这两者之间的偏差。图 17.1 展示了照明几何计算不准确可能带来的影响。该图的散点图以局部照明角度的余弦为横轴，Landsat OLI 第 5 波段（851～879nm，太阳漫射辐照度相对较低）观测到的亮度为纵轴。尽管图中显示出两者之间存在一定关系，但该关系不应是完全一致的，因为地表的本征反射率本身在空间上也具有显著变化。值得注意的是，图 17.1 左上象限中的一些像素值表现为“亮度高而照明弱”，这表明其亮度异常高，却计算出了较小的照明余弦值。这通常表明在数字高程模型（DEM）中所推导的地形坡度存在误差，导致照明角度计算偏差。同样地，图右下角中的“亮度低而照明强”像素也可能存在异常：它们可能确实是表面本身反射率较低的区域，也有可能是由于照明余弦值计算不准确所致。

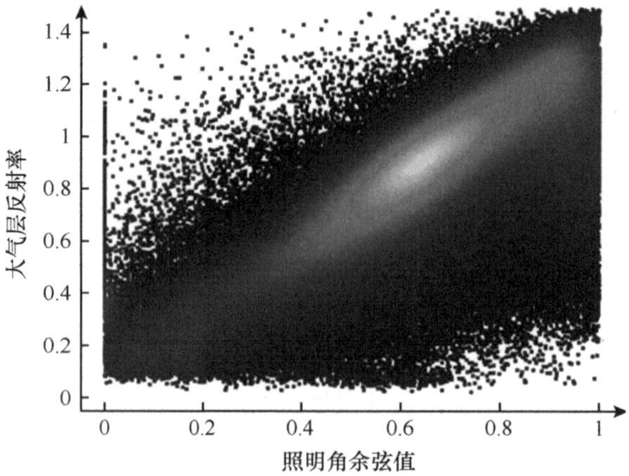

图 17.1　2016 年 2 月 22 日喜马拉雅地区 Landsat 8 OLI 图像反射率与从 Cartosat[41] 数字高程数据计算的局部照明角余弦值

AI 能帮助检索算法，正确地结合驱动反射的物理过程可以提高检索的准确性，前提是所感知的照明几何结构是正确的。

17.4.4　辐射转移反转的模糊性

在反演辐射传输方程的过程中，一个具有挑战性的难题在于：不同输入变量的组合可能生成彼此差异小于观测信号噪声水平的电磁信号。这种“非唯一性”问题会严重影响反演的稳定性。Twomey[42] 在其经典著作《反演数学导论》中，将大气遥感作为该问题的典型应用之一加以说明：例如，在卫星红外光谱测量中，目标是反演出大气的温度和湿度剖面。即便问题形式上是线性的，即 $\boldsymbol{Af}=\boldsymbol{g}$，从观测数据 $\boldsymbol{g}$ 反推出状态变量 $\boldsymbol{f}$ 的过程也可能不稳定或存在误导，因为系数矩阵 $\boldsymbol{A}$ 可能接近奇异或具有低秩性，从而使解对扰动高度敏感。因此，为了获得合理解释，需要引入更多的先验信息。例如，可以假设 $\boldsymbol{f}$ 是平滑的，或者已知其某种概率分布或平均行为；若有时间序列数据，还可利用时间上的先验状态来约束当前估计。

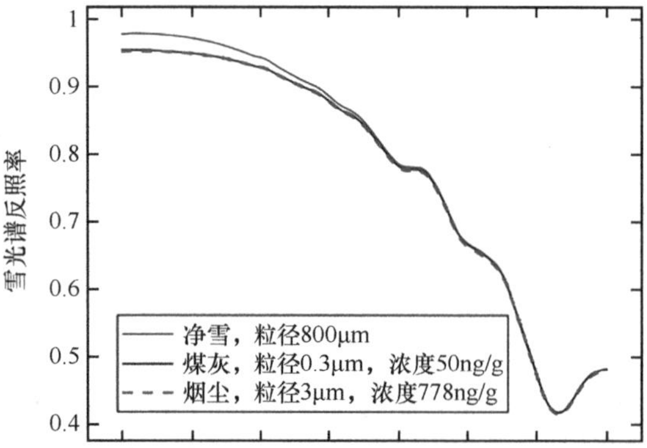

图 17.2　雪中黑炭含量的溯源，取决于雪本身的粒度（800μm，蓝线，干净的雪）和这些吸光颗粒的大小和浓度（黑线和红线）

在许多地区，雪的反照率由于烟灰或灰尘等吸光杂质的存在而降低[43]，这促使雪消融加速，融雪径流的峰值更高，并加剧了冰川的退缩。因为相比冬季积雪，颜色较深的冰在夏季融化得更快。图 17.2 展示了融化季节中典型积雪样本中烟尘浓度的光谱反演结果。蓝线（净雪，粒径 800μm）表示干净雪的反照率，红线和黑线则代表含有黑炭（烟灰）的雪的反照率，虽然红线（虚线）和黑线重叠，但它们分别对应不同浓度的吸收杂质，分别为 50ng/g 和 778ng/g。这种情形恰恰是人工智能可以发挥作用的一个典型例子。AI 可以通过综合其他信息，帮助区分污染源是来自本地（在这种情况下，颗粒的尺寸可能较大）还是来自远程运输（此时，颗粒尺寸通常较小）。

17.5 机器学习在解释遥感图像中的应用实例

一些实例展示了我们的研究进展，并为未来的发展提供了新的思路：通过遥感获取水、能量和碳通量数据，在资源有限的机构中，也能获得社会经济和环境信息；以及在 4 月而非 7 月时获取的雪属性信息。

17.5.1 水、能量和碳的通量

Alemohammad 等 [44] 介绍了 WECANN（使用人工神经网络的水、能量和碳），这是一个利用遥感数据估计三个关键变量——感热交换、潜热交换（即蒸发）和总初级生产力（即光合作用与呼吸之间的能量差异）——的全球空间和季节性值的系统。他们整合了多种数据源，以构建地表能量平衡的驱动因素，包括净辐射、气温、土壤湿度、降水、雪、生长速率、光合作用和呼吸。由于这些测量值可能来源于多个途径，因此需要对其独立性进行评价。为了获取光合作用的信息，他们从 GAME-2 卫星（全球臭氧监测实验卫星）测量了太阳诱导的荧光。为了区分荧光与太阳辐射，传感器在太阳辐射被大气吸收大部分的非常窄的弗劳恩霍夫带（0.3nm）区域进行测量。

该研究采用了前馈神经网络，基于 2008～2010 年的数据进行训练，并使用 2011 年的数据进行评估。结果通过其他卫星数据产品和塔楼的通量测量进行了验证，并延续至 2015 年，讨论了有关通量的发现。训练过程隐式地将三个输出变量耦合在一起，而不是明确定义它们的物理关系。R^2 统计值分别为：潜热交换 0.95，感热交换 0.89，总初级生产力 0.90。

17.5.2 偏远或数据贫乏地区的社会经济和环境条件

基于卫星图像和多源数据的多任务观测系统（MOSAIKS）[45] 使得仅具备笔记本电脑计算能力的用户，也能够利用遥感数据来估计影响人类福祉的社会经济和环境状况。通过使用 Google 静态地图 API（提供三个光谱带，约 4m 空间分辨率），用户可以从每幅图像中提取特征，并将数据量缩减至原始数据的 1/8。尽管这一步骤计算密集，但只需执行一次，因此 MOSAIKS 充当了一个无监督分类器，帮助释放卫星图像的潜力，使其能够服务于比传统监督方法更广泛、更具多样性的受众。需要注意的变量包括森林覆盖率、人口密度、夜间灯光、家庭收入、道路网络长度以及按大小归一化的房价。这些变量随后与 MOSAIKS 提取的无监督特征进行回归，并在未用于训练的图像上进行评估和验证。MOSAIKS 的处理过程是可扩展的，用户可以基于自己的地面数据进行回归，我们建议使用简单的线性回归或岭回归。一旦建立了回归系数，这项分析就可以在不同位置的不同图像上重复，或者随着景观变化，使用新获取的图像特征进行更新。回归步骤不会对计算资源造成太大负担，因此 MOSAIKS 能够跨用户和任务扩展，适用于相同的特征提取过程。在美国范围内，统计拟合结果显示：森林覆盖率的 R^2 值为 0.91、人口密度为 0.73，家庭收入为 0.45。在全球范围内，由于家庭收入和房价与生活质量的关系在不同国家间差

异巨大，因此未考虑家庭收入和房价。类似地，森林覆盖率的 R^2 值为 0.85，人口密度为 0.62。分析表明，资源有限的政府可以使用这项技术来调查其国内的社会经济和环境状况。

17.5.3 山区雪水当量

在山区水文学中，远程感知雪水当量（SWE= 深度 × 密度）的时空分布仍是一个亟待解决的重大问题。Dozier 等 [46] 解释了从任何电磁信号中检索 SWE 的困难，并指出，雪作为水资源的重要性在于其融雪水量的预测需要在冬季和春季融化之前完成。一种估计 SWE 分布的方法是通过重建来训练机器学习模型。光学部分的太阳光谱传感器能够获取关于雪的存在与否及其反射率的信息，但无法获取雪的深度或 SWE。然而，利用这些信息，可以提供每个像素上雪消失的遥感日期，进而与融雪过程相结合，重建自上次显著降雪以来每天积累的 SWE[47]。

通过这种方法，雪资源只能在雪消失后进行回顾性评估，但由此获得的 SWE 值可以用来训练模型，在雪季期间利用遥感数据进行雪融径流的预测。Bair 等 [48] 在加利福尼亚内华达山脉评估了这种方法，那里有地表测量数据可用于验证检索结果，同时也在阿富汗兴都库什山脉展示了其应用潜力，表明 2011 年的干旱可以提前预测，从而为国际机构提供及时的援助准备。机器学习模型结合了光学传感器获取的雪覆盖信息、被动微波亮度温度数据，以及从重建中得到的历史雪积累模式。

17.6 结束语

在地球科学、辐射传输、计算和统计领域拥有专门知识的科学家，通常活跃在不同的学科领域。然而，大多数科学家未能将增强的 AI 和机器学习（ML）知识有效结合，去充分利用空间观测地球的潜力 [49]。早在《计算未来》一书（1992 年出版）中 [50] 就提出了一个重要观点，明确区分了计算科学与计算机科学，前者需要跨学科的协作专业知识，以充分利用算法、数据管理和计算资源来解决科学问题。

值得注意的是，训练数据的选择比所使用的 ML 方法本身更为重要。例如，Bair 等 [48] 研究表明，袋装回归树和前馈神经网络在结果上几乎没有差异，但神经网络偶尔会返回难以处理的离群值。本章实验使用 MATLAB 的 ML 应用程序或亚马逊的 Sagemaker，表明将多种方法（如高斯过程回归、神经网络拟合和增强回归）应用于相同的大型成像光谱数据集时，通常会产生相似的统计性能。本章倾向于使用高斯过程回归，因为其计算速度比 MATLAB 深度学习工具箱中的神经网络拟合快，但在使用 GPU 系统时，这一优势可能会消失。

综上所述，训练数据的选择比 ML 方法本身更为重要。这一观点影响了我们如何采用 AI 和 ML 方法来观测地球，但这一结论主要基于作者的有限经验。在未来的 10 年里，将会有更多基于星载成像光谱仪的海量数据面世。使用 AI 和 ML 分析这些图像时，我们需要探索如何有效选择这些图像进行研究，确保其在帮助我们理解地球物理和生物过程方面发挥作用。

参考文献

[1] National Research Council (2008). Earth Observations from Space: The First 50 Years of Scientific Achievement.

Washington, D.C.: National Academies Press, 144 pp.

[2] J. A. Van Allen and L. A. Frank (1959). Radiation around the Earth to a radial distance of 107, 400 km. Nature, 183, 430–434. doi: 10.1038/183430a0.

[3] T. H. Vonder Haar and V. E. Suomi (1969). Satellite observations of the Earth's radiation budget. Science, 163, 667–668. doi: 10.1126/science. 163.3868.667.

[4] E. C. Weatherhead, B. A. Wielicki, V. Ramaswamy et al. (2018). Designing the climate observing system of the future. Earth's Future, 6, 80–102. doi: 10.1002/2017EF000627.

[5] B. D. Tapley, M. M. Watkins, F. Flechtner et al. (2019). Contributions of GRACE to understanding climate change. Nature Climate Change, 9, 358–369. doi: 10.1038/s41558-019-0456-2.

[6] K. Pretz (2021). Stop calling everything AI, machine-learning pioneer says. IEEE Spectrum, 21 March 2021. https://spectrum.ieee.org/the-institute/ieee-member-news/stop-calling-everything-ai-machinelearning-pioneer-says.

[7] J. Ball, D. Anderson, and C. S. Chan (2017). Comprehensive survey of deep learning in remote sensing: Theories, tools, and challenges for the community. Journal of Applied Remote Sensing, 11, 042609. doi: 10.1117/1.JRS.11.042609.

[8] M. I. Jordan (2019). Artificial intelligence-The revolution hasn't happened yet. Harvard Data Science Review, 1. doi: 10.1162/99608f92.f06c6e61.

[9] M Granã, M. Wozniak, S. Rios et al. (2020). Computational intelligence in remote sensing: An editorial. Sensors, 20, 633. doi: 10.3390/s20030633.

[10] G. Jeon (2021). Editorial for the special issue "Advanced Artificial Intelligence and Deep Learning for Remote Sensing". Remote Sensing, 13, 2883. doi: 10.3390/rs13152883.

[11] J. W. Kirchner (2006). Getting the right answers for the right reasons: Linking measurements, analyses, and models to advance the science of hydrology. Water Resources Research, 42, 03S04. doi: 10.1029/2005WR004362.

[12] F. P. Bretherton (1985). Earth system science and remote sensing. Proceedings of the IEEE, 73, 1118–1127. doi: 10.1109/PROC.1985.13242.

[13] W. Steffen, K. Richardson, J. Rockström et al. (2020). The emergence and evolution of Earth System Science. Nature Reviews Earth & Environment, 1, 54–63. doi: 10.1038/s43017-019-0005-6.

[14] G. Asrar and J. Dozier (1994). EOS: Science Strategy for the Earth Observing System. Woodbury, NY: American Institute of Physics, 119 pp.

[15] D. M. Pelt and J. A. Sethian (2018). A mixed-scale dense convolutional neural network for image analysis. Proceedings of the National Academy of Sciences of the United States of America, 115, 254. doi: 10.1073/pnas.1715832114.

[16] J. Saltz (2023). AI and medical imaging. In A. Choudhary, G. Fox, and T. Hey (eds.), Artificial Intelligence for Science: A Deep Learning Revolution.

[17] T. Hitchens (2020). NRO Taps AI For future 'hybrid architecture'. Breaking Defense. https://breakingdefense.com/2020/08/nro-taps-ai-for-future-hybrid-architecture/.

[18] T. Stillinger, D. A. Roberts, N. M. Collar et al. (2019). Cloud masking for Landsat 8 and MODIS Terra over snow-covered terrain: Error analysis and spectral similarity between snow and cloud. Water Resources Research, 55, 6169–6184. doi: 10.1029/2019WR024932.

[19] S. Chandrasekhar (1960). Radiative Transfer. New York: Dover Publications, Inc., 393 pp.

[20] K. Stamnes, G. E. Thomas, and J. Stamnes (2017). Radiative Transfer in the Atmosphere and Ocean, 2nd edn. Cambridge, U.K.: Cambridge University Press, 528 pp.

[21] S. G. Warren (1982). Optical properties of snow. Reviews of Geophysics, 20, 67–89. doi: 10.1029/RG020i001p00067.

[22] G. M. Hale and M. R. Querry (1973). Optical constants of water in the 200-nm to 200-μm wavelength region. Applied Optics, 12, 555–563. doi: 10.1364/AO.12.000555.

[23] S. G. Warren and R. E. Brandt (2008). Optical constants of ice from the ultraviolet to the microwave: A revised compilation. Journal of Geophysical Research, 113, D14220. doi: 10.1029/2007JD009744.

[24] S. C. Colbeck (1979). Grain clusters in wet snow. Journal of Colloid and Interface Science, 72, 371–384. doi: 10.1016/0021-9797(79)90340-0.

[25] W. J. Ellison (2007). Permittivity of pure water, at standard atmospheric pressure, over the frequency range 0-25 THz and the temperature range 0-100℃. Journal of Physical and Chemical Reference Data, 36, 1–18. doi: 10.1063/1.2360986.

[26] G. Mie (1908). Beiträge zur Optik trüber Medien, Speziell Kolloidaler Metallösungen. Annals of Physics, 25, 377–445. doi: 10.1002/andp.19083300302.

[27] H. M. Nussenzveig and W. J. Wiscombe (1980). Efficiency factors in Mie scattering. Physical Review Letters (USA), 45, 1490–1494. doi: 10.1103/PhysRevLett.45.1490.

[28] W. J. Wiscombe (1980). Improved Mie scattering algorithms. Applied Optics, 19, 1505–1509. doi: 10.1364/AO.19.001505.

[29] C. F. Bohren and D. R. Huffman (1983). Absorption and Scattering of Light by Small Particles. New York: John Wiley and Sons, 530 pp.

[30] C. Elachi and J. J. van Zyl (2021). Introduction to the Physics and Techniques of Remote Sensing, 3rd edn. New York: John Wiley & Sons, 560 pp.

[31] M. S. Gilmore, D. R. Thompson, L. J. Anderson et al. (2011). Superpixel segmentation for analysis of hyperspectral data sets, with application to Compact Reconnaissance Imaging Spectrometer for Mars data, Moon Mineralogy Mapper data, and Ariadnes Chaos, Mars. Journal of Geophysical Research, 116, E07001. doi: 10.1029/2010JE003763.

[32] J. S. Mankin, E. Viviroli, D. Singh et al. (2015). The potential for snow to supply human water demand in the present and future. Environmental Research Letters, 10, 114016. doi: 10.1088/1748-9326/10/11/114016.

[33] M. L. Wrzesien, M. T. Durand, T. M. Pavelsky et al. (2018). A new estimate of North American mountain snow accumulation from regional climate model simulations. Geophysical Research Letters, 45, 1423–1432. doi: 10.1002/2017GL076664.

[34] M. L. Wrzesien, T. M. Pavelsky, M. T. Durand et al. (2019). Characterizing biases in mountain snow accumulation from global datasets. Water Resources Research, 55, 9873–9891. doi: 10.1029/2019WR025350.

[35] P. E. Dennison, S. C. Brewer, J. D. Arnold et al. (2014). Large wildfire trends in the western United States, 1984–2011. Geophysical Research Letters, 41, 2928–2933. doi: 10.1002/2014GL059576.

[36] J. Dozier (1989). Spectral signature of alpine snow cover from the Landsat Thematic Mapper. Remote Sensing of Environment, 28, 9–22. doi: 10.1016/0034-4257(89)90101-6.

[37] S. Manickam and A. Barros (2020). Parsing synthetic aperture radar measurements of snow in complex terrain: Scaling behaviour and sensitivity to snow wetness and landcover. Remote Sensing, 12, 483. doi: 10.3390/rs12030483.

[38] E. Uuemaa, S. Ahi, B. Montibeller et al. (2020). Vertical accuracy of freely available global digital elevation models (ASTER, AW3D30, MERIT, TanDEM-X, SRTM, and NASADEM). Remote Sensing, 12, 3482. doi: 10.3390/rs12213482.

[39] E. W. Weisstein (2022). Normal difference distribution. Wolfram Math World. https://mathworld.wolfram.com/NormalDifferenceDistribution. html.

[40] E. H. Bair, J. Dozier, C. Stern et al. (2021). Divergence of apparent and intrinsic snow albedo over a season at a sub-

alpine site with implications for remote sensing. Cryosphere, 16, 1765–1778. doi: 10.5194/tc-2021-361.

[41] ISRO (2011). Evaluation of Indian National DEM from Cartosat-1 Data, Indian Space Research Organization, Hyderabad. http://bhuvan.nrsc.gov.in/data/download/tools/document/CartoDEMReadme v1 u1 23082011.pdf.

[42] S. Twomey (1977). Introduction to the Mathematics of Inversion in Remote Sensing and Indirect Measurements (Developments in Geomathematics). Amsterdam: Elsevier, 243 pp.

[43] S. M. Skiles, M. Flanner, J. M. Cook et al. (2018). Radiative forcing by light-absorbing particles in snow. Nature Climate Change, 8, 964–971. doi: 10.1038/s41558-018-0296-5.

[44] S. H. Alemohammad, B. Fang, A. G. Konings et al. (2017). Water, Energy, and Carbon with Artificial Neural Networks (WECANN): A statistically based estimate of global surface turbulent fluxes and gross primary productivity using solar-induced fluorescence. Biogeosciences, 14, 4101–4124. doi: 10.5194/bg-14-4101-2017.

[45] E. Rolf, J. Proctor, T. Carleton et al. (2021). A generalizable and accessible approach to machine learning with global satellite imagery. Nature Communications, 12, 4392. doi: 10.1038/s41467-021-24638-z.

[46] J. Dozier, E. H. Bair, and R. E. Davis (2016). Estimating the spatial distribution of snow water equivalent in the world's mountains. WIREs Water, 3, 461–474. doi: 10.1002/wat2.1140.

[47] K. Rittger, E. H. Bair, A. Kahl et al. (2016). Spatial estimates of snow water equivalent from reconstruction. Advances in Water Resources, 94, 345–363. doi: 10.1016/j.advwatres.2016.05.015.

[48] E. H. Bair, A. A. Calfa, K. Rittger et al. (2018). Using machine learning for real-time estimates of snow water equivalent in the watersheds of Afghanistan. Cryosphere, 12, 1579–1594. doi: 10.5194/tc-12-1579-2018.

[49] D. Thompson and P. G. Brodrick (2021). Realizing machine learning's promise in geoscience remote sensing. Eos, 102. doi: 10.1029/2021EO160605.

[50] National Research Council (1992). Computing the Future: A Broader Agenda for Computer Science and Engineering. Washington, D.C.: National Academies Press, 288 pp.

第18章

植物和农业研究中的人工智能

Sabina Leonelli，埃克塞特大学生命科学中心 & 数据科学与人工智能研究所，英国埃克塞特。E-mail：s.leonelli@exeter.ac.uk

Hugh F. Williamson，埃克塞特大学商学院 DIGIT 实验室，英国埃克塞特。E-mail：h.williamson@exeter.ac.uk

18.1 引言

AI 在植物和农业研究领域以及在全球范围内应对社会和环境问题方面展现出巨大的潜力，涵盖气候变化、生物多样性保护、食品安全和药物研发等多个方面。然而，由于缺乏具备必要且互补技能的专家之间的高效合作，以及能够系统地支持这些 AI 努力的基础设施有限，这一潜力仍未得到充分挖掘。本章首先简要回顾了 AI 在该领域的前景与应用潜能，特别是关注机器学习（ML）应用，因为这是 AI 在植物科学中最为深入发展的领域 [1]。接着，我们分析了植物与农业研究中的三大挑战及相应机遇：①如何应对在不断变化的环境条件下高度敏感且多样化的生物现象；②如何组织和协调农业发展相关的各方利益相关者，包括公共和私营部门，以确保技术的合理应用；③面向作物科学的大规模数据类型和基础设施的需求。我们得出结论，AI 可以通过广泛的跨学科合作，作为一个强大的平台来支持农业发展技术的改进，从而造福全人类。

18.2 前景和预期

在过去的 20 年里，基础植物科学和应用植物科学逐渐跟随生物科学的大趋势，越来越强调数据密集型的研究模式。生物复杂性在分子、个体和环境尺度上的测量能力显著提升，体现在以下几个方面：高通量基因组学的进展，以及支持公开共享基因组数据的规范和工具的完善；高通量植物表型分析平台的开发，这些平台可应用于实验室、温室和田间研究；遥感设备在农业中的广泛应用 [2-4]。这些平台和相关数据的生成为商业和农业领域蓬勃发展的 AI 产业提供了支持，重点推动“精准农业”策略的实施。据报道，2018 年农业 AI 市场的价值已达 3.3 亿美元，预计到 2025 年将达到 15.5 亿美元 [5]。实际上，植物研究和农业中的 AI 应用至今主要受益于大规模工业化农业 [6]，研发投资集中在小麦、水稻、玉米等主粮作物，高值园艺作物如观赏性软水果，以及果园和葡萄园等集约化管理环境。然而，除这些领域外，正在收集的数据量和类型，以及AI方法的进步，为植物科学家和全球农业利益相关者提供了深入探讨全球健康问题及其解决方案的机会[7]。

本章主要关注机器学习（ML）应用，因为这是AI在植物科学中最为深入发展的领域，其应用范围从序列分析到基因组选择和表型分析[1]。这一领域可以区分出四个关键的创新方向：阐明和管理生物数据及生物体和系统的复杂性；应对不断变化的环境和气候问题，促进地球健康；支持生物多样性的保护和可持续利用；提升粮食安全，应对全球人口增长。利用AI更好地理解生物系统是实现这四个目标的关键步骤。

植物科学研究者已经利用ML方法在多个层面上深入理解生物复杂性，从分子到生理。在分子层面，ML方法被应用于推断基因表达调控网络等任务，这些任务在没有先进计算支持的情况下难以完成[8,9]。在表型层面，ML在实验室或田间的基于图像的植物分析（表型学）提供了诸多机会，能够更好地了解植物生长和对环境响应的细节，并且可以通过非破坏性手段进行[2]。例如，深度监督卷积神经网络正在革新农业监测、现场评估和植物特性研究的规模和精度[10–12]。这些技术还帮助将高通量表型数据与基因组、现场评估和气候数据等其他形式的研究数据整合。通过综合基因组学、表型学以及将它们连接起来的领域，这些方法在提高我们对农业中决定作物生长和表现的植物基因型、环境和管理策略（G×E×M相互作用）之间复杂关系的理解方面具有巨大潜力，从而为全球植物研究和干预提供了可能性。

这项研究直接支持了创新的第二个领域，即理解和应对全球气候与环境变化的影响，以保护并尽可能增强地球上的生存条件。更好地理解不同植物在各种环境压力下的表现，以及支撑这些表现的分子机制，将增强植物育种者适应新作物品种以应对变化的农业条件的能力。同时，机器学习（ML）本身也能提高育种效率，例如在识别基因编辑目标[13]或基于预测的基因组选择方法[14]中。与我们对植物生物系统的理解相辅相成，ML还能够增强传统统计方法，用于作物建模。这使得研究人员能够预测不同作物品种/基因型在更广泛的环境条件下的表现，尤其是预测未来的环境条件，而这一点在实地试验中是难以实现的[15]。

应对环境变化的能力依赖于能够获得尽可能广泛的植物生物多样性育种遗传材料[16]。全球各地的数字化植物标本馆和种子库已储存了大量的生物多样性资源，但将这些资源用于研究仍然是一个巨大挑战。ML可以通过支持植物标本信息的数字化[17]，以及提供物种和性状的自动识别[18]，帮助解锁这些收藏。这些进展有助于发现有价值的材料，并为研究物种进化和物种分布变化受环境变化影响提供有价值的信息[19]。这些应用共同加强和提升了我们的农业研究和开发体系，这对于在气候变化和预计21世纪人口大规模增长的背景下确保全球粮食安全至关重要。ML同样承诺能够直接支持农民和食品生产，尤其是在智能手机应用日益增长的领域中，利用计算机视觉技术为农民提供植物病害检测和诊断服务，特别是在农业咨询服务匮乏的地区，例如植物村庄努鲁[20]。然而，要实现这些相互关联领域创新的全部潜力，仍需要克服一些重大挑战，接下来我们将讨论这些问题。

18.3 生物学挑战

第一组挑战涉及生物学方面的问题，既包括植物生物系统的特性，也包括生物结构的研究。

正如上述机器学习（ML）应用的示例所示，植物科学的一个重要任务是理解复杂的基因-环境相互作用，这些相互作用会影响植物生物学，并跨越多个尺度：从分子和细胞层面，到微生物群落、土壤，甚至气候系统。此外，还有人类在农业和其他栽培环境中的管理实践，这些实践长期以来影响了植物的生长条件，因此必须加以考虑。要理解这些相互作用，不仅需要了解植物本身，还要了解环境中的广泛物种，从细菌、病毒到真菌和动物，以及它们参与的生物系统，包括土壤组成和化学干预（如肥料和农药的使用）。随着计算能力的快速提升，AI 在植物科学中的应用正在增加，尤其是在 COVID-19 大流行危机之后，科学家对 AI 辅助分析的兴趣进一步激增[21]。

机器学习（ML）最具潜力的应用之一是由几位澳大利亚研究人员开发的一系列模型，这些模型用于预测多个不同植物物种的关键农艺性状（如产量、蛋白质含量和开花时间），这些预测基于作为澳大利亚国家品种试验一部分收集的大量数据[22]。通过将田间试验数据与卫星图像、天气数据、土壤样本测试、农业化学应用以及其他农艺管理数据整合，研究人员能够建立准确的预测模型，这些模型不仅是“黑盒子”，正如许多机器学习模型那样，而是为科学家提供了可以调查的因果路径。尽管他们的模型专注于捕捉环境相互作用，作者仍强调了机器学习捕捉其他层面相互作用的潜力，包括分子层面。实现这种多尺度的预测建模，是 AI/ML 在植物和作物科学中的关键目标之一。

数字数据分析的进步为多个领域提供了新的机会，但确保数据、模型和其他输出与相关的材料样本（如种子、种质和其他生物来源）紧密联系至关重要，这样才能有效地解释和重复使用这些输出[3]。与模式生物的基础研究不同，植物科学在农业和其他实际应用中的价值依赖于对植物生物多样性的理解和操作，包括种内和种间的变异[16]。这可能包括在野生作物近缘种中发现对作物育种有潜在用途的遗传性状，如抗病性或在特定气候条件下的韧性，或识别具有药物价值的生物化合物等。考虑到多样性和变异的核心地位，清晰且一致地报告数据和模型所指示的材料样本是必要的，首先是为了理解后者的相关范围，其次，因为数字数据（如基因组序列）的实用性通常在没有原始样本的情况下受到限制。例如，在基因组选择方法中，使用详细的基因型和表型数据训练的统计和机器学习模型，可以仅基于从植物中获取的基因型数据，预测个体植物在育种计划中作为父母辈的价值[14]。这可以减少作物育种的时间并提高准确性，但前提是使用与被分析植物种群密切相关的模型进行训练[23]。为了确保预测育种值的有效性，必须精确了解用于训练的种群及其与育种种群的关系，因此还需要详细的系谱数据。

18.4 治理挑战

第二组挑战与植物和农业科学数据治理相关，特别是在该领域不同利益相关者的多样性下，数据治理变得尤为复杂。这些利益相关者涉及从科学研究到多样化粮食系统的各个领域，他们与数据的关系各不相同：植物育种家在严格定义的目标市场中寻求社会、经济和环境条件的数据，同时也生成自己的大规模实验数据；农民在日常工作中产生各种潜在研究价值的数据，但往往对数据共享持矛盾态度，且不知道如何使用现有数据源来支持自己的规划并为决策者提供信息；许多农业科技公司现在为农场生产传感器设备或直接从专有农业设备收集数据，通常利用这些数据提供一系列商业服务。此外，学术植物科学中对分子数据的重视与应用领域（如育种）对表型田间评估数据的同等重视之间存在显著差异。尽管目前已有努力弥补这一差异，如将基因组数据整合进育种工作中，取得了一些进展，但仍未能达到预期，这充分展示了将植物研究成果应用于农业领域的全球挑战[24]。因此，制定植物数据共享和使用的治理策略成为一项重大挑战，对 AI 和 ML 技术在该领域的应用产生深远影响[25]。

此外，样本和相关数据获取的持续性问题也构成了进一步的挑战。一些关于获取和利益分享（ABS）的国际协议已开始生效，这些协议管理着重要植物材料的全球交换，特别是《粮食和农业植物遗传资源国际条约》（ITPGRFA）和《联合国生物多样性公约名古屋议定书》。这些协议规定，任何从选定植物材料的使用中获得的利益，必须与来源国或社区共享，并将其作为获取原始材料的条件。这引发了关于获取和利益分享制度下样本产生的数据的争论，因为一些人认为公开共享数据可能威胁到获取和利益分享原则和结构的完整性[26]。虽然数据目前并不受获取和利益分享要求的约束[27]，但我们正在努力确定未来的政策方向，并通过《粮食和农业植物遗传资源国际条约》（ITPGRFA）的全球信息系统（GLIS）改善不同方向和部门的数据库之间的联系与识别[28]。植物数据的调节潜力的增加可能对机器学习（ML）应用产生重大影响，因为在缺乏用于执行实验或验证输出的实际样本时，数据集在模型训练中可能发挥至关重要的作用。同时，从受管制数据中生成的 ML 模型和输出的权力共享问题也是一个悬而未决的问题。获取和利益分享的问题可能会对未来 ML 在植物科学领域的发展产生重要影响，而 AI 有潜力为解决这些问题提供显著机遇。

一个典型的案例是保护敏感数据，特别是来自农场的数据，例如包含位置信息或作物生产相关信息的数据。自人类基因组计划以来，生物医学领域在创建大规模数据资源的同时，也伴随着数据共享、保护和使用的治理体系、立法和伦理协议的发展[29]。这一进程为植物科学提供了一个有益借鉴，推动 AI 助力开发数据挖掘工具，从而降低对原始数据访问的敏感性。例如，通过专注于在现有数据库上运行而无需直接访问数据的算法。一个近期的例子是，CGIAR 国际农业研究网络在其 GARDIAN 数据生态系统中实施了一个基于 OpenSAFELY 平台的系统，用于分析敏感的生物医学数据[30]。该平台允许分析代码转化为数据，数据被保存在一个安全的库中，而不是直接提供给研究人员，避免了研究人员下载数据后自行进行分析。目前，这种平台的使用完全是自愿的，且目标是增加对可能不愿共享的商业敏感数据的访问。这也指出了生物医学与植物科学在数据分类方面的一个关键区别，即生物医学数据属于受法律保护的个人数据类别（至少在欧盟的司法管辖区内是这样的），而植物和农业研究中使用的许多数据则受合同法的约束，因此减少了商业所有权和使用权上的争议[31]。如果不在商业敏感性之外解决数据敏感性问题，农民不愿共享农场数据的挑战将持续存在，并限制除实验场地之外的数据密集型研究[32]。

18.5 数据挑战

在讨论生物学和治理问题之后，第三组挑战涉及 AI 和 ML 在开发和实施有效可靠的数据管理策略方面的难题。由于生物系统的复杂性，生物研究往往比其他科学领域更为碎片化，因此生物数据通常具有高度的异质性[3,33,34]。生物多样性推动了针对特定生物和系统的研究方法和仪器的开发，不同的实验室通过各种方式产生数据。因此，将来自不同来源和科学方法的异构大型多维数据集整合，并找到有意义且可用的方法，是AI成为植物和农业科学常规组成部分的关键。合并找到有意义和可用的方法是AI成为植物和农业科学常规组成部分的关键。

其中的核心是为AI建立有利的数据环境，这包括数据来源、管理和维护的网络和实践（表18.1）。这一点对于资源密集型商业场所以及在中小型企业和公共资助机构进行的研究尤为重要，尤其是在南半球的国家。因为这些地区的数据做法往往较为保密，可能会限制相关行业和部门之间的生产性交流和相互学习。明确AI用户及潜在用户在当代植物科学数据领域面临的主要挑战，对于理解AI在公共和私人植物研究以及农业研究中所提供的可能性和局限性至关重要。这可能包括认识到植物科学家与计算机科学家之间不同的优先级和利益[35]，以及明确解决围绕数据生成、所有权和治理的重大问题和持续争议。这一任务尤为艰巨，因为利益相关者众多，且资源、权利和可见性方面存在差异。

表18.1　数据挑战可能的解决方案，以及在这些领域的投资可能带来的损失和收益[1]（已获许可）

数据挑战	解决方案	风险	回报
生物学和农学中数据类型和来源的异质性	对所有数据类型实施公平原则，确认并奖励数据源	领域和社区之间的标准不一致	多尺度分析整合不同类型数据的新可能性
对可用于AI应用的数据进行选择和数字化	制定优先事项和选择数据的新程序明确AI数据要求	数字化和资源分析的高劳动力成本可能会被忽视	AI工具推进植物学研究
确保可用于AI应用的生物材料和数据之间的充分联系	明确数据产生和整个分析工作流程的来源	文件成本、商业或其他敏感文件的曝光风险增加	明晰AI工具生态
对数据和相关软件进行标准化和管理使其达到适合AI应用的水平	共享语义标准的开发和使用收集点数据的标准	可能丢失不符合公共标准的系统特定信息	可重复使用的多源数据集更容易进行验证和共享
为模型验证与开发获取训练和足够的真实数据	确保数据质量基准是为分析目的量身定制的	缺乏数据质量评估（包括误差估计和数据来源信息）	在有效范围内实现可重复、合理的推论
访问计算和建模平台，以及相关的专业知识	使具有开放性、适应性的软件和模型为研究人员提供完整的工作流程，而不仅仅是软件	超出软件可用范围和过度拟合的风险	一套实用、相关的适用于植物学中广泛分析任务的工具
提高数据获取的可靠性	开放政府和研究机构持有数据集的访问权限；建立敏感数据保护和利益分享治理制度	“数字封建主义”——公共或个人数据带来的利益分配不均	获得与农业和其他植物科学领域直接相关的海量数据
植物科学家、数据科学家和其他利益相关者的共同参与	①投资和促进植物学家的数据服务；②向ML、研究人员推广植物科学问题，特别是基因交叉方向；③识别并投资于重大挑战和参与	除非密切关注研究人员和广泛利益相关者的需求，否则成本高、影响有限	更多的群体参与到ML的发展中，促进植物科学的蓬勃发展

大多数利益相关者都面临数据管理问题，充分认识并解决这些问题有助于该领域的整合。其中一个关键问题是评估数据质量，并确保用于模型训练和验证的数据与基础事实之间具有高度相关性。田间作物生长和农业系统模型的开发需要详细的数据，这些数据涵盖了植物生长、土壤条件、水流等多个变量，这通常需要广泛且昂贵的监测系统。监测系统可以通过专门站点

的专用平台获得，全球的学术和商业研究人员正在建设这些平台，汇集越来越多的高通量植物表型数据，所需数据直接从地方、区域或全球的数据持有者处获取。这些数据的高价值使得它们经常受到访问限制或昂贵的许可协议的约束，导致许多用户无法获得这些数据。此外，数据集通常以机器不可读的格式生成，并且没有使用适当的数据和元数据标准进行标记，这大大限制了 ML 技术的适用性。针对这一问题，已有显著进展，例如通过投资数据管理[36]以及在植物和农业数据的语义标准方面进行广泛的利益相关者咨询[37]。负责任的数据治理、有效的数据共享策略以及适当策划的数据，已为 AI 的设计和应用提供了重要支持。

然而，目前并没有专门的工作推动以满足 ML 技术的语义需求，而许多研究资助者和机构也未提供有效的措施使数据公开可用[4]。与此同时，填补这一差距的数据基础设施（如前文提到的 CGIAR 的 GARDIAN 生态系统）仍处于初级阶段。由于这些数据挑战，跨多种田间环境验证模型成为限制 ML 技术在农业领域广泛应用的一个重要因素。

18.6 结论：AI 成为农业发展的促进平台

AI 具有拓宽植物科学和农业研究与开发视野的潜力，并有助于应对 21 世纪的重大挑战，特别是气候变化以及应对全球人口快速增长对粮食安全提出的新需求。生物科学和计算机科学的专家们在开发应对关键研究问题的新技术和方法方面取得了显著进展，商业领域的专家也在不断努力提高农业的精确度和效率。这些进展不仅是技术层面的改进；AI 通过研究生成工具，帮助改善人类与植物之间的相互作用，提供规划建议，促进农业发展，保护生物多样性和全球环境。这些工具涵盖了从保护管理到环境监测，从鉴定耐气候作物到防治植物病原体，从化肥和农药的使用到种子贸易，从农业机械设计到农民技能培训等多个方面。

AI 的潜在影响具有深远的变革性，因此将 AI 技术应用于专业科学家之外的领域至关重要，特别是包括食品系统中的其他利益相关者，如农民、农艺顾问、植物育种者、食品制造商、供应商、营养师等。如果没有与利益相关者的有效沟通，很难确定 AI 应用在哪些领域对环境和社会经济的影响最大，进而开发出可持续、无害的技术、标准和基础设施供全球使用。为了适应环保部门的要求，充分发挥植物在粮食系统和环境可持续发展中的作用，各利益相关者之间应加强沟通交流，而不是让技术单方面决定发展方向。

尽管 AI 已经取得了显著发展，但目前其在植物研究和农业学科中的应用可行性仍有限。未来的工作和投资不仅要挑选优先领域，还需要规划最优的实施策略，确保 AI 能够最大限度地支持可持续农业的发展。现有的实践社区，如改善全球农业数据共享的研究小组（包括小麦、稻米、语义标准、指标和能力发展的工作组）以及 ELIXIR 植物科学社区（专注于欧洲植物数据的全流程管理），为这一过程提供了宝贵的专业知识和合作资源。将这些组织置于技术和政治愿景的中心位置，对制定实现地球健康的 AI 路线图至关重要。

最后，数据管理的改进有助于识别和解释与农学和粮食生产相关的伦理和社会问题。普遍存在的担忧是，采用 ML 工具可能会导致人类对结果解释的监督和控制减少，包括对任何由此产生的行动对利益相关者社区（如农民、育种者和消费者）的潜在影响的评估。这些担忧尤其突出，特别是当结果源自贫困地区的农业社区时，涉及数据来源的记录和奖励问题。解决这些问题需要数据生产者和管理者、研究机构、数据基础设施以及国际治理的共同努力。例如，CGIAR 开发的数字基础设施考虑了特定作物品种对多样化景观的影响，而与发现相关的所有权声明和奖励的分配则纳入了《粮食和农业植物遗传资源国际条约》（ITPGRFA）的全球信息系统。因此，数据管理战略不仅能确保对 AI 工具的环境、社会和经济影响进行充分的评估，还能推动参与性评估的实施，这将成为未来所有 AI 计划的核心。

18.7 资助说明

Hugh F. Williamson 和 Sabina Leonelli 获得艾伦·图灵研究所的“从实地数据到全球指标”项目资助，该项目由英国教育、科学及文化研究委员会资助（EPSRC grant EP/N510129/1）。Sabina Leonelli 得到了欧洲研究理事会（ERC）101001145 号基金和柏林科学院（Wissenschaftskolleg zu Berlin）的资助，后者为完成本书提供了理想的写作空间。

参考文献

[1] H. F. Williamson, J. Brettschneider, M. Caccamo et al. (2021). Data management challenges for artificial intelligence in plant and agricultural research [version 1; peer review: 1 approved, 1 approved with reservations]. F1000Research, 10(324). https://f1000research.com/articles/10-324.

[2] F. Tardieu, L. Cabrera-Bosquet, T. Pridmore et al. (2017). Plant phenomics: From sensors to knowledge. Current Biology, 27(15), R770–R783. https://doi.org/10.1016/j.cub.2017.05.055.

[3] S. Leonelli (2016). Data-Centric Biology: A Philosophical Study. Chicago, IL: University of Chicago Press.

[4] S. Leonelli, R. P. Davey, E. Arnaud et al. (2017). Data management and best practice in plant science. Nature Plants, 3, 17086. https://doi.org/10. 1038/nplants.2017.86.

[5] Market Reports (2019). Global Artificial Intelligence (AI) in Agriculture Market Size, Status and Forecast 2019–2025, 26 March 2019. https://www. marketreportsworld.com/TOC/13268433#TOC.

[6] I. M. Carbonell (2016). The ethics of big data in big agriculture. Internet Policy Review, 5(1). https://doi.org/10.14763/2016.1.405.

[7] T. Tsiligiridis and K. Ainali (2018). Remote sensing Big AgriData for food availability. In Proceedings of the SPIE 10836, 2018 International Conference on Image and Video Processing, and Artificial Intelligence, no. 108361G, 29 October 2018. https://doi.org/10.1117/12.2327014.

[8] K. Mochida, S. Koda, K. Inoue et al. (2018). Statistical and machine learning approaches to predict gene regulatory networks from Transcriptome Datasets. Frontiers in Plant Science, 9(1770). https://doi.org/10.3389/fpls. 2018.01770.

[9] J. Sperschneider (2020). Machine learning in plant-pathogen interactions: Empowering biological predictions from field scale to genome scale. New Phytologist, 22(1), 25–41. https://doi.org/10.1111/nph.15771.

[10] A. Dobrescu, M. V. Giuffrida, and S. A. Tsaftaris (2020). Doing more with less: A multitask deep learning approach in plant phenotyping. Frontiers in Plant Science, 11, 141. https://doi.org/10.3389/fpls.2020.00141.

[11] M. P. Pound, J. A. Atkinson, A. J. Townsend et al. (2017). Deep machine learning provides state-of-the-art performance in image-based plant phenotyping. Gigascience, 6(10), 1–10. https://doi.org/10.1093/gigascience/gix083.

[12] J. Gao, A. P. French, M. P. Pound et al. (2020). Deep convolutional neural networks for image-based Convolvulus sepium detection in sugar beet fields. Plant Methods, 16(29). https://doi.org/10.1186/s13007-020-00570-z.

[13] H. Wang, E. Cimen, N. Singh et al. (2020). Deep learning for plant genomics and crop improvements. Current Opinion in Plant Biology, 54, 34–41. https://doi.org/10.1016/j.pbi.2019.12.010.

[14] A. L. Harfouche, D. A. Jacobson, D. Kainer et al. (2019). Accelerating climate resilient plant breeding by applying next-generation artificial intelligence. Trends in Biotechnology, 37(11), 1217–1235. https://doi.org/10.1016/j.tibtech.2019.05.007.

[15] C. Folberth, A. Baklanov, J. Balkovič et al. (2019). Spatio-temporal downscaling of gridded crop model yield estimates based on machine learning. Agricultural and Forest Meteorology, 264, 1–15. https://doi.org/10.1016/j.agrformet.2018.09.021.

[16] M. B. Hufford, J. C. Berny Mier y Teran, and P. Gepts (2019). Crop biodiversity: An unfinished magnum opus of nature. Annual Review of Plant Biology, 70, 727–751. https://doi.org/10.1146/annurev-arplant-042817-040240.

[17] P. S. Soltis (2017). Digitization of herbaria enables novel research. American Journal of Botany, 104(9), 1281–1284. https://doi.org/10.3732/ajb. 1700281.

[18] S. Younis, C. Weiland, R. Hoehndorf et al. (2018). Taxon and trait recognition from digitized herbarium specimens using deep convolutional neural networks. Botany Letters, 165(3–4), 377–383. https://doi.org/10.1080/23818107.2018.1446357.

[19] P. L. M. Lang, F. M. Willems, J. F. Scheepens et al. (2019). Using herbaria to study global environmental change. New Phytologist, 221(1), 110–122. https://doi.org/10.1111/nph.15401.

[20] L. M. Mrisho, N. A. Mbilinyi, M. Ndalahwa et al. (2020). Accuracy of a smartphone-based object detection model, PlantVillage Nuru, in identifying the foliar symptoms of the viral diseases of Cassava — CMD and CBSD. Frontiers in Plant Science, 11(590889). https://doi.org/10.3389/fpls.2020. 590889.

[21] B. King (2020). Inaugural Address, CGIAR Big Data Convention 2020. https://bigdata.cgiar.org/blog-post/2020-convention-session-welcome-open ing-keynote-computational-sustainability/.

[22] S. J. Newman and R. T. Furbank (2021). Explainable machine learning models of major crop traits from satellite-monitored continent-wide field trial data. Nature Plants, 7, 1354–1363. https://doi.org/10.1038/s41477-021-01001-0.

[23] J. E. Spindel and S. R. McCouch (2016). When more is better: How data sharing would accelerate genomic selection of crop plants. New Phytologist, 212(4), 814–826. https://doi.org/10.1111/nph.14174.

[24] X. Delannay, G. McLaren, and J. M. Ribaut (2012). Fostering molecular breeding in developing countries. Molecular Breeding, 29, 857–873. https://doi.org/10.1007/s11032-011-9611-9.

[25] H. F. Williamson and S. Leonelli (eds.) (2022). Towards Responsible Plant Data Linkage: Global Challenges for Agricultural Research and Development. Cham: Springer.

[26] S. Aubry (2019). The future of digital sequence information for plant genetic resources for food and agriculture. Frontiers in Plant Science, 10(1046). https://doi.org/10.3389/fpls.2019.01046.

[27] E. Morgera, S. Switzer, and M. Geelhoed (2020). Possible Ways to Address Digital Sequence Information–Legal and Policy Aspects. Study for the European Commission. Strathclyde Centre for Environmental Lawand Governance. https://ec.europa.eu/environment/nature/biodiversity/international/abs/pdf/Final study legal and policy aspects.pdf.

[28] D. Manzella, M. Marsella, P. Jaiswal et al. (2022). Digital sequence information and plant genetic resources: Global policy meets interoperability. In H. F. Williamson and S. Leonelli (eds.), Towards Responsible Plant Data Linkage: Global Challenges for Agricultural Research and Development. Cham: Springer.

[29] S. Hilgartner (2017). Reordering Life: Knowledge and Control in the Genomics Revolution. Cambridge, MA: MIT Press.

[30] CGIAR Platform for Big Data in Agriculture webinar (2021). OpenSAFELY for sensitive agricultural data, 9

December 2021. https://bigdata.cgiar.org/blog-post/webinar-opensafely-for-sensitive-agricultural-data/.

[31] L. Wiseman, J. Sanderson, and L. Robb (2018). Rethinking AgData ownership. Farm Policy Journal, 15(1), 71–77.

[32] L. Wiseman, J. Sanderson, A. Zhang et al. (2019). Farmers and their data: An examination of farmers' reluctance to share their data through the lens of the laws impacting smart farming. NJAS–Wageningen Journal of Life Sciences, 90–91(100301). https://doi.org/10.1016/j.njas.2019.04.007.

[33] T. Hey, S. Tansley, and K. Tolle (eds.) (2019). The Fourth Paradigm: DataIntensive Scientific Discovery. Redmond, WA: Microsoft Research.

[34] V. Marx (2013). The big challenges of big data. Nature, 498, 255–260. https://doi.org/10.1038/498255a.

[35] S. Tsaftaris and H. Scharr (2019). Sharing the right data right: A symbiosis with machine learning. Trends in Plant Science, 24(2), 99–102. https://doi. org/10.1016/j.tplants.2018.10.016.

[36] S. J. Newman and R. T. Furbank (2021). A multiple species, continent-wide, million-phenotype agronomic plant dataset. Nature Scientific Data, 8(116). https://doi.org/10.1038/s41597-021-00898-8.

[37] E. Arnaud, M. A. Laporte, S. Kim et al. (2020). The ontologies community of practice: A CGIAR initiative for Big Data in Agrifood systems. Patterns, 1(7), Article no. 100105. https://doi.org/10.1016/j.patter.2020.100105.

第19章 人工智能和病理学：指导治疗和预测结果

Rajarsi Gupta，Jakub Kaczmarzyk，Soma Kobayashi，Tahsin Kurc，Joel Saltz，纽约州立大学石溪分校医学院生物医学信息学系，美国纽约州石溪

19.1 引言

人体由超过 10^{13} 个细胞组成，这些细胞按照复杂的分级组织模式排列，且每个细胞都在进行自身的新陈代谢。在人类不同的生命阶段，不同类型的细胞会进行复制、分化、迁移，甚至死亡。随着人工智能、高端计算能力、传感器技术以及分子表征方法的不断进步，我们如今有可能以定量的、分层次的、基于细胞的方式分析人类及其他动植物的生命形式。

本章聚焦于一种特定的组织分析方法——组织病理学，其旨在定量描述疾病状态、预测患者预后，并指导治疗方案的制定。过去 150 年里，解剖病理学的主要工作集中在对组织中可视形态学模式的表征与诊断识别。而在过去几十年里，分子表征在解剖病理学中的重要性不断提升。人工智能的出现以及高端计算技术的普及，使得在细胞和亚细胞分辨率水平上，进行量化的形态学与分子组织分析成为可能。与此同时，人工智能算法不仅推动了传统形态学模式的定量评估，还启动了新的诊断生物标志物的探索和发现，这些生物标志物基于可预测的空间与分子模式，为疾病的早期诊断和治疗提供了新的可能。

19.2 数字病理学：简要背景

组织病理学的定义可以通过理解其两个词根来阐明：组织学（即对组织结构的显微研究）和病理学（即对疾病的研究）。因此，组织病理学涉及对患者组织样本的显微分析，关注组织结构的变化，以便理解疾病的原因和机制。病理学家使用高倍显微镜检查临床组织样本，评估组织结构的变化，并基于这些评估结果进行诊断、分类、预测，并为患者的治疗决策提供指导。获取组织样本是这个过程的第一步，通常来自受病变影响的相关器官部位。例如，可以从癌症组织或受炎症性肠病影响的肠道区域取得组织样本。在准备对组织进行显微评估之前，需要进行几个重要步骤。首先是固定处理，常用的方法包括使用福尔马林或冷冻技术，以保护组织及其结构。固定后的组织被切割成数微米厚的薄片，并放置在玻璃载片上。接下来，通过一种称为染色的处理，使组织结构更加明显，便于肉眼观察。例如，H&E 染色可以揭示细胞核的组织

结构、纹理和形态，以及它们共同组成的多细胞组织结构的特征。癌症诊断通常依赖于识别正常细胞类型被癌细胞取代的现象，以及对肿瘤所在器官的多细胞结构的破坏。对于某些诊断，分子标记物的空间分布至关重要。免疫组织化学（IHC）染色技术就是通过应用针对组织中特定标记的抗原特异性抗体，帮助检测组织中微观蛋白质目标的存在或缺失。在癌症亚型的确定和治疗指导中，常常综合应用结构性信息与分子信息。

病理学家在显微镜下检查组织切片是一个定性的过程。病理学家依托其丰富的经验和病理学知识，使用多年来由病理学界和医学界共同开发的复杂分类标准来对组织进行分类[1]。这些分类随着观察性临床研究和临床试验的结合而不断演变。然而，这一解释过程本质上是主观的[2-4]：不同的病理学家在检查相同标本时，可能会以不同的方式对组织进行分类。

组织病理学的数字化推动了组织标本定量分析的发展。组织获取和准备过程（如组织固定和染色协议）与传统病理学相同。带有H&E染色或免疫组化染色的玻璃组织切片被放置在配备先进成像传感器的数字显微镜中。这些仪器捕捉组织样本的图像，类似于数码相机，但其分辨率远高于普通相机，能够生成超过10亿像素（100000像素×100000像素）的完整数字化全视野扫描图像（WSI）。WSI可以在不同分辨率下生成，其中一个像素通常代表0.25～1μm的组织区域。

数字显微镜设备在过去20年中取得了显著进展。以前，使用0.5μm/像素分辨率扫描一个组织标本需要几个小时，而现代仪器可以在大约1min内输出0.25μm/像素分辨率的WSI。这些系统配备了先进的对焦机制和自动托盘，可以容纳数百张玻片，使得病理实验室或组织库能够高通量地生成WSI。这些系统在研究环境中已变得普遍，且现在在临床领域的应用也在不断扩展[5,6]。随着数字显微镜设备的速度更快、分辨率更高且性价比更优。预计不久的将来，研究机构和临床机构的组织库及病理实验室将能够每年扫描数百万张甚至上千万张玻片。事实上，欧盟创新药物计划下的BIGPICTURE项目计划收集数百万张数字切片，用于开发人工智能方法，并促进病理研究的应用[7]。

根据GLOBOCAN 2020的估计[8]，国际癌症研究机构（IARC）发布的癌症发病率和死亡率数据显示，全球约有1930万个新的癌症病例（如果不包括非黑色素瘤皮肤癌，则为1810万个）。每位患者需要检查的玻片数量依据癌症的性质、当地的治疗实践和可用资源而有所不同。全球范围内，保守估计每位新诊断的癌症患者需要5张到10张病理组织玻片，因此粗略估算全球每年产生的组织标本数量约为1亿张到2亿张。此外，在非癌症诊断过程中，尤其是在评估癌症复发和转移时，还会生成大量的玻片。

19.3 组织病理学数字化中人工智能的应用

WSI提供了丰富的数据景观，可以通过计算方法加以利用，以提高诊断的一致性、发展高分辨率的疾病结局预测方法、指导治疗，并产生新的预测，从而进一步增强对疾病的分析能力。在本章中，我们将探讨人工智能在支持这些目标的三项重要任务中的应用。第一个任务是从WSI中提取定量特征。定量成像特征可以为疾病的发生、进展及其对治疗反应的病理生理机制提供全新的洞见。这个任务通常涉及检测、分割和分类对象（如细胞核和细胞）、结构（如基质）

和区域（如肿瘤区域）。例如，图 19.1 展示了一例乳腺组织标本，其中标本被分割为侵袭性乳腺癌区域和正常组织区域。图 19.2 展示了一个模型，成功分割了侵袭性癌症和渗透性免疫细胞区域。第二个任务是 WSI 的分类。病理学中的分类既复杂又微妙，通常包含成千上万个亚类的层级结构。第三个且最重要的任务是预测和评估不同治疗对患者疾病进程的影响。与前两项任务不同，这项任务涉及对未来事件的预测，这些事件本质上是充满不确定性的。虽然预测可以单独依靠数字病理信息来进行，但从广义上讲，最佳的预测方法可能需要综合分析显微组织图像、放射学图像、临床数据以及分子信息。

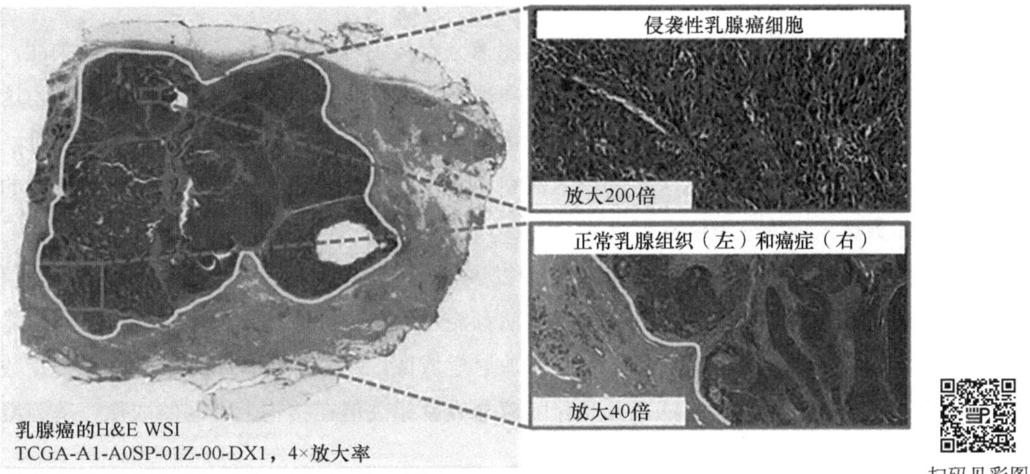

图 19.1 来自癌症基因组图谱（TCGA）的乳腺癌组织样本的 H&E WSI

图中显示了 200× 放大倍数下的侵袭性乳腺癌细胞，以及用黄色实线描绘的癌症和正常组织之间的侵袭边缘的代表性区域

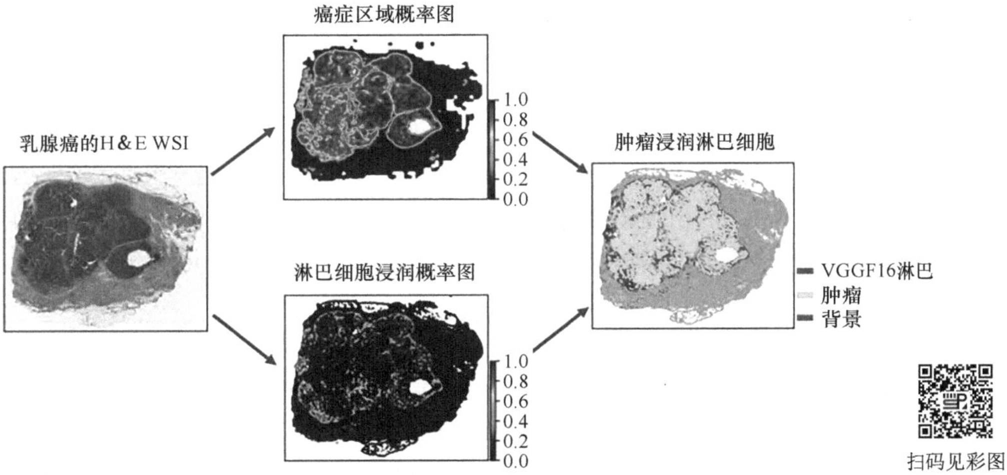

图 19.2 乳腺癌组织和肿瘤浸润淋巴细胞的分割和分类

乳腺癌组织分割以黄色表示，叠加的红色显示了肿瘤浸润淋巴细胞的存在和空间分布，分辨率为 50μm。来自 TCGA 乳腺癌（BRCA）集合的 H&E WSI，标本编号为 TCGA-A1-A0SP-01Z-00-DX1

19.3.1 计算机科学挑战

从计算机科学的角度来看，数字病理学中的计算机视觉任务主要包括以下几个方面：在高

分辨率图像数据中进行对象的检测和分割；为图像集合中的每张图像分配类别标签；以及基于图像与其他数据源的结合进行预测。全景分割[9]研究概括了许多数字病理学分割任务中的关键要求。在某些情况下，应用程序仅需要进行对象检测和量化，而非分割。计算机视觉领域已经发展出多种算法来应对这一类问题（参见文献 [10]）。然而，鉴于组织景观的高度异质性和复杂性，分割依然是数字病理学中的一项挑战性任务。典型的组织标本包含数十万个细胞和细胞核，以及数千个微观解剖结构和区域。细胞、细胞核及其他结构的纹理、形状和大小特征在不同组织标本之间（例如，根据癌症类型、亚型和阶段的不同）甚至在同一组织内部都可能存在显著差异。

在计算机视觉领域，在图像集合中为图像分配类别标签这一任务得到了广泛关注，并在过去十年取得了革命性的进展。然而，数字病理学图像的分类问题依然充满挑战，因为这些图像通常具有千兆像素级分辨率，并且涉及细微的分类差异。创建精细的训练数据是困难、耗时且昂贵的，并且需要专家临床医生的深入洞察。因此，一个主要的挑战是如何利用稀疏的、弱标注的训练数据来训练分类模型。

预测相关任务包括：预测哪些患者会发展为特定疾病，预测特定疾病的进展速度和方式，以及预测特定患者对特定治疗的反应。虽然预测可以仅依靠病理学图像进行，但通常需要进一步整合时间序列的临床观察、临床笔记、放射学成像、病理学图像、分子数据和治疗数据。解决这些预测问题涉及多种方法，并且伴随着与高度相关但在结构上不同的成像、基因组和临床数据集的耦合分析相关的计算和数学挑战。

19.3.2 工具和方法论

数据分析领域已经开发了广泛的深度学习方法，包括卷积神经网络（CNN）、多实例学习（MIL）、注意力机制、循环神经网络（RNN）和转换器（transformers）等[11,12]。数字病理学已经采用了许多这些方法。例如，卷积神经网络通常用于 WSI 的分割和分类任务。多分辨率分析和多实例学习方法常用于执行 WSI 的分类任务。转换器被用来生成可以集成到下游分类和分割任务中的图像表示。开发和应用数字病理学图像分析的人工智能方法是一个高度活跃的研究领域。在接下来的章节中，我们将介绍人工智能如何在上述三个任务中应用的实例。我们建议读者参考相关的优秀综述论文，以获得更全面的了解（例如，文献 [13]～[15]）。

19.3.3 微解剖结构的检测、分割和特征描述

组织由细胞、导管、基质区域和腺体等微解剖结构组成，其中细胞核是核心的微解剖结构，它包含细胞 DNA，并在疾病诊断和预后中起着至关重要的作用。癌症的一个明显标志是细胞核的异常。癌症可导致细胞核在形状、大小和纹理上发生显著变化（例如，癌性细胞核通常较大且形状不规则）。从细胞核中提取的定量特征能够提供新型生物标志物，帮助研究癌症的病理生理学并深入理解其机制。例如，Cooper 等通过分析细胞核的形状和纹理特征，创建了胶质母细胞瘤病例的形态驱动聚类[14]。他们发现聚类结果与癌症亚型和基因组签名相关，表明定量细胞核特征在诊断和预测中的潜力。另一个例子是 Yu 等对肺癌病例中分割出的细胞核和细胞进行分析，计算了数千个特征，并通过机器学习（ML）分析这些特征与患者结果之间的相关性[15]。

第19章 人工智能和病理学：指导治疗和预测结果

在组织图像中提取定量细胞核特征的过程涉及细胞核的检测、分割和分类，这一过程因细胞核体积和形态的多样性而具有挑战性。例如，淋巴细胞的细胞核通常呈暗色、圆形，且体积较小，平均直径约为8μm；而癌细胞的细胞核通常直径超过10μm，且形状不规则。此外，细胞核之间还可能相互接触或重叠，导致其边界难以明确区分。图19.3展示了在WSI中进行细胞核分割和分类的一个实例。

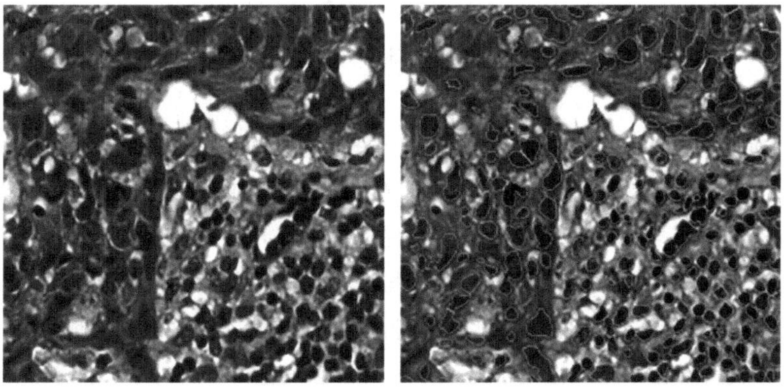

（a）包含组织和细胞核的图像块　（b）在块中分割出的细胞核以蓝色多边形显示

图19.3　细胞核分割的一个示例

Kumar等构建了一个基于卷积神经网络（CNN）的细胞核分割流程，该网络包含多个卷积层和全连接层[16]。他们在训练数据集中将像素标记为三类：细胞核内部、细胞核外部和边界像素。通过引入边界像素标签，他们训练了一个能够区分接触细胞核的模型。该分割模型实质上是一个三类像素级别的分类器。在实验中，他们通过调整卷积层和全连接层的数量，优化了网络结构。输入图像经过卷积神经网络处理后，模型标记了细胞核及其轮廓，接着应用区域生长方法进一步完善细胞核的边界。在最近的一项研究中，数字病理学挑战的高分参与者提出了一个多步骤的深度学习流程用于细胞核分割[17]。该流程训练了两个卷积神经网络来检测细胞核的斑点及其边界，以生成斑点和边界掩膜。在后续步骤中，边界掩膜通过膨胀处理并从斑点掩膜中减去，以分离细胞核的边界。最后，采用分水岭算法来识别单个细胞核。

在许多研究中，细胞核的分类（如恶性上皮细胞、淋巴细胞和内皮细胞）通常作为后处理步骤，在细胞核分割并提取出一组定量特征之后进行。Graham等提出了一种新颖的卷积神经网络架构——HoVer-Net，可在单一模型中同时实现细胞核的分割与分类[18]。该架构包括一个用于从输入图像中提取深层特征的残差单元特征提取模块，之后将这些特征输入至三个并行的卷积神经网络分支，分别用于：①判定像素是否属于细胞核；②预测已识别细胞核像素到其质心的水平和垂直距离（用于分离接触的细胞核）；③判别细胞核像素的类型。这些分支包含上采样层，以恢复因特征提取而降低的图像分辨率，并利用密集连接层预测细胞核像素与边界。在与其他细胞核分割方法的实验对比中，HoVer-Net在多个准确性指标上表现出最先进的性能。

深度学习方法需要大量高质量的训练数据以实现模型的准确性与泛化能力，这一直是细胞核分割任务面临的挑战。手动分割单个细胞核不仅耗时，而且通常需要病理专家的参与，以确保对细胞核及其边界的准确识别。为扩大训练数据集的规模，许多项目引入了众包和半自动化机制[19,20]；另一些研究则采用合成数据集[21,22]。例如，Hou 等提出了一个合成数据生成与细胞核分割的联合工作流程，该流程结合了生成对抗网络（GAN）架构与卷积神经网络[21]。其方法首先生成初始的合成组织图像斑块和对应的分割掩膜，随后通过 GAN 进行训练，同时训练一个基于 U-Net 的分割模型[23]。U-Net 在合成数据上训练，且其损失函数在合成数据分布上被重新加权，以最小化泛化误差并提升在真实数据分布上的分割准确性。该方法在一个多癌种分割模型的实验中得到了验证，作者将其应用于 10 种癌症类型的超过 5000 张图像中，展示了出色的效果[24]。在另一项研究中，Krause 等使用条件生成对抗网络生成了具有微卫星不稳定性（MSI）和非 MSI 特征的结肠癌图像[25]。

除了单个细胞核及其他微解剖结构的形态学特征外，细胞核与肿瘤区域之间的空间关系在癌症预后评估中也具有关键意义。例如，有研究表明肿瘤区域中淋巴细胞浸润的程度与患者的临床预后密切相关[26]。当研究重点是量化此类空间相互作用时，基于斑块的方法可作为像素级细胞核和区域分割的替代方式提供近似估计。与像素级注释相比，基于斑块的方法在训练数据准备上更为高效：注释者只需将图像斑块标记为阳性或阴性（例如，肿瘤阳性表示斑块位于肿瘤区域或与之相交，淋巴细胞阳性表示斑块中包含淋巴细胞），无需逐一追踪每个细胞核或肿瘤区域的边界。

Le 等采用了基于斑块的方法，对乳腺癌 WSI 图像中的肿瘤区域及肿瘤浸润淋巴细胞（TIL）进行了空间模式分割与分类[27]。他们将每幅 WSI 划分为一个斑块网格，并训练两个模型分别预测每个斑块是否属于肿瘤区域或包含 TIL。即，在肿瘤分割中，模型预测斑块是否与肿瘤区域相交；在淋巴细胞分类中，模型预测斑块是否含有淋巴细胞。研究结果表明，肿瘤浸润度（定义为淋巴细胞阳性斑块与肿瘤阳性斑块相交的比例）与患者的生存率存在显著关联。

19.3.4 图像级分类

WSI 级或患者级注释是图像级分类任务中极为重要的训练信息来源。例如，在癌症诊断中，活检样本通常只被赋予“良性”或“恶性”的整体标签，而不包含详细的像素级注释。这些图像级注释通常由病理学家在诊断和临床工作过程中生成，并且他们可以相对快速地完成 WSI 级的标注。利用 WSI 级注释进行分类的过程，通常被建模为多实例学习（MIL）问题，其目标是在无需像素级监督的前提下识别图像中的关键区域。

在多实例学习框架中，WSI 通常被划分为多个图像斑块，并采用一种迭代的两阶段方法：首先使用神经网络对每个斑块进行独立预测，然后在第二阶段将这些斑块级预测整合，以进行整体图像级分类一种常见的整合策略是斑块投票法，即将 WSI 的标签归因于斑块级预测中出现频率最高的类别。Korbar 等采用了这种方法，他们训练了一个基于 ResNet 的深度神经网络，用于识别从 H&E 染色的结直肠活检标本中提取的斑块类型，包括增生性息肉、锯齿状息肉、传统锯齿状腺瘤、管状腺瘤以及管状绒毛状/绒毛状腺瘤[28]。随后，通过统计斑块级预测中最常出现的结果，将该标签赋予整个 WSI，前提是预测结果至少出现在 5 个斑块中。除了简单的投票策略外，斑块级预测结果还可以输入传统的机器学习分类器，通过特征聚合和建模来实现更为复杂和精准的 WSI 级诊断推断。

Li 等训练了两个 ResNet-50 网络作为特征提取器，分别从乳腺癌 WSI 的不同尺寸斑块中提取特征[29]。其中，小尺寸斑块（128 像素 ×128 像素）用于捕捉细胞级信息，而大尺寸斑块（512 像素 ×512 像素）用于获取组织结构和形态特征。作者对提取的斑块特征表示进行 *K*-means 聚类，以识别具有区分性的斑块，并基于聚类结果为每个 WSI 构建直方图表示。随后，支持向量机（SVM）利用这些直方图将 WSI 分类为正常、良性、原位癌或侵袭性癌。Hou 等则采用期望最大化（EM）多实例学习方法训练模型，以分类胶质瘤和非小细胞肺癌亚型[30]。该方法假设每个斑块都有一个隐藏变量，用于判断其是否具有区分性。通过EM算法对这些隐藏变量进行估计，并迭代识别出最具代表性的斑块。为更有效地捕捉不同尺度下的信息，作者并行训练了两个不同输入尺寸的卷积神经网络，并对其预测结果进行平均。Campanella 等开发了一种基于斑块排序的多实例学习方法[31]。他们使用 ResNet-34 模型，在假设"阳性 WSI 至少包含一个癌变斑块"的前提下，对癌变斑块进行分类。在训练过程中，模型对斑块按其癌症预测概率进行排序，并重点学习最具区分性的阳性斑块。用于最终 WSI 级别推断时，模型会提取概率最高的前 *S* 个斑块的特征，并将其输入循环神经网络以获得整体预测。尽管斑块排序有助于关注关键区域，但排序操作本身不可训练，限制了模型的端到端优化能力。

为此，Ilse 等提出了一种引入双层注意力机制的多实例学习方法[32]。该机制为每个输入斑块特征分配可训练的权重，从而实现加权平均聚合，改进传统的最大池化和平均池化策略。他们在乳腺癌和结肠癌数据集上验证了方法的有效性，其中乳腺癌 WSI 被标注为阳性如果存在癌细胞，而结肠癌 WSI 为阳性则要求至少包含一个上皮细胞核。结果显示，注意力机制显著优于传统的非加权方法。尽管注意力机制可训练，但其加权平均本质上是一种线性组合操作。对此，Zhao 等提出将图卷积网络（GCN）整合进多实例学习框架，以捕捉斑块之间更复杂的空间和语义关系[33]。

近年来，一些研究开始将循环神经网络（RNN）和长短期记忆网络（LSTM）引入 WSI 推理阶段。Iizuka 等针对胃癌和结肠癌的分类任务，训练了 Inception-V3 模型以分析非肿瘤、腺瘤和腺癌斑块[34]。该模型作为斑块级特征提取器，提取的特征序列被输入到由两个 LSTM 层组成的 RNN 中，用于进行 WSI 级别预测。为增强模型对不同序列排列的鲁棒性，训练过程中对斑块特征序列进行了随机打乱。

19.3.5 预测患者治疗结果和反应

生存分析在预测患者临床结局和治疗反应方面具有重要意义，其核心目标是估计事件发生前的时间持续，如疾病缓解或患者死亡的时间。在癌症研究中，生存分析通常用于预测患者在被诊断后 × 个月或 × 年内的存活概率。随着人工智能的发展，越来越多的方法被应用于数字病理学中的生存分析任务，这些方法既包括仅基于组织图像的模型，也包括融合组织图像与其他类型数据的多模态模型。

Zhu 等开发的 WSISA（whole slide image survival analysis）方法是典型的仅依赖组织图像的生存分析模型之一[35]。该方法采用自适应采样策略，从整个 WSI 中选择斑块以训练卷积神经网络。Zhu 等指出，与仅从注释区域采样相比，从整幅图像中提取斑块能更有效地捕捉组织异质性，从而提升生存预测的性能。选定斑块首先通过 *K*-means 聚类，随后使用来自不同聚类的斑块分别训练多个 CNN 生存模型，选择预测性能最优的聚类。最终，通过全连接神经网络与基于 Boosting 的 Cox 负对数似然方法对这些模型进行融合，以实现更稳健的生存预测。Wulczyn 等提出了一种将生存回归任务转化为多类别分类问题的深度学习方法[36]。该方法将生存时间离散化为若干时间区间，并预测患者最有可能处于哪个生存区间。在具体实现中，每个 WSI 从组织区域中随机采样斑块，通过卷积神经网络提取图像特征，接着对所有斑块的特征进行平均，再输入到全连接层中完成分类。该策略有效地利用了弱标注数据，并为不同时间尺度上的生存预测提供了更细致的判断依据。

Chen 等提出了一种基于 WSI 的图结构建模方法，其中图的节点表示图像斑块，边表示相邻斑块之间的空间连接关系[37]。在此表示下，作者训练了图卷积神经网络（GCN），以捕捉组织图像的层级特征。通过对节点特征进行池化，构建出 WSI 级别的图嵌入表示，并结合 Cox 比例风险函数[38]训练模型，用于生存分析任务。Chang 等开发了一种名为“混合聚合网络”（hybrid aggregation network）的深度学习模型，用于整合同一患者的多张 WSI 数据[39]。该模型首先利用卷积神经网络从斑块级别提取图像特征，构建出完整的切片特征图。随后，通过两个聚合模块对特征图进行进一步整合：第一个模块在图像内部聚合局部信息，生成区域级表示；第二个模块则将来自同一患者的多个切片的区域表示合并，从而对整体生存率进行预测。此外，一些研究项目还将组织图像与其他数据模态相结合以提升生存分析性能[40-44]。Mobadersany 等提出了一种多模态融合方法，将组织图像与基因组生物标志物集成到一个统一框架中[42]。该方法从注释区域采样斑块，通过卷积神经网络提取深度特征后，与患者的基因组变量一起输入至全连接层，最终接入 Cox 比例风险层进行生存预测。其在低级别胶质瘤和胶质母细胞瘤患者中的实验证明，多模态数据融合显著提升了模型性能。Chen 等进一步提出了一个多模态共注意力转换器（MMCoAtt Transformer）框架[43]，利用共注意力机制引导图像和基因组特征的融合。该网络将不同模态的特征映射到共享的潜在空间，通过共注意力机制提升模态间交互效率。在肺癌、乳腺癌、脑癌和膀胱癌的多项任务中，该方法均展示了优异的生存预测能力。Vale-Silva 和 Rohr 开发了 MultiSurv 模型，用于整合临床、影像和组学数据，对癌症患者的生存概率进行预测[44]。该框架为每种数据模态构建独立的子模型，分别生成特征表示，之后在数据融合层中将这些表示合并为统一表示，再通过一个深度神经网络输出不同时间段的生存概率。图像数据由 ResNext-50 卷积网络处理[45]，非图像数据通过全连接网络建模。MultiSurv 在 33 类癌症数据上的实验显示，该方法在生存预测中表现出高准确率，展现了多模态建模的巨大潜力。

19.4 总结

基于传统机器学习或统计方法的图像分析技术通常依赖大量人工操作，并需要对多个方法特定的输入参数进行精细调节。尽管这些传统方法在某些特定数据集上可以表现出色，但在缺乏充分微调的情况下，往往难以在其他数据集上实现有效迁移和广泛应用。例如，在 Data Science Bowl 2018（DSB 2018）竞赛中，组织者使用 CellProfiler[46] 提供的传统图像分析方法作为人工智能方法的参考基线[47]。尽管专家对这些传统方法进行了优化调参，最终的结果仍显示，人工智能方法在性能上显著优于传统技术。类似的趋势也出现在 Kumar 等的研究中[16]。他们的评估结果表明，卷积神经网络模型在细胞图像分析任务中的表现明显超越了 CellProfiler 和 Fiji[48] 等传统方法。得益于出色的性能表现与更强的通用性，人工智能方法在组织图像分析领域的研究与临床应用中，展现出广阔的发展前景和巨大的变革潜力。随着新一代人工智能技术的迅猛发展，医学图像分析正经历一场深刻的转型。

19.4.1 临床及研究意义

在数字病理学中，深度学习方法被广泛应用于进行多分辨率、细粒度的组织图像分析。这类分析的核心目标是识别可用于构建模块化系统的信息，从而支持制定新型治疗方案，同时作为辅助工具提高诊断分类的准确性与决策过程的可重复性。随着方法的持续进步以及企业生态系统的迅速演化，我们认为，未来十年内，这些技术有望彻底改变临床实践和组织病理学研究的格局。然而，要实现这一转变，仍需克服多个挑战，尤其是在将人工智能更高效地融入临床实践方面。其中，开发可理解和可解释的人工智能系统是最为关键的挑战之一。当前，人工智能方法的实施仍然更多依赖“经验艺术”，而非完全基于工程或科学原则。从临床医生和生物医学研究者的角度来看，许多深度学习模型仍是“黑箱”，其决策过程缺乏透明度。要在临床决策中可信地应用这些模型，理解其预测结果的生成机制至关重要。近年来，部分研究已开始探索可解释的组织病理学人工智能系统[49,50]。此外，患者群体间的生物学和环境差异可能会限制人工智能工具的通用性。因此，如何量化基于人工智能的结果预测的准确性、可重复性与泛化能力，仍是一个亟待解决的开放性问题。早期的临床决策支持系统多以预测值及其置信度的形式为临床医生提供建议，这一策略被视为在临床环境中引入人工智能的可行途径。例如，Kiani 等开发了一种深度学习助手，可为病理学家提供肝癌亚型的预测概率，辅助肝肿瘤切除术的诊断[51]。尽管该系统在预测正确时显著提高了病理学家的诊断准确率，但当预测错误时，也会显著降低其诊断准确性。因此，在未来将人工智能整合进患者护理过程中，合理界定医生的责任边界，并建立有效的患者安全保障机制将至关重要。

此外，人工智能必须具备根据新获取的数据持续学习与更新的能力。在现代医疗系统中，海量的患者数据持续涌现，人工智能的实时处理与持续优化能力为其释放全部潜力提供了契机。但与此同时，这也对监管提出了更高要求。美国食品药品监督管理局（FDA）已经着手探索对人工智能驱动的医疗软件设备进行全过程产品监管与监控[52]，这是推动人工智能在医疗健康领域安全、规范发展的重要一步。

19.4.2 算法和工具开发的前沿探索

随着深度学习网络的不断发展，其结构和复杂性也在持续增加，出现了诸如变换器（transformer）和图神经网络（graph neural networks）等先进架构。其中一些模型在训练时面临诸多挑战，包括对大规模训练数据和高性能计算资源的高度依赖。在此背景下，Bommasani 等提出了“基础模型”（foundation models）的概念[53]。这类模型在大规模数据集上进行预训练，随后可用于多种下游任务，类似于在大型语料库上训练的语言模型（如 BERT），用于学习语言的隐式表示。借此理念，可以在广泛且多样的组织图像或病理切片上训练基础模型，并通过微调适配具体应用场景。

基础模型的特征提取侧重于数据的深层隐性属性，而非仅关注当前任务的显性特征。因此，其表征能力更具通用性，减少了对任务特定损失函数的依赖，使得模型更易于迁移至不同的计算机视觉任务、疾病类型或器官部位。此外，这种偏差更小的表征学习方式，特别适合时间敏感任务或多模态数据整合，有助于探索输入样本与其他数据模态之间的潜在联系与影响，从而支持更全面的生物医学分析。

在应对网络复杂性和计算瓶颈方面，预训练模型（即基础模型[53]）、领域适应及迁移学习技术的应用正变得日益广泛，并逐步渗透至数字病理学领域。即使在当前阶段，许多研究仍普遍采用在 ImageNet 上预训练的模型作为特征提取器，以加速模型融合与优化[54]。此外，合成数据生成技术与联合训练策略也为这些方法提供了有力补充。通过联合训练，即使在受到隐私法规限制、图像数据无法直接共享的情形下，病理学研究团队依然能够利用来自多中心的大规模分布式数据资源。这种从依赖小型标注数据集向大规模协同训练的转变，将有助于构建更强大、更加精准的模型。随着这些方法不断成熟并迈向临床实际应用，一个充满前景的时代即将到来。在这一进程中，模型开发不仅需重视性能优化，更必须兼顾逻辑性、法规合规性与风险控制，最终目标是切实提升患者健康水平，推动人工智能在医疗实践中发挥实质性作用。

深度学习网络的复杂性和类型正在增加——新的架构包括转换器和图形网络。其中一些架构很难训练，需要大量的训练数据集和强大的计算能力。在这种情况下，Bommasani 等引入了基础模型的概念，这些模型在海量数据上进行训练，然后配适各种任务[53]。类似于在大量语料库上训练预训练语言表示模型（BERT）以学习用于下游任务的语言的隐式表示。可以这样想，在大范围和多样的图像或组织标本上训练基础模型，然后可以通过微调来适应各种不同的任务。特征提取将更多地关注数据的隐式属性，而不是选择那些对当下任务有效的属性。由于对任务特定损失函数的依赖较少，基础模型推导的表征有潜力对大量应用进行微调，如不同的计算机视觉任务、疾病和器官部位。此外，这些表征学习的任务特定偏差的减少可能在需要时间或多模态数据集成的问题上有好处。输入样本可以被视为基于大量训练数据构建的减少偏差的工具，用于探索与其他模态数据的关系及其相互影响。

在越来越多的应用领域，预训练模型（也称为基础模型[53]）、领域适应和迁移学习方法正被越来越广泛地用于克服网络复杂性和计算挑战。我们期待这些策略能够进入数字病理学领域。即使现在，在 ImageNet 上预训练的网络也被广泛用于加速融合[54]。此外，合成数据生成技术和联合训练方法可以优化这些方案。通过联合训练，即使由于监管问题以及数据交换和存储的高成本而无法交换图像数据，病理学团队还是能够访问大量分布良好的多中心数据。这种从特定任务注释的小型数据集转变将保障训练更强大和准确的模型。这些模型的生成将带来一个激动人心的时期应用到实际临床护理的方法论更加注重逻辑、法规、风险，最重要的是真正有益于患者健康。

参考文献

[1] V. Kumar, A. K. Abbas, and J. C. Aster (2014). Robbins and Cotran Pathologic Basis of Disease. Amsterdam:

Elsevier Science Health Science Division. ISBN 978-0323531139 10th Edition.

[2] S. H. Yoon, K. W. Kim, J. M. Goo et al. (2016). European Journal of Cancer, 53, 5.

[3] J. B. Sørensen, F. R. Hirsch, A. Gazdar et al. (1993). Cancer, 71, 2971.

[4] D. Muenzel, H.-P. Engels, M. Bruegel et al. (2012). Radiology and Oncology, 46, 8.

[5] B. F. Boyce (2017). Biotechnic & Histochemistry, 92, 381.

[6] A. J. Evans, T. W. Bauer, M. M. Bui et al. (2018). Archives of Pathology & Laboratory Medicine, 142, 1383.

[7] BIGPICTURE (2021). https://bigpicture.eu.

[8] H. Sung, J. Ferlay, R. L. Siegel et al. (2021). CA Cancer Journal for Clinicians, 71, 209.

[9] A. Kirillov, K. He, R. Girshick et al. (2019). Proceedings of the IEEE/CVF Conference on Computer Vision and Pattern Recognition, pp. 9404–9413.

[10] S. Abousamra, M. Hoai, D. Samaras et al. (2021). AAAI.

[11] M. Z. Alom, T. M. Taha, C. Yakopcic et al. (2019). Electronics, 8, 292.

[12] D. W. Otter, J. R. Medina, and J. K. Kalita (2021). IEEE Transactions on Neural Networks and Learning Systems, 32, 604.

[13] C. L. Srinidhi, O. Ciga, and A. L. Martel (2021). Medical Image Analysis, 67, 101813.

[14] S. Deng, X. Zhang, W. Yan et al. (2020). Frontiers of Medicine, 14, 470.

[15] D. Ahmedt-Aristizabal, M. A. Armin, S. Denman et al. (2022). Computerized Medical Imaging and Graphics, 95, 102027.

[16] N. Kumar, R. Verma, S. Sharma et al. (2017). IEEE Transactions on Medical Imaging, 36, 1550.

[17] Q. D. Vu, S. Graham, T. Kurc et al. (2019). Frontiers in Bioengineering and Biotechnology, 7.

[18] S. Graham, Q. D. Vu, S. E. A. Raza et al. (2019). Medical Image Analysis, 58, 101563.

[19] M. Amgad, L. A. Atteya, H. Hussein et al. (2021). arXiv [cs.CV].

[20] S. Graham, M. Jahanifar, A. Azam et al. (2021). Proceedings of the IEEE/CVF International Conference on Computer Vision, pp. 684–693.

[21] L. Hou, A. Agarwal, D. Samaras et al. (2019). Proceedings of the IEEE Computer Society Conference on Computer Vision and Pattern Recognition, 2019, 8533.

[22] X. Gong, S. Chen, B. Zhang et al. (2021). Proceedings of the IEEE/CVF Winter Conference on Applications of Computer Vision, pp. 3994–4003.

[23] O. Ronneberger, P. Fischer, and T. Brox (2015). Lecture Notes in Computer Science 234.

[24] L. Hou, R. Gupta, J. S. Van Arnam et al. (2020). Scientific Data, 7, 185.

[25] J. Krause, H. I. Grabsch, M. Kloor et al. (2021). Journal of Pathology, 254, 70.

[26] M. Amgad, E. S. Stovgaard, E. Balslev et al. (2020). NPJ Breast Cancer, 6, 16.

[27] H. Le, R. Gupta, L. Hou et al. (2020). American Journal of Pathology, 190, 1491.

[28] B. Korbar, A. M. Olofson, A. P. Miraflor et al. (2017). Journal of Pathology Informatics, 8, 30.

[29] Y. Li, J. Wu, and Q. Wu (2019). Classification of breast cancer histology images using multi-size and discriminative patches based on deep learning. IEEE Access, 7, 21400–21408.

[30] L. Hou, D. Samaras, T. M. Kurc et al. (2016). Proceedings of the IEEE Computer Society Conference on Computer Vision and Pattern Recognition, 2016, 2424.

[31] G. Campanella, M. G. Hanna, L. Geneslaw et al. (2019). Nature Medicine, 25, 1301.

[32] M. Ilse, J. Tomczak, and M. Welling (2018). In J. Dy and A. Krause (eds.), Proceedings of the 35th International Conference on Machine Learning (PMLR, 10–15 Jul 2018), pp. 2127–2136.

[33] Y. Zhao, F. Yang, Fang et al. (2020). In Proceedings of the IEEE/CVF Conference on Computer Vision and Pattern

Recognition, pp. 4837–4846.

[34] O. Iizuka, F. Kanavati, K. Kato et al. (2020). Scientific Reports, 10, 1504.

[35] X. Zhu, J. Yao, F. Zhu et al. (2017). In Proceedings of the IEEE Conference on Computer Vision and Pattern Recognition, pp. 7234–7242.

[36] E. Wulczyn, D. F. Steiner, Z. Xu et al. (2020). PLoS One, 15, e0233678.

[37] R. J. Chen, M. Y. Lu, M. Shaban et al. (2021). Medical Image Computing and Computer Assisted Intervention–MICCAI 2021 (Springer International Publishing), pp. 339–349.

[38] S. G. Zadeh and M. Schmid (2021). IEEE Transactions on Pattern Analysis and Machine Intelligence, 43, 3126.

[39] J.-R. Chang, C.-Y. Lee, C.-C. Chen et al. (2021). Hybrid aggregation network for survival analysis from whole slide histopathological images. In Medical Image Computing and Computer Assisted Intervention–MICCAI 2021, pp. 731–740.

[40] R. J. Chen, M. Y. Lu, J. Wang et al. (2020). Pathomic fusion: An integrated framework for fusing histopathology and genomic features for cancer diagnosis and prognosis. IEEE Trans. Med. Imaging, 41(4), 757–770.

[41] S. Agarwal, M. Eltigani Osman Abaker, and O. Daescu (2021). Survival prediction based on histopathology imaging and clinical data: A novel, whole slide CNN approach. In Medical Image Computing and Computer Assisted Intervention–MICCAI 2021, pp. 762–771.

[42] P. Mobadersany, S. Yousefi, M. Amgad et al. (2018). Proceedings of the National Academy of Sciences of the United States of America, 115, E2970.

[43] R. J. Chen, M. Y. Lu, W.-H. Weng et al. (2021). In Proceedings of the IEEE/CVF International Conference on Computer Vision, pp. 4015–4025.

[44] L. A. Vale-Silva and K. Rohr (2021). Long-term cancer survival prediction using multimodal deep learning. Scientific Reports, 11(1), 13505.

[45] S. Xie, R. Girshick, P. Dollár et al. (2017). In Proceedings of the IEEE Conference on Computer Vision and Pattern Recognition, pp. 1492–1500.

[46] A. E. Carpenter, T. R. Jones, M. R. Lamprecht et al. (2006). Genome Biology, 7, R100.

[47] J. C. Caicedo, A. Goodman, K. W. Karhohs et al. (2019). Nature Methods, 16, 1247.

[48] J. Schindelin, I. Arganda-Carreras, E. Frise et al. (2012). Nature Methods, 9, 676.

[49] A. B. Tosun, F. Pullara, M. J. Becich et al. (2020). Advances in Anatomic Pathology, 27, 241.

[50] M. Amgad, L. Atteya, H. Hussein et al. (2021). Explainable nucleus classification using decision tree approximation of learned embeddings. Bioinformatics, 38(2), 513–519.

[51] A. Kiani, B. Uyumazturk, P. Rajpurkar et al. (2020). NPJ Digital Medicine, 3, 23.

[52] www.fda.gov (2021).

[53] R. Bommasani, D. A. Hudson, E. Adeli et al. (2021). arXiv [cs.LG].

[54] K. He, R. Girshick, and P. Dollár (2019). In Proceedings of the IEEE/CVF International Conference on Computer Vision, pp. 4918–4927.

第20章 人工智能在流行病学建模中的作用

Aniruddha Adiga，Srinivasan Venkatramanan，Jiangzhuo Chen，Przemyslaw Porebski，Amanda Wilson，Bryan Lewis 及 NSSAC-BII 团队，弗吉尼亚大学生物复杂性研究所。E-mail：aniruddha@virginia.edu；srini@virginia.edu；jc3qw@virginia.edu；pjp2b@virginia.edu；alw4ey@virginia.edu；brylew@virginia.edu

Henning Mortveit，弗吉尼亚大学生物复杂性研究所、工程系统与环境系。E-mail：hsm2v@virginia.edu

Justin Crow，弗吉尼亚州卫生部社会流行病局。E-mail：justin.crow@vdh.virginia.gov

Madhav V. Marathe，弗吉尼亚大学生物复杂性研究所、计算机科学学院。E-mail：marathe@virginia.edu

20.1 引言

流行病是指传染性疾病、特定健康行为或其他明显超过正常预期的健康相关事件的广泛发生。流行病的记载历史与人类历史一样古老——从罗马时代和中世纪的瘟疫，到公元3世纪汉帝国因疫情加剧而衰亡，再到公元1500年前后阿兹特克人因天花暴发而被西班牙征服[1]。1918年的流感大流行造成了严重的社会破坏，造成全球超过5000万人的死亡。仅在21世纪，我们就看到了很多严重的疫情，包括H5N1禽流感、H1N1禽流感、SARS、MERS、也门霍乱疫情以及埃博拉和寨卡疫情。正在发生的COVID-19大流行造成了重大的社会、经济、健康和政治破坏，并提醒我们，尽管技术和公共卫生取得了重大进展，但大流行仍将继续发生。

出于伦理和实践的原因，流行病学中用于理解科学现象的对照实验更加复杂，而且往往不可实现。因此，计算模型在阐明流行病的时空动力学过程中发挥着重要作用。它们在评估各种干预策略，包括药物和非药物干预措施方面也发挥着重要作用。个体行为和公共政策的作用对于理解和控制流行病至关重要，而计算技术可以为研究这些问题提供强有力的工具。

在本章中，我们讨论数据驱动的以支持实时流行病学的AI技术的开发和使用。我们已经在H1N1疫情[2,3]期间支持美国国家层面的实时决策，并在埃博拉疫情期间为国防部（DoD）提供了支持[4-6]。在此，重点介绍我们在持续应对COVID-19大流行过程中的工作进展。此次大流行不仅要求我们应对在H1N1和埃博拉疫情期间已经暴露的挑战，更带来了一系列前所未有的新问题和新挑战。本章我们将对这些方面的应对策略和实践经验进行介绍。

我们第一次开始研究这类问题是在20多年前。我们的目标是确定用于研究大型复杂社会技术系统的新计算技术，并开发支持决策者规划应对大流行病和人类发起的生物恐怖事件的工具。这些问题的解决，需要我们借鉴科学和工程各个领域的思想，包括网络科学、高性能计算、城市规划、经济学、非线性系统、算法学、统计学等。随着时间的推移，人们越来越清楚，AI对复杂社会技术系统的观点是有价值的；AI中的一些思想和概念被证明是开发集成解决方案的关键黏合剂。这包括传统的AI主题，如表示大型复杂种群的多智能体系统，复杂系统中的因果关系、推理和推断，以及人机交互等。然而，它们也带来了一些新的思想，包括AI系统中的可解释性、公平性和偏见，数字孪生，以及深度学习。此外，在持续的COVID-19大流行过程中出现了两个重要的概念：实时分析和与操作相关的AI。我们在这一章中有意强调了这一视角。

模型的不同用途和数据的作用。不同类型的模型适用于应对大流行的不同阶段。数据驱动的机器学习模型有助于预测和短期估算。对于更长期的预测以及理解不同类型的干预和反事实分析的影响，机制模型通常更有用。随着COVID-19的发展，模型也在不断进化。区室模型能够相对较快地适应流行病动态的变化。然而，对于评估详细的干预和表现行为，细致的基于个体的模型完成得更好。

与任何数学建模工作一样，数据在这些模型的应用中起着重要的作用。在COVID-19大流行之前，及时获得疾病监测数据具有挑战性；从这个意义上说，COVID-19是一个分水岭事件。关于确诊病例、住院治疗、人口流动、死亡和各种社会干预的综合数据现在可以在县级决议中提供给所有的州。这使得实时建模成为可能。即便如此，差距依然存在。数据仍然存在噪声，其在地理、时间、社会群体等方面的覆盖面往往不够完整。

20.2 建模方法

流行病学模型可以分为两大类：基于数据驱动的统计模型和基于疾病传播机理的机理模型。我们在本章讨论了五类模型；前四种模型将被归类为机理模型，而最后一种模型则包括数据驱动的统计和机器学习方法。

20.2.1 区室模型

近一个世纪以来，传染病动力学已经通过各种数学和计算模型进行了刻画。根据我们所关心的问题，这些模型结构可能包含不同的统计和机制特点，并具有不同的计算和数据要求。最早和最成功的建模框架之一是区室模型[7]，它将全部人口划分为不同的疾病分区（也称为疾病状态），并使用微分或差分方程描述各区室之间的转变过程。例如，最常见的此类模型是易感-感染-恢复（SIR）模型，其状态转移由下面的方程表示：

$$\dot{S}=-\beta SI,\ \dot{I}=\beta SI-\gamma I,\ \dot{R}=\gamma I \tag{20.1}$$

式中，β为传播率；γ为恢复率。

该模型的进一步改进，包括：①纳入年龄分层的接触矩阵；②增加区室以记录更复杂的疾病进展；③复合种群结构以存储空间显式动态。这些模型在COVID-19疫情中得到了广泛的应用，并且在调控政策方面非常有用。这归因于它们在回答不同问题时的灵活性，在数据匮乏的条件下工作的能力，以及它们在跨参数运行大型实验设计以捕获潜在的不确定性或场景时的计算便利性。我们从 2020 年 2 月开始使用这一框架的变体，对美国各州和联邦机构进行各种基于情景的预测。在这里，我们描述了如何针对疫情中的不同问题和时间点调整模型结构，并强调了建立一个数据驱动、灵活响应的工作流程对政策制定支持的重要性。

20.2.2 亚群体模型

亚群体（Metapopulation）模型是常微分方程（ODE）和网络模型的良好折中，非常适合捕捉疾病动力学中的空间异质性。目标种群被划分成空间上彼此独立的区域（patches），在每个区域内，用均匀混合假设来模拟疾病动态。区域之间通过一个捕获区域之间个体运动的加权有向网络彼此连接。该运动往往代表通勤（而非永久迁移），因此保留了每个区域的家庭人口数。虽然疾病的演化类似于单个区域内的同质 ODE 模型，但移动网络会在空间亚群体之间产生空间异质性和较长距离的人群迁移。PatchSim 是该方法的确定性实现。有关该建模框架的更多细节信息，详见文献 [8]。

20.2.3 自适应区室模型

用于产生疾病后果的模拟模型在过去两年中随着政策需求、生物学和社会方面以及数据可获得性的变化而不断发展。自适应区室模型框架自 2020 年 9 月开始运营。本质上，它是一个离散时间的易感—暴露—传染—恢复（SEIR）区室模型。使用真实世界的数据集对模型进行实例化和校准。基本模型结构及其扩展已被用于支持场景建模中心超过一年，并反映了团队为解释不完整、缺失或延迟的聚合数据所做的共同假设[9]。

我们从略微修正的 SEIR 动力学开始，来解释疫苗接种和免疫力下降。我们还使用额外的参数来获取症状发生前的传染性和无症状性。虽然我们使用真实世界摄取数据集对疫苗接种进行参数化，并使用疫苗接受度估计值对预测进行参数化[10]，而由自然感染和疫苗接种而导致的免疫力下降是使用文献中的最新估计来参数化的。使用增长率和起始时间来对变量进行参数化。此外，后续的变异还需要获取更多的动态信息，如交叉变体保护和变体特异性疫苗效力。这导致了更复杂的免疫分层的多菌株实现。

需要将模型按照观察到的确诊病例数进行校准。考虑到高报告偏倚和漏报，我们使用血清流行率估计值[11]，通过病例确诊率推导出感染计数。使用年龄分层的后处理模块获得住院和死亡患者数据，该模块考虑了疫苗接种和随时间变化的病例住院率（CHR）和病例死亡率（CFR）。个例数据在校准前，通过一个校准基于一周前的获得的数据集进行增强。校准过程产生时变的传播率（β），然后在疫苗接种和/或变种性流行的各种条件下进行推断，以产生基于场景的预测。

20.2.4 基于个体的模型

基于个体的网络模型（有时也被称为基于主体的模型）通过显式地捕获人群内部的交互结构，进一步扩展了亚群体模型。这类模型往往是在单个个体实体（动物、人类等）的层面上建模的。在这类模型中，流行病动力学可以建模为特定无向接触网络 G（V、E）上的扩散过程，种群 V-each edge $e=(u, v)\in E$ 意味着个体（也称为节点）u，$v\in V$ 开始接触①。将 $N(v)$ 记为 v 的邻居集合。图 G 上的 SIR 模型是一个动态过程，其中每个节点都处于 S、I 或 R 三种状态之一。感染可能沿着边 $e=(u, v)$ 从 u 传播到 v，在 u 感染后的瞬间，以 $\beta(e, t)$ 的概率传播，条件是节点 v 未被感染，直到时间 t，这是早期讨论的 ODE 模型感染率的离散版本。我们用 $I(t)$ 表示在 t 时刻被感染的节点的集合。感染传播的边的（随机）子集代表了疾病的结果，被称为树状图。这个动力系统从有一个或多个节点处于状态 I 的结构开始，到达一个定点，其中所有的节点都处于状态 S 或 R。

这样的网络模型捕捉了计算流行病学的三个组成部分之间的相互作用：①个体行为的变化；②非结构化、异构的多尺度网络；③网络上的动态传播过程。它所基于的假设是：更好地理解底层网络的特征和个体的行为适应性，可以更好地洞察传染动态和应对策略。尽管计算成本高且数据密集，但基于个体的流行病学模型改变了可能提出的问题类型，为疾病动力学和公共卫生政策提供了本质上不同的见解。

20.2.5 数据驱动模型

纯数据驱动的方法大多是将统计模型应用于数据，确定数据中的模式和/或挖掘数据源中的模式，并且在较短的时间范围内预测尤其有效。统计模型从观测数据中确定统计特性，并利用它进行预测。传染病预测中的常用方法是自回归（AR）模型[12–17]和滤波器方法（卡尔曼滤波器、粒子滤波器等）[18–21]。由于数据的高度不平稳性，统计模型对 COVID-19 数据的预测效果不佳。深度学习模型和深度神经网络（deep neural network，DNN）也是常用的选择，并且已经考虑使用几种架构来提取已经观测到的时间序列中的模式，如前馈网络[22–24]、长短期网络[25,26]、基于注意力的长短期记忆（long short-term memory，LSTM）模型[27–29]和基于图形的时空模型[30–32]。深度学习模型需要大量的训练数据，并且容易产生过拟合；此外，它们也缺乏可解释性。混合模型是一类新兴的模型，它是基于理论的机理模型和深度学习模型的融合，已被用于流感预测[33–35]和 COVID-19 预测[36–38]。

20.3 应用

在 20.2 节中，我们介绍了 COVID-19 研究中使用的一些建模方法。在本节中，我们将更详细地介绍如何将这些方法应用到具体应用中。

20.3.1 情景建模

在疫情期间，多模型方法对决策者非常有帮助。虽然短期预测工作［美国疾病控制和预防中心（CDC）］建立在近 10 年的季节性流感预测经验基础之上，但针对 COVID-19 基于情景的预测的类似工作于 2021 年 1 月启动（https://covid19scenariomodelinghub.org/viz.html）。随着其他领域对多模型框架的支持以及 COVID-19 大流行期间取得的早期成功[39]，情景建模中心（SMH）

① 注意当边缘 e 被表示为元组 (u, v) 时，它实际上表示集合 $\{u, v\}$，正如图论中的标准一样。

从那时起定期更新，进行了 12 轮以上的单独更新[9]。这些轮次研究评估了不同程度的非药物干预（NPI）、疫苗接种率和变异参数的影响。该框架的优势之一是在实验设计中协调各个团队，同时保持模型的多样性，并考虑到大流行病轨迹的长期不确定性。

例如，SMH 第 5 轮侧重于 2×2 设计，以研究疫苗接种率和非药物干预放松的影响。疫苗的实际接种率存在很大的不确定性，因为到 2021 年 5 月，疫苗已广泛普及，所有 18 岁及以上的成年人都有资格接种。2021 年 3 月进行的人口普查显示，住户估计接受率约为 68%，而 Facebook 调查得出的更乐观的估计是 83%。此外，根据美国疾病控制和预防中心的建议，口罩佩戴率正在下降，但 NPI 合规性的下降程度尚不清楚。因此，方案考虑了适度放宽（6 个月内放宽 50%）和快速放宽（6 个月内放宽 80%）。在“适应”框架中，疫苗接种率估计值用于生成未来的接种计划，而非感染性疫苗方案则用于调节未来 6 个月的预计传播率。图 20.1 显示了不同情景下的模拟运行情况以及各模型之间的集合。它显示了适度 NPI 情景如何更好地捕捉轨迹，同时也强调了定期更新情景的必要性（例如，2021 年 5 月未预计到的三角洲激增）。

扫码见彩图

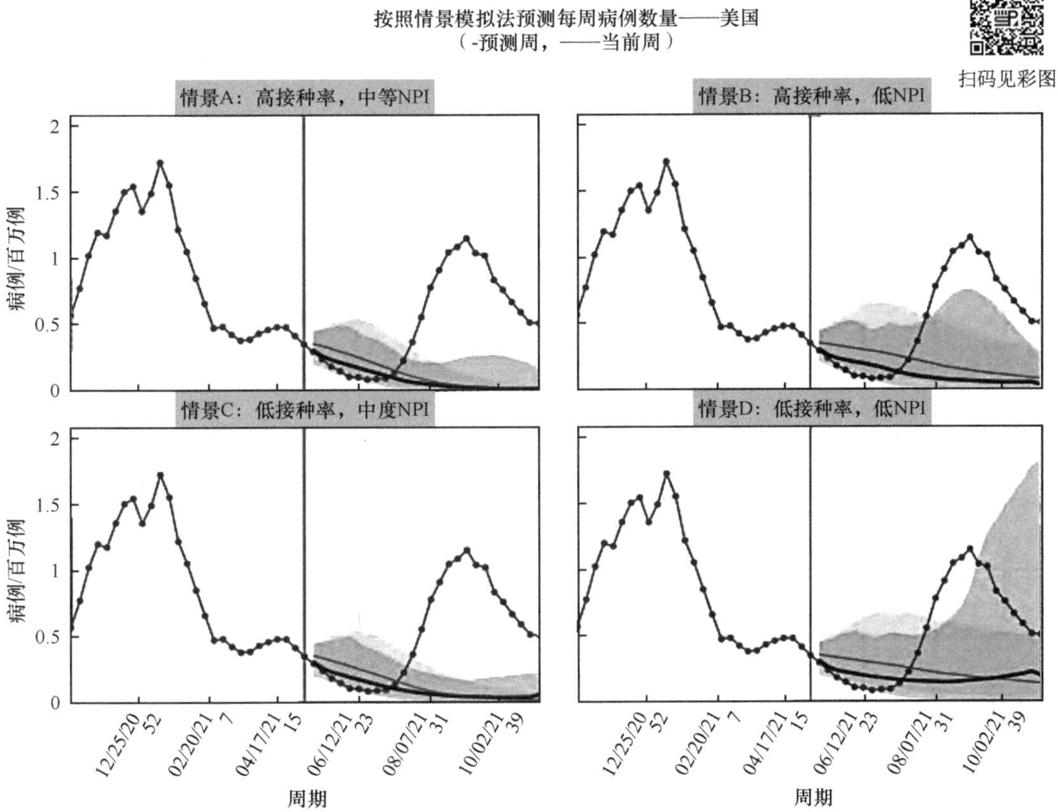

图 20.1 在情景模拟枢纽第 5 轮中，使用自适应框架在不同疫苗和 NPI 条件下进行的长期情景预测

黑色显示的是多个模型的集合预测，粉色显示的是自适应框架。地面实况用黑色圆圈标出，垂直线代表预测时间点

图片来源：https://covid19scenariomodelinghub.org/viz.html

20.3.2 每周预测模型

自疫情开始以来，我们每周都会在州和联邦层面提供基于情景的模型预测。其中，弗吉尼亚卫生部（VDH）的每周更新自 2020 年 4 月起开始运行，涵盖了与 NPI、疫苗接种、季节性、

新型变种等有关的反事实条件。我们在疫情的不同阶段使用了亚群体建模框架（20.2.2 节）和自适应区室建模框架（20.2.3 节）。我们开始用于模拟弗吉尼亚州 COVID-19 动态的模型是基于在全国范围内研究美国季节性流感时空传播的类似实施方案 [8]。如 20.2.2 节所述，它是一个机理亚群体建模框架，代表空间单位（即各区域，如弗吉尼亚州的 133 个县/独立市）内和空间单位间的 SEIR 动态。该模型假定每个区域内混合均匀，区域间混合受通勤交通调节。使用初步最佳猜测估计值对疾病动态进行了实例化，并根据县级确诊病例对模型的疾病参数（特别是传播性和感染持续时间）进行了校准。我们采用了与文献 [5] 类似的贝叶斯模型校准方法，并使用多元高斯模型来模拟与累计计数对数相关的观测误差。从均匀先验开始，我们运行顺序马尔可夫链蒙特卡罗 Metropolis-Hastings 算法，以获得疾病参数的后验分布。这些参数用于为我们的预测提供不确定性界限。严重后果（如住院、入住重症监护室和呼吸机需求）是通过使用适当的延迟和缩放参数对模拟发病率曲线进行后处理而获得的。利用这些严重后果的估计住院时间和可用床位容量，在适当的汇总级别［如弗吉尼亚医疗警报和状态系统（VHASS）区域］计算赤字。我们最初模拟了五种预测情景：一种假设社交距离措施效果有限（代表最坏情形），另外四种情景基于社交距离措施的不同持续时间和强度。在设置中，我们根据弗吉尼亚州紧急状态行政命令，假设 2020 年 3 月 15 日开始出现强烈的社会隔离。这些情景基于传播率（亚群体内的混合率）下降 25% 和 50% 的设定，分别持续到 2020 年 4 月 30 日和 2020 年 6 月 10 日。我们没有假定任何季节性因素会降低夏季的传播率。初步估计结果见图 20.2。

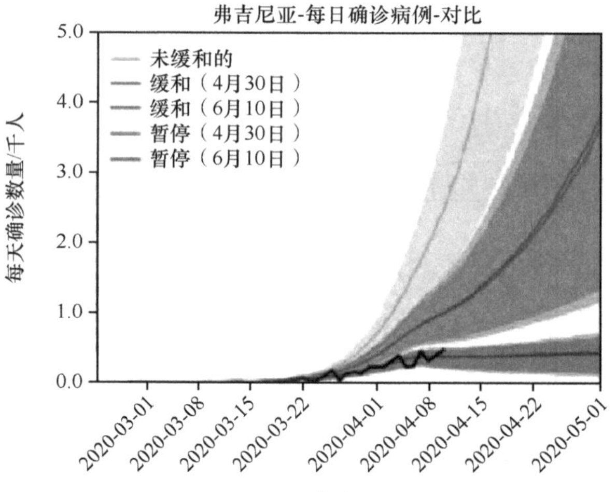

（a）

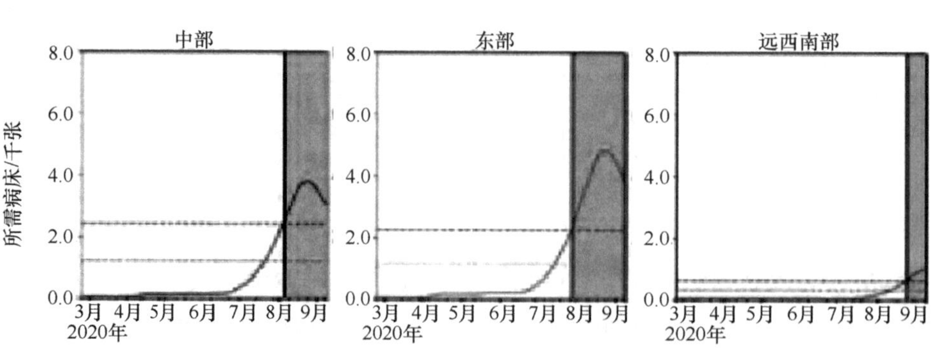

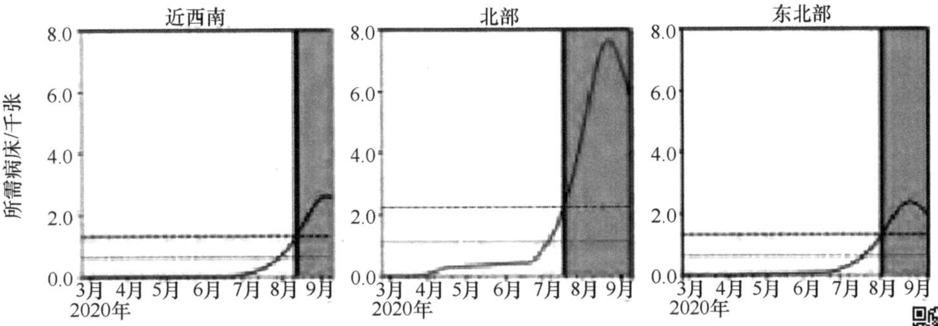

(b)

图 20.2 初始元种群运行的样本预测（2020 年 4 月 12 日）

扫码见彩图

自 2020 年 9 月以来，我们一直使用自适应建模框架进行每周预测。如 20.2.3 节所述，虽然该框架缺乏空间连通性，但它在疫苗接种和变异株方面的额外数据集显著增强了其功能，并更好地校准了确诊病例。图 20.3 列出了在此框架下运行的各种方案。正如我们可能注意到的，这些情景包括 NPI 反事实（情景名称包括“控制”和“激增”）、季节性变化（情景名称为“秋季”和“秋冬季”）、变种引入（情景名称为“Delta”和“VariantB117”）以及疫苗接种率（“NoVax”、“VaxOpt“和“HighBoost”）。在大流行的不同阶段，不同的情景会引起人们的兴趣，有些情景会使用更长的时间（例如，“无疫苗接种”/“疫苗选择”），以突出过去决策的影响（无疫苗接种情景）和鼓励公众行动（乐观的疫苗接种率）。例如，图 20.4 显示了考虑不同控制水平（类似于 2021 年春季的 NPI 与激增后的适应）和疫苗接种率（维持现状与乐观接种率）的情景组合。在这些情况下，疫苗接种水平是通过 COVID-19 趋势和影响调查（CTIS）得出的。

20.3.3 预测

预测流行病是有效控制疾病传播和了解疾病动态的一项重要任务。准确及时的预测是我们的目标，但由于流行病、个人和集体行为、病毒动态和公共政策的共同演化，预测变得很复杂。一些关键挑战与数据、多个目标的存在、多个模型评估指标以及社会经济和政治依赖性有关。

正如 20.3.2 节中所讨论的，存在几类模型通过几个目标来了解疾病的流行情况。虽然区室模型预测疾病动态并得出目标作为结果，但统计和机器学习方法对数据进行建模时不考虑疾病动态。没有哪一类模型被证明是最好的，尤其是在 COVID-19 疫情期间。然而，据观察，与单个预测相比，集合模型的预测往往具有更好的性能 [40]，即使是相对简单的集合模型，如中位数预测（https://viz.covid19forecasthub.org/）。可以通过实时 COVID-19 预测模型的示例来描述适用的模型种类。

20.3.3.1 多方法集成模型的示例

多类集成模型由统计［AR、自回归积分移动平均（ARIMA）和卡尔曼滤波器］、LSTM 和区室 SEIR 模型组成，其中模型本身故意保持简单，以确保易于使用模型训练。虽然简单，但这些模型已适应于预测高度非平稳的时间序列。我们考虑了贝叶斯模型平均（BMA）集成模型 [41]，与基于中值的集成不同，它考虑训练期间各个模型的性能，并为各个模型的预测分配权重。该

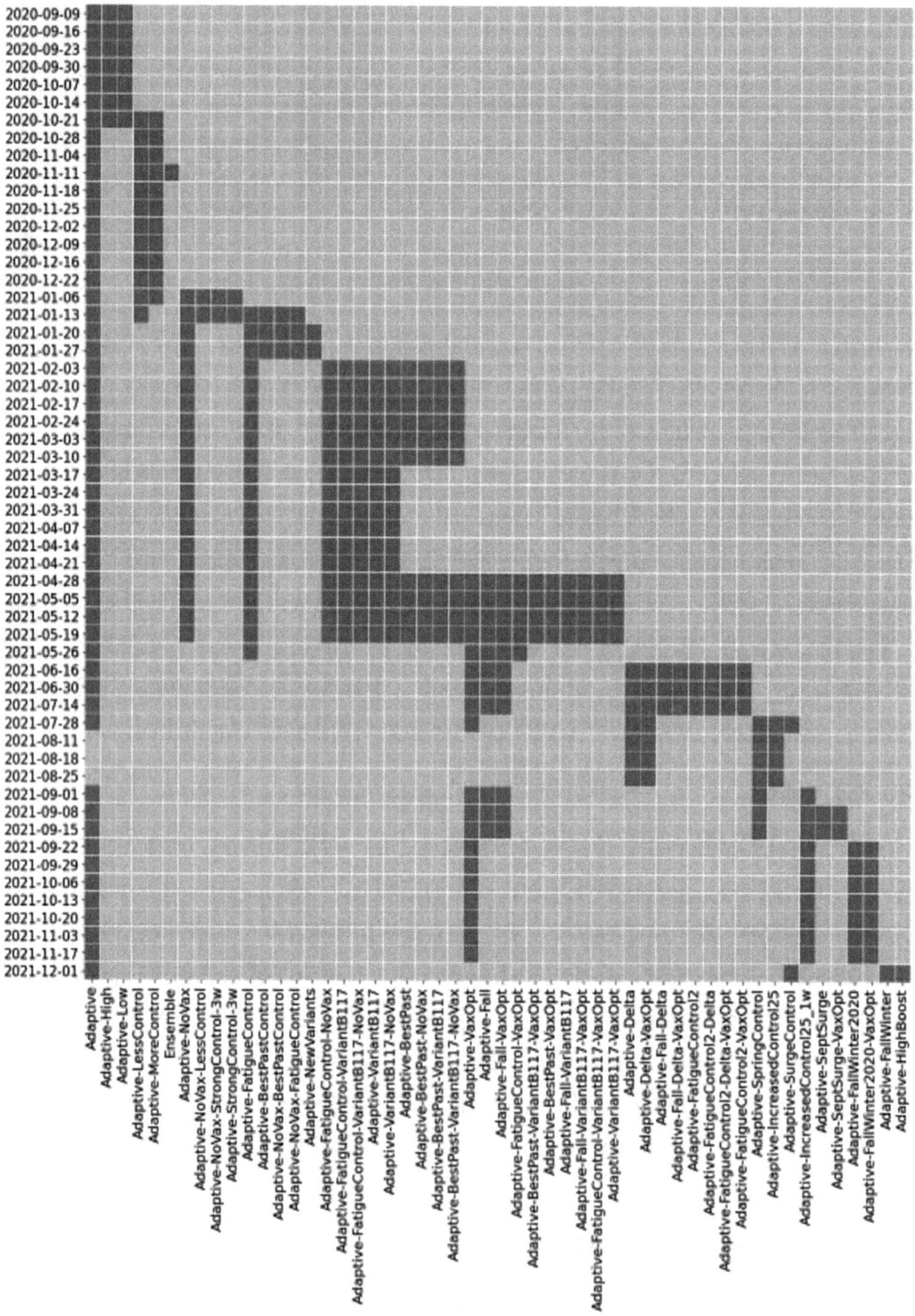

图 20.3　2020 年 9 月～2021 年 12 月使用自适应框架进行每周预测的各种情景

灰色实线阴影表示该周预测中包含了特定情景

模型已用于在不同分辨率下提供病例数和住院人数的预测；文献 [42] 中提供了基于 BMA 的预测框架的详细描述。

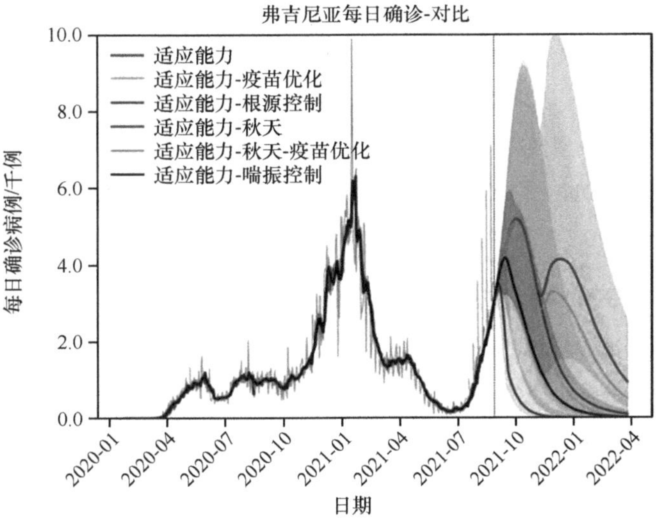

扫码见彩图

图 20.4　对 2021 年 9 月后的样本增加数量预测

20.3.3.2　观察结果

预测和权重分布。我们通过框架观察到权重分布的时空变化。图 20.5 通过分区统计图描述了这种变化，权重越大的亮度越高。2020 年 8 月我们观察到权重分布几乎均匀，2020 年 11 月 ARIMA 似乎占主导地位，2020 年 12 月 SEIR 模型占主导地位。

各种方法预测的性能。我们评估了从 2020 年 8 月第一周到 2021 年 1 月第二周的美国所有 3142 个县的 22 周预测数据。未来 1～4 周目标（范围）的性能将被单独评估。平均绝对误差（MAE）^{2} 用于比较点预测 [2]。每种方法的整体性能计算为所有预测周和县的 MAE，结果表明，各个模型的平均性能相似。此外，BMA 集成的性能即使不是更好，也可以与最佳性能模型相媲美，这与文献 [43] 中之前的观察结果一致。每个预测周中所有城市的方法的平均性能如图 20.5 所示，可以看出，与大多数方法相比，BMA 的波动较小。

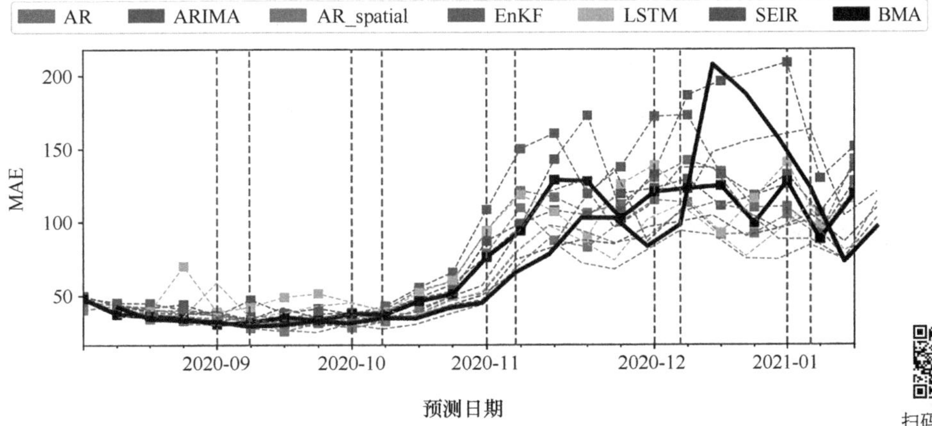

扫码见彩图

图 20.5　通过权重分布和预测性能了解模型随时间变化的重要性

各个模型的表现在周内有所不同，而 BMA 在周内的变化相对较小

BMA集成和单独的方法独立地关注每个位置或区域。然而，一个地区的流行病动态会受到其邻国动态的影响。将空间依赖性纳入模型中非常重要，自然的方法是采用基于网络的方法，如亚群体模型（参见20.2.2节）。这些模型依赖于精确的网络来校准传统的基于网络的模型参数，并且由于缺乏数据，构建此类网络通常是一个挑战。最近，图神经网络模型（GNN）已被证明可以学习图数据中的模式，这些模式可以描述输入图和输出之间的关系，但与大多数深度学习模型一样，它们需要对大型数据集进行训练。混合模型通过将潜在的因果机制纳入训练中，解决了使用有限数据训练DNN的问题[44]。一些基于GNN的混合模型在流行病预测方面显示出了可喜的结果[31,37,45]；在20.3.3.3节中，我们总结了一个这样的COVID-19病例数预测模型。

20.3.3.3 混合GNN模型的示例

基于因果关系的神经网络模型（称为CausalGNN）试图共同学习与时空数据（即动态图）相关的嵌入以及由与疾病对应的所有参数和特征表示的因果模型（以下称为流行病学背景）模型（例如，S、E、I、R和其他疾病参数）。具体来说，该框架具有以下特征：①基于注意力的动态GNN模块使用连接网络嵌入来自疾病动态的空间和时间信号。②因果模块对神经网络区域模型信号进行编码以提供流行病学背景。与传统的基于网络的区室模型不同，在这种方法中，神经网络通过学习的GNN连接，并通过计算高效的GNN训练完成校准。③为了确保时空信息流入流行病学模型，反之亦然，我们允许因果模块和GNN模块之间进行交互。这是使用因果编码器实现的，该编码器通过节点嵌入对因果特征进行编码。类似地，因果解码器用于推断因果模型参数。文献[46]中提供了模块、编码机制、优化策略和架构的详细描述。

主要观察结果。文献[46]中显示的实验结果表明，CausalGNN在多个尺度上和随着视野的增加始终比基线表现更好。获得更好性能的两个可能原因如下：①基于注意力的GNN架构有效地处理空间和时间信号；②该方法通过节点处的传染模型（具有额外的死亡隔间的SIR模型）处理流行病学背景等级。

在时空预测模型领域，专门为流行病预测而设计的CausalGNN模型的预测比其他混合模型预测提高了性能（文献[46]中讨论）。与SIR和PatchSEIR相比，CausalGNN具有优越的性能，特别是对于长期预测。普通循环神经网络、门控循环单元（GRU）和LSTM模型在较短的预测范围内表现良好；然而，从长远来看，它们的表现会下降。这凸显了捕获输入数据中的空间疾病传播模式以进行长期预测的重要性。这证明了DNN建模非线性模式以实现良好预测性能的能力。我们还对CausalGNN框架的三个关键组件进行了消融研究：因果模块、图结构和注意力机制。结果表明，所有三个组件在提高模型性能方面都发挥着重要作用。

20.4 决策支持工具

在本章中，我们讨论了AI如何引导开发模型和仿真平台，以预测新冠病毒感染在各种条件下的流行情况，包括新变种的出现、不同的疫苗接种策略以及保持社交距离、戴口罩和学校关闭等NPI措施。虽然这些平台为我们提供了对疫情和缓解策略重要的见解，但将这些结果传达给有权建议或实施变革的政策制定者是改变疫情趋势的关键。结果可以通过报告和文章进行交流，但由于信息来源如此之多，有时相互矛盾，政策制定者、分析师和广大公众可能很难得出有意义的结论。

为此，一种更容易让人们理解预测和分析结果的方式是通过决策支持工具来传达。决策支持工具提供可视化和其他的分析功能，帮助观众更广泛地了解疫情的某些方面，如新冠病毒感染情况、住院治疗、接种疫苗或死亡人数。可视化通常使人们能够快速评估当前趋势，并评估不同策略对这些趋势的影响，如增加戴口罩可能使疫情曲线变平。

新冠病毒大流行催生了许多应用程序。在疫情期间，约翰斯·霍普金斯大学（JHU）的系统科学与工程中心（CSSE）发布了 COVID-19 信息板 [47]，这是最早的基于 Web 的工具之一。该工具提供了新冠病毒感染和死亡发生地点的可视化方式，以及其他研究人员可以在案例研究中使用的数据。同样，美国疾病控制和预防中心的新冠病毒感染数据追踪装置 [48] 对病例数、住院人数和死亡人数提供了类似的可视化，包括数据监测和预测；此外，它还提供了一些一般性建议来帮助保护自己，并根据州和县级别的趋势提供本地化建议。卫生计量与评估研究所（IHME）拥有一个新冠病毒感染预测网站 [49]，提供以地图格式或时间序列图查看的报告，说明累计死亡、每日死亡、住院、疫苗接种、感染、检测、口罩使用和社交距离等情况；与美国疾病控制和预防中心的工具一样，它不仅提供监测数据，还提供依赖于不同情景的预测，如 80% 的口罩使用率。该工具还提供了跨区域统计数据比较的机制。新冠病毒移动影响信息板是使用 SafeGraph 模式数据、美国人口普查数据和基于流动性的模型相结合开发的，以便政策制定者和公共卫生官员能够评估减少或增加地点类别（POI）的人流量对疫情传播的影响 [50]。这些只是几个网站应用程序之一，每个应用程序都是为了帮助官员做出明智的决策而开发的。

除了像上面描述的统计信息板这类的应用程序外，在疫情期间开发的其他应用程序也有不同的用途。COVIDWise 是 VDH 推出的一款手机应用程序，它利用蓝牙连接在用户之间进行匿名接触追踪。这样，如果用户的新冠病毒检测呈阳性，应用程序可以通过警报通知接触者，让他们知道自己已经接触到风险 [51]；此外，VDH 还可以使用这些信息进行数据分析，以帮助他们进行资源规划。行动和决策支持计算流行病学实验（EXCEADS）是我们开发的一款基于 Web 的流行病模拟工具。用户可以开发疾病模型并进行实验，以查看在不同的初始化和干预条件下，设计的疾病模型的表现如何。它依赖于 EpiHiper 来运行其模拟，EpiHiper 是前面 20.2.4 节中描述的基于个体的模型的实现，许多 COVID-19 应对研究使用它来运行模拟（例如，文献 [52]、[53]）。与这里提到的其他工具不同，VDH 移动疫苗接种点推荐程序没有用户界面，但仍然提供决策支持。该程序使用 SafeGraph 每周活动模式移动性数据、美国人口普查数据和 VDH 提供的疫苗接种数据，向当地卫生官员提供建议，知道他们在哪里设立当地疫苗接种点，以针对接种不足的人口群体 [54]。

如上所述，许多决策支持工具都受到新冠疫情的启发。在 20.5 节中，我们将更详细地介绍一种基于 Web 的决策支持工具。

新冠病毒感染监测信息盘：在疫情初期，专家和公众很快就发现需要一种方法来一目了然地评估新冠疫情。尽管有一些组织开始创建网络信息盘来帮助人们了解当地的实时情况（包括前面提到的 JHU 的信息板 [47]），但这些信息盘通常只侧重于在特定领域的兴趣，如涵盖特定地区或疫情的某个特定方面。为了促进决策支持，我们的目标是发布一个覆盖范围更广泛的信息盘，以便决策者和公众能够更全面、准确地了解实际情况。

在美国首例病例被确认仅仅 12 天之后，即在 2020 年 2 月 3 日我们发布了新冠病毒感染监测信息盘[55]。在成立以来的两年时间，该信息盘的覆盖范围已经扩展至全球的国家级监测；包括中国在内的 20 个国家的州/省级数据；此外，该功能集也得到了类似的扩展，以提供更好的可视化和分析能力。截至 2022 年 3 月 8 日，该信息盘已经被来自 220 多个国家的约 120 万用户访问；在 2020 年 4 月达到使用高峰时（由于可用的信息盘减少），每天有 8 万次浏览和 5 万个独立用户[56]。该信息盘可以通过 https://nssac.bii.virginia.edu/covid-19/dashboard/查看。

AI 的适用性：除了各种可视化和视觉分析以外，该工具还提供了对当地实时情况的实时评估。这只能通过每日数据的更新来完成。我们依赖于多个数据流，并且协调这些更新需要一系列步骤来读取数据，将其转换为正确的格式，进行验证，并计算增强的监测数据，包括估计的活跃病例和康复病例。该流程如图 20.6 所示。

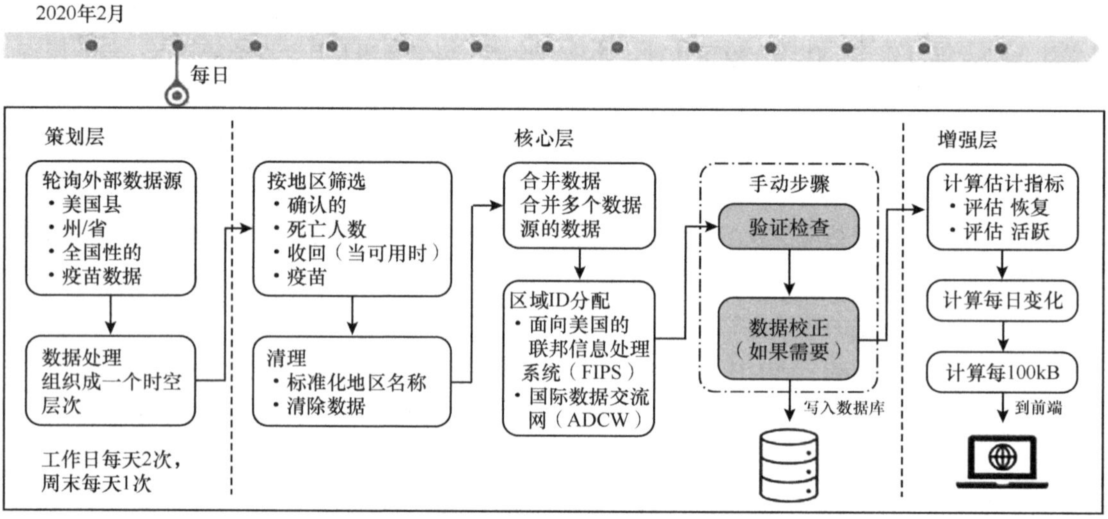

图 20.6　COVID-19 监测信息盘的部署

为了让实时数据能够可视化，信息盘的基础数据集在工作日每天更新两次，在周末每天更新一次。该过程可以分为三层：策划层，从许多外部数据源（目前有 12 个）获取数据；核心层，数据在这一层被整理和验证；增强层，在核心数据集的基础上计算派生数据

此外，分析选项卡使用 NLP 来通过可视化分析回答用户问题。用户键入一个问题，如“当前疫情最严重的前 10 个国家”，信息盘使用 NLP 方法来解释问题并在图标上绘制答案；用户可以以各种格式下载这些答案。

20.5　讨论和总结

在本章中，我们讲述了使用数据驱动的 AI 模型进行实时流行病科学研究的方法。我们通过描述在过去两年中新冠疫情期间所做的努力，说明了这些技术的应用。如前所述，这些模型的开发基于几种传统的 AI 方法。然而，在疫情不断演变的过程中，响应工作需要纳入几种现代的解决方案，包括图形模型、可解释 AI、深度学习和 AI 促进社会公益。由于篇幅限制，本章没有涵盖这些专题。我们将在以后的著作中对其进行简要讨论。第一，AI 方法被用于分析（社交）媒体，以发现与错误信息、迷因和其他在大流行期间产生重要影响的社会现象相关的问题 [57,58]。例如，公众对疫苗的抗拒、假新闻和政治两极分化影响了疫情的结果。第二，AI 技术被用于开发创新的接触追踪应用程序。这些应用程序在早期就展示出了前景，但接受程度参差不齐 [59,60]，这限制了它们的有效性。第三，AI 技术被用于探索疫苗接种的有效分配策略。例如，在供应有限的情况下，选择哪些亚人群首先接种疫苗，这可能会对总体结果产生重大影响。第四，计算化学和生物学领域的 AI 技术在持续的疫情期间指导药物发现和重新利用 [61,62]。第五，研究人员已经开始探索强化学习技术来模拟自适应性人类行为和干预政策 [63]。第六，AI 技术有助于发现和识别新出现的变异株 [64]。

参考文献

[1] F. Brauer, P. van den Driessche, and J. Wu (2008). Mathematical Epidemiology, Springer Verlag, Lecture Notes in Mathematics, Vol. 1945. Springer.

[2] C. Barrett, K. Bisset, J. Leidig et al. (2010). An integrated modeling environment to study the co-evolution of networks, individual behavior and epidemics. AI Magazine, 31(1), 75–87.

[3] K. R. Bisset, J. Chen, S. Deodhar et al. (2014). Indemics: An interactive high-performance computing framework for data-intensive epidemic modeling. ACM Transactions on Modeling and Computer Simulation (TOMACS), 24(1), 1–32.

[4] S. Venkatramanan, B. Lewis, J. Chen et al. (2018). Using data-driven agentbased models for forecasting emerging infectious diseases. Epidemics, 22, 43–49.

[5] A. Fadikar, D. Higdon, J. Chen et al. (2018). Calibrating a stochastic, agent-based model using quantile-based emulation. SIAM/ASA Journal on Uncertainty Quantification, 6(4), 1685–1706.

[6] M. M. Waldrop (2017). News feature: Special agents offer modeling upgrade. Proceedings of the National Academy of Sciences, 114(28), 7176–7179.

[7] R. M. Anderson and R. M. May (1992). Infectious Diseases of Humans: Dynamics and Control. Oxford: Oxford University Press.

[8] S. Venkatramanan, J. Chen, A. Fadikar et al. (2019). Optimizing spatial allocation of seasonal influenza vaccine under temporal constraints. PLoS Computational Biology, 15(9), e1007111.

[9] R. K. Borchering, C. Viboud, E. Howerton et al. (2021). Modeling of future COVID-19 cases, hospitalizations, and deaths, by vaccination rates and nonpharmaceutical intervention scenarios–United States, April–September 2021. Morbidity and Mortality Weekly Report, 70(19), 719.

[10] J. A. Salomon, A. Reinhart, A. Bilinski et al. (2021). The US COVID-19 trends and impact survey: Continuous real-time measurement of COVID-19 symptoms, risks, protective behaviors, testing, and vaccination. Proceedings of the National Academy of Sciences, 118, 51.

[11] F. P. Havers, C. Reed, T. Lim et al. (2020). Seroprevalence of antibodies to SARS-Cov-2 in 10 sites in the United States, 23 March–12 May 2020. JAMA Internal Medicine, 180(12), 1576–1586.

[12] S. Yang, M. Santillana, and S. C. Kou (2015). Accurate estimation of Influenza epidemics using Google search data via ARGO. Proceedings of the National Academy of Sciences, 112(47), 14473–14478.

[13] P. Rangarajan, S. K. Mody, and M. Marathe (2019). Forecasting Dengue and Influenza incidences using a sparse representation of Google trends, electronic health records, and time series data. PLoS Computational Biology, 15(11), e1007518.

[14] S. Kandula, D. Hsu, and J. Shaman (2017). Subregional nowcasts of seasonal Influenza using search trends. Journal of Medical Internet Research, 19(11), e370.

[15] Z. Wang, P. Chakraborty, S. R. Mekaru et al. (2015). Dynamic Poisson autoregression for Influenza-like-illness case count prediction. In Proceedings of the 21th ACM SIGKDD International Conference on Knowledge Discovery and Data Mining, pp. 1285–1294.

[16] A. F. Dugas, M. Jalalpour, Y. Gel et al. (2013). Influenza forecasting with Google Flu Trends. PloS One, 8(2), e56176.

[17] J. M. Radin, N. E. Wineinger, E. J. Topol et al. (2020). Harnessing wearable device data to improve state-level real-time surveillance of Influenza-like illness in the USA: A population-based study. The Lancet Digital Health, 2(2), e85–e93.

[18] W. Yang, A. Karspeck and J. Shaman (2014). Comparison of filtering methods for the modeling and retrospective forecasting of Influenza epidemics. PLoS Computational Biology, 10(4), e1003583.

[19] J. Shaman and A. Karspeck (2012). Forecasting seasonal outbreaks of Influenza. Proceedings of the National Academy of Sciences, 109(50), 20425–20430.

[20] J. Shaman, A. Karspeck, W. Yang et al. (2013). Real-time Influenza forecasts during the 2012–2013 season. Nature Communications, 4, 2837.

[21] W. Yang, B. J. Cowling, E. H. Lau et al. (2015). Forecasting Influenza epidemics in Hong Kong. PLoS Computational Biology, 11(7), e1004383.

[22] O. Wahyunggoro, A. E. Permanasari and A. Chamsudin (2013). Utilization of neural network for disease forecasting. In 59th ISI World Statistics Congress. Citeseer, pp. 549–554.

[23] H. M. Aburas, B. G. Cetiner and M. Sari (2010). Dengue confirmed-cases prediction: A neural network model. Expert Systems with Applications, 37(6), 4256–4260.

[24] Q. Xu, Y. R. Gel, L. L. Ramirez et al. (2017). Forecasting Influenza in Hong Kong with Google search queries and statistical model fusion. PloS One, 12(5), e0176690.

[25] S. Volkova, E. Ayton, K. Porterfield et al. (2017). Forecasting Influenza-like illness dynamics for military populations using neural networks and social media. PloS One, 12(12), e0188941.

[26] S. R. Venna, A. Tavanaei, R. N. Gottumukkala et al. (2019). A novel datadriven model for real-time Influenza forecasting. IEEE Access, 7, 7691–7701.

[27] X. Zhu, B. Fu, Y. Yang et al. (2019). Attention-based recurrent neural network for Influenza epidemic prediction. BMC Bioinformatics, 20(18), 1–10.

[28] B. Adhikari, X. Xu, N. Ramakrishnan et al. (2019). EpiDeep: Exploiting embeddings for epidemic forecasting. In Proceedings of the 25th ACM SIGKDD International Conference on Knowledge Discovery & Data Mining, pp. 577–586.

[29] A. Ramchandani, C. Fan, and A. Mostafavi (2020). DeepCOVIDNet: An interpretable deep learning model for predictive surveillance of COVID19 using heterogeneous features and their interactions. arXiv preprint arXiv:2008.00115.

[30] L. Wang, A. Adiga, S. Venkatramanan et al. (2020). Examining deep learning models with multiple data sources for COVID-19 forecasting. In Proceedings of the IEEE International Conference on Big Data.

[31] S. Deng, S. Wang, H. Rangwala et al. (2020). Cola-GNN: Cross-location attention based graph neural networks for long-term ILI prediction. In Proceedings of the 29th ACM International Conference on Information & Knowledge Management, pp. 245–254.

[32] A. Kapoor, X. Ben, L. Liu et al. (2020). Examining COVID-19 forecasting using spatio-temporal graph neural networks. arXiv preprint arXiv:2007.03113.

[33] L. Zhao, J. Chen, F. Chen et al. (2015). Simnest: Social media nested epidemic simulation via online semi-supervised deep learning. In 2015 IEEE International Conference on Data Mining. IEEE, pp. 639–648.

[34] T. Hua, C. K. Reddy, L. Zhang et al. (2018). Social media based simulation models for understanding disease dynamics. In Proceedings of the 27th International Joint Conference on Artificial Intelligence, IJCAI-18. International Joint Conferences on Artificial Intelligence Organization, pp. 3797–3804.

[35] L. Wang, J. Chen, and M. Marathe (2019). DEFSI: Deep learning based epidemic forecasting with synthetic information. In Proceedings of the AAAI Conference on Artificial Intelligence, Vol. 33, pp. 9607–9612.

[36] R. Dandekar, C. Rackauckas, and G. Barbastathis (2020). A machine learning-aided global diagnostic and comparative tool to assess effect of quarantine control in COVID-19 spread. Patterns, 1(9), 100145.

[37] J. Gao, R. Sharma, C. Qian et al. (2021). STAN: Spatio-temporal attention network for pandemic prediction using real-world evidence. Journal of the American Medical Informatics Association, 28(4), 733–743.

[38] E. L. Ray, L. C. Brooks, J. Bien et al. (2021). Challenges in training ensemble to forecast COVID-19 cases and deaths in the United States. International Institute of Forecasters. https://forecasters.org/blog/2021/04/09/chall enges-in-training-ensembles-to-forecast-covid-19-cases-and-deaths-in-theunited-states/(accessed 21 November 2022).

[39] K. Shea, M. C. Runge, D. Pannell et al. (2020). Harnessing multiple models for outbreak management. Science, 368(6491), 577–579.

[40] N. G. Reich, L. C. Brooks, S. J. Fox et al. (2019). A collaborative multiyear, multimodel assessment of seasonal Influenza forecasting in the United States. Proceedings of the National Academy of Sciences, 116(8), 3146–3154.

[41] T. K. Yamana, S. Kandula, and J. Shaman (2017). Individual versus superensemble forecasts of seasonal Influenza outbreaks in the United States. PLoS Computational Biology, 13(11), e1005801.

[42] A. Adiga, L. Wang, B. Hurt et al. (2021). All models are useful: Bayesian ensembling for robust high resolution COVID-19 forecasting. In KDD '21: Proceedings of the 27th ACM SIGKDD Conference on Knowledge Discovery & Data Mining, pp. 2505–2513.

[43] T. K. Yamana, S. Kandula, and J. Shaman (2016). Superensemble forecasts of Dengue outbreaks. Journal of the Royal Society Interface, 13(123), 20160410.

[44] A. Karpatne, G. Atluri, J. H. Faghmous et al. (2017). Theory-guided data science: A new paradigm for scientific discovery from data. IEEE Transactions on Knowledge and Data Engineering, 29(10), 2318–2331.

[45] Y. Wu, Y. Yang, H. Nishiura et al. (2018). Deep learning for epidemiological predictions. In The 41st International ACM SIGIR Conference on Research & Development in Information Retrieval. ACM, pp. 1085–1088.

[46] L. Wang, A. Adiga, J. Chen et al. (2022). CausalGNN: Causal-based graph neural networks for spatio-temporal epidemic forecasting. In Proceedings of the 36th AAAI Conference in Artificial Intelligence (to appear). AAAI Press.

[47] E. Dong, H. Du, and L. Gardner (2020). An interactive web-based dashboard to track COVID-19 in real time. The Lancet Infectious Diseases, 20(5), 533–534.

[48] Center for Disease Control and Prevention, CDC covid data tracker (2022). https://covid.cdc.gov/covid-data-tracker (accessed 8 March 2022).

[49] Institute for Health Metrics and Evaluation, COVID-19 projections. (2022). https://covid19.healthdata.org/(accessed

8 March 2022).

[50] S. Chang, M. L. Wilson, B. Lewis et al. Supporting COVID-19 policy response with large-scale mobility-based modeling. In Proceedings of the 27th ACM SIGKDD Conference on Knowledge Discovery & Data Mining, pp. 2632–2642. doi: 10.1145/3447548.3467182.

[51] Virginia Department of Health, Covidwise app — Save lives, download covidwise. (2022). https://www.vdh.virginia.gov/covidwise/(accessed 9 March 2022).

[52] P. Bhattacharya, D. Machi, J. Chen et al. (2021). AI-driven agent-based models to study the role of vaccine acceptance in controlling COVID-19 spread in the US. In 2021 IEEE International Conference on Big Data (Big Data), pp. 1566–1574.

[53] S. Hoops, J. Chen, A. Adiga et al. (2021). High performance agent-based modeling to study realistic contact tracing protocols. In 2021 Winter Simulation Conference (WSC), pp. 1–12.

[54] Z. Mehrab, M. L. Wilson, and S. Chang (2021). Data-driven real-time strategic placement of mobile vaccine distribution sites. medRxiv.

[55] Biocomplexity Institute at University of Virginia. (2022). COVID-19 surveillance dashboard. https://nssac.bii.virginia.edu/covid-19/dashboard/(accessed 8 March 2022).

[56] A. S. Peddireddy, D. Xie, P. Patil et al. (2020). From 5vs to 6cs: Operationalizing epidemic data management with COVID-19 surveillance. MedRxiv: the preprint server for health sciences, https://doi. org/10.1101/2020.10.27.20220830.

[57] I. A. Scott and E. W. Coiera (2020). Can AI help in the fight against COVID19? Medical Journal of Australia, 213(10), 439–441.

[58] A. I. Bento, T. Nguyen, C. Wing et al. (2020). Evidence from Internet search data shows information-seeking responses to news of local COVID-19 cases. Proceedings of the National Academy of Sciences, 117(21), 11220–11222.

[59] A. Akinbi, M. Forshaw, and V. Blinkhorn (2021). Contact tracing apps for the COVID-19 pandemic: A systematic literature review of challenges and future directions for neo-liberal societies. Health Information Science and Systems, 9(1), 1–15.

[60] V. Colizza, E. Grill, R. Mikolajczyk et al. (2021). Time to evaluate COVID19 contact-tracing apps. Nature Medicine, 27(3), 361–362.

[61] G. Arora, J. Joshi, R. S. Mandal et al. (2021). Artificial Intelligence in surveillance, diagnosis, drug discovery and vaccine development against COVID-19. Pathogens, 10(8), 1048.

[62] Y. Zhou, F. Wang, J. Tang et al. (2020). Artificial Intelligence in COVID-19 drug repurposing. The Lancet Digital Health, 2(12), e667–e676.

[63] R. Capobianco, V. Kompella, J. Ault et al. (2021). Agent-based Markov modeling for improved COVID-19 mitigation policies. Journal of Artificial Intelligence Research, 71, 953–992.

[64] T. T. Nguyen, Q. V. H. Nguyen, D. T. Nguyen et al. (2020). Artificial Intelligence in the battle against coronavirus (COVID-19): A survey and future research directions. arXiv preprint arXiv:2008.07343.

第21章 大人工智能：大数据与大理论融合下的虚拟人构建

Peter Coveney，伦敦大学学院化学系计算科学中心和高级研究计算中心，英国伦敦；阿姆斯特丹大学理学院信息学研究。E-mail：p.v.coveney@ucl.ac.uk

Roger Highfield，科学博物馆，英国伦敦展览路。E-mail：roger.highfield@sciencemuseum

21.1 引言

计算科学家希望有一天能够以患者数据为基础，通过构建精确的身体模型来预测健康状况，就像目前的天气预测依赖于超级计算机一样，通过不断更新由气象站、卫星和一系列其他仪器提供的数据来实现预测。再现基本生命过程的数据和模型被世界各地的团队融合在一起，在高性能计算机上模拟细胞、组织和器官。希望有一天，基于这些功能模型的“虚拟人”将提供新一代的医疗保健服务（图 21.1）[1,2]。

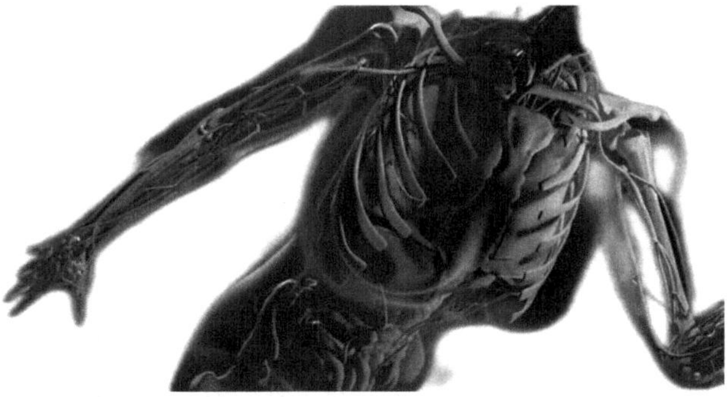

图 21.1 虚拟人

图片来源：巴塞罗那超级计算中心/医学生物计算中心 [3]

人工智能在创造人体数字孪生中发挥着重要作用，以实现真正个性化、预测性医疗。人工智能，尤其是机器学习，已经在各种情况下成功地应用于医学。当涉及虚拟人体研究时，其在计算机辅助药物发现中应用最成熟，尤其是在数百万候选药物的库中进行目标筛选。在我们即将出版的书 [4] 中可以找到这一领域最新技术的完整描述。

然而，机器学习并不是万能的。众所周知，人们更加关注成功的应用，对失败的应用漠不关心，同样地，人们不会关注失败的机器学习应用。在本章中，我们认为机器学习是必要的，但它不足以推动医学的发展。事实上，我们确实相信人工智能和机制理解的结合——我们称之为“广义人工智能”——更强大，在这种情况下，人工智能假设可以在基于物理的（PB）模拟中得到检验，而基于物理的方法的结果可以用来训练人工智能。通过这种方式设置迭代周期，可以改变人工智能的影响，尤其是在医疗保健应用中，如虚拟人项目。这一思想近年来在地球系统、气候科学、湍流模型、量子化学、材料科学和水文学等多个领域得到了广泛的应用[5]。

虽然基于物理和机器学习之间的迭代提供了一种大人工智能，但另一种人工智能可以被称为物理模型嵌入的神经网络（PINN），这是一种由乔治·卡尔尼亚达吉斯和他的同事开发的深度学习算法，既经过训练，又必须满足一系列潜在的物理限制，如运动定律、对称性、能量守恒和热力学。PINN 可以在很少数据可用的情况下回答问题，并推断未知参数[6]。简而言之，PINN 使用理论来填补数据和理解上的空白，如这种方法已被用于流体动力学研究和改进新冠病毒感染预测模型[7]。

21.2 狭义的人工智能：传统人工智能

虽然在实践中，我们收集到的患者数据相对较少，但从理论上讲，现在可供医生使用的数据种类繁多，令人眼花缭乱，从心脏和其他器官的扫描到全身成像和各种基因组的读取，无论是详细的 DNA 序列（基因组）和相关的转录组（转录组），还是代谢特征（代谢组），或者是蛋白质的全部补充（蛋白质组）。长期以来，人们一直在努力将这些数据关联起来，并希望能够理解它们。由于基因组并不能说明全部情况，基因组学先驱克雷格·文特尔将 DNA 分析与全身磁共振成像（MRI）扫描、代谢组学筛查、心脏监测、系谱分析、微生物组测序及其他实验室检测结合在一项精密医学举措中，以主动筛查疾病风险[8]。在另一项举措中，西雅图系统生物学研究所的勒罗伊·胡德收集了五年来患者的大量数据，创建了他所谓的“个人健康云”。对这些云的分析揭示了他所说的“疾病前期”的信号，医生可以利用这些信号来预测问题，然后进行干预以维持健康。胡德设想了一个“P4”未来，治疗可以是预测性的、预防性的、个性化的和参与性的[9]。

人们对人工智能在医疗保健大数据上的应用寄予了极大的希望和期许。作为人工智能的一个分支，深度学习与机器学习有一个关键的区别——学习数据表示的方式。与机器学习中人工操作的表示不同，它们是作为深度学习过程的一部分自动学习的。深度学习指的是使用人工神经网络，这些网络的层数远远超过最小的三层，并且有更多的参数需要调整。正如预期的那样，结果是提高了匹配训练数据的能力，但是，正如我们将看到的，其也存在明显的缺点。

机器学习在医学领域兴起的例子比比皆是。与先进的成像技术相结合，机器学习提供了一种辅助诊断的方法。早期使用计算机辅助检测乳腺癌的努力并未显示出额外的益处[10]。然而，到 2020 年，人工智能有可能超越放射科医生[11]。人工智能已被用于提高宫颈癌早期病变的检测[12]。人工智能也被用于寻找儿童脑癌的治疗方法[13]。

最近，DeepMind 的 AlphaFold 在蛋白质结构预测方面取得了重要进展[14]，并提出了对许多尚未通过实验解决的 3D 蛋白质结构进行可靠预测的前景，从而大大加快了对这些结构进行评估并将其整合到许多研究项目中的速度，特别是药物发现。这代表了一个显著的进步，尽管重要的是要指出这些结构是静态的“快照”，它们主要来自 X 射线晶体学，而不是来自正常体温下对样品进行的核磁共振波谱学。许多蛋白质在体内以多种构象状态共存，但目前的方法无法适应这些差异。这一进步，虽然毫无疑问是惊人的，但它本质上提供了一个以一种接受或离开的方式查找给定构象的 3D 蛋白质晶体结构的表格。虽然它肯定会加速分子生物学的许多工作，但这一进步对正在进行的解开蛋白质如何以及为什么折叠成这些结构的科学——基本的生物学、化学和物理学的研究几乎没有帮助。

但是机器学习也不是万能的，我们不应该忘记许多机器学习失败的例子。例如，尽管使用人工智能帮助诊断 COVID-19 有一定应用前景[15]，但一项针对 2020 年科学论文中描述的 300 多个机器学习模型的调查得出的结论是，由于偏见、方法缺陷、缺乏可重复性和“弗兰肯斯坦数据集”，这些模型都不适合从标准医学成像中检测或诊断 COVID-19[16]。我们思考机器学习失败的原因，可能有一句谚语可以说明，因果未必相连。

尽管有这些不足，狭义人工智能在加速研究方面已经显示出巨大的前景。就新冠疫情而言（也许是许多病例中最热门的例子），人工智能可用于许多方面，包括跟踪病毒的传播（应有助于政府和公共卫生官员协调快速反应），加速药物发现和疫苗设计[17]，并提出治疗新冠病毒感染的药物组合[18]。然而，尽管很重要，但仅凭人工智能还不足以加速这些应用的发展。

21.3 人工智能能走多远

人们对人工智能的信心正在上升。有些人认为，多亏了人工智能，我们不再需要模拟体内潜在药物和目标之间相互作用的分子动力学，人工智能可以简单地“学习”如何找到新的药物。这已经反映在一些公司的研发计划中，如仁德人工智能、Exscientia、Valence Discovery 和 Phenomic。其也反映在一些联合实验室的计划中，如 AION 实验室，该实验室旨在采用人工智能和计算发现来加速药物发现，由阿斯利康、默克、辉瑞和特瓦制药工业四家制药公司以及一家高科技和生物技术投资公司亚马逊网络服务和以色列生物技术基金组成。Exscientia 和 Evotec 称，EXS21546 是一种用于成人晚期实体瘤的 A2a 受体拮抗剂，这标志着第一个由人工智能设计的免疫肿瘤学分子进入人类临床试验，其在短短八个月内便被发现[19]。

机器学习在预测对接分数方面确实非常有效，对接分数用于评估潜在药物与目标蛋白的匹配程度，现在可以通过一种比对接本身快得多的替代学习来做到这一点[20]。但是，将对接评分与结合亲和力（即药物黏附活性位点的能力）联系起来并不容易：评分函数与结合亲和力之间没有建立简单的相关性。这里必须采用基于物理的模拟来获得足够的构象集合，以进行准确的结合亲和力预测。

一般来说，当涉及混沌系统时，现实世界应用中的物理数据不足以用于机器学习的训练，因为所需数据集的大小随着变量的数量呈指数级增长。机器学习方法总是受到训练数据的限制，当涉及复杂的现实环境时，获得足够多的数据来可靠地训练机器学习总是一个问题。通过覆盖参数空间这种“智能”方法将数据简化处理仍然是必不可少的。

尽管存在这些缺点，但有些人认为我们在应用机器学习时不再需要理论上的理解或支持。

一位颇著名的评论员甚至预测，机器学习方法的兴起将预示着理论和科学方法的终结[21]。这将标志着科学研究方式的一个深刻变化，从今天的经验主义和理性主义的混合到“前培根”的变种，仅依赖于数据[22,23]。我们不同意这种观点，尤其是因为理论的普遍影响，它被用来策划和指导数据收集的方式。然而，采用这种观点的动机是可以理解的，因为生物医学和生命科学不容易接受数学处理，因为它们处理的是如此复杂的系统。

正是因为我们生活在生物医学的“小理论”时代，目前的大数据方法才如此诱人：它们提供了一种快速产生“结果”的替代方案。当然，这样做的问题在于，科学并不是纯粹的经验：机器学习提供的是基于其训练的类似于查找表的东西，而科学方法是数据和理解的综合，这一点在模拟中表现得最为生动，计算机可以将理论和数据结合起来做出预测。

21.4 传统人工智能的问题

虽然人工智能可以发挥强大的作用，但仅仅依靠大数据和机器学习可能会出现问题。如前所述，过度拟合是一个潜在缺点，在这种情况下，机器学习在面对训练数据时非常可靠，但在面对新数据集时就会出现问题[24]。真假相关性比例会随着数据集的扩大而飙升。事实上，数据量太大可能无法产生任何可信的相关性。

在使用机器学习时，底层学习算法的假设条件往往不适用于复杂的系统，它们假设连接数据点的曲线是平滑的，数据分布遵循高斯统计等。但是，非线性系统经常出现不连续性，而且由于它们在空间和时间上的相关性可能相距甚远，因此经常是非高斯的[25]。也许还有一个最著名、最臭名昭著的谬误，即这些学习系统识别出的相关性意味着因果联系。如果没有更深层次的理论理解来对其进行梳理和限制，人工智能方法就只能是“黑盒子”，对其固有的局限性、内置假设和内在偏见揭示甚少。

难怪欧盟和联合国等对过度依赖人工智能表示担忧。后者呼吁暂停使用人工智能[26]。前者则公布了一项规范人工智能使用的法律草案[27]。欧盟的《人工智能法》（AIA）的显著特点是对人工智能系统进行了广泛的定义，并对属于其管辖范围的人工智能工具提出了大量文件、培训和监控要求。任何在欧盟市场上开发或希望采用基于机器学习软件的公司都将受到这一发展的影响。

当虚拟人被用来预测患者对治疗的反应、虚拟人群对致命疾病的反应，或者任何可能导致我们生活方式发生巨大变化的预测时，可靠、可重复和可理解的预测的需求对我们来说将是最重要的[28]。我们需要比以往任何时候都更加相信，我们可以信任计算机以及对计算机进行编程和培训的人员，因为正如 COVID-19 疫情建模工作所显示的那样，未来已经向我们走来。

要想在这个大数据时代取得进展，答案就是将人工智能与基于物理的建模相结合，即我们所说的“大人工智能”，从而达到两全其美的目的。这种方法虽然粗糙，但已经成功应用于虚拟人研究中较为成熟的一个方面：为特定患者定制药物。

21.5 大人工智能的崛起

大人工智能是传统人工智能在药物发现领域的重要延伸。人工智能的使用，如利用深度神经网络预测结合亲和力已经成为一个活跃的研究领域。例如，在流体动力学中，所谓的混合建模，将基于物理的建模与数据驱动的建模相结合已经显示出比使用纯物理模型或机器学习模型更有优势[29]。

在药物设计领域，该方法已被用于预测抗菌素耐药性[30]、激酶构象分类[31]、定量结构-活性关系建模[32]，以及预测蛋白质折叠过程中的接触图[33]等。一项使用混合机器学习/分子力学模型进行自由能计算的研究声称，在模拟蛋白质与配体的结合亲和力时，其对化学自由能计算非常准确[34]。虽然已经取得了重要进展，但我们离开发个性化治疗方法还有一定距离。

然而，药物研发亟须新思维。在 COVID-19 疫情中，疫苗开发的速度超过了新型抗病毒药物的开发速度，这再次提醒我们，目前的药物设计方法非常烦琐，开发一种适销对路的药物分子大约需要 10 年时间以及 10 亿～30 亿美元费用[35]。开发新型药物所需的大量时间和费用投资助长了保守主义，同样也阻碍了创新。要让制药业更具创造力，就必须提高流程的效率和速度。由于潜在配体的数量庞大（几亿到几十亿个），在湿实验室中合成这些配体显然是不可能的也不可取，而且就 COVID-19 而言，大多数配体根本无法与 SARS-CoV-2 蛋白结合。这正是人工智能可以发挥重要作用的地方。

如今，机器学习方法正蓄势待发，以基于机器学习的预判定取代速度更慢、计算更密集的基于高性能计算的模拟。例如，分子动力学（MD）是模拟蛋白质-药物组合（包括构象取样）的一种流行方法，它源于牛顿运动方程和统计热力学概念。基于 MD 的自由能计算方法已被广泛应用于预测蛋白质与配体的结合亲和力，并得到了广泛的实验验证[36-41]。这类自由能计算方法有很多，有些是“近似”的，有些则更为“精确”。

大人工智能可以体现在主动学习的使用上，主动学习结合了普通机器学习、湿实验室实验和人类反馈，反复改进其预测（图 21.2）。在这里，我们可以看到大人工智能的一个要素，我们相信这将是其未来成功的关键：基于物理的建模以及通过计算机模拟进行的研究。使用这种方法，可将从机器学习部分生成的假设用于规划和执行基于物理的模拟与湿实验室实验，并将从模拟和实验中收集的数据用于进一步训练机器学习模型。

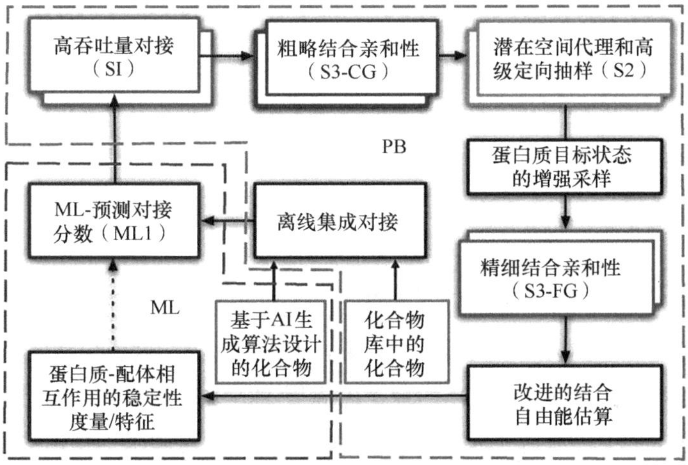

扫码见彩图

图 21.2　人工智能虚拟药物开发的途径

将机器学习（蓝色虚线）和物理基础（绿色虚线）结合成一个统一的工作流，允许在迭代循环中交换信息[42]

对于药物发现方案，自主学习可以通过定义和筛选最有趣的化学空间来迭代更新模型，然后指导后续实验来验证假设。人工智能的最新发展允许在硅基上生成新的类药物分子。这些方法使用“生成式”人工智能。所谓生成对抗网络，由一个用于生成类药物分子的网络和一个用于检验其前景的“批评者”网络组成。这两个神经网络相互对抗，因此具有对抗性，其中一个试图欺骗另一个，其认为自己的创作是数据集的真正组成部分，而另一个是数据集的监护人。随着时间的推移，生成对抗网络让人工智能制造出越来越“令人信服”的药物分子。与迄今为止的情况相比，这种方法能让我们对相关化学空间（估计约有 10^{68} 种化合物）进行更大规模的采样。不过，这种方法的可靠性在很大程度上取决于为生成对抗网络提供正确的数据。

21.6 应对混乱

然而，在药物设计中还有一个更深层次的问题需要协商。自从 20 世纪 60 年代爱德华·洛伦兹（Edward Lorenz）发现微小的舍入误差会导致混沌波动（“蝴蝶效应”）以来，我们就知道，必须小心那些对舍入或不准确高度敏感的系统。基于模拟数据，人们对机器学习在药物设计中的潜力提出了一些夸张的主张，但由于这些模拟对训练数据的敏感性存在混乱，因此这些方法可能面临特殊的问题，甚至 PINN 在这里也遇到了困难。

然而，当涉及基于物理的建模时，有一种方法可以应对混乱[38]。在过去 10 年左右的时间里，基于集合模拟的方法已经被提出并成功地应用于天气预报等领域，这些方法克服了基于 MD 的方法对模拟初始条件的极端敏感性而导致的预测变异性问题，同时也导致了非高斯统计。特别是，两种方法——用近似连续介质溶剂（ESMACS）对 MD 进行强化取样[38]和用强化取样（TIES）进行热力学集成[43]——已被证明可以在几个小时内提供准确、精确和可重复的结合亲和力预测。

影响结果可靠性的另一个重要因素是 MD 模拟实现的统计抽样范围。还开发了各种其他所谓的“增强采样”方法，以便根据单轨迹模拟中访问的副本交换形式更好地采样相空间[44]。毫无疑问，让人们感到惊讶的是，当通过使用集合对其统计稳健性进行更仔细的研究时，可能会发现这种经常被吹捧的方法会导致预测的退化，而不是改进[45]。

即使做得很仔细，这些计算机方法在计算上要求很高，并且无法探索与药物分子生成相关的广阔化学空间。为了能够聚焦，计算需要人来指明搜索方向，这需要一定的时间，并且通过延迟候选配体进入湿法实验室进行测试来减缓药物发现的过程。即使这一进程加快，药物设计中依然存在另一种瓶颈，因为实验上能够研究的化合物数量是有限的。

21.7 药物发现中的大人工智能

正如之前所述，加速药物发现的最大潜力来自大人工智能，这意味着用大理论管理大数据。机器学习受到基于物理的方法中所使用的理论理解[22]的约束，这些方法包括从头算和半经验方法，这些方法部分或完全地来源于坚实的理论基础。机器学习和基于物理的建模方法的优缺点互补，因此将它们结合在大人工智能中用于药物发现是有意义的。在过去的几年中，为了获得良好的结果，已经进行了几次尝试，以在机器学习和基于物理的建模方法之间建立协同效应。鲁棒预测机制模型在处理稀疏数据、探索广阔的设计空间以寻求相关性，以及最重要的是测试相关性是否存在因果关系时，对于约束机器学习具有特别的价值[28]。

在最近与一个大型国际团队的合作中，我们通过将基于物理的建模方法与机器学习方法相结合，提出了一种新颖的药物设计的蓝图，使前者“更灵活”，后者“更聪明”[20]。从机器学习算法的输出中选择潜在的候选者，并使用基于物理的建模方法对它们进行评分，以结合自由能，如图 21.2 所示。然后将这些信息反馈给机器学习算法以改进其预测。这个循环迭代地进行，涉及各种基于物理的建模评分方法，每一步的准确率都在提高，确保 DL 算法逐渐变得更加“智能”。

我们试图通过在每一步向上和向下交换信息的迭代循环来生成与给定靶蛋白结合效率更高的配体结构，我们相信这种方法以前从未尝试过。这种基于物理的建模和机器学习的方法的整合可以大大提高在化合物库中筛选先导化合物的效率。我们已经使用我们的工作流程分析了一组可排序化合物文库中的数百万种化合物，并将其应用于药物再利用，以寻找与 SARS-CoV-2 主要蛋白酶结合的候选药物，迄今为止取得了令人欣慰的结果[46]。我们获得了与实验测量结果一致的结合亲和力，并对药物-蛋白质结合的性质获得了详细的深入了解，这将有助于研究目标的药物发现。我们的合作者 Rick Stevens 领导了一个美国团队，他们使用了类似的大人工智能方法，利用美国超级计算机基础设施筛选了 650 万个分子，找到一种名为 MCULE-5948770040 的一种很有应用前景的蛋白酶抑制剂化合物[47]。

使用大规模的超级计算基础设施，这些方法可以扩展到为机器学习模型提供输入所需的大量计算。同样重要的是，我们的方法旨在提供关键的不确定性量化，这一功能对我们使用主动学习优化模拟活动的目标至关重要，以最大限度地提高预测机器学习模型找到有前景的候选药物的机会。人工智能的开发不仅可以确保药物化学家在药物发现中发挥最大作用，还可以帮助化学家在探索化学领域时消除偏见。由于效率更高，它们将鼓励更广泛、更深入地寻找有用的化合物。经过精心训练的机器学习算法可能会到达广阔的化学空间的区域，这些区域可能不会被人类触及——或者可能是“没有想到的”。

21.8 大人工智能应用于虚拟人类

人体是多尺度、多物理形态的超级系统，正因如此，大人工智能的另一应用前景应运而生，即通过提供“代理模型”（有时称为“模型降阶”）在大型超级计算机上加速较慢的模拟，改善负载平衡。代理模型的设计就像复杂的多尺度、多物理系统的组件，如细胞、器官或整个人体，从而更有效地模拟这些系统。通过用计算密集型程度低得多的机器学习代理模型替换计算密集型的细粒度模型，效率将大幅提高。鉴于这些复杂模拟中的不确定性，代理模型的使用越来越流行。

这样，针对不遗巨细的多尺度模型，以相同方式作用的机器学习行为可以代替其全部物理模拟，从而不必再用常规方式求解复杂的偏微分方程。举个例子，若要在原子和分子水平上理解液态水和冰，机器学习首先会学习原子间的量子力学相互作用，从而快速预测原子系统的能量和力，无须再进行费时费力的量子力学计算过程[48]。这种方式能够成功的关键就是使用大人工智能，并确保机器学习受到真实物理学（如能量守恒定律）的约束，这样，当它遇到与训练数据集完全不同的情况时，不会得出荒谬的答案。这些替代模型只有在有训练数据和约束理论的情况下才能表现优秀。

只有在能够或已经收集到足够的数据来训练算法，或存在清晰简单的规则和明确定义的最终目标的情况下（例如，DeepMind 的 AlphaGo，它可以从与自身对立的训练游戏中学习以持续改进，并不依赖于人类选手的比赛数据），才可以用纯机器学习替代基于物理的模型。然而，在大多数情况下，人工智能/机器学习利用从多个来源汇集的数据，包括在现实世界中收集的数据和从基于物理的计算机中模拟生成的数据。

机器学习驱动的、基于物理学的模拟使一个团队理解潜在的相关条件如何影响患有主动脉缩窄（一种先天缺陷，即主动脉的一部分比正常情况下窄）的特殊患者成为可能。没有机器学习的帮助，通过模拟穷尽所有可能的因素组合是非常困难的。有了机器学习，血流模拟可以在代表患者血管系统的 3D 打印体模中进行体外测量来验证，然后使用模拟结果开发一个框架，以识别在每例患者基础上构建预测模型所需的最小训练集，改进先天性心脏病的治疗方法[49]。

机器学习的这类应用类似于在了解充分的情况下进行即时预报。谷歌的深度学习模型可以对短期天气进行即时预报，其表现比传统模拟模型更优秀且更快速。机器学习模型使用 2D 雷达图像时，可能没有将地理因素充分考虑其中。这意味着，随着地理的影响变得更加重要，时间尺度越长，预测结果将会越不准确。例如，使用美国数据训练的模型不能直接照搬到英国使用。与这种机器学习方法相比，基于物理的模型弥补了这个缺陷，将地理因素作为模型的参数，能够使用 3D 数据。

尽管在与虚拟人类相关的项目上我们似乎专注于将大人工智能应用在更细粒度、更分子化方面，但机器学习在更高层次上也有一定的影响。正如多尺度建模尝试理解浩如烟海的实验数据时，机器学习将提供宝贵的工具来预处理这些数据，帮助理解那些架构逻辑不强的问题，协助构建模型，并分析人体的多尺度建模中产生的海量数据，如理解函数的出现并在其存在中区分相关性[47]。

加利福尼亚大学戴维斯分校的科琳·克兰西（Colleen Clancy）和伊戈尔·沃罗比（Igor Vorobyov）及其同事利用高性能计算机，对模拟生成组织的心电图及服用各种药物的患者的心电图进行直接比较。他们研究了人类 ether-a-go-go 相关基因（hERG）钾通道，并能够模拟药物如何通过膜扩散、与 hERG 相互作用，并在 165 个虚拟心脏细胞、5cm×5cm 虚拟心室组织和左心室组织的电脑楔形纤维中探索新生特性。通过多尺度计算机模拟数据，辅以机器学习方法，他们能够计算出预测心律失常易感性的必要和充分参数，并且通过充分的高性能计算，他们使用该多尺度模型将延长心动周期的药物（如多非利特）与无害药物（如莫西沙星）区分开来[50]。

机器学习同样为“虚拟大脑”做出了贡献。虚拟大脑是一个开源模拟平台，它融合了来源广泛的大脑实验数据，以改善对大脑潜在机制的理解。虚拟脑模型能够模拟医院中常规进行的人脑成像，如脑电图（EEG）、脑磁图（MEG）、立体定向脑电图（SEEG）和磁共振动能成像（fMRI）。虚拟大脑的一个应用实例是处理癫痫，特别是在癫痫不能被药物控制，此时外科医生唯一的选择是移除致癫痫区的情况下。为了帮助临床医生计划这一困难的手术，虚拟大脑团队创建了患者的个性化大脑模型，并模拟癫痫发作期间异常活动的扩散[51]。

21.9 大人工智能的未来

大人工智能代表着一个里程碑，它介于目前这一代人工智能（具有超人的能力但应用范围有限）和未来的通用人工智能（即人工智能代理能够理解或学习人类所能完成的任何智力任务）之间。

在生物学和医学领域，要进入大人工智能时代，我们需要像在物理学中一样普及新的理论。然而这并非易事。正如盛行的说法：生活的复杂性并不轻易能用理论模型来简单概括。因此，临床医生会对诸如试图在医学领域提供真正可行的预测，或将创新从实验室转化到临床应用的前途感到沮丧，这是可以理解的。一些生物学家认为数学理论的使用与生物领域并不太强相关，权威的生物和医学期刊很少发表理论指导的工作，更不用说纯理论了。位于实验和理论交界处的研究被认为是“落入裂缝中”。由于公认的确认偏差现象[52]，专业从事生物学和医学的期刊同行评审倾向于保持现状，这意味着目前的重点还是在观察和实验。很少有生物学家或生物信息学专业的学生在理解描述生物过程所需的动态系统理论方面得到训练。许多生物学家和临床医生仍然满足于事后合理化和基于类似患者群体过去表现得出的“预测”。

正如我们通过多种例子所展示的，从 PINN 到利用物理学以及机器学习方法进行的预测，生物学中的理论在大人工智能的成功之路上举足轻重。有许多学者都认为，想要理解生物科学中洪水般海量的数据，理论是不可或缺的[53]，它使我们能够“以木见林”。为收集和处理数据设置的基金应该将更多的资金投放在辨别生物学规律的应用上。人工智能需要更好地融入科学工作。当谈到虚拟人类和数字孪生的巨大潜力时，大数据和人工智能领域扮演着举足轻重的角色，然而，如果不将人工智能和理论融合在大人工智能中，医疗保健行业很难掀起巨大的变革。

大人工智能的时代处在百尺竿头，可以预见的是，在虚拟人类的应用之上，大人工智能会在更多领域产生深远影响，如建立更精确的细胞、器官（如图 21.3 所示的心脏）和器官系统的模型，并通过物理学约束下的替代物，加速药物、手术和治疗方案的发展。在理论的加持下，人工智能将在整个科学领域产生巨大影响，在朝着通用人工智能目标迈进的路上跨出重大一步。

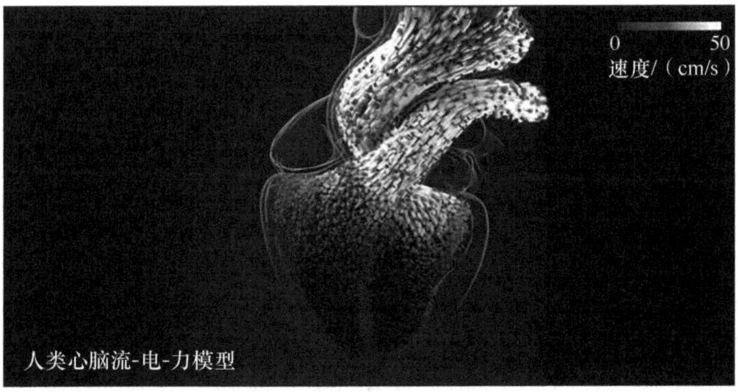

图 21.3 虚拟心脏

图片来源：巴塞罗那超级计算中心/医学生物计算中心[3]

参考文献

[1] P. Hunter, T. Chapman, P. V. Coveney et al. (2013). A vision and strategy for the virtual physiological human: 2012 update. Interface Focus, 3, 20130004.

[2] J. W. S. McCullough and P. V. Coveney (2021). High fidelity blood flow in a patient-specific arteriovenous fistula. Scientific Reports, 11, 22301.

[3] The virtual human project — YouTube. https://www.youtube.com/watch? v=1ZrAaDsfBYY.

[4] P. V. Coveney and R. R. Highfield (2023). Virtual You: How Building Your Digital Twin Will Revolutionize Medicine and Change Your Life. Princeton: Princeton University Press.

[5] J. Willard, X. Jia, S. Xu et al. (2022). Integrating scientific knowledge with machine learning for engineering and environmental systems. ACM Computing Surveys, 55(4), 1–37. https://doi.org/10.1145/3514228.

[6] M. Raissi, P. Perdikaris, and G. E. Karniadakis et al. (2019). Physicsinformed neural networks: A deep learning framework for solving forward and inverse problems involving nonlinear partial differential equations. Journal of Computational Physics, 378, 686–707.

[7] E. Kharazmi, M. Cai, X. Zheng et al. (2021). Identifiability and predictability of integer-and fractional-order epidemiological models using physicsinformed neural networks. Nature Computational Science, 1, 744–753.

[8] B. A. Perkins, C. Thomas Caskey, P. Brar et al. (2018). Precision medicine screening using whole-genome sequencing and advanced imaging to identify disease risk in adults. Proceedings of the National Academy of Sciences of the United States of America, 115, 3686–3691.

[9] L. Hood (2013). Systems biology and p4 medicine: Past, present, and future. Rambam Maimonides Medical Journal, 4, e0012–e0012.

[10] C. D. Lehman, R. D. Wellman, D. S. M. Buist et al. (2015). Diagnostic accuracy of digital screening mammography with and without computeraided detection. JAMA Internal Medicine, 175, 1828–1837.

[11] S. M. McKinney, M. Sieniek, V. Godbole et al. (2020). International evaluation of an AI system for breast cancer screening. Nature, 577, 89–94.

[12] L. Hu, D. Bell, S. Antani et al. (2019). An observational study of deep learning and automated evaluation of cervical images for cancer screening. Journal of the National Cancer Institute, 111, 923–932.

[13] D. M. Carvalho, P. J. Richardson, N. Olaciregui et al. (2022). Repurposing Vandetanib plus Everolimus for the treatment of ACVR1-mutant diffuse intrinsic pontine glioma. Cancer Discovery, 12, 416–431.

[14] J. Jumper, R. Evans, A. Pritzel et al. (2021). Highly accurate protein structure prediction with AlphaFold. Nature, 596, 583–589.

[15] X. Mei, H.-C. Lee, K.-Y. Diao et al. (2020). Artificial intelligence–enabled rapid diagnosis of patients with COVID-19. Nature Medicine, 26, 1224–1228.

[16] M. Roberts, D. Driggs, M. Thorpe et al. (2021). Common pitfalls and recommendations for using machine learning to detect and prognosticate for COVID-19 using chest radiographs and CT scans. Nature Machine Intelligence, 3, 199–217.

[17] H. Lv, L. Shi, J. W. Berkenpas et al. (2021). Application of artificial intelligence and machine learning for COVID-19 drug discovery and vaccine design. Briefings in Bioinformatics, 22, bbab320.

[18] W. Jin, J. M. Stokes, and R. T. Eastman (2021). Deep learning identifies synergistic drug combinations for treating COVID-19. Proceedings of the National Academy of Sciences of the United States of America, 118, e2105070118.

[19] A. Payne, P. Fons, I. Alt et al. (2021). EXS21546, a non-CNS penetrant A 2A R-selective antagonist for anti-cancer

immunotherapy. American Association for Cancer Research (AACR) Annual Meeting.

[20] A. P. Bhati, S. Wan, D. Alf et al. (2021). Pandemic drugs at pandemic speed: Infrastructure for accelerating COVID-19 drug discovery with hybrid machine learning-and physics-based simulations on high-performance computers. Interface Focus, 11, 20210018.

[21] C. Anderson (2008). The end of theory: The data deluge makes the scientific method obsolete. Wired Magazine, 16, 1–2.

[22] P. V. Coveney, E. R. Dougherty, and R. R. Highfield (2016). Big data need big theory too. Philosophical Transactions of the Royal Society, 374, 20160153.

[23] S. Succi and P. V. Coveney (2019). Big data: The end of the scientific method? Philosophical Transactions of the Royal Society, 377, 20180145.

[24] D. M. Hawkins (2004). The problem of overfitting. Journal of Chemical Information and Computer Sciences, 44, 1–12.

[25] S. Wan, A. P. Bhati, S. J. Zasada et al. (2020). Rapid, accurate, precise and reproducible molecule-protein binding free energy prediction. Interface Focus, 10, 20200007.

[26] United Nations (2021). Urgent action needed over artificial intelligence risks to human rights. UN News. https://news.un.org/en/story/2021/09/1099972.

[27] Regulation of the European Parliament and of the Council — Laying down harmonised rules on Artificial Intelligence (Artificial Intelligence Act) and amending certain union legislative acts (2021). EUR-Lex. https://eurlex.europa.eu/legal-content/EN/TXT/?qid=1623335154975&uri=CELEX% 3A52021PC0206.

[28] P. V. Coveney and R. R. Highfield (2021). When we can trust computers (and when we can't). Philosophical Transactions of the Royal Society A:Mathematical, Physical and Engineering Sciences, 379, 20200067.

[29] O. Erge and E. van Oort (2022). Combining physics-based and data-driven modeling in well construction: Hybrid fluid dynamics modeling. Journal of Natural Gas Science and Engineering, 97, 104348.

[30] J. J. Davis, S. Boisvert, T. Brettin et al. (2016). Antimicrobial resistance prediction in PATRIC and RAST. Scientific Reports, 6, 27930.

[31] D. I. McSkimming, K. Rasheed, and N. Kannan (2017). Classifying kinase conformations using a machine learning approach. BMC Bioinformatics, 18, 86.

[32] J. Gomes, B. Ramsundar, E. N. Feinberg et al. (2017). Atomic convolutional networks for predicting protein-ligand binding affinity. arXiv 1703.10603.

[33] S. Wang, S. Sun, Z. Li et al. (2017). Accurate de novo prediction of protein contact map by ultra-deep learning model. PLOS Computational Biology, 13, e1005324.

[34] D. A. Rufa, H. E. Bruce Macdonald, J. Fass et al. (2020). Towards chemical accuracy for alchemical free energy calculations with hybrid physics-based machine learning/molecular mechanics potentials. bioRxiv. doi: 10.1101/2020.07.29.227959.

[35] T. A. Sullivan (2019). Tough road: Cost to develop one new drug is $2.6 billion; Approval rate for drugs entering clinical development is less than 12%. Policy and Medicine. https://www.policymed.com/2014/12/a-tough-road-cost-to-develop-one-new-drug-is-26-billion-approval-rate-fordrugs-entering-clinical-de.html.

[36] G. Fox, J. Qiu, D. Crandall et al. (2019). Contributions to high-performance Big Data computing. Advanced Parallel Computing, 34, 34–81.

[37] S. Genheden and U. Ryde (2010). How to obtain statistically converged MM/GBSA results. Journal of Computational Chemistry, 31, 837–846.

[38] S. Wan, A. P. Bhati, S. J. Zasada et al. (2017). Rapid and reliable binding affinity prediction for analysis of

bromodomain inhibitors: A computational study. Journal of Chemical Theory and Computation, 13, 784–795.

[39] D. W. Wright, S. Wan, C. Meyer et al. (2019). Application of ESMACS binding free energy protocols to diverse datasets: Bromodomain-containing protein 4. Scientific Reports, 9, 6017.

[40] P. W. Fowler, K. Cole, N. Claire Gordon et al. (2018). Robust prediction of resistance to Trimethoprim in Staphylococcus aureus. Cell Chemical Biology, 25, 339–349.e4.

[41] S. Wan, G. Tresadern, L. Pérez-Benito et al. (2020). Accuracy and precision of alchemical relative free energy predictions with and without replica exchange. Advanced Theory and Simulations, 3, 1900195.

[42] A. A. Saadi, D. Alfe, Y. Babuji et al. (2021). IMPECCABLE: Integrated Modeling Pipeline for COVID Cure by Assessing Better Leads. ACM International Conference Proceeding Series (Association for Computing Machinery).

[43] A. P. Bhati, S. Wan, and P. V. Coveney (2019). Ensemble-based replica exchange alchemical free energy methods: The effect of protein mutations on inhibitor binding. Journal of Chemical Theory and Computation, 15, 1265–1277.

[44] Y. I. Yang, Q. Shao, J. Zhang et al. (2019). Enhanced sampling in molecular dynamics. The Journal of Chemical Physics, 151, 70902.

[45] A. P. Bhati and P. V. Coveney (2022). Large scale study of ligand–protein relative binding free energy calculations: Actionable predictions from statistically robust protocols. Journal of Chemical Theory and Computation, 18, 2687–2702.

[46] S. Wan, A. P. Bhati, A. D. Wade et al. (2022). Thermodynamic and structural insights into the repurposing of drugs that bind to SARS-CoV-2 main protease. Molecular Systems Design and Engineering, 7, 123–131.

[47] M. Alber, A. B. Tepole, W. R. Cannon et al. (2019). Integrating machine learning and multiscale modeling — Perspectives, challenges, and opportunities in the biological, biomedical, and behavioral sciences. NPJ Digital Medicine, 2, 1–11.

[48] B. Cheng, E. A. Engel, J. Behler et al. (2019). Ab initio thermodynamics of liquid and solid water. Proceedings of the National Academy of Sciences of the United States of America, 116, 1110–1115.

[49] B. Feiger, J. Gounley, D. Adler et al. (2020). Accelerating massively parallel hemodynamic models of coarctation of the aorta using neural networks. Scientific Reports, 10, 9508.

[50] P.-C. Yang, K. R. DeMarco, P. Aghasafari et al. (2020). A computational pipeline to predict cardiotoxicity: From the atom to the rhythm. Circulation Research, 126, 947–964.

[51] S. Olmi, S. Petkoski, M. Guye et al. (2019). Controlling seizure propagation in large-scale brain networks. PLoS Computational Biology, 15, e1006805.

[52] M. J. Mahoney (1977). Publication prejudices: An experimental study of confirmatory bias in the peer review system. Cognitive Therapy and Research, 1, 161–175.

[53] P. Nurse (2021). Biology must generate ideas as well as data. Nature, 597, 305.

第22章 定义生命科学领域中机器学习标准的路线图

Fotis Psomopoulos，希腊研究技术中心应用生物科学研究所，希腊塞萨洛尼基。E-mail: fpsom@certh.gr

Carole Goble，曼彻斯特大学计算机科学中心，英国曼彻斯特。E-mail: carole.goble@manchester.ac.uk

Leyla Jael Castro，ZB MED 生命科学信息中心，德国科隆。E-mail: ljgarcia@zbmed.de

Jennifer Harrow，ELIXIR Hub 公司，英国欣克斯顿。E-mail: harrow@ebi.ac.uk

Silvio C. E. Tosatto，帕多瓦大学生物医学科学系，意大利帕多瓦。E-mail: silvio.tosatto@unipd.it

22.1 引言

机器学习在生命科学领域的应用越来越受欢迎，它被视为一种高效的机制，能够从源源不断产生的海量数据中提取知识，产生创新的见解。例如，“通过机器学习分析大数据，为吸收和评估大量复杂的医疗保健数据提供了相当大的优势”[1] 和“通过机器学习引导的定向进化过程的蛋白质工程，能够优化蛋白质的功能”[2] 等表述，都揭示了一个共同的主题；机器学习被认为是在生命科学领域进行研究和创新的新工具。

当然，这并非意料之外的发展。数据科学本身已经是一个成熟的领域，数据科学家（通常指生命科学背景下的生物信息学家）也已经成为研究和行业团体中最受欢迎的职业之一。数据科学带来了计算机科学、应用统计学和信息技术领域的一整套系统工具和多学科方法，数据科学被认为是开启了科学的“第四范式”[3]，有效地改变了科学研究的进行方式。

在这一背景下，机器学习也在那些传统上并不经常涉及人工智能和机器学习的学科中变得日益普及。超越了人类作为从数据中提取意义和知识的主导者的角色，机器学习专注于技术，使机器能够通过从提供的数据中构建模型（即学习）来自主执行这一过程。这种转变在过去 10 年相应的文章数量激增中得到了明显体现，从 2010 年的约 500 篇机器学习相关出版物增长到 2020 年的约 14000 篇，这种指数级的增长短期内没有任何放缓的迹象。

这些出版物涵盖了从传统的决策树和聚类方法到神经网络和深度学习的所有机器学习方法和技术，其应用几乎涵盖了生命科学领域的各个方面；从临床文本挖掘和现实数字健康数据到医学成像和综合多组学分析。特别值得注意的是，2021 年发布的蛋白质结构预测算法 AlphaFold[4]，有效地解决了结构生物学中的一个长期挑战。

22.2 挑战

在生命科学领域，机器学习的应用明显增加。然而，机器学习并非万能钥匙，也不是一根能解决生命科学及其他领域任何挑战的魔法棒。在这种情况下，机器学习在生命科学中的应用增加突显了额外的关键挑战，这些挑战在这一领域尤其相关，超越了机器学习领域传统挑战（如效率、可解释性、联合等），尤其是可重复性、基准测试、公平性和标准化。

尽管每个挑战都带来了自己的复杂性，但它们都是与追求可信赖的机器学习模型紧密相关的——在生命科学中，“信任”是最关键的 [5]。

22.2.1 可重复性

可重复性通常是在讨论计算方法时首先提出的问题——当然，机器学习任务 [6] 也包括在内。科学中的可重复性危机至少在过去 5 年中一直是讨论的焦点，导致需要许多额外的努力来解决这个问题，包括对整体情况的定量评估 [7]，以及首先要界定问题边界 [8]。

作为这一挑战的直接结果，许多期刊现在期望作者填写涵盖数据处理和统计分析中使用的关键方法步骤的清单。这些现在被认为是相当直接的程序，是努力促进读者理解和检查的一部分，并确保结果可被复制。尽管机器学习技术在更广泛的生物医学领域中的进步提供了解决领域内固有复杂任务的新方案，但也可能引入新的可解释性和可重复性的障碍。克服这些障碍需要对机器学习方法本身的复杂性有深入的理解，因为它们的力量源于高度复杂的模型架构、大量的参数和高质量训练数据。在这种情况下，机器学习过程的实质性和准确报告，作为有效可重复性的第一个但至关重要的步骤，仍然是一个开放的挑战。

22.2.2 基准测试

从应用机器学习的过程再进一步，结果本身及其评估仍然是一个开放的问题。抛开方法本身是主要目标的活动不谈，过去 10 年生命科学领域中绝大多数与机器学习相关的出版物更感兴趣的是构建模型的实际应用或模型可能提供的新的生物学见解。

这种关注本质上提出了一个问题：“你如何确保机器学习方法的结果确实是有效的，或者是对现有方法的改进？”换句话说，这个问题可以重新表述为“模型是如何评估的？”或者“这种新的机器学习方法与哪些相应的基准进行了测试？”

尽管这两个问题看起来很简单，但并不保证会给出答案。值得注意的是，由于缺乏专业知识和/或理解，过去 10 年生命科学领域中近 20% 的机器学习出版物没有包括任何评估 [9]——当没有计算合作者时，这个数字高达约 34%。这是一个非常清晰地捕捉到的，相当令人担忧的趋势，需要研究人员和出版商立即关注。对机器学习方法主要部分的不充分解释不仅会导致对结果的不信任，而且还会阻碍将建议的方法转移到应用环境（如临床和患者护理）中。

22.2.3 公平性

如果不强调另一个在机器学习解决方案中经常被争论的因素——公平（或无偏）模型，那就太失职了。就目前而言，算法偏差问题在机器学习中是众所周知的，也是经过深入研究的。简而言之，如果数据包含偏差，如某些类别的代表性有所偏斜或者信息缺失，那么机器学习的应用可能会导致歧视性的结果，并将其传播到社会中——也就是说，不公平或有偏差的机器学习模型。但是，即使是确定“不公平”在特定情况下的含义也并非易事：有许多相互竞争的定义，而在它们之间进行选择往往需要对底层任务有深入的理解。

这个问题是生命科学领域最关键的问题之一，尤其是当考虑到对人类健康有直接影响的应用时。已经有足够多的例子表明，即使在使用可能由人类专家进行评估以避免首次出现偏差的数据时，机器学习模型最终仍反映了社会中存在的偏见（例如，2019 年美国医疗保健系统商业算法中的种族偏见 [10]）。在生物医学领域，由于分子数据量巨大，对其进行整理几乎不可能，因此建立一个能够评估所生成模型公平性的流程至关重要。高效的数据管理协议和平台可以促进识别相关数据中潜在偏差的整个过程，但这只是应对这一挑战的第一步。

22.2.4 标准化

标准和最佳实践建立了一个监管网络，可以在最大限度地降低固有风险的同时，促进可信并且公平的人工智能和机器学习。再次强调，这并不是一个新的挑战。已经有多个机构呼吁“为生物学中的机器学习制定标准”[11]，以应对迄今为止列出的挑战：可复现性、固有偏见和报告。

但是，这并不意味着迄今为止没有人在试图制定指导方针。相反，有一些出版物旨在提供针对具体情况的解决方案，如《生物学深度学习的十个快速提示》[12]、《计算生物学中机器学习的十个快速提示》[13]、《生物学家机器学习指南》[14] 和《植物和农业研究中人工智能的数据管理挑战》[15]。然而，除了言辞和指导方针外，还需要社区的支持，以实际促进其应用，并在该领域产生积极的影响。

22.3 新兴解决方案

介绍到这里，在生命科学领域应用机器学习所面临的挑战已经一目了然。作为一个由研究人员和科学家组成的全球社区，我们正处于一个独特的时间点，可以真正地通过提供具体的解决方案来应对这些挑战。

22.3.1 机器学习的 FAIR 原则

现在全球都在关注以确保数字科学对象——数据、软件、工作流程以及各种模型的 FAIR 特性。FAIR 原则最初是针对数据提出的 [16]，现在已成为针对特定领域和与领域无关的讨论的主要关注点。除了数据之外，研究软件的 FAIR 原则 [17] 和 FAIR 工作流程 [18] 也是 FAIR 框架下各自社区提出的建议。

全球对 FAIR 原则的关注也为机器学习领域的 FAIR 特性开辟了道路。目前，所有领域都在持续讨论如何将 FAIR 原则重新诠释到机器学习中——无论是过程本身还是实际模型/结果[19]。机器学习中的 FAIR 特性可以为更开放和可复制的方法铺平道路，以促进相关利益方对结果的信任。

22.3.2 新的社区标准

这也将讨论引向了更广泛的社区对机器学习标准和最佳实践的支持。该领域的最新成果之一是 DOME［数据（data）、优化（optimization）、模型（model）和评估（evaluation）］[20] 建议（https://dome-ml.org/），这是一套明确的建议，用于报告由 ELIXIR 机器学习专题小组所制定的在生命科学领域中使用的机器学习方法。在报告监督机器学习应用时，主要针对四个方面：数据、优化、模型和评估。这些建议已作为机器学习报告核对表来实施，包括作者提出的问题，旨在协助撰写和审阅机器学习相关论文。

DOME 建议的设计以社区为基础，涉及多个国家和机构的研究人员。此外，为了成为一个能够得到广泛支持的标准，同时也为其他标准树立一个榜样，这些标准完全开放，接受社区反馈和进一步改进，并建立了一个独特的管理结构，以支持未来的修订。重要的是，DOME 封装仅涵盖生命科学中充分和清晰的机器学习报告的最基本要求，作为最低标准，使其广泛适用和可采用。例如，出版商可以使用基于 DOME 的核对表，以便作者、审稿人和读者能够清楚地识别已发表的使用机器学习方法的关键要素。表 22.1 显示了 DOME 建议和可验证的相应信息（前两列）。第三列进一步说明了所需数据的性质，这些信息可用于定义结构元数据模式。

表 22.1　DOME 建议概览

DOME	所需资料	数据类型
数据	数据集来源	链接到数据库或归档
	训练数据集分割	数字阵列表示百分比（训练、测试、验证）
	训练数据集分布	正向和反向例子
	独立	解释性文本
优化	算法	文本（如神经网络、随机森林等）
	数据转换	文本（如全局特征和滑动窗口）
	（超级）参数	变量名称——值
	特征	使用编号与协议（文本）
	拟合策略	解释性文本
	调整	是/否
模型	可解释性	是（举例）/否
	输出	文本（如二进制分类与回归）
	性能	执行时间和所需 CPU/GPU
	软件	链接到代码或源代码（如果未打开）
评估	评估方法	文本（如交叉-验证）
	性能测试	测量值对（如准确性）
	比较	相关方法列表
	置信度	区间和统计重要性
	有效性	是/否

最终，DOME 建议的目标是为读者、审稿人、实验者和更广泛的社区提高机器学习方法的透明度和可重复性。当然，这些建议并非详尽无遗，应被视为基于共识的、不断发展的社区自我审查系统的首次迭代。

制定报告机器学习的标准化方法对于提高机器学习方法的出版质量具有重大优势。首先，稿件在报告机器学习方法的关键要素方面存在差异，这可能会给审核和评估机器学习方法带来挑战。其次，某些可能影响出版物结论有效性的关键统计数据和指标有时根本没有提及。最后，与机器学习数据集的元分析相关的机会尚未被探索。获取大量数据集既能加强方法之间的比较，促进开发性能更好的方法，又能减少不必要的重复数据生成。在这种情况下，DOME 建议是朝着描述所展示的机器学习方法相关性最强的特征的标准化数据结构迈出的第一步。

22.3.3 轻量级机器可处理表示

尽管 DOME 的某些功能是机器学习模型所独有的，如训练集的拆分，但其他基于软件的方法也有一些共同的功能。因此，可以扩展或借鉴生命科学界围绕机器可处理的资源结构化描述已经开展的工作。Bioschemas（https://bioschemas.org/）[21] 提供了使用指南（配置文件），用于使用 Schema.org 词汇表嵌入高层次、语义互操作的生命科学资源描述，包括数据集（数据集配置文件）、软件（计算工具配置文件）和工作流（计算工作流配置文件）。

Bioschemas 配置文件可以从一些核心元素开始，如基于 DOME 的元素，并可以根据社区的要求进行丰富。表 22.1 可用作此类配置文件的起点，该配置文件将自然连接到其他 Bioschemas 规范，如数据集（指向数据集来源）和计算工具（指向软件，由于应用类别和子类别等属性，可能还包括有关算法和数据转换方法的信息）。Schema.org 的类型指南（https://schema.org/HowTo）可用作获取实验参数的基础。

22.3.4 社区建设

自上而下的方法应对挑战是学术界的惯常做法：把一群顶尖的专家聚集在一个房间，可以让他们集中精力寻找解决方案。然而，围绕机器学习方法的应用以及模型本身建立信任，需要走出象牙塔，真正与所有利益相关者接触。因此，新兴的努力之一是围绕在学术界和工业界建立专门的社区来解决共同的挑战。

这类倡议已经有几个例子。例如，欧洲人工智能研究实验室联合会[22]（CLAIRE）就是这样一个以学术为导向的网络，它涵盖了多个学科，同时与主要利益相关者合作，寻找公民参与以及行业和公共部门合作的机制，研究人工智能和机器学习在健康和可持续农业等方面的挑战。

另一个专注于生命科学的全球规模网络是 Pistoia 联盟[23]。该网络旨在促进工业成员之间的合作，组织大家克服创新和转变研发的共同障碍。具体的工作包括确定效率低下的根本原因，与监管机构合作采用新标准，以及帮助研究人员有效地实施人工智能。Pistoia 联盟旗下的一个更相关的项目，也是跨部门社区建设的一个很好的例子，是人工智能和机器学习社区的实施[24]，该社区目前专注于开发生命科学中机器学习操作的最佳实践工具包（MLOps）[25]，即一组旨在可靠有效地部署和维护机器学习流程的实践工具包。

22.4 机会

考虑到这些趋势和里程碑，我们还可以通过观察即将到来的机会，尝试为未来的道路提供一些背景。具体来说，在全球范围内，有一些关键趋势将对我们在生命科学中感知和有效应用机器学习的方式产生明显影响。

22.4.1 开放科学和机器学习

最近最具影响力的运动之一是“开放科学”运动。开放科学本质上是指科学正在经历的转变，因此很可能从长远来看，开放这个形容词甚至不应该是必要的，因为科学将被默认为是开放的[26]。世界各地的主要资助机构，如欧盟委员会，正寻求从一开始就以整体和综合的方式推进开放科学政策，涵盖从科学发现和审查到共享知识、出版和推广的研究周期的各个方面。

开放科学对机器学习的应用和整体利用也有直接的影响。任何机器学习方法都需要数据和软件，因此作为开放科学运动的一部分，开放这些数据和软件将极大地促进该领域的进一步发展。然而，这也意味着访问机器学习过程本身的协议和软件工具的任何障碍都需要消除，同时确保充分评估它们所需的知识和信息也可用并明确指出[27]。

这在生命科学中尤为重要，因为对机器学习过程中使用的潜在假设、偏差和参数的清晰理解对于有效评估模型的有效性至关重要。然而，生命科学给开放科学运动带来了自己的挑战——尽管数据需要开放，但在生物医学背景下，在保护患者隐私时，这并不总是可行或合法的。从这个意义上说，需要研究将机器学习应用于敏感数据的新方法，这需要在保护隐私的同时跨分布式系统进行联邦机器学习。

22.4.2 机器学习作为基础设施

开放科学带来的另一个明显的机会是对开放科学平台的需求。目前，全球都在努力围绕数据建立无缝和可互操作的平台，并促进存储、管理、发现和分析（仅举几例）。这样的数据基础设施已经超出了概念/设计阶段，并且正在达到“建立”的状态，使整个科学界，甚至是更广泛的群体，都可以访问数据。

这种努力和生命科学专用的电子基础设施有几个例子，从欧洲开放科学云[28]和与欧洲健康数据空间[29]相关的数据服务到NIH数据共享[30]和澳大利亚生物共享[31]。所有这些都有一个共同的总体目标，通过提供一个基于云的平台来加速新的生物医学发现，研究人员可以在这个平台上存储、共享、访问生物医学研究产生的数字对象（数据、软件等），并与之交互。

随着所有这些基础设施的成熟，一个新的层次将会出现：机器学习服务（或者是人工智能服务，如果我们想推广的话）。

在生命科学领域，这样一层将真正使机器学习在所有领域的使用和应用民主化，从智能和可扩展的农业生物技术研究到临床研究和诊断服务。当然，这些都与机器学习中存在的标准复杂地联系在一起，这些标准对于连接不同的机器学习组件并产生一个值得信赖和公正的结果、模型至关重要。因此，为了为这样的未来铺平道路，建立得到社区和领域专家支持的标准是关键的第一步。

22.5 结论

人工智能和机器学习是生命科学行业中快速发展的学科。预计与人工智能相关的医疗保健市场将快速增长，到 2021 年将达到 66 亿美元，复合年增长率为 40%[32]。全球近一半的生命科学专业人员正在或有兴趣在其工作的某些领域使用人工智能[33]。

机器学习对生命科学具有变革性影响的潜力。然而，为了让机器学习模型得到所有人的信任，需要建立社区支持的标准，科学家必须在过程本身的各个方面优先考虑开放性。例如，第三方应该能够通过使用原始作者发布的数据、模型和代码来获得与原始作者相同的结果。通过这样做，研究人员可以确保报告结果的准确性，并发现模型中的偏差[34]。

希望在这里，我们能够强调一些关键的挑战和潜在的目标，作为一个社区，我们应该瞄准这些挑战和目标，以实现机器学习和生命科学之间的这种高水平的整合，以最大限度地发挥机器学习在生物学中的潜力。

参考文献

[1] K. Y. Ngiam and I. W. Khor (2019). Big data and machine learning algorithms for health-care delivery. The Lancet Oncology, 20(5), e262–e273.doi: 10.1016/S1470-2045(19)30149-4.

[2] K. K. Yang, Z. Wu, and F. H. Arnold (2019). Machine-learning-guided directed evolution for protein engineering. Nature Methods, 16(8), 687–694.doi: 10.1038/s41592-019-0496-6.

[3] T. Hey, S. Tansley, K. Tolle et al. (2009). The Fourth Paradigm: Data-Intensive Scientific Discovery. Redmond, Washington: Microsoft Research.

[4] J. Jumper, R. Evans, A. Pritzel et al. (2021). Highly accurate protein structure prediction with AlphaFold. Nature, 596(7873), 583–589. doi:10.1038/s41586-021-03819-2.

[5] S. Whalen, J. Schreiber, W. S. Noble et al. (2022). Navigating the pitfalls of applying machine learning in genomics. Nat Rev Genet. 23, 169–181. doi:10.1038/s41576-021-00434-9.

[6] M. Hutson (2018). Artificial intelligence faces reproducibility crisis. Science, 359(6377), 725–726. doi: 10.1126/science.359.6377.725.

[7] M. Baker (2016). 1, 500 scientists lift the lid on reproducibility. Nature, 533(7604), 452–454. doi: 10.1038/533452a.

[8] D. Fanelli (2018). Opinion: Is science really facing a reproducibility crisis, and do we need it to? Proceedings of the National Academy of Sciences of the United States of America, 115(11), 2628–2631. doi:10.1073/pnas.1708272114.

[9] M. Littmann, K. Selig, L. Cohen-Lavi et al. (2020). Validity of machine learning in biology and medicine increased through collaborations across fields of expertise. Nature Machine Intelligence, 2(1), 18–24. doi:10.1038/s42256-019-0139-8.

[10] Z. Obermeyer, B. Powers, C. Vogeli et al. (2019). Dissecting racial bias in an algorithm used to manage the health of populations. Science, 366(6464), 447–453. doi: 10.1126/science.aax2342.

[11] D. T. Jones (2019). Setting the standards for machine learning in biology. Nature Reviews Molecular Cell Biology, 20(11), 659–660.doi: 10.1038/s41580-019-0176-5.

[12] B. D. Lee, A. Gitter, C. S. Greene et al. (2021). Ten quick tips for deep learning in biology. arXiv:2105.14372 [cs, q-bio] (accessed 10 January 2022). http://arxiv.org/abs/2105.14372.

[13] D. Chicco (2017). Ten quick tips for machine learning in computational biology. BioData Mining, 10(1), 35. doi:

10.1186/s13040-017-0155-3.

[14] J. G. Greener, S. M. Kandathil, L. Moffat et al. (2022). A guide to machine learning for biologists. Nature Reviews Molecular Cell Biology, 23(1), 40–55.doi: 10.1038/s41580-021-00407-0.

[15] H. F. Williamson, J. Brettschneider, M. Caccamo et al. (2021). Data management challenges for artificial intelligence in plant and agricultural research. F1000Res, 10, 324. doi: 10.12688/f1000research.52204.1.

[16] M. D. Wilkinson, M. Dumontier, I. J. Aalbersberg et al. (2016). The FAIR guiding principles for scientific data management and stewardship. Scientific Data, 3(1), 160018. doi: 10.1038/sdata.2016.18.

[17] F AIR Principles for Research Software (F AIR4RS Principles).doi: 10.15497/RDA00065.

[18] C. Goble, S. Cohen-Boulakia, S. Soiland-Reyes et al. (2020). FAIR computational workflows. Data Intelligence, 2(1–2), 108–121. doi: 10.1162/dint a 00033.

[19] L. J. Castro, D. S. Katz, and F. Psomopoulos (2021). Working towards understanding the role of FAIR for machine learning. doi: 10.4126/FRL01-006429415.

[20] I. Walsh, D. Fishman, D. Garcia-Gasulla et al. (2021). DOME: Recom-mendations for supervised machine learning validation in biology. Nature Methods, 18(10), 1122–1127. doi: 10.1038/s41592-021-01205-4.

[21] R.V. Guha, D. Brickley, and S. Macbeth (2016). Sahemaorg.org: Evolution of structured date on the web. Communications of the ACM, 59(2), 44–51. doi: 10.1145/2844544.

[22] CLAIRE. https://claire-ai.org/.

[23] Pistoia Alliance | Collaborate to Innovate Life Science R&D. https://www.pistoiaalliance.org/.

[24] Artificial Intelligence & Machine Learning Community - Pistoia Alliance. https://www.pistoiaalliance.org/.

[25] M. M. John, H. H. Olsson, and J. Bosch (2021). Towards MLOps: Aframework and maturity model. In 2021 47th Euromicro Conference on Software Engineering and Advanced Applications (SEAA), Palermo, Italy, Sep. 2021, pp. 1–8. doi: 10.1109/SEAA53835.2021.00050.

[26] J. C. Burgelman, C. Pascu, K. Szkuta et al. (2019). Open Science, Ope Data, and Open Scholarship: European policies to make science fit for twenty-frst century. Frontiers in Big Data, 2. 43.

[27] L. J. Dursi, Z. Bozoky, R. de Borja et al. (2021). CanDIG: Federated netwok across Canada for multi-omic and health data discovery and analysis. Cell Genomics, 1(2),100033. doi: 10.1016/j.xgen.2021.100033.

[28] European Open Science Cloud. https://eosc.eu/.

[29] European Health Data Space. https://ec.europa.eu/health/ehealth-digital-health-and-care/european-health-data-space en.

[30] NIH Data Commons. https://commonfund.nih.gov/commons.

[31] Australian BioCommons. https://www.biocommons.org.au/.

[32] Artificial intelligence in healthcare market to see 40% CAGR surge. https://healthitanalytics.com/news/artificial-intelligence-in-healthcare-market-to-see-40-cagr-surge.

[33] A. Bohr and K. Memarzadeh (2020). The rise of artifcial intelligence in healthcare applications. Artifcial Intelligence in Healthcare. Academic Press, pp. 25–60. doi: 10.1016/B978-0-12-818438-7.00002-2.

[34] B. J. Heil, M. M. Hoffman, F. Markowetz et al. (2021). Reproducibility standards for machine learning in the life sciences. Nature Methods, 18(10), 1132–1135. doi: 10.1038/s41592-021-01256-7.

第23章 人工智能辅助材料科学研究

Debra J. Audus，Kamal Choudhary，Brian L. DeCost，A. Gilad Kusne，Francesca Tavazza，James A. Warren，美国国家标准与技术研究院材料测量实验室，美国马里兰州盖瑟斯堡。E-mail：debra.audus@nist.gov；kamal.choudhary@nist.gov；brian.decost@nist.gov；aaron.kusne@nist.gov；francesca.tavazza@nist.gov；james.warren@nist.gov

23.1 引言

从电池技术的进步到信使核糖核酸（mRNA）疫苗背后的纳米颗粒技术的升级，现代材料研究与开发是推动新材料发展和改变我们生活的强大动力。它不仅可以应对清洁能源和循环经济等重大挑战，也能在平凡的方面取得进步，如更坚固的手机屏幕和更保暖、更轻便的衣物。它囊括了我们从未见过的全新产品，及对现有材料的持续改进升级。然而，这也是一个缓慢的过程。例如，从聚乳酸首次被发现到它被大规模应用于可降解杯子等产品中，花了半个多世纪的时间。为了减少这种障碍，材料基因组计划（MGI）于2011年在美国启动，其目标是通过提供数据、引导科研范式转变、培训下一代以及整合实验、计算和理论，将材料推向市场的速度提高一倍，成本降低到原来的几分之一[1]。相关的研究包括FAIR数据基础设施（欧洲，2018年），它包括新型材料发现（NOMAD）数据存储库（欧洲，2014年）和通过信息整合进行材料研究倡议（日本，2015年启动，2020年结束）。

自MGI首次推出以来，人工智能，包括机器学习，已经在社会中取得了许多迅猛的进展，包括虚拟助理、图像识别、推荐系统、语言翻译等。很明显，这些概念未来也会在材料领域发挥类似的变革作用。距离最初的MGI战略[1]仅5年，材料科学中的人工智能已经开始出现在综合报告[2]中，其中包括可访问数据等基础，但并没有明确提到人工智能。

为了理解人工智能在材料领域的强大作用，我们探究了蛋白质结构预测问题的最新进展。具体来说，这是一个超过50年的挑战，其核心是基于氨基酸序列来预测蛋白质的结构，这激发了大量的研究，尤其是自1994年以来每两年举行一次名为“蛋白质结构预测关键评估”（CASP）竞赛，以衡量评估全球的进展情况。2020年，DeepMind的人工智能参赛作品AlphaFold[3]实现了碳原子大小量级的平均误差，比与其成绩最接近的参赛作品的误差少了近3倍。这一成就的重要性不仅在于它在一个具有挑战性的领域中取得了显著进展，更在于它通常可以在几分钟内预测具有不确定性的精确结构，而无需昂贵、耗时的专业设备和实验。此外，AlphaFold的模型和结果数据库都是可用的[4]。这一突破为许多领域带来了新的可能性，如抗生素耐药性研究、严重急性呼吸综合征冠状病毒生物学研究以及分解塑料的酶研究。然而，尽管该研究已经取得了显著进展，但仍然有更多的工作需要完成。对于异常情况，仍然需要进行实验验证。而且，虽然AlphaFold的架构复杂，但为什么它如此有效以及其背后的科学原理仍然未知。

人工智能在传统材料领域也能催化类似的进步。以下我们强调了材料人工智能领域的快速发展、突出挑战和未来愿景；我们还提到了一篇优秀的文章中的一个特别的视角[5]。在23.2节中，我们向读者介绍人工智能在材料中的应用，包括各种任务、模型和方法，并特别关注了最近的进展。人工智能在材料中广泛应用的最大障碍之一通常是对大量的、策划好的数据集的需求。幸运的是，人工智能可以帮助解决这个问题。23.3节着重讨论了如何使用人工智能生成数据，其重点是模拟数据和非结构化文本。正如23.4节所述，人工智能原则上可以完全独立地或与人类一起规划和执行科学实验与模拟。然而，要发挥人工智能在材料领域的全部潜力，需要解决的不仅仅是数据稀缺问题，还包括基准的需要、不确定性量化、可解释性、语义搜索的需要。23.5节讨论了MGI精神下实验、模拟、理论和数据的进一步交织。而如23.6节所述，现在是材料和人工智能领域令人振奋的时刻——有许多令人兴奋的进展，同时也有许多有趣的问题亟待解决。对于初学者，我们推荐材料信息学资源（REMI）[6]和其中的学习方法，以及最佳实践指南[7]。

23.2 人工智能使构建材料模型成为可能

将人工智能的方法融入材料科学家现有的工具箱中，具有变革性的价值，主要体现在机器学习能够加速、优化、关联和发现材料的加工过程、内部结构的形成以及最终性能之间的众多联系。机器学习能够创建基于特定输入的材料模型，这些模型能够快速且可靠地预测所需的输出。

制作机器学习模型的过程相当复杂，涉及一系列关键步骤。第一步需要进行数据收集，这通常需要大量的数据集。近年来，数据收集领域不断发展，已经开发了许多包含计算或实验数据的材料性能数据库[8]。第二步是数据策划，这一步骤涉及识别并纠正一些错误数据，也可以补充缺失的数据区域。第三步是数据的表示和预处理，以此更好地适应机器学习的需求并最大化性能。数据的表示和处理包括数据的重缩放、归一化、二值化以及其他数据操作。对于监督学习分析，特征工程尤为重要，即确定哪些材料特性需要作为输入传递给机器学习模型。这是关键的一步，因为更好的特征选择会使模型更加有效。通常，这一步骤会利用领域知识来确定这些特征，但这并非唯一途径。

其他策略包括降维方法，一种方法是基于数据统计从高维数据中提取低维属性相关特征的主成分分析（PCA），另一种降维方法是用图来表示材料，原子作为节点，键作为边。图神经网络算法采用了后一种方法。下一个与特征化方法相关的关键选择是机器学习算法的选择。在材料科学中，目前有许许多多的可能性正在被应用。该选择取决于应用程序的类型，特别是材料属性预测，已经被广泛使用，需要监督学习，其中数据集必须同时包含输入和输出数据。具体而言，连续值物理量的预测，如电子能量间隙或应力分布，被称为回归，而建立离散值标记的组是在进行分类，例如，当确定一种材料是否为金属时，传统的算法（决策树、核方法等）以及深度学习方法都用于这些目的。监督算法的另一种用法的一个例子是符号回归，其中机器学习被用来确定最佳的数学公式来表达输入和输出之间的相关性，而不是评估一个物理性质。回归和分类通常侧重于学习一个代理机器学习函数来将输入映射到输出，然后将该函数用于预测。符号回归用于寻找可解释的模型。可能应用的一种变化是使用监督机器学习来确定或优化函数中的参数，而不是特定的物理量，就像确定经典力场时的情况一样[9]。所有此类应用的示例将在本节稍后讨论。虽然监督学习是材料科学中使用最多的人工智能类型，但它并不是唯一一种。无监督学习的例子可以在材料科学的自动术语提取（自然语言处理[10]）中找到，旨在识别当前分散在非结构化来源中的材料特性、微观结构或工艺参数的信息。顾名思义，无监督学习检测在最小的外部指导下输入之间的相关性/模式，而不提供任何形式的输出。相位映射是使用无监督学习的另一个例子。除了监督学习和非监督学习外，材料科学的应用还包括半监督学习[11]、迁移学习[12]和表示学习[13]。建立机器学习模型的最后一步是验证和不确定性量化。一定数量的输入数据总是被留出用于验证目的，即永远不会进入训练。然后，通过评估材料的统计量，如平均误差或均方根误差来量化模型的性能。量化预测的不确定性本身就是一个重大挑战。虽然概率模型输出本身具有一定的不确定性，但其他模型可能需要额外的过程，如改变机器学习模型的参数（和超参数）。此外，还可以使用统计指标（如真阳性、真阴性等）对预测集合的不确定性进行量化。不确定性分析对于量化模型的性能很重要，尽管它通常不包括在已发表的研究中。

聚焦当前监督学习在材料科学中的应用，值得注意的是，其关键优势之一是适用于各种长度尺度。例如，在属性预测方面，机器学习经常在原子水平上被用来代替高保真度、高计算成本的密度泛函理论（DFT）计算。具体而言，对于理想的晶体[14]、分子和聚合物材料[15]，许多研究团队已经利用了 DFT 数据库以及大量可用于建模材料特性的开放资源，如稳定性、剥离性、弹性行为、电子能隙和光学特性。在连续体层面，它已被广泛用于模拟裂缝扩展和其他失效机制[16]。在这些应用中，机器学习已经取代了有限元建模（FEM）和有限离散元建模（FDEM）。即使是相对较新的领域，如增材制造，也广泛使用了机器学习技术，通常应用于与缺陷相关材料行为的研究。例如，深度学习已被用来探索表面粗糙度或缺陷位置、尺寸和形态对激光熔化合金疲劳寿命的影响，这是在增材制造中发现的现象[16]。还有多尺度研究，如 Hsu 等的研究案例[17]，利用机器学习方法将分子模拟连接到基于物理的数据驱动的多尺度模型来预测断裂过程和韧性值。在聚合物的研究领域[18]，一个持续的主要挑战是聚合物的表征。然而，通过正确的选择，如确定更好的气体分离材料[19]等令人兴奋的进展正在进行中。

除了性质预测外，机器学习模型在模型优化和材料发现方面也非常有效。模型优化的一个例子是使用神经网络来加速经典力场的计算。由于它们在高维势能表面的数值表示非常精确，可以提供比从头计算快许多数量级的能量和力，从而使大型系统的分子动力学模拟成为可能。因为机器学习不能很好地外推，可迁移性也是一个问题。正如物理模型嵌入神经网络势的开发人员提出的那样，将物理性质的原子间键合信息纳入神经网络势是解决这一缺点的一种可能的解决方案[20]。模型优化的另一个例子是使用机器学习为 DFT 开发交换和相关泛函[21]。DFT 是在原子尺度上研究材料电子结构时最常用的从头计算方法。虽然原则上是精确的，但在实践中需要各种近似来进行DFT模拟，其中交换关联泛函的形式可能是最重要的，因为它捕获了电子-电子的相互作用。传统上建立的交换关联泛函需要很长时间才能开发，有时会有极其复杂的解析形式，并且在其准确性和对某些类别材料的可转移性方面存在问题。机器学习构建的交换关联泛函比传统泛函有改进的潜力，同时对固体和分子都有效。

23.3 应用程序模式

精心策划的数据集是监督机器学习模型的必要前提。在材料信息学中，数据通常包括原子结构和化学式、图像、光谱、点值和文本，如图23.1的同行综述文章所示，已经为组织数据集做出了许多努力。此类工作的完整清单可在其他地方找到[22–24]。在下面的部分中，我们将提供上述模式的一些著名的示例应用程序。原子结构数据通常通过量子力学和经典力学方法（如DFT和分子动力学模拟）获得。近年来，由于计算能力的增长，基于DFT的专业数据集出现了急剧的增长。原子结构数据中的物理化学信息已通过使用欧几里得手工绘制的描述符和非欧几里得图神经网络框架用于机器学习任务。图23.2显示了一个将原子结构转换为图的例子。利用原子精度数据生成的一些常见的材料性质模型包括形成能、总能量、带隙和弹性模量。这种开发的模型已被用于材料筛选，如合金、能量和量子材料设计。有关此类应用程序的更多详细信息，可在诸多文献中找到[23,25]。

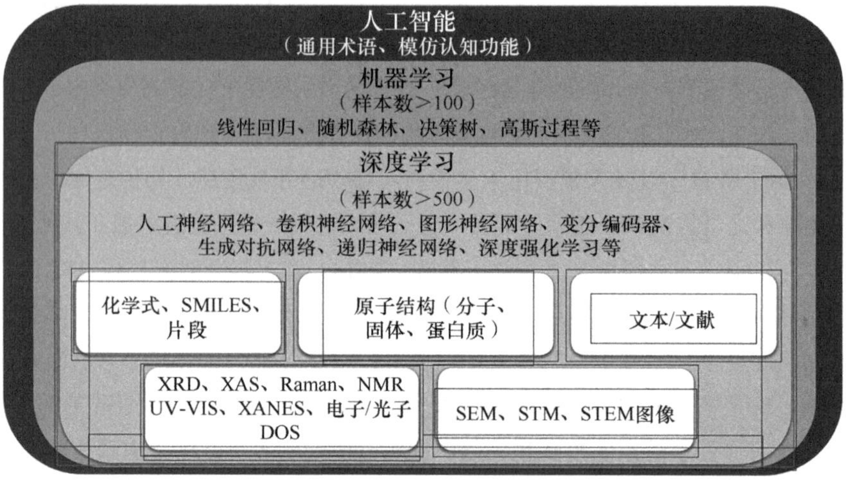

扫码见彩图

图23.1 人工智能、机器学习和深度学习方法及其在材料科学与工程中的应用概述示意图

图片来源：根据CC-BY许可条款[23]转载

材料科学的许多常见成像技术（显微镜）包括光学显微镜（OM）、扫描电子显微镜（SEM）、扫描探针显微镜（SPM），其又包括扫描隧道显微镜（STM）或原子力显微镜（AFM），以及透射电子显微镜（TEM）及其变体，如扫描透射电子显微镜（STEM）。随着成像技术应用的普及，通常会产生大量难以手动分析的数据。机器学习技术对于自动化和辅助手动工作非常有用，如晶格图像分类、缺陷检测、分辨率增强、微观结构学习、图像重建以及利用图像数据构建基于物理的模型。关于材料图像数据机器学习的详细综述可以在其他地方找到[23,27]。例如，文献[28]中，作者开发了数据集和机器模型来分析石墨烯和FeTe系统中的缺陷。在文献[29]中，

作者开发了语义分割模型，可以用于准确检测钢材中的损伤。在文献 [30] 中，开发了一个用于计算 STM 图像数据集以及用于分类 2D 材料晶格的机器学习模型，准确率高达 90%。在文献 [31] 中，作者使用了一个在非科学图像上预训练的卷积神经网络来进行材料微观结构重建。

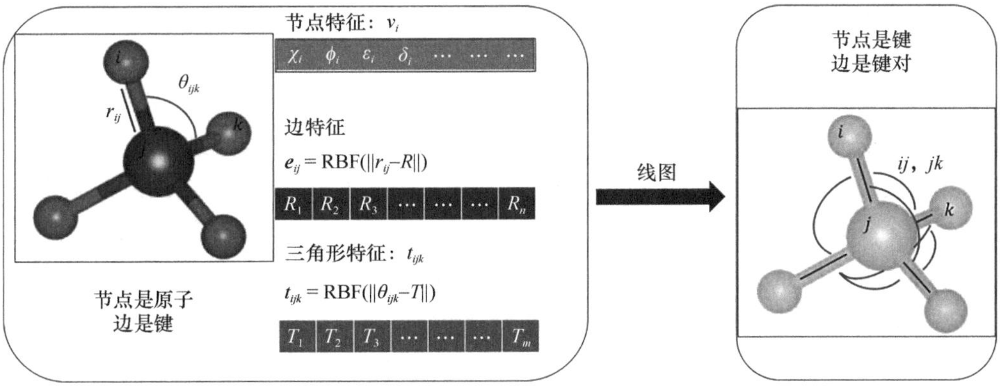

图 23.2　使用原子线图神经网络（ALIGNN）表示原子结构的图示

图片来源：根据 CC-BY 许可条款 [26] 转载

扫码见彩图

材料的光谱数据，例如，X 射线和中子衍射（XRD、ND）、X 射线吸收近边结构（XANES）、电子能量损失（EELS）、红外和拉曼（IR/Raman）以及紫外和可见光（UV-VIS），这些光谱数据为材料的结构、组成和动态行为提供了深刻的洞察。XRD 是开发材料大型数据集和训练机器学习模型时广泛使用的测试方法之一。关于这个话题的详细概述可以在文献 [23] 和 [32] 中找到。举几个应用实例，Park 等 [33] 使用卷积神经网络以高达 95% 的准确率预测材料的结构属性。Dong 等引入了参数量化网络（PQ-Net）用于从 XRD 数据中提取物理化学信息。Timoshenko 等 [34] 使用神经网络通过 XANES 预测金属团簇的配位数。Liu 等 [35] 用支持向量机和卷积神经网络方法，使用已有的拉曼光谱数据库预测材料拉曼光谱。Fung 等 [36] 使用卷积神经网络预测从 DFT 计算结果中获得电子态密度。

材料的文本数据来自学术期刊文章、如 arXiv 预印本发布系统以及像 Wikipedia 这样的众包资源。与其他应用相比，由于版权限制和费用问题，自然语言处理的数据处理集通常很少。尽管如此，由于序列建模领域的快速发展，这个领域也已经积累了大量的研究数据。这些技术被用来自动从文本中提取相关材料属性数据，以指导理论和实验工作，如材料合成、磁相变温度校准以及设计电池和太阳能电池 [37–39]。

23.4　自主科学

技术的进步通常需要发现和开发新型先进材料。因此，对先进材料的查找将扩展到化学成分和处理步骤的数量越来越多的材料。然而，每增加一个新的元素或处理步骤，潜在的材料数量就会呈指数级增长（例如，如果使用 10 个实验来研究一个变量的影响，那么研究 N 个变量的影响将需要 10^N 个实验）。在这种情况下，手动调查立刻变得不可行。高通量技术 [40] 提供了一个可以短期解决该问题的方案，使得在几个小时内合成数千种独特的材料并快速连续表征成为可能。而后，机器学习可以将数据分析的时间从几周甚至几个月缩短到几秒。然而，高通量方法并不能提供所需的实验量指数级扩展。

在过去的几年，自主材料研究系统[41]出现——该系统是由机器学习来控制实验设计、执行（包括物理实验和计算机模拟）以及分析的闭环。这些系统使用机器学习专注于最优实验设计方面，来确保每个后续实验最大化用户定义目标的知识增长。主动学习允许用户平衡探索和利用两个高级目标。其中，“探索”旨在获得目标材料系统的全局知识，而“利用”则是使用过去的知识来精确定位可能的最佳材料。主动学习已被用于构建研究推荐引擎，以在实验室和计算机模拟中为科学家提供建议[42]。自主系统将高通量科学的自动化实验以及模拟工具与主动学习相结合，指导实验室或计算机模拟中的每项研究。通过广阔的材料搜索空间，加速先进材料的发现和研究。

自主系统的出现并不意味着对先前物理知识的抛弃。事实上，自主系统的性能通过融入规律、启发式和数据库中发现的先验物理知识而得到提高。科学机器学习[2]是人工智能的一个子领域，其专注于将先前的物理知识融入人工智能和机器学习中。目标是设计模型和学习算法，使其归纳偏差反映物理原理。这促进了对物理现实的预测，并为具有物理意义的模型解释提供了机会。例如，吉布斯相律以及更一般的规则，如材料只能由一系列相组成，以及类似合成的材料更可能具有类似性质的规则，已被用来改进相图数据分析和预测[43]。

自主测量系统是自主材料探索和发现的第一步。这些系统可指导每项后续测量实验以获取目标样品最多的信息。优化的参数包括下一步测量的位置、材料的温度以及测量特定的参数，如光束波长。例如，自主 X 射线测量被用来指导束位置以加速纳米粒子密度的确定[44]，因此自主 X 射线测量被用来选择后续样品组成以寻找新型材料，从而在发现新型最佳类别的相变记忆材料方面的速度加快了 10 倍[45]。

自主化学的成功先于材料科学，其产生了能够通过优化分子混合物，以达到化学反应优化的效果[46]。相应地，大多数自主材料系统都专注于“湿”合成，如优化量子点的发射能量[47]。最近，封闭循环的“干”材料合成和表征[48]成为薄膜电阻优化的例证。

虽然主动学习可以用来指导研究人员在大型设计空间中研究新材料，但实验室系统通常在可以自动化和机器学习控制的变量数量上受到限制。例如，溅射系统在一次可以沉积的成分数量上受到限制，并且用户无法对测量束路径进行控制。自主物理科学的进步需要物理系统创新，以便在实验室中实现更大的实验自主控制。

此外，自主系统的机器学习也可以从专家用户的大量先验知识中获得巨大优势。这需要开发一个人机交互系统，其中自主系统能够与专家用户互动并从中学习。这也是一个正在进行的研究领域。

23.5 挑战

在撰写本章时，材料和化学领域已经产生了一个强有力的讨论，内容是围绕构建和部署创造性的机器学习方法应用，以实现更高效和可扩展的科学研究和开发。机器学习所使用的科学方法的价值和有效性已经被多次证明，并且这个子领域的教育和培训生态系统正在迅速成熟。现在，将变革性的机器学习应用推进到科学领域，关键在于解决机器学习系统在可扩展性和泛化能力方面的具体挑战，以及使它们易于集成到更高层次的科学工作流程中。

在物理科学中，用于训练机器学习系统的大数据集的可用性是公认的挑战，这种挑战是基于样本制备和表征在既耗时又昂贵的情况下。目前正在实施的三个策略是：通过高通量实验和计算应用大规模数据集，部署主动学习和自主系统，以有针对性地收集高价值数据，并通过算法改进提高机器学习系统的样本复杂度。本章的前几节概述了当前在这些方向上的进展。持续的创新在很大程度上依赖于各个领域量化、交流以及减轻数据集和注释偏差的能力。

从历史上看，机器学习的进步是通过明确定义的任务和指导创新的稳健的绩效指标来实现的。如果不考虑数据集的偏差，则可能会导致[49]评价的基准不公允，使对方法创新的明确评估变得困难。目前，许多应用于机器学习研究中的大型材料数据集已经被重新利用在材料发现工作中，而不是直接受到机器学习应用的推动。数据集偏差的结果形式在材料文献中得到了验证，但进一步详细的量化和缓解策略的研究将促使研究人员能够开发更高效的机器学习系统。这种偏差评估不仅涵盖数据本身，而且扩展到最终科学目标背景下的机器学习任务框架。例如，DFT 形成能是一个流行的原子预测目标，在所有文献中都被用于基准模型质量，但热力学稳定性是材料发现和设计应用[50]中一个更相关（且更具挑战性）的目标。这种对明确定义的人工智能任务和设计良好的基准数据集的投资，将帮助材料科学界更有效地参与到更广泛的人工智能领域的具体问题。Open Catalyst Challenge[51]提供了一个很好的例子，说明了这种清晰的问题框架和通用机器学习社区的有效协调。

高质量和特征良好的数据集为该领域开发模型自省和询问工具提供了基础，这些工具可以为基于机器学习的科学决策建立和保持信心。这些是至关重要的，因为科学的进步和发现往往与大多数机器学习系统所依赖的一个核心假设存在根本矛盾：即做出预测的数据与训练数据的分布是相同的。机器学习系统，特别是当前研究中流行的过度参数化的深度学习模型，在进行高可信度外推时表现非常糟糕。在材料研究中，机器学习预测的原则性不确定性量化的重要性越来越受到重视，特别是随着越来越多的研究人员采用依赖于良好校准的模型置信度的主动学习方法。需要更多的研究来分解与整合多个模型和训练组件分解预测的不确定性，并能够通过建模流程传播底层训练数据的不确定性。

类似地，通用的机器学习模型内省和可解释性工具[52]正在帮助材料研究人员识别和解释机器学习模型行为的趋势。这些方法的材料特异性适配，如调整分解晶体中单个原子对目标属性[53]的贡献的加性建模策略，可以为研究材料现象和理解机器学习模型如何形成预测提供新的方法。这一方向的进展将取决于材料学界更多地采用标准模型内省工具，以及开发批评机器学习模型和预测的创造性方法的持续讨论。这些工具与机器学习系统的结合将是最有效的，这些系统从头开始设计，以合并和反映物理原理，以便机器学习模型和它们的预测可以直接按照物理洞察力[2]解释。

最后，在一些重要领域，方法创新将极大地推动科学进步。科学机器学习的子领域正在迅速发展创造性的建模方法，这些方法可以调整机器学习系统的归纳偏差，以反映物理原理。例如，图神经网络结构很好地反映了原子系统中的局部结构和排列不变性，而神经微分方程使机械和药代动力学系统中的机械模型的数据驱动发现成为可能。材料科学中理论建模方法丰富多样，开发可推广的方法并将其整合到机器学习系统中是一项重要而富有挑战性的任务。

在自动化材料发现和设计方面，深度生成模型在分子[54]和晶体[55]系统方面取得了较大的进展。重要的研究方向包括开发超越结构原型搜索的方法，将生成模型用于反应工程和合成规划的方法，以及开发将生成模型连接到更高层次材料结构和模型的框架。

对结构化知识及其关键组成部分——元数据的有效管理，将使材料科学中机器学习应用的新形式成为可能，如语义搜索，它将特定领域的知识整合到信息检索中。自动文献挖掘以提取和链接信息构建知识图谱是机器学习领域的一个活跃的研究课题。特定材料科学的重点工作在于继承和发展早期在化学命名实体识别、从被测材料属性的通用图形表示中提取信息、提取材料属性和合成方法[56]方面的研究成果。这些工具以及由此产生的科学知识图和相关的基础设施将为将结构化概念集成到信息检索、预测建模工具、机器学习模型查询和可解释性工具中创造机会。

最后一个挑战是将机器学习无缝集成到更大的材料设计系统中。这涵盖了多交互机器学习系统以及传统的计算材料科学基础设施。多尺度建模领域已经过多年发展，为机器学习辅助材料设计作出很大贡献，如参数化物理模拟或执行粗粒度连接经典建模组件的神经网络中的端到端学习。最后，科学领域知识的严格整合可能需要超越机器学习，以确定更广泛的人工智能方法的应用机会，如基于搜索的技术和符号推理[57]。

23.6 结论与展望

本章概述了人工智能有能力加速材料研发的多种变革性方式。我们已经详细介绍了人工智能正在并将继续影响材料研究的各种方式，包括材料性能的预测、缺陷和掺杂剂的影响，以及材料失效的机制。人工智能技术可以显著加速寻找具有理想性能的新材料，通过逆向设计技术，可以精准获得理想材料性能所需的最佳加工技术。

此外，人工智能方法可以利用强大的图像分析/处理技术加速材料系统的表征，这些技术推动了人工智能领域的许多显著突破。由于材料不仅可以通过其内部结构的图像来表征，而且还可以通过X射线和电子散射等技术产生的图案来表征，因此图像处理技术尤其有效。

随着数据收集的成熟和数据基础设施的改进，人工智能数据供应将越来越多，被人工智能驱动的、自主的实验室的出现将进一步加速。在那里，闭环实验设计将使这种态势能够探索比以前实际操作的更广泛的处理和成分参数变化，创建一个良性的反馈循环，可以真正改变数据的范式水平，并最终获得关于现有材料和寻找材料的知识。

我们还花了一些时间来阐明必须克服的挑战，以实现人工智能方法的全部潜力。所需的数据（和元数据）基础设施仍然不存在，而且现有的基础设施也不能很好地互操作。此外，人工智能方法有明确的风险，需要进行基准测试以提供对这些方法的信任，并在可能的情况下提供不确定性界限。此外，人工智能方法还应结合最好的物理知识和见解，确保算法尊重已知的科学和潜在的对称性。

我们首先考虑了AlphaFold的成功，它将蛋白质的精细结构（氨基酸序列）连接到最终的构象。这种类型的联系不类似于材料研发；它是一种材料研发，尽管是针对一个非常具体的研究问题。也许AlphaFold最成功的因素之一是CASP竞赛，它推动蛋白质折叠研究向前发展了

30 年，远早于人工智能技术而在生物医学或材料研究中变得普遍。材料研发界有巨大的机会来创造新的“重大挑战”问题，其与蛋白质折叠问题同等重要，并可能带来材料加速发展，解决当今人类面临的许多紧迫问题，包括提高能源效率，通过碳捕获材料和更清洁的能源生产、增强可回收性和减少塑料污染以及新的生物兼容医疗设备和植入物，减缓气候变化。人工智能正蓄势待发，以一种直到不久前还难以想象的速度和成本，使这些革命在人类科研的基础上得以实现。

参考文献

[1] J. P. Holdren, T. Kalil, C. Wadia et al. (2014). Materials genome initiative strategic plan. Washington D.C.: Office of Science and Technology Policy, Vol. 6.

[2] N. Baker, F. Alexander, T. Bremer et al. (2019). Workshop report on basic research needs for scientific machine learning: Core technologies for artificial intelligence. USDOE Office of Science (SC), Washington, D.C. (United States), Tech. Rep.

[3] J. Jumper, R. Evans, A. Pritzel et al. (2021). Highly accurate protein structure prediction with alphafold. Nature, 596(7873), 583–589.

[4] D. Hassabis (2021). Putting the power of alphafold into the world's hands. July, [posted 22 July 2021]. https://deepmind.com/blog/article/putting-the-power-of-alphafold-into-the-worlds-hands.

[5] D. M. Dimiduk, E. A. Holm, and S. R. Niezgoda (2018). Perspectives on the impact of machine learning, deep learning, and artificial intelligence on materials, processes, and structures engineering. Integrating Materials and Manufacturing Innovation, 7(3), 157–172.

[6] https://pages.nist.gov/remi/(accessed 22 March 2022).

[7] A. Y.-T. Wang, R. J. Murdock, S. K. Kauwe et al. (2020). Machine learning for materials scientists: An introductory guide toward best practices. Chemistry of Materials, 32(12), 4954–4965.

[8] Z. Song, X. Chen, F. Meng et al. (2020). Machine learning in materials design: Algorithm and application. Chinese Physics B, 29(11), 116103.

[9] Y. Zuo, C. Chen, X. Li et al. (2020). Performance and cost assessment of machine learning interatomic potentials. The Journal of Physical Chemistry A, 124(4), 731–745.

[10] F. Olsson (2009). A literature survey of active machine learning in the context of natural language processing. SICS, Tech. Rep. 2009:06.

[11] J. E. van Engelen and H. H. Hoos (2019). A survey on semi-supervised learning. Machine Learning, 109(2), 373–440.

[12] S. J. Pan and Q. Yang (2009). A survey on transfer learning. IEEE Transactions on Knowledge and Data Engineering, 22(10), 1345–1359.

[13] K. Bengio, A. Courville, and P. Vincent (2013). Representation learning: A review and new perspectives. IEEE Transactions on Pattern Analysis and Machine Intelligence, 35(8), 1798–1828.

[14] K. Choudhary, K. F. Garrity, A. C. Reid et al. (2020). The joint automated repository for various integrated simulations (jarvis) for data-driven mate-rials design. NPJ Computational Materials, 6(1), 1–13.

[15] H. Doan Tran, C. Kim, L. Chen et al. (2020). Machine-learning predictions of polymer properties with polymer genome. Journal of Applied Physics, 128(17), 171104.

[16] H. Bao, S. Wu, Z. Wu et al. (2021). A machine-learning fatigue life pre-diction approach of additively manufactured metals. Engineering Fracture Mechanics, 242, 107508.

[17] Y.-C. Hsu, C.-H. Yu, and M. J. Buehler, (2020). Using deep learning to predict fracture patterns in crystalline solids.

Matter, 3(1), 197–211.

[18] L. Chen, G. Pilania, R. Batra et al. (2021). Polymer informatics: Current status and critical next steps. Materials Science and Engineering: R:Reports, 144, 100595.

[19] J. W. Barnett, C. R. Bilchak, Y. Wang et al. (2020). Designing excep-tional gas-separation polymer membranes using machine learning. Science Advances, 6(20), eaaz4301.

[20] G. P. P. Pun, R. Batra, R. Ramprasad et al. (2019). Physically informed artificial neural networks for atomistic modeling of materials. Nature Communications, 10(1).

[21] S. Dick and M. Fernandez-Serra (2020). Machine learning accurate exchange and correlation functionals of the electronic density. Nature Communications, 11(1), 1–10.

[22] C. Draxl and M. Scheffler (2018). Nomad: The fair concept for big data-driven materials science. Mrs Bulletin, 43(9), 676–682.

[23] K. Choudhary, R. Batra, R. Ramprasad et al. (2021). Recent advances and applications of deep learning methods in materials science. arXiv preprint arXiv:2110.14820.

[24] C. W. Andersen, R. Armiento, E. Blokhin et al. (2021). Optimade: An API for exchanging materials data. arXiv preprint arXiv:2103.02068.

[25] R. K. Vasudevan, K. Choudhary, A. Mehta et al. (2019). Materials science in the artificial intelligence age: high-throughput library generation, machine learning, and a pathway from correlations to the underpinning physics. MRS Communications, 9(3), 821–838.

[26] K. Choudhary and B. DeCost (2021). Atomistic line graph neural network for improved materials property predictions. NPJ Computational Materials, 7(1), 1–8.

[27] M. Ge, F. Su, Z. Zhao et al. (2020). Deep learning analysis on microscopic imaging in materials science. Materials Today Nano, 11, 100087.

[28] S. Somnath, C. R. Smith, N. Laanait et al. (2019). Usid and pycroscopy–open source frameworks for storing and analyzing imaging and spectroscopy data. Microscopy and Microanalysis, 25(S2), 220–221.

[29] B. L. DeCost, B. Lei, T. Francis et al. (2019). High throughput quantitative metallography for complex microstructures using deep learning: A case study in ultrahigh carbon steel. Microscopy and Microanalysis, 25(1), 21–29.

[30] K. Choudhary, K. F. Garrity, C. Camp et al. (2021). Computational scanning tunneling microscope image database. Scientific Data, 8(1), 1–9.

[31] X. Li, Y. Zhang, H. Zhao et al. (2018). A transfer learning approach for microstructure reconstruction and structure-property predictions. Scientific Reports, 8(1), 1–13.

[32] Z. Chen, N. Andrejevic, N.C. Drucker et al. (2021). Machine learning on neutron and X-ray scattering and spectroscopies. Chemical Physics Reviews, 2(3), 031301.

[33] W. B. Park, J. Chung, J. Jung et al. (2017). Classification of crystal structure using a convolutional neural network. IUCrJ, 4(4), 486–494.

[34] J. Timoshenko, D. Lu, Y. Lin et al. (2017). Supervised machine-learning-based determination of three-dimensional structure of metallic nanoparticles. The Journal of Physical Chemistry Letters, 8(20), 5091–5098.

[35] J. Liu, M. Osadchy, L. Ashton et al. (2017). Deep convolutional neural networks for Raman spectrum recognition: A unified solution. Analyst, 142(21), 4067–4074.

[36] V. Fung, G. Hu, P. Ganesh et al. (2021). Machine learned features from density of states for accurate adsorption energy prediction. Nature Communications, 12(1), 1–11.

[37] E. Kim, K. Huang, A. Saunders et al. (2017). Materials synthesis insights from scientific literature via text extraction

and machine learning. Chemistry Of Materials, 29(21), 9436–9444.

[38] C. J. Court and J. M. Cole (2018). Auto-generated materials database of curie and néel temperatures via semi-supervised relationship extraction. Scientific Data, 5(1), 1–12.

[39] S. Huang and J. M. Cole (2020). A database of battery materials auto-generated using chemdata extractor. Scientific Data, 7(1), 1–13.

[40] M. L. Green, C.L. Choi, J. R. Hattrick-Simpers et al. (2017). Fulfilling the promise of the materials genome initiative with high-through put experimental methodologies. Applied Physics Reviews, 4(1), 011105.

[41] E. Stach, B. DeCost, A. G. Kusne et al. (2021). Autonomous experimentation systems for materials development: A community perspective. Matter, 4(9), 2702–2726.

[42] D. Xue, P. V. Balachandran, J. Hogden et al. (2016). Accelerated search for materials with targeted properties by adaptive design. Nature Communications, 7(1), 11241.

[43] S. Ament, M. Amsler, D. R. Sutherland et al. (2021). Autonomous materials synthesis via hierarchical active learning of non-equilibrium phase diagrams. Science Advances, 7(51).

[44] M. M. Noack, K. G. Yager, M. Fukuto et al. (2019). A kriging-based approach to autonomous experimentation with applications to X-ray scattering. Scientific Reports, 9(1), 11809.

[45] A. G. Kusne, H. Yu, C. Wu et al. (2020). On-the-fly closed-loop materials discovery via Bayesian active learning. Nature Communications, 11(1), 5966.

[46] A.-C. Bédard, A. Adamo, K. C. Aroh et al. (2018). Reconfigurable system for automated optimization of diverse chemical reactions. Science, 361(6408), 1220–1225.

[47] R. W. Epps, M. S. Bowen, A. A. Volk et al. (2020). Artificial chemist:An autonomous quantum dot synthesis bot. Advanced Materials, 32(30), 2001626.

[48] R. Shimizu, S. Kobayashi, Y. Watanabe et al. (2020). Autonomous materials synthesis by machine learning and robotics. APL Materials, 8(11), 111110.

[49] I. Wallach and A. Heifets (2018). Most ligand-based classification bench-marks reward memorization rather than generalization. Journal of Chemical Information and Modeling, 58(5), 916–932.

[50] C. J. Bartel, A. Trewartha, Q. Wang et al. (2020). A critical examination of compound stability predictions from machine-learned formation energies. NPJ Computational Materials, 6(1), 97.

[51] L. Chanussot, A. Das, S. Goyal et al. (2021). Open catalyst 2020 (OC20) dataset and community challenges. ACS Catalysis, 11(10), 6059–6072.

[52] C. Molnar, G. Casalicchio, and B. Bischl (2020). Interpretable machine learning —A brief history, state-of-the-art and challenges. In Joint European Conference on Machine Learning and Knowledge Discovery in Databases. Springer, pp. 417–431.

[53] T. Xie and J. C. Grossman (2018). Crystal graph convolutional neural networks for an accurate and interpretable prediction of material properties. Physical Review Letters, 120(14), 145301.

[54] B. Sanchez-Lengeling and A. Aspuru-Guzik (2018). Inverse molecular design using machine learning: Generative models for matter engineering. Science, 361(6400), 360–365.

[55] T. Xie, X. Fu, O.-E. Ganea et al. (2021). Crystal diffusion variational autoencoder for periodic material generation. arxiv:2110.06197.

[56] O. Kononova, T. He, H. Huo et al. (2021). Opportunities and challenges of text mining in materials research. Iscience, 24(3), 102115.

[57] D. Chen, Y. Bai, S. Ament et al. (2021). Automating crystal-structure phase mapping by combining deep learning with constraint reasoning. Nature Machine Intelligence, 3(9), 812–822.

第24章 人工智能加速材料发现

Ankit Agrawal，Alok Choudhary，美国西北大学电气与计算机工程系，美国伊利诺伊州埃文斯顿。E-mail：ankit-agrawal@northwestern.edu，a-choudhary@northwestern.edu

24.1 引言

随着前三个科学范式（实验、理论和模拟）的数据日益丰富，以及人工智能和机器学习的进展，即第四科学范式[1,2]（图 24.1），数据驱动科学得到了前所未有的机遇（图 24.1）。在人工智能/机器学习领域，深度学习[3,4]在过去几年中已成为一种变革性技术，其本质是由大数据和大计算能力推动的神经网络的重新发现（图 24.2）。由于在众多实际应用中的突破性成功，如自然语言处理[5]、计算机视觉[6]、语音识别[7]、自动驾驶[8]等，深度学习已迅速成为人工智能/机器学习技术的优选方法。

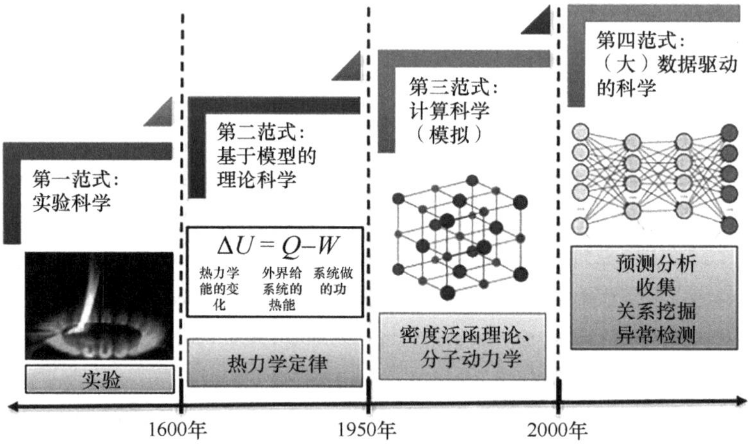

图 24.1 科学的四种范式：实验、理论、模拟和数据驱动

图片来源：转载自文献 [1]

材料科学领域依赖于实验和基于模拟的模型来理解材料“物理”特性，以便更好地理解其特征，进而发现和设计具有改进性能的新材料。众所周知，材料科学中几乎所有关键因素都依赖于处理-结构-性能关系（图 24.3），其中包括图 24.3 中从左到右的因果科学关系和从右到左的

归纳工程关系。此外，如图 24.3 所示，每种科学关系都是多对一的，工程关系也是如此。因此，多种加工路线可能会导致材料的结构相同，而多种材料可能会实现相同的性能。

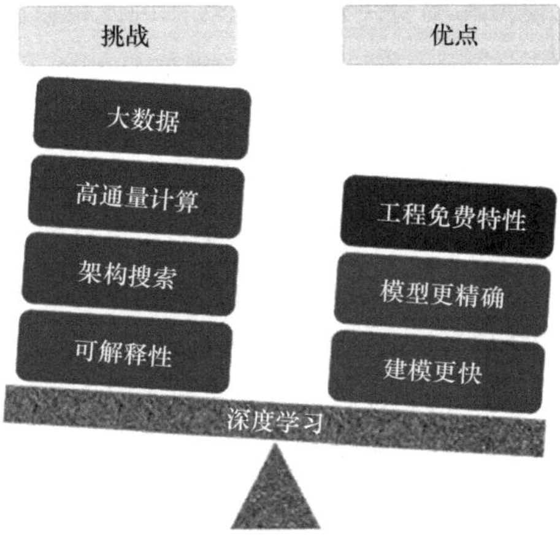

图 24.2 深度学习的优势通常大于挑战

图片来源：转载自文献 [3]

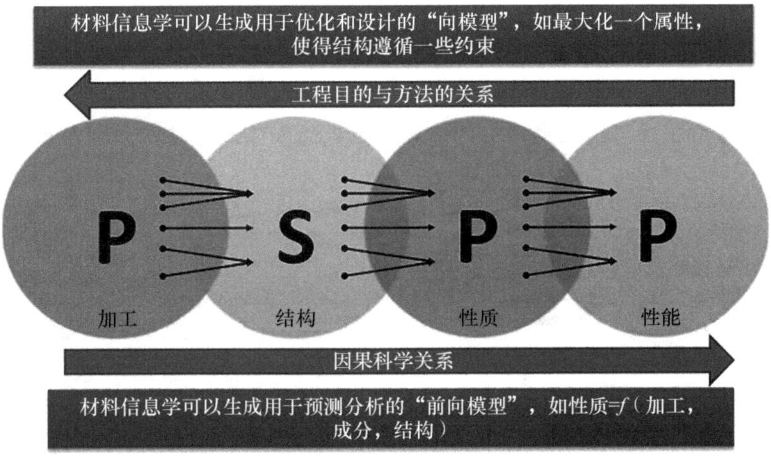

图 24.3 材料科学与工程的加工结构性能关系

材料信息学或人工智能/机器学习技术在材料科学中的应用可以通过性质预测的前向模型和材料发现与设计的逆向模型来帮助破译可逆的 PSPP 关系

图片来源：转载自文献 [1]

换言之，对于给定的材料，只有一种性质，但对于给定的目标性质，可以有多种材料，并且我们希望能够识别尽可能多的材料，因为具有特定目标性质的一些材料可能不具有其他的性质，或者可能难以制造等。这会使得学习材料工程的反向问题比学习材料科学的正向问题更具挑战性。

24.2 人工智能如何推进材料科学和工程领域的发展

人工智能/机器学习技术可以利用从实验和模拟中收集的数据，建立前向模型，以预测给定材料的属性，该属性由其组成、加工和结构表示。机器学习模型存在一定的预测误差，通常可以通过向模型暴露更多训练数据或将已知领域知识纳入模型来减少该误差。由于这些是数据驱动的模型，它们几乎总是比模拟和实验快几个数量级，因此可以作为有用的代理或替代模型，以获得给定材料属性的合理估计，而无需进行昂贵的模拟和实验。

一旦前向模型的开发有了满意的准确性，它们便可以反过来帮助实现材料发现和设计的逆向模型。由于逆向建模本质上是一个在可能材料的设计空间上的优化问题，使用低成本的人工智能/机器学习模型查询该空间以获得目标属性值的能力可以有助于识别有前途的候选者，然后可以使用更昂贵、更高保真度的模拟进行验证，最终通过实验进行验证。因此，人工智能模型可以根据可使用的历史数据智能地减少可能材料的搜索空间。

此外，可以使用主动学习以迭代的方式开发前向和逆向模型，其中第一代逆向模型的建议一旦通过模拟和实验进行验证，就被添加回训练数据集，以构建第二代前向模型，然后是逆向模型。由于从更大的训练数据集中学习，这些逆向模型通常更稳健和准确。需要注意的是，所有额外的模拟和实验的结果可以并且应该添加到训练数据中，即使来自机器学习模型的预测不正确。事实上，这样的数据对于机器学习模型来说非常宝贵，以学会区分具有期望和不良属性的材料。这可以大大减少发现最优材料的迭代次数，从而加速材料发现和设计流程。

图 24.4 描述了将人工智能技术应用于材料数据的知识发现工作流程，该工作流程可以供不同用户用于不同的任务。根据所关注的特定用例，可以使用一系列数据驱动技术，从不同来源的异构材料数据库中集成可用信息，应用适当的预处理和表示方法，利用各种建模技术开发和

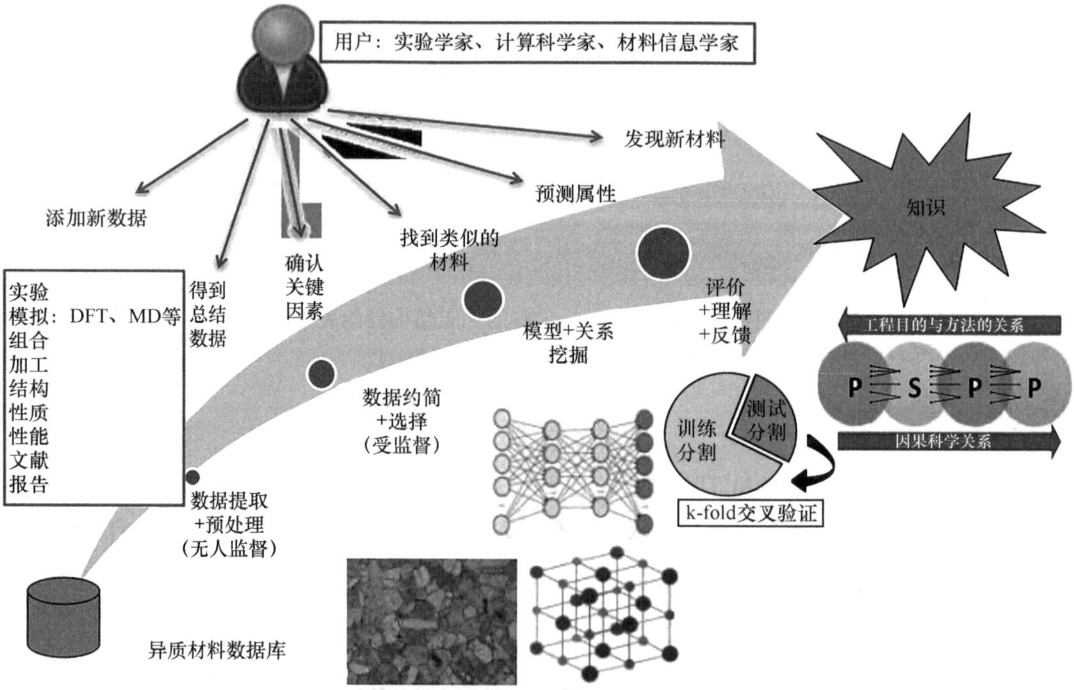

图 24.4　人工智能驱动的材料信息学知识发现工作流程

当人工智能技术应用于异构材料数据库时，可帮助提取可逆的 PSPP 链接以加速材料发现和设计

图片来源：转载自文献 [1]

扫码见彩图

评估前向预测模型，尝试理解和解释模型以确保它们从正确的特征中学习，并使用它们实现逆向模型以发现和设计新材料。

在过去的 10 年，材料科学领域开展了大量人工智能的相关研究[9]，并将其用于多个具体场景，如钢铁[10]、超导体[11]、热电材料[12]、金属玻璃[13]、磁弹性材料[14]和高熵合金[15]，在材料科学领域进行了许多人工智能工作，所有这些工作都可以理解为采用上述工作流程的一些适配与改进。人工智能在材料科学方面已取得初步成功，在此基础上，2021 年材料基因组计划[16]认识到了应该推动 AI 在材料领域的应用。

24.3 人工智能辅助材料研发：挑战与机遇

材料数据的可用性是对材料进行任何人工智能/机器学习/深度学习建模的前提条件。在本节中，我们将讨论材料科学中一些独特的数据相关挑战，以及如何利用人工智能来解决这些挑战。

当今人工智能算法面临的最大挑战之一是大数据挑战，即如何在考虑所有可用数据的情况下提取可操作的见解，在许多科学领域，如宇宙学和高能物理领域，这些数据可能非常庞大。虽然在材料科学领域也存在一些大数据集（10^6 个样本），但大多数材料数据集相对较小（10^3 个样本），这就提出了小数据挑战。换句话说，无论是大数据还是小数据，材料数据既是一种资源，也是一种挑战，需要精心设计和应用人工智能方法，以优化利用所有可用数据。

具体材料问题的解决，除了数据的可获得性外，特定的材料问题或使用情况往往决定了材料的设计空间或可能的材料空间。其中，绝大部分通常是实验或模拟中尚未探索的。例如，如果我们只考虑可能的三元材料（即含有三种元素的材料）的数量，那么可能会有大约 100 万个各种材料系统。如果考虑到所有可能的化学计量学，那么可能的组合数量还会进一步扩大几个数量级。我们称之为大设计空间（10^{10} 种组合）。由于我们永远无法通过实验来制造甚至无法模拟所有这些潜在的化合物，因此我们需要一个快速而准确的基于人工智能/机器学习的前向模型，这是逆向模型在这种情况下的一大优势。因为在这种情况下，我们有可能在几秒钟内利用前向模型探索整个设计空间，并将大量的可能性转化为优先排序列表，以便通过模拟和实验进行进一步探索。

然而，当我们使用基于微观结构的表示方法时，即使是一个简单的 20 像素×20 像素的二维图像，每个像素只有两个可能的值，也会导致二维图像的可能性超过 10^{100} 种。而具有多相和多方向的实际三维微观结构图像则会使可能性的数量激增。我们称之为巨大的设计空间（10^{100} 种组合）。不难看出，面对如此天文数字的可能性，即使是快速准确的前向模型也不足以探索整个设计空间，因此在这种情况下进行逆向设计是一个极具挑战性的问题。

考虑到材料科学领域所面临的上述挑战，几乎所有针对特定用途的材料发现问题都可以用数据可用性（大规模或小规模）和设计空间（可大可小）来描述。研究人员已经开发并使用了几种人工智能/机器学习技术来应对材料科学领域的这些挑战（图 24.5）。但其中大多数仍是未解决的问题，这凸显了材料科学家与计算机科学家之间更紧密合作的必要性。

扫码见彩图

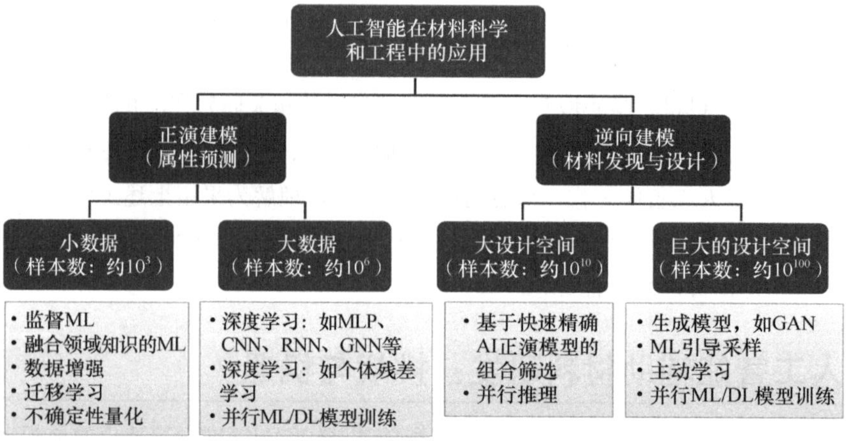

图 24.5　人工智能在材料科学和工程中的应用框架

两个主要的建模任务用紫色框表示，它们的主要挑战用蓝色框表示，解决它们的常用人工智能方法用黄色框表示

24.4　人工智能辅助材料研发：解释性应用

24.4.1　面向大数据的材料科学深度学习方法

虽然传统的机器学习技术在材料科学中的应用已经相当普遍，但深度学习技术的应用却相对有限，主要是因为深度学习通常需要大数据。尽管材料的数据集通常没有其他领域那么大，但当前它们仍然可以包含几十万个样本，尤其是基于模拟的数据集，并且其规模正在不断增大。鉴于深度学习的潜力和优势，以及大型材料数据集的日益可用，构建更深层的神经网络以尝试提高模型精度是很有吸引力的。但与人们的预期相反，任意增加网络深度往往会导致性能下降而非提升。这主要是由于所谓的梯度消失问题，即在训练过程中，反向传播梯度在通过网络层向后传播时，由于在每一层都乘以较小的数而逐渐变得越来越小。因此，如果网络太深，梯度在到达网络开头时几乎变为零，有效地停止了训练。

Jha 等 [17] 开发了一个基于单个残差学习（IRNet）的深度学习框架，以解决由全连接层组成的深度神经网络中的梯度消失问题，这一框架基于最初为卷积神经网络提出的残差学习思想 [18]。他们在神经网络的每一层之后引入了所谓的跳跃连接，以便构建非常深的神经网络，该网络可以将任何基于向量的材料表示作为输入来构建准确的属性预测模型。这项工作展示了如何通过构建多达 48 层的深度神经网络，在大材料数据可用的情况下实现深度学习。

IRNet 模型最近在基于 DFT 模拟的各种材料数据集上进行了测试 [19]，如 OQMD[20]、AFLOW[21]、Materials Project[22]、JARVIS[23] 和实验数据集 [24]，其规模从几千到几十万不等。与普通的深度学习网络和传统的机器学习模型相比，IRNet 模型不仅成功缓解了梯度消失问题，实现了深度学习，而且还为各种材料属性和输入表示构建了明显（高达 47%）更好的预测模型，尤其是在数据点超过 20000 个的数据集上。

24.4.2　小材料数据的深度迁移学习

尽管材料数据集的规模和可用性正在增加，但在大多数情况下，它仍然远远小于我们在其他领域看到的大数据规模。这种小数据问题在材料科学的实验数据中尤为普遍，这通常比模拟要昂贵得多且更耗时。由于深度学习通常需要大数据来构建准确的模型，因此大多数人工智能在小材料数据上的应用仅限于使用传统的机器学习算法。因此，在小实验数据集上构建准确的预测模型是材料科学中一个主要且常见的挑战。

为了利用深度学习模型对小材料数据的高学习能力，Jha 等 [25] 使用了迁移学习的概念，首先在大的源数据集上从头开始构建源深度学习模型，该模型可以是来自类似 DFT 的模拟，然后将训练好的模型用作在小目标数据集上训练目标深度学习模型的起点。换句话说，不是在训练目标深度学习模型时随机初始化权重，而是使用源模型学习到的权重。这被称为迁移学习的微调方法，因为在源数据集上学习到的网络权重是需要使用目标数据集进行微调的。与从头开始训练的模型相比，这个简单而有效的想法可以使模型的准确率高出多达 50%。有趣的是，这些迁移学习模型关于实验观测到的形成能量值的准确性与 DFT 自身的准确性相当，甚至在某些情况下略好，这是相当了不起的，因为人工智能模型比 DFT 快得多。

这种迁移学习模型的一个关键限制是需要有一个与目标属性相同的大型源数据集，这对于某些属性（如形成能）不是问题，但有许多其他材料属性，如剥离能，大规模源数据集并不能轻易地直接进行迁移学习。Gupta 等 [26] 最近在早期关于迁移学习的工作基础上开发了一个跨属性迁移学习框架，该框架中允许源属性和目标属性不同。除了通常用于迁移学习的微调方法外，他们还探索了基于特征提取的迁移学习方法，该方法使用源模型在目标数据集上提取特征或语义向量，然后可以将其用作目标数据集中材料的替代表示，从而在其上构建任何机器学习/深度学习模型。跨属性迁移学习模型在 39 个不同的目标属性上进行了评估，研究发现当两种类型的模型都只使用原始元素部分作为输入时，跨属性迁移学习模型在 38/39 的情况下比从头开始训练的模型更准确。在对跨属性迁移学习模型进行的更严格测试中，只允许从头开始训练的模型使用更多信息丰富的物理属性作为输入，跨属性迁移学习模型在 27/39 的情况下仍然比从头开始训练的模型表现更好，这突出了该框架在解决材料科学中小数据挑战的广泛适用性和有用性。

24.4.3 微观结构设计的深度对抗学习

如前所述，由于可能的微观结构模式的巨大设计空间，微观结构设计是材料科学中极具挑战性的逆向问题。这主要是由于微观结构表示的高维度性。因此，微观结构逆向设计的关键挑战之一是确定一个可以用于设计的低维微观结构表示。

基于深度对抗学习的生成式人工智能模型，特别是 GAN，已经成功用于微观结构设计。GAN 模型由两个神经网络组成，称为生成器和判别器，它们在相互竞争的同时一起训练。生成器的目标是产生一个假图像，而判别器的目标是学习区分真实图像和假图像。因此，当训练得当时，两个网络变得越来越强大，直到收敛，此时，生成器能够产生逼真的假图像。

Yang 等 [27] 使用 GAN 开发了一个端到端的解决方案，用于学习微观结构材料设计的低维非线性微观结构嵌入。生成器网络架构以一个潜在变量矩阵为输入，该矩阵由 16 个变量排列成的 4×4 的图像构成，并逐渐上采样生成 128×128 的图像。相反，判别器网络以 128×128 的图像为输入，并将其逐步下采样为概率分布，从而将输入图像分类为真或假。GAN 模型在 5000 个合成的微观结构图像上进行训练，这使得它能够通过随机采样 4×4 的潜在设计变量矩阵简单地快速生成新的逼真的微观结构图像。研究发现，GAN 生成的图像在统计学上与训练图像相似（但不完全相同），这表明训练是成功的。

后来，研究者将先进的 GAN 模型与贝叶斯优化一起使用，以找到最优的潜在变量，这些变量将产生具有最高光学吸收性能的微观结构图像，由严格耦合波分析模拟所计算。基于 GAN 的优化发现了与随机采样的微观结构相比属性值多达 17% 的微观结构，从而证实了基于 GAN 的微观结构设计框架的有效性。此外，研究发现训练好的生成器还能够生成更高分辨率的微观结构图像，不需要重新训练 GAN，只需修改潜在变量矩阵的维度即可。研究者还发现，判别器网络可以用作开发结构-属性预测模型的预训练模型。

24.5　人工智能辅助材料研发：前景和更加广泛的影响

过去 10 年中，人工智能在材料科学领域的众多应用充分展示了其推进材料科学发展的潜力。然而，正如 2021 年材料基因组计划 [16] 所指出的，这一愿景的成功取决于人工智能数据的可用性，这需要大规模激励和实施 FAIR[28] 数据实践。此外，由于材料科学数据可能相当异构和嘈杂，需要建立适当的数据质量评估措施，以最大限度地扩大人工智能技术在材料科学中的影响。

材料是我们社会的基础组成部分。因此，我们的进步在很大程度上取决于开发新材料和改进材料。在材料科学中适当地应用人工智能，有可能通过将其与模拟和实验的整合，实现人工智能驱动的大规模材料研究，使我们能够以自主的方式（自动驾驶实验室）高效地去探索材料的实际上近乎无限的设计空间。反过来，这些进步可以转化为大规模的制造和部署，从而显著降低引入先进材料的成本和时间。

24.6　总结

近年来，人工智能的最新进展影响了几乎所有的科学和工程领域，材料科学也不例外。在本章中，我们讨论了人工智能如何通过前向和逆向模型来帮助推进材料科学和工程的发展，以及从数据可用性（小型数据和大型数据）和材料设计空间（大设计空间和巨大设计空间）的角度来看，有效实施这样一个工作流程的主要挑战。报告还讨论了一些人工智能研究工作中解决这些挑战的例证，以及人工智能在材料科学中的更广泛影响。随着 FAIR 数据原则在材料科学中的广泛应用，以及人工智能/机器学习/深度学习的开创性进展，为加速先进材料的发现和部署提供了巨大的希望，这也是材料基因组计划的愿景。

参考文献

[1] A. Agrawal and A. Choudhary (2016). Perspective: Materials informatics and big data: Realization of the "fourth paradigm" of science in materials science. APL Materials, 4(053208), 1–10.

[2] T. Hey, S. Tansley, and K. Tolle (2009). The Fourth Paradigm: DataIntensive Scientific Discovery. Redmond, Washington, USA: Microsoft Research.

[3] A. Agrawal and A. Choudhary (2019). Deep materials informatics: Applications of deep learning in materials science.

MRS Communications, 9(3), 779–792.

[4] Y. LeCun, Y. Bengio and G. Hinton (2015). Deep learning. Nature, 521(7553), 436–444.

[5] R. Collobert and J. Weston (2008). A unified architecture for natural language processing: Deep neural networks with multitask learning. In Proceedings of the 25th International Conference on Machine Learning, pp. 160–167.

[6] A. Krizhevsky, I. Sutskever, and G. Hinton (2017). Imagenet classification with deep convolutional neural networks. Communications of the ACM, 60(6), 84–90.

[7] G. Hinton, L. Deng, D. Yu et al. (2012). Deep neural networks for acoustic modeling in speech recognition: The shared views of four research groups. IEEE Signal Processing Magazine, 29(6), 82–97.

[8] S. Grigorescu, B. Trasnea, T. Cocias et al. (2020). A survey of deep learning techniques for autonomous driving. Journal of Field Robotics, 37(3), 362–386.

[9] K. Choudhary, B. DeCost, C. Chen et al. (2022). Recent advances and applications of deep learning methods in materials science. NPJ Computational Materials, 8(1),1-26.

[10] A. Agrawal and A. Choudhary (2018). An online tool for predicting fatigue strength of steel alloys based on ensemble data mining. International Journal of Fatigue, 113, 389–400.

[11] V. Stanev, C. Oses, A. G. Kusne et al. (2018). Machine learning modeling of superconducting critical temperature. NPJ Computational Materials, 4(1), 1–14.

[12] A. Furmanchuk, J. Saal, J. Doak et al. (2018). Prediction of Seebeck coefficient for compounds without restriction to fixed stoichiometry: A machine learning approach. Journal of Computational Chemistry, 39(4), 191–202.

[13] L. Ward, A. Agrawal, A. Choudhary et al. (2016). A general-purpose machine learning framework for predicting properties of inorganic materials. NPJ Computational Materials, 2(1), 1–7.

[14] R. Liu, A. Kumar, Z. Chen et al. (2015). A predictive machine learning approach for microstructure optimization and materials design. Scientific Reports, 5(1), 1–22.

[15] J. Rickman, G. Balasubramanian, C. J. Marvel et al. (2020). Machine learning strategies for high-entropy alloys. Journal of Applied Physics, 128(22), 221101.

[16] Subcommittee on the Materials Genome Initiative (2021). Materials Genome Initiative Strategic Plan.

[17] D. Jha, L. Ward, Z. Yang et al. (2019). IRNet: A general purpose deep residual regression framework for materials discovery. In Proceedings of the 25th ACM SIGKDD International Conference on Knowledge Discovery and Data Mining (KDD), pp. 2385–2393.

[18] K. He, X. Zhang, S. Ren et al. (2016). Deep residual learning for image recognition. In Proceedings of the IEEE Conference on Computer Vision and Pattern Recognition, pp. 770–778.

[19] D. Jha, V. Gupta, L. Ward et al. (2021). Enabling deeper learning on big data for materials informatics applications. Scientific Reports, 11(1), 1–12.

[20] S. Kirklin, J. Saal, B. Meredig et al. (2015). The open quantum materials database (OQMD): Assessing the accuracy of DFT formation energies. NPJ Computational Materials, 1(1), 1–15.

[21] S. Curtarolo, W. Setyawan, G. L. Hart et al. (2012). Aflow: An automatic framework for high-throughput materials discovery. Computational Materials Science, 58, 218–226.

[22] A. Jain, S. P. Ong, G. Hautier et al. (2013). Commentary: The materials project: A materials genome approach to accelerating materials innovation. APL Materials, 1(1), 011002.

[23] K. Choudhary, K. F. Garrity, A. C. Reid et al. (2020). The joint automated repository for various integrated simulations (JARVIS) for data-driven materials design. NPJ Computational Materials, 6(1), 1–13.

[24] L. Ward, A. Dunn, A. Faghaninia et al. (2018). Matminer: An open source toolkit for materials data mining.

Computational Materials Science, 152, 60–69.

[25] D. Jha, K. Choudhary, F. Tavazza et al. (2019). Enhancing materials property prediction by leveraging computational and experimental data using deep transfer learning. Nature Communications, 10(1), 1–12.

[26] V. Gupta, K. Choudhary, F. Tavazza et al. (2021). Cross-property deep transfer learning framework for enhanced predictive analytics on small materials data. Nature Communications, 12(1), 1–10.

[27] Z. Yang, X. Li, C. Brinson et al. (2018). Microstructural materials design via deep adversarial learning methodology. Journal of Mechanical Design, 140(11), 10.

[28] M. D. Wilkinson, M. Dumontier, I. J. Aalbersberg et al. (2016). The fair guiding principles for scientific data management and stewardship. Scientific Data, 3(1), 1–9.

第25章 人工智能与实验粒子物理学

David Rousseau，巴黎萨克雷大学，法国国家科学研究中心/法国国家核物理与粒子物理研究所，伊雷娜·约里奥·居里实验室，法国奥尔赛。
E-mail：david.rousseau@ijclab.in2p3.fr

25.1 引言

实验粒子物理学研究主要基于以下两个步骤的工作：①从设计恰当的检测器中的特定相互作用（如高能质子对撞）中收集数据；②从收集的数据中推断某自然参数的测量值（置信水平）。收集到的数据通常是“事件”的集合，其中一个事件是某特定事件中收集到的所有数据，如质子碰撞或中微子相互作用。

过去，粒子物理学的数据大多从图片中获得，如气泡室。各种可见粒子的参数（来源、方向、能量和特性）都源于人工（用尺子）对每张图片的几何学测量，这一过程可称为粒子水平推断。自20世纪70年代乔治·夏帕克发明的多丝正比室取得突破以来，天然粒子测量实现了电子读取和基于算法的参数估计。然后将单个事件中的粒子特性组合起来，用以推断在该特定事件中所发生的事。正在研究中的重粒子更有趣，它们非常不稳定，在抵达检测器之前，它们就会在1mm^{3}体积的其他粒子中衰变，最终只能检测到少量的其他粒子。但是在所谓的事件水平推断中，特征工程学可以或多或少地揭示不稳定的原始重粒子的特征。最后，在精确的模拟器的帮助下，对记录的所有数据（通常是数十亿个事件）的研究允许对自然的基本法则进行推断，更具体地说就是特定参数的置信区间，这可以称为实验水平推断。

在数据科学这一概念创造之前，实验粒子物理学领域就已经在处理海量数据了。举例来说，与之相对应的是基因组学，在过去10年中，完整的基因组学才成为常规。因此，人工智能算法需要用已经成熟的标杆来评估，但目前还未出现。现有将人工智能应用于粒子物理学的最早记录是1987年布鲁斯登比[1]将神经网络应用于量热和示踪，这也再次成为热点话题。很快就有人追随他[2]，20世纪90年代初他们特别开发了JetNet[3]。这是一种通用的神经网络软件，被引用超过300次，在90年代的粒子物理学界造成一定影响。随后，就是与其他领域一样的“人工智能的冬天”。

在计算机科学领域，各种风格的增强决策树[4]占据了21世纪前10年的领导地位（有一段时间是“机器学习”代替了“人工智能”）。2007～2012年，它们被首次应用在MINOS（中微子）

实验中，并逐渐大范围应用在 D0（文献 [5] 和其他）和 CDF（文献 [6] 和其他）实验中。这些专业知识在大型强子对撞机上得以延续，人工智能对大型强子对撞机的希格斯玻色子物理产生了重大影响 [7]。如果必须给出一个数字，人工智能使灵敏度的增量可达到基于源数据本身的 0.5 倍。对于数十亿欧元的基础设施来讲，这一增量意义重大。

从那之后，人工智能在实验粒子领域的应用被广泛拓展开来。本章旨在简要回顾一些选定主题的技术现状；在本书中展示了一些细节 [8]，更深入的了解可以在这本堪称综合目录的书中找到 [9]，也可以通过其他可行的方法了解。第一至第三部分依次按照粒子水平推断、事件水平推断及实验水平推断。第四部分是得出结论前的模拟。

25.2　粒子水平推断

深度学习的成功首先源于国家标准与技术研究所（MNIST）和 ImageNet 等计算机视觉基准测试，常见形式还有时间序列和表格数据等。粒子物理学的特殊性就在于可以大量提供那些现有工具无法提供的半结构化数据。

图 25.1～图 25.4 是一些例子。大型强子对撞机（如 ATLAS 或 CMS）的实验目的是尽可能多地测量和识别发生在相互作用点的粒子焰。除了在实验最后一步用热量计测量的 μ 子和根本检测不到的中微子，其余按照从内向外的顺序，首先测量带电轨道，然后再用热量计测量出所有（带电或不带电）的出射粒子的能量和方向。

图 25.1 展示的数据，可以让我们将这一事件定义为希格斯玻色子候选者衰变成两个 μ 子（上和下）和两个电子（黄色梯形）。

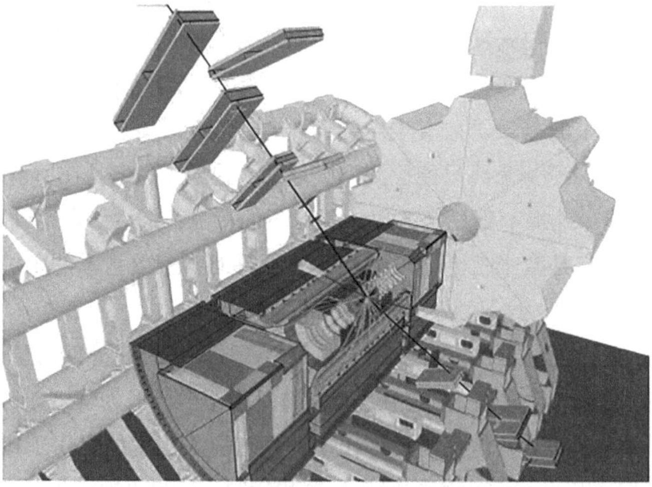

扫码见彩图

图 25.1　在 ATLAS 探测器中，希格斯玻色子的候选者衰变为两个电子和两个 μ 子

相互作用发生在检测器的中心（为方便展示，图中检测器被部分切割）。两个 μ 子分别从右下角和左上角射出检测器，电子最终停在左右两侧的热量计中

图 25.2 显示了数据的二维投影，这使我们能够将这个事件识别为可能是希格斯玻色子衰变成两个光子的候选事件：光子在热量计中被识别为致密的、没有被任何粒子指向的、形状致密的能量沉积物（与可能的 π^0 背景相比）。热量计上的变焦显示，形状分析可以区分背景中的光子。

机器学习可以用于将光子从背景中分离出来。然而，经典的卷积神经网络对这种不规则形状的像素是不起作用的，尤其是当考虑到这些图像中不出现第三维度时。机器学习也用于回归光子或电子的能量，目前使用基于专家构建特征的增强决策树（BDT）[10]。神经网络将能够从模式中提取更多信息。然而，它们将依赖准确的模拟来提供训练数据，这使它们的实际应用遥遥无期。

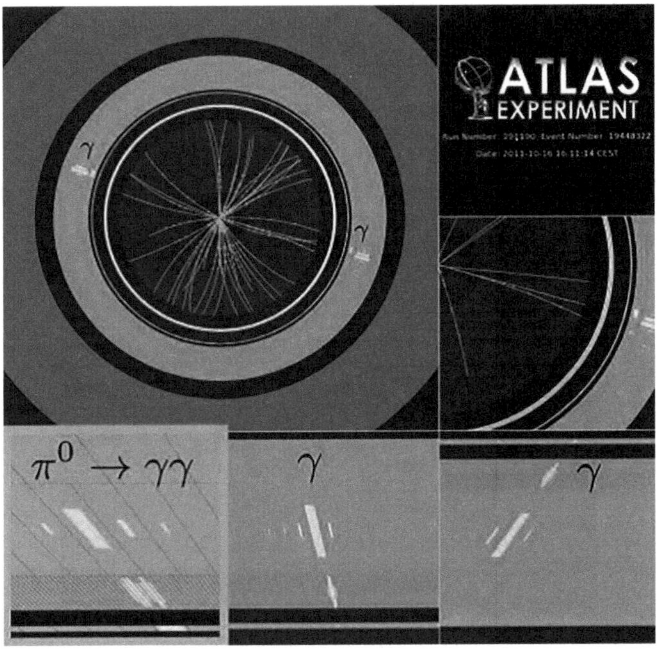

扫码见彩图

图 25.2　在 ATLAS 检测器中，希格斯玻色子的候选者衰变为两个光子（标记为 γ）

左下角的图片显示了背景粒子 π^0 在热量计中的形态；黄色区域与在每个单元格（绿色梯形）中测量的能量成比例

图 25.3 显示了重建带电轨迹的复杂性，特别是在 20 世纪末期计划开始最终升级的高亮度大型强子对撞机的背景下。通常，在一个事件中有 10000 个带电轨道，这些轨道与 10 层硅探测器相交，留下精确测量的三维点。问题的关键在于从 10 万个点中选取并关联到轨迹上，这些轨迹是被约束为近似螺旋弧的轨迹，具有明确定义的轴，并且起源于接近对称中心。此外，这个问题必须迅速解决（亚秒），因为每年必须为数十亿个真实和模拟的事件解决这个问题。

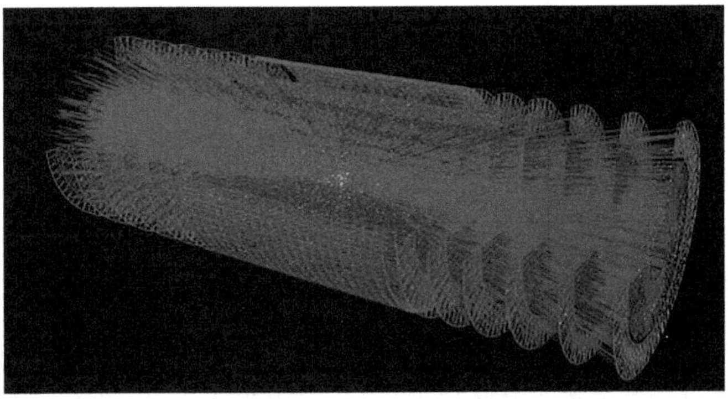

图 25.3　机器学习粒子追踪挑战赛 [11] 中的轨迹

白点是与轨迹（线）相关联的测量值

现在已经组织了一个两步走的竞赛来寻找新的跟踪算法，首先没有任何速度激励（在 Kaggle[11] 上），然后有实质性的速度激励（在 Codalab[12] 上）。在第一阶段机器学习算法被证明是非常准确的。然而，当考虑到速度时，情况则并非如此。结论是，将机器学习技术与优化组合算法相结合的混合算法将取得重大进展（另一个具体案例表明这并不容易实现）。特别是，它表明图神经网络在这种情况下将发挥越来越重要的作用。图形神经网络允许利用半结构化数据，特别是与图像迥异的数据 [13]。

图 25.4 是在完全不同的背景下，来自 IceCube 实验事件的数据表示。埋藏在南极冰层中的一排排光电倍增管探测到高能中微子产生的粒子发出的切连科夫光，这些粒子在离开地球前不久穿过地球。同样，尽管背景大不相同，图神经网络的灵活性也显示了令人振奋的结果 [14]。

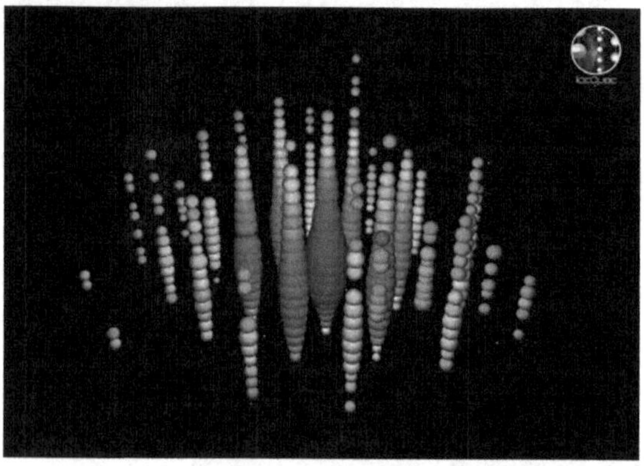

图 25.4　一个高能中微子候选者 [15]

球体的大小表示测光量，颜色表示到达时间

25.3　事件水平推断

现在，既然已经通过各种探测器技术识别了粒子，便可建立一个不同类型粒子的列表，并进行它们动量（方向和能量）与起源点的估计，以及它们身份和其他测量的准确性的估计。接下来的问题是推断在碰撞期间发生了什么，主要是哪些不稳定的粒子被创建并立即衰变。

事实证明，不稳定的粒子在可见粒子中留下了它们短暂存在的线索。一个经典的例子是不变质量：当一个粒子衰变为 n 个次级粒子时，能量和动量是守恒的。次级粒子的能量之和与动量矢量之和等于原始粒子。然后，通过应用特殊相对论的一个基本定律（选择合适的单位），$E^2 = P^2 + M^2$，可以得到 $M = \sqrt{\left(\sum_n E_i^2 - \left|\sum_n P_i\right|^2\right)}$，其中 M 是不稳定粒子的质量。这在测量希格斯玻色子衰变为四个轻子时得到了说明，这是 2012 年报告发现的一个方法，至今仍用于进一步研究（图 25.1 展示了一个四轻子事件候选者）。图 25.5 显示了轻子四重态的质量分布，125GeV 处的峰值是希格斯玻色子存在的证据，尽管评估这一特性是实验级别推理的一部分（见 25.4 节）。这是一个教科书般的例子，展示了如何使用事件级别特征进行实验级别推理。当一些最终粒子的测量或识别不佳，根本没有测量（中微子的情况），或在确定要组合的粒子列表存在歧义时，情况变得更加复杂。传统方法是根据预期分布来设计特征，以最大化灵敏度。人工智能方法结合了专家构建的高级特征或粒子动力学与算法，如提升决策树或越来越多的神经网络。

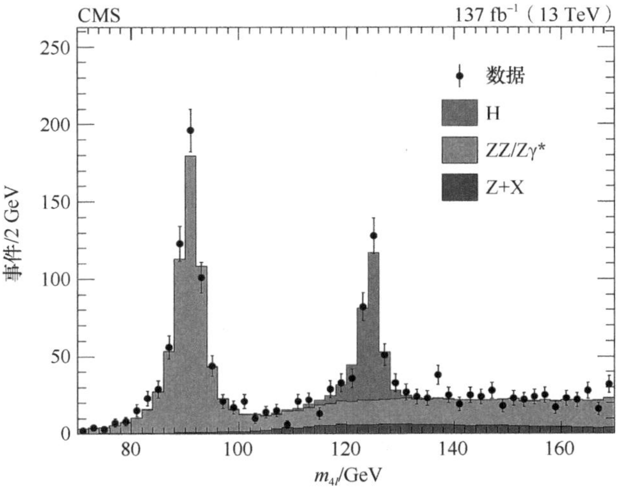

扫码见彩图

图 25.5　CMS 实验测量的四轻子末态的不变质量分布

在 91GeV 处的峰值是 Z 玻色子的罕见衰变，而在 125GeV 处的峰值是希格斯玻色子的明显证据 [16]

2014 年，Kaggle 上组织了一个挑战来探索这种情况，即希格斯玻色子机器学习挑战（简称 HiggsML）[17]。其挑战内容为："给定一个用于希格斯玻色子衰变为 τ 轻子对的模拟数据集 [15]，如何将灵敏度最大化？"获胜者使用了一组（3 层）深度神经网络。然而，他/她的最终得分只是略高于使用随机森林的亚军。XGBoost[18]，一种梯度提升 BDT 算法，就是为这个挑战开发的，并在调整相对简单的情况下获得了接近最佳得分。XGBoost 随后成为整个计算机科学领域事实上的标准 BDT 算法。最近我们重新审视了神经网络方法 [19]，使用现代神经网络软件和技术，获得了良好的结果。

简要总结一下文献 [20]，第一个完整的研究是使用深度学习来识别特定的最终状态。研究的最终状态是 $\ell \nu$bbjj，其中 ℓ 是一个准确识别和测量的轻子（电子或 μ 子），ν 是一个测量不佳的中微子，只沿着两个方向，jj 是两个测量得相当好的喷气，bb 是由特殊算法标记的两个喷气（进行粒子级别推理）。b-tag 不是确定的，相应的分数是每个喷气的额外特征。训练是在 1100 万模拟事件上进行的，要么是一个假设的超对称希格斯玻色子作为信号，要么是一个众所周知的顶夸克对作为背景。每个粒子由一个 3 坐标向量表示（对于中微子是 2 个），4 个喷气还有一个额外的 b-tag 分数。因此，有 21 个低级特征可以直接在分类器中使用。如本节开头提到的不变质量这样的高级特征也可以使用，尽管它们不会向低级特征中添加任何信息。研究表明，当添加高级特征作为额外特征时，浅层神经网络（具有单个隐藏层）的分类能力得到了改善，表明浅层神经网络无法提取全部信息。然而，深度神经网络（具有 3 个隐藏层，按今天的标准来说几乎不深）在所有情况下都比浅层网络有更好的分类能力，更重要的是，它不需要工程化的特征，这可以总结为"神经网络学习物理"。

然而，同一作者对不同最终状态的类似研究得出了不同的结论；分类器在使用高级特征时仍然得到了改进 [21]。

这些研究的关键信息是，深度学习可以达到比简单的 BDT 更高的灵敏度。然而，它需要一个更大的训练数据集才能达到这种灵敏度。这解释了为什么神经网络在事件级别推理中被推进应用的速度较慢，因为准确模拟的事件非常昂贵，所以典型的分析只能负担大约 100k［为了分析特定实验的数据，模拟了数十亿个事件，但模拟预算在许多不同的分析主题之间分配，在预选级别上丢失了大量模拟事件（尤其是背景）］。概念验证论文使用简易的模拟方法，这足以展示新技术的潜力，但不能用于真实数据的推理。

最近的一些发展试图通过使神经网络结构复杂化来促进神经网络对这种 4 动量最终状态（以及更复杂的状态）的训练，如文献 [22] 中所概述的那样。

完整地说，有一条称为“端到端学习”的发展路线，它直接从原始数据中进行事件级推理，而不是通过粒子级推理[23]。

25.4 实验水平推断

正电子（反物质电子）的发现是由安德森从云室获得的一些图片中获得的，其中裸眼可见的轨迹，像电子一样细，似乎在磁场中以错误的方向转弯。如今，大型强子对撞机的一个典型事件包含数千个粒子，这些粒子由复杂的算法重建。希格斯玻色子的存在是在数十亿事件的分析后获得的。

在某些情况下，如图 25.5 所示，希格斯玻色子表现为一个特征上的清晰峰值。然而，希格斯玻色子衰变为 τ 轻子对的证据是通过在十几个变量上训练 BDT 带来的。BDT 被训练为将希格斯类事件得分接近 1，将背景类事件得分接近 –1。图 25.6 所示的分析结果是，希格斯玻色子的证据是数据超过预测背景贡献的过剩，在最右侧的一两个组中。

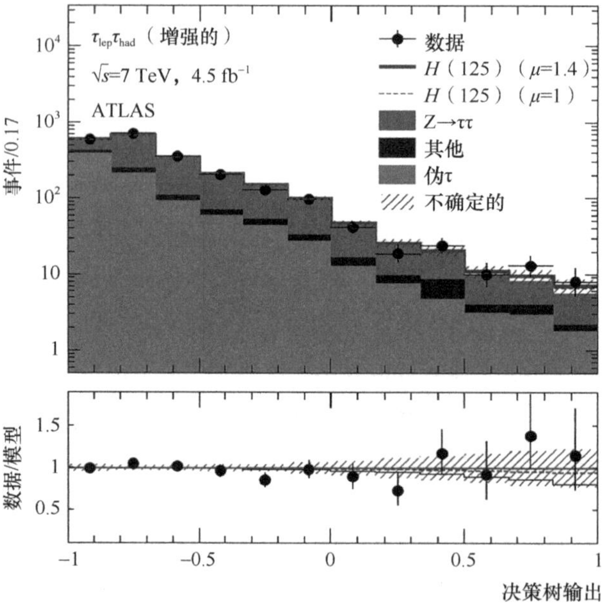

扫码见彩图

图 25.6　通过 ATLAS 实验寻找希格斯玻色子衰变为 τ 轻子对得到的 BDT 判别分布

点显示数据，而彩色直方图显示背景预测。希格斯玻色子可能不太清楚的证据来自在所示的分布中最右边的两个探测箱和其他五个探测箱中超过预测背景的过量数据[18]

近年来，大型强子对撞机实验已经从产生希格斯玻色子的证据转向详细测量其性质以及其他粒子的性质。例如，今天没有已知的机制解释为什么宇宙由物质构成，而物质-反物质不对称性已被测量为微小。通过精确测量希格斯玻色子衰变粒子的角分布，可以获得关于这种机制的线索[24]。这种测量需要复杂的统计分析。

通常（参见 G. Cowan 在文献 [25] 中的统计学评论）是通过从分组的一维事件产额分布（图 25.5、图 25.6）中构建最大似然函数，一个组中的事件产额遵循泊松分布，其参数取决于估计的背景和可能的信号贡献。背景估计是从蒙特卡罗事件模拟中获取的，这些模拟得益于大量努力，以仔细校准其在辅助分布上的所有细节。在实践中，通常同时使用多个一维分布来最大化灵敏度。

如图 25.6 所示，机器学习分类器可以有效地将特征空间的维度减少到 1，当只是计数信号事件的问题时，不会失去灵敏度。然而，在大型强子对撞机上，现在的目标是对基础理论进行精确测量，这需要在整个特征空间维度上发现微小的偏差。经典的方法是使用矩阵元，这是给定整个特征空间的每个事件概率的第一原理量子场论计算。虽然这种技术提高了灵敏度，但它需要非常详细的理论计算，这些计算不一定对所有过程都具有足够的精度，并且很难考虑实验效果。

一组称为基于仿真的推理（以前称为无似然推理）的机器学习技术[26]有望通过未分组的多维最大似然拟合达到最大灵敏度可用神经网络来评估可能性。这些技术的一个关键组成部分是一个精确校准的模拟器，该领域已经为更经典的技术开发了这样的模拟器。但是，该技术将受到前所未有的挑战。

实验粒子物理学领域的主要产出是具有置信区间测量的出版物。通过仔细检查负对数似然在其最小值附近的行为来评估置信区间是标准程序的一部分（参见文献 [25]）。在行为良好的抛物线最小值的简单情况下，置信区间为 $\pm\sigma = \pm(\sigma_{\text{stat}} \oplus \sigma_{\text{syst}})$，其中 $\oplus$ 表示二次，σ_{stat} 表示统计不确定性和系统不确定性。统计和系统的不确定性（在物理学中被称为）在机器学习中通常分别被称为任意不确定性和认知不确定性[27]。在无限数据的限制下，统计不确定性将消失，而系统不确定性不变（除非模型被修改）。系统不确定性包括由测量辅助输入（通常称为营养参数）的不确定性以及可能偏离测量的基本假设而导致的所有不确定性。

第一个问题是在机器学习越来越多地被使用的同时，继续建立可信任的置信区间。例如，正如文献 [7] 中已经提到的，除了引用主要测量之外，在大型强子对撞机的分析中，使用机器学习的几篇最早的论文还引用了使用传统的基于切割（或基于规则）的技术的备份测量，这些技术既兼容又不够精确。备份测量首先用于说服其他合作者，其次用于说服整个社区，通过彻底研究机器学习技术在辅助特征空间区域中的行为，可以证明机器学习技术是可信的。随着对机器学习技术信任度的提高，最近的论文没有展示这样的备份测量。不用说，对辅助特征空间区域的机器学习技术的仔细检查仍在继续。

第二个问题是更进一步，相信机器学习实际上可以降低整体的不确定性，包括系统的不确定性。通常所做的是优化机器学习技术，以降低统计不确定性，同时通过普适方法保持系统不确定性的水平，如避免使用模拟没有很好描述的特征。下一个层次是在训练阶段考虑系统的不确定性，因此是“不确定性感知训练”。

各种各样的技术正在开发中[28]。“枢轴”技术[29]使用神经网络对抗性架构来训练最小化分类器，同时降低其对干扰参数的敏感性。图 25.7 显示了简化基准分析的重要性（在标准偏差中，越高越好）。每条曲线的最大值显示了使用给定分类器的分析的最大显著性。λ 耦合参数允许将 NN 的对抗性部分从 0（回落到经典神经网络）调整为大值，从而最大限度地减少对干扰参数的依赖性。不可避免地减少 σ_{syst} 是以增加 σ_{stat} 为代价的；因此，对于 $\lambda = 10$，需要进行调整以最小化总体 σ，相当于最大化显著性。

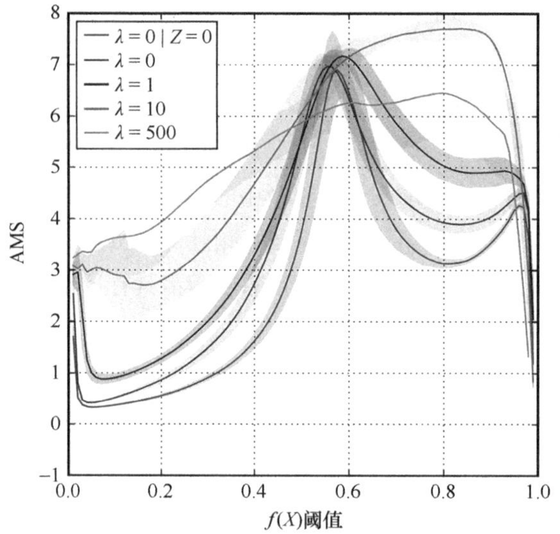

扫码见彩图

图 25.7　对于不同的 λ 耦合参数值，作为分类器得分阈值函数的基准分析的重要性[29]

一种称为 INFERNO[30]的更复杂的技术是基于以下观察：即在一维直方图中，某些图通常用于测量目标参数，而其他图则可用于约束干扰参数。使用 INFERNO，可以以最佳方式自动构建汇总统计信息（一维直方图）。图 25.8 显示，使用这种技术（在一个简单的基准上），所描述的可能性比标准情况下更窄，表明总体不确定性降低。其他的技术也已经被开发出来，但到目前为止只是停留在简单的基准测试上。在训练阶段注入系统模型的危险来自古德哈特定律[31]，

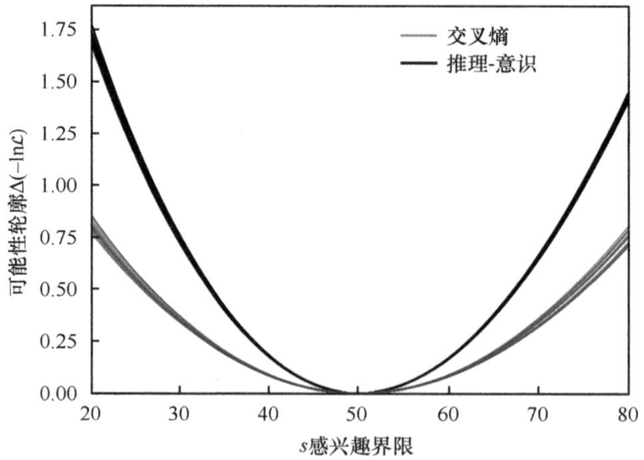

扫码见彩图

图 25.8　10 个经过训练的推理感知模型（使用 INFERNO 技术构建）和 10 个经过培训的基于交叉熵损失的模型[30]的感兴趣参数的期望值周围的概率分布

在经济和管理中众所周知：“当一个度量成为目标时，它就不再是一个好的度量。换句话说，如果模型被“告知”了干扰参数，那么在单独评估之前，如何信任来自同一模型的系统学评估（干扰参数的影响）。

进一步的进展将受益于具有足够复杂性的共享数据集和基准测试，从而使这些先进技术可以进行比较和充分理解，以建立整个研究领域的信任。

25.5 模拟

模拟不仅在未来实验的设计中发挥作用，而且在当前实验的分析中也发挥着十分重要的作用，详见 25.4 节。粒子的主要相互作用，如大型强子对撞机上两个质子的碰撞，可以由 MadGraph[32] 等模拟器相对准确地进行描述（另见本书文献 [33] 和 [34]）。然后，通过虚拟探测器追踪所获得的粒子集，利用 Geant4[35] 之类的仿真引擎。在虚拟探测器中，粒子离开能量沉积并发生相互作用。最后，对这些能量沉积的读出数据进行模拟，以获得与来自真实探测器的数据格式相同并与地面实况相关的数据。这些模拟器从 20 世纪 70 年代开始研发[36,37]，现在已经相当成熟。然而，这样做的代价是耗费大量资源：在大型强子对撞机实验中使用 Geant4 完全模拟一个事件大约需要 1000CPU 秒。目前，已开发出各种快速参数化技术。然而，这些技术需要进行仔细的手工调整。

目前，正在开发的人工智能发生器模型尤其适用于热量计的模拟[38]（图 25.9），其适用的原因如下：

（1）到目前为止，热量计的模拟时间占总模拟时间的绝大部分。

（2）一个粒子撞击热量计会产生成千上万个二次粒子（称为簇射），需要通过探测器进行跟踪，而只有每个敏感元件（一个单元格）的总能量沉积才是有用的。因此，绕过产生二次粒子的中间复杂状态，直接从撞击粒子参数到单元格能量沉积是很有吸引力的。

（3）热量计在设计上具有极佳的近似线性（数学意义上的），也就是说，有数千个粒子的事件的原始信号可以计算为每个粒子的原始信号之和。

扫码见彩图

图 25.9 电磁簇射在 ATLAS 电磁热量计中的简化描述

为了便于观察，这三层被交错排列。完整的热量计是一个有两个端盖的圆柱体；这里只表示一小部分。颜色表示沉积在每个单元中的能量[39]

因此，如果能训练出一个生成器模型来重现 Geant4 中的单个簇射，就可以在模拟框架内使用，从而大大加快模拟速度。利用生成对抗网络或变分自动编码器，已经开发出了几种概念验证方法。该技术的优点在于，尽管生成器经过训练可以与 N 个单独的单元格的能量分布相匹配，但它们也会了解所有相关性，以便像簇射形状（第 n 个矩，次级最小值）这样的高层次观测数据也能在没有明确约束的情况下相匹配。仍有待克服的挑战如下。

（1）确定精确到什么程度才算足够精确：单个簇射的微小系统性偏差通过成千上万个单个簇射的累积，会对整个事件模拟产生很大影响。

（2）改进对长尾分布的描述：偶尔出现的波动很少出现在训练样本中，但必须将其纳入模型中，因为事件选择过程往往会放大这些波动。

（3）描述探测器的全部复杂性：现实生活中的热量计是复杂的三维物体，其中的单元格可以看作形状不规则的体素。概念验证通常选择平移对称性成立的区域。但是，生产模型应该能够处理边缘和粒度的变化。

25.6 结论

现如今，人工智能已越来越多地应用于高能物理学科，它主要利用现有的数十亿欧元的基础设施所提供的信息。人工智能在这方面的领域都取得了进展，通过设计神经网络结构来适应所产生的数据和任务，主要依靠有监督的机器学习，需要准确、快速的模拟器。其中一个挑战是如何在保持当前重型模拟器精度的同时，实现生成器模型所承诺的几个数量级的速度提升。另一个可以利用训练有素的神经网络模型提高推理速度的领域（本章未涉及）是触发器[40]，利用 FPGA 等专用硬件实现的快速粒子级和事件级推理[41]，可用于在线决定是否应保留事件以供进一步分析。

在社会中越来越多地使用人工智能（如在医疗诊断中）的同时，当物理学论文中越来越多地使用人工智能时，还必须考虑到可信度的因素。在物理学论文中，可信度是通过系统不确定性量化的，但也有不可量化的部分：读者是否信服？开放数据集和挑战[42]有助于信任度的建立，允许在同一参考文献中对不同算法进行比较和研究，并引发人工智能和物理学专家之间关于不同方法优点的深入交流。我们还需要做更多的工作，特别是在实验级推理方面，许多创新的概念验证论文已经发表，但使用这些技术的实验论文却很少见。

另外，大型强子对撞机实验（由于 30 年来一直在收集数据）是在 20 世纪 90 年代设计的，当时人工智能还不存在。新一代实验正在开发中，人工智能在数据压缩和筛选方面发挥着至关重要的作用。一个主要的途径是让人工智能在设计实验本身方面发挥重要作用，以最大限度地提高实验的先验灵敏度（而不是收集数据后的后验灵敏度）。目前，正在探索各种技术，如贝叶斯优化、强化学习、微分编程和拓扑优化等，具体可参阅文献 [43]。

参考文献

[1] B. H. Denby (1988). Neural networks and cellular automata in experimental high-energy physics. Computer Physics Communications, 49, 429–448.

[2] L. Lonnblad, C. Peterson, and T. Rognvaldsson (1990). Finding gluon jets with a neural trigger. Physical Review

Letters, 65, 1321–1324.

[3] C. Peterson, T. Rognvaldsson, and L. Lonnblad (1994). JETNET 3.0: A versatile artificial neural network package. Computer Physics Communications, 81, 185–220.

[4] Y. Coadou (2022). Boosted decision trees. In Artificial Intelligence for High Energy Physics. World Scientific, pp. 9–58. https://doi.org/10.1142/9789811234033_0002.

[5] V. M. Abazov, B. Abbott, A. Abdesselam et al. (2001). A Quasi model independent search for new physics at large transverse momentum. Physical Review, D64, 012004.

[6] T. Aaltonen, A. Abulencia, J. Adelman et al. (2008). Model-independent and Quasi-model-independent search for new physics at CDF. Physical Review, D78, 012002.

[7] A. Radovic, M. Williams, D. Rousseau et al. (2018). Machine learning at the energy and intensity frontiers of particle physics. Nature, 560(7716), 41–48.

[8] P. Calafiura, D. Rousseau, and K. Terao (eds.) (2022). Artificial Intelligence for High Energy Physics. World Scientific.

[9] HEP ML Community (2022). A living review of machine learning for particle physics. https://iml-wg.github.io/HEPML-LivingReview/.

[10] M. Aaboud, G. Aad, B. Abbott et al. (2019). Electron and photon energy calibration with the ATLAS detector using 2015–2016 LHC protonproton collision data. Journal of Instrumentation, 14(03), P03 017–P03 017. https://doi.org/10.1088/1748-0221/14/03/p03017.

[11] S. Amrouche, L. Basara, P. Calafiura et al. (2019). The tracking machine learning challenge: Accuracy phase. In The NeurIPS 2018 Competition. Springer International Publishing, pp. 231–264.

[12] S. Amrouche, L. Basara, P. Calafiura et al. (2022). The tracking machine learning challenge: Throughput phase. Computing and Software for Big Science, 5, to be published.

[13] J. Duarte and J.-R. Vlimant (2022). Graph neural networks for particle tracking and reconstruction. In Artificial Intelligence for High Energy Physics. World Scientific, pp. 387–436. https://www.worldscientific.com/doi/abs/10.1142/9789811234033 0012.

[14] R. Abbasi, M. Ackermann, J. Adams et al. (2021). Reconstruction of neutrino events in IceCube using graph neural networks. PoS, ICRC2021, 1044.

[15] G. Aad, B. Abbott, J. Abdallah et al. (2015). Evidence for the Higgs-boson Yukawa coupling to tau leptons with the ATLAS detector. JHEP, 4, 117.

[16] A. Sirunyan, A. Tumasyan, W. Adam et al. (2021). Constraints on anomalous Higgs boson couplings to vector bosons and fermions in its production and decay using the four-lepton final state. Physical Review D, 104(5), 052004.

[17] C. Adam-Bourdarios, G. Cowan, C. Germain et al. (2015). The Higgs boson machine learning challenge. In C. Cowan, I. Germain, Guyon, B. Kégl, and D. Rousseau, (eds.), ser. Proceedings of Machine Learning G. Research, Vol. 42. Montreal, Canada: PMLR, pp. 19–55. http://proceedings.mlr.press/v42/cowa14.html.

[18] T. Chen and C. Guestrin (2016). XGBoost: A scalable tree boosting system. In Proceedings of the 22nd ACM SIGKDD International Conference on Knowledge Discovery and Data Mining, ser. KDD '16. New York, NY, USA: ACM, pp. 785–794. http://doi.acm.org/10.1145/2939672.2939785.

[19] G. C. Strong (2020). On the impact of selected modern deep-learning techniques to the performance and celerity of classification models in an experimental high-energy physics use case. Machine Learning: Science and Technology, 1(4), 045006. http://dx.doi.org/10.1088/2632-2153/ab983a.

[20] P. Baldi, P. Sadowski, and D. Whiteson (2014). Searching for exotic particles in high-energy physics with deep

learning. Nature Communications, 5(1). http://dx.doi.org/10.1038/ncomms5308.

[21] P. Baldi, P. Sadowski, and D. Whiteson (2015). Enhanced Higgs Boson to τ + τ – search with deep learning. Physical Review Letters, 114(11), 111801.

[22] P. Baldi, P. Sadowski, and D. Whiteson (2022). Deep learning from four vectors. In Artificial Intelligence for High Energy Physics. World Scientific, pp. 59–83. https://doi.org/10.1142/9789811234033 0003.

[23] A. Aurisano and L. H. Whitehead (2022). End-to-end analyses using image classification. In Artificial Intelligence for High Energy Physics. World Scientific, February, pp. 313–353. https://doi.org/10.1142/9789811234033_0010.

[24] G. Aad, B. Abbott, B. Abbott et al. (2020). Test of CP invariance in vectorboson fusion production of the Higgs boson in the H to tau tau channel in proton-proton collisions at s=13TeV with the ATLAS detector. Physics Letters B, 805, 135426.

[25] P. A. Zyla, R. M. Barnett, J. Beringer et al. (2020). Review of particle physics. Progress of Theoretical and Experimental Physics, 2020(8), 083C01. https://doi.org/10.1093/ptep/ptaa104.

[26] J. Brehmer and K. Cranmer (2022). Simulation-based inference methods for particle physics. In Artificial Intelligence for High Energy Physics. World Scientific, February, pp. 579–611. https://doi.org/10.1142/9789811234033_0016.

[27] E. Hullermeier and W. Waegeman (2021). Aleatoric and epistemic uncertainty in machine learning: An introduction to concepts and methods. Machine Learning, 110(3), 457–506. http://dx.doi.org/10.1007/s10994-021-05946-3.

[28] T. Dorigo and P. de Castro (2022). Dealing with nuisance parameters using Machine Learning in high energy physics: A review. In Artificial Intelligence for High Energy Physics. World Scientific, pp. 613–661. https://doi.org/10.1142/9789811234033 0017.

[29] G. Louppe, M. Kagan, and K. Cranmer (2017). Learning to pivot with adversarial networks. In I. Guyon, U. V. Luxburg, S. Bengio, H. Wallach, R. Fergus, S. Vishwanathan and R. Garnett (eds.), Advances in Neural Information Processing Systems, Vol. 30. Curran Associates, Inc. https://papers.nips.cc/paper/2017/hash/48ab2f9b45957ab574cf005eb8a76760-Abstract.html.

[30] P. De Castro and T. Dorigo (2019). INFERNO: Inference-aware neural optimisation. Computer Physics Communication, 244, 170–179.

[31] M. Strathern (1997). 'Improving ratings': Audit in the British university system. European Review, 5(3), 305–321. https://www.cambridge.org/core/journals/european-review/article/abs/improving-ratings-audit-in-thebritish-university-system/FC2EE640C0C44E3DB87C29FB666E9AAB.

[32] J. Alwall, R. Frederix, S. Frixione et al. (2014). The automated computation of tree-level and next-to-leading order differential cross sections, and their matching to parton shower simulations. JHEP, 7, 079.

[33] A. Butter and T. Plehn (2022). Generative networks for LHC events. In Artificial Intelligence for High Energy Physics. World Scientific, pp. 191–240. https://doi.org/10.1142/9789811234033 0007.

[34] R. Gupta (2022). Particle physics theory and AI. In Artificial Intelligence and Science, to appear.

[35] S. Agostinelli, J. Allison, K. Amako et al. (2003). GEANT4: A simulation toolkit. Nuclear Instruments and Methods A, 506, 250.

[36] R. Brun, R. Hagelberg, M. Hansroul et al. (1978). Geant: Simulation program for particle physics experiments. User guide and reference manual. 76 pages. CERN-DD-78-2, CERN-DD-78-2-REV.

[37] H.-U. Bengtsson and T. Sjostrand (1986). PYTHIA: The Lund Monte-Carlo for hadronic processes. Conference Proceeding C, Vol. 860623, p. 311.

[38] M. Paganini, L. de Oliveira, B. Nachman, D. Derkach, F. Ratnikov, A. Ustyuzhanin, and A. Ghosh (2022). Generative models for fast simulation. In Artificial Intelligence for High Energy Physics. World Scientific, February, pp. 153–

189. https://doi.org/10.1142/9789811234033 0006.

[39] M. Paganini, L. de Oliveira, and B. Nachman (2018). CaloGAN : Simulating 3D high energy particle showers in multilayer electromagnetic calorimeters with generative adversarial networks. Physical Review, D97(1), 014021.

[40] P. Harris and N. Tran (2022). Machine learning for triggering and data acquisition. In Artificial Intelligence for High Energy Physics. World Scientific, February, pp. 265–309. https://doi.org/10.1142/9789811234033 0009.

[41] T. Aarrestad, V. Loncar, N. Ghielmetti et al. (2021). Fast convolutional neural networks on FPGAs with hls4ml. Machine Learning: Science and Technology, 2(4), 045015.

[42] D. Rousseau and A. Ustyuzhanin (2022). Machine learning scientific competitions and datasets. In Artificial Intelligence for High Energy Physics. World Scientific, pp. 765–812. https://doi.org/10.1142/9789811234033 0020.

[43] T. Dorigo (2020). Geometry optimization of a muon-electron scattering detector. Physics Open, 4, 100022. https://doi.org/10.1016/j.physo.2020.100022.

第26章 人工智能与理论粒子物理学

Rajan Gupta，Tanmoy Bhattacharya，洛斯阿拉莫斯国家实验室理论部 T-2，美国新墨西哥州洛斯阿拉莫斯。E-mail：rajan@lanl.gov，tanmoy@lanl.gov

Boram Yoon，洛斯阿拉莫斯国家实验室计算机计算和统计科学部 CCS-7，美国新墨西哥州洛斯阿拉莫斯。E-mail：boram@lanl.gov

26.1 引言

现代高能物理分析广泛地应用了大规模计算，计算领域的许多进步都是由该领域的需求推动的。然而，所需的计算资源正迅速超过硬件性能的增长，因此需要新的技术和算法来实现实验设计的精确目标，并对标准模型（SM）和理论进行预测，以便将其与实验结果进行比较。ML 在这方面提供了一个非常重要的工具：它为算法的设计提供了一种通用方法，以便以比传统方法更低的成本（无论是代码开发还是执行）解决大量问题。人们可以将 ML 视为模式匹配、插值方案或替代模型的数据驱动开发。如今可用的大多数强大的 ML 系统都是黑匣子，其详细的分析结构即使是可能的，也很难阐明。然而，这对于计算高能物理学家来说并不陌生：像晶格量子色动力学（QCD[1,2]）这样的数值方法早已取代了分析计算（参见 26.7 节）。真正关键的要求，并不是分析性理解，而是能够通过系统性地评估预测中的偏差和不确定性，确保结果的可靠性。

在本章中，我们讨论了 ML 在加速 SM 和超标准模型（BSM）理论的预测、加速晶格 QCD 的模拟、通过拟合数据（包括全局拟合）提取部分子分布函数（PDF），以及限制可能的 BSM 和弦理论的空间等方面的应用。正在进行的研究范围广泛，发展迅速。我们打算在本章介绍一些令人兴奋的研究进展。

26.2 代理模型：大海捞针

ML 在高能物理学（HEP）中的三个重大影响和相关用途如下：①将来自数十亿个事件（数千万亿字节的实验数据）的单个探测器输出连接到（未）表征的信号；②提供区分不同 BSM 理论的信号，作为表征这些理论的自由参数的函数；③勘测已知低能物理学未排除的可能（弦）

理论的大区域。ML 非常适合于这样的模式匹配和搜索，以便从大量数据中找到信号（充分表征或隐藏）。它通常是一个没有基础理论的数据驱动过程，但是可以/应该融入理论的对称性和约束，以使其更具物理意识。下面，我们举例说明 ML 系统如何进行这种分析的转换。

26.2.1 对事件进行分类

对撞机实验中的典型事件包括成千上万个探测器单元的撞击（能量或电荷沉积）。这些碰撞（称为粒子级事件）是由标准模型粒子引起的，这些粒子在初始碰撞顶点与最终检测之间的演化中存活下来，或者是在初始碰撞顶点与最终检测之间产生的，如图 26.1 所示。我们感兴趣的是新物理学的特征。这需要重构顶点，因为新粒子存活时间很短，其主要出现在顶点周围的毫米或更小尺寸的区域中。这涉及从大量高维粒子水平探测数据中破译在初始碰撞（标记部分子水平）之后产生的（虚拟、奇异）粒子及其衰变通道。直接使用 ML 来减少维数的第一步就是向它展示数百万个这样的事件，并训练它对模式进行分类。虽然这是可行的，但效率很低。SM 理论告诉我们，带电的高能 SM 粒子会产生射流（通常来自单个祖先的粒子的准直束），并且建立这种知识对于提高效率是必不可少的。例如，对于强交互根据 QCD 的描述，人们可以根据喷流是起源于夸克还是胶子来分类。因此，可以首先训练 ML 系统来识别夸克和胶子喷流以及如何区分它们，然后根据喷流和它们的起源对每个粒子级事件（命中数千个探测器）进行分类。从探测器信号到喷流再到碰撞（称为粒子级到部分子级再到事件级）的维数减少（数据压缩）是探测器和物理语言之间的转换[3-5]。

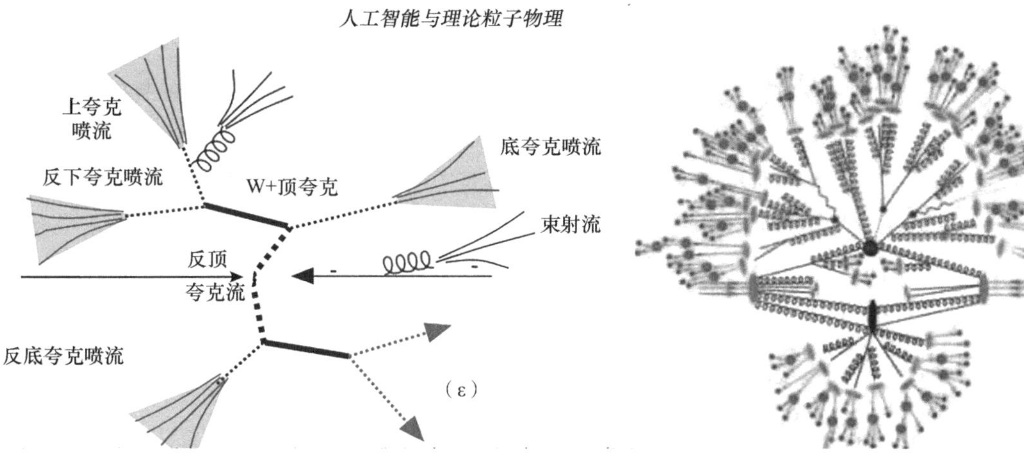

扫码见彩图

图 26.1 （左）由电子-反电子（或夸克-反夸克）引发的事件生成一个 t，t 夸克对产生。t 和 t 寿命非常短（5×10^{-25}s），并衰减为 W –b W + b。W 玻色子和 b 夸克也迅速衰变（分别为 3×10^{-25}s 和约 10^{-12}s），产生底部、上部和反向下夸克（b，b，u，d）喷流。图中还显示了另外两股喷流：一股来自高能光子的辐射。初始电子和一个来自上夸克的胶子发射。在这个事件中，最终态有 6 个产生喷射的部分子（b，b，u，d，g 和 γ），以及中微子（*ve*）和 e– 从 W– 衰变飞走。（图片由 Pekka Sinervo 提供）。（右）一个 pp 事件，两个组成部分部分子（红色圆圈）之间硬碰撞，产生部分子喷流（红色）。pp（紫色）的残余物之间的碰撞同样会产生偏侧部分子。这些部分子也转变成强子喷流（绿色）触发探测器。中和颜色的软胶子在两幅图中都没有显示

机器学习系统非常适合此类任务，并且如今已广泛应用，成为这种分析不可或缺的一部分（参见 David Rousseau 的相关研究，同上）。文献 [6] 展示了提取射流子结构信息的最新进展，而文献 [7] 则提供了一个用于推断射流子对称性的对称生成对抗网络（Symmetric GAN）的例子。

26.2.2 散射振幅和截面

高能对撞机实验中预期结果的理论预测是微分截面。这需要计算特定初始状态进入部分子最终状态的量子力学振幅（部分子能级的振幅说明），如图 26.1 所示。然后这些部分子被转化成粒子，通过喷射发生器到达探测器。

为了获得更高的精度和更多的细节，理论家计算包含越来越多终态部分子且更少相空间变量（各种粒子的 4 个动量）积分的微分截面。这些对基本交互的修正是按照细节来排序的：前导阶（LO）、次前导阶（NLO）等。要达到这些理论计算的每一个阶数，需要社区多年的努力。这些振幅，如在次次超前导阶（NNLO），涉及在每个虚拟粒子的允许相空间（动量）上的多维积分。被积函数是卷积和复数；它们可以具有大的对数、奇异区域、大的消去以及需要在数值积分期间注意的高峰值结构。物理学家知道如何处理这些问题，并获得有限的物理答案，然而，评估非常耗费计算资源（每个事件高达数百万核小时）。

另外，输出是一个表现良好的数字（分布）。此外，这些结果受对称性支配，如在围绕初始碰撞轴旋转下的不变性，其必须在分析中实现。目标是用 ML 回归模型代替这些昂贵的计算。用于生成部分子级振幅的典型过程如下：①在已知理论（例如，标准模型）中针对给定初始状态选择相空间点的随机样本，并使用传统方法评估幅值或截面；②训练 ML 回归模型以预测每个相空间点的相同量；③使用训练好的 ML 来预测新期望点的幅值或截面，而不是使用昂贵的传统计算。在此过程中，ML 回归模型学习输入和输出变量之间的相关性，并且能有效地从用于新评估点的训练数据的输入参数（或输出）内插和外推。

不必进行复积分而导致的计算成本的降低可以是 10^3～10^6 的因子或者甚至更多。可以将这些数据与实验数据（类似地压缩）进行比较，以通过模式匹配来寻找信号（一致、不一致或异常）。

在文献 [8] 中，作者训练了一个梯度增强决策树（GBDT）回归算法，以预测给定相空间点的 gg ZZ 过程的振幅。类似地，文献 [9] 中探索了使用全连接神经网络逼近的 e+e⟶5-jet 的多变量散射振幅方法。

为了约束 BSM 理论的参数，可以对各种耦合和质量值执行该过程，并且可以使用另一 ML 模型对可能的值进行插值。在文献 [10] 中，作者训练了分布高斯过程（DGP）回归算法，以预测 NLO 的最小超对称 SM（MSSM）截面。

使用此类替代模型或任何数值计算的关键问题是不确定性估计。这在许多领域非常重要，因为 ML 的结果构成行动的基础，错误决策具有严重后果。但是，在科学领域，同样需要对不确定性进行控制以取得进展。理论计算的目的是作为黄金标准，提供理论预测，据此可以评估其他近似技术或实验证据。不对黄金标准的不确定度进行稳健估计会稀释其使用，除非已知与计算中的其他不确定度相比可忽略不计。我们所关注的黑盒 ML 方法的问题是，它们通常不适合对系统误差的分析。为了应对这种情况，它们通常可构成自我校正计算的内部组件：从概念上讲，它们生成假设的正确性会影响计算量，但不会影响答案的准确性。如 26.5 节所述，此类用途的一个示例是在 Metropolis 接受/拒绝步骤中构建计量器配置更新的建议。对于平均偏差校正的一般方法进行替代观察，见 26.8 节。

26.3 ML 模型作为拟合函数

在一些物理数据分析中，描述基本物理理论的精确拟合函数形式是未知的。对于这种情况，可以使用 ML 回归模型来参数化物理数据。NNPDF 组织（http://nnpdf.mi.infn.it/）提出了一种利用 ML 对 PDF 进行全局分析的方法，称为 NNPDF 框架[11-13]。PDF 描述强子中夸克和胶子的概率密度作为部分子携带的动量分数 x 的函数。它们不能直接计算，而是使用理论预测和实验结果进行组合分析并从数据中提取。实验数据最初来自 HERA（德国汉堡），现在来自瑞士日内瓦的大型强子对撞机等。输出是 PDF 及其不确定性的蒙特卡罗表示：空间中的概率函数分布。这些 PDF 是在此类实验中寻找新物理学的关键输入。

作为分析的示例，使用神经网络将 PDF $f_k(x, Q_0)$ 参数化为

$$xf_k(x,Q_0) = A_k x^{1-\alpha_k}(1-x)^{\beta_k}\,\mathrm{NN}_k(x) \tag{26.1}$$

式中，k 是 8 个不同 PDF 基的指数，它们是夸克、反夸克和胶子的线性组合；Q_0 是参数化标度；$\mathrm{NN}_k(x)$ 是神经网络回归模型。NNPDF 框架基于每个实验的实验协方差矩阵生成人工蒙特卡罗数据副本，并确定自由参数 A_k、α_k、β_k 和神经网络参数。为了避免动量分数 x 的标度问题，回归模型取两个输入变量（x，$\ln x$），并且为了最小化过拟合风险，它们使用 2–25–20–8 个神经元的相对较小的全连接神经网络，其中第一个和最后一个数字表示输入和输出节点的数量，中间两个数字表示隐藏层的大小。在最新的框架 NNPDF4.0 中，对于以 k 为索引的所有 8 个不同的 PDF 基，成功地训练了具有 8 个输出节点的单个神经网络。

还有两个例子来自格子 QCD。第一，为了描述两个重夸克之间的势能，文献 [14] 使用人工神经网络作为一般拟合函数。研究者利用格子 QCD 数据训练了两个人工神经网络来表示重夸克势的实部和虚部，并获得了良好的与模型无关的重夸克势经验描述。第二，在参考文献 [15] 中，ML 被用来调整魅夸克的相对论重夸克作用。首先用不同量子数的实验电荷基态质量来调整由 5 个参数描述的作用，然后通过模拟它来验证以再现相同的光谱。

26.4 使用 ML 进行多维积分

许多物理计算涉及多维积分，其解析解未知。数值积分方法用于评估积分，通常计算成本高，并且在整体分析中存在瓶颈。当积分的维度很大时，如在格子 QCD（LQCD）中，蒙特卡罗方法是最有效的。蒙特卡罗积分有两个步骤——有效但随机的空间独立变量抽样和对每个随机样本评估被积函数；ML 可以加速这两个步骤。

在大多数实施重要性抽样的蒙特卡罗积分算法中，随机抽样的目标是从特定分布中抽取样本，如积分的绝对值，其值仅通过对给定样本点进行数值评估获得。已经开发了各种方法，如

维加斯（VEGAS）[16–18] 和混合蒙特卡罗（HMC）[19] 算法，并且最近还提出了基于生成式 ML 模型的新算法 [20–24]。

文献 [20] 提供了一个使用 ML 的通用数值积分算法，并发布了一个积分库：i-flow。研究者使用了归一化流来实现重要性抽样 [25,26]，这是一种用于有效抽样和密度评估指定概率分布的生成模型系列，并展示了它在各种问题上的效率。对于每个样本，计算被积函数，并将积分估计为其期望值。

对于多维积分，提出了训练回归模型来模拟被收集样本的被积函数 [27]，并获得更好的积分估计方法。在这种方法中，使用在 26.8 节中描述的偏差校正方法来量化真实被积函数和 ML 模型之间差异的影响。

LQCD 计算通常需要对规范场进行积分，而在最先进的计算中，积分维度为 O（10^{10}）。马尔可夫链蒙特卡罗方法用于抽样，但计算成本高，并产生具有大自相关性的样本。研究者正在积极开发使用生成式 ML 模型的新方法 [21–24,28]。关于 LQCD 和 LQCD 中晶格生成的更详细讨论在 26.5 节和 26.6 节中给出。

26.5 LQCD

QCD 是描述夸克和胶子之间强相互作用的基本理论 [29,30]。它与弱相互作用和电磁相互作用一起构成了基本粒子和粒子间相互作用的标准模型 [31]。QCD 的耦合常数 α_s（q^2）取决于相互作用的能量尺度 q^2。对于所有具有 $q^2<1\text{GeV}^2$ 特征的自然现象，该常数很大，O（1）；因此，基于微扰理论（小参数展开）的标准方法对于弱相互作用和电磁相互作用是非常成功的，但对于 QCD 是不可靠的。1974 年，威尔逊在 4-D 欧几里得格子上制定了 QCD，提供了使用其路径积分形式的数值评估来解决该理论的第一原理方法 [32–34]。通过在许多输入参数的许多值上产生的数据，在无限体积和连续极限中取得物理结果。今天，LQCD 的大规模模拟提供了许多高精度的结果，用于测试 QCD，提供实验分析所需的输入，并对夸克和胶子的束缚态——强子进行详细描述 [35]。

LQCD 的经典数值模拟使用马尔可夫链蒙特卡罗和重要性抽样生成规范配置。玻尔兹曼因子 e^{-S} 高度集中；因此，对于 10^3～10^4 个重要性抽样配置的分析可以准确估计许多有趣的量。这些配置由五个输入参数表征，即 QCD 耦合常数和四个（上夸克、下夸克、奇异夸克和魅夸克）夸克质量。在这些配置上，通过期望值（集合平均）计算相关函数 O：

$$\langle O\rangle=\frac{1}{Z}\int DU\mathrm{e}^{-S[U]}O[U]\approx\frac{1}{N}\sum_i O[U_i] \tag{26.2}$$

式中，$Z=\int DU\mathrm{e}^{-S[U]}$ 是配分函数；S 是理论的作用量，是规范配置 U_i 的泛函；N 是重要性抽样配置的数量，即使用分布 $\mathrm{e}^{-S[U]}$ 生成的配置。例如，选择 O 为图 26.2（左侧）中所示的两点函数，可以获得质子的性质。它表示通过放入具有质子量子数的夸克场的外部源来创建质子，使其随时间演化，然后在稍后的时间 τ 处湮灭。它与电磁等的相互作用是通过在中间时间 t 插入具有矢量电流的额外探针（标记为⊗）获得的，即图 26.2（右侧）所示的三点函数。随着这种相关函数的数量和复杂性的增加，可以预见，QCD 的测量成本现在已经超过了配置的生成成本。

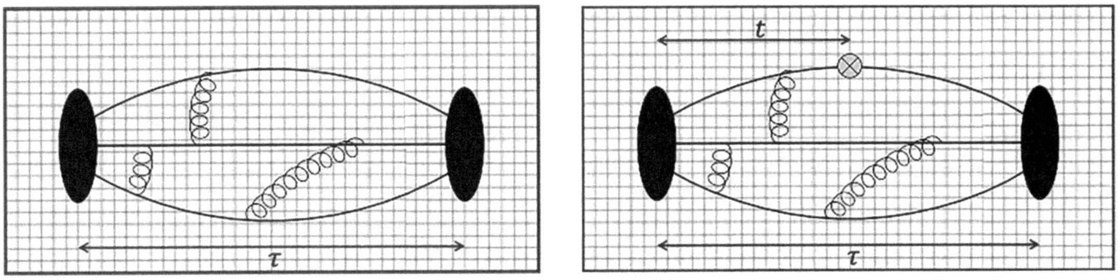

图 26.2 质子的两点（左侧）和三点（右侧）函数的夸克线图

黑色的斑点表示由欧几里得时间 τ 分开的核子源和汇。在三点函数中操作符（标记为⊗）的插入是在时间片 t 进行的，以计算其在核子状态中的矩阵元

每个相关函数的期望值都具有统计误差和系统误差。后者是由于离散化［将 QCD 放在具有维数（L/a）4 和间距 a 的有限格子上］引起的。在物理单位中，通过调整耦合和夸克质量的预测，以匹配五个强子观测值（例如，π+、质子、K 介子、Ω– 和 ηc 强子的质量）到它们的实验值，可以获得真实世界的物理结果。通过在多个格子体积和间距的数值模拟中进行外推，可以获得连续极限和夸克质量的物理值。这是一个消耗算力的程序。为了提供背景，这些经典模拟方法类似于自旋模型［伊辛模型、*XY* 模型、*O*（*N*）模型等］，只是生成无关联配置和测量相关函数都需要 10^9～10^{12} 倍的浮点运算。

ML 方法正在被开发来加速此类计算的三个步骤 [36]：①规范构型的生成（见 26.6 节）；②相关函数的测量 [37-40]；③对其进行分析以提取物理信息 [41-46]。LQCD 中的前两个步骤和 ML 系统都是计算的，因此被标记为“黑匣子”。在 26.7 节中，我们将阐述为什么它们被贴上这个标签，并对它们的不透明性进行对比。

一旦期望值被计算出来，它们就由五个输入参数来表征，并且可以根据这些参数进行展开。因此，原则上，人们期望它们之间存在相关性，但在什么级别上——期望值或相关函数 ML 方法的第一个这样的应用是用来预测相关函数，使用简单的输入函数来计算更难（更昂贵）的相关函数。在文献 [41] 中，使用了 scikit-learn Python ML 库中可用的 GBDT 回归算法 [47]，展示了这种 ML 方法的应用。期望值计算成本的提升幅度是可接受的，为 9%～38%。使用不同的 ML 模型并没有显著改善这一提升，这可能是因为相关性很强，基本上是线性的，而 GBDT 算法在发现它们方面做得非常好。然而，这个演示是非平凡的，因为 ML 算法以两点相关函数作为输入，并逐个配置输出一组三点函数。ML 系统没有提供关于给定配置上波动之间相关性的图像或理解，但 ML 确实找到了它们！我们将在 26.7 节进一步讨论这一点。

文献 [41] 的第二个重要贡献是提出了一种基于 ML 的预测中的系统误差的一般方法，并在 26.8 节中进行了复制。

26.6 用于高效生成规范构型的 ML 方法：应用于格点规范理论

通过马尔可夫链蒙特卡罗方法进行重要性抽样生成构型集合是统计力学系统和场论数值模拟中的关键步骤。马尔可夫链蒙特卡罗方法提供了一种有效的方式来从表征理论的高峰概率密度函数中生成样本，将其转化为一个稳态分布。限制在于，由于马尔可夫链是随机过程，局部[1,33]或小步长全局更新方案，如混合蒙特卡罗是当今模拟中的首选算法——在定义连续极限的量子临界点附近存在长的自相关时间（临界减速）。

在使用微正则时间演化的混合蒙特卡罗方法中，通过生成与位置变量共轭的独立高斯分布的动量变量来建立公式。该系统使用微正则动力学（保持总能量不变）以小步长（以减小离散化误差）进行演化，但持续 O（1）单位的时间。提出的构型被接受的概率为 $e^{-\Delta H}$，其中 ΔH 是动作（能量）的变化[1,48]。这种演化被保证收敛到期望的玻尔兹曼分布 $e^{-H} \equiv e^{-S}$。在微正则演化的每一步都保持详细平衡（可逆性），即对于初始和最终构型 A 和 B，$P(A)P(B|A) = P(B)P(A|B)$。如果不满足，可以通过接受/拒绝步骤中提出构型及其逆的概率比来进行校正。它还满足遍历性的要求。然而，即使在每条轨迹的开始刷新动量变量，使系统保持在恒定能量曲面上以强制小 ΔH（从而获得较大的接受率），构型（位置变量）也会发生微小变化，伴随着格点规范理论中的连续极限 $a \to 0$ 中的相关长度在格单位中变得无穷大，演化会遭受临界减速。这个极限是恢复场论所需的。在实践中，人们将计算推向足够小的 a（足够高的能量尺度），在那里各种微扰展开变得可靠，并可用于外推到 $a = 0$。使用当前的算法，以及实验所需的精度，生成格构型面临着在实现所需匹配之前出现大量自相关的问题。

设计高效的全局更新方案，使构型之间出现快速去相关一直都很困难，尽管提出的变化只需满足上述几个要求：遍历性（所有构型具有相等权重，任何构型都应该是可达的），以及保持详细平衡（可逆性），使得对于任何两个构型 A 和 B，$P(A)P(B|A) = P(B)P(A|B)$。但在热化之后，构型应满足吉布斯分布。在过去的 10 年中，为求解狄拉克算子开发了自适应多重网格算法[49]，这是微正则演化中必不可少但极其耗时的部分。目标是用 ML 算法取代基于微正则演化的公式，特别是那些可以在首次生成足够大的集合的情况下进行训练的算法。

在这里，我们概述了正在积极追求的用于生成规范构型的正规化流[50]的有前途的方法。目标是将 ML 与蒙特卡罗方法结合起来，生成没有自相关的构型。

从数学上讲，存在一些可以将不相关变量的格子构型（独立的高斯分布变量）转化为任何期望的玻尔兹曼集合的转换。而实际问题是：ML 是否可以用于找到对这种转换的近似，以保持理论的对称性（局域规范不变性、宇称等）和守恒定律（高斯定律），维护遍历性，并且具有一个易处理的雅可比行列式，以计算提议的概率，找到这样的转换可以使人们在 Metropolis 接受/拒绝方案中提出大的全局改变[1,48]。如果近似足够好且能被接受，使用 ML 将高斯变量转换为标准分布，将以更低的成本生成一个构型集合，并且基本上没有自相关。只要 ML 过程是可逆且遍历的，正确性（生成具有期望的玻尔兹曼分布的构型）将得到保证。对于简单的作用量，基于神经网络的正规化流的功效已经在图 26.3 中得到了展示，参见文献 [51] 进行回顾。该领域中正在积极将这种方法扩展到 QCD 一个四维非阿贝尔规范理论[36]。

26.7　对比两种黑盒子：LQCD 与 ML

在本节中，我们探讨了关于 LQCD 和 ML 的常见观点，即它们缺乏直觉或对计算的理解，本质上是黑盒子，因此不被看好。

第 26 章 人工智能与理论粒子物理学

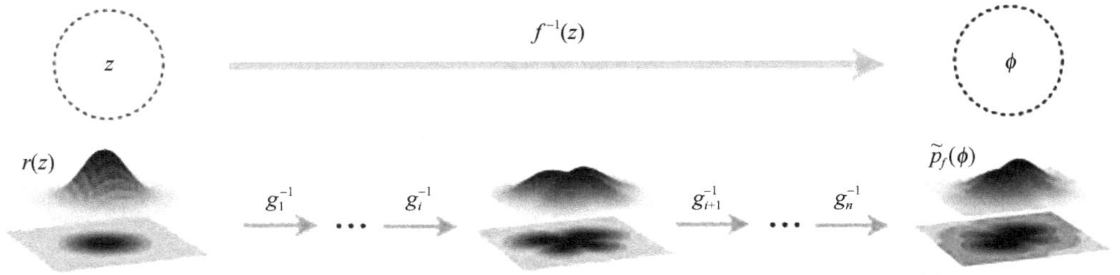

图 26.3 正规化流将来自简单分布 $r(z)$ 的样本 z 转换为遵循分布 $\tilde{p}_f(\phi)$ 的样本 ϕ

其中 $\tilde{p}_f(\phi)$ 是对 $p_f(\phi)\propto e^{-H}$ 的近似，通过叠加逆层 g_i^{-1} 构造的映射 $\phi=f^{-1}(z)$

图片来源：文献 [22]

LQCD 涉及两个“黑”步骤。首先，是生成规范配置的集合，这些配置提供了 QCD 真空（基态）状态的统计描述。我们无法量化或理解任何 SU（3）矩阵在格子上附加的波动，不仅因为局部规范不变性，还因为检查单个有限体积配置时无法确定其分布。其次，是构建状态的量子波函数及其属性。例如，质子的质量 M 是通过拟合两点函数 C_{2pt} 的期望值得到的，其中 C_{2pt} 与源点和汇点在欧几里得时间中的分离 τ 有关，$C_{2pt}\sim e^{-M\tau}$。C_{2pt} 的构建块是夸克传播子，它是在给定配置上定义的 Dirac 逆算子。它对质子或其他任何强子或任何 n 点相关函数一无所知。质子的信息是通过在数千个配置上平均这个两点函数（通过适当地拼接三个夸克传播子以实现质子的量子数）来构建的（执行路径积分），它选择相关的规范相互作用——它在每个时间 τ 处构造与创建状态的量子数相关的波函数，并且在波函数中也构建了随着 τ 增加，激发态呈指数衰减的态势。换句话说，是平均过程指定了分布。

不幸的是，模拟过程没有给我们提供任何关于存在于质子状态中的规范场或它们的波动（即波函数）是什么样子的想法。计算机通过平均过程构建完全量子波函数，但不提供任何关于规范场空间分布的图像。但一旦波函数在“计算机内部”创建，所有规范不变的量，如质子内电荷、自旋和夸克动量的分布，都可以计算。总之，因为真空状态和通过适当外部探针创建的任何状态的波函数没有解析或图像表示，QCD 的模拟被视为黑盒子。

计算的相关函数的期望值是良好表现的数字，是 QCD 的严格输出。它们不仅因为理论论证而被信任，而且因为从同一套配置中测量不同相关函数的数百个结果展现了 QCD 的所有微妙特征。迄今为止获得的所有结果都与实验测量一致 [35]。它们相对于五个可调输入参数的变化也得到了理解和量化，作为幂级数，特别是接近物理点，其中人工效应很小，微扰展开在 a（轻、u 和 d 夸克质量的代用，以 π 质量 $M\pi$ 为代表）和 L 中起作用。使用这些 ansätze 进行拟合，然后用于将数据外推到输入参数的物理值。结果中的偏差（系统不确定性）可能来自路径积分的相空间采样不完整，通常通过增加统计样本的 10～100 倍来检查，并且由于使用截断版本的拟合 ansätze 进行外推，通过增加数据点的数量和以受控方式更接近物理点进行模拟。如果数据集不全面，偏差（系统不确定性）在结果中可能来自上述步骤中的任何一个，例如，数据有限、收集或训练集存在偏差或与测试集不同。因此，全面的数据（和训练）集是至关重要的。

机器学习（ML）有潜力以更低的成本生成去相关网格的集合，并利用另一输入来预测期望值 [41]。此外，它还可以将结果插值和/或外推至其他输入参数值 [36]。然而，由于以下几个原因，机器学习常被视为一种“黑匣子”方法。

不幸的是，寻找微小或未表征的信号是极其困难的，没有有效的方法知道训练集是否全面。暴露失败、偏差和缺乏鲁棒性的一种实用方法是持续监控结果，寻找在上述步骤中的变化下的鲁棒性缺乏，并在所有层面上添加更多数据，这对纯粹主义者来说是不吸引人的。

在 LQCD 公式和计算中，保持 QCD 的对称性起着非常重要的作用。在 ML 中，也可以在模型（对破坏对称性的模型施加惩罚或将其构建到权重调整中）或数据（数据表示本身构建对称性或执行数据增强以实现对称性）的层面上施加对称性。正在进行的工作表明，将对系统科学或动力学的理解纳入 ML 可能会极大地提高其效率 [27,37,38,52]。

总的来说，LQCD 是一个严谨的场论，但其模拟是一个黑盒子。要将其与 ML 合并，应该简单地继续将其模拟视为计算挑战——从输入值的五个参数开始，直接预测相关函数甚至期望值，该过程的核心是 LQCD 模拟和 ML 的高效结合。

ML 和 LQCD 模拟之间的显著区别在于，在 LQCD 中，同一套规范配置提供了所有可以用相关函数表达的物理问题的答案。而在 ML 中，对于每个可观察量或应用，都期望有不同的设置，即使真空状态和波函数的基本概念也丢失了。我们再次强调这一点：LQCD 配置中的波动包含所有相关函数的信息，甚至是违反 QCD 对称性的相关函数，如宇称、电荷共轭或重子数。在后一种情况下，只需要计算适当的相关函数和重新加权因子以考虑玻尔兹曼权重的差异。一般来说，很难接受这样一个丰富的系统可以被构建到一个 ML 系统上，该系统是在一组相关函数上训练的。在 26.9 节中给出了这方面的进展示例。因此，随着经验的积累，这种差异有可能变得模糊。

我们的直觉是，使用归一化流 [50] 等方法在 LQCD 中生成不相关配置是一种更便宜的方法，将超越计算昂贵的预测相关函数，如文献 [41] 中讨论的那样。ML 在数据分析中的另一个令人兴奋的应用是估计欧几里得两点函数的实时谱函数 [42,43,53,54]，这是一个出了名的困难的“逆”问题，因为后者是前者的拉普拉斯变换。

随着这些 ML 方法的成熟，一个关键问题将是检测和纠正 ML 预测中的偏差。26.8 节首先描述了一种纠正 ML 预测偏差的通用方法，然后提供了一些额外的评论。

26.8 ML 预测平均值的偏差纠正的通用方法

考虑 M 个独立测量的一组可观测量 $X_i = \{O_i^1, O_i^2, O_i^3, \cdots\}$，$i = 1, \cdots, M$，但目标可观测量 O_i 只在 $N \ll M$ 的这些测量中可用。这些 N 被称为标记数据（LD），其余的 $M - N$ 被称为未标记数据（UD）。目标是通过在子集 $N_t < N$ 的标记数据上训练 ML 算法来构建一个 ML 模型 F，该模型预测目标可观测量 $O_i \approx O_i^{\mathrm{P}} \equiv F(X_i)$。然后通过以下方式获得偏差纠正后的估计值 O：

$$\bar{O} = \frac{1}{M-N} \sum_{i \in \{\mathrm{UD}\}} O_i^{\mathrm{P}} + \frac{1}{N_b} \sum_{i \in \{\mathrm{BC}\}} (O_i - O_i^{\mathrm{P}}) \tag{26.3}$$

式中，第二个求和是在 $N_b \equiv N - N_t$ 剩余的标记样本上进行的，以纠正可能的偏差。这里，O_i^{P} 明确依赖于 X_i，并隐含地依赖于 N_t 和所有训练数据 $\{O_j, X_j\}$。对于固定的 ML 模型 F，O 的采样方差 σ 由以下公式给出：

$$\sigma_{\bar{O}}^2 = \frac{\sigma_O^2}{N} \left\{ s^2 \frac{N}{M-N} + \frac{1}{f} [(1-s)^2 + 2s(1-r)] \right\} \tag{26.4}$$

式中，σ_O^2 是 O_i 的方差；$s \equiv \sigma_O^{\mathrm{P}}/\sigma_O$ 是预测变量 O^{P} 与真实可观测量 O 的标准差之比；r 是这两者之间的相关系数，$f \equiv N_b/N$ 是用于偏差纠正的观察函数。式（26.4）表明，当 $s \approx 1 \approx r$ 时，这个过程将有效样本大小从 N（O_i 可用的地方）增加到大约 $M-N$。为了简单起见，在推导式（26.4）时，忽略了数据统计的独立性等细节。一种考虑训练和偏差纠正数据集的全误差的方法是通过自助法[36]，该方法为每个自助样本独立选择 N 个标记项目和 $M-N$ 个未标记项目。虽然偏差纠正消除了预测中的系统偏移，但它可能会增加最终误差，即由 ML 预测的偏差而产生的系统误差被转化为统计误差——当然，优势在于可以使用标准的统计技术（如自助法）准确估计后者。然而，由于偏差在这个过程中被明确估计，因此在特定应用中，可以评估是否偏好精确的有偏估计器还是无偏但不精确的估计器。

26.9 物理感知 ML 模型的例子

当 ML 应用于物理数据时，ML 可以从数据中推断出的系统的对称性和约束，并利用这些信息进行预测。然而，通过在 ML 过程中明确实现物理规则，可以获得更精确的 ML 预测，并且训练数据更少。例如，在文献 [37] 中，作者提出了一种新的 CNN 结构，称为网络卷积神经网络（L-CNN），它保持规范等变性。他们引入了一组网络层，精确保持规范对称性：卷积层、双线性层、激活函数、指数层、迹层、方块和波利亚科夫（Polyakov），这些层可以任意堆叠以形成规范等变网络。L-CNN 的构建示例如图 26.4 所示。本节还研究了如何在二维格点上的标量场配置分析中对 CNN 架构施加全局平移不变性[38]。对于 26.6 节中描述的规范生成研究，通过定义规范不变流和耦合层来满足格点规范理论的精确规范不变性，已经提出了一个基于流的生成模型[23]。此外，在文献 [52] 中，通过利用矩阵元素的分解性质，显著提高了 e+e– ⟶ 5-jets 的 ML 预测准确性，如 26.2.2 节所述。

扫码见彩图

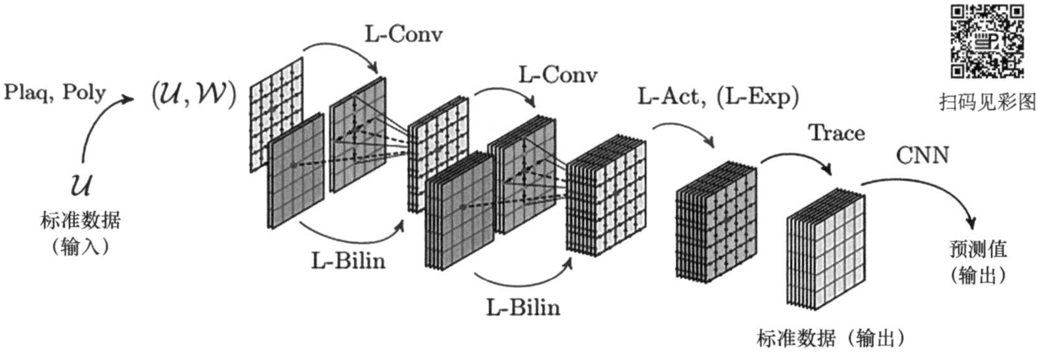

图 26.4 由格点卷积（L-Conv）、双线性层（L-Bilin）、激活函数（L-Act）、指数层（L-Exp）、迹层（Trace）以及方块（Plaquette）和波利亚科夫（Polyakov）构建的格规等离 L-CNN 示例（Plaq 和 Poly）输入的晶格场 u 和以起点 w 为终点的威尔逊曲线，通过保留格规等差性的物理对称性运算进行处理，从而得出准确的预测结果

图片来源：文献 [37]

当受到不正确理论的约束时，训练的 ML 倾向于产生有偏预测。例如，在式（26.1）中，一个前因子 $x_1-\alpha_k(1-x)\beta_k$ 乘以神经网络对 PDF 的参数化，以执行大 $-x$ 行为 $f_k(x=1)=0$ 所需的

组成计数规则[55]和由里吉（Regge）理论[56]启发的小 $-x$ 行为。然而，这个前因子提供了比物理规则允许的更严格的约束，并可能在预测和不确定性估计中引入偏差[57]。为了避免这种偏差，文献 [57] 提出了通过去除前因子并用式（26.5）替换来实施最小约束。

26.10 无监督 ML 方法

现代物理实验和模拟产生了大量数据，但许多分析模型无法有效处理并充分利用如此庞大和复杂的数据。然而，复杂的物理数据可以通过位于低维度流形上的少量特征来解释。例如，物理系统的平移对称性可能解释了所有在平移下对称的数据。无监督 ML 是一类从未标记数据中提取推论，并通过紧凑数据表示的算法。将无监督 ML 算法应用于物理数据，可以发现数据的自然聚类和关键特征，找出异常事件，并生成合成数据。

尽管实验数据是无监督 ML 应用的最佳候选之一（例如，正如 26.2.1 节中讨论的事件分类），但许多研究在理论粒子物理数据分析中找到了有用的应用。用于蒙特卡罗模拟的生成模型（如 26.4 节所解释的）是此类应用的良好示例。文献 [58] 还应用了生成对抗网络来产生蒙特卡罗 PDF 数据的伪样本。通过这些合成副本增强的数据集，能够比标准方法更准确地找到代表原始数据集潜在概率分布的更好子集。利用物理数据之间的相关性，文献 [59] 开发了一种用于统计浮点数据的有损压缩算法，通过在量子退火器上用二进制变量进行表示学习，如图 26.5 所示。基于 26.8 节中解释的算法，研究者进一步提出了一种对有损压缩数据不精确重建的偏差校正方法。

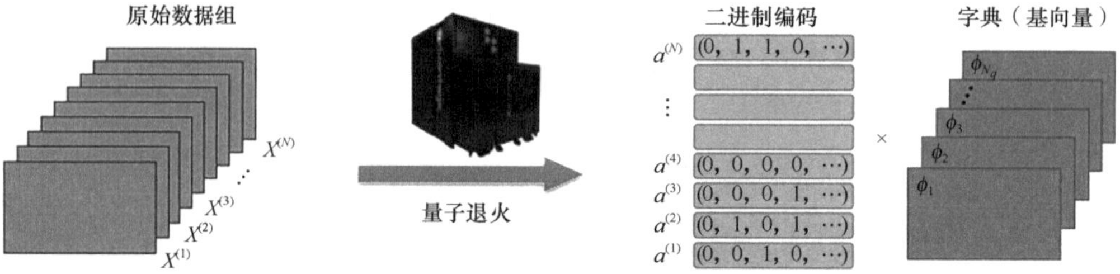

扫码见彩图

图 26.5 基于 ML 的压缩算法示例[41]

该算法利用物理数据中的相关性，找到了原始浮点数据的较低维度二进制表示，可以在较小的空间内存储。原始浮点数据的低维二进制表示，可减少内存需求，并能从一组基向量精确地重建原始数据。量子退火器被用来解决 NP 难优化问题，即找到最优二进制编码，方程为

$$xf_k(x,Q_0) = A_k[\mathrm{NN}_k(x) - \mathrm{NN}_k(1)] \tag{26.5}$$

研究发现效率没有降低，并且与以前的结果非常吻合。

26.11 探索可能理论的空间

尽管粒子物理的标准模型非常成功，其预测与所有已知实验之间无已知偏差，但它仍有重大缺陷。三个重要的缺陷与观测到的宇宙大尺度结构有关：暗物质、暗能量和物质-反物质不对称性的解释。后者的可能机制包括重子生成或轻子生成[60-63]。因此，需要扩展标准模型以包括

宇宙学标准模型，以及可能需要解释这些观测的标准模型之外的粒子和相互作用。在更基本的层面上，解释引力和宇宙大尺度演化的经典广义相对论尚未成功量子化。一个完全统一的理论需要包含量子引力。然而，可能的理论数量非常多。鉴于寻找基本模型或“下一个”标准模型是高能物理研究的核心，因此不奇怪 ML 方法已被用于这一构建过程。

我们讨论两个示例。第一个示例是对超标准模型理论进行预测，该理论由特定的未知参数、粒子和相互作用定义，并生成少量输出变量的合成数据，这些变量表征其预测结果。为确定它是否为自然界理论，将再次设计一个 ML 系统来比较预测数据与实验数据。计算流程如下：有效探索输入参数空间（使用最小超对称模型理论作为示例）。使用传统方法计算模型参数的次领先阶截面值，如超胶子（gluino）和超夸克（squark）质量，并使用数据驱动预测插值这些结果，以获得模型参数任意值的截面。对称性、守恒定律和其他物理知识可以构建到ML模型或输出中。通过将这些预测与实验数据相匹配，可以逐步限制允许的耦合空间。然后，这样的 ML 系统可以扩展到在标准模型之外理论之间进行搜索。

第二个示例是弦理论（图 26.6）。结合广义相对论和量子场理论的基本理论被称为“M 理论”[64]。它被认为是独一无二的，各种弦理论作为其许多真空或假真空的波动出现。在为我们的宇宙开发模型时，人们只能在这些真空之间进行选择。不幸的是，这些真空由一组整数参数化。据估计，有超过 10^{10^5} 个真空[65]。这带来了三个巨大的挑战：如何选择要分析的真空，其中任何一个真空是否具有低能有效理论的标准模型，以及这些理论的新颖预测是什么[66,67]？

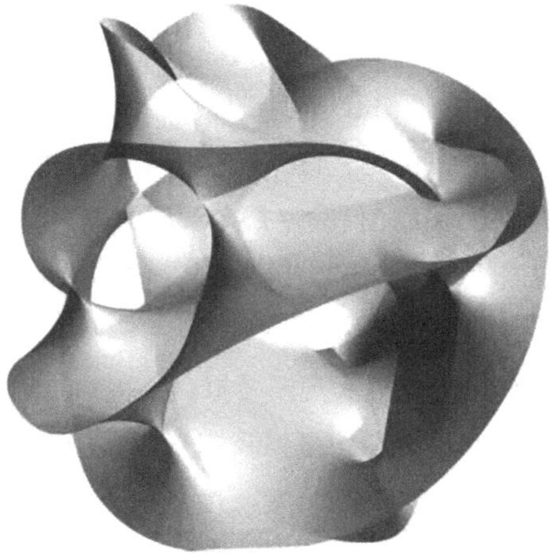

图 26.6　五重 Calabi-Yau 流形的横截面

在弦理论的 F 理论方法中，不同的弦真空状态来源于选择一个 Calabi-Yau 流形结构以及在其上的通量值。该图片是基于文献 [68] 中的公开数据，使用文献 [69] 中描述的方法创建而成

从本质上讲，这些问题可以构建为一个代数问题[15,70]。例如，围绕任何这些真空存在的“粒子种类”数量是一个整数值函数，该函数依赖于描述真空的整数参数。这是一个非常难以评估的函数，而 ML 已被用于为这类问题获得近似函数，在某些领域与真实函数匹配率超过 90%[71,72]。更有趣的是，可以训练一个 ML 架构来识别参数空间中的区域，在这些区域内，具有理论预期结构的多项式近似是有效的，或者存在被认为对标准模型或我们的宇宙至关重要的某种结构[73,74]。

这个例子展示了结合人类智慧和 ML 工具来筛选研究方法和理论的优势！通过 ML 的辅助，我们可以更有效地探索和理解这些复杂的理论模型，尤其是在面对极大的理论选择空间时。这种方法不仅能帮助我们识别出最有前景的理论，还能在对这些理论进行深入研究之前，高效地缩小研究范围。通过这种方式，ML 成为高能物理和理论物理研究中的一个强大工具，它有助于我们在理解宇宙的基本规律方面迈出更坚实的步伐。

26.12 从深度神经网络解读额外维度

有趣的是，最近发现的格子化的反德西特-共形场理论（AdS-CFT）对应关系是深度神经网络与现代高能物理学的相联系的产物[75,76]。1998 年，马尔代纳（Maldecena）获得一个巨大的发现，即 CFT 作为在 AdS 背景上的引力理论远端边界的物理描述，其内部边界具有黑洞视界，即 AdS/CFT 对应关系[77,78]。从 CFT 的角度看，额外维度的含义完全不透明，但文献 [75] 和 [76] 将沿额外维度的切片解释为计算黑洞视界的神经网络层，这种解释基于场论数据。具体来说，设计了一种神经网络，其内部权重被解释为在离散时空上的度规分量，满足引力运动方程。由于黑洞边界是固定和已知的，现在可以“训练”这个网络来“学习”在远端边界展示简单已知场构型作为输入时的黑洞边界条件，训练有素的网络中的权重后续将近似对应于边界理论的 AdS 几何。

26.13 结论

理论高能物理学中存在许多难以解决的计算问题。处理高光度大型强子对撞机中每个事件的复杂性、事件频率、LQCD 中的亚百分比精度，以及找到描述我们宇宙的正确的 M 理论，都需要新工具。本章探讨了 ML 方法在优化、模式识别（如对撞机事件）、数值积分、生成模型、外推、内插、回归和替代模型等方面正如何改变众多领域的研究。

我们投入了相当多的篇幅来讨论 LQCD，因为 ML 方法不仅有望显著减少计算需求，而且 LQCD 展示了如何通过放弃计算中间步骤的分析控制（理解、可视化），来获得强相互作用量子场理论的丰富结构和预测。依赖 LQCD 的大规模模拟，并将 QCD 转化为一个数值问题，可能无法满足纯粹主义者的需求，但这些模拟在费曼路径积分公式中有着严格的计算基础，因此其结果已变得更加可接受。这些模拟突出了一个事实：虽然在计算机中创建量子基态和强子的波函数是一个“黑箱”，但这种统计描述提供了用越来越高的精度计算许多感兴趣的可观测量的方法。未来，如归一化流这样的方法可能会取代标准的马尔可夫链蒙特卡罗方法来生成规范配置——所需要的只是从一个简单的分布到所需分布的转换，无论这种转换多么不透明。理论家需要的思维转变是——获取 LQCD 的配置集合的方式并不重要，只要我们能验证它们遵循玻尔兹曼分布，并保证相关函数的结果无偏。

我们预计，即使 ML 方法变得更加强大，且其计算过程日益不透明，对理解物理的需求也不会减少，而且基于物理意识的 ML 发展将更有效率。物理学家、数学家、计算机科学家和统计学家组成的跨学科协作团队，正日益成为推动研究的重要力量，特别是在需要重复数十亿次计算的高难度任务（事件生成器、LQCD）和处理大型复杂数据集（LHC 实验）的领域。

第 26 章 人工智能与理论粒子物理学

参考文献

[1] M. Creutz (1985). Quarks, Gluons and Lattices, Cambridge Monographs on Mathematical Physics. Cambridge, UK: Cambridge University Press. ISBN 978-0-521-31535-7.

[2] C. Gattringer and C. B. Lang (2010). Quantum Chromodynamics on the Lattice, Vol. 788. Berlin: Springer. ISBN 978-3-642-01849-7, 978-3-642-01850-3. doi:10.1007/978-3-642-01850-3.

[3] G. Kasieczka, T. Plehn, A. Butter et al. (2019). The Machine learing landscape of top taggers. SciPost Physics, 7, 14. doi:10.21468/SciPostPhys. 7.1.014, arXiv:1902.09914[hep-ph].

[4] T. Faucett, J. Thaler, and D. Whiteson (2021). Mapping Machine-Learned physics into a human-readable space. Physical Review D, 103(3), 036020. doi:10.1103/PhysRevD.103.036020, arXiv:2010.11998 [hep-ph].

[5] L. Bradshaw, S. Chang, and B. Ostdiek (2022). Creating simple, interpretable anomaly detectors for new physics in jet substructure. arXiv:2203.01343 [hep-ph].

[6] P. T. Komiske, I. Moult, J. Thaler et al. (2022). Analyzing n-point energy correlators inside jets with CMS open data. arXiv:2201.07800 [hep-ph].

[7] K. Desai, B. Nachman, and J. Thaler (2021). SymmetryGAN:Symmetry discovery with Deep Learning. arXiv: 2112.05722 [hep-ph].

[8] F. Bishara and M. Montull (2019). (Machine) Learning amplitudes for faster event generation. arXiv:1912.11055 [hep-ph].

[9] S. Badger and J. Bullock (2020). Using neural networks for efficient evaluation of high multiplicity scattering amplitudes. JHEP, 6, 114. doi: 10.1007/JHEP06(2020)114, arXiv:2002.07516[hep-ph].

[10] A. Buckley, A. Kvellestad, A. Raklev et al. (2020). Xsec: The cross-section evaluation code. European Physical Journal C, 80(12), 1106. doi:10.1140/epjc/s10052-020-08635-y, arXiv:2006.16273[hep-ph].

[11] S. Carrazza and J. Cruz-Martinez (2019). Towards a new generation of parton densities with deep learning models. European Physical Journal C, 79,8,676.doi:10.1140/epjc/s10052-019-7197-2, arXiv:1907.05075 [hep-ph].

[12] R. D. Bal, S. Carrazza, J. Cruz-Martinez et al. (2021a). The Path to Proton Structure at One-Percent Accuracy. arXiv:2109.02653[hep-ph].

[13] R.D. Ball, S. Carrazza, J. Cruz-Martinez et al. (2021b). An open-source machine learning framework for global analyses of parton distributions. European Physical Journal C, 81(10), 958. doi: 10.1140/epjc/s10052-021-09747-9, arXiv:2109.02671[hep-ph].

[14] S. Shi, K. Zhou, J. Zhao et al. (2022).Heavy quark potential in the quark-gluon plasma: Deep neural network meets lattice quantum chromodynamics. Physical Review D, 105(1), 014017. doi: 10.1103/PhysRevD.105.014017, arXiv:2105.07862[hep-ph].

[15] D. S. Berman, Y.-H. He, and E. Hirst et al. (2022). Machine learning Calabi-Yau hypersurfaces. Physical Review D, 105(6), 066002. doi: 10.1103/PhysRevD.105.066002, arXiv:2112.06350 [hep-th].

[16] G. P. Lepage (1978). A new algorithm for adaptive multidimensional integration. Journal of Computational Physics, 27(2), 192-203. https://doi. org/10.1016/0021-9991(78)90004-9, http://www.sciencedirect.com/science/article/pii/0021999178900049.

[17] G. Lepage (1980). VEGAS-An adaptive multi-dimensional integration program. Tech. Rep. CLNS-447, Cornell Univ. Lab. Nucl. Stud., Ithaca, NY.http://cds.cern.ch/record/123074.

[18] G. Lepage (2021). Adaptive multidimensional integration: VEGAS enhanced. Journal of Computational Physics, 439, 110386. doi: 10.1016/j. jcp.2021.110386, arXiv:2009.05112[physics.comp-ph].

[19] S. Duane, A. D. Kennedy, B. J. Pendleton et al. (1987). Hybrid Monte Carlo. Physical Letters B, 195, 216-222. doi: 10.1016/0370-2693(87)91197-X.

[20] C. Gao, J. Isaacson, and C. Krause (2020). i-flow: High-dimensional integration and sampling with normalizing flows. Machine Learning: Science and Technology, 1(4), 045023. doi: 10.1088/2632-2153/abab62, arXiv:2001.05486 [physics.comp-ph].

[21] J. M. Pawlowski and J. M. Urban (2020). Reducing autocorrelation times in lattice simulations with generative adversarial networks. Machine Learning: Science and Technology, 1, 045011. doi: 10.1088/2632-2153/abae73, arXiv: 1811.03533[hep-lat].

[22] M. S. Albergo, G. Kanwar, and P. E. Shanahan (2019). Flow-based generative models for Markov chain Monte Carlo in lattice field theory. Physical Review D, 100(3), 034515. doi: 10.1103/PhysRevD.100.034515, arXiv: 1904.12072[hep-lat].

[23] G. Kanwar, M. S. Albergo, D. Boyda et al. (2020). Equivariant flow-based sampling for lattice gauge theory. Physical Review Letter, 125(12), 121601. doi: 10.1103/PhysRevLett.125.121601, arXiv:2003.06413[hep-lat].

[24] D. C. Hackett, C.-C. Hsieh, M. S. Albergo et al. (2021). Flow-based sampling for multimodal distributions in lattice field theory. arXiv:2107.00734 [hep-lat].

[25] D. J. Rezende and S. Mohamed (2016). Variational inference with normalizing flows. arXiv:1505.05770 [stat.ML].

[26] B. Efron (1979). Bootstrap methods: Another look at the jackknife. The Annals of Statistics,7(1), 1-26.

[27] B. Yoon (2021). A machine learning approach for efficient multi-dimensional integration. Scientific Report, 11(1), 18965. doi:10.1038/s41598-021-98392-z, arXiv:2009.06697 [physics.comp-ph].

[28] M.S. Albergo, D. Boyda, K. Cranmer et al. (2022). Flow-based sampling in the lattice Schwinger model at criticality. arXiv:2202.11712 [hep-lat].

[29] J. Campbell, J. Huston, and F. Krauss (2017). The Black Book of Quantum Chromodynamics: A Primer for the LHC Era. Cambridge, UK: Cambridge University Press. ISBN 978019652747. doi: 10.1093/oso/9780199652747.001.0001.

[30] B. L. Ioffe, V. S. Fadin, and L. N. Lipatov (2010). Quantum Chromodynamics: Perturbative and Nonperturbative Aspects. Cambridge University Press. ISBN 978-1-107-42475-3, 978-0-521-63148-8, 978-0-511-71744-4. doi: 10.1017/CBO9780511711817.

[31] P. Langacker (2017). The Standard Model and Beyond. Taylor & Francis. ISBN 978-1-4987-6322-6, 978-1-4987-6321-9, 978-0-367-57344-7, 978-1-315-17062-6. doi:10.1201/b22175.

[32] K. Wilson (1974). Confinement of quarks. Physical Review D, 10, 2445-2459. doi:10.1103/PhysRevD.10.2445.

[33] K. Wilson (1975). Quarks and strings on a lattice. In 13th International School of Subnuclear Physics: New Phenomena in Subnuclear Physics, p.0069.

[34] K. Wilson (1980).Monte Carlo calculations for lattice Gauge theory. NATO Science Series B, 59, 363-402. doi:10.1007/978-1-4684-7571-5_20.

[35] Y. Aoki, T. Blum, G. Colangelo et al. (2021). FLAG Review 2021. arXiv:2111.09849 [hep-lat].

[36] D. Boyda, S. Cali, S. Foreman et al. (2022). Applications of Machine Learning to Lattice Quantum Field Theory. arXiv:2202.05838 [hep-lat].

[37] M. Favoni, A. Ipp, D. I. Müller et al. (2022).Lattice Gauge equivariant convolutional neural networks. Physical Review Letters, 128(3), 032003.doi: 10.1103/PhysRevLett.128.032003, arXiv:2012.12901 [hep-lat].

[38] S. Bulusu, M. Favoni, A. Ipp et al. (2021). Generalization capabilities of translationally equivariant neural networks. Physical Review D, 104(7), 074504. doi:10.1103/PhysRevD.104.074504, arXiv:2103.14686 [hep-lat].

[39] W. Detmold, G. Kanwar, H. Lamm et al. (2021). Path integral contour deformations for observables in SU(N) gauge theory. Physical Review D, 103(9), 094517. doi: 10.1103/PhysRevD.103.094517, arXiv:2101.12668 [hep-lat].

[40] R. Zhang, Z. Fan, R. Li et al. (2020). Machine-learning prediction for quasi- parton distribution function matrix elements. Physical Review D,101(3), 034516.doi:10.1103/PhysRevD.101.034516, arXiv:1909.10990 [hep-lat].

[41] B. Yoon, T.Bhattachaya, and R. Gupta (2019). Machine Learning estimators for lattice QCD observables. Physical Review D, 100(1), 014504. doi: 10.1103/PhysRevD.100.014504, arXiv:1807.05971 [hep-lat].

[42] L. Kades, J. M. Pawlowski, A. Rothkopf et al. (2020).Spectral reconstruction with deep neural networks. Physical Review D, 102(9), 096001. doi: 10.1103/PhysRevD.102.096001, arXiv:1905.04305 [physics.comp-ph].

[43] S.Y. Chen, H.T. Ding, F. Y. Liu et al. (2021). Machine learning spectral functions in lattice QCD.arXiv: 2110.13521[hep-lat].

[44] K. A. Nicoli, S. Nakajima, N. Strodthoff et al. (2020) Asymptotically unbiased estimation of physical observables with neural samplers. Physical Review E, 101(2), 023304. doi: 10.1103/PhysRevE.101.023304, arXiv:1910.13496 [cond-mat.stat-mech].

[45] K. A. Nicoli, C. J. Anders, L. Funcke et al. (2021a). Estimation of thermodynamic observables in lattice field theories with deep generative models. Physical Review Letters, 126(3), (032001). doi: 10.1103/PhysRevLett.126. 032001, arXiv:2007.07115[hep-lat].

[46] K. A. Nicoli, C. J. Anders, L. Funcke et al. (2021b). Machine Learning of thermodynamic observables in the presence of mode collapse.In 38th International Symposium on Lattice Field Theory.arXiv:2111.11303[hep-lat].

[47] F. Pedregosa, G. Varoquaux, A. Gramfort et al. (2011). Scikit-learn:Machine learning in Python.Journal of Machine Learning Research, 12,2825-2830.

[48] N. Metropolis, A. W. Rosenbluth, M. N. Rosenbluth et al. (1953). Equation of state calculations by fast computing machines. Journal of Chemical Physics, 21, 1087-1092. doi: 10.1063/1.1699114.

[49] J. Brannick, R. C. Brower, M. A. Clark et al. (2008). Adaptive multigrid algorithm for lattice QCD. Physical Review Letters, 100,041601.doi:10. 1103/PhysRevLett.100.041601,arXiv:0707.4018[hep-lat].

[50] I. Kobyzev, S. J. Prince, and M. A. Brubaker (2021). Normalizing flows: An introduction and review of current methods. IEEE Transactions on Pattern Analysis and Machine Intelligence, 43(11), 3964-3979.http://dx.doi.org/10.1109/TPAMI.2020.2992934.

[51] M. S. Albergo, D. Boyda,D. C. Hackett et al. (2021). Introduction to normalizing flows for lattice field theory. arXiv:2101.08176 [hep-lat].

[52] D. Maître and H. Truong (2021). A factorisation-aware Matrix element emulator. JHEP, 11,066. doi: 10.1007/JHEP11(2021)066, arXiv:2107.06625 [hep-ph].

[53] T. Spriggs, G. Aarts, C. Allton et al. (2022). A comparison of spectral reconstruction methods applied to non-zero temperature NRQCD meson correlation functions. EPJ Web Conference, 258, 05011. doi: 10.1051/epjconf/202225805011, arXiv:2112.04201 [hep-lat].

[54] J. Horak, J. M. Pawlowski, J. Rodríguez-Quintero et al. (2022). Recon structing QCD spectral functions with Gaussian processes.Physical Review D, 105(3),036014. doi:10.1103/PhysRevD.105.036014, arXiv:2107.13464 [hep-ph].

[55] S. J. Brodsky and G. R. Farrar (1973). Scaling laws at large transverse momentum.Physical Review Letter, 31, 1153-1156. https://link.aps.org/doi/10.1103/PhysRevLett.31.1153.

[56] H. D. I. Abarbanel, M.L. Goldberger, and S.B. Treiman (1969). Asymptotic properties of electroproduction structure functions. Physical Review Letters, 22, 500-502. https://link.aps.org/doi/10.1103/PhysRevLett.22.500.

[57] S. Carrazza, J. M. Cruz-Martinez, and R. Stegeman (2021a). A data-based parametrization of parton distribution

functions. arXiv:2111.02954[hep-ph].

[58] S. Carrazza, J. M. Cruz-Martinez, and T. R. Rabemananjara (2021b). Compressing PDF sets using generative adversarial networks. European Physical Journal C, 81(6), 530. doi: 10.1140/epjc/s10052-021-09338-8, arXiv: 2104.04535[hep-ph].

[59] B. Yoon, N. T. T. Nguyen, C. C. Chang et al. (2022).Lossy compression of statistical data using quantum annealer. Scientific Report, 12, 3814. doi: 10.1038/s41598-022-07539-z, arXiv:2110.02142[quant-ph].

[60] A. Sakharov (1967). Violation of CP invariance, c Asymmetry, and Baryon asymmetry of the universe. Pis'ma v Zhurnal Èksperimental'noi i Teoreticheskoi Fiziki, 5, 32-35. doi:10.1070/PU1991v034n05ABEH002497.

[61] J. D. Barrow and M. S. Turner (1981). Baryosynthesis and the origin of galaxies. Nature, 291, 469-472. doi: 10.1038/291469a0.

[62] M. Fukugita and T. Yanagida (1986). Baryogenesis without grand unification. Physical Letter B, 174, 45-47. doi: 10.1016/0370-2693(86)91126-3.

[63] S. Davidson, E. Nardi, and Y.Nir (2008).Leptogenesis.Physics Reports, 466, 105-177.doi: 10.1016/j.physrep.2008.06.002, arXiv:0802.2962[hep-ph].

[64] E. Witten (1995). String theory dynamics in various dimensions. Nuclear Physics B, 443, 85-126. doi: 10.1016/0550-3213(95)00158-O, arXiv:hep-th/9503124.

[65] W. Taylor and Y.-N. Wang (2015).The F-theory geometry with most flux vacua. JHEP, 12, 164. doi: 10.1007/JHEP12(2015)164, arXiv:1511.03209 [hep-th].

[66] nLab wiki. Landscape of string theory vacua. (2022). https://ncatlab.org/nlab/show/landscape+of+string+theory+vacua.

[67] Y.-H. He (2017). Machine-learning the string landscape. Physics Letters B, 774, 564-568.https://doi.org/10.1016/j.physletb.2017.10.024, https://www. sciencedirect.com/science/article/pii/S0370269317308365.

[68] Wikimedia Commons (2015). https://commons.wikimedia.org/wiki/File: Calabi_yau_formatted.svg, derivative work: Polytope24/Calabi yau.jpg: Jbourjai (using Mathematica output), "Calabi yau formatted", marked as public domain.

[69] A. Hanson (1994). A construction for computer visualization of certain complex curves. Notices of the American Mathematical Society, 41, 1156-1163.

[70] J. Bao, Y.-H. He, E. Heyes et al. (2022).Machine Learning Algebraic Geometry for Physics.arXiv:2204.10334 [hep-th].

[71] F. Ruehle (2017). Evolving neural networks with genetic algorithms to study the String Landscape. JHEP, 8, 38. doi: 10.1007/JHEP08(2017)038, arXiv:1706.07024[hep-th].

[72] Y.-H. He(2017). Deep-Learning the Landscape. arXiv:1706.02714 [hep-th].

[73] E.T. Parr (2020). Machine learning in string theory, Ph.D.thesis, Technische Universität München.

[74] R. Deen, Y.-H. He, S.-J.Lee et al. (2022). Machine learning string standard models. Physical Review D, 105(4), 046001. doi:10.1103/PhysRevD.105. 046001, arXiv:2003.13339[hep-th].

[75] K. Hashimoto, S. Sugishita, A. Tanaka et al. (2018). Deep learning and the AdS/CFT correspondence. Physical Review D, 98(4), 046019.doi: 10.1103/PhysRevD.98.046019,arXiv:1802.08313[hep-th].

[76] K. Hashimoto (2019). AdS/CFT correspondence as a deep Boltzmann machine. Physical Review D, 99(10), 106017. doi: 10.1103/PhysRevD.99. 106017, arXiv:1903.04951 [hep-th].

[77] J. M. Maldacena (1998). The large N limit of superconformal field theories and supergravity. Advances in Theoretical and Mathematical Physics, 2, 231-252. doi:10.1023/A:1026654312961, arXiv:hep-th/9711200.

[78] A.V. Ramallo (2015). Introduction to the AdS/CFT correspondence. Springer Proceeding of Physics, 161, 411-474. doi: 10.1007/978-3-319- 12238-0_10, arXiv:1310.4319[hep-th].

第四部分

智能辅助科研生态圈

第27章 Schema.org 在科学研究数据中的应用

Alasdair Gray，生物数据库指导委员会；赫瑞-瓦特大学计算机科学系，英国爱丁堡。E-mail：A.J.G.Gray@hw.ac.uk

Leyla J. Castro，生物数据库指导委员会；ZBMED 生命科学信息中心，德国。E-mail：ljgarcia@zbmed.de

Nick Juty，Carole Goble，生物数据库指导委员会；曼彻斯特大学计算机科学系，英国曼彻斯特。E-mail：nick.juty@manchester.ac.uk，carole.goble@manchester.ac.uk

27.1 引言

数据可访问性、数据管理、数据质量和数据治理对于 AI 和机器学习的采纳至关重要。模型需要数据来学习，并在此基础上构建预测。AI 的结果本身也是数据。FAIR 数据原则[1]为使数据可发现、可访问、可互操作和可重用制定了全局指南，其核心是与数据相关的元数据的机器可操作性。有了机器可操作的元数据，我们更容易构建通常与 AI 相关的知识图谱。此外，机器学习需要为模型制定数据要求，由数据科学家用来识别或生成用于开发模型的数据集。FAIR 原则提出了一个元数据框架，用于连接数据提供者和数据科学家。普遍认为，FAIR 数据是“相当适合 AI”的，并且 AI 是 FAIR 的核心。

撇开使数据具有适当的互操作性和可重用性以满足 AI 算法的挑战不谈，我们需要解决一个更简单的问题，即在网络上发现相关数据。在网络上搜索的数据并不完美，因为它们通常不能被准确描述[2]。网络搜索显然只是第一步。然而，即使有广泛的计算能力和先进的技术可供使用，主流的搜索引擎也很难解释一个网页上的实际内容是关于什么的，即其内容的机器可解释性[3]。为了改善 Web 搜索结果，在过去的 10 年，在 Web 页面中嵌入机器可解释的知识表示已经得到了发展。

Schema.org[3]是一个轻量级词汇表，由领先的搜索引擎（包括 Google、Microsoft、Yandex 和 Yahoo!）合作开发。其允许网页作者嵌入关于其站点内容的机器可解释数据。这改进了搜索结果和界面，例如，为特定内容类型（如电影）生成提供结果页面摘要的“富片段”。这些丰富的片段提供了关于电影的基本信息，如演员、导演、上映日期，以及汇总的观众评分。嵌入式标记还用于填充搜索引擎的知识图，这得益于使用通用词汇表所获得的互操作性，可以进一步改善用户查询的结果[4]。此外，由于添加的数据不仅对搜索引擎可见，而且对所有Web用户可见，因此互操作性和重用性得到了改进，这使得数据聚合器可以更容易地从基于数据的跨公共（但不一定是相互连接的）Web站点收集数据。

在本章中，我们讨论了知识表示的使用，通过在网页中嵌入机器可解释的标记来提高数据的可查找性和互操作性。标记提供了对页面内容的高级描述，而不提供完全解释数据所需的所有（科学的）上下文和细微差别。所有人都可以使用标准的Web协议访问标记，即使用HTTP GET请求以与Web浏览器相同的方式检索页面及其标记，并且数据通常以对开发人员友好的JSON-ld格式提供，即可以使用通用的JSON库。这使用户能够访问结构化数据，而不需要理解定制的特定于站点的API。这种高级的、机器可解释的数据可以被各种各样的服务利用，从通用的Web搜索，到专用的搜索门户，以及特定区域和社区的服务/注册中心。此外，数据提供者的进入门槛很低——只需托管一个网页——这意味着它可以被科学数据的长尾所访问，而不仅仅是特定领域的主要数据提供者。如何让其他人了解这个网站是个难题，但这可以通过域名推广服务来实现，这样就可以让其他人知道数据的存在。

在本章中，我们将探讨如何使数据在Web上更易于查找和互操作。我们专门针对生命科学数据社区的工作，使用特定领域的术语（Bioschemas.org）扩展通用Web搜索词汇表（Schema.org），以支持对于特定主题的数据和资源进行标记，并由专门的社区注册中心和知识图获取或使用。最后，我们展示了如何使用这些通用方法来填充一个通用的研究知识图，其中包含有关论文、项目及其相关数据。Schema.org和Bioschemas都是不断发展的，所给出的示例均给出其发布时间（例如，2022年4月）。

27.2 使用Schema.org增强Web搜索

多年来，搜索引擎一直在抓取Web，并在尽力解释页面内容。然而，即使在将自然语言处理技术应用于页面之后，页面内容仍然存在明显的歧义。为了克服这个问题，搜索引擎建议使用通用术语的标准词汇表（Schema.org词汇表[3]）在页面源中嵌入机器可处理的标记，以提供页面内容的高级概述。例如，对于一个关于电影的页面，标记会声明它是关于电影类型的（https://schema.org/Movie），并提供电影的一些特征，如它的名字（https://schema.org/name）和平均用户评分（https://schema.org/aggregateRating）。它还将链接到使用，如演员（https://schema.org/actor）、导演（https://schema.org/director）和作者（https://schema.org/author）等属性的Person类型（https://schema.org/Person）声明与电影有关的人的数据。图27.1提供了可以嵌入电影《大地惊雷》网页中的JSON-LD标记[1]。

搜索引擎爬虫在处理Web页面标记后，通过理解这些声明的类型和属性，提高了对页面内容的理解。搜索引擎现在可以处理内容并将其与关于相同内容的其他页面连接起来，如关于同一部电影的页面或相关内容。例如，在图27.1中，电影中的演员@id是链接到其他数据的机制。这种对概念的识别和随后对概念（“事物”）的链接形成了一个知识图[5]，其中几个主要的搜索引擎现在都具备这种能力[4,6,7]。用户可以在搜索结果中看到这些知识图的效果。通常，搜索结果中会包含丰富的片段，包括一些关于页面的判断，以及页面内容的片段（图27.2），这是搜索结果的一个特征，另一个特征在于它是一个来自搜索引擎的知识图谱的信息框（info box）。这给出了一组关于被搜索概念的详细事实。图 27.2 的右侧显示了知识图谱中关于被搜索电影的评论。

```
<script type="application/ld+json">
{
      "@context": "https://schema.org",
      "@type": "Movie",
      "@id": "http://example.com/movie/true_grit_2010",
      "name": "True Grit",
      "aggregateRating": "4",
      "datePublished": "2011-02-11",
      "director": [
            {
                  "@type": "Person",
                  "@id": "http://example.com/person/ethan_coen",
                  "name": "Ethan Coen"
            },
            {
                  "@type": "Person",
                  "@id": "http://example.com/person/joel_coen",
                  "name": "Joel Coen"
            }
      ]
      …
}
</script>
```

图 27.1　电影《大地惊雷》的 JSON-LD 标记片段

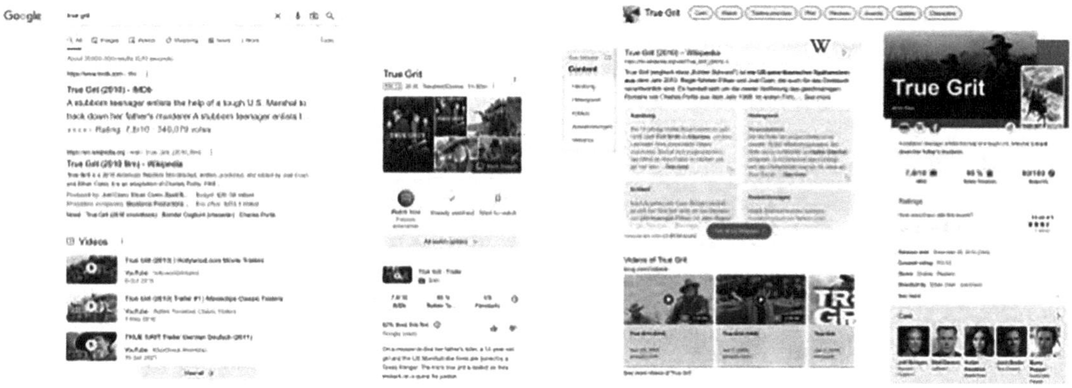

图 27.2　Google（左）和必应（右）为关键词《大地惊雷》提供的搜索结果（2022 年 4 月的截图）

主截图显示了丰富的片段，汇总了评分和关于这部电影的事实。这些结果都是基于嵌入在网页中的标记生成的。在这两个结果的右侧，显示的是该公司搜索知识图谱的内容，该图谱提供了有关电影《大地惊雷》的事实，显示在一个“信息框”中

从 14-2 版本开始，Schema.org 就包含 797 种类型（可以描述的“事物”）和 1453 个属性（指定这些“事物”的属性）。这些主要针对的是强调电子商务的通用 Web。虽然该词汇表不是 W3C 推荐的，但是监督 Schema.org 词汇表开发的社区小组由 W3C 主持，并由主要搜索公司的代表监督，这为词汇表的开发提供了灵活性，并在搜索引擎之间达成了共识。词汇表的语义是松散定义的，适合于搜索场景，提供了足够的共同点来允许发现事物，但不足以准确捕获被描述的“事物”的所有方面或属性。

Schema.org 词汇表随着提供贡献和建议的社区发展而不断发展，因此它不仅仅是由搜索引擎定义的。新的类型和属性是由特定词汇表术语来定义和驱动的，而这些词汇表术语利用了在 Web 页面上找到的标记。这导致了对包括汽车、学习资源和书目资源等在内的术语的贡献。

27.3 数据集搜索：专用搜索门户

Schema.org 的主要重点是支持一般的网络搜索。然而，已经开发了利用词汇表中少数类型的专用搜索门户。它们受益于一组有限的属性，这些属性可用于提供丰富的搜索功能。谷歌提供了几个专门的搜索门户，如用于学术论文和专利的谷歌“Scholar”[4]，用于招聘广告的谷歌“career”[5]，以及用于收集数据的谷歌“数据集搜索”[6]。

数据集搜索门户专门用于搜索数据集合，用户可以在其中获得一个标准的关键字搜索界面，并具有自动完成数据集名称的功能。作为查询的顶级搜索结果的数据集的详细信息被显示，并给出有关元数据的数据集信息，如名称、描述、作者和许可，以及数据集相关研究文章的链接和数据下载位置（图 27.3）。可选搜索结果的名称和一些关键信息显示在左侧的可滚动框中，如果单击某个结果，则会显示检索到的更完整的元数据。顶部有一些搜索面，允许用户根据与数据集相关的参数来优化他们的结果，即最后一次更新时间、数据的格式、相关的许可和数据集的高级主题。最近，数据集搜索门户的输出已被合并到标准谷歌搜索门户返回的结果中。

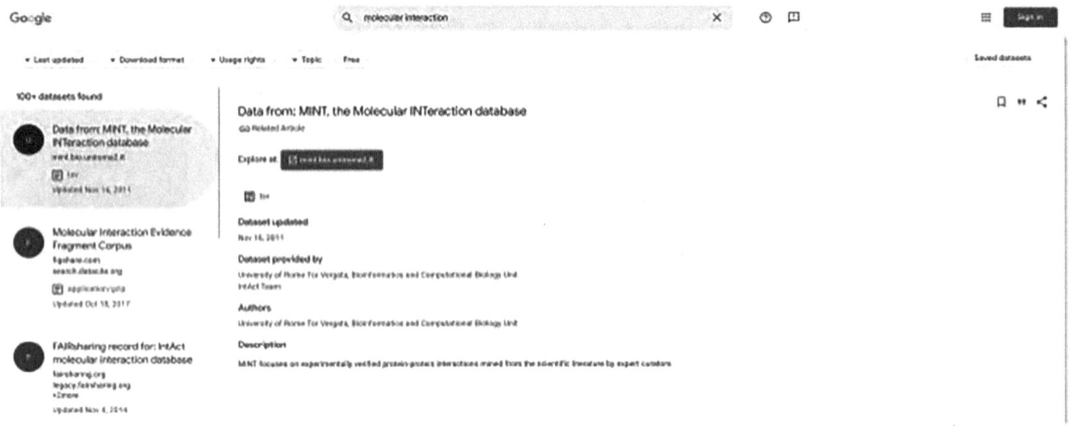

图 27.3　2022 年 4 月在谷歌数据集搜索门户搜索“分子相互作用”的搜索结果

谷歌数据集搜索门户的基础内容是从各个关于数据集的页面中抓取而来的，其中嵌入了 Schema.org 数据集类型。数据集的定义是非常广泛的：“描述一些感兴趣主题的结构化信息体”（https://schema.org/Dataset）。根据这一定义，数据集可以涵盖从单个纯文本文件到文件集合，再到策划内容数据库的所有数据集合。在网络规模上，很难依赖提供商对其内容进行正确而详细的描述。根据一项研究[8]，在标题和描述（必须提供才能包含在谷歌的注册表中）之后，大约 80% 的时间会提供标题和描述（这是谷歌注册索引和关键字识别所必需的），而 URL 仅约 70% 会提供这些信息，只有 30%～40% 会提供下载、修改日期和许可信息。一旦页面被抓取，谷歌就会进行大量的处理工作来整理数据，并将其整合到其内部知识图谱中[9]。

标记数据集资源可能是一项艰巨的任务，特别是当考虑到数据集类型（https://schema.org/Dataset）的数量多达约 150 种。为了鼓励数据集的提供者在各类搜索门户上发布数据，谷歌发表了一篇使用指南，用于明确数据集的关键属性及其用途描述。这些描述与 Schema.org 主要属性的描述是不同的，因为它们是针对谷歌数据集所制定的。每个属性的附加使用说明和示例都侧重于提高搜索数据集的数据质量。推荐的属性一共有 17 个，但不是每个属性都适用于所有数据集，如关于蛋白质的数据集不太可能具有地理空间覆盖范围。事实上，只有两个属性是必须补充的：name（名称）和 description（说明）。这是描述网络上任何类型数据的最低要求。

谷歌数据集搜索门户是最大的语料库聚合数据集之一，2016～2020 年，从 50 万条记录极速增长至 2800 万条[8]。其中包含了广泛主题的数据集：社会科学（约占 26%）与地球科学（约占 19%）占主导地位，两者都是 2018 年 9 月门户网站发布的焦点。门户网站主要依赖于网络开发人员提供的标记。2021 年发表的一项分析显示，实际上只有 61% 包含了数据集标记的网页与数据集相对应，这有助于缓解异常标记的数据[10]。但门户网站不支持搜索数据集的内容，如不能搜索关于与新冠病毒相互作用的特定蛋白质（ACE2）的信息的数据集。为了实现这样的详细搜索，对数据集的内容进行标记并扩展 Schema.org 词汇表就变得必不可少了。

27.4 Bioschemas（生物数据库）：生命科学的 Schema.org

因为基于主流搜索引擎建立，Schema.org 的词汇表主要集中在网络中的热词，如电子商务（产品），书、电影和电视（创意产品），个人、组织以及地点。词汇表已经扩展到专业类别与属性，如谷歌数据集搜索门户的数据集。然而，当使用这个 Schema.org 词汇表时，不能描述高级主题覆盖之外的数据集内容，因此，当嵌入一些个性化概念的网页时，如来自关于人类蛋白 ACE2 的蛋白质数据库的页面（https://www.uniprot.org/uniprot/Q9BYF1），这个扩展的意义就不大了。采用 Schema.org 域的另一个挑战是不同类型上可用属性的数量。标记提供者（通常是 Web 开发人员）需要被指引怎样才能让其他人容易查找和重用其内容。虽然谷歌为描述数据集和其产品中使用的其他少量类型提供了事实上的标准，但其并没有为所有类型提供这些使用指南。此外，这些使用指南是为谷歌内部使用定制的，可能也无法满足更广泛的社区需要。

Bioschemas 生物图式（https://bioschemas.org）是一项基层倡议，旨在为生命科学界量身定制 Schema.org，使资源变得更加可查与互用。实现这个目的需通过以下两点：开发 Schema.org 词汇表中新的类型和属性，以便表达生命科学的概念；根据使用概况，识别表示生命科学资源的基本属性。

自 2015 年建立以来，Bioschemas 社区已经开发了 23 种类型，用于描述生命科学概念，其中 6 种类型已经被收入 Schema.org 中。为了让生命科学资源提供者更易于访问，社区还定义了 37 个配置文件，已经涵盖了现存的 Schema.org 类型。我们了解到有超过 80 个网站配置了 Bioschemas 配置文件。Bioschemas 社区提供了逐步指导的教程，用于开发网页的标记。社区还开发了软件工具，用以支持标记的开发、验证已配制的标记是否符合 Bioschemas 配置文件，并开发了一个数据收割器，可用于在整个站点范围内提取已经配制的标记。

27.4.1 生命科学领域的 Schema.org 类型

Bioschemas 社区一直在为 Schema.org 词汇表提供新的类型和属性，这些类型和属性与生命科学社区相关。其中有很多是生命科学领域专有的，如 Gene 类型（https://schema.org/Gene）适用于表示基因，Protein 类型（https://schema.org/Protein）用于表示蛋白质。其他与生命科学相关的类型还有 Taxon 类型（https://schema.org/Taxon），它是表达生命多样性相关的社区。另外，BioSample 类型（https://bioschemas.org/BioSample）对于生物医学应用具有重要意义。社区还一直在为现有类型的演变作出贡献，如建议与评价 Course 与 CourseInstance 类型的属性，并开发适用于多个领域的新类型，如 ComputationalWorkflow（https://bioschemas. org/Computational-Workflow）用来描述通过Web服务的计算工作流。完整的类型列表与它们的开发状态（即它们是否被社区推荐与发布或仍在草案中），都可以在 BIoschemas 网站中查询到。

Bioschemas 类型的开发依然遵循 Schema.org 词汇表的理念。关于类型的提案并不寻求准确捕捉底层生物学；有许多以不同维度对生物学的本体论。相反，被开发的类型旨在捕捉搜索或提供概念初始描述时最广泛使用的特征。这些类型及其属性受到其领域本体论的启发，并根据需要进行细微调整以适应 Schema.org 的理念，如 ChemicalSubstance（化学物质）的定义（https://schema.org/ChemicalSubstance）与 MolecularEntity（分子实体）(https://schema.org/MolecularEntity）的定义来自 ChEBI[11]；Protein（蛋白质）(https://schema.org/Protein）里的定义来自 UniProt[12]；Taxon（https://schema.org/Taxon）里的定义来自 Darwin Core（达尔文核心）[13]。Bioschemas 并不打算取代任何领域的已有数据库，而是在这些数据库基础上发展并将它们相连，使 Schema.org 更好地反映生命科学领域的数据。

27.4.2 Bioschemas 配置文件

Bioschemas 社区还提供了所有类型的使用指南（也称为配置文件）。图 27.4 描述了配置文件的组成部分，其中包括将属性分组到边缘级别、对预期类型与描述的改进以便于理解属性的应用、属性基数的声明（它应该只能用一次还是可以多次使用）、属性数据值的推荐词汇表术语以及标记示例。一共有 3 个级别可选择。"最低级别"是一个类型的属性一定要有的必需项，即所有标记示例都必须提供这些数据项。通常这些必需项是查找类型实例时的搜索属性。"推荐级别"一般指是可用于定义概念的属性。这些属性有助于辨别搜索结果。"可选级别"是一些在生命科学背景下与类型相关但通常又对搜索用例没有帮助的其他属性。

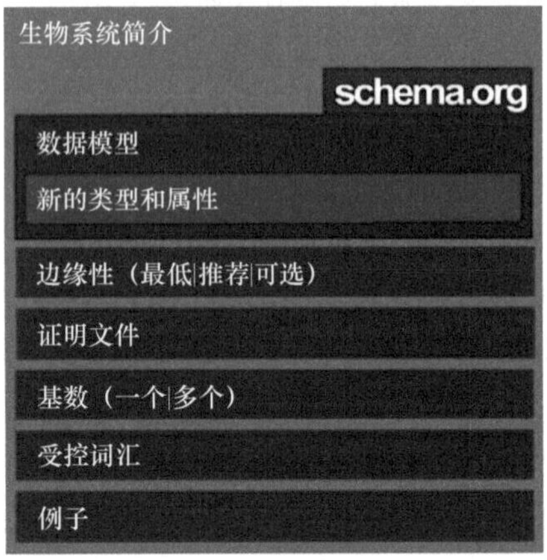

图 27.4 Bioschemas 配置文件的组成部分

配置文件的一个关键方面是从特定类型的更大可能总属性集合中识别出一组核心属性。通过限制属性的数量（通常是大约在最低与推荐层面各自 6 个）、简化站点开发标记的过程、允许标记开发人员专注于将自己的数据建模到类型确定的属性上，以免被海量的属性淹没而找不到哪些是相关的。开发人员被引导使用相同的属性，而不是每个资源自行决定哪些属性最相关导致同样的资源被标记成不同的子集，这种属性的推荐确保了标记部署更好的一致性。这种一致性的标记让用户按照已有的属性架构来选择。Bioschemas 配置文件的完整列表以及它们的开发状态（即它们是否被社区推荐、发布或仍在草案中）都可以在 Bioschemas 网站获得。

27.4.3 支持标记部署与使用的工具

为了支持生命科学领域内标记的采纳和使用，Bioschemas 社区开发了专门的工具和培训材料。虽然配置文件的目的是通过识别相关的属性来简化内容映射到 Schema.org 词汇表的过程，但仍需要掌握大量的背景知识，如在网页中添加 JSON-LD 模块。Bioschemas 社区开发了一个专门的培训门户，用于理解主要术语和概念，并支持在网站上做部署标记。此外，社区还开发了一个标记生成器工具，其会从 Bioschemas 配置文件中直接生成一个制式的 Web 表格，完成表格即可生成初步标记。

已部署标记的测试主要通过 Schema.org 标记验证器来完成。它检查标记是否可以从网页中提取以及是否使用了 Schema.org 词汇表中的术语。含有 Bioschemas 扩展名的标记不能被 Schema.org 识别，因此 Schema.org 工具会在部署标记报告中报错。此外，Schema.org 标记验证器没有配置 Bioschemas 配置文件，因此它不会考虑这些标记的默认优先性。Bioschemas 社区正在开发自己的验证器来测试标记是否符合已生成的配置文件，而这些验证器才刚刚上线。例如，FAIR-Checker[14] 的“Inspect”功能可用于验证标记是否符合在标记中使用的 Bioschemas 配置文件。

为了支持标记在其他应用程序中的再利用，社区开发了 Bioschemas 标记刮取器和提取器（BMUSE），用以从网页（无论是 RDFa 还是 JSON-LD）中提取嵌入的标记。BMUSE 从指定的 URL 或站点地图列表中提取标记 [10]。提取标记并添加数据来源，以跟踪标记数据在哪里以及何时被检索。

27.5 使用生物化学方案的应用程序

在本节中，我们将提供生命科学领域三个应用程序的详细信息，这些应用程序正在利用来自源站点的嵌入式标记。在每个小节中，我们讨论使用符合广泛认可的轻量级词汇表标记的好处，并介绍为支持应用程序而解决的挑战。

27.5.1 培训和活动搜索

TeSS19 培训门户网站 [15] 为特定背景（在这种情况下是生命科学培训材料和课程）提供专门的搜索服务。有许多机构提供这些专业课程和在线教程，这些专业课程和在线教程都是通过他们自己的网页进行宣传的。TeSS 提供了大量机构的汇总视图，以便生命科学研究人员有一个特定位置来找到培训资源。用户可以根据生命科学术语搜索资源，也可以按内容类型浏览。例如，要搜索与毒理学相关的培训资源，用户只需在搜索界面中输入“毒理学”即可。由于 TeSS 的语境是培训资源，所有的搜索结果要么是在线教程，要么是与毒物学有一定关系的课程。图 27.5 显示了用于查找和浏览可用培训材料的分面浏览界面。用户可以从多方面精练内容：科学主题、操作、工具［例如，局部相似性搜索工具（BLAST）］、数据库或政策、受众、关键字、专业水平（即初学者、中级和高级）、作者、相关资源、贡献者、许可证、国家、组织和资源类型（例如，视频和幻灯片）。这些都是基于 TeSS 注册表中的内容填充的。

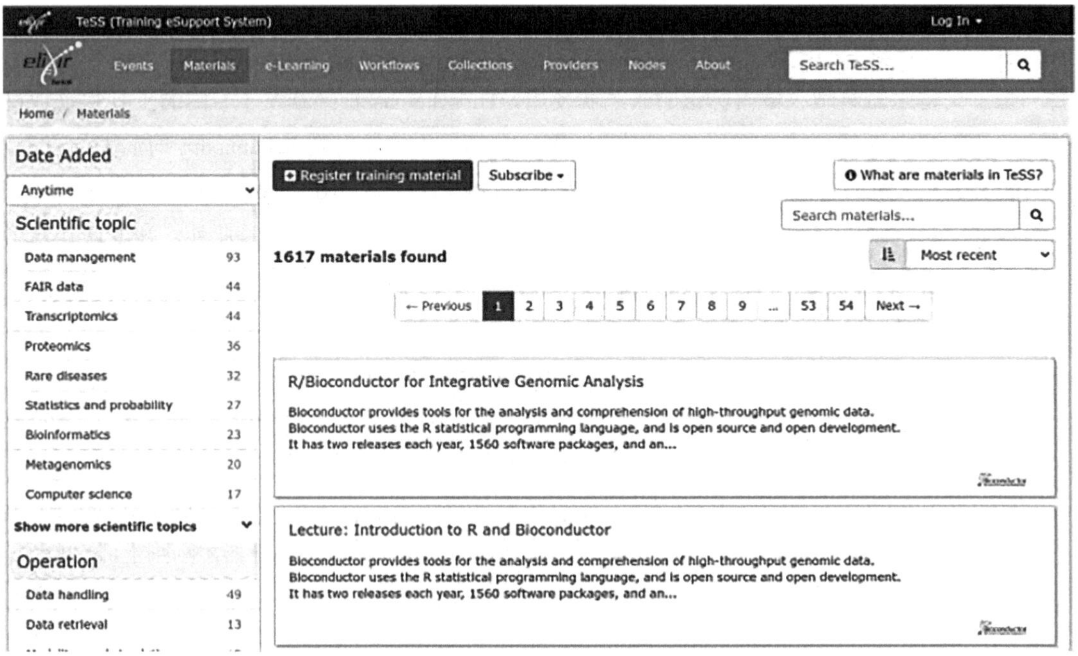

图 27.5　通过 TeSS 分面浏览生命科学培训材料

屏幕截图显示了 2021 年 11 月进行的毒理学搜索结果

有几种方式可以将内容提供给 TeSS。这些措施包括手动输入内容，只有在提供商拥有少量不定期更改的资源时才建议手动输入内容；提供简易信息聚合（RSS）或日历提要，这限制了可以提供的可用元数据，但新的内容会更新用上；或者嵌入培训材料网页中的 Schema.org 标记，支持丰富的元数据和定期更新。TeSS 课程（http://schema.Org/Course）、实例（http://schema.org/CourseInstance）和学习资源（http://schema.org/LearningResource）类型标记符合其对应的生物化学配置文件；请注意，学习资源上文件名为 TrainingMaterial（https://bioschemas.Org/Products/TrainingMaterial）。

这些指南将可能的 100 个属性减少到表示培训资源所需的关键 20～30 个属性，以使其能够被发现并与其他类似资源区分开。在页面中提供标记的站点可以向 TeSS 注册站点地图，TeSS 列出所有包含标记的页面，并允许用户访问这些页面以填充 TeSS 注册表。定期重新采集站点以刷新和更新。

通过利用 Web 页面中嵌入的标记，TeSS 能够使用常用的 API 和模型处理海量的信息。该 API 是 Web 标准的 HTTP，使用请求（GET）方法。数据模型是社区在三种模式 a.org 类型上商定的概要文件。在 TeSS 中，不需要合并来自不同提供商的内容；每个提供商都被视为其内容的规范来源，这些内容可能有指向其他提供商内容的链接，但不会是内容的副本，因此应该作为单独的条目返回给用户。

27.5.2　领域知识图谱

在科学子领域内，有大量专门的数据源和具有相关实验结果的单独网站，也称为科学的长尾。对于研究人员来说，要获得该领域的全面概述，他们需要收集和巩固所有这些知识。这既在查找所有数据方面具有挑战性，也在互操作性方面具有挑战性，因为数据源使用自己的数据模型和 API。从源头收集数据的社区专用登记处越来越多地被采用，但由于数据提供者的数据模型和 API 不同，目前需要在“每个社区”的基础上实施。由于需要实现定制的包装器来收集这些数据，小提供商的长尾数据经常被遗漏。此外，由于这些登记册是以社区特有的方法为基础的，它们消除了其他研究界更广泛地利用数据的可能性。相反，使用广泛认同的概要文件在网页中插入标记，可以通过 Web 的全局 API HTTP GET 请求收集公开的数据。可以使用网站地图对网站内的所有页面进行全面收集数据。

这方面的一个例子是本质无序蛋白质知识图谱[16]，它收集嵌入专业数据提供者网页中的标记数据，用作内部开发者（IDP）社区登记册 IDP 中的基础[12]。IDP-KG 目前使用 Bioschemas 的蛋白质（https://bioschemas.org/profiles/Protein）、SequenceAnnotation（https://bioschemas.org/profiles/SequenceAnnotation）和 SequenceRange（https://bioschemas.org/profiles/SequenceRange）的本质是无序蛋白质数据。这些数据源包含关于蛋白质的重叠数据，从不同的角度来看，这些蛋白质本质上是无序的。该登记册旨在支持相关数据的发现，但不是集中和复制所有数据。因此，IDP-KG 提供了足够的丰富性，可以使用 Schema.org 扩展来支持注册中心。

从不同位置收获的标记不能直接用作知识图，因为每个数据提供商都使用自己的识别符来表示其数据库中的蛋白质。IDP-KG 依赖于原始数据源提供的标识符交叉引用，从而允许将蛋白质的多个表示合并为知识图中的单个节点，而不是具有相同蛋白质的多个表示，这些表示必须合并到一个公共标识空间中。IDP-KG 允许每个属性的多个值，而不是采用二分法分为规范和不规范。该工具还可跟踪每个数据项的出处并实现逆溯源。

IDP-KG 的建立是开发领域知识图谱以支持特定社区登记册的一个例子。在其构建过程中，不需要学习特定于站点或领域的 API。一个概念的多种表示是使用相同的（标记内的 https://schema.org/sameAs）链接组合的。由于新的资源的标记符合相同的社区同样的准则，因此有可能增加知识图谱的覆盖面，而无须实现每个网站的重整理。该标记也可供其他社区使用和重用，以用于新的应用程序。

27.5.3 研究知识图谱

目前，有很多注意力集中在生成知识图来捕捉研究成果、作者和资助者之间的关系。其中一个这样的活动是 OpenAIRE Research Graph，它从各种来源聚合数据，以捕获研究产品之间的联系[17]。现有的重点一直是将研究出版物与其研究作者以及收到的项目和资金联系起来。研究图表通过从研究机构提供的现有存储库、数据档案和期刊中获取内容来填充。关于数据集的现有内容仅限于描述数据集的元数据［像 Google DataSet Search 门户（参见数据集搜索部分）一样］，而不是数据中的数据项。通过获取 Web 页面中嵌入的模式/生物化学标记，可以将有关数据集中概念的摘要信息链接到出版物和作者。

OpenAIRE Research Graph 使用 Datacite 词汇表作为其数据的内部表示[18]。要重用标记，需要将收获的标记从 Schema.org 词汇表中转换为 Datacite 模型。这需要一个映射标识 Schema.org 模型中感兴趣的属性，并将这些属性链接到它们在 Datacite 模型中的等价物。特定于生命科学的类型在 Datacite 模型中不存在，因此这些类型被解释为数据集概念的扩展。OpenAIRE Research Graph 中并不包括收获的标记的所有方面。重点是有概念的名称和描述以及与该概念有关的出版物的链接。这随后扩展了 OpenAIRE Research Graph 的覆盖范围，以涵盖先前捕获的数据集中的概念。这种在元数据标准之间移动的映射方法，通常通过 Schema.org 进行调解，且在其他领域也得到了证明，如研究元数据模式工作组提供的数据[18]。该工作组还在不同领域之间建立了连接[19]。

27.6 结论与未来研究方向

在 Web 页面中使用机器可处理的嵌入式标记有可能实现 Berners-Lee[20] 所设想的数据 Web。通用的使用方法是使用定义松散但被广泛认可的术语词汇表中的术语来注释 Web 页面，从而使内容可供人类和机器使用。虽然这并不是语义网[21]的全部愿景，AI 代理代表我们行事，并使用推理来推断含义，且使用这些更松散但广泛一致的语义仍然可以实现许多目标。使用 Schema.org 词汇表的网页嵌入标记已经被搜索引擎广泛使用，以改进搜索结果、提高可查找性，并填充其内部知识图谱实现互操作性，每天为数十亿人提供帮助。对于研究学科，也可以利用集中于领域的登记处收集来自众多来源的数据，并使用跨社区知识图谱，将最新研究相互链接并随时与数据、出版物、研究人员和资助者联系起来。通过在数据集的主页中嵌入数据集（https://schema.org/Dataset）标记，可以增强数据集的可查找性。

当这个标记被谷歌抓取时，数据集将被添加到谷歌的内部知识图谱中，并可以通过谷歌针对数据集的专用搜索门户以及谷歌的主搜索结果来发现。然而，这是基于数据集的关键字摘要；它允许查找有关疾病的数据集，但在检索并检查每个数据集之前，我们可能不知道感兴趣的特定疾病是否存在于其中，如新冠病毒感染。这是一个既耗时又昂贵的过程。Bioschemas 使用特定于生命科学的类型扩展了 Schema.org 词汇表，以便能够稍微更深入地检查资源的内容，而不是钻研准确建模数据的细节。换句话说，它提供了资源关键特征的轻量级表示，实现了初始级别的互操作性，但要获得完整的功能集，人们需要以发布数据的详细表示格式从其原始来源检索数据。为了简化在网站内实现标记的过程，Bioschemas 开发了经社区一致认可的 Schema.org 类型的使用配置文件。这些配置文件标识核心属性集（通常约为 10 个），以从该类型上的可用属性（有时为 100 个）中描述特定类型的资源。网页开发人员只需遵循配置文件，而不需要挑选要使用的属性。配置文件还提高了可用于消费应用程序的标记的一致性，这意味着数据更适合重用。Bioschemas 还可以通过提供社区培训和工具来支持标记的部署和消费。我们展示了三个不同的应用程序，其中一个通过消费应用程序来利用标记。这些应用程序强调，需要有某种方法来识别网站中的所有页面，通常是通过网站地图。如果采集和聚合的数据源重叠，则需要有一种机制将一个概念的多个身份协调到一个单一标识方案中；依赖相同的数据和数据中的声明是简单的第一步，但还需要对确定等价资源进行进一步研究。这是一个正在采用机器学习的领域。最后，根据标记数据的应用，可能需要将数据转换为利用标记的应用程序的模型。

大规模收集数据并确保其完整性是一个主要挑战，即使是资源丰富的互联网搜索引擎也不能解决。Bioschemas 社区在 2021 年底用一个月的时间从许多已知在其页面中有标记的来源中收集数据[22]。到月底，从 25 个网站收集了 413748 页。这只代表了所收集的网站中可用内容的一小部分，其中一些包含数百万页，并且也只有一小部分已知具有 Bioschemas 标记的网站。虽然可以使用标准的 HTTP GET 请求获取标记，但某些站点的实现方式（作为单页应用程序）要求消费客户端在提取标记之前呈现页面内容，这大大增加了获取标记所需的时间和资源。对于几千页的小网站来说，这并不是什么大问题，因为标记仍然可以在几个小时内提取出来。然而，对于大型网站，通常是代表数据库内容的页面，这是一种访问数据的缓慢而低效的方式，需要几周时间来检索所有页面。此外，访问网站中每个页面的这种数据收集方法对于数据提供商来说在带宽和处理方面也是一种昂贵的操作，因为需要调用底层数据库来检索数据。克服这一数据交换挑战是 Bioschemas 和 Schema.org 社区内讨论的一个活跃领域，初步提议将网站的数据作为数据文件的集合发布，而不是仅以逐页的方式发布[15]。

Schema.org 词汇表的主要优点是它是一个全球公认的表示数据的模型。特定领域最小信息模型的定义支持特定社区内的详细数据交换。然而，通常只有领域中的关键数据集可以实现模型，而遗漏了小数据集的长尾。此外，这些数据只提供给该社区。使用 Schema.org 方法，虽然特定领域的重要细节被掩盖了，但它使数据在直接感兴趣的社区之外可用，并且由于部署工作量小，以致它可以访问小型数据集的长尾。依靠新兴的元数据生态系统，使用 Schema.org 标记的数据可以供专业人群及大众使用，从而大大增加了数据的可达性。这不仅适用于数据，而且适用于软件和机器学习模型，前者已经得到 Bioschemas 的支持，后者正在构建中，支持 DOME 建议的第一批生产规范（见第 22 章）。

参考文献

[1] M. D. Wilkinson, M. Dumontier, I. J. Aalbersberg et al. (2016). The FAIRguiding principles for scientific data management and stewardship. Scientific Data, 3(1), Article no. 1. doi: 10.1038/sdata.2016.18.

[2] A. Chapman, E. Simperl, L. Koesten et al. (2020). Dataset search: A survey. VLDB Journal, 29(1), 251–272. doi: 10.1007/s00778-019-00564-x.

[3] R. V. Guha, D. Brickley, and S. Macbeth (2016). Schema.org: Evolution ofstructured data on the web. Communications of the ACM, 59(2), 44–51. doi:10.1145/2844544.

[4] N. Noy, Y. Gao, A. Jain et al. (2019). Industry-scale knowledge graphs:Lessons and challenges: Five diverse technology companies show how it's done. Queue, 17(2), 20:48–20:75. doi: 10.1145/3329781.3332266.

[5] A. Hogan, E. Blomqvist, M. Cochez et al. (2021). Knowledge graphs. Synthesis Lectures on Data, Semantics, and Knowledge, 12(2), 1–257.doi: 10.2200/S01125ED1V01Y202109DSK022.

[6] Introducing the Knowledge Graph: Things, not strings. Google, May 16, 2012. https://blog.google/products/search/introducing-knowledge-graphthings-not/(accessed 19 April 2020).

[7] More Intelligent Autocomplete: Academic and movie search. Microsoft Bing Blogs, 9 September 2016. https://blogs.bing.com/search-quality-insights/September-2016/more-intelligent-autocomplete/(accessed 16 November, 2021).

[8] O. Benjelloun, S. Chen, and N. Noy (2020). Google Dataset search by the numbers. In The Semantic Web — ISWC 2020, Cham, 2020, pp. 667–682.doi: 10.1007/978-3-030-62466-8_41.

[9] D. Brickley, M. Burgess, and N. Noy (2019). Google Dataset search:Building a search engine for datasets in an open Web ecosystem. In The World Wide Web Conference, New York, NY, USA, pp. 1365–1375. doi:10.1145/3308558.3313685.

[10] T. Alrashed, D. Paparas, O. Benjelloun et al. (2021). Dataset or not? Astudy on the veracity of semantic markup for dataset pages. In The Semantic Web – ISWC 2021, Cham, pp. 338–356. doi: 10.1007/978-3-030-88361-4-20.

[11] J. Hastings, G. Owen, A. Dekker et al. (2016). ChEBI in 2016: Improved services and an expanding collection of metabolites. Nucleic Acids Research,44 (D1), D1214–D1219. doi: 10.1093/nar/gkv1031.

[12] The UniProt Consortium (2021). UniProt: The universal protein knowledgebase in 2021. Nucleic Acids Research, 49 (D1), D480–D489.doi: 10.1093/nar/gkaa1100.

[13] J. Wieczorek, D. Bloom, R. Guralnick et al. (2012). Darwin Core: Anevolving community-developed biodiversity data standard. PLOS ONE,7 (1), e29715. doi: 10.1371/journal.pone.0029715.

[14] T. Rosnet, V. Lefort, M.-D. Devignes et al. (2021). FAIR-Checker, a web toolto support the findability and reusability of digital life science resources, presented at the Journées Ouvertes en Biologie, Informatique et Mathématiques (JOBIM 2021), Paris, France, July 2021. doi: 10.5281/ZENODO.5914307.

[15] N. Beard, F. Bacall, A. Nenadic et al. (2020). TeSS: A platform for discovering life-science training opportunities. Bioinformatics, 36(10), 3290–3291. doi: 10.1093/bioinformatics/btaa047.

[16] A. J. G. Gray, P. Papadopoulos, I. Asif et al. (2022). Creating and exploiting the intrinsically disordered protein knowledge graph (IDP-KG), Leiden, The Netherlands.

[17] M. Baglioni, A. Bardi, A. Kokogiannaki et al. (2019). The OpenAIREResearch Community Dashboard: On blending scientific workflows and scientific publishing. In A. Doucet, A. Isaac, K. Golub, T. Aalberg, and A. Jatowt (eds.), Digital Libraries for Open Knowledge, Vol. 11799. Cham: Springer International Publishing, pp. 56–69. doi: 10.1007/978-3-030-30760-85.

[18] P. Manghi, A. Bardi, C. Atzori et al. (2019). The OpenAIRE research graph data model. doi: 10.5281/zenodo.2643199.

[19] M. Ojsteršek, M. Eriksson, K. Kurowski et al. (2021). Crosswalk of most used metadata schemes and guidelines for metadata interoperability. Zenodo.doi: 10.5281/zenodo.4420116.

[20] T. Berners-Lee (2006). Linked data—Design issues. w3.org. https://www.w3.org/DesignIssues/LinkedData (accessed 20 August 2021).

[21] T. Berners-Lee, J. Hendler, and O. Lassila (2001). The semantic web. Scientific American, 284(5), 34–43. doi: 10.1038/scientificamerican0501-34.

[22] A. J. G. Gray, P. Papadopoulos, A. Gaignard et al. (2022). Bioschemasdata harvesting project report. BioHackrXiv Preprints. doi: 10.37044/osf.io/y6gbq.

第28章 人工智能耦合高性能计算工作流

Shantenu Jha，Matteo Turilli，罗格斯大学，美国新泽西州布鲁斯韦克。E-mail：shantenu.jha@rutgers.edu，matteo.turilli@rutgers.edu

Vincent Pascuzzi，布鲁克海文国家实验室，美国新泽西州厄普顿。E-mail：vrpascuzzi@gmail.com

28.1 引言

科学发现越来越需要复杂且可扩展的工作流。工作流已成为“新的应用”，其中多尺度计算需要数百到数千个异构来执行任务。在传统的高性能计算（HPC）中引入 AI/ML 模型已成为高精度建模的推动力，并且已经被证明是一种能显著提高性能的可行方法。

统计算法和运行系统的进步，使得基于超大规模集成的应用 [1] 能够克服传统单片模拟的局限性。然而，尽管这些集成算法的效率提高了几个数量级，但是对于规模不大的物理系统来说，相空间和动力学的复杂性还是需要更高数量级的算法改进和性能提升。如果将传统的 HPC 与 AI/ML 相结合，有望克服上述障碍 [2]。

在许多应用领域中，将 AI/ML 集成到计算工作流中是获得巨大性能提升的有利途径，并且为新一代仿真增强创造了机会。例如，我们可以将使用学习代理视为一种性能提升，因为通过训练有素的网络计算预测结果比完全执行仿真快很多个数量级 [3,4]，这可以大幅加快计算速度。除了上面提到的利用学习进行高级采样外，其他简单的例子还包括利用代理模型来表示化学势 [5]，或使用更大的晶粒尺寸来求解细胞和组织级模拟的扩散方程 [6]。

将传统的 HPC 和仿真方法与 AI/ML 方法相结合，产生了各种类型的 AI/ML 增强型 HPC，这种结合有很多种模式。本章内容概述了各种耦合方法，还介绍了这些耦合方法如何让由异构任务组成的工作流应用程序实现自适应执行。本章中我们确定了此类工作流应用的核心特征，并讨论了最先进的工具和工作流应用。

28.2 无处不在的学习范式

HPC 与 ML 之间有两种相互作用。第一种是 ML 直接增强并影响应用程序；第二种是 ML 增强了这些应用程序赖以运行的 HPC 环境，本章只讨论第一种。

第一种相互作用关系的核心以及重新审查/克服性能障碍的关键是需要整合 ML 方法和 HPC。我们在“学习增强模拟活动”中，通过使用神经代理，用神经网络直接预测模拟的全部结果或其组成部分。还使用学习方法来控制和引导仿真，如通过相空间智能引导集合的高效运动[7-10]。我们已经确定了将 ML 与 HPC 集成的三种高级模式[3,11,12]：ML-in-HPC、ML-out-HPC 和 ML-about-HPC。

ML-in-HPC 是指引入 ML 模型来代替 HPC 仿真的一个组成部分，或者代替整个仿真本身，即 ML 模型充当总代理。ML-out-HPC 是指 ML 模型在传统的 HPC 仿真循环之外，却可以动态控制 HPC 工作流进展。例如，主动学习和强化学习对计算活动的控制。ML-about-HPC 代表了 ML 模型与主要 HPC 任务并发和耦合的情况。图 28.1 展示了 AI/ML 与 HPC 工作流耦合的主要模式。这三种模式并不相互排斥，并且将会被越来越多地合并使用。

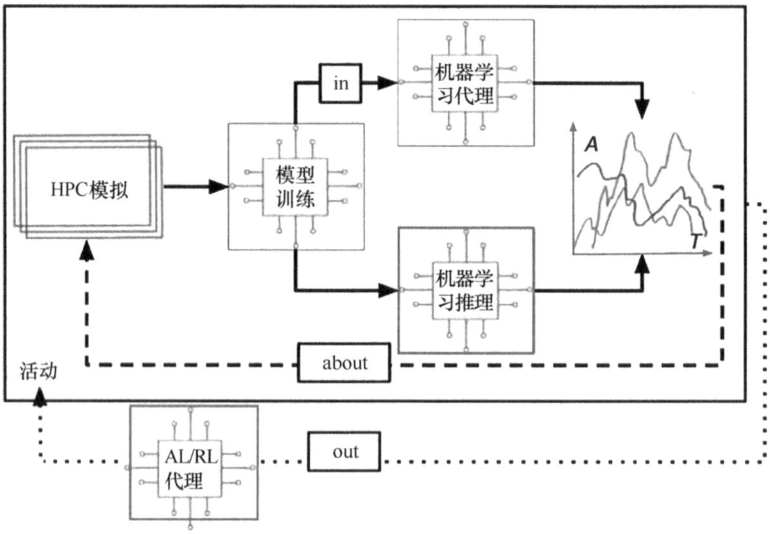

扫码见彩图

图 28.1　ML-x-HPC 的三种模式示意图

① ML-in-HPC：使用 AI/ML 代理模型取代部分或全部模拟。② ML-about-HPC：AI/ML 对传统计算任务进行补充，并尽可能引导这些任务，从而提高其科学成果或效率。③ ML-out-HPC：基于高级 AI/ML 的算法，如主动学习（AL）或强化学习（RL），可用于动态控制活动，或引导整体工作流（而不仅仅是任务）。通常情况下，ML-in 和 ML-about 直接负责为进一步分析提供输出结果，而 ML-out 则负责驱动输出结果

“处处学习”范式[3,11,12]认为，将学习方法与基于 HPC 的仿真技术相结合的三种模式，将被用于越来越多的科学应用中来实现性能提升和方法进步。在 28.3 节中，本书将讨论多级药物选择作为无处不在的学习范式的典型例子，还包括材料设计和地球系统建模[4]等典型例子。

实现这一范式并转化为实践运用面临着许多挑战。例如，要如何以及在哪些方面让 ML 有效地增强或加速 HPC 仿真？怎样使得与 HPC 模拟协同工作的 ML 方法具有可扩展性、强大性和可靠性？对于给定的计算活动，ML 在 HPC 中、在 HPC 外和在 HPC 周围的最佳组合和执行计划是什么？此外，在将 ML 与 HPC 系统软件、硬件和整体基础设施相结合的过程中，还存在系统和软件方面的挑战与机遇。什么是管理各种“计算任务”（ML 的训练和推理以及传统 HPC 工作负载）的正确编程模型？需要什么样的运行系统才能有效管理异构工作负载？ML 与 HPC 之间互动的一般模式及其对运行时系统设计的影响是什么？

第 28 章　人工智能耦合高性能计算工作流

“处处学习”范式的一个出发点是提升性能，即通过用集成的 HPC 和学习方法代替传统的 HPC 方法来提升性能。有效性能衡量的是与单独使用 HPC 方法相比，将 ML 方法与 HPC 结合使用时应用程序性能指标的改进（如计算成本、改进的完成时间或科学目标的实现）。例如，有效性能可以用传统方法与学习增强方法的求解时间比来衡量。如果一项传统的参数研究运行了 1000 次模拟来确定最佳工程设计，而一个基于模型的优化器在 100 次模拟中产生了相同的最佳结果，那么学习增强应用程序的有效性能为 10。此外，如果模拟中基于 ML 的近似将计算加速了 10 倍，则有效性能将为 100。随着学习增强型 HPC[13] 的落地，有效性能的数量级增长是这种新计算范式的核心动力。

28.3 “处处学习”范式示例

本节概述了耦合 HPC 和 ML/AI 在科学领域中的各种使用例子和应用程序范例。表 28.1 使用 28.2 节中描述的三种模式对使用例子和应用程序范例进行分组。之所以选择这些用例和应用，是为了对目前将各个领域 ML 与 HPC 结合使用的代表性工作进行概览。在这些领域中，这种结合正带来创新和前所未有的性能提升。

表 28.1　不同领域 ML-x-HPC 模型的示例

模型	领域	应用	耦合机制
ML-in-HPC	高能物理	Atlfast3	代理方法
	分子动力学	DeePMD-kit	代理方法
ML-about-HPC	原子模拟	比邻星	运行时代理调优
	材料工程	Colmena	运行时模型（重）训练/配置
	RAS 蛋白/癌症	MuMMI	运行时机器学习选择
ML-out-HPC	癌症研究	DeepHyper	自动机器学习
	计算机基础	SIOX	离线机器学习
	材料科学	EXARL	机器学习引导模拟

28.3.1　机器学习在高性能计算流中的应用（ML-in-HPC）

在高能物理领域，工作流程是多层次的，包括量子场理论计算、探测器模拟以及物理对象的经典重建。每个层面都面临着巨大的计算需求，仅依赖传统方法，难以生成足够数量的蒙特卡罗事件以保持与记录数据的统计充分性。因此，ML 技术，尤其是生成对抗网络，正日益成为替代传统逐步模型预测框架的有吸引力的选择。

例如，图 28.2 展示了阿特拉斯实验（ATLAS）合作的“快速”模拟框架 Atlfast3[14] 的说明，其中 ML 技术被用来替代密集的 Geant4[15] 模拟。在这种配置中，替代模型被用于特定粒子类型、能量和子探测器建模，可将整体模拟时间降低几个数量级。同时，这些替代模型允许在新物理搜索、统计受限分析、背景过程和探测器升级方面保持准确的探测器建模。

另一个 ML-in-HPC 的重要例子可以在传统的从头算分子动力学（AIMD）方法中找到，用于模拟原子现象。由于计算需求高（电子自由度的立方缩放），大多数 AIMD 应用被限制在数百个原子。然而，AIMD 在解决许多问题方面发挥了重要作用，如药物发现、复杂的化学过程和纳米技术。因此，人们已经投入巨大努力来寻找更有效的方法，包括 ML。

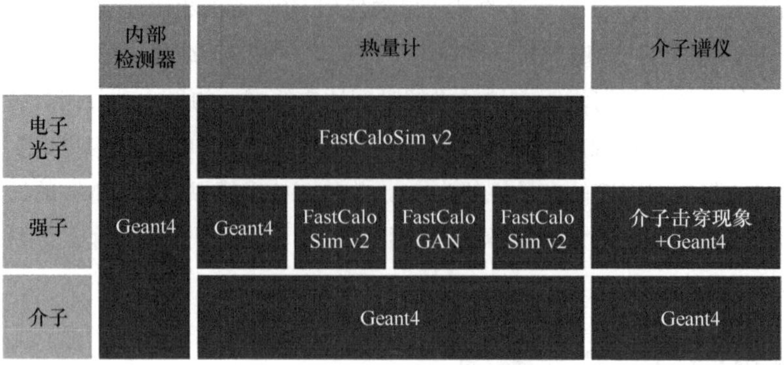

图 28.2　ML-in-HPC 示意图

显示了在 ATLAS 探测器中替代 Geant4 的不同代理模块的配置。根据建模过程的类型、特定的子探测器、粒子类型和能量，可以采用不同的基于 ML 的组件

图片来源：文献 [14]

Jia 等 [5] 提供了一个强大的 ML-in-HPC 应用于 AIMD 的例子。Jia 的方法采用了一个基于 ML 的模拟协议，该协议与一个高度优化的代码（一个图文处理单元加速的深度学习分子动力学工具包 [16]）结合使用，模拟了 O（10^8）ns 长的轨迹，仅在 24h 内完成。这一创纪录的成就有效地扩展到了 Summit 超级计算机的全部 4560 个节点，达到了双精度/混合单精度/混合半精度性能的 91/162/275 PFLOPS。与最先进的方法相比，Jia 等展示了求解时间（TTS）可减少 3 个数量级。

文献 [5] 是 ML-in-HPC 的一个典型例子，它正处于一个范式变革的边缘，因为学习方法正在影响常微分方程（ODE）和偏微分方程（PDE）的求解方式。例如，Raissi 等 [17] 正在研究如何通过深度学习来解决和发现新的 PDE。对于 PDE，神经算子直接从任何函数参数依赖性到解的映射中学习。因此，它们学习了整个 PDE 家族，与经典方法解决方程的一个实例形成对比 [18]。

28.3.2　机器学习关于高性能计算流计算（ML-about-HPC）

用替代近似计算器替换高算力需求的计算旨在通过牺牲相对更完整模型的准确性来减少 TTS。在 TTS 和准确性之间达到最佳平衡是一个非凡的任务，前者通常被忽视以达到所需的准确性。Balaprakash 等 [19] 提供了实时反馈，用于执行模拟，并已被用于开发系统化和自动化的方法，以及动态调整替代模型配置。ML-about-HPC 模式可评估与替代模型相关的不确定性，并根据距离度量的更新配置来评估预测的准确性。在迭代期间，替代模型进化并替换优化程度较低的模型，提供了并发替代模型调整和主要 HPC 活动之间的耦合。

Proxima 框架已在蒙特卡罗抽样应用中得到证明，其中第一原理哈特里-福克 [20] 预测目标被 Proxima 管理的替代模型所取代。在 Proxima 和基于科学试错的固定距离阈值的替代策略之间进行了平均绝对误差（MAE）和 TTS 的比较。在某些情况下，固定策略在 TTS 方面优于 Proxima。然而，用户定义误差界限的实用性确保了更稳健的结果。通过在工作流程执行期间自动确定替代模型配置的值，Proxima 能够在满足误差界限的同时实现高达 5.5 倍的 TTS 加速。

估计大量分子集合的性质通常是寻找医疗治疗、下一代电池等候选分子所必需的。然而，单个应用的候选分子数量，以及因此需要测试所有候选分子的不同实验配置的数量，通常是难以处理的。因此，大规模工作流程已经采用了方法论，提供了 ML 模型训练和重新训练的运行时间，以决定基于先前输出执行哪些计算。

Colmena 框架[21] 促进了用户定义的工作流程执行指导。使用一个涉及 ML 引导的搜索 105 个具有高抗氧化电解质设计的分子的示例应用，Colmena 工作流程提供了在执行模拟时积极训练和学习的组件。该框架采用并发执行模式，在整个工作流程中并行运行 ML 和传统模拟。使用 ML 模型评估分子的候选性，这些模型根据选择标准进行评分，然后根据其得分进行排序。出现在排序列表顶部的分子反映了最适合的候选分子，随后执行额外的模拟。据报道，Colmena 以比传统计算解决方案快 100 倍的速度找到候选分子，并扩展到 Theta 超级计算机的 1024 个节点（65636 个核心）。

一个更复杂的场景是药物开发。这种类型的研究与开发可能需要数年或数十年才能实现，因为涉及在寻找候选药物和严格的美国食品药品监督管理局（FDA）批准程序中的复杂计算建模。在癌症治疗的背景下，据估计 Ras 蛋白质涉及美国近 1/3 的人类癌症[22]；然而，Ras-Raf-膜动力学的许多生理化学特性尚未完全理解。这些过程的固有多层次性质使得计算建模具有挑战性，并且每个尺度通常都是单独模拟的。

大规模并行的多尺度机器学习建模基础设施（MuMMI）[23,24] 使用基于 ML 的选择将三个分辨率尺度耦合起来，有效地将重要配置从粗粒度提升到全原子（最高分辨率）。MuMMI 的自主性和全部功能通过将工作流程的应用层和协调层绑定在一起实现。MuMMI 在超过 600000 个节点小时的时间内实现了 98% 的 GPU 占用率，协调了 24000 个作业，并管理了每天数 TB 的数据。此外，将工作流程应用于协调分离的分裂架构，使算法具有通用性，进而在除药物设计之外的领域也有应用。

28.3.3 机器学习在高性能计算流之外的应用（ML-out-HPC）

提升的算力有助于更快地产生预测模型，更大的数据收集量使得预测具有更高的可信度。然而，改进模型通常意味着引入额外的复杂性，如显著增加的可训练参数。因此，为复杂疾病（如癌症）构建 ML 模型涉及大量的试错，以及流行病学家和 ML 专家的干预，使得诊断、检测、预后和预测成为极其耗时的任务。

Balaprakash 等[25] 的工作引入了一种基于强化学习的神经架构搜索，用于自主深度学习开发。通过针对特定类型的癌症数据，自动化方法找到了需要较少可训练参数的神经架构，从而减少训练时间，这些架构产生与手动精细调整的架构相当或更好的准确性。可扩展性在 Theta 超级计算机的 1024 个节点上得到证明，最佳神经架构在科学结果方面优于手动设计的网络，前者比后者的可训练参数减少了 91.3%，且训练速度提高了 2.5 倍。这些结果表明，ML 驱动的神经架构搜索有潜力加速癌症研究，允许该领域的研究人员使用 HPC 自动化神经架构发现。

为了满足科学家和非机器学习专家的需求，最近的一项研究提供了灵活的用户工具，用于分布式和可扩展的强化学习。EXARL[26] 来自艾次级机器学习技术（exascale machine learning technologies，ExaLearn）的协同设计中心（Co-Design Center）。EXARL 使现有的超级计算应用，如 LAMMPS[27] 和 NWChem[28]，能够与强化学习算法和相关的神经网络架构进行接口。除了 miniGAN 代理应用 [29]，ExaLearn 团队还展示了其在块共聚物应用 [30] 中的有用性和可扩展的强化学习能力。这是一个通常复杂的问题，因为材料可能演化到通用状态或陷入亚稳态，因此需要数百次实验才能达到目标状态。通过将这个问题映射到强化学习，其中神经网络被训练以更新后续块共聚物模拟的退火温度，EXARL 能够展示出引导退火过程达到平衡和非平衡状态的学习收敛。正在进行的和未来的工作包括扩展到新的科学领域用例，并启用多进程应用的进一步扩展和执行。

虽然 HPC 推动了大部分科学研究和发现，但平台本身需要持续的性能分析和优化以发挥其全部潜力。这对于 I/O 系统来说尤其困难，因为它们通常是计算系统的瓶颈，与计算能力相比，性能落后几个数量级。由于 I/O 系统的复杂性，需要对底层组件有深入的了解，并且可能需要对数千个参数进行相互优化。

SIOX 项目 [31] 监测、诊断和优化 HPC 平台的 I/O 系统参数。SIOX 的模块化设计提供了即插即用的能力，允许使用多种监控工具进行数据生产。插件使用离线 ML 来预测不同优化操作的性能增益或损失，以及在线 ML 进行异常检测。SIOX 实现了执行器任务优化，并可评估任务的实现情况。

28.3.4 处处学习：一个典型的例子

ML 与 HPC 的三种耦合模式并不是互斥的。事实上，最激进的多尺度或多阶段研究设想涉及所有三种模式。例如，考虑到大约有 10^{68} 种可能的药物化合物，需要高效且高通量的框架来进行早期药物发现 [32]。需要改进的生物信息学方法来更好地选择可以进入药物研发后期阶段的潜在化合物，从而加速整个过程 [33–35]。在多个层面上集成 AI 和模拟创新正展示着克服传统生物信息学药物设计根本限制的潜力。

我们讨论 IMPECCABLE 作为一个代表性的活动（图 28.3），它由 ML-in-、ML-out-和 ML-about-HPC 工作流组成，用无处不在的学习取代传统的 HPC。尽管 IMPECCABLE 是为治疗

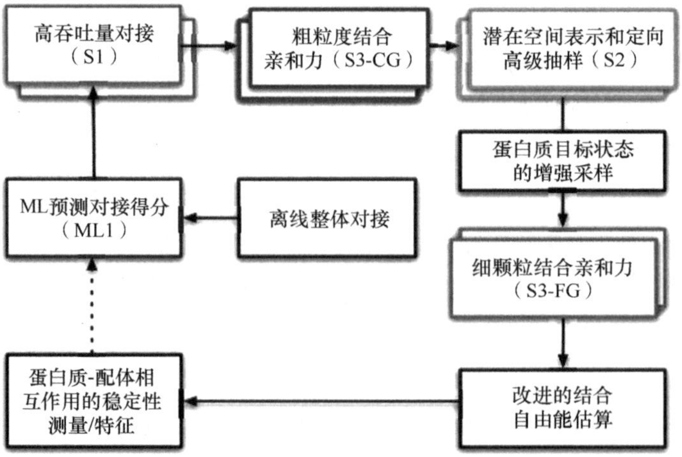

图 28.3 IMPECCABLE 是一个虚拟的药物发现管道（从碰撞结合再到优化）

其组成部分包括基于深度学习的对接代理模型（ML1）、Autodock-GPU（S1）、粗粒度和细粒度的结合自由能（S3-CG 和 S3-FG）以及 ML 增强的 MD 模拟

COVID-19 开发的，但多阶段和 AI-HPC 集成活动代表了材料和分子设计、气候科学等领域的一系列活动。

该活动由一个由 ML 预测启动的迭代循环组成，随后是数据处理阶段 S1、S2、S3。ML/AI 技术（ML1 和 S2）与基于物理的方法相结合，估计化合物的键合角度，这些化合物有希望为给定的蛋白质靶点（S1）和结合自由能计算（S3）提供线索。总之，该运动将学习方法与基于物理的创新方法结合在一起，通过迭代算法允许上游和下游反馈，克服经典医学药物设计的基本局限性[8]。它包括高通量基于结构的蛋白质配体对接模拟，然后对这些虚拟筛选结果进行迭代改进，以过滤出在生化或全细胞分析、安全性和毒理学测试中“有潜力”的化合物。

ML 技术通过预测小分子与蛋白质靶点（ML1）结合的可能性，并加速对给定蛋白质-配体复合物的结合自由能值的构象景观采样，克服了 S1 和 S3 的局限性（S2）。将 ML 方法与基于物理的模型（对接和 MD 模拟）相结合，我们在可以用传统方法筛选复合库的大小上实现了至少三个数量级的改进方法，同时提供了结合自由能计算的途径，可以在选择进一步（实验或计算）优化的配体中施加更好的置信区间。

S1 是 ML-in-HPC 模式的一个例子（训练和使用代理来代替计算），而 S2[36] 代表了 ML-about-HPC 模式的一个常见实例。尽管在发布时，ML-out-HPC 并没有在 HPC 平台上实现，但是原型已经被用来确定计算资源在 S1～S3 的最优分配[37]。

算法、方法论和基础设施创新的影响通过测量原始吞吐量（定义为单位时间内的配体），科学性能（定义为单位时间内的有效配体采样），以及所选择配体的质量[8,9,38,39]来衡量。因此，IMPECCABLE[9,38] 药物发现领域是无处不在这种学习范式的典型例子。

28.4 机器学习和科学计算流应用

将 AI/ML 方法与 HPC 模拟相结合，对在日益异构的计算平台上执行科学工作流应用的中间件系统的发展提出了前所未有的挑战。我们概述了三个主要挑战，并讨论了 28.3 节介绍的几个用例如何解决这些挑战。

28.4.1 挑战

传统上，科学工作流被定义为高吞吐量计算（HTC）或 HPC。前者定义了网格时代的分布式工作流；后者则以复杂和大型有向无环图（DAG）处理为代表。HPC 模拟的集合的日益重要和流行导致了这两种主要模式的融合——高吞吐量的高性能计算（HT-HPC）。最终，工作流涉及大量（并行）任务之间的依赖关系，并由 DAG 任务图表示。当前的工作流中间件反映了这些主导范式和趋势。向前进行，它们将被支持在多个应用层面上将 ML 与 HT-HPC 工作流耦合的系统取代。

将 ML 方法与 HPC 模拟结合，产生了三类主要的工作流：①混合 HPC-HTC 工作流；② ML 耦合的工作流，如 28.3 节所述；③边缘到中心的工作流，这通常涉及将分布式 ML 与 HPC 工作流集成（例如，边缘 ML）。这正迅速成为一种越来越重要的工作流类型，涉及分布式数据生产和 ML 执行，以及它们与大型数据中心的耦合需求。

将 ML 与 HPC 模拟耦合也引入了许多挑战——在应用、中间件和资源层面。在本章中，我们重点关注与资源和任务执行管理相关的三个主要中间件开发挑战，以实现 ML 在科学工作流应用中的全部潜力：①任务异质性；②自适应执行；③应用性能。

ML 引入了多个级别的任务异质性。除了传统的 CPU、GPU 和可能是多节点多点接口协议（MPI）任务外，ML 通常需要执行高吞吐量的函数调用，这些调用通常是用 Python 等解释性语言实现的，并且可能依赖于由不同组织和平台管理的分布在不同存储库中的数据集。因此，管理工作流应用执行的中间件必须能够同时调度、放置和执行 MPI 可执行文件和 Python 函数，这些函数的执行寿命差异巨大——前者可能持续数小时，后者可能仅为几秒钟。

在工作流应用程序中使用 ML 的主要科学原因之一是改进对工作流应用程序的部分任务产生的数据的分析。当一些任务在进行时，ML 模型可以用来学习相关的功能，并在运行时更好地推动工作流的进展。为了充分利用基于 ML 的分析潜力，工作流应用程序必须具有适应性，即能够整合 ML 推断的结果并相应地改变工作流图，并定义在运行时执行的学习量，特别是在执行之前无法提前知道该量的情况下[36]：模拟必须暂停并重新启动新的起点和/或必须根据 ML 推断开始不同数量、类型或大小的模拟，以满足变化的需求。此外，ML 训练在运行时可能会有所不同，无论是每个模型的数量还是使用时跨多个模型的数量。这对工作流执行中间件的功能有影响。除了遍历 DAG 以生成具体的执行计划的能力之外，工作流中间件还必须更新 DAG，暂停/重新启动其某些节点的执行，添加/删除某些节点和/或动态更改分配给这些节点的资源数量。

为了使 ML 有用，它必须在科学性和执行性能方面实现改进。一方面，ML 建模和推理的使用需要改进它所驱动的科学计算，如准确性和/或物理模拟持续时间。另一方面，ML 必须在集成到工作流应用中时高效地利用可用资源。资源效率取决于这些资源用于实现工作流应用计划目标的时间量，以及为实现该目标利用的可用资源的百分比。这意味着，工作流执行中间件必须最大化利用资源同时最小化工作流应用总完成时间来并行执行异构任务。

28.4.2 框架和中间件解决方案

前文提及的启用 ML 的工作流框架，在面对中间件软件堆栈的不同层次上的任务异构性、自适应执行和框架性能（与科学性能相对）的挑战时，解决了其中部分或全部的挑战。

Proxima[40] 是一个 Python 库，用于包装 Python 函数。Proxima 根据其输入计算何时通过代理模型进行推理或运行包装的函数。通过代理模型进行推理通常比执行包装函数更快，从而实现整体加速。Proxima 持续监视函数执行情况，动态调整代理配置参数，并确定何时在运行时重新训练代理模型。尽管 Proxima 执行不同类型的函数（推理、监控、评估、配置和重新训练），但它并未针对 HPC 进行优化，也不会同时大规模执行这些不同的功能。Proxima 通过在运行时重新训练和对模型进行参数化来实现自适应。最后，从 Proxima 逻辑、模型（重）训练、代理的使用和推理等方面对 Proxima 作为 Python 库的性能进行了评估。

Colmena [21] 是一个通用的 Python 库，用于在 HPC 计算系统上引导实验。Colmena 旨在执行不同类型的任务，包括模拟、推理（通过代理模型）、模型训练和候选生成。与 Proxima 不同，Colmena 旨在在 HPC 平台上扩展，通过协调（可能同时进行的）不同类型的任务来解决异构性挑战。与 Proxima 类似，Colmena 通过代理参数化和（重新）训练实现自适应性。Colmena 使用 Parsl 作为其运行时，避免了重新实现特定于 ML 的通用运行时能力。Colmena 的性能是通过通信开销（例如，请求或结果对象，以及数据输入或输出）和不同任务持续时间、结果大小和工作数量的扩展性能来衡量的。

EXARL[29] 是一个基于 OpenAI Gym 构建的 Python 框架，用于实现任意强化学习算法并在规模上执行。EXARL 实现了代理功能，每个代理基于学习者/执行者架构，其中每个代理同时使用可扩展数量的学习者。学习者可以作为多进程或 MPI 可执行文件实现；多个代理可以同时执行。EXARL 没有提供映射和启动其代理的具体能力，它依赖的是第三方工具，如批处理系统和 MPI 基础设施。因此，EXARL 不支持任务异构性，要实现自适应性需要在其代理模型上进一步编码。目前，其性能通过衡量学习者的规模以及共同学习者和代理数量来进行评估。

MuMMI[23,24] 是一个 Python 工作流管理器，用于协调大规模并行多尺度模拟的执行。MuMMI 允许协调宏观和微观尺度模拟任务的同时执行，通过 ML 方法将它们耦合起来，以决定微观尺度模拟应该探索宏观尺度模拟的空间。MuMMI 使用 Flux 作业调度程序来协调在 CPU 和 GPU 上异构任务的调度和执行，或使用 Maestro 工作流插件来将其工作流管理器组件与 Flux 连接。MuMMI 实现了自适应性，允许在运行时重新训练 ML 模型并用它们来引导模拟。MuMMI 的性能可以通过资源利用和执行的并发模拟数量来评估。

IMPECCABLE[8,9] 是一个药物发现工作流管理器，它在 CPU 和 GPU 上同时执行异构任务（即 MD 模拟、ML 训练和推理）。它使用 RADICAL-Cybertools 作为工作流中间件连接系统，同时也会使用 DeepDriveMD。IMPECCABLE 通过将 MD 轨迹聚类来引导 MD 模拟的集合以实现自适应性。这可能包括启动新的模拟（即扩展初始MD模拟的池），或终止不生产的MD模拟（即陷入元稳定状态的模拟）。IMPECCABLE 还支持在运行时评估训练对接代理。IMPECCABLE 的性能是通过资源利用、框架的开销以及流程及其各阶段的完成总时间来评估的。重要的是，DeepDriveMD 和 RADICAL-Cybertools 提供的能力在用例和计算活动中是可移植的。

DeepDriveMD 和 RADICAL-Cybertools 的能力是可迁移的，这被用于 IMPECCABLE，也允许协调与 ML 模型耦合的多种模拟，并自动实现 #COVIDIsAirborne[41] 的大规模应用。目前，正在开展使用 RADICAL-Cybertools 来支持工作流编排、异构任务执行和规模上的自适应性工作。

28.5 讨论

ML 启用的 HPC 工作流的成功带来了几个挑战和机遇：①支持 ML 启用的 HPC 工作流的工程中间件和框架；② ML-HPC 基准测试，以衡量执行和有效性能；③在线 ML 模型工程。下面举几个例子。

与当前工作流应用场景一致，许多 ML 方法只支持单任务，支持特定的用户界面、用例和 HPC 平台。尽管如此，正如 28.4.2 节中所看到的，一些解决方案寻求利用良好工程化的通用系统的优势是建立在现有中间件之上的。因此，ML 和 HPC 中间件工程的主要要求之一将是逐步分离应用、框架、中间件和平台关注点，使 ML 支持跨越整个堆栈，而不必编写大量独立解决方案，所有这些解决方案都实现类似的能力。

ML 启用的 HPC 工作流应用路线图的另一个主要应用方向是促进现有中间件解决方案的集成，以支持特定领域的 ML 框架的开发。虽然中间件层应该是领域不可知的、提供通用资源的和具有运行管理能力的，但领域科学家经常需要针对他们的编程模型定制工具。例如，一些科学家可能更喜欢基于配置的接口来设置其应用参数，而其他人则需要 API 来管理循环级别的并行性。科学家的目标是开发针对 ML 启用的工作流定制的工具，利用已经可用的运行时能力，并提供给专用的用户，同时隐藏无须关注的细节。

目前，实现文件系统性能和内存中的数据共享是 ML 驱动的工作流应用在 HPC 平台上面临的主要限制之一。通常，文件系统是 ML 所需的 I/O 密集操作的瓶颈，尤其是在运行时连续生成数据时。在不同类型的工作流任务之间进行内存中数据交换仍然需要使用任务级别的能力[42]。这在实现协调协议的中间件能力和需要在任务本身内部实现这些协议之间造成了摩擦，这是由内存通信要求带来的。这妨碍了中间件和任务之间关注点的清晰分离，阻碍了通用、生产级解决方案的发展。

随着存储在云平台上的数据集数量的增加，以及利用多样化的编程和计算范式的需求，集成云和 HPC 资源已成为优先事项。开发强大可靠的解决方案以在多样化和异构资源上无缝执行大规模的 ML 启用的工作流应用，是一个社会技术挑战。从商业角度，云和 HPC 资源利用不同的经济模型，使得难以协调两种不同的资源分配过程。技术上，HPC 多租户批处理系统及其非弹性资源分配，严重偏向大型和长期的单个 MPI 作业，这与云提供商实施的平台、容器和函数，即服务模型不匹配。将开发资源经纪系统，旨在在多样化和异构资源上无缝执行大规模的 ML 启用的工作流应用。

性能对于 ML 启用的工作流应用的未来发展至关重要。大规模工作流的稳态性能和资源利用是一个已知的挑战。例如，帮助推进 COVID-19 研究和应对，并支持 2020 年戈登贝尔（Gordon Bell）特别奖 COVID-19 决赛者的流程虽然具有令人印象深刻的峰值性能，但稳态性能适中。与 ML 耦合的 HPC 工作流正如可以预期的那样，随着任务异构性和时间增加，提高稳态性能和资源利用变得具有挑战性。

有效性能以及科学地改进超过其他方法的衡量措施，将必须通过运行时的性能来补充，以确保有效和高效利用可用的计算资源。在这种情况下，基准测试将在推动软件和平台发展方面发挥根本性作用。基准测试必须是可访问的，并被相关科学社区认可的，以便能够比较算法方法和应用执行之间的性能。没有这些基准测试，就无法朝着有效的算法解决方案收敛，当然，评估未来的平台架构将如何支持 ML 启用的工作流是更重要的事。

参考文献

[1] P. M. Kasson and S. Jha (2018). Adaptive ensemble simulations of biomolecules. Current Opinion in Structural Biology, 52, 87–94. Cryo electron microscopy:The impact of the cryo-EM revolution in biology Biophysical methods.

[2] E. Hruska, V. Balasubramanian, S. Jha et al. (2020). Extensible and scalable adaptive sampling on supercomputers. Journal of Chemical Theory and Computation (accepted). https://arxiv.org/abs/1907.06954.

[3] G. Fox, J. Glazier, J. C. S. Kadupitiya et al. (2019). Learning everywhere: Pervasive machine learning for effective high-performance computation. In IEEE International Parallel and Distributed Processing Symposium Workshops,

pp. 422–429. IEEE. https://arxiv.org/abs/1902.10810.

[4] M. F. Kasim, D. Watson-Parris, L. Deaconu et al. (2021). Building high accuracy emulators for scientific simulations with deep neural architecture search. Machine Learning: Science and Technology, 3, 015013.

[5] W. Jia, H. Wang, M. Chen et al. (2020). Pushing the limit of molecular dynamics with ab initio accuracy to 100 million atoms with machine learning. In SC20: International Conference for High Performance Computing, Networking, Storage and Analysis, pp. 1–14.

[6] J. L. Peterson, R. Anirudh, K. Athey et al. (2019). Merlin: Enabling machine learning-ready HPC ensembles. arXiv preprint arXiv:1912.02892.

[7] H. Lee, M. Turilli, S. Jha et al. (2019). Deepdrivemd: Deep-learning driven adaptive molecular simulations for protein folding. In 2019 IEEE/ACM Third Workshop on Deep Learning on Supercomputers (DLS), pp. 12–19. IEEE.

[8] H. Lee, A. Merzky, L. Tan et al. (2021). Scalable HPC and AI infrastructure for COVID-19 therapeutics. In Platform for Advanced Scientific Computing Conference (PASC '21), July 5–9, 2021, Geneva, Switzerland. ACM, New York, NY, USA.

[9] A. Al Saadi, D. Alfe, Y. Babuji et al. (2021). Impeccable: Integrated modeling pipeline for covid cure by assessing better leads. In 50th International Conference on Parallel Processing (ICPP '21), 9–12 August 2021, Lemont, IL, USA. ACM, New York, NY, USA, p. 12.

[10] L. Casalino, A. C. Dommer, Z. Gaieb et al. (2021). AI-driven multiscale simulations illuminate mechanisms of SARS-CoV-2 spike dynamics. International Journal of High-Performance Computing Applications (IJHPCA). https://journals.sagepub.com/doi/10.1177/10943420211006452.

[11] S. Jha and G. Fox (2019). Understanding ML driven HPC: Applications and infrastructure. In 2019 15th International Conference on eScience (eScience), pp. 421–427. IEEE. https://arxiv.org/abs/1909.02363.

[12] G. Fox and S. Jha (2019). Learning everywhere: A taxonomy for the integration of machine learning and simulations. In 2019 15th International Conference on eScience (eScience), pp. 439–448. IEEE. https://arxiv.org/abs/1909.13340.

[13] A. Karpatne, G. Atluri, J. H. Faghmous et al. (2017). Theory-guided data science: A new paradigm for scientific discovery from data. IEEE Transactions on Knowledge and Data Engineering, 29(10), 2318–2331, October.

[14] G. Aad, B. Abbott, D. C. Abbott et al. (2022). Aad. Atlfast3: The next generation of fast simulation in ATLAS. Computing and Software for Big Science, 6(1), 7.

[15] S. Agostinelli, J. Allison, K. Amako et al. (2003). Geant4 — A simulation toolkit. Nuclear Instruments and Methods in Physics Research Section A:Accelerators, Spectrometers, Detectors and Associated Equipment, 506(3), 250–303.

[16] H. Wang, L. Zhang, J. Han et al. Deepmd-kit (2018). A deep learning package for many-body potential energy representation and molecular dynamics. Computer Physics Communications, 228, 178–184.

[17] M. Raissi, P. Perdikaris, and G. E. Karniadakis (2019). Physics-informed neural networks: A deep learning framework for solving forward and inverse problems involving nonlinear partial differential equations. Journal of Computational Physics, 378, 686–707.

[18] Z. Li, N. Kovachki, K. Azizzadenesheli et al. (2020). Fourier neural operator for parametric partial differential equations. arXiv preprint arXiv:2010.08895.

[19] P. Balaprakash, R. Egele, M. Salim et al. (2021). Proxima: Accelerating the integration of machine learning in atomistic simulations. In Proceedings of the International Conference on Supercomputing, pp. 242–253. ACM.

[20] C. F. Fischer (1977). Hartree–fock method for atoms. A numerical approach. 1.

[21] L. Ward, G. Sivaraman, J. G. Pauloski et al. (2021). Colmena: Scalable machine-learning-based steering of ensemble simulations for high performance computing. In 2021 IEEE/ACM Workshop on Machine Learning in High

Performance Computing Environments (MLHPC), pp. 9–20. IEEE.

[22] D. K. Simanshu, D. V. Nissley, and F. McCormick (2017). Ras proteins and their regulators in human disease. Cell, 170(1), 17–33.

[23] F. Di Natale, H. Bhatia, T. S. Carpenter et al. (2019). A massively parallel infrastructure for adaptive multiscale simulations: Modeling RAS initiation pathway for cancer. In Proceedings of the International Conference for High Performance Computing, Networking, Storage, and Analysis, pp. 1–16. ACM/IEEE.

[24] H. Bhatia, F. Di Natale, J. Y. Moon et al. (2021). Generalizable coordination of large multiscale workflows: Challenges and learnings at scale. In Proceedings of the International Conference for High Performance Computing, Networking, Storage, and Analysis, pp. 1–16. ACM/IEEE.

[25] P. Balaprakash, R. Egele, M. Salim et al. (2019). Scalable reinforcement learning-based neural architecture search for cancer deep learning research. In Proceedings of the International Conference for High Performance Computing, Networking, Storage and Analysis, pp. 1–33.

[26] V. Ramakrishnaiah, M. Schram, J. Suetterlein et al. (2020). Easily extendable architecture for reinforcement learning (EXARL). https://github.com/exalearn/EXARL.

[27] A. P. Thompson, H. M. Aktulga, R. Berger et al. (2022). LAMMPS —A flexible simulation tool for particle-based materials modeling at the atomic, meso, and continuum scales. Computer Physics Communications, 271, 108171.

[28] E. Aprà, E. J. Bylaska, W. A. de Jong et al. (2020). Nwchem: Past, present, and future. The Journal of Chemical Physics, 152(18), 184102.

[29] J. Ang, C. Sweeney, M. Wolf et al. (2020). ECP report: Update on proxy applications and vendor interactions, pp. 1–3.

[30] F. J. Alexander, J. Ang, J. A. Bilbrey et al. (2021). Co-design center for exascale machine learning technologies (exalearn). The International Journal of High Performance Computing Applications, 35(6), 598–616.

[31] J. M. Kunkel, M. Zimmer, N. Hübbe et al. (2014). The SIOX architecture–coupling automatic monitoring and optimization of parallel i/o. In International Supercomputing Conference. Springer, pp. 245–260.

[32] R. S. Bohacek, C. McMartin, and W. C. Guida (1996). The art and practice of structure-based drug design: A molecular modeling perspective. Medicinal Research Reviews, 16(1), 3–50.

[33] D. A. Antunes, D. Devaurs, and L. E. Kavraki (2015). Understanding the challenges of protein flexibility in drug design. Expert Opinion on Drug Discovery, 10(12), 1301–1313.

[34] Y. Zhou, F. Wang, J. Tang et al. (2020). Artificial intelligence in COVID-19 drug repurposing. The Lancet Digital Health, 2(12), E667–E676.

[35] J. S. Smith, A. E. Roitberg, and O. Isayev (2018). Transforming computational drug discovery with machine learning and AI, 9(11), 1065–1069.

[36] A. Brace, I. Yakushin, H. Ma et al. (2022). Coupling streaming ai and hpc ensembles to achieve 100–1000× faster biomolecular simulations. In 2022 IEEE International Parallel and Distributed Processing Symposium (IPDPS), pp. 806–816. IEEE.

[37] H.-M. Woo, X. Qian, L. Tan et al. (2021). Optimal decision making in highthroughput virtual screening pipelines. arXiv preprint arXiv:2109.11683.

[38] A. Clyde, S. Galanie, D. W. Kneller et al. (2021). High-throughput virtual screening and validation of a SARS-CoV-2 main protease noncovalent inhibitor. Journal of Chemical Information and Modeling, 62(1), 116–128.

[39] Y. Babuji, B. Blaiszik, T. Brettin et al. (2020). Targeting SARS-CoV-2 with AI-and HPC-enabled lead generation: A first data release. arXiv preprint arXiv:2006.02431.

[40] Y. Zamora, L. Ward, G. Sivaraman et al. (2021). Proxima: Accelerating the integration of machine learning in atomistic simulations. In Proceedings of the ACM International Conference on Supercomputing, pp. 242–253.

[41] A. Dommer, L. Casalino, F. Kearns et al. (2021). #covidisairborne: AIenabled multiscale computational microscopy of delta SARS-CoV-2 in a respiratory aerosol (preprint).

[42] J. Y. Choi, J. Logan, K. Mehta et al. (2019). A co-design study of fusion whole device modeling using code coupling. In 2019 IEEE/ACM 5th International Workshop on Data Analysis and Reduction for Big Scientific Data (DRBSD-5), IEEE, pp. 35–41.

第29章

人工智能用于科学可视化

Chris R. Johnson，犹他大学科学计算与成像研究所，美国犹他州盐湖城。E-mail：crj@sci.utah.edu

Han Wei Shen，俄亥俄州立大学计算机科学与工程系，美国俄亥俄州哥伦布市。E-mail：Shen.94@osu.edu

29.1 引言

数值模拟技术通常用于对复杂科学现象的建模。在此过程中，科学可视化对验证模拟结果、展示数据规律和探索现象本质具有关键作用。具体来说，分析与可视化管道流程需要多维、高复杂度的海量科学数据。其核心目标在于提取特征、识别模式，从而为科学研究提供洞见，推动科学发展。随着计算技术的飞速进步，适用于建模和数据分析的机器学习技术在处理数值模拟生成的数据时展现出愈发重要的潜力。

随着超级计算机性能的不断提升，科学家得以在以往难以企及的时空尺度上对科学进行高精度模拟。然而受限于存储容量与输入/输出（I/O）速度，模拟生成的全部数据往往无法完整被存储和分析。当前普遍的做法是降低数据的时空分辨率后再进行存储，但这可能导致关键数据甚至科学特征的丢失。如何在控制计算成本的同时保障数据的质量，已成为科学数据管理、分析和可视化领域研究与开发的重点。迄今为止，学界已提出多种数据缩减与汇总方法。其中直接方案是应用数据压缩技术。然而，科学数据普遍具有高精度的特征，其压缩效果远不如文本或图像数据理想。此外，传统压缩技术未考虑保留领域特异性特征（如流线、旋涡等值面及体渲染图像），而这些特征往往缺乏明确的数学定义。因此，单纯依赖数据压缩并不可行。另一种策略是从数据中提取特征，仅输出与特征相关的信息。尽管特征数据量远小于原始数据量，但此类方法无法支持基于原始数据的探索性分析查询。

后续章节依次探讨科学分析与可视化流程中的具体挑战，梳理该研究领域若干具有影响力的相关机器学习研究，并通过两个具体案例深入分析人工智能技术如何应对科学分析与可视化探索中的难题。

29.2 具体的挑战

在本节中，我们将阐述分析和可视化数值模拟生成的数据时可能遇到的具体挑战，特别关注对大规模模拟集合数据进行分析和可视化这一重大挑战，这需要仔细考虑输入和输出空间。

来自多个学科的科学家经常使用先进的计算模型模拟复杂的现实世界现象。这些模型由众多输入参数控制，而这些参数又会决定模拟的结果。由于缺乏真实值，模拟输出可以通过运行一组模拟来近似，例如采用不同的计算模型、对输入参数空间进行采样、随机改变初始条件等技术。以使用 WRF 模型进行天气预报为例 [1]，该模型将感兴趣区域的当前天气状况作为输入，在多个对流参数（如下沉气流质量通量率相关系数和最大湍动能）的控制下，模拟并预测未来的天气状况。为了了解不同初始条件和参数设置对模拟输出或模型准确性的影响，科学家会使用不同的初始条件和参数设置多次运行模拟模型。这些模拟模型多次运行产生的时空结果集合，就是所谓的“集合”。为了充分利用集合模拟的结果，需要对计算模型进行深入分析，以确定最可能出现的情况，以及概率虽低但可能具有危害性的事件。这就要求从定性和定量两个方面，深入理解模拟的输入和输出。然而，一些集合模型包含的参数与物理现象没有直接联系，并且存在不同程度的不确定性，因此，如何进行参数调整和校准以提高模拟输出的质量和多样性，并非总是一目了然。

在分析和可视化大规模科学集合模拟生成的数据时，数据的体量、种类和产生速度方面都存在重大挑战，具体如下：

体量：单次随时间变化的模拟运行可能会生成几百吉字节（GB）到几十太字节（TB）的数据。为了产生一系列可能的结果，一个集合模拟可能包含数十个甚至数百个这样的单独模拟。因此，数据的总大小可能远远超过 I/O 设备的可用容量，进行有效数据分析所需的数据传输量也将巨大。

种类：大多数集合模拟用于模拟瞬态现象，包含数百或数千个时间步。在每个时间步中，会产生许多以标量、向量和/或张量形式存在的变量，它们共同描述正在被模拟的物理现象。为了产生广泛的可能结果并提高预测的可信度，需要在高维输入参数空间中进行大量采样。最后，为了最大化准确性并最小化模拟成本，科学家通常需要在多分辨率设置下运行模拟。理解所有这些维度之间的关系是一项具有挑战性的任务。

速度：由于集合科学模拟能够以非常高的速率产生数据，通常无法将多维输出存储到磁盘上。目前的一个趋势是在模拟运行的同时进行数据分析和可视化，即原位分析。由于模拟持续以高速率产生数据，留给数据分析和可视化代码的时间窗口非常小。数据的高生成速度极大地限制了实际应用中可使用的分析算法的复杂性。

除了研究复杂的大规模多维数据带来的挑战之外，机器学习技术的应用也并非一帆风顺。尽管机器学习已在计算机视觉和图像处理等领域得到广泛应用，但在探索其在科学数据分析和可视化方面的全部潜力方面，我们仍处于早期阶段。了解机器学习技术的应用是否合适，并选择正确的方法，是取得成功的关键。此外，跨科学数据集的模型泛化、生成合适的训练数据，以及对大规模三维空间数据进行训练过程的扩展，仍然具有挑战性。

29.3 科学可视化与人工智能

可视化研究人员使用人工智能方法进行实验已有很长一段时间。在科学可视化领域，Tzeng 等[2,3]使用传统神经网络（如今相对于现代深度神经网络（DNN），这类网络被认为是“浅层”神经网络）对多变量体数据进行分类，以用于三维可视化，神经网络也被视为可视化研究的一个有应用前景的方向[4]。随着现代深度学习技术的迅猛发展，该领域最近聚焦于应用 DNN 的能力来解决各种科学可视化问题，例如在体可视化[5-11]和流可视化[12-20]方面。接下来，我们选取了一些发表在顶级可视化会议上、聚焦于使用人工智能技术进行科学可视化的论文。按照可视化处理流程的一般顺序，我们将近期利用人工智能进行科学数据分析和可视化的工作分为以下几类：①数据预测；②特征提取；③数据约简；④渲染；⑤超分辨率；⑥模拟替代模型；⑦相似性和比较；⑧交互。

29.3.1 数据预测

考虑到科学模拟的时空特性，利用神经网络生成或预测模拟结果的应用可分为两类：全局方法和局部方法。全局方法将模拟的一个时间步输出视为一个整体，应用神经网络（卷积神经网络，CNNs）将其编码为潜在表示。之后，使用循环网络（递归神经网络，RNN 或长短期记忆网络，LSTM）对潜在向量进行处理，以预测下一个时间步的结果。有三项研究属于这一类别[21-23]。这种潜在空间可以被划分为独立的组件，从而能够对时间和密度等不同模拟参数进行外部控制[22,23]。Wang 等[24]也采用全局方法进行数据生成，但他们不是预测流场，而是从单视图二维医学图像中预测三维器官模型。

同样，CNNs 被用于从二维图像中提取特征，以指导三维数据的生成。局部方法则依赖于局部邻域进行时间预测。Tkachev 等[25]使用局部预测模型处理时空数据集，并利用预测误差辅助体可视化。Jakob 等[26]发布了一个二维集合向量场数据集，并在上面测试了神经流图局部插值。他们的数据集可作为未来神经网络向量场预测研究的基准。由于这些方法基于局部性的特点，它们甚至可以扩展到更大的数据集。与科学模拟的神经网络研究基准数据集相关，Eckert 等[16]捕获了一个现实世界的大规模体数据集，可用于机器学习研究。

29.3.2 特征提取

在科学应用中，“特征”一词在不同科学领域有不同的定义。一般来说，特征提取是指在数据集中识别出感兴趣的特定模式。基于神经网络的特征提取方法主要分为两类：有监督和无监督。无监督特征检测利用自动编码器，将原始数据表示转换为通常具有较低维度，但仍能够保留重要信息的潜在表示。Han 等[27]应用卷积神经网络自动编码器，将流线和流面转换为潜在向量，并通过在潜在空间中对流线进行聚类来提取流特征。有监督特征检测则通过在训练数据中提供检测到的特征标签，将人类知识注入神经网络。有监督特征提取可以实现更高的准确性，尽管生成标签需要付出一定成本。有监督特征提取在许多科学领域都有应用。Cheng 等[7]首先训练一个 CNNs，将体医学图像分割成不同的复杂结构，然后使用 CNNs 中的激活图作为特征向量来设计传递函数。在另一项工作中，Xu 等[28]在扩散张量图像上训练了一个预测神经网络，以研究神经退行性疾病对神经通路的影响。Wang 等[29]结合二维和三维的监督，在微血管结构分割中获得了更高的准确性。在地理信息系统领域，Borkiewicz 等[30]应用一种特殊的 CNNs 架构 U-Net 来识别和去除伪影。最后，在流场分析方面，Kim 和 Günther[14]使用 CNNs 从未稳定的二维向量场中提取稳定参考帧。Berenjkoub 等[31]使用 CNNs 识别涡旋边界。为了解决并行粒子追踪中的负载均衡问题，Wang 等[33]将处理器之间的工作量分布视为一个特征，并使用强化学习来检测这个特征。

29.3.3 数据预简

对于大规模模拟，由于存储和带宽的限制，科学家无法保存所有的模拟输出，只能保存部分数据或数据的紧凑表示形式。在空间数据约简方面，主要有两个方向：生成紧凑的统计数据表示，或使用基于神经网络的数据表示。其中，高斯混合模型（GMMs）、CNNs、自动编码器和隐式神经网络较为常用。例如，在某研究中，作者提出了一种统计下采样技术[33]，通过高斯混合模型对每个数据块进行汇总，利用 GMM 采样重建高分辨率体数据，并根据从学习到的模拟数据计算出的字典中的空间信息，分配重新采样数据的位置。在另一项研究中，作者使用隐式神经网络将标量场表示为一个隐式函数[34]，该函数将域中的位置映射到一个标量值，他们通过限制网络容量（权重数量）并进一步对网络权重进行量化，获得了标量场的高度紧凑表示。还有研究使用自动编码器来减小空间数据的大小[23]。时间数据约简与关键时间步选择和时间预测密切相关，在这种情况下，通常会使用 CNNs、LSTMs、自动编码器和一些预测模型。例如，有研究提出了基于自动编码器的代表性时间步选择方法[35]，他们首先使用自动编码器提取每个时间步的特征描述符，然后在降维空间中进行代表性时间步选择。另有研究提出了一种基于自动编码器的误差控制数据约简方法[36]，在模拟过程中，他们进行原位关键时间步采样，对于事后重建，他们使用多分支深度解码器，从先前采样的时间步中重建丢弃的时间步，并进行质量控制。还有研究提出了一种端到端训练的神经网络[23]，用于预测流体流动的复杂物理动力学，在其框架中，自动编码器用于空间压缩，LSTM 用于时间预测，与传统求解器相比，该网络可以实现显著的加速。数据约简的另一个方向是用紧凑表示替换原始数据，以便快速且可扩展地进行相似性比较或距离计算。例如，有研究使用生成对抗网络（GAN）模型将持久图转换为简洁的二进制代码表示[37]，在使用汉明距离比较这些二进制代码时，能够保持原始图的拓扑相似性。

29.3.4 渲染

在可视化中，渲染是将特征转换为视觉形式的过程。渲染工作中的机器学习可分为两部分：高质量渲染和通过渲染辅助视觉分析。高质量渲染一直是可视化领域的重要课题，人们根据视点、传递函数和其他渲染参数进行体绘制，机器学习可以帮助预测渲染结果。Shi 和 Tao[10]开发了一种基于 CNNs 的视点估计流程，以改进视点选择。在传递函数方面，Quan 等[38]使用分层三维卷积稀疏编码辅助传递函数设计，Hong 等[9]应用 GAN，通过训练图像替代传递函数设计的需求，并在相同传递函数设置下合成新视图。环境光遮蔽是另一种重要的渲染效果，Engel 和 Ropinski[39]提出了一种深度体网络，用于在直接体绘制过程中交互式地预测环境光遮蔽。机器学习也有助于其他类型的渲染，例如，深度散射通过将蒙特卡罗积分与深度辐射预测神经网络相结合，用于渲染大气云。增强机器学习的渲染方法也被开发出来，以帮助更好地分析数据[40]。例如，Berger 等[8] 开发了 GAN-VR，并使用它来分析传递函数的敏感性和探索传递函数潜在空间的不透明度。Weiss 和 Westermann[41] 使体绘制完全可微，这可用于自动视点选择、传递函数优化和体素密度优化。

29.3.5 超分辨率

科学可视化中的超分辨率通常作为一种事后方法，用于提高某些模拟输出的空间和/或时间分辨率，或提高科学数据图像的空间分辨率。这些方法通常应用于标量场，对于向量场数据，则采用专门的方法，如使用幅度和角度损失[42]。使用超分辨率的好处在于，用户可以恢复因下采样而丢失的数据（一种存储减少方法），或者可以在较低分辨率下运行模拟，事后再进行上采样（一种计算减少方法）。空间超分辨率（SSR）[42] 方法通常使用 CNNs，通过对规则网格模拟数据进行恒定因子（如 4 倍）的上采样训练，一个 4 倍 SSR 网络可以将 128^3 的体数据增加到 512^3。其他方法学习连续的上采样表示，允许用户查询体数据内任何空间点的值，这些值在 $[-1,1]$ 之间归一化。时间超分辨率（TSR）方法结合使用递归神经网络（RNNs），如长短期记忆（LSTM）网络和 CNNs，创建卷积 LSTM[43]。这些方法通过卷积学习深度空间特征，然后学习如何融合这些特征，以在 t_0 和 t_1 之间生成一帧。其他 TSR 方法通过全连接网络使用连续表示，允许查询时间在 0（第一个时间步）和 1（最后一个时间步）之间归一化的任何点。最后，时空超分辨率（STSR）方法创建单个神经网络，同时提高空间分辨率和时间分辨率[44]，这些方法在其网络架构中也结合了递归和卷积方法，在进行上采样之前提取深度空间和时间特征。上述许多网络还采用生成对抗网络（GAN）训练[45,46]，添加一个判别器网络来区分网络输出和真实数据，生成器（上采样）网络试图欺骗判别器，使其认为输出是真实数据，结果是上采样后的数据看起来更接近真实训练数据，并且通常会添加更高频率的特征。

29.3.6 模拟替代模型

科学可视化有助于科学家分析不同输入参数下的模拟结果，因此对参数探索很有用。然而，探索模拟参数空间需要通过运行一系列计算成本高昂的模拟，对复杂的参数空间进行详尽搜索。为了降低计算成本，研究人员开发了替代模型来模拟原始的高成本模拟模型。由于机器学习模型具有很强的拟合能力，它们非常适合作为替代模型。替代模型的可视化可分为两类：基于图像的和基于数据的。基于图像的替代模型，如 InSituNet[47]，在模拟后直接渲染生成的模拟数据，并使用图像作为监督。基于数据的替代模型[48,49] 则预测原始数据。

29.3.7 相似性和比较

在编码了一些高级数据语义的特征空间中，测量两个对象或分布之间的相似性，有助于比较可视化、特征提取和跟踪。DNN 作为一种端到端的特征学习过程，可以将数据转换为适合下游任务的特征空间，从而可以测量特征的相似性以进行比较分析。实际上，根据分析目标，可以利用 DNN 的所有组件，包括输入、激活、预测和损失值。例如，通过 CNNs 从图像和体数据中提取的特征，由于其在卷积过程中能够编码不同大小感受野产生的数据的低到高级语义，常被用作比较分析的基础。V2V[50] 使用基于卷积和反卷积的 U-Net 特征和 KL 散度来计算分布相似性。Huang 等 [51] 从 ResNet 中提取特征图和预测得分向量，以分析 X 射线散射图像。He 等 [52] 利用二进制分类 CNNs 的损失值和预测得分，测量两个集合之间的差异，并分析它们之间的共同成员。DNN 也可用于保持距离的哈希，Qin 等 [37] 利用 CNNs 将持久图转换为 64 位二进制代码，使得训练图之间的 Wasserstein 距离可以通过相应代码之间的汉明距离来近似。连体神经网络是一种特征学习框架，相似的输入将产生相似的输出特征。机器学习领域的许多新兴主题，如对比学习，也提出了类似的想法。Tkachev 等 [53] 提出了一种自监督连体神经网络，用于根据查询区域识别相似的时空区域，训练期间的正样本由时空局部性确定，距离较远的区域将被视为负样本，训练完成后，预测前的激活可以作为相似性计算和区域匹配的基础。

29.3.8 交互

交互式可视化对于数据探索和理解非常重要，这类系统需要智能的数据选择，但由于三维体投影到二维图像时的遮挡、缺乏标签等原因，很难实现。对于三维点云或粒子套索选择，传统的基于启发式算法的数据属性方法不适用于许多数据集。在有标签数据集上训练的有监督 DNN，可以在二维可视化中生成准确的三维数据选择，并推广到类似的数据集。像 PointNet 这样的排列不变神经网络 [54]，由逐点多层感知器（MLP）和全局池化组成，通常用于点云数据。

29.4 DNN 应用案例：可视化替代模型

在本节中，我们通过一个具体案例，讨论研究人员如何使用深度神经网络（DNNs）开发可视化替代模型，辅助集合参数探索，其目标是使用 DNNs 预测未见过的模拟参数的模拟结果。

29.4.1 神经网络复杂科学模拟视觉分析

复杂的计算模型常常被用于模拟众多科学学科（涵盖从生物学到宇宙学等领域）中的现实世界物理现象。为了高度精确地模拟这些现象，模拟过程需要具备高时空分辨率，这往往导致计算成本高昂，并且涉及大量的模拟输入参数。在将这些模型应用于实际科学研究之前，必须对这些模拟参数进行全面分析和恰当校准。这就需要开展探索性分析任务，该任务涉及在新的、未知的参数配置下反复运行高成本的模拟。对于具有高维输入和输出空间的计算密集型模拟模型而言，这会成为一项计算成本高昂且极具挑战性的分析工作。

在模拟科学领域，一种广泛应用且行之有效的策略是创建一个更为简单的统计/数学替代模型，来模拟原始的高成本模拟模型 [55-59]。随后，利用这个替代模型执行详细的分析任务，从而替代原始的高成本模拟模型。一个训练良好的替代模型能够极大地推动复杂模拟模型的分析流程。为此，可以借助基于神经网络的替代模型，为模拟/计算科学家设计交互式探索性视觉分析框架。

与诸如多项式拟合或高斯过程等常见的替代模型选项相比，神经网络特别适合用于设计交互式视觉分析系统。这主要是因为，除了能够准确预测高维非线性函数的输出之外，通过打开训练后的神经网络“黑箱”，还可以利用神经网络提取和分析原始模拟的有趣特性。近年来，基于神经网络模型的可解释性和可说明性领域取得的进展[60]，催生了许多实用的事后分析技术，使得神经网络在这个过程中更加透明。这也促使神经网络在众多科学领域作为正式的分析工具得到广泛应用[61–64]。

除了预测新参数配置下的模拟输出外，训练有素的基于神经网络的替代模型还可以支持多种有用的分析活动。我们可以利用神经网络不同层的内在可微性来计算偏导数，从而推动深入的参数敏感性分析。最近的一项研究表明[65]，通过在预测/测试阶段激活随机失活（dropout）层，我们能够在传统神经网络（非贝叶斯模型）中实现不确定性量化。在分析系统中，我们可以利用训练好的神经网络的激活最大化框架[66]，推荐能够在特定用户选定的感兴趣区域最大化/最小化模拟输出的最优参数配置，以此支持参数优化。我们还可以通过可视化网络元数据（如权重矩阵和/或特征图），来支持广泛的模型诊断/验证。在这样的神经网络辅助视觉分析系统的帮助下，提取和验证替代模型在训练过程中学习到的知识，能够为发现数据中的新见解开辟道路。

在文献 [67] 中，研究人员与计算生物学家合作，设计了一个交互式视觉分析框架，该框架由基于神经网络的替代模型提供支持，可以帮助他们分析和可视化一个复杂的酵母细胞极化模拟模型[68]。该模型模拟酵母细胞（单细胞微生物）在交配过程中，沿细胞膜的重要蛋白质分子浓度变化。这个模拟模型包含 35 个未经校准的输入参数，并生成一个 400 维的输出。图 29.1 展示了所提出的视觉分析框架的总体概述。该系统通过可视化引导用户发现新的参数配置，这些新配置随后可用于运行原始模拟模型，进而发现多个能够在原始模拟模型中引发高细胞极化结果的新参数配置，同时识别出关于高维参数空间的有趣见解。这个视觉分析框架可以进一步扩展，纳入更复杂的分析任务，比如最近提出的使用概念激活向量（TCAVs）进行测试[69]。这将使科学家能够在替代模型中验证特定领域的高级科学概念。此外，所提出的视觉分析框架与替代网络的架构无关。因此，根据模拟的复杂程度，可以构建不同的基于神经网络的模型（生成模型、自动编码器、强化学习模型等），同时仍然可以使用整体的分析流程。

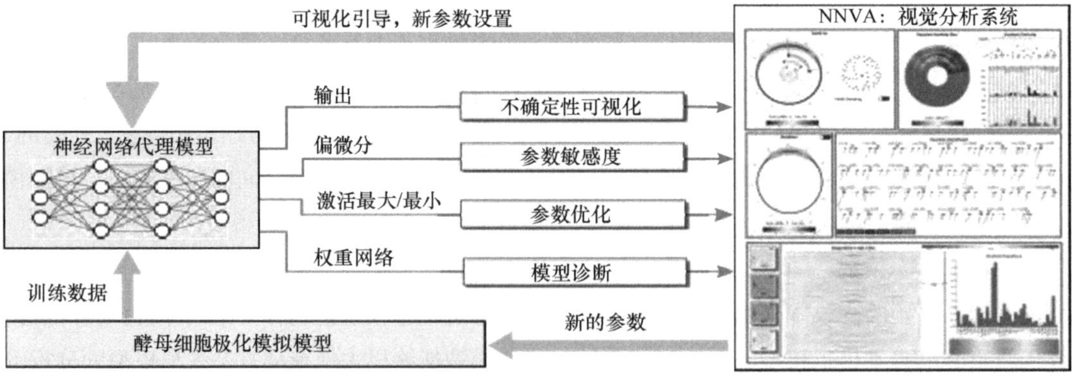

图 29.1　一个经过训练的基于神经网络的替代模型作为后端分析框架，用于分析计算成本高昂的酵母模拟模型的交互式视觉分析系统

29.4.2　集合模拟的图像空间参数空间探索

集合模拟的参数空间探索旨在研究不同模拟参数对模拟输出的影响。通过参数空间探索，

科学家通常期望推断新参数设置下的模拟输出，并了解不同参数的敏感性。然而，模拟参数空间探索并非易事，因为模拟参数与输出之间的关系往往极为复杂。此外，模拟的超大尺度使得数据探索更具挑战性，因为无法存储所有的原始模拟数据。为此，一种解决方案是使用深度回归模型，仅利用模拟时生成的可视化图像（即通过原位处理生成的图像数据库），找到模拟参数与输出之间的映射关系。

为了开发图像空间模拟代理，He 等 [70] 使用了一种名为回归器的深度回归模型，该模型基于原位收集的训练数据进行训练，这些训练数据包括模拟参数 P_{sim}、原位可视化参数 P_{vis}（如视点和传递函数）以及相应的可视化图像 I。然后，回归器学习一个函数 F，该函数将参数作为输入，并输出相应的可视化结果，可以定义为 $F(P_{\text{sim}}, P_{\text{vis}}) \rightarrow I$。

为此，回归器根据预测结果与真实值之间的差异，迭代调整权重。为了提高预测的准确性和保真度，作者运用了 GAN[71] 的对抗理论。具体而言，他们与回归器一起训练另一个名为判别器的网络，以区分预测结果和真实值，并利用判别器激励回归器生成更好的结果，从而欺骗判别器。通过训练好的模型，科学家能够通过前向传播推断参数空间内任意参数的可视化结果，并通过反向传播研究不同参数的敏感性。

图 29.2 展示了他们的实验结果。在图 29.2（a）和（b）中，分别将训练后的回归模型预测的图像与 Nyx[72] 和 MPAS-Ocean[73] 模拟的地面真实图像进行比较。可以看出，训练后的回归模型能够生成与地面真实图像相似的高质量图像。在图 29.2（c）中，展示了训练好的模型可用于计算图像子区域相对于模拟参数的敏感性。这种深度回归模型除了基于图像的技术之外，还可以扩展到原位可视化和分析方法。例如，可以原位提取等值面和流线等特征，并且回归模型可用于预测新模拟参数和不同特征提取参数（如等值面值）下的特征。

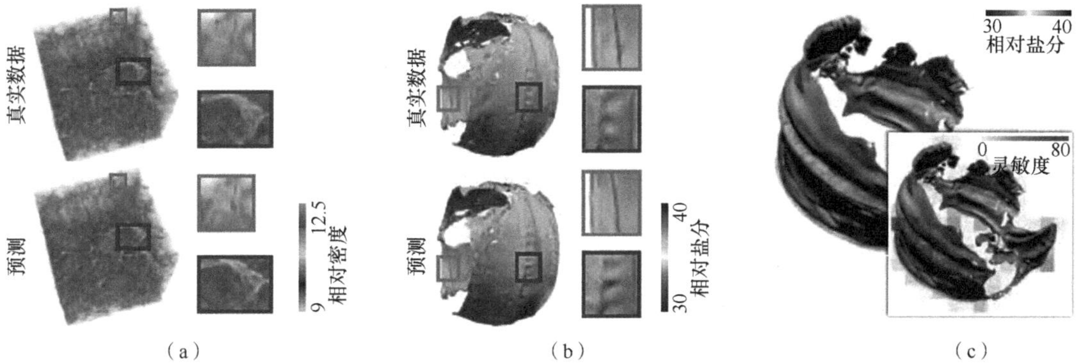

图 29.2 （a）和（b）将训练后的回归模型预测的图像与地面真实图像进行对比；（c）通过反向传播来计算图像的子区域的灵敏性

扫码见彩图

参考文献

[1] W. C. Skamarock, J. B. Klemp, J. Dudhia et al (2019). A description of the advanced research WRF model version 4. In National Center for Atmospheric Research, Boulder: CO, USA, Vol. 145, p. 145.

[2] F.-Y. Tzeng, E. B. Lum, and K.-L. Ma (2003). A novel interface for higherdimensional classification of volume data. In Proceeding IEEE Visualization, 03, pp. 505–512.

[3] F. Tzeng, E. B. Lum, and K. Ma (2005). An intelligent system approach to higher-dimensional classification of volume data. IEEE Transactions on Visualization and Computer Graphics, 11(3), 273–284.

[4] K.-L. Ma (2007). Machine learning to boost the next generation of visualization technology. IEEE Computer Graphics and Applications, 27(5), 6–9.

[5] Z. Zhou, Y. Hou, Q. Wang et al (2017). Volume upscaling with convolutional neural networks. In Proceedings of Computer Graphics International, pp.38:1–38:6.

[6] M. Raji, A. Hota, R. Sisneros et al (2017). Photo-guided exploration of volume data features. In Proceedings of Eurographics Symposium on Parallel Graphics and Visualization, pp. 31–39.

[7] H.-C. Cheng, A. Cardone, S. Jain et al (2019). Deep-learning-assisted volume visualization. IEEE Transactions on Visualization and Computer Graphics, 25(2), 1378–1391.

[8] M. Berger, J. Li, and J. A. Levine (2019). A generative model for volume rendering. IEEE Transactions on Visualization and Computer Graphics, 25(4), 1636–1650.

[9] F. Hong, C. Liu, and X. Yuan (2019). Dnn-volvis: Interactive volume visualization supported by deep neural network. In 2019 IEEE Pacific Visualization Symposium (PacificVis). IEEE, pp. 282–291.

[10] N. Shi and Y. Tao (2019). CNNs based viewpoint estimation for volume visualization. ACM Transactions on Intelligent Systems and Technology, 10(3), 27:1–27:22.

[11] S. Weiss, M. Chu, N. Thuerey et al (2019). Volumetric isosurface rendering with deep learning-based super-resolution. arXiv preprint arXiv:1906.06520.

[12] F. Hong, J. Zhang, and X. Yuan (2018). Access pattern learning with long short-term memory for parallel particle tracing. In Proceedings of IEEE Pacific Visualization Symposium, pp. 76–85.

[13] S. Wiewel, M. Becher, and N. Thuerey (2019). Latent-space physics: Towards learning the temporal evolution of fluid flow. Computer Graphics Forum, 38(2), 71–82.

[14] B. Kim and T. Günther (2019). Robust reference frame extraction from unsteady 2d vector fields with convolutional neural networks. In Computer Graphics Forum, Vol. 38, no. 3. Online Library, 2019, pp. 285–295.

[15] Y. Xie, E. Franz, M. Chu et al (2018). tempoGAN: A temporally coherent, volumetric GAN for super-resolution fluid flow. ACM Transactions on Graphics, 37(4), 95:1–95:15.

[16] M. L. Eckert, K. Um, and N. Thuerey et al (2019). ScalarFlow: A largescale volumetric data set of real-world scalar transport flows for computer animation and machine learning. ACM Transactions on Graphics, 38(6), 239:1–239:16.

[17] M. Werhahn, Y. Xie, M. Chu et al (2019). A multi-pass GAN for fluid flow super-resolution. arXiv preprint arXiv:1906.01689.

[18] L. Prantl, B. Bonev, and N. Thuerey (2019). Generating liquid simulations with deformation-awar neural networks. In Proceedings of International Conference for Learning Representations.

[19] B. Kim, V. C. Azevedo, N. Thuerey et al (2019). Deep fluids: A generative network for parameterized fluid simulations. Computer Graphics Forum, 38(2), 59–70.

[20] M. Han, S. Sane, and C. Johnson (2022). Exploratory Lagrangian-based particle tracing using deep learning. Journal of Flow Visualization and Image Processing. doi: 10.1615/JFlowVisImageProc.2022041197.

[21] S. Wiewel, M. Becher, and N. Thuerey (2019). Latent space physics: Towards learning the temporal evolution of fluid flow. In Computer Graphics Forum, Vol. 38, no. 2. Wiley Online Library, pp. 71–82.

[22] B. Kim, V. C. Azevedo, N. Thuerey et al (2019). Deep fluids: A generative network for parameterized fluid simulations. In Computer Graphics Forum, Vol. 38, no. 2. Wiley Online Library, pp. 59–70.

[23] S. Wiewel, B. Kim, V. C. Azevedo et al (2020). Latent space subdivision: stable and controllable time predictions for

fluid flow. In Computer Graphics Forum, Vol. 39, no. 8. Wiley Online Library, pp. 15–25.

[24] Y. Wang, Z. Zhong, and J. Hua (2019). Deeporgannet: On-the-fly reconstruction and visualization of 3d/4d lung models from single-view projections by deep deformation network. IEEE Transactions on Visualization and Computer Graphics, 26(1), 960–970.

[25] G. Tkachev, S. Frey, and T. Ertl (2019). Local prediction models for spatiotemporal volume visualization. IEEE Transactions on Visualization and Computer Graphics, 27(7), 3091–3108.

[26] J. Jakob, M. Gross, and T. Günther (2020). A fluid flow data set for machine learning and its application to neural flow map interpolation. IEEE Transactions on Visualization and Computer Graphics, 27(2), 1279–1289.

[27] J. Han, J. Tao, and C. Wang (2019). FlowNet: A deep learning framework for clustering and selection of streamlines and stream surfaces. IEEE Transactions on Visualization and Computer Graphics, accepted.

[28] C. Xu, T. Neuroth, T. Fujiwara et al (2020). A predictive visual analytics system for studying neurodegenerative disease based on dti fiber tracts.arXiv preprint arXiv:2010.07047.

[29] Y. Wang, G. Yan, H. Zhu et al (2020). Vc-net: Deep volume-composition networks for segmentation and visualization of highly sparse and noisy image data. IEEE Transactions on Visualization and Computer Graphics, 27(2), 1301–1311.

[30] K. Borkiewicz, V. Shah, J. Naiman et al (2021). Cloudfindr: A deep learning cloud artifact masker for satellite dem data. In 2021 IEEE Visualization Conference (VIS). IEEE, pp. 1–5.

[31] M. Berenjkoub, G. Chen, and T. Günther (2020). Vortex boundary identification using convolutional neural network. In 2020 IEEE Visualization Conference (VIS). IEEE, pp. 261–265.

[32] J. Xu, H. Guo, H.-W. Shen et al (2021). Reinforcement learning for loadbalanced parallel particle tracing. arXiv preprint arXiv:2109.05679.

[33] K.-C. Wang, J. Xu, J. Woodring et al (2019). Statistical super resolution for data analysis and visualization of large scale cosmological simulations. In 2019 IEEE Pacific Visualization Symposium (PacificVis). IEEE, pp. 303–312.

[34] Y. Lu, K. Jiang, J. A. Levine et al (2021). Compressive neural representations of volumetric scalar fields. In Computer Graphics Forum, vol. 40, no. 3. Wiley Online Library, pp. 135–146.

[35] W. P. Porter, Y. Xing, B. R. von Ohlen et al (2019). A deep learning approach to selecting representative time steps for time-varying multivariate data. In 2019 IEEE Visualization Conference (VIS). IEEE, pp. 1–5.

[36] Y. Zhang, H. Guo, L. Shang et al (2022). A multi-branch decoder network approach to adaptive temporal data selection and reconstruction for big scientific simulation data. In IEEE Transactions on Big Data, 8(6), 1637–1649. DOI: 10.1109/TBDATA.2021.3092174.

[37] Y. Qin, B. T. Fasy, C. Wenk et al (2021). A domain-oblivious approach for learning concise representations of filtered topological spaces. arXiv e-prints, arXiv–2105.

[38] T. M. Quan, J. Choi, H. Jeong et al (2017). An intelligent system approach for probabilistic volume rendering using hierarchical 3d convolutional sparse coding. IEEE Transactions on Visualization and Computer Graphics, 24(1), 964–973.

[39] D. Engel and T. Ropinski (2020). Deep volumetric ambient occlusion. IEEE Transactions on Visualization and Computer Graphics, 27(2), 1268–1278.

[40] S. Kallweit, T. Müller, B. McWilliams et al (2017). Deep scattering: Rendering atmospheric clouds with radiance-predicting neural networks. ACM Transactions on Graphics (TOG), 36(6), 1–11.

[41] S. Weiss and R. Westermann (2021). Differentiable direct volume rendering. IEEE Transactions on Visualization and Computer Graphics, 28(1), 562–572.

[42] L. Guo, S. Ye, J. Han et al (2020). Ssr-vfd: Spatial super-resolution for vector field data analysis and visualization. In Proceedings of IEEE Pacific Visualization Symposium.

[43] J. Han and C. Wang (2020). TSR-TVD: Temporal super-resolution for time-varying data analysis and visualization. In IEEE Transactions on Visualization and Computer Graphics, 26(1), 205–215. doi: 10.1109/TVCG.2019.2934255.

[44] Y. An, H.-W. Shen, G. Shan et al (2021). Stsrnet: Deep joint space–time super-resolution for vector field visualization. IEEE Computer Graphics and Applications, 41(6), 122–132.

[45] J. Han and C. Wang (2022). SSR-TVD: Spatial super-resolution for time-varying data analysis and visualization. In IEEE Transactions on Visualization and Computer Graphics, 28(6), 2445–2456. doi: 10.1109/TVCG.2020.3032123.

[46] J. Han, H. Zheng, D. Z. Chen et al (2021). Stnet: An end-to-end generative framework for synthesizing spatiotemporal super-resolution volumes. IEEE Transactions on Visualization and Computer Graphics, 28(1), 270–280.

[47] W. He, J. Wang, H. Guo et al (2020). InSituNet: Deep image synthesis for parameter space exploration of ensemble simulations. IEEE Transactions on Visualization and Computer Graphics, 26(1).

[48] N. Umetani and B. Bickel (2018). Learning three-dimensional flow for interactive aerodynamic design. ACM Transactions on Graphics (TOG), 37(4), 1–10.

[49] S. Hazarika, H. Li, K.-C. Wang et al (2020). NNV A: Neural network assisted visual analysis of yeast cell polarization simulation. IEEE Transactions on Visualization and Computer Graphics, 26(1).

[50] J. Han, H. Zheng, Y. Xing et al (2020). V2v: A deep learning approach to variable-to-variable selection and translation for multivariate time-varying data. IEEE Transactions on Visualization and Computer Graphics, 27(2), 1290–1300.

[51] X. Huang, S. Jamonnak, Y. Zhao et al (2020). Interactive visual study of multiple attributes learning model of X-ray scattering images. IEEE Transactions on Visualization and Computer Graphics, 27(2), 1312–1321.

[52] W. He, J. Wang, H. Guo et al (2020). Cecav-dnn: Collective ensemble comparison and visualization using deep neural networks. Visual Informatics, 4(2), 109–121.

[53] G. Tkachev, S. Frey, and T. Ertl (2021). S4: Self-supervised learning of spatiotemporal similarity. IEEE Transactions on Visualization and Computer Graphics.

[54] C. R. Qi, H. Su, K. Mo (2017). Pointnet: Deep learning on point sets for 3d classification and segmentation. In Proceedings of the IEEE Conference on Computer Vision and Pattern Recognition, pp. 652–660.

[55] N. V. Queipo, R. T. Haftka, W. Shyy (2005). Surrogate-based analysis and optimization. Progress in Aerospace Sciences, 41(1), 1–28. http://www.sciencedirect.com/science/article/pii/S0376042105000102.

[56] A. Sobester, A. Forrester, and A. Keane (2008). Engineering Design via Surrogate Modelling — A Practical Guide. John Wiley & Sons, West Sussex: UK.

[57] D. Gorissen, I. Couckuyt, P. Demeester et al (2010). A surrogate modeling and adaptive sampling toolbox for computer based design. Journal of Machine Learning Research, 11, 2051–2055. http://dl.acm.org/citation.cfm?id=1756006.1859919.

[58] S. Razavi, B. A. Tolson, and D. H. Burn (2012). Review of surrogate modeling in water resources. Water Resources Research, 48(7). https://agupubs.onlinelibrary.wiley.com/doi/abs/10.1029/2011WR011527.

[59] Y. Jin (2011). Surrogate-assisted evolutionary computation: Recent advances and future challenges. Swarm and Evolutionary Computation, 1(2), 61–70. http://www.sciencedirect.com/science/article/pii/S22106502 11000198.

[60] G. Montavon, W. Samek, and K.-R. Müller (2018). Methods for interpreting and understanding deep neural networks. DigitalSignalProcessing, 73, 1–15. http://www.sciencedirect.com/science/article/pii/S1051200417302385.

[61] B. Alipanahi, A. DeLong, M. T. Weirauch et al (2015). Predicting the sequence specificities of DNA- and RNA-binding proteins by deep learning. Nature Biotechnology, 33, 831–838.

[62] J. Khan, J. S. Wei, M. Ringner et al (2001). Classification and diagnostic prediction of cancers using gene expression profiling and artificial neural networks. Nature Medicine, 7(6), 673–679, June. http://dx.doi.org/10.1038/89044.

[63] I. Sturm, S. Lapuschkin, W. Samek et al (2016). Interpretable deep neural networks for single-trial EEG classification. Journal of Neuroscience Methods, 274, 141–145. http://www.sciencedirect.com/science/article/pii/S0165027016302333.

[64] K. T. Schütt, F. Arbabzadah, S. Chmiela et al (2017). Quantum-chemical insights from deep tensor neural networks. Nature Communications, 8(1), 1–8.

[65] Y. Gal and Z. Ghahramani (2016). Dropout as a Bayesian approximation: Representing model uncertainty in deep learning. In Proceedings of the 33rd International Conference on International Conference on Machine Learning – Volume 48, ser. ICML'16. JMLR.org, pp. 1050–1059. http://dl.acm.org/citation.cfm?id=3045390.3045502.

[66] A. Nguyen, A. Dosovitskiy, J. Yosinski et al (2016). Synthesizing the preferred inputs for neurons in neural networks via deep generator networks. In Advances in Neural Information Processing Systems, pp. 3387–3395.

[67] S. Hazarika, H. Li, K.-C. Wang et al (2020). Nnva: Neural network assisted visual analysis of yeast cell polarization simulation. IEEE Transactions on Visualization and Computer Graphics, 26(1), 34–44. https://doi.org/10.1109/TVCG.2019.2934591.

[68] M. Renardy, T.-M. Yi, D. Xiu et al (2018). Parameter uncertainty quantification using surrogate models applied to a spatial model of yeast mating polarization. PLOS Computational Biology, 14(5), 1–26. https://doi.org/10.1371/journal.pcbi.1006181.

[69] B. Kim, M. Wattenberg, J. Gilmer et al (2018). Interpretability beyond feature attribution: Quantitative testing with concept activation vectors (TCA V). ICML.

[70] W. He, J. Wang, H. Guo et al (2020). Insitunet: Deep image synthesis for parameter space exploration of ensemble simulations. IEEE Transactions on Visualization and Computer Graphics, 26(1), 23–33. https://doi.org/10.1109/TVCG.2019.2934312.

[71] I. J. Goodfellow, J. Pouget-Abadie, M. Mirza et al (2020). Generative adversarial networks. Communication of the ACM, 63(11), 139–144. https://doi.org/10.1145/3422622.

[72] A. S. Almgren, J. B. Bell, M. J. Lijewski et al (2013). Nyx: A massively parallel AMR code for computational cosmology. The Astrophysical Journal, 765(1), 39.

[73] T. Ringler, M. Petersen, R. L. Higdon et al (2013). A multi-resolution approach to global ocean modeling. Ocean Model ling, 69, 211–232.

第30章 科学领域人工智能中的不确定性量化

Tanmoy Bhattacharya，Cristina Garcia Cardona，Jamaludin Mohd-Yusof，洛斯阿莫斯国家实验室，美国新墨西哥州洛斯阿莫斯。E-mail：tanmoy@lanl.gov，cgarciac@lanl.gov，jamal@lanl.gov

30.1 引言

机器学习（ML），尤其是基于深度神经网络（DNNs）的机器学习，已成为我们应对复杂问题的现代工具库中不可或缺的一部分。由于其强大的表征能力[1]，即使在缺乏分析理解的情况下，它也能利用众多输入特征之间的相关性，对复杂系统进行预测。此时，需要运用如经过仔细交叉验证的正则化等标准统计技术，来调整模型复杂度，避免在有限数据上出现过拟合，并提供全局性能指标[2]。

然而，在许多领域，如果不能更深入地理解预测中的不确定性[3]，这些预测就无法实际应用。特别是在科学领域，若没有不确定性量化（UQ），机器学习的应用将受到严重限制——只有在机器学习预测中的误差能通过独立机制纠正（文献[4]及其参考文献），或者其对总不确定性的贡献可忽略不计时，机器学习才能够得到应用。这项任务的主要难点在于模型空间的隐含性：与样条拟合或其他用于插值和外推的数据驱动技术不同，深度学习（DL）模型所建模的函数空间仅由正则化标准隐含地指定，往往难以理解。对于不完全了解的因果模型，任何相关的理论知识主要用于调整数据表示或深度学习网络架构，或者对不太可能的模型进行惩罚，而不是明确地限制模型空间。此外，这些机器学习方法的优势在于能够利用许多输入特征之间的高阶相关性，但由于高维空间中数据的稀疏性，模型不确定性难以确定。事实上，可以说在高维空间中，几乎所有数据都位于所占据区域的边界附近，由此产生的不确定性主要取决于边界与预测是否相关。因此，模型对训练数据与用于预测的数据之间统计差异的敏感性难以衡量：例如，众所周知，人们总能设计出特定的输入数据，使训练良好的模型也会出现严重错误[5]。

因此，为了充分发挥这些新方法的潜力，我们需要在提高学习模型的能力和泛化性的技术，以及提供局部不确定性估计的技术方面同时取得进展。一种合理的确定不确定性的方法，可用于构建一个可系统改进的人工智能系统，该系统能评估数据质量和模型形式对不确定性的影响，并设计数据采集方案以降低预测不确定性（图30.1）。在本章中，我们将讨论一些在深度学习中提供不确定性估计的策略。

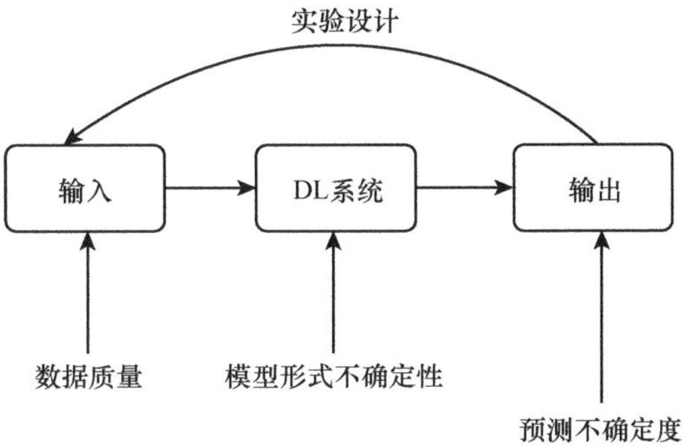

图 30.1 不确定性量化是可改进人工智能系统的一部分

30.2 深度学习中的不确定性量化综述

如引言所述，深度学习模型在众多应用中取得了巨大成功，主要是因为它们能够发现数据中的高阶相关性，这使得预测高度准确且部署高效，能将推理速度提高几个数量级。另一方面，深度学习模型通常需要大量数据来学习所需的输入-输出映射，并且在输入空间中数据稀缺的区域会产生较大的不确定性。最近，人们开始关注对深度学习模型单个预测相关误差进行系统评估。这类分析能够提高深度学习模型的可信度和可靠性，改善决策制定，但由于模型具有黑箱性、高维性和数据驱动性，因此极具挑战性。

30.2.1 序言：定义和符号

预测不确定性大致可分为两类：①统计（随机）不确定性，这是数据分布的固有属性，通常无法消除；②系统（认知）不确定性，它源于模型中不完美的假设，往往是近似处理的结果。基于数据驱动的方法，其模型空间最终能够表示任何数据依赖关系，这使得上述两种不确定性之间的区别变得模糊，因为认知不确定性现在由模型的偏好排序编码，并由网络架构、数据表示选择、训练方法和正则化过程隐含地决定。这种隐含的规范使得除了通过数据驱动的方式外，几乎无法对其进行分析。

本章讨论的基本深度学习模型是多层前馈神经网络（NN），不过这里的许多概念框架也适用于其他模型。在这种简单的神经网络架构中，信息逐层传播。一个具有至少三层且使用非多项式激活函数的足够宽泛的神经网络，能够近似任意连续函数 [6]。对于具有有限宽度但足够深的网络，也有类似的结论 [7]。原则上，深度学习网络意味着由大量层组成的神经网络，这反过来需要大量参数。不过，为了简化符号，我们将神经网络和深度学习网络互换使用。

神经网络计算的整体映射可以表示为$f^{\omega}(x)$，对于具有多个输出的模型可表示为$f^{\omega}(x)$，其中 ω 表示所有网络参数的集合（即所有层中所有神经元的所有权重向量和偏置的集合）。训练深度学习模型需要使用训练数据来调整参数 ω，目标是优化某个性能指标。在监督设置中，已知 N 个样本观测数据 $D=(X, Y)=\{(x_i, y_i)\}_{i=1}^{N}$，其中 $x_i \in R^{d}$ 表示第 i 个输入模式，$y_i \in R^{\text{dout}}$ 表示相应的第 i 个预期输出元组（对于一个输出：$y_i \in R$），(X, Y) 表示完整的匹配数据集。网络的性能可以通过损失函数来量化，该函数衡量预期输出 y_i 与模型计算的输出 $f^{\omega}(x_i)$ 的差异。通过最小化损失函数，可以估计出最优参数集 ω^{*}。

对于输出是连续值的回归问题，常用的损失函数是均方差（MSE）：

$$\mathrm{MSE}(f^{\omega};D)=\frac{1}{N}\sum_{i=1}^{N}\| y_i-f^{\omega}(x_i)\|^2 \tag{30.1}$$

而对于模型 f^{ω} 的输出是表示 C 个类别中成员得分的分类问题，常用的损失函数是交叉熵或 softmax（SM）损失：

$$\mathrm{SM}(f_C^{\omega};D)=-\frac{1}{N}\sum_{i=1}^{N}\log(\hat{p}_i,c_i),\qquad \hat{p}_i,c_i=\frac{\exp(f_{c_i}^{\omega}(x_i))}{\sum_{c=1}^{C}\exp(f_c^{\omega}(x_i))} \tag{30.2}$$

然而，这些指标并不能提供关于预测置信度的信息，因为即使在分类任务中，softmax 也只是在理想情况下才与不确定性相关。因此，人们开发了大量基于数据驱动的方法来量化深度学习等黑箱模型中的不确定性（图 30.2 中，我们将在下面详细描述这些方法的层级结构）。

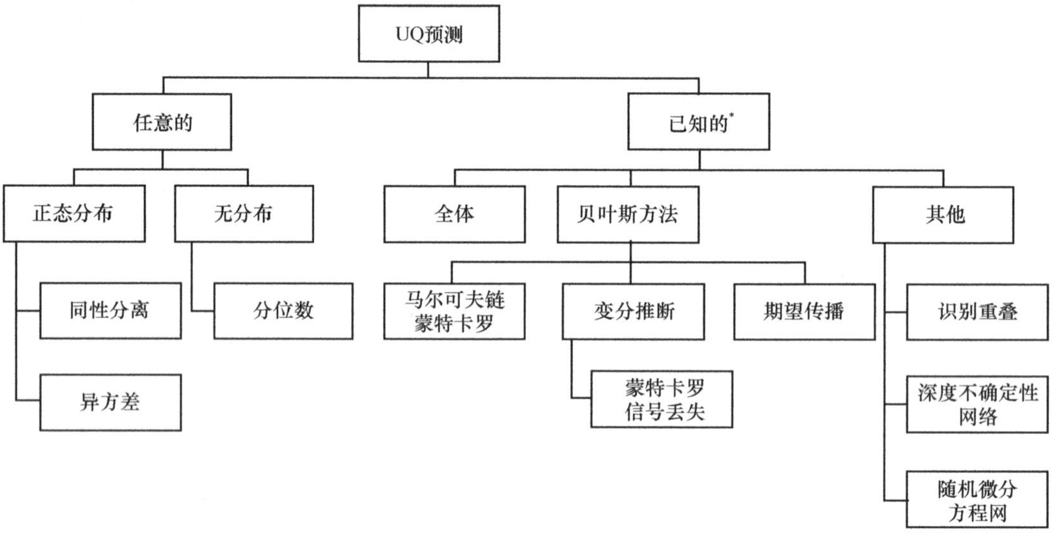

图 30.2　深度学习不确定量化模型

“已知的*”表示在数据驱动的 UQ 模型中，通常很难将区分不确定性和随机不确定性区分开来，因此这种区分在某种程度上是约定俗成的

30.2.2　DL 的 UQ 模型

深度学习模型可以通过指定噪声分布（转化为似然函数）来考虑随机不确定性[8]。常用的有两种公式：同方差和异方差。这两种公式都将噪声建模为正态随机变量，但同方差假设在整个输入域中参数恒定，而异方差假设参数会变化且依赖于输入域。那么学习任务就涉及同时预测正态随机模型的均值和方差，不过由于估计更高阶累积量通常需要更多数据，这两个同时进行的任务对正则化的要求可能有很大差异。其他替代模型采用限制较少的假设，例如假设不确定性由正态分布的混合给出，或者使用分位数公式，其目的是将分布划分为具有指定密度质量的区域（图 30.3）。

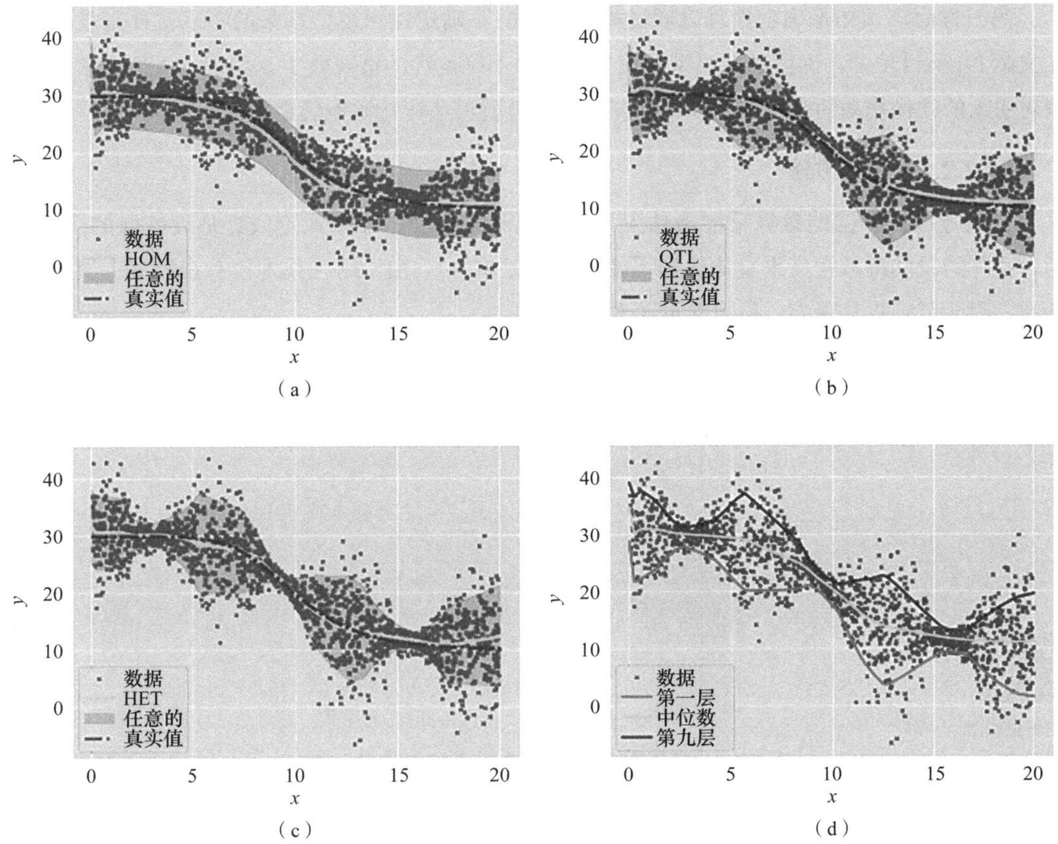

图 30.3　回归的任意不确定性估计说明

扫码见彩图

在每个面板中，我们将预测显示为一条实线，以及用于捕获中间 80% 数据的带。(a) 均方差公式：预测由均值给出，波段显示估计标准差的 1.28 倍。请注意，虽然平均来说是正确的，但它明显高估了某些地方的不确定性，而低估了其他地方的不确定性。(b) 异方差公式：预测再次由平均值给出，波段为标准差的 1.28 倍，估计为输入的函数。波段现在能更好地捕捉不确定性中的波动。(c) 分位数公式：预测由中位数给出，波段为十分位数范围。(d) 分位数公式：用于任意预测的中位数和第 1 和第 9 个十分位数的详细信息，表明它定量地捕捉数据的波动

例如，回归问题的异方差损失是基于单变量正态分布的负对数似然（NLL），可以表示为

$$L_{\text{HET}}(f^{\omega},\sigma^{\omega};D)=\frac{1}{N}\sum_{i=1}^{N}\frac{1}{2\sigma^{\omega}(x_i)^2}\|y_i-f^{\omega}(x_i)\|^2+\frac{1}{2}\log\sigma^{\omega}(x_i)^2 \tag{30.3}$$

其中 $f^{\omega}(x_i)$ 表示均值，$\sigma^{\omega}(x_i)^2$ 表示方差。相比之下，分位数损失由整个数据集的各个分位数损失之和组成。

$$L_{\text{QTL}}(\{f^{\omega}\}^{\alpha};D)=\sum_{\alpha}\frac{1}{N}\sum_{i=1}^{N}L_{\alpha}(y_i-f^{\alpha}(x_i)) \tag{30.4}$$

其中 f^{α} 对应预测的 α 分位数（为了简单起见，省略了 ω 依赖），而分位数损失 L_{α} 计算方式为

$$L_{\alpha}(\xi_i)=\begin{cases}\alpha\xi_i & \xi_i\geqslant 0\\(\alpha-1)\xi_i & \xi_i<0\end{cases} \tag{30.5}$$

式中，$\xi_i=y_i-f^{\alpha}(x_i)$。在这个符号中，中位数对应 $\alpha=0.5$。

另一方面，认知不确定性可以通过模型架构的不确定性和模型参数的不确定性来量化。正如文献 [9] 所讨论的，深度学习模型明确捕捉认知不确定性的情况较少。相反，人们通常研究模型对引入的结构扰动的敏感性，以提高深度学习模型对（认知）不确定性的感知。

30.2.2.1 集成方法

集成方法在不同的数据采样条件下训练一组基础模型，在推理阶段评估训练好的模型时，通过预测结果的离散程度来量化认知不确定性（图 30.4）。由于这种技术没有在模型上设置先验分布，因此可以将其视为一种频率主义方法[9]。

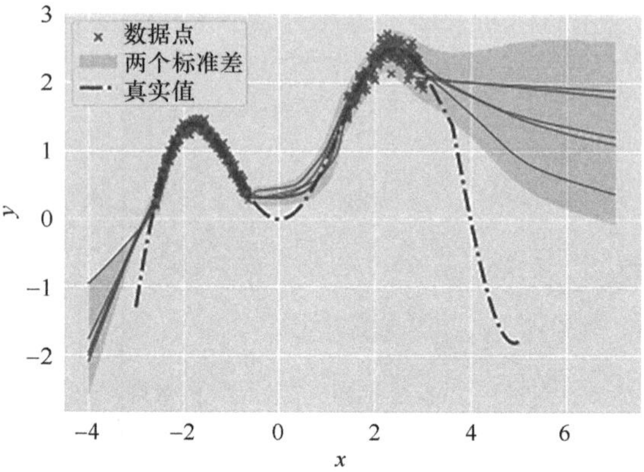

扫码见彩图

图 30.4 基于回归集成方法的不确定性估计图示

灰线对应的是单个实现值，条带是根据它们的变化计算得出的，可以看出，当数据稀疏时，不确定性较强

集成方法通常可分为两类[10]：基于随机化的方法，其中基础学习器之间不相互作用（如随机森林）；以及基于提升的方法，它按顺序拟合模型。当基础学习器的计算成本较低时，后者虽有助于提高准确性，但对于大规模深度学习而言实用性较低。也有一些方法通过对抗性干扰来引入随机性。

30.2.2.2 贝叶斯方法

贝叶斯方法允许根据先验信息来表达结果的概率，并在进行观察后更新该概率。使用贝叶斯框架的参数模型将模型参数视为从先验分布 $p(\omega)$ 生成的随机变量。给定匹配的观测数据集 $D=(\boldsymbol{X}, \boldsymbol{Y})$，模型似然 $p(\boldsymbol{Y}|\boldsymbol{X}, \omega)$ 表示模型参数和输入对输出的解释程度。应用贝叶斯定理可以估计后验分布：

$$p(\omega \mid D)=\frac{p(\boldsymbol{Y} \mid \boldsymbol{X}, \omega)\, p(\omega)}{\int p(\boldsymbol{Y} \mid \boldsymbol{X}, \omega)\, p(\omega) \mathrm{d} \omega} \tag{30.6}$$

它表示对模型参数更新后的可信度。对于新的给定输入 x^* 的预测值可由以下公式估算得出：

$$p(y^* \mid x^*, D)=\int p(y^* \mid x^*, \omega)\, p(\omega \mid D)\, \mathrm{d} \omega \tag{30.7}$$

大致来说，在参数上包含任何形式先验，从而允许进行后验推断的神经网络模型，可称为贝叶斯神经网络（BNNs）。由此产生的估计同时包含了认知不确定性（由不同参数集的预测分布给出）[9] 和随机不确定性（由数据上的条件给出）。然而，为了实现全面的不确定性表示，需要付出的代价是复杂性。在大多数情况下，后验分布和预测分布无法通过解析计算得出。因此，需要进行近似处理，这会在可处理性和质量之间进行不同的权衡，从而产生不同的方法。至关重要的是，获得的预测不确定性的质量不仅取决于近似的特性，还取决于先验分布的选择[10]。这在任何贝叶斯程序中都是如此，但在这个领域中先验的选择往往不太透明。

马尔可夫链蒙特卡罗（MCMC）方法：MCMC 方法是用于从目标分布生成样本的模拟方法。MCMC 通过从后验分布和预测分布，或从方便的近似或重新表述中采样，实现贝叶斯分析，而无需对分布的形式做出假设。然而，基于 MCMC 的方法可能速度较慢，需要大量迭代才能收敛。哈密顿蒙特卡罗[11]和拉普拉斯近似[12]是为加速计算而开发的一些方法。为了削弱其缺点，人们提出了随机梯度 MCMC[13]等替代方法。这些方法提高了数据的可扩展性，但可能会给模型引入噪声，从而影响不确定性预测[8]。

变分贝叶斯方法：在变分推理（VI）[14]中，使用参数函数 $q\theta(\omega)$ 来近似后验分布，其质量可以通过 KL 发散度来衡量。

$$\mathrm{KL}(q\theta(\omega)\,\|\,p(\omega\,|\,D))=\int q\theta(\omega)\,\log\frac{q\theta(\omega)}{p(\omega\,|\,D)}\mathrm{d}\omega \tag{30.8}$$

为了解决后验分布 $p(\omega|D)$ 的不可处理性，将表达式（30.8）代入表达式（30.6），得到

$$\begin{aligned}&\frac{\min}{\theta}\left[\mathrm{KL}(q\theta(\omega)\,\|\,p(\omega|D))\equiv-\mathcal{L}_{\mathrm{VI}}(f^{\omega},q\theta;D)\right]\\&=\frac{\max}{\theta}\sum_{i=1}^{N}\int q\theta(\omega)\log(p(y_i\,|\,f^{\omega}(x_i))\mathrm{d}\omega-\mathrm{KL}\,(q\theta(\omega)\,\|\,p(\omega))\end{aligned} \tag{30.9}$$

这有一个很好的解释：第一项表示数据保真度，而第二项则表示与先验数据的偏差，可以被视为一种正则化。

尽管如此，变分推理损失［式（30.9）］仍还存在一些设计选择和挑战。一些主要的设计选择包括：模型权重的先验分布 $p(\omega)$、近似参数化函数 $q\theta(\omega)$ 的结构、学习模型 f^{ω} 的架构。虽然该方法效率较高，但也面临严峻的挑战：对大规模数据集的可扩展性、计算（通常难以处理的）期望对数概率、训练 DL 模型。所有这些设计选择都存在权衡，例如通过对权重相关性进行建模、使用更深的学习模型或避免过拟合来提高表示能力，但这可能会影响数据可扩展性和整体模型的可处理性（例如，通过增加参数数量和计算复杂性）。众多的方法反映了可能的折中方案的多样性。

蒙特卡罗（MC）随机失活：研究发现随机失活可以被视为使用 MC 估计期望对数似然的 VI，这建立了一种深刻的联系[15]。换句话说，训练带有随机失活层的深度学习模型，等同于使用特定的 BNN 架构进行推断，因此这些模型可以有效地用于预测不确定性（图 30.5）。更一般地说，在训练深度学习模型时选择随机正则化技术，在特定条件下[1]，等同于为基于 VI 的 BNN 设置特定形式的近似分布 $q\theta(\omega)$ 和先验分布 $p(\omega)$[15]。例如：①基于随机失活的变分推断[16]，对应于具有基于伯努利分解的近似分布 $q\theta(\omega)$ 和独立正态分布权重先验 $p(\omega)$ 的 BNN[17]；②变分随机失活，对应于具有基于正态分解的 $q\theta(\omega)$ 和不当对数均匀权重先验 $p(\omega)$ 的 BNN。

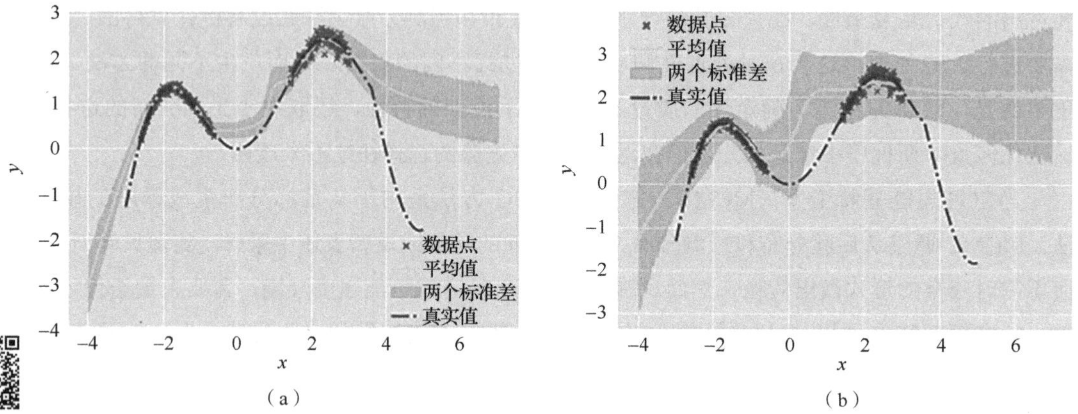

扫码见彩图

图 30.5 蒙特卡罗随机失活用于回归

随机失活的机制类似于对我们的不确定性估计的先验：随机失活越大，就越需要更多的数据来约束预测。图中显示了退出率为 0.05 和 0.5 之间的比较

为了使用基于随机失活的深度学习模型进行预测不确定性估计，平均预测可以通过 MC 积分来估计。使用随机失活时，这相当于通过网络进行 T 次随机前向传递（即在测试时也启用随机失活），并对结果求平均。其他量，如测试对数似然（衡量模型对数据拟合质量的指标），也可以通过 MC 积分来估计 [15]。这些估计只需对普通深度学习模型进行少量修改，但评估时间会按 T 的倍数增加，不过在使用并行计算框架时，这是一个相对较小的问题。一个难点在于，它需要根据训练数据调整模型方差 σ^2 以及其他参数（权重的先验，这可能与诸如随机失活率或正则化水平等其他因素相关），但要验证这些超参数是否设置为最优并不容易。参考文献 [10] 认为，随机失活也可以被解释为具有参数共享的神经网络集合，特别是在随机失活率未进行调整的情况下，这种解释更为合理。

期望传播：期望传播（EP）[18] 是处理后验分布的另一种方法。近似分布通过迭代过程构建，该过程基于更新期望（即均值和方差）的解析表达式，通过选择合适的近似后验分解（例如指数族）来实现。概率反向传播（PBP）[19] 通过模仿反向传播的两阶段过程，在概率网络（随机权重）上进行，从而提高了可扩展性和准确性，并且还能产生校准后的后验不确定性估计。

30.2.2.3 其他方法

尽管前面的章节介绍了该领域一些著名的标志性工作，但在参考文献 [8] 和 [9] 及其文献中，还有更全面的参考资料，包括大量实际应用案例。在这里，我们通过强调一些新颖有趣的研究方向，来结束对深度学习不确定性量化模型的概述。

参考文献 [20] 摒弃了贝叶斯和非贝叶斯不确定性量化预测方法，认为这些方法不能保证覆盖率。作为替代，他们引入了判别式刀切法，这是一种基于刀切法（即留一法，LOO）重采样技术和影响函数来估计逐点频率主义置信区间的过程。这些置信区间共同捕获认知和随机不确定性，并在理论上保证覆盖率，但由于计算复杂性，其应用受到限制。

参考文献 [21] 引入了深度不确定性网络（DUNs），其中神经网络的深度被视为一个随机变量，通过分类分布进行建模，而网络权重则被视为可学习的超参数。边缘化过程相当于结合一组深度模型（逐渐加深的神经网络）的预测，从而能够在仅对网络进行一次前向传递的情况下量化模型不确定性。这种方法能产生校准良好的不确定性估计，并且对大规模数据集具有良好的可扩展性。

最后，参考文献 [22] 开发了一种神经随机微分方程模型（SDE-Net），该模型使用两个独立的神经网络分别表示随机微分方程中的漂移项和扩散项，从而分别捕获随机和认知不确定性。这项工作在分类和回归场景中，针对分布外检测、误分类检测和主动学习等问题展示出了有前景的结果。

30.3 去伪存真

如前所述，人们已经开发出许多用于深度学习中不确定性量化的方法。在这里，我们讨论一个新的进展，该进展针对一个特定的应用问题，突出了输入实例在复杂性上高度异质时常见的情况。在这种情况下，可以开发一个系统，让机器学习方法自动筛选出不太复杂的案例，将更复杂的案例留作单独处理，可能是手动评估（图 30.6）。

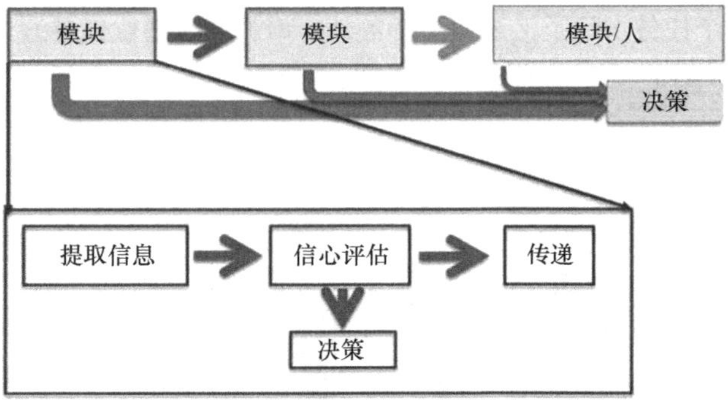

图 30.6 校准后的不确定性度量可用于设计可串联的模块

一个成本较低但更容易出错的分类器来分类器可用于相对简单案例进行分类，将更复杂案例留给更昂贵的模块或人工处理

30.3.1 背景

美国国家癌症研究所的监测、流行病学和最终结果（NCI SEER）项目负责整理从各种癌症登记处收集的大量癌症报告。每个登记处负责对这些报告的各个方面进行注释，包括肿瘤的原发部位、组织学类型、分级、侧别和行为，通常通过手动和自动化工作流程相结合的方式进行。

通过与 NCI 合作，美国能源部（DOE）正在部署机器学习来统一和自动化这些工作流程，旨在提高注释任务的一致性和处理效率。虽然已经尝试了各种方法（文献 [23]~[28]），但总体观察发现，基线准确率通常低于人工注释的准确率，有时差距还很明显。因此，需要某种形式的分类筛选，以便自动对高置信度样本进行分类，同时将更模糊的样本推迟到人工注释环节。

尝试对现有训练好的网络输出进行筛选，但结果喜忧参半。特别是，神经网络输出值的校准无法保证，在需要极高准确率的情况下，基于数据驱动的校准也很困难。因此，我们引入了弃权分类器的概念，允许低置信度样本不被分类，留待以后注释。

30.3.2 多任务设置中的弃权分类器

深度弃权分类器（DAC）[29] 本质上是一个常规的深度神经网络分类器，但增加了一个额外的（弃权）类别和一个定制的损失函数，该函数允许在训练过程中弃权。这使得深度神经网络能够对难以区分的样本选择弃权（即拒绝分类），同时继续学习并提高对非弃权样本的性能。下面将讨论的定制损失函数，在原始类别上的表现类似于常规的交叉熵损失函数，并增加了一个额外的调整参数 α，用于控制弃权的倾向。由于这些项之间的平衡取决于数据和噪声的特征，因此必须在训练过程中对 α 的最优值进行调整。这种调整可以根据具体问题的要求，选择满足各种标准。DAC 可以学习数据中未标记的特征，这些特征可能只与标签噪声相关，而与任何特定的输出标签无关 [29]。

我们对多任务卷积神经网络（MTCNN）模型进行了修改，为每个任务都添加了弃权选项。他们的模型在多任务学习设置中使用词级卷积神经网络，从非结构化的文本病理报告中自动提取癌症信息，以对五个任务进行预测：原发部位（65 类）、侧别（4 类）、行为（3 类）、组织学类型（63 类）和组织学分级（5 类）。我们的模型是对他们模型的扩展，训练了一个具有类似架构的模型，但用于六个任务（除了上述五个任务外，增加了子部位任务），并且每个任务的类别数量更多。带有额外“弃权”类别的模型架构图如图 30.7 所示。

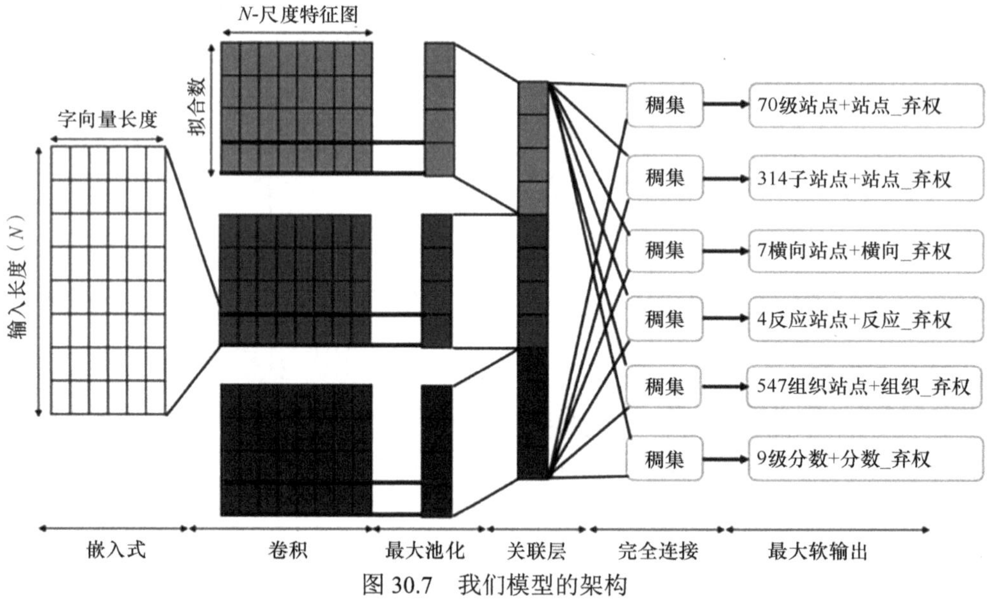

图 30.7 我们模型的架构

该模型与文献 [28] 中的模型大致相似，除了增加了一个任务以及每个任务都有额外的弃权类别。它具有一个嵌入层 [30,31]，该层将数据输入到三个独立的卷积层，随后是一维最大池化层。这些最大池化层的输出被连接起来，然后输入到六个独立的全连接层，并通过 Softmax 输出（每个任务一个），返回每个任务的预测结果，因此，*pj'* 会随着梯度下降而增加，仅受通常方式的熵调节器限制

30.3.3 损失函数分析：学习真实类别

训练样本 x 的损失函数由下式给出：

$$L(x)=(1-p_{k+1})\left(-\sum_{i=1}^{k}t_i\log\frac{p_i}{1-p_{k+1}}\right)-\alpha\log(1-p_{k+1})-kH^{1\cdots k} \tag{30.10}$$

其中，$H^{1\cdots k}$ 是真实类别的熵，即

$$H^{1\cdots k}=-\sum_{i=1}^{k}\frac{p_i}{1-p_{k+1}}\log\frac{p_i}{1-p_{k+1}} \tag{30.11}$$

需要注意的是，$p_i'\equiv p_i/(1-p_{k+1})$ 正好对应于未添加额外类别时的 softmax 输出。

在表 30.1 中，我们展示了参考文献 [32] 中的一个示例，该示例展示了 DAC 在多任务卷积神经网络中大幅提高准确率的能力，尽管这是以大量弃权为代价的。在这个案例中，模型是在来自路易斯安那州和肯塔基州癌症登记处的数据上进行训练的。将该模型应用于来自犹他州和新泽西州登记处的数据集时发现，尽管模型具有良好的泛化能力，但在对这些样本外数据进行测试时，准确率会略有下降，弃权率会有所上升。

表 30.1 基线分类器（无弃权）的准确率，以及弃权分类器在保留样本上的弃权率和准确率，数据来自四个登记处。结果表明，该方法对难以分类的样本选择弃权，但在保留样本集上获得了更高的准确率。最后两列数据显示，训练好的模型在样本外数据上仍能继续发挥作用 （单位：%）

任务	Base acc（no abs）	路易斯安那州和肯塔基州		犹他州和新泽西州	
		Abs 比率	准确度（保留）	Abs 比率	准确度（保留）
反应	97.91	0.00	97.85	0.00	96.63
分数	76.71	24.09	83.35	29.70	78.20
组织	77.57	38.75	90.27	47.36	87.88
横向	91.34	43.94	98.45	48.19	97.36
站点	91.98	24.46	98.80	28.90	98.05
子站点	65.11	20.41	73.72	21.72	71.40

30.3.4 其他基于训练的校准方法

DAC 方法基于对表现出与低置信度相关特征的部分样本选择弃权的理念。该方法与后验校准方法不同，它通过修改网络训练来学习与噪声相关的特征。从这个意义上讲，它与一些留一法（LOO）方法相关，这些方法试图分离出对训练有异常影响的样本 [33]。

30.4 结语

毫无疑问，深度学习乃至整个人工智能领域的不确定性量化研究仍在不断发展。由于篇幅限制，我们无法讨论时间序列数据预测中的不确定性量化、数据融合场景下的不确定性量化，以及因输入空间覆盖偏差而产生的问题等极具吸引力的主题。最后一个问题是一个普遍存在的问题——训练数据和校准数据与应用方法的数据在统计特性上的隐含假设未被检测到的失效。由于当前的方法是数据驱动的，它们无法限制这些误差的大小。借助相关主题的知识，应该有可能对这些误差进行约束，并更好地分离随机和认知成分，但这是一个需要进一步研究的方向。

此外，尽管这里讨论的各种方法为机器学习模型的不确定性提供了统计界限，但它们对于人类解释而言，最终仍和预测本身一样难以理解。特别是在错误后果严重，或者法律要求必须解释行为依据的情况下，可能需要确保决策是基于与人类专家一致的特征，而不考虑法律禁止的复杂特征关联因素。因此，机器学习预测的可解释性与不确定性量化密切相关。例如，局部可解释模型无关解释（LIME）[34] 和反事实解释 [35] 等方法已被证明在展示机器学习在现实世界应用中确实学习到了数据中具有人类意义的特征方面非常有用。像 DAC 这样新开发的不确定性量化方法，专门设计为易于与这些可解释性框架相结合。这表明有必要进一步研究将弃权理念扩展到分类问题之外。要在现实世界中成功部署机器学习，需要将不确定性量化和可解释性结合起来，使其成为传统方法的可行替代方案。

参考文献

[1] C. Zhang, S. Bengio, M. Hardt et al. (2016). Understanding deep learning requires rethinking generalization. CoRR, abs/1611.03530.

[2] G. C. Cawley and N. L. C. Talbot (2010). On over-fitting in model selection and subsequent selection bias in performance evaluation. Journal of Machine Learning Research, 11(70), 2079–2107.

[3] E. Begoli, T. Bhattacharya, and D. Kusnezov (2019). The need for uncertainty quantification in machine-assisted medical decision making. Nature Machine Intelligence, 1, 20–23.

[4] D. Boyda, S. Cali, S. Foreman et al. (2022). Applications of machine learning to lattice quantum field theory. In Proceedings of Snowmass 2022, Vol. 2.

[5] C. Szegedy, W. Zaremba, I. Sutskever et al. (2014). Intriguing properties of neural networks, arXiv:1312.6199 [cs.CV].

[6] A. Pinkus (1999). Approximation theory of the MLP model in neural networks. Acta Numerica, 8, 143–195.

[7] S. Park, C. Yun, J. Lee et al. (2020). Minimum width for universal approximation. CoRR, abs/2006.08859.

[8] M. Abdar, F. Pourpanah, S. Hussain et al. (2021). A review of uncertainty quantification in deep learning: Techniques, applications and challenges. Information Fusion, 76, 243–297, December.

[9] U. Bhatt, J. Antorán, Y. Zhang et al. (2021). Uncertainty as a form of transparency: Measuring, communicating, and using uncertainty. In AIES '21: Proceedings AAAI/ACM Conference on AI, Ethics, and Society, July, pp. 401–413.

[10] B. Lakshminarayanan, A. Pritzel, and C. Blundell (2017). Simple and scalable predictive uncertainty estimation using deep ensembles. In Advances in Neural Information Processing Systems, Vol. 31. Curran Associates, Inc., pp. 6405–6416.

[11] R. M. Neal (1996). Bayesian Learning for Neural Networks, ser. Lecture Notes in Statistics, 118. New York: Springer-Verlag.

[12] D. J. C. MacKay (1992). A practical Bayesian framework for backpropagation networks. Neural Computation, 4(3), 448–472.

[13] T. Chen, E. Fox, and C. Guestrin (2014). Stochastic gradient Hamiltonian Monte Carlo. In Proceedings International Conference on Machine Learning, ser. Proceedings of Machine Learning Research. Beijing, China: PMLR, 22–24 June, Vol. 32, pp. 1683–1691.

[14] A. Graves (2011). Practical variational inference for neural networks. In Advances in Neural Information Processing Systems, Vol. 24, pp. 2348–2356.

[15] Y. Gal (2016). Uncertainty in deep learning. Ph.D. dissertation, University of Cambridge, Cambridge, United Kingdom, September.

[16] Y. Gal and Z. Ghahramani (2016). Dropout as a Bayesian approximation: Representing model uncertainty in deep

learning. In Proceedings Machine Learning Research. New York, USA: PMLR, 20–22 June, Vol. 48, pp. 1050–1059.

[17] D. P. Kingma, T. Salimans, and M. Welling (2015). Variational dropout and the local reparameterization trick. In Advances in Neural Information Processing Systems. Curran Associates, Inc., Vol. 28, pp. 2575–2583.

[18] T. Minka (2001). Expectation propagation for approximate Bayesian inference. In Proceedings of the 17th Annual Conference on Uncertainty in Artificial Intelligence (UAI-01). Morgan Kaufmann, pp. 362–369.

[19] J. M. Hernández-Lobato and R. Adams (2015). Probabilistic backpropagation for scalable learning of Bayesian neural networks. In Proceedings International Conference on Machine Learning ICML'15. July, Vol. 37, pp. 1861–1869.

[20] A. M. Alaa and M. van der Schaar (2020). Discriminative jackknife: Quantifying uncertainty in deep learning via higher-order influence functions. In Proceedings International Conference on Machine Learning, Vienna, Austria, pp. PMLR 119:165–174.

[21] J. Antorán, J. Allingham, and J. M. Hernández-Lobato (2020). Depth uncertainty in neural networks. In Advances in Neural Information Processing Systems. Curran Associates, Inc., Vol. 33, pp. 10620–10634.

[22] L. Kong, J. Sun, and C. Zhang (2020). SDE-Net: Equipping deep neural networks with uncertainty estimates. In Proceedings International Conference on Machine Learning, Vienna, Austria, pp. PMLR 119: 5405–5415.

[23] J. X. Qiu, H.-J. Yoon, P. A. Fearn et al. (2017). Deep learning for automated extraction of primary sites from cancer pathology reports. IEEE Journal of Biomedical and Health Informatics, 22(1), 244–251.

[24] A. Jagannatha and H. Yu (2016). Structured prediction models for RNN based sequence labeling in clinical text. In Proceedings Conference on Empirical Methods in Natural Language Processing. Austin, Texas: Association for Computational Linguistics, November, pp. 856–865.

[25] S. Gao, M. T. Young, J. X. Qiu et al. (2018). Hierarchical attention networks for information extraction from cancer pathology reports. Journal of the American Medical Informatics Association, 25(3), 321–330.

[26] S. Gao, J. X. Qiu, M. Alawad et al. (2019). Classifying cancer pathology reports with hierarchical self-attention networks. Artificial Intelligence in Medicine, 101, 101726.

[27] H.-J. Yoon, A. Ramanathan, and G. Tourassi (2016). Multi-task deep neural networks for automated extraction of primary site and laterality information from cancer pathology reports. In INNS Conference on Big Data. Springer, pp. 195–204.

[28] M. Alawad, S. Gao, J. X. Qiu et al. (2020). Automatic extraction of cancer registry reportable information from free-text pathology reports using multitask convolutional neural networks. Journal of the American Medical Informatics Association, 27(1), 89–98.

[29] S. Thulasidasan, T. Bhattacharya, J. Bilmes et al. (2019). Combating label noise in deep learning using abstention. In Proceedings International Conference on Machine Learning.

[30] T. Mikolov, I. Sutskever, K. Chen et al. (2013). Distributed representations of words and phrases and their compositionality. Advances in Neural Information Processing Systems (NIPS).

[31] T. Mikolov, K. Chen, G. Corrado et al. (2013). Efficient estimation of word representations in vector space. In International Conference of Learning Representations (ICLR) Workshop.

[32] S. Dhaubhadel, J. Mohd-Yusof, K. Ganguly et al. (2020). Why I'm not answering: Understanding determinants of classification of an abstaining classifier for cancer pathology reports.

[33] D. Krstajic (2021). The costs and potential benefits of introducing the "I don't know" answer in binary classification settings. Preprints.

[34] M. T. Ribeiro, S. Singh, and C. Guestrin (2016). "Why should I trust you?": Explaining the predictions of any classifier.

[35] J. Klaise, A. V. Looveren, G. Vacanti et al. (2021). Alibi explain: Algorithms for explaining machine learning models. Journal of Machine Learning Research, 22(181), 1–7.

第31章

面向下一代全球网络集成系统与测试平台的人工智能

Mariam Kiran，劳伦斯伯克利国家实验室能源科学网络（ESnet），美国加利福尼亚州伯克利

Harvey B. Neumann，加州理工学院物理、数学和天文学系，美国加利福尼亚州帕萨迪纳

31.1 引言

从高能物理、天体物理到气候科学、基因组学、地震学和生物医学研究等许多数据密集型科学领域，持续的创新和发现周期依赖于从海量数据集中挖掘出隐藏的知识，这些知识可能是微妙的模式、微小的扰动或罕见的事件。这些领域中的每一个都需要在多域的本地、区域、大陆和跨洋网络中实现可靠且可预测的数据流动，并与资源密集型计算和存储的使用相协调。

支持最大规模科学合作的工作流程的规模和复杂性，包括大型强子对撞机（LHC）[1]、国际引力波天文台网络（IGWN）、冰立方（IceCube）、维拉·鲁宾天文台（Vera Rubin Observatory）、多尺度脑计划（Börner, Silva, and Milojević, 2021；Borner, Silva, and Milojevic）以及地球观测、基因组学等领域的其他项目，随着时间的推移以（超）指数级速度不断增长。这带来了前所未有的挑战：在全球数据分发、处理、访问和分析方面，这些依赖于大规模但仍然有限的计算、存储和网络资源的协调使用；在全球科学项目的运营和协作方面，每个项目都涵盖分布在世界各地的数百到数千名科学家。

最大化此类全球规模合作科学项目的发现成果，反过来又依赖于持续的创新周期：开发和利用机器学习或人工智能（ML/AI）以及其他最先进的方法，来辅助执行、协调和管理大型分布式科学工作流程。图 31.1 展示了全球连接的科学社区及其支持网络的一个示例。

在网络领域，诸如软件定义网络（SDNs[2]）等进展使得可编程交换机和终端设备能够动态控制流量在网络路径上的分配和映射，但到目前为止，这些进展受到不同设备管理和控制平面的限制，以及在开发优化的软件-网络交互方面进展缓慢的影响。

新兴的敏捷且可扩展的服务架构能够适应动态网络条件，再加上基于深度学习的新颖解决方案以及模式识别和人工智能方面的进展，已展示出在尊重策略约束和数据交付期限的前提下，满足多样化传输需求并优化整体吞吐量的能力。

第 31 章 面向下一代全球网络集成系统与测试平台的人工智能

在本章中，我们将探讨并描述人工智能如何帮助应对网络挑战，以及在设计、开发和原型构建下一代动态网络系统方面的关键问题和当前进展。该系统结合了人工智能、深度学习、具有带宽保证的虚拟电路覆盖网络、流量监测和导向、网络和站点资源管理以及编排服务的使用，以推动科学发现。

智能或自动驾驶网络领域发展迅速，科学界已经提出了许多改进和实施硬件、开发新数学框架和算法以提升网络能力的想法。本章做出了多项重要贡献：阐述人工智能、网络软件和硬件的当前进展，助力实现面向科学的自动驾驶网络；讨论开放研究挑战，重点关注人工智能可发挥作用的特定网络目标领域；讨论两个用例，展示网络如何利用预测和自学习来改进流量工程并克服挑战。

31.2 AI 带来的创新

行业内已经认识到先进的智能决策或机器学习（ML）对于提升网络应用性能和管理的重要性[3]，以及 IRTF 论坛（https://irtf.org/nmrg）的意义。机器学习算法可用于预测网络行为，例如“选择哪条路径、改变容量或服务质量（QoS）会以何种概率 P 导致结果或事件 X”。检测异常情况可以降低成本，减少在复杂网络基础设施中查找受损网段或异常设备所花费的时间。此外，主动预测流量需求能够让工程师提前预测拥塞情况，从而为关键实验项目更好地进行容量规划，以确保持续可靠的连接和吞吐量。网络性能在很大程度上取决于设备间配置的拓扑结构、提供的路径、应用-网络行为，以及能否满足 QoS 要求和底层流量限制。要在近乎实时的情况下做出这些决策，需要足够的数据处理能力，以便快速处理所有相关流量数据集（将其视为时间序列），识别影响应用性能和应用-网络交互的多个因素，并构建利用这些因素的算法，以改进并最终优化网络行为。

深度学习算法对网络研究产生重大影响的其他应用领域包括安全领域，如检测恶意软件[4]、拒绝服务（DOS）攻击[5]，以及用户与网络的交互[6]。美国能源部的一份报告指出[7]，机器学习和深度学习方法在满足艾次计算需求方面具有巨大潜力，无论是在超级计算站点内部，还是在其城域网和广域网中，都可以通过管理工作负载来满足多样化的应用需求。可用于网络研究的机器学习/人工智能方法包括：

监督和无监督分类：监督学习涵盖了使用标记数据集来训练或“监督”算法的机器学习方法，这些算法有助于将数据分类到特定类别。相比之下，无监督机器学习处理未标记的数据集，以学习潜在模式、进行降维，或通过关联学习来检测、表达和利用数据集中的潜在关系。在网络数据集中，通常很难找到标记数据集，因为除了在重大事件场景中，性能日志很少被标记。无监督分类主要用于识别良好的流性能或标记安全异常等[4]。

回归和预测：分类有助于预测给定样本的数据标签，而回归则是通过给定的历史数据集，预测数据样本的连续数量。许多方法，如线性回归、贝叶斯方法或最小二乘回归，都是给定一个样本，算法预测其未来值。这在时间序列数据中更为常用，对于网络日志来说非常有用，因为几乎所有网络数据都基于时间。通过学习日常或周末/工作日的行为模式来预测未来流量或带宽消耗，或者预测导致变量偏离预设阈值或控制范围的情况，有助于在异常发生时或发生前做出响应或提前处理，并更好地规划未来网络资源的使用。

强化学习：强化学习（RL）是一种机器学习类型，它允许智能体通过试错在环境中进行交互，并利用对其行为和经验的反馈来学习最优行为。到目前为止，强化学习主要应用于游戏领域，如 AlphaGo 或国际象棋。强化学习方法需要一个模拟环境，该环境能够捕捉目标环境的关键特征和响应，以便人工智能体（或一组智能体）可以尝试多种策略并学习最优行为。强化学习在开始时不需要先前的数据。在网络领域，最近强化学习的应用示例包括在资源管理中学习优化，如配置虚拟机、将流量转移到替代路径，或学习能够改进流量工程概念的基本行为。然而，由于强化学习需要一个足够真实的平台，模拟应该辅以实地试验，使智能体能够在真实环境中学习。

由于让智能体在真实条件下学习并在实际网络中触发变化具有一定难度，而且通常缺乏这样的平台，这也限制了这种人工智能技术对网络改进的潜在作用。不过，最近研究和教育网络与数据密集型科学团队之间的多区域合作（如全球网络推进小组（GNA-G）http://www.gnag.net/）的出现，为下一代网络的更全面发展开辟了道路，包括使用强化学习和其他基于机器学习的技术进行流量预测和优化。

人工智能算法可通过多种方式用于网络研究和开发。在本章中，我们将讨论人工智能如何用于：①识别复杂网络中的流量模式；②预测未来流量模式并预估网络路径性能；③帮助学习和制定纠正措施，以防止故障发生，并避免或缓解应用工作流程中的瓶颈。

一些机器学习/人工智能技术可能成本高昂，因为训练算法需要大量的计算能力和时间。在诸如主要科学项目共享的多域网络这样的复杂系统中，策略和约束的集合往往难以捕捉和表达，因此构建一组有效的多目标指标以进行优化，本身就是一个长期学习过程的一部分。因此，这类研究需要利用跨学科技能，将分布式软件工程和数据管理、机器学习、网络架构和工程以及相关资源结合起来，使网络能够在艾次计算时代自主响应，或根据需要与应用程序进行交互和协商。这对于从高能物理、天体物理到天气预报和气候预测，再到基因组学等众多数据和计算密集型学科的突破性应用至关重要。

图 31.1 总结了可应用于网络运营的各种人工智能技术。各种网络数据收集，如安全日志、NetFlow 记录、TCP 统计信息等，都可以作为各种人工智能模块的输入。这些模块执行分类、

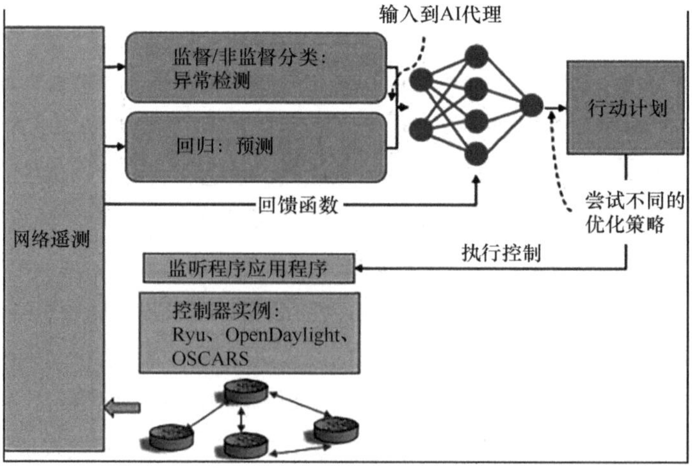

图 31.1　人工智能适应网络的总结

回归和/或强化学习，以训练神经网络架构，学习最优控制策略。训练完成后，人工智能体需要将这些决策反馈给网络，如图中所示的监听器API，它与多个控制器（如OpenDaylight、Ryu和OSCARS）进行通信，以实现网络重新配置。奖励函数取决于优化标准，将在31.6.2节中讨论。

31.3 开放研究面临的挑战

利用人工智能控制和优化网络基础设施，对广泛的科学和商业应用产生了重大影响。例如，大型强子对撞机（LHC）实验每天需要将数PB已筛选的数据高速传输到多个研究站点和存储设施。另一方面，基因组学应用需要专用流量，具备预留带宽和服务质量（QoS）保障，以确保全球多个研究实验室之间的高速连接。此外，气候预测和先进光源（ALS）实验[7]对近实时数据处理、可视化和大量数据批量传输的内存管理提出了越来越高的网络要求。随着这些大规模应用变得越来越复杂和多样化，连接网络路径需要智能化，以有效管理和响应这些多样化的需求。开发人工智能实现决策过程自动化，是提高基础设施效率、减轻运营人力负担的一种方式，同时还能降低甚至在某些情况下消除升级所有中间件和许多通信链路容量的成本。以下是一些需要自动化的开放研究挑战示例。

31.3.1 网络集成工作流和自动化

数据和网络密集型项目给网络带来了一些重大挑战，例如在全球大型强子对撞机计算网格中，需要管理170多种提供资源的机构的计算和存储设施。以大型强子对撞机为例，在过去5～10年中，其网络流量每年增长40%～60%，在2021年第四季度，年度数据传输量达到了2.1艾字节。预计高亮度大型强子对撞机（HL-LHC）[8]的升级将导致年度原始数据量进一步增长30倍，到2028年，计算和网络容量需求也将增长一个数量级。此外，大型强子对撞机的两个最大实验之一预计在100天内产生364PB的原始数据，这些数据分布在许多国家设施中（ATLAS实验也有类似的科学目标和预测产量），同时还有数十拍字节（PB）经过进一步处理的数据，以适合后续分析的多种格式分发给各个站点。与此同时，在数据采集期间，原始数据以400GB/s（400G）的速率产生，此外，实验设施还会持续生成模拟数据。新数据从欧洲核子研究中心（CERN）传输到全球分布式磁盘池和磁带库，而前一年的原始数据则从磁带库传输到处理中心。总体而言，预计到2028年，需要太比特/秒的链路连接主要国家（一级）中心，400G的链路连接较小的实验室和托管二级中心的校园。预计在未来几年，这些传输的总量将从几百吉比特/秒增长到持续数小时至数天的太比特/秒突发流量，并且在大西洋、太平洋以及欧洲和亚洲的部分地区，以及拉丁美洲和澳大利亚的选定站点，也会出现类似的突发流量。

到目前为止，网络提供商主要通过部署过剩容量来避免网络带宽管理的需求。然而，历史流量的持续指数增长，加上高亮度大型强子对撞机时代开始时预计的30倍阶跃增长，以及大数据社区数量和多样性的大幅增加，使得这种方法在经济上即使不是不可行，也极具挑战性。

同样重要的是，大型科学数据交易必须以兼容和灵活的方式，与社区中个人和小团体处理和分析数据以及进行其他日常任务产生的大量数据流共存。这种“和平共存”的要求为优化问题增加了新的维度。

31.3.2 广域网（WAN）流量预测

研究广域网中的流量预测是一项艰巨的任务，因为用户和代表他们行事的软件代理访问网络和进行数据传输的方式缺乏规律。与具有周期性模式和相对较小流量的通用互联网广域网相比，研究广域网的流量更大（或流量组更大），并且存在难以理解和预测的随机流量峰值。流量模式取决于正在运行的实验和设备以及涉及的团队，其特点是持续数分钟、数小时甚至数天的高变异性数据传输。网络监控工具，如简单网络管理协议（SNMP）、sFlow 和 NetFlow，允许以时间戳数据的形式收集网络节点和流量传输的流量信息，生成数 GB 的记录日志文件。大多数监控工具以足够频繁的时间间隔（目前通常为 30s）收集数据，以提供包含其他关键特征（如使用的协议（如 TCP 和 UDP）、接口、源和目标 IP 地址，以及在某些情况下的流量速率）的详细视图。这些数据集可用于开发数据驱动的预测方法。

31.3.3 自动驾驶（或学习）流量工程

将机器学习应用于网络路由并不是一种新的尝试。大致来说，主要有两种方法用于优化路由配置：①根据过去的流量模式预测未来流量状况；②基于一系列可行的流量场景，旨在改进一组性能参数。软件定义网络（SDN）和强化学习已被用于探索路径计算（可将其表述为资源分配问题），并且它们还与其他机器学习技术一起，用于开发和提供动态流量管理的可行解决方案。

虽然软件定义网络的集中控制前景广阔，但这些计算会给高性能网络带来开销，并且需要全局管理才能发挥作用，这在大型多域网络中很难实现。最近机器学习在复杂决策问题（如 AlphaGo、数据中心冷却和自动驾驶汽车）中的成功应用，为解决我们的问题提供了可行的途径。特别是强化学习，它在机器人领域得到了积极应用，允许智能体通过直接与环境交互来学习如何做出更好的决策。利用奖励和惩罚的概念，智能体可以通过经验学习，以优化给定的目标函数（或奖励函数）。

31.3.4 用于网络、计算和存储的联邦基础设施

随着各种计算和网络设施变得越来越庞大和复杂，难以管理，因此需要对这些资源进行实时分析，以实现机器控制、故障预测、自动化和优化。用户设施[9]主张使用机器学习/人工智能解决方案来辅助其设施的设计和控制，实现实时分析大量数据的能力，自动引导数据收集以进行闭环实验，并使实验人员能够利用美国能源部分布式设施的强大功能。此外，自主网络可以纠正或减轻，甚至可能预测和避免一些故障或损害的影响。

为了实现端到端工作流程的高效运行，需要对所有相关设施和工作流程管理器进行实时分析。然而，由于缺乏标准化和基准化的设施运营数据，以及描述工作流程与各种设施交互的行为数据，工作流程和资源管理领域的研究受到限制。这些联邦服务基础设施因其固有特性而变得复杂：资源异构性和有限性、复杂且异构的系统软件堆栈的部署，以及各种使用限制政策、实施多样化公平共享机制，或为不同类型的任务设定复杂配置文件和优先级。

在预测复杂科学工作流程在分布式计算和数据基础设施上的性能、检测和诊断基础设施及

工作流程异常，甚至推荐优化性能的工作流程和基础设施调整方面，相关的示例相对较少。对这类系统及其交互的研究也受到缺乏模拟框架和试验平台的阻碍。这使得评估和训练人工智能算法以实现最优工作流程配置变得困难。

31.4 真实网络的统计数据：美国能源科学网络（ESnet）

美国能源部能源科学网络（ESnet）是一个主要的研究和教育（R&E）网络，在全球合作的背景下，为 55 多个研究实验室、大学和其他设施提供国际高速连接。与许多其他广域网类似，ESnet 与其他组织建立了多个连接，这些连接为商业资源、实验以及其他主要研究和教育网络（如 Internet2、GEANT、JANET、SURFnet、RNP 等）提供性能访问。ESnet 负责传输常规用户流量，以及美国能源部国家实验室、大型强子对撞机和全球大学及合作伙伴的实验设施产生的科学数据。为了确保可靠性和可用性，网络容量和服务的配置考虑了意外的流量激增，以便实验能够发展，同时控制成本[10]。图 31.2（a）展示了 2018 年至 2020 年高性能计算设施之间的年度总流量。物理领域的数据处理和分析以及核科学中的近实时计算等多种应用对带宽有很高的要求。此外，各个站点所有网络设备之间的总网络流量预计将呈指数增长［图 31.2（b）］。因此，需要对应用流量进行优化，以最小化数据包丢失，保持大流量的高传输速度，并对其进行监控和跟踪，以了解吞吐量以及数据传输距离（跳数和往返时间）等相关因素。可用性需要保持在理想的 99.99% 水平，减少中断，并降低因响应需求增加而进行容量升级的成本。

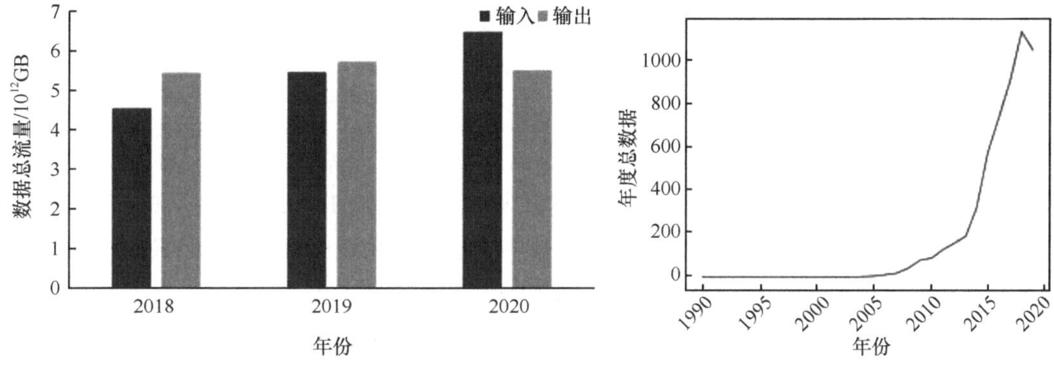

（a）2018～2020年美国能源部设施的总流量　　（b）自1990年1月以来的年度流量总计

图 31.2　多年来网络传输量的增长[11]

31.5 背景：当前和新兴的网络技术

目前已经开发出许多方法和技术来更好地控制网络，借助人工智能可以提供更有效的端到端解决方案。这些方法涵盖从通用的开源方案到定制的多域网络解决方案。例如，基于虚拟电路的多域网络设计和运营软件框架、与高吞吐量应用和控制相结合的先进数据传输节点（DTN）终端系统设计、基于多资源模型（MRML[12]）的站点和网络编排、软件定义网络控制器、动态电路和基础设施开发以及软件定义交换（SDX[13]），以及高吞吐量命名数据网络缓存和访问方法。软件定义基础设施（SDI）的进一步发展可以与目标程序数据管理框架（如 Rucio[14]、Pegasus[15]

等）进行接口对接。由于数据密集型科学需要及时、经济地摄取、存储、分发和处理大量数据，基于SDI的解决方案可以通过利用这些现有技术，很好地满足这些需求。

在撰写本章时，许多方法和技术正在全球网络推进小组（GNA-G）及其工作组的框架内进行研究，以期开发上述的下一代网络范式。

31.5.1 SENSE编排器和控制器

将人工智能算法的结果传达给网络以帮助其重新配置，需要构建能够接收人工智能输入的工具。将软件定义网络与端到端网络科学相连接，如广域网的SENSE控制器[16]，需要利用编排器（SENSE-O）和资源管理器（SENSE-RM）。资源管理器是特定于管理或技术领域的，负责根据资源模型交换和操作范式来分配和管理资源。每个资源管理器提供的资源模型包括对其领域资源的描述，以及它们与外部资源互连的定义。例如，SENSE-O从SENSE-RM接收资源描述，并构建基于语义模型的端到端软件定义网络拓扑图。这个基于端到端模型的图为SENSE-O响应用户请求，以及与适当的资源管理器进行服务配置交互构建工作流程提供了基础。

SENSE的端到端编排软件定义网络概念包括多域广域网、区域网和终端站点网络、站点拓扑结构以及组件之间的关系，还包括终端系统内部的网络堆栈。终端系统网络堆栈的纳入实现了确定性和自动化的服务配置、监控和故障排除。这种方法的实际应用是管理一直到主机操作系统、虚拟机或容器的网络套接字的网络堆栈，应用程序进程在此与网络进行交互。这旨在为科学工作流程管理系统提供基础，以协调网络与计算和存储资源的使用。SENSE端到端编排中包含的终端系统通常是数据传输节点（DTN）或科学DMZ[17]内的DTN集群。然而，SENSE模型本体和资源管理器功能具有足够的扩展性，可以适应与仪器、计算和/或存储系统相关的任何网络系统。

SENSE系统的相关数据平面功能包括：①具有QoS的二层点对点连接；②具有QoS的二层多点连接；③三层流QoS和路由定制。SENSE系统基于模型的架构和服务实现，支持跨管理域的自动化端到端网络服务实例化。基于意图的接口允许应用程序表达其高级服务需求，智能编排器和资源控制系统根据单个应用程序和基础设施运营商的需求，定制可扩展性和实时响应性。这使得科学应用程序能够像目前对待仪器、计算和存储系统一样，将网络视为一流的可调度资源。

31.5.2 SONiC：一个开源的网络操作系统

SONiC[18]是一个开源网络操作系统的示例，它可以在多个供应商的交换机和智能接口上运行。该软件将网络软件与底层硬件解耦，并基于交换抽象接口（SAI）编程API构建。支持的网络功能包括边界网关协议（BGP）、远程直接内存访问（RDMA）、QoS以及各种其他以太网/IP技术。SONiC提供了一套完整的网络功能，已经在一些大型云服务提供商的数据中心经过生产验证。它为团队提供了灵活性，使他们能够创建所需的网络解决方案，同时利用庞大的生态系统和不断增长的用户/开发者社区的优势。

31.5.3 意图驱动网络

意图驱动网络旨在允许用户的“意图”传达给网络，这主要通过网络设备能够理解的语言来实现。这些语义模型使用资源描述框架（RDF）和网络本体语言（OWL）进行形式化描述，以帮助建模网络语言的配置方式[19]。

时空流的语义模型是动态图，其中资源由相互连接的顶点表示，属性和关系由边表示。例如，MRML 或标记语言可以集成到端到端模型图中。

31.5.4 P4 可编程性

P4 是一种用于网络设备的领域特定语言，用于指定数据平面设备（交换机、网络接口卡、路由器、过滤器等）如何处理数据包[20]。P4 语言和软件生态系统使应用程序开发者和网络工程师能够在网络中实现特定行为。这使得网络更改可以在几分钟内完成，而不像基于特定供应商硅硬件功能的旧网络模型那样，需要数月至数年时间。

此外，P4 集成网络堆栈（PINS，https://opennetworking.org/pins/）是一项行业合作成果，它将软件定义网络（SDN）功能和 P4 可编程性引入依赖嵌入式控制协议（如 BGP）的传统路由设备。具体而言，PINS 使用 P4 对基于软件的 SAI 管道进行建模，为该管道添加外部可编程扩展，并引入 P4Runtime 作为控制该管道的新控制平面接口。PINS 能够让支持 P4 的交换机控制包含非 P4 固定功能交换机的网络路径，它利用了 SONiC 操作系统不断发展的功能。

PINS 通过使用 P4 可编程交换机、带有现场可编程门阵列（FPGA）和数据处理单元（DPU）的智能网络接口的边缘系统[21]，结合新兴的开源网络监控工具以及相关的软件和固件加速技术，实现实时深度数据包检测，从而使用户/开发者能够构建能够与网络交互、发现预期性能指标、协商性能参数，并接收实时状态/故障排除信息的应用程序。

31.5.5 RARE：面向学术界、研究和教育的路由器

面向学术界、研究和教育的路由器（RARE）项目旨在创建一个运行在开放商用网络硬件上的全功能路由器。该项目由泛欧网络 GÉANT[22] 资助开发，主要面向研究和教育（R&E）机构以及国家研究和教育网络（NRENs），这些机构通常需要商业供应商不支持的功能。另一个目标受众是希望定制网络以支持新协议的机构。在早期开发的开源路由器 freeRouter 的基础上，RARE 项目使用 P4 对数据平面进行编程，形成了一个将开源 IP 路由器与一系列丰富的附加协议和广泛的高级功能相结合的平台。

与 RARE 项目合作的一项工作是使用 P4 提供一种新颖的源路由形式——基于多项式密钥的源路由架构（PolKA）[23]。PolKA 是一种有效选择路径并在路径间进行负载均衡以适应可变工作负载的方法。在 PolKA 中，源端能够在不沿路径重写数据包且无需路由器表的情况下，指定网络路径的所有段（源路由），这通过使用基于中国剩余定理（CRT）的剩余数系统（RNS）进行算术运算来实现。这避免了传统源路由方案的局限性，使得处理复杂用例成为可能。此外，在 HECATE[24] 上的一项新演示试图通过研究当前应用需求和流量模式，运行定制的数据驱动深度强化学习来学习最优控制，以改善流量工程，并将 HECATE 的决策应用于 SDN 和路径计算引擎

（PCE）技术，从而将人工智能应用于实际网络，展示网络利用率、丢包和延迟之间的多目标优化。该技术尝试使用源路由来帮助指定和构建新路径。

31.5.6 NDN：命名数据网络

除了上述总结的发展成果，我们还在探索和开发命名数据网络（NDN）的应用。NDN是一种以数据为中心的未来互联网架构，其中数据对象或集合通过名称而非位置进行引用。例如，面向数据密集型实验的NDN（N-DISE[25]）专注于开发一个高效且经过实地测试的PB级数据分发、缓存、访问和分析系统，该系统基于最近开发的高吞吐量NDN缓存和转发方法以及容器化技术构建。N-DISE利用NDN和SDN系统的概念和算法与主流数据分发、处理和管理系统的集成，以及与FPGA加速子系统的集成，在广域网上以接近100GB/s的吞吐量传输大型强子对撞机（LHC）和基因组数据。

31.5.7 成功的衡量标准：从简单到复杂

由于多个学科和项目在国家内部或国家之间共享一个通用的网络基础设施，因此必须满足一组通用的技术成功指标以及性能、稳定性和可靠性标准，以便科学家能够实现其数据处理、分析以及最终的科学目标。一个自动化网络的成功指标集可能包括以下特征和/或能力：①无数据包丢失的运行；②检测和识别异常或故障；③避免任何网络段饱和；④定位和修复受损网段；⑤动态重新分配路由或交换以绕过受影响的网段；⑥对传输进行排队和/或调度以满足截止日期，在处理竞争请求时考虑策略和优先级；⑦当传输速率低于预期且分配的容量长时间未被充分利用、选定任务接近截止日期或收到更高优先级请求时，调整分配的资源；⑧包含允许对请求进行部分响应和/或协商的属性，以便有效利用可用容量；⑨开发多目标指标以及由上述元素组成的相应表达式，以表达传输集合在满足截止日期、优先级、策略、周转时间和科学项目的资源使用目标方面的表现。

31.5.8 监测数据

基于机器学习的工作流程进度优化和资源协调使用，可以从网络内部、边缘和站点的大量监测数据和分析中受益。这些数据来源包括：数据管理和传输工具；路由和缓存服务；路径构建、选择和负载均衡服务；网络和站点资源分配及排队服务。具有内置智能的网络优化，也可以从可编程交换机和带有智能网卡（NIC）或DPU的终端主机的边缘极端遥测数据中受益。上述技术根据用例进行组合，并根据特定项目和一些通用成功指标进行优化，能够提供一个通用的软件定义网络架构和分析基础，具备满足许多学科和世界各地区科学项目所需的各种能力，同时考虑到这些项目所依赖的国家和全球网络集合的容量限制。

31.6 广域网流量预测案例研究

经典的统计时间序列预测方法，如自回归积分滑动平均模型（ARIMA）和霍尔特-温特斯（Holt-Winters）方法，已被用于网络流量预测，但对于研究广域网而言效果欠佳，因为其中的规律和季节性模式难以推断[26]。基于经典机器学习方法（如随机森林和支持向量机）的预测方法已被开发用于提供每个站点的流量预测，但这些方法未能考虑整个网络及其空间模式，在面对动态流量时鲁棒性较差。深度学习（DL）方法为预测带来了新机遇，例如卷积神经网络（CNNs）和长短期记忆（LSTM）方法，已显示出比经典统计技术更高的准确性。

Wolski 等[27]的开创性工作强调了网络预测对于提高 TCP 性能以进行计算调度的重要性。Azzouni 等[28]在 GEANT 网络上训练 LSTM，以预测 15min 间隔内的流量。通过添加更多隐藏层，LSTM 和堆叠自动编码器[29]被用于预测 15min、30min 和 60min 间隔的流量。最近，基于图的模型的创新成果显著提高了预测准确性，相较于以往的预测方法[30]，它能够通过纳入时空数据来捕捉数据中的非线性时间动态和相关空间属性。这些新方法已成功应用于预测洛杉矶道路交通流量[31]以及广域网流量。与简单的 CNNs 不同，图神经网络（GNNs）能够将网络拓扑结构和距离作为模型中的属性进行捕捉，从而捕获网络链路之间的依赖关系[32]。

使用 SNMP 监控数据。网络运营商使用 SNMP[33]、NetFlow、sFlow 和其他监控工具监控路由器之间的链路容量和数据移动。表 31.1 显示了在加利福尼亚州森尼韦尔（SUNN）和加利福尼亚州萨克拉门托（SACR）之间的双向传输期间 SNMP 数据样本的快照。流量是以 30s 的间隔在路由器接口上移动千兆字节（GB）的形式收集的。在案例研究中，我们以 1h 的间隔汇总数据，以平滑非常短期的突发，并在我们的模型中将这些数据视为离散观测。这有助于降低模型的复杂性，并导致更快的训练和更快速的预测[34]。

表 31.1 从一个路由器收集的带有时间戳的流量跟踪的数据样本，包括从萨克拉门托到森尼韦尔的双向流量

时间戳 ACR	SUNN 输入/GB	SACR SUNN 输出/GB
1514822400	14110930202	1025131246
1514826000	13453619303	9191557943
1514829600	12168879944	7793842045
1514833200	11231198033	7097237528
1514836800	10780847622	8048293939

举例来说，图 31.3 中显示的数据展示了 2018 年 1 月 1 日～12 月 31 日的双向流量迹象。在这里，有时我们会错过记录特定间隔内的流量移动，如在 11 月的一个星期内缺少了从华盛顿到芝加哥链路上的数值。为了解决这个问题，可以通过计算缺失点周围数值的平均数据来填补这些间隙。

31.6.1 成功的衡量标准：从简单到复杂

我们将广域网中的网络链路数量记为 L。对于每条链路 $l \in L$，流量被测量为一个时间序列 $y(l,t)$，其中 $t \in T$ 表示时间（以小时为单位），y 是在时间 t 内沿链路 l 单向移动的聚合流量数据（已归一化）。训练集包含时间步数据 $[t_1,\cdots,t_m]$，验证集是 $[t_{m+1},\cdots,t_{m+Y}]$，而用作基准事实的测试数据 $[t_{m+Y+1},t_{m+Y+2},\cdots]$，其中 Y 表示我们要预测的未来时间间隔。

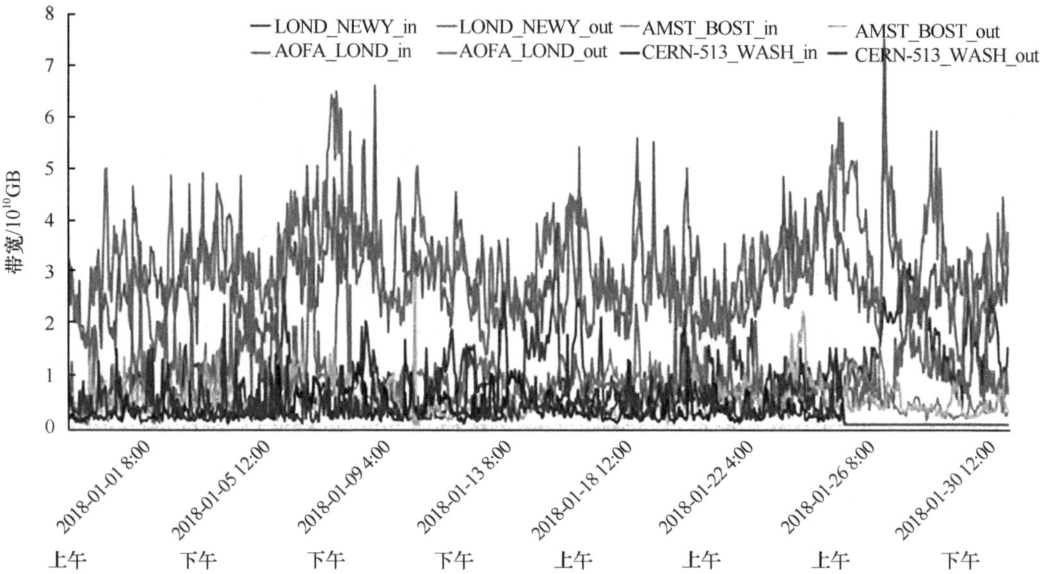

扫码见彩图

图 31.3　2018 年 1 月 ESnet 中所有跨大西洋链路的流量模式，包括伦敦、纽约、阿姆斯特丹、波士顿、CERN、华盛顿和华盛顿特区

在这里，我们还进行相关性分析，以测量站点节点和流量轨迹之间的线性和非线性关系，例如当流量在链路间移动时的关系。这被建模为一个图 $G=(V,E,A)$，其中 V 是一组表示站点的 N 个节点，E 是一组表示节点之间连接的有向边，$A \in R^{N \times N}$ 是表示节点之间连接强度的加权邻接矩阵。

给定图中每个节点的历史流量观测，目标是学习函数 $f(.)$，该函数以流量观测时间作为输入，预测未来 $t+Y$ 个时间步的流量，即

$$X(t-1), X(t);\ G \xrightarrow{f(.)} X(t+1), \cdots, X(t+Y) \tag{31.1}$$

皮尔逊相关系数 r 可用于测量链路之间线性关系的强度和方向 [35]，通过将两个变量的协方差除以它们标准差的乘积来计算。这有助于对每对链路之间的关系进行排序。

斯皮尔曼系数如式（31.2）所示，其中（$\sigma rkA,\sigma rkB$）是秩变量的标准差，$\mathrm{cov}(rkA,rkB)$ 是秩变量的协方差，ρ 是应用于秩变量的皮尔逊相关系数。rs 的取值范围在 -1 到 1 之间，我们使用 0.5 及以上表示两个流量轨迹之间存在正相关，-0.5 及以下表示负相关。

图 31.4 展示了 2018 年 12 个站点之间的相关性，以热图形式呈现。

$$r_{\mathrm{s}} = \rho_{\mathrm{rk_A},\mathrm{rk_B}} = \frac{\mathrm{cov}(\mathrm{rk_A},\mathrm{rk_B})}{\sigma_{\mathrm{rk_A}},\sigma_{\mathrm{rk_B}}} \tag{31.2}$$

图 31.5 展示了图神经网络的架构。由于广域网具有高度动态性，我们对图神经网络进行更新，使其能够接收由图 31.4 所示的相关矩阵表示的动态输入。该模型架构基于扩散卷积循环神经网络（DCRNN），该网络过去曾用于对洛杉矶道路交通统计数据进行建模和预测。

DCRNN 模型有两个输入：①表示广域网站点之间流量相关性的邻接矩阵（图 31.4）；②图中每个节点的时间序列数据或流量。DCRNN 网络的编码器将输入编码为固定长度的向量，并将其传递给解码器。解码器预测未来的流量状况，并通过循环找到最佳预测函数。在训练阶段，

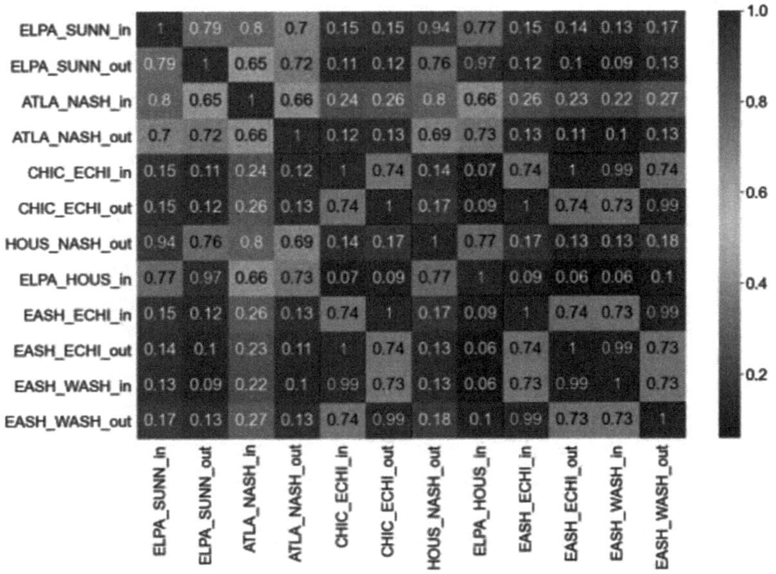

扫码见彩图

图 31.4　仅 12 个研究中心的相关矩阵

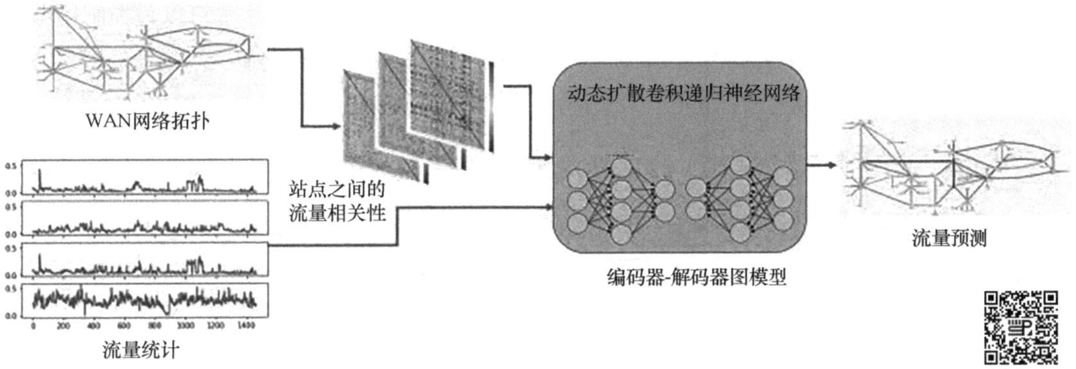

扫码见彩图

图 31.5　DCRNN 模型结构

编码器-解码器深度神经网络用于预测多个时间步的网络流量

将 N 个节点上的时间步数据作为输入；根据时间序列数据计算相关矩阵，并将其作为扩散卷积的加权邻接矩阵。DCRNN 使用小批量随机梯度和平均绝对误差（MAE）损失函数进行训练。

测量预测准确性有多种方法可以测量模型的预测准确性。常用的测量指标包括均方误差（MSE）或其平方根（RMSE），以及实际值和预测值之间的平均绝对误差（MAE）。在机器学习中，大多数研究人员都使用这三个指标来展示模型在评估模型性能时的准确性。第四个指标是决定系数 R^2，计算方法为 1–（残差平方和）/（总平方和），它表示回归模型中预测变量可以解释的方差比例。R^2 值越高，模型对数据的拟合度越好。R^2 通常在 0 到 1 之间，但如果数据未用于推导回归模型（包括像我们这样预测未来数据值的情况），R^2 可能为负。

图 31.6 展示了 DCRNN 模型的结果，并表明它优于其他几个模型。以前用于流量预测的线性回归模型，如 ARIMA、随机森林、梯度提升和简单神经网络变体，往往显示出较低且通常为负的 R^2 分数，而 DCRNN[31] 则倾向于具有较高的正分数。

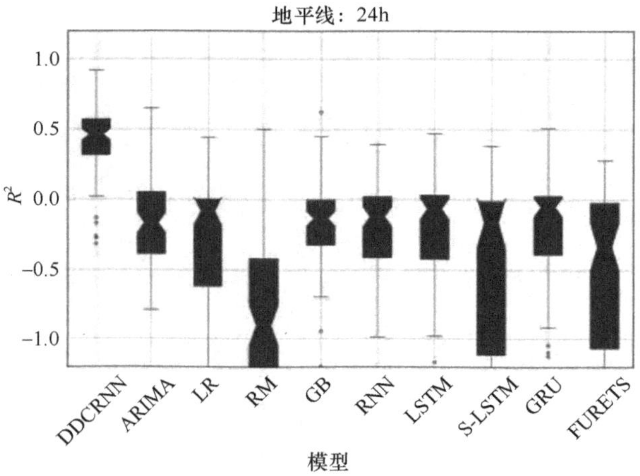

图 31.6　多个模型的流量预测结果（以 R^2 衡量），显示 DCRNN 优于其他测试模型

实现更高的预测准确性为自动驾驶网络带来了几个优势，例如在当前拥塞的网络上为新流量做出明智的路由决策，或者找到利用率较低的路径并对其进行修改以更好地利用网络资源。这种预测方法具有很大的潜力，可以为网络运营中的流量和路由分配提供依据，例如在替代路径上调度长时间运行的流量，以防止其他较小流量出现拥塞点。最终，这些可以与控制器结合使用，以测试无拥塞路由在实际中对网络平均利用率的影响。此外，在其他大陆规模的网络（如 Internet2[36]、GEANT[37] 和 CANARIE[38]）上进行广域网流量预测的进一步工作也值得研究。

31.6.2　自主驾驶（学习）流量导向案例研究

交通拥塞会直接导致性能下降，例如当链路被过度占用时会造成瓶颈[39]。许多服务依赖于高吞吐量传输，需要 100GB/s 等大容量链路。然而，即使是最繁忙的链路，目前的平均利用率也仅在 40%～60% 之间，以应对意外的流量峰值[40]。流量工程和路径计算技术，如多协议标签交换流量工程（MPLS-TE）[41]、谷歌的 B4[42] 和微软的软件驱动广域网（SWAN）[40]，已经提出了路由器可以采用的方法，通过局部和全局选择到达流量的路由模式来提高路径利用率。然而，这些技术需要精心设计的启发式算法来计算最优路由，并且无法区分到达流量的特征。

人们可以将流量导向问题视为一个“路径计算”挑战，利用人工智能［或强化学习（RL）］可以根据过去的经验帮助找到最优路径（或路线）。在此过程中，系统首先根据当前网络条件在源和目的地之间随机选择路径，从而学习最优路径。人工智能会根据其选择计算一个奖励函数，并将这些值存储在内存中。随着时间的推移，人工智能会逐渐适应，在遇到类似的网络条件或模式时，能够实时引导流量。这就是 Q 学习，它是一种基于值的梯度强化学习方法[43]，是最简单的形式，但也可以尝试更复杂的强化学习算法。

31.6.3　使用深度强化学习的学习控制器

强化学习问题的设定是，一个智能体处于部分可观测的环境中，通过从过去的交互数据中学习来做出当前决策。智能体以环境快照的形式接收数据，并对其进行某种处理以提取特定的相关特征。在接收到信息并计算出当前状态下未来行动的值后，智能体采取行动改变其环境，随后以奖励的形式接收对其行动的反馈，直到达到终端状态。其目标是在智能体活动期间最大化所有行动的累积奖励。几乎所有的深度强化学习问题都可以被构建为马尔可夫决策过程（MDPs），它由四个关键要素 $<S,A,P,R>$ 组成。更具体地说，在每个决策时刻 t，智能体可以处于环境状态空间 S 中的状态 s_t，或者选择属于行动空间 A 的行动 a_t，以切换到另一个状态。过程转移到新状态 s_{t+1} 的概率由状态转移函数 $P(s_{t+1} \mid s_t,a_t)$ 给出。一旦采取了行动，环境会提供一个奖励 r 作为反馈。图 31.7 展示了强化学习的一般过程。

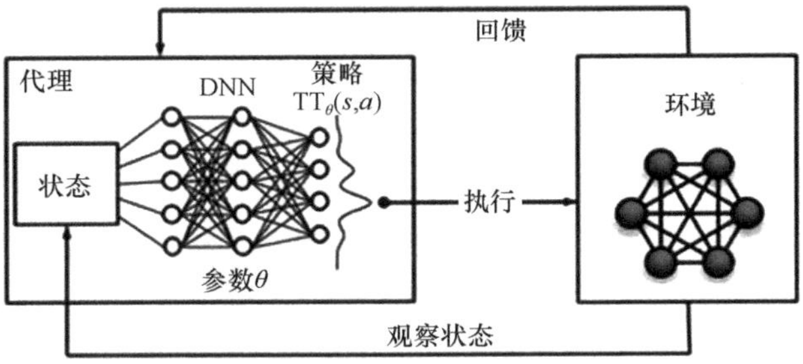

图 31.7　强化学习的一般过程

强化学习研究已经探索了多种技术，如多臂老虎机问题、资源分配或在迷宫中寻找路径[44]。深度强化学习是在经典模型的基础上发展而来，使用神经网络来近似策略和价值函数。在这里，该函数通过行动和奖励来近似环境状态空间。特别是当状态空间太大而无法存储时，这种方法已被证明在学习近似条件方面是可行的。

学习公式化：Q 值代表一种状态-行动组合。更好的 Q 值表明在完整的情节结束时获得更高奖励的机会更大。Q 值通过一个函数计算，该函数在每个步骤中使用先前的 Q 值、短期和折扣未来奖励来逼近 Q 值。通过这种方式，可以在所有环境状态中找到最优控制策略。Q 学习是一种离策略强化学习算法[45]，它使用一个表来存储所有可能的状态/行动对的 Q 值。这个表通过贝尔曼方程进行更新[45]，允许使用贪婪策略选择行动，其中 γ 是折扣因子：

$$Q(s,a) = R(s,a) + \gamma \max_{a'} Q\left(s',a'\right) \tag{31.3}$$

其他强化学习方法，如基于值的强化学习算法[46]，试图学习表格值或状态-行动值 $Q_\pi(s,a)$ 的近似值，并根据给定状态下所有可用行动中的最大函数值来选择行动。基于策略的强化学习训练算法致力于学习策略 $\pi\theta(a_t \mid s_t)$，该策略依赖于参数向量 θ，以最大化预期累积奖励函数。基于策略的算法可以学习随机策略。值得注意的是，随机策略在某些有意义的行动-状态对中是随机的。通常，基于值的算法选择具有最大奖励值的行动，只能遵循确定性策略或具有预定分布的随机策略，这与学习真正的最优随机策略并不完全相同。由于当前的通信网络具有高度动态性和随机性，我们可以预期在某些场景中，基于策略的强化学习算法会比基于值的强化学习算法表现更好，因为在这些场景中最优策略是随机的。

此外，强化学习算法可以细分为不同的类别：在线策略与离线策略[47]，以及基于模型与无模型算法。与在线策略相比，离线策略算法采用贪婪学习方法。在在线策略学习中，强化学习会执行神经网络立即推荐的行动；而在离线策略学习中，强化学习会遍历所有可用的行动策略，选择具有最高预期奖励的行动。鉴于这种前瞻性的训练性质，离线策略学习“风险较低”，因为强化学习无需与环境交互；而对于在线策略学习，强化学习必须与环境交互以进行学习，在控制器训练不佳的情况下，可能会导致系统出现不良操作。在基于模型的学习中，控制器首先学习系统动态，然后利用学习到的系统动态进行规划；而无模型算法则是在不学习系统动态的情况下学习最优控制。基于模型的算法通常计算成本较高，因为该算法需要首先学习一个准确的环境模型（这在实际应用中通常是一项艰巨的任务），然后基于该模型确定最优策略。因此，无模型算法更受欢迎，因为它们通常计算成本较低。图 31.8 展示了基于模型算法和无模型算法的区别。基于模型的算法可以随着时间学习流量模式、高峰和用户请求模式，并利用这些信息做出决策。然而，在无模型算法中，人工智能体将使用当前状态信息（如当前路径利用率、丢包率和其他数据）来确定下一步采取的行动。

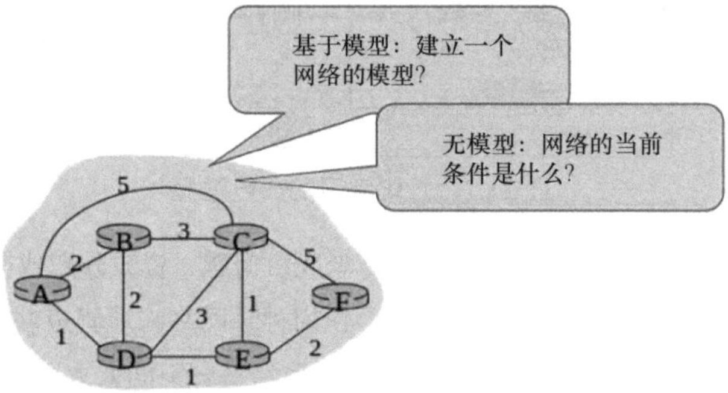

图 31.8　基于模型算法和无模型算法的区别

有几篇论文使用神经网络来逼近行动值函数[45,46]。2015 年，Mnih 等[44]引入了深度 Q 网络（DQN），这是首次成功将深度神经网络和 Q 学习算法结合使用的成果。这项工作推动了深度强化学习（DRL）领域的快速发展。除了使用神经网络，DQN 方法还包括使用经验回放缓冲区和两个神经网络来逼近行动值函数，并克服了先前方法的不稳定性问题。经验回放缓冲区用于存储大量的转移观测 $(st,at,rt,st+1)$。从这些转移中随机采样小批量数据（使用均匀分布），使算法能够在每次迭代时从一组不相关的转移中更新神经网络。为了减少行动值 $(Q\pi(st,at))$ 与 $r(st,at)+\gamma maxa'Q\pi(st+1,a')$ 之间的相关性，DQN 使用两个神经网络。第一个神经网络的权重在每次迭代时更新，并且该网络直接与环境交互。第二个神经网络（称为目标网络）的权重在固定数量的迭代后通过简单复制第一个神经网络的权重进行更新。

虽然 DQN 方法可以处理具有高维状态空间的环境，但它只能用于离散且低维的行动空间。实际上，DQN 依赖于找到使行动值函数最大化的行动，如果用于具有连续行动的环境，每次步骤都需要进行迭代优化。理论上，可以对行动空间进行离散化，但对于需要精细控制行动的问题（即更细粒度的离散化），这种解决方案可能难以处理。大量的离散行动空间难以有效探索。此外，对行动空间进行简单的离散化策略可能会排除关于行动域的重要信息，而这些信息对于在一些问题中找到最优控制策略至关重要。为了克服离散行动空间的这个问题，Lillicrap 等[47]引入了深度确定性策略梯度（DDPG）算法，这是一种无模型的离线策略算法，可以在高维连续行动空间中学习控制策略。

深度 Q 学习基于值的算法，而 DDPG 使用演员-评论家方法，结合基于值和基于策略的学习，以获得训练效果更好、更稳健的智能体。此外，其他算法［如信赖域策略优化（TRPO）[47] 或近端策略优化（PPO）[47]］旨在使智能体更快地学习最优策略，同样减少了训练时间 [48]。在深度强化学习文献中，这些算法大多是为了解决离散与连续状态和行动空间的问题，或者在不影响所产生解决方案稳健性的前提下改进智能体的训练。选择正确的算法（无论是基于值的还是基于策略的）会对产生的结果产生重大影响 [46]。表 31.2 总结了这些方法。

表 31.2　各种强化学习算法

算法	模型	策略	观察空间	行动空间	回报
Q 算法	免费	离策略	离散的	离散的	Q 值
DQN	免费	离策略	离散的	连续的	Q 值
DDPG	免费	离策略	连续的	连续的	Q 值
TRPO	免费	离策略	连续的	连续的	优势
A3C	免费	离策略	连续的	连续的	优势

Tedeschi 等 [49] 最近的实验展示了强化学习如何用于大型强子对撞机 CMS 实验的智能缓存。它们的目标是通过使用更少的存储资源来优化缓存效率。与其他缓存方法相比，它们能够显著提高吞吐量并降低网络成本。鉴于他们研究的初步成功，剩下的挑战是将强化学习方法应用到现实世界中，以帮助控制网络、优化路径构建、分配可用网络资源，并协调这些分配与站点资源的关系。最近的实现（如 HECATE）以及对预测模型的应用，借鉴了上述总结的一些方向，旨在为现实世界的问题实现这一目标。

31.6.3.1　流量工程建模

在流量导向的背景下，网络提供商可能有不同的要求，如最小化拥塞、最大化带宽利用率、负载均衡和/或最大化满足数据交付截止日期的成功率。广域网允许在成对的终端主机之间存在多条路径。这些路径可能具有相同或不同的成本分布，例如带宽、延迟、吞吐量、正常运行时间等设置。

这些设置可以决定流量到达目的地的速度和可靠性，并且可以通过不同的出口端口选择路径。等价多路径（ECMP）路由就是一个例子，在这种路由方式中，发往单个目的地的数据包可以通过多个具有相同路由优先级的最佳路径进行转发，但这种方法可能导致不同成本路径之间的流量分配不均衡。人们可以使用强化学习算法设计一个带有定制奖励函数的人工智能体，以定义一个克服这些限制的最优网络条件。

图 31.9 展示了一个新流量 F2 被分配到其中一条路径的情况。可能已经有其他先前分配的流量 F0 和 F1 部分占用了这些路径。这意味着虽然链路成本可以预先设置，但在选择路径时，链路上的可用带宽在不断变化且难以预测。强化学习算法可以在为传入流量分配新路径时考虑到这一点进行优化。将网络监测数据作为状态。假设网络使用 SDN 控制器在多条路径之间转移流量，如果控制器配备了人工智能体，它可以使用当前和近期的网络监测数据来描述网络状态，并相应地转移流量。这些数据可以包括数据包丢失、链路利用率和网络运营商可获取的其他信

息。此外，当前的拓扑结构也可以帮助人工智能体做出更好的决策，如图 31.10 所示。人工智能-SDN 智能体可以根据网络监测数据（以二维图表表示）选择其中一条路径。每条路径可以有不同的带宽和延迟定义、状态变量和约束条件，这使得智能体在朝着最优状态工作时能够生成可变的流量拓扑。

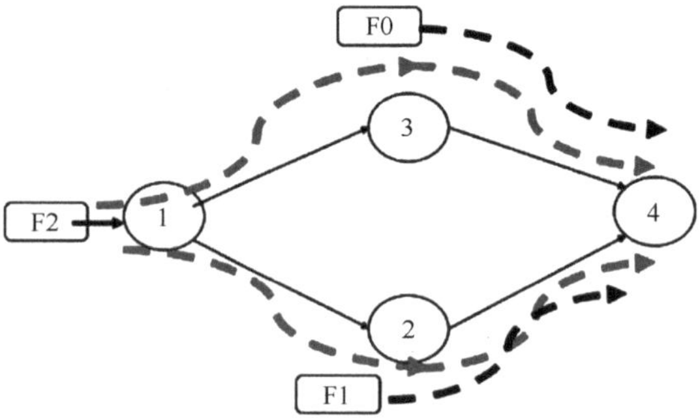

图 31.9　示例：从节点 4 路由新流量 F1，有两条可能路径，分别经过节点 3 或节点 2
通过节点 3 或节点 2 有两条可能的路径

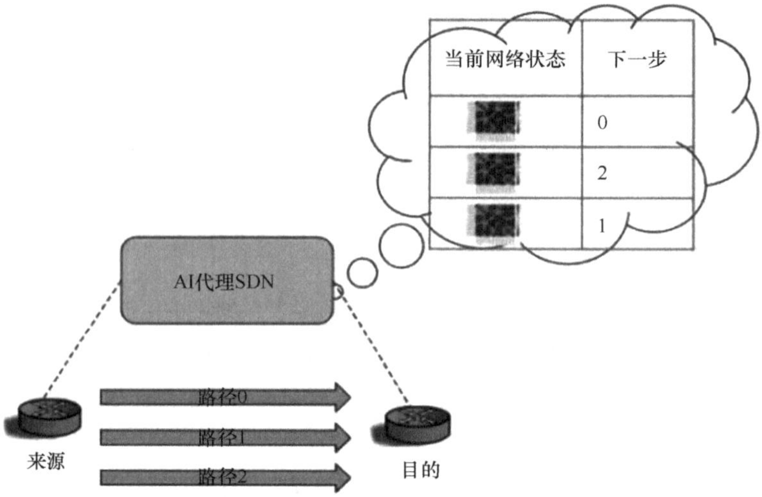

图 31.10　与 SDN 控制器耦合的 AI 智能体，致力于优化依赖状态的流量模式

智能体选择一条路径，在流量完成后会收到一个奖励。这会导致奖励延迟，对于完成时间较长的流量，延迟会更大。奖励序列作为调整转发链路优先级的信号，增强或降低为流量选择特定下一跳的概率。智能体通过不断的选择和奖励修改，根据经验学习调整路径选择策略。该模型的目标是尽快将所有到达的流量从源节点传输到目的节点。

31.6.3.2　人工智能体

在这个例子中，人工智能体的目标是尽可能多地、尽快地完成流量传输。当一个持续时间为 ri 的流量完成时，它通过将持续时间与路径延迟相加来计算完成时间 ci。然后将其取倒数得到流量的慢度率 $li=ci/ri$。与参考文献 [24] 类似，我们对其进行归一化处理，以防止较长流量对结果产生偏差。

状态空间：环境的状态是人工智能（强化学习）智能体学习的依据。在这个例子中，我们将其定义为：①所有路径上当前可用的带宽；②正在分配的流量大小；③当前已分配的流量。例如，在路径 0 上进行一次分配后，带宽可用性为（实际流量大小），这可以构成状态信息的一部分。

行动空间：有三条路径，因此有三种可能的行动。一旦分配了 100 个流量，我们假设人工智能体评估其性能并记录奖励。模拟会运行多个迭代，每个迭代都包含多个情节。当所有 100 个流量都被分配后，计算每个情节的总奖励。

奖励计算：在每个情节结束时，人工智能体计算是否有流量完成，并记录总完成时间。

人工智能体经过多次迭代训练，每次迭代生成一组新的流量，并通过将这些流量分配到路径上来进行学习。图 31.11 展示了奖励函数，通过与最短路径算法（作为基线）相比，以流量慢度时间来衡量强化学习的性能。该图表明，随着时间的推移，强化学习算法由于能够利用更多的网络信息进行分配，因此在网络流量分配方面比默认的最短路径算法（SPA）表现更好，因为 SPA 不会随着时间学习。

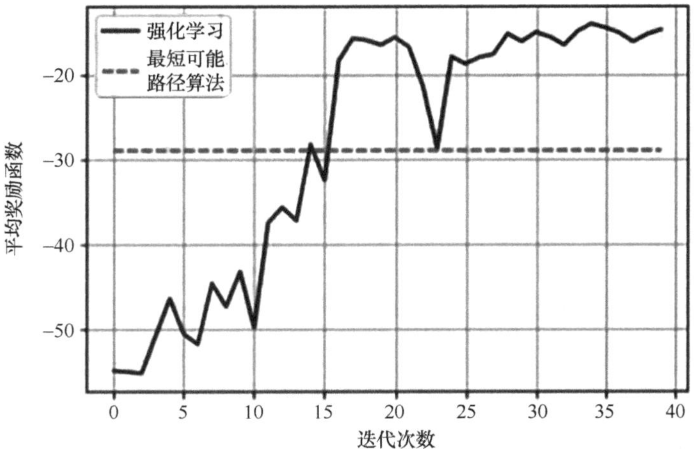

图 31.11　测量人工智能体与路径算法的性能对比

在模拟案例中测量网络负载和数据包丢失时，强化学习的性能提升再次得到体现（图 31.12）。随着网络负载增加，强化学习智能体能够在更长时间内实现更低的数据包交付时间，相比之下 SPA 则表现较差。此外，我们可以看到，由于强化学习智能体能够学习最优路径来传输流量，数据包丢失显著减少。

虽然上述例子说明了强化学习方法在优化网络拓扑吞吐量方面非常有效，但为了将这些技术应用于涉及全球研究和教育网络的实际多用户、多组织场景，仍有进一步的工作和发展需要进行。在处理来自多个个人和团队的实际需求时，要最大化的目标函数还将考虑其他变量，这些变量表达了以下一个或多个方面（以及其他方面）：网络状态、策略、相对优先级、每个用户或组的短期和长期资源使用情况、截止日期、与作业队列以及站点计算和存储资源的协调，以及不同类型工作的工作流程进展速率。推导在满足主要科学项目、广大学术和研究社区以及研究和教育网络社区的需求、操作约束和任务方面被认为是最优的目标函数和方法，本身就是一个重要目标，也是上述社区在全球网络推进小组等框架内持续关注的焦点。

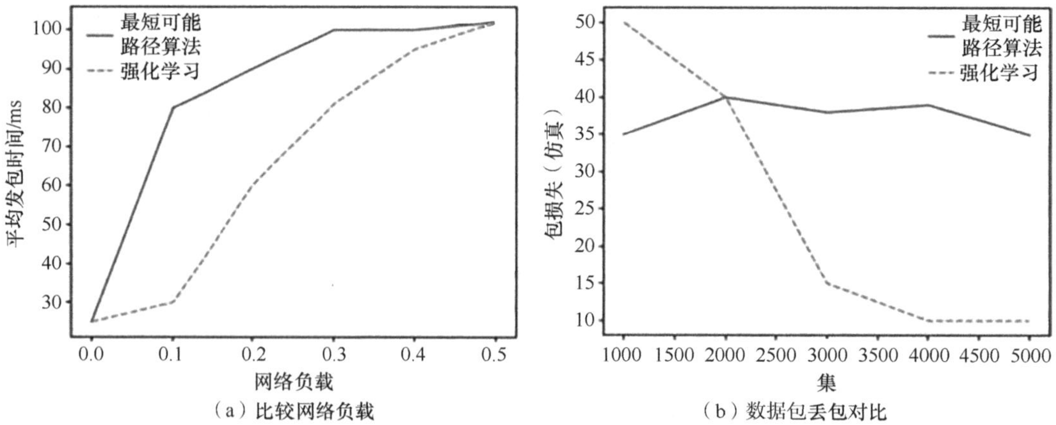

图 31.12　最短路径算法与基于强化学习智能体方法的结果比较

31.7　迈向构建自动驾驶网络

“自主”描述的是自我管理，它不同于“自治”或“自动”，在自治或自动情况下，设备自行行动或遵循预定义的脚本。自主设备虽遵循人类设定的目标，但会根据自身能力和环境在本地进行解释和适应。人类管理员的直接影响较小，设备可以通过使用高级策略进行自我调节。

IBM 推出了自主计算计划[11]，主张使用专注于开发相关概念的自主性原则，使系统能够自我纠正并独立运行。这些系统旨在遵循自适应行为，感知环境变化，进行推理，并自动纠正自身问题。

“自主计算是指 IT 基础设施根据业务策略和目标适应变化的能力。简单来说，它是通过让技术更智能地工作，使 IT 专业人员能够专注于更有价值的任务，通过业务规则引导系统实现自我配置、自我修复、自我优化和自我保护。”

自主网络遵循与自主计算相同的概念，能够通过使用高级策略对其组件和由此产生的行为进行自我调节，以应对日益增加的复杂性。自主网络也可以用“自我 x 属性”来描述，主要关注以下几个方面（图 31.13）：自我配置：组件的自动配置；自我修复：自动发现异常并进行故障纠正；自我优化：自动监测和资源优化，以确保在满足高级要求的情况下资源的最佳功能；自我保护：主动识别并防范攻击。

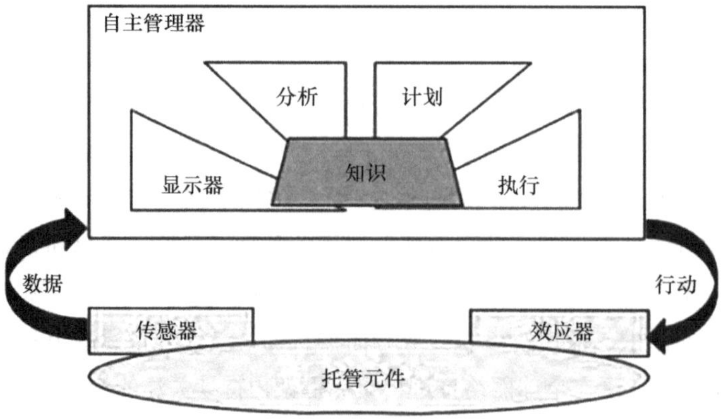

图 31.13　IBM 关于自主步骤审查循环的概念[11]

第 31 章 面向下一代全球网络集成系统与测试平台的人工智能

互联网研究任务组（IRTF）将自主网络描述为由许多自主智能体组成，这些智能体可以通过自主控制平面进行通信，根据中央权威提供的抽象高级策略或意图运行。图 31.14 描述了自主网络节点的参考模型，以及它如何转化为广域网控制器场景。遥测技术允许分析多个监测数据源，以推断当前网络状态，这可以包括日志信息、数据包统计信息、拓扑信息和设备数据。如图 31.14 所示，每个自主网络节点（或元素）都有自己的自我网络知识（如服务发现），并且可以与其他自主服务智能体进行通信以做出决策。自主控制平面将高级意图传达给智能体，以明确它们的预期目标。

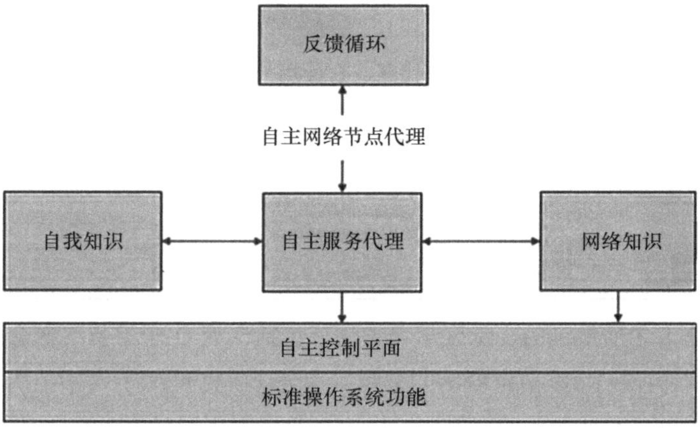

图 31.14 自主网络架构，展示了一组服务智能体

每个智能体使用自我知识和网络知识与网络节点智能体交互，接收高级意图，并通过自主控制平面与其他服务智能体进行通信

然而，这种架构遵循集中式控制。IRTF 通过在分布式网络中为每个自主智能体使用单独的控制回路来扩展这一概念，以实现即时反馈和分散式控制。在实践中，自主的"自我 x 属性"对于智能网络至关重要，但在大型网络生态系统中实现起来具有挑战性，因为涉及的硬件、软件和操作规则具有复杂和分布式的特点。增强单个网络设备（如用于智能数据包路由的路由器）、动态策略适应、持续调整资源利用率、自动发起针对恶意攻击的防御以及提供早期预警以减少延迟，都是实现自主元素的一些策略。此外，各个元素可以共同帮助实现不同程度的自主智能，提高网络容量、可靠性和安全性。多种人工智能技术可以帮助实现这四个"自我 x 属性"。

本章的一个目标是促使研究人员在网络设计中考虑（至少）两个层次的智能：节点级和系统级。在节点级，每个网络元素（或设备）都设计有反馈回路，并允许与其他元素交互，以便在单个节点级别获得局部智能。在系统级，通过与控制器的交互和反馈回路，各个元素可以与中央元素进行交互，以实现系统级的智能。每个元素都表现出自主行为，从而适应自身不断变化的环境，并尽量减少人工或中央管理。在复杂或多区域网络中，这个概念可以扩展到包括其他中间层次，这些层次可以根据地理范围或其他组织、技术因素进行区分。

图 31.15 展示了一个控制器如何利用信息来优化系统级数据包路由的路径利用情况。根据自主控制器在该场景中的目标，类似的决策可以优化吞吐量或最小化丢包。

虽然当前的人工智能实现可以在不同层次上优化网络，但为了为潜在的支持人工智能的自主或自动驾驶网络解决方案奠定基础，仍有一些一般性的研究课题需要解决。

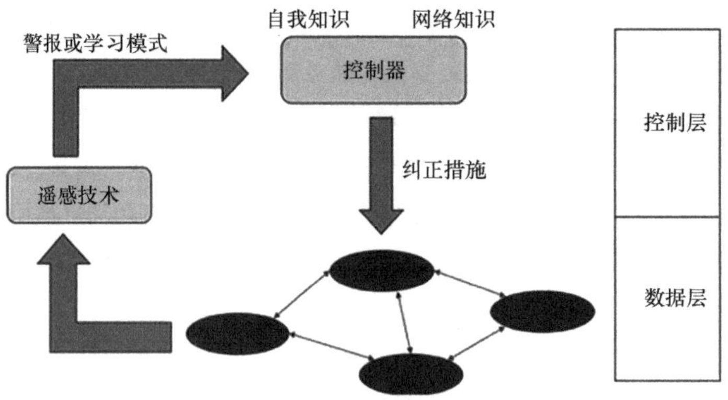

图 31.15 （节点级）控制器是一个自主代理，它使用知识和环境数据来更新状态并优化操作

在本章中提到的复杂多区域场景中，各个智能体将嵌入围绕相关项目、国家以及区域和跨洋联盟组织的多智能体服务基础设施中。

31.8 展望与下一步计划

正如我们在本章中所展示的，深度学习方法（包括深度 Q 学习网络概念（DQN）、图神经网络和扩散卷积循环神经网络（DCRNN）架构）为全球研究和教育网络中的网络流量预测和流量工程决策支持提供了有前景的发展方向，以应对数据密集型科学前沿项目带来的挑战。除了高能物理领域大型强子对撞机项目当前和未来十年面临的大数据挑战外，未来天体物理项目［如平方公里阵列（SKA）］以及未来基因组学领域的挑战[4]，DCRNN 及其变体已在包括车辆道路交通[37]、神经成像（如脑网络中的因果推断）[26]和空气质量预测[31]等多个重要领域的多尺度时间序列预测中展现出有效性。最近关于图网络的研究成果可用于结合多种方法优化网络。使用图网络对计算机网络进行建模有助于改进预测、异常检测以及学习详细的流量模式。这些成果可与强化学习相结合，使人工智能模块能够学习更多细节和策略来优化网络[50]。展望未来，为全球网络流量预测和工程设想的基于智能体的架构，在结构和作用方面，与 2019 年国际机器学习大会（ICML）[29]上 Liu 描述的智能交通大脑中设想的映射、实时需求与控制服务以及平台优化子系统有相似之处。这表明，研究处理具有复杂交通模式的多尺度动态时间序列的智能交通系统，可能为我们未来的工作提供进一步的见解；反之，我们与众多合作伙伴在本章所述新范式背景下开展的研究和教育网络流量预测与控制方面的工作，可能对智能交通及其他领域产生广泛影响。

31.9 结论

除了作为本章核心主题的机器学习优化方面，全球范围内网络和数据密集型科学社区之间的合作，在诸如全球网络推进小组等框架下的多年联合任务中，本身就有望产生长期的变革性影响。这一合作的部分意义在于更深入地理解如何运营和管理由长期（科学和技术）目标驱动的多区域系统；如果没有科学任务本身长达十年的性质，这些系统和解决方案可能根本不存在。

第 31 章 面向下一代全球网络集成系统与测试平台的人工智能

除了其社会影响以及通过开放合作促进国家间相互理解的价值外，这项全球努力的最大价值或许在于有望提高科学生产力，尤其是推动新一轮的发现，从而从最根本的层面改变我们对周围世界和宇宙本质的认知。

参考文献

[1] L. R. Evans (2009). The Large Hadron Collider: A Marvel of Technology. EPFL Press: Fundamental Sciences.

[2] N. McKeown, T. Anderson, H. Balakrishnan et al. (2008). Openflow: Enabling innovation in campus networks. SIGCOMM Computer Communication Review, 38(2), 69–74. https://doi.org/10.1145/1355734.1355746.

[3] D. Meyer (2016). Networking meets artificial intelligence: A glimpse into the (very) near future, CTO corner, 19 August 2016.

[4] S. Hao, A. Kantchelian, B. Miller et al. (2016). Predator: Proactive recognition and elimination of domain abuse at time-of-registration. In Proceedings of the 2016 ACM SIGSAC Conference on Computer and Communications Security, CCS'16 (Association for Computing Machinery, New York, NY, USA), pp. 1568–1579. ISBN 9781450341394, https://doi.org/10.1145/2976749.2978317.

[5] J. Ashraf and S. Latif (2014). Handling intrusion and ddos attacks in software defined networks using machine learning techniques. In 2014 National Software Engineering Conference, pp. 55–60. doi: 10.1109/NSEC.2014.6998241.

[6] A. Vieira (2016). Predicting online user behaviour using deep learning algorithms. arXiv:1511.06247 [cs.LG].

[7] M. Berry, T. E. Potok, P. Balaprakash et al. (2015). Machine learning and understanding for intelligent extreme scale scientific computing and discovery. DOE Workshop Report:15-CS-1768.

[8] K. Börner, F. N. Silva, and S. Milojević (2021). Visualizing big science projects. Nature Reviews Physics, 3(11), 753–761. https://doi.org/10.1038/s42254-021-00374-7.

[9] D. Ratner and B. Sumpter (2019). Bes roundtable on producing and managing large scientific data with artificial intelligence and machine learning. DOE Roundtable Report:10.2172/1630823.

[10] H. Rodrigues, I. Monga, A. Sadasivarao et al. (2014). Traffic optimization in multi-layered wans using SDN. In Proceedings of the 2014 IEEE 22nd Annual Symposium on High-Performance Interconnects, HOTI'14 (IEEE Computer Society, Washington, D.C., USA), ISBN 978-1-4799-5860-3, pp.71–78. http://dx.doi.org/10.1109/HOTI.2014.23.

[11] M. Kiran, S. Campbell, F. B. Wala et al. (2021). Machine learning-based analysis of COVID-19 pandemic impact on us research networks. SIGCOMM Computer Communication Review, 51(4), 23–35. https://doi.org/10.1145/3503954.3503958.

[12] X. Yang, T. Lehman, R. Kettimuthu et al. (2018). A model driven intelligent orchestration approach to service automation in large distributed infrastructures. In Proceedings of the 1st International Workshopon Autonomous Infrastructure for Science, AI-Science'18 (Association for Computing Machinery, New York, NY, USA), ISBN 9781450358620. https://doi.org/10.1145/3217197.3217207.

[13] A. Gupta, L. Vanbever, M. Shahbaz et al. (2014). SDX: A software defined internet exchange. In Proceedings of the 2014 ACM Conference on SIGCOMM, SIGCOMM '14 (Association for Computing Machinery, New York, NY, USA), pp. 551–562. ISBN 9781450328364, https://doi.org/10.1145/2619239.2626300.

[14] M. Barisits, T. Beermann, F. Berghaus et al. (2019). Rucio: Scientific data management. Computing and Software for Big Science, 3(1), 11. https://doi.org/10.1007/s41781-019-0026-3.

[15] E. Deelman, K. Vahi, G. Juve et al. (2015). Pegasus, a workflow management system for science automation. Future Generation Computer Systems, 46, 17–35. https://doi.org/10.1016/j.future.2014.10.008, https://www.sciencedirect.

com/science/article/pii/S0167739X14002015.

[16] I. Monga, C. Guok, J. MacAuley et al. (2018). SDN for end-to-end networked science at the exascale (sense). In 2018 IEEE/ACM Innovating the Network for Data-Intensive Science (INDIS), pp. 33–44. https://doi.org/10.1109/INDIS.2018.00007.

[17] E. Dart, L. Rotman, B. Tierney et al. (2013). The science dmz: A network design pattern for data-intensive science. In SC '13: Proceedings of the International Conference on High Performance Computing, Networking, Storage and Analysis, pp. 1–10. https://doi.org/10.1145/2503210.2503245.

[18] M. Branscombe (2019). Is sonic, the open source network OS, ready for mainstream? DataCenter Knowledge.

[19] M. Kiran, E. Pouyoul, A. Mercian et al. (2018). Enabling intent to configure scientific networks for high performance demands. Future Generation Computer Systems, 79, 205–214. https://doi.org/10.1016/j.future.2017.04.020, https://www.sciencedirect.com/science/article/pii/S0167739X1730626X.

[20] P. Bosshart, D. Daly, G. Gibb et al. (2014). P4: Programming protocolindependent packet processors. SIGCOMM Computer Communication Review, 44(3), 87–95. https://doi.org/10.1145/2656877.2656890.

[21] E. F. Kfoury, J. Crichigno, and E. Bou-Harb (2021). An exhaustive survey on p4 programmable data plane switches: Taxonomy, applications, challenges, and future trends. IEEE Access, 9, 87094–87155. https://doi.org/10.1109/ACCESS.2021.3086704.

[22] K. Meyer (2020). The rare project, bringing back the network innovation within research and education community. GEANT Connect. https://connect.geant.org/2020/01/17/rare-project-bringing-back-the-network-innovation-within-research-and-education-community.

[23] C. Dominicini, D. Mafioletti, A. C. Locateli et al. (2020). Polka: Polynomial key-based architecture for source routing in network fabrics. In 2020 6th IEEE Conference on Network Softwarization (NetSoft), pp. 326–334. https://doi.org/10.1109/NetSoft48620.2020.9165501.

[24] M. Kiran, S. Campbell, and N. Buraglio (2022). Hecate: AI-driven wan traffic engineering for science. In 2022 Innovating the Network for Data-Intensive Science Workshop (INDIS), Supercomputing '22.

[25] NSF (2019). N-dise: NDN for data intensive experiments.

[26] N. Krishnaswamy, M. Kiran, K. Singh et al. (2020). Data-driven learning to predict wan network traffic. In Proceedings of the 3rd International Workshop on Systems and Network Telemetry and Analytics, SNTA'20 (Association for Computing Machinery, New York, NY, USA), ISBN 9781450379809, pp.11–18. https://doi.org/10.1145/3391812.3396268.

[27] R. Wolski, N. T. Spring, and J. Hayes (1999). The network weather service:A distributed resource performance forecasting service for metacomputing. Future Generation Computer Systems, 15(5–6), 757–768. http://dx.doi.org/10.1016/S0167-739X(99)00025-4.

[28] A. Azzouni and G. Pujolle (2018). Neutm: A neural network-based framework for traffic matrix prediction in SDN. NOMS.

[29] W. Wang, Y. Bai, C. Yu et al. (2018). A network traffic flow prediction with deep learning approach for large-scale metropolitan area network. In NOMS 2018-2018 IEEE/IFIP Network Operations and Management Symposium, pp. 1–9. IEEE.

[30] W. Yoo and A. Sim (2016). Time-series forecast modeling on high-bandwidth network measurements. Journal of Grid Computing, 14(3), 463–476. http://dx.doi.org/10.1007/s10723-016-9368-9.

[31] Y. Li, R. Yu, C. Shahabi et al. (2018). Diffusion convolutional recurrent neural network: Data-driven traffic forecasting. In International Conference on Learning Representations. https://openreview.net/forum?id=SJiHXGWAZ.

[32] X. Ma, Z. Dai, Z. He et al. (2017). Learning traffic as images: A deep convolutional neural network for large-scale transportation network speed prediction. Sensors, 17(4), 818.

[33] S. M. Feit (1993). SNMP: A Guide to Network Management. McGraw-Hill McGraw-Hill Series on Computer

Communications, McGraw-Hill.

[34] P. Cortez, M. Rio, M. Rocha et al. (2006). Internet traffic forecasting using neural networks. In IEEE International Joint Conference Neural Network Proceedings.

[35] J. Benesty, J. Chen, Y. Huang et al. (2009). Pearson correlation coefficient. In Noise Reduction in Speech Processing, Springer, pp. 1–4.

[36] B. Teitelbaum, S. Hares, L. Dunn et al. (1999). Internet2 qbone: Building a testbed for differentiated services. IEEE Network, 13(5), 8–16.

[37] A. M. Koster and M. Kutschka (2011). Network design under demand uncertainties: A case study on the abilene and geant network data. In Photonic Networks, 12. ITG Symposium (VDE), pp. 1–8.

[38] S. Marcos (1992). The Canadian network for the advancement of research, industry, and education (canarie).

[39] D. Clark, S. Bauer, K. Claffy et al. (2014). Measurement and analysis of Internet interconnection and congestion. In Telecommunication Policy Research Conference.

[40] C.-Y. Hong, S. Kandula, R. Mahajan et al. (2013). Achieving high utilization with software-driven wan. SIGCOMM Computer Communication Review, 43(4), 15–26. https://doi.org/10.1145/2534169.2486012.

[41] D. Awduche, J. Malcolm, J. Agogbua et al. (1999). Requirements for traffic engineering over MPLS. RFC Editor. doi: 10.17487/RFC2702.

[42] S. Jain, A. Kumar, S. Mandal et al. (2013). B4: Experience with a globally deployed software defined wan. SIGCOMM Computer Communication Review, 43(4), 3–14. http://doi.acm.org/10.1145/2534169.2486019.

[43] C. Zhu, H. Leung, S. Hu et al. (2019). A Q-values sharing framework for multiple independent Q-learners. In International Conference on Autonomous Agents and MultiAgent Systems, pp. 2324–2326. ISBN 978-1-4503-6309-9. http://dl.acm.org/citation.cfm?id=3306127.3332099.

[44] V. Mnih, K. Kavukcuoglu, D. Silver et al. (2015). Human-level control through deep reinforcement learning. Nature, 518(7540), 529–533. https://doi.org/10.1038/nature14236.

[45] E. Mocanu, D. C. Mocanu, P. H. Nguyen et al. (2019). On-line building energy optimization using deep reinforcement learning. IEEE Transactions on Smart Grid, 10(4), 3698–3708.

[46] R. Sutton and A. G. Barto (2018). Reinforcement Learning: An Introduction (2nd edition), Cambridge: MIT Press.

[47] T. P. Lillicrap, J. J. Hunt, A. Pritzel et al. (2015). Continuous control with deep reinforcement learning. arXiv preprint arXiv:1509.02971.

[48] R. S. Sutton, D. McAllester, S. Singh et al. (1999). Policy gradient methods for reinforcement learning with function approximation. In Proceedings of the 12th International Conference on Neural Information Processing Systems, NIPS'99, MIT Press, Cambridge, MA, USA, pp. 1057–1063.

[49] T. Tedeschi, M. Tracolli, D. Ciangottini et al. (2021). Reinforcement Learning for Smart Caching at the CMS experiment, International Symposium on Grids & Clouds 2021 (ISGC2021) - Data Management & Big Data, 378.

[50] T. Mallick, P. Balaprakash, E. Rask et al. (2020). Graph-partitioningbased diffusion convolutional recurrent neural network for large-scale traffic forecasting. Transportation Research Record, 2674(9), 473–488. https://doi.org/10.1177/0361198120930010.

第32章

人工智能在最优实验设计与决策中的应用

Francis J. Alexander，布鲁克海文国家实验室，美国纽约州厄普顿。E-mail：falexander@bnl.gov

Kristofer-Roy Reyes，布法罗大学，美国纽约州布法罗。E-mail：kreyes@buffalo.edu

Lav R. Varshney，布鲁克海文国家实验室，美国纽约州厄普顿。E-mail：lvarshney@bnl.gov

Byung-Jun Yoon，得克萨斯农工大学，美国得克萨斯州。E-mail：bjyoon@tamu.edu

32.1 引言

高性能（接近艾次级）计算、自然语言处理（NLP）、人工智能/机器学习（AI/ML）方法、超高精确实验以及协同研究工具，为现代科学和工程的发展提供了强大的支撑，推动其以前所未有的速度持续进步。

然而，尽管这些技术进步显著，但现代科学和工程现在仍面临着提高创新能力的重大挑战。其中一项挑战源于需要解决的问题规模越来越大，复杂性也越来越高。虽然数据量呈指数级增长（例如，以字节的绝对值计算），但相对于待解决问题的体量，相关数据的数量往往仍显不足。气候、城市系统、癌症以及其他生物和健康相关领域的问题复杂性常常远超过可用数据的规模，造成问题难以通过数据来驱动解答。此外，复杂系统的模型开发更重要的是模型验证面临着严重的障碍。正如科学家试图理解更微妙和更具挑战性的科学知识，研究结论的可信度却在下降，进一步使事情复杂化。“科学危机”的警报已经拉响，亟须可靠的方法来确保可重复性、可解释性和资源的可信度。尽管有精密的实验、计算资源、大量数据和先进的分析工具，科学仍遭遇着一系列复杂的障碍，这些障碍阻碍了有效进步速率的维持。

在过去5个世纪中，科学研究的假设-演绎方法（即实验假设检验过程）为科学的巨大进步和众多技术奇迹的发展做出了贡献[1]。毫无疑问，这种方法取得的巨大成功，体现在对同行评审科学和学术机构（如学术社团）的信任上[2]。这种“制度信任”使得科学事业得以从小规模的科学家群体[3]扩展到大型国际合作。然而，面对各种现代挑战，这种传统框架可能略显不足。

另一项挑战在于“有效”生产力的下降，这是一个衡量所有上述实验能力、计算能力等进步的指标。成本产出[4]的颠覆性论文[5]和新概念的数量已经减少。科学界对 COVID-19 大流行的应对使这些问题凸显出来。在压力之下，科学家和机构正突破现行常规做法[6]。科学基础所需的结构性变革仍未实现。

然而，我们相信这些挑战是可以克服的。新型认知和通信工具将有力推动科学进步。技术的突破改变了科学家的认知和协作模式。现代统计和计算工具实现了在大型数据集中发现知识，而 AI 技术更能催生新的假设[7]。我们建议将贝叶斯方法（贝叶斯更新）与这些新工具结合起来，以改进假设-演绎方法的局限性，使其更能应对 21 世纪的科学问题和应用要求。

科学和工程领域面临着稀疏、嘈杂和异质的数据、信息和知识来源。为了应对这一点，我们首先必须以不确定性感知的方式整合这些数据，即贝叶斯更新部分：通过条件化我们能找到和编码的任何数据知识并获得的相应的后验分布。其次，我们的终极目标并非构建 AI 模型，而是推进科学与工程实验。因此，我们必须使用这些后验分布采取行动或做出决策，同时对保持认知其中包含的不确定性保持认知。

科学知识并非一成不变，而是随着新调查的开展而不断演变。如果科学家有不同的先验认知时，相同的经验结果可能得出不同的解释。在此，我们提出采用众包模式和半自动注释元数据标注方法，以实现科学文献事实的贝叶斯更新。事实上，元分析既可以直接基于原始数据实现自动化处理，也可以使用 AI 技术从论文中提取信息并自动执行此类分析。这种持续的评估和纳入新结果的机制，可以加速科学进程。

接下来，我们将阐述如何将贝叶斯更新方法应用于科学建模，并结合 AI/ML 和 NLP 的最新进展，以应对持续推动有价值创新所面临的挑战。这项工作将揭示如何将科学知识转化为最优先验分布。由于复杂系统（气候、健康和网络系统）通常具有高度不确定性，我们简要介绍了在不确定性下制定决策（DMU），以及在不确定性下设计最优实验（OED）的概念。这些过程对于推动科学研究的循环发展至关重要。我们还将详细阐述一条将计算创造力算法纳入科学发现过程的路径——通过自动化假设生成机制，这不仅能更新概率分布，更能拓展科学探索可能性。

32.2 贝叶斯定律

在探索如何有效地将 AI/ML 应用于科学时，我们首先需要提炼支撑科学努力的核心过程。当我们研究某个系统或现象时，我们通常基于先前的知识和初步数据来形成科学假设，然后设计实验来加以验证。科学进步的关键之一是承认这些假设只是基于有限和不完整的先前知识的或然性猜测。当实验结果使我们确认或改变我们的假设和对先前知识的理解以纳入从实验中获得的新数据时，科学就随之进步。

这个过程——基于先验知识产生假设并通过实验验证，而实验结果又深化了我们对感兴趣系统的理解——自然地契合了贝叶斯框架。在这个框架中，我们通过概率分布来模拟关于研究系统的不完备认知和不确定性。这些分布表征了关于科学知识有效性的贝叶斯信念。严格量化了关于这个基础真理的假设的可信度。对于任何假设和实验观测，我们还可以模拟给定假设下观察的似然性。结合先前的信念和这个似然性，我们可以严格地更新我们的信念。这种源于贝叶斯定律的贝叶斯信念更新，可以在新数据的加持下更新我们的认识。这是贝叶斯方法的核心方程：

$$p(H|O)=\frac{p(O|H)}{p(O)}p(H) \tag{32.1}$$

这里，H 代表一个特定的假设，O 是实验观察。概率 $p(H)$ 是在进行观察 O 之前假设 H 的先验概率，而 $p(H|O)$ 是将先验与数据整合的更新或后验概率。似然 $p(O|H)$ 代表在假设 H 为真的情况下观察到给定观察的概率。概率 $p(O)$，通常称为证据，是在任何假设下观察到数据的总概率。

除了在建模和更新关于基础真理的信念的贝叶斯框架之外，科学方法的关键步骤之一是设计实验来验证或否定假设。在贝叶斯框架中，这个过程属于不确定性下的决策或实验设计，我们通过贝叶斯信念来量化不确定性。当选择在存在不确定性的情况下运行实验时，考虑到我们对真相认识有限，因此必须平衡运行特定实验的预期效用与解决任何此类效用度量中固有的不确定性。

因此，在考虑数学建模、统计和 AI 可以助力的必要任务时，我们可以归纳如下：

（1）编码或参数化假设是什么，并围绕这样的假设空间描述概率度量；

（2）开发一个似然模型来衡量观测数据（无论它们如何表示）与特定假设的对比；

（3）计算、近似、抽样或以其他方式表征后验分布，该过程可能涉及高昂的计算成本；

（4）编码或参数化我们可以执行的实验行动空间，以获得进一步的观测；

（5）在贝叶斯信念编码的不确定性下做出实现实验方案的最优决策。

假设编码的行为通常等同于确定研究系统中的未知参量。我们在贝叶斯框架中对这些参量建立概率度量模型，因此对假设的适当和有效表征是必不可少的。在这里，我们广泛地使用“参量”一词，并声明它们可以包括以下内容：从有限的未知物理参数集合出发，实验响应函数被视为黑盒，系统控制方程的右端项，直至编码可能解释可观察响应的假设现象和过程之间未识别的语义关联。

同样，实验行动的编码需要有效表征方法。有时，行动和假设是需要联合建模的，就像将可观测响应表示为操作函数一样。在这种情况下，降维和隐空间方法被证明是富有成效的。通过机器学习获得的隐空间的向量空间可表示作为行动的必要编码，而黑盒统计模型（如高斯过程）则基于这些隐表征上建立响应函数的信念分布。

我们还可以在贝叶斯框架下应用 AI/ML 方法，通过开发前进代理理模型。这样的模型将行动和假设映射到可观察响应的数字孪生中。我们可以利用 ML 回归/分类模型来构建这样的数字孪生。然后，我们可以在似然计算、从后验分布中抽样以及决策中使用这些孪生，我们经常执行前向模拟以选择平均效用高的实验。

以上，我们简要介绍了 AI/ML 与面向贝叶斯的科学方法之间的交互界面。下面，我们将扩展一些关于这个交互界面的要点，包括如何捕捉和编码先验知识，以及贝叶斯决策算法如何优选实验行动以收集信息丰富的新数据。

32.3 先验构建

在给定研究系统未知量的特定表示，即对某些未知基础真理假设的数学表达后，我们可以考虑如何整合系统已知或假定的异质属性。这些先验知识来源于多个渠道，包括相关系统或任务的现有数据、支撑复杂研究系统的理论假设，或领域专家的经验判断。一个关键环节是为后续在贝叶斯模型和决策中使用编码这些先验知识。先验构建的过程普遍反映了进行科学工作的普遍范式：没有科学家会在绝对无知的情况下形成假设，而是根据他们对研究系统的经验性和隐含假设做出有根据的猜测。同样，我们必须通过贝叶斯先验分布 $p(H)$ 严格编码先验知识和假设，用于我们的贝叶斯模型。

现有几种先验构建方法。事实上，合理的先验是有效的贝叶斯方法的核心。因此，当检查由贝叶斯模型做出的预测或使用这些模型的算法做出的决策时，先验通常是审查的焦点。

在贝叶斯先验构建方面，有两种主要的流派。一种是客观贝叶斯主义，它试图限制先验编码的假设条件。对于客观贝叶斯主义者来说，先验的分布应尽可能广泛。在这个阵营中，人们经常谈论非信息性先验，这些先验满足最大熵原则。另一种是主观贝叶斯主义。在主观贝叶斯统计学中，先验存在是为了编码我们对所研究系统的已知信息或假设。这些知识或假设通常是主观的，通常由统计学家或领域科学家明确地编码到模型中。对于主观贝叶斯先验，我们有其他工具可用以捕捉和编码这样的知识和假设。贝叶斯转移学习可以利用相关系统或任务的数据中构建先验。统计启发方法可以模拟领域专家的知识。其他方法［例如，下面描述的最大化知识驱动信息先验（MKDIP）方法］允许我们编码更复杂的系统假设（如语义信息）。在科学应用中，特别是在直接实验数据有限的情况下，使用这样的外部信息来源尤为重要。因此，我们是主观贝叶斯学派的坚定支持者，并在下面用两种示例方法加以说明。

32.3.1 专家启发

先验信息的一个来源是人类，就我们的情况而言，指的是领域专家的科学家。一般来说，对人类所知道的内容进行建模和转化，包括知识表示、非结构化信息、认知模型和考虑人类谬误，是一项艰巨的任务。统计引诱的目的是向领域专家提出明确定义的结构化的问题，获得同样明确定义的答案，并（就我们的目的而言）利用这些答案来形成贝叶斯先验。在统计引出期间涉及的讨论可以包括问题定义、识别感兴趣的数量、量化专家偏见或从专家那里提取概率分布等内容[8,9]。

例如，一个通用的引诱程序试图在有限数量的 $\theta_1, \theta_2, \cdots, \theta_n$ 上构建一个多元概率分布[10]。这些数量可能代表物理模型的未知参数或在固定且有限的“输入”集合上的实验响应。向领域专家提出的问题要求专家估计特定的边缘分布：

$$P(\theta_1 \in [a_1,b_1],\cdots,\theta_n \in [a_n,b_n]) = A \tag{32.2}$$

这些问题的答案代表了领域专家认为这些量位于超区间 $[a_1, b_1]\times\cdots\times[a_n, b_n]$ 内的意见。然后，我们可以对几个这样的问题的答案进行汇总，每个问题都对应一个不同的超区间，以表征 θ_i 值的分布。虽然没有一个封闭形式的公式，但我们可以获得这个分布的概率密度函数的回归估计，足以描述这个分布。

从数据中编译这个分布本身就是一个贝叶斯过程。一个关于这个分布的非信息性先验与专家的回答相结合，形成一个后验分布，其平均值是概率密度函数（PDF）的回归估计。对假设的后验分布可作为后续建模或决策的有信息先验分布。实际上，从这个角度来看，从领域专家获取信息的行为与从物理实验中获取信息并无两样，两者都被视为可以纳入贝叶斯框架的信息生成过程。

这种框架使我们能够设想将这样的引发程序与贝叶斯决策制定相结合。例如，我们可以向领域专家提出使用最优实验设计方法设计最优信息的问题。或者，我们可以将引出视为更广泛的实验活动的一部分，这是决策算法可以选择从多个信息来源中获取数据的方式之一。

32.3.2 基于知识的先验构建

可能在科学研究中，虽然仅凭数据准确表示复杂系统的研究模型并不现实，但我们可以利用与系统相关的先前科学知识，这些知识可以用来收紧模型的不确定性。尽管这样的知识可能是不完备的，但它仍然可以有效地补充可用数据，用于模型的学习或约束。例如，假设我们想要从基因表达数据中推断基因调控网络。即使是对于研究得相当深入和相对简单的模型生物体，如大肠杆菌（肠道细菌）和酿酒酵母（面包酵母），从基因表达数据（通常从微阵列或 RNA 测序中获得）推断数千个基因之间的调控关系也是非常具有挑战性的。基因子集的部分调控关系，通常由所谓的通路图表示，其可以用来指导或约束网络推断过程，从而提高学习网络的质量。

尽管将这种先验知识常被启发式地用于增强模型推断，但也有可能利用现有的科学知识以贝叶斯范式构建先验分布，以表示模型不确定性。一个显著的例子是 Boluki 等提出的最大知识驱动信息先验（MKDIP）[11,12]。在这项工作中，作者提出了一种通用方法，用于构建特征-标签分布的先验，该分布控制条件依赖的基因表达。为此，基因通路中的基因调控关系被定义为一组以条件概率陈述形式的约束，然后使用这些约束来构建基于特定标准（例如，最大熵、最大数据信息和期望均值对数似然）的最优先验，这些标准均基于现实的约束。通过使用基因通路知识（例如，哺乳动物细胞周期通路和 p53 通路）构建先验，并利用构建的先验进行最优贝叶斯分类（OBC），这种方式证明了 MKDIP 的有效性。当应用这种先验知识时，MKDIP 明显优于其他现有的先验知识构建方法。

虽然 MKDIP 主要考虑了基因通路形式的关系知识进行先验构建，并将由此产生的先验应用于分类，但该理论具有普适性，超越了原始工作中的应用示例 [11]。我们设想，类似基于知识的先验构建方法可以用于将各种科学领域中可用的各种先前知识转化为有效的贝叶斯先验，这些先验可以增强基于复杂不确定系统的学习和决策能力。

32.4 在不确定性下的决策制定

贝叶斯框架允许我们通过不确定性量化来编码已知和未知信息。通过贝叶斯先验，我们可以衡量一系列科学假设的可信度，尽管先验衡量这种可信度的方式强烈依赖于这些假设的表示。我们必须进行实验并特别决定要执行哪些实验操作来测试这些验证。贝叶斯框架可以帮助我们完成这项任务。当结合一个正向模型（基于物理的或 ML 模型），该模型将操作和假设映射到预测的可观测结果，贝叶斯假设对假设的信念衍生了对任何给定行动的结果的信念。也就是说，假设中的不确定性会导致实验结果的不确定性。

通过表征任何特定结果的有效性，我们可以编码实验活动的目标。实验结果分布进一步诱导了对这些结果的效用分布。也就是说，给定的实验操作和假设分布产生了结果分布，这反过来又产生了对实验效用的分布。合理的决策制定策略就是选择最大化平均效用的操作。当然，计算每个操作的平均效用并在操作空间上最大化可能需要大量的计算。在这里，ML/AI 可以通过 ML 代理正向模型、效用函数或决策策略函数（此处视为将信念映射到所选择的最优操作的函数）提供帮助。

分配给实验结果的效用决定了进行实验的目标。例如，假设某实验旨在减少关于假设的全局不确定性。在这种情况下，我们可以根据潜在实验可以改变我们信念的程度来规定效用函数。如果 x 是一个实验操作，O_x 是实验的结果，我们可以通过贝叶斯法则形成贝叶斯后验 $f(H|O_x)$。然后，我们可以将这种效用与先验 $f(H)$ 进行比较，如使用 K-L 散度来衡量执行实验 x 并观察结果 O_x 的效用：

$$Q(x,O(x)) = D_{\mathrm{KL}}[f(H|O_x), f(H)] \tag{32.3}$$

然后，给定实验操作 x 的平均效用就是这个效用在结果 O_x 上的加权平均值：

$$\bar{Q}(x) = E[Q(x,O_x)] \tag{32.4}$$

这里，期望是加权平均值，结果是由自由假设信念诱导得出的分布。然后，决策策略会选择期望效用最大化的实验：

$$X^{*}=\max_{x\in X}\bar{Q}(x) \tag{32.5}$$

通常，凝练信念和减少全局不确定性并非实验活动的真实目标。例如，在工程应用中，我们可能希望确定一组实验，以最大化某些响应。我们可能更想获取关于响应函数的低维特征。目标与效用函数中编码的目标之间的不匹配可能导致决策制定效率低下。因此，在效用函数中正确地建模目标是至关重要的。在 32.5 节中，我们概述了一种方法，该方法允许实验以目标驱动的方式解决不确定性问题。

到目前为止，我们对实验操作的看法是抽象的。然而，操作的参数化或表征方式的选择对于开发正向模型和有效的决策制定策略至关重要。在最简单的情况下，操作可以编码可调参数设置到一个固定的、明确定义的实验协议中，如温度、压力和浓度。然而，操作可以通过适当的参数化来模拟更广义的“实验”定义。例如，我们可以通过选择运行物理实验、执行模拟、搜索文献或询问领域专家来编码行动——将这些示例视为信息生成过程。此外，操作可以模拟实验技术的选择，如选择一种表征或分析方法来表征材料的特征。我们希望通过这种更广阔的视角传达贝叶斯驱动的决策制定的灵活性。

32.5 最优实验设计

32.5.1 基于目标的不确定性量化

科学问题通常涉及复杂系统，其复杂性可能远远超过可用于研究系统的任何“大数据”。对于这类系统，实际上从数据中构建准确的模型，并且可能利用领域中可能存在的相关先验系统知识，以及这些模型在所有方面都忠实地代表给定的系统几乎是不可能的。学习模型中的不确定性是不可避免的，所以需要采取有效的策略来量化、处理和减少不确定性。基于目标的不确定性量化的概念通过均值目标成本（MOCU）[13,14] 来实现，通过关注模型不确定性对其所服务的科学或工程目标的性质和影响来应对复杂系统中的不确定性。例如，我们可能希望利用描述结构-属性-功能关系的不确定性模型来设计具有期望性能的新型材料。或者，我们可能对建模基因调控网络感兴趣，目的是基于模型设计稳健的干预策略，以有益地改变基因网络行为的动态和未来轨迹。一个相关的实际案例是设计强大且有效的动态治疗方案，以改善复杂疾病（如癌症）患者的治疗效果。当存在模型不确定性时，我们可能希望设计一个稳健的操作器（例如，预测器、控制器和分类器），其预期性能能够在不确定性面前保持相当好的表现，而不是设计一个可能对特定模型最优但可能在模型不匹配的情况下性能显著降低的操作器。因此，模型不确定性导致了操作成本增加，因为必须使用最优的稳健操作器（具有所有可能模型中最佳预期表现）而不是针对真实模型的最优操作器（这是未知的）。MOCU 计算了由模型不确定性导致产生更多成本，从而量化了模型不确定性对当前操作目标的影响。

32.5.2 设计最优实验方案以有效减少模型不确定性

从实际角度来看，基于目标不确定性量化指标的主要意义在于其在为模型改进制定有效的数据或知识获取策略。考虑主动学习的问题，我们可以主动选择新的数据点进行标记。或者考虑当领域科学家可以从一组可能的实验中选择下一个实验以改进模型时。如何设计最佳的数据或知识获取方案，以最具成本效益的方式增强当前模型？改进模型的一种有效的策略是按照减少“关键”模型不确定性方面的预期效果，评估其预期效果，并选择预测效果最好的选项。例如，我们可以通过计算执行实验并纳入其结果后预期剩余的 MOCU 来评估给定实验的效果。在所有可能的实验中，我们应该选择预期剩余 MOCU 最小的实验，因为它预计有望将最大限度地减少目标模型不确定性。事实上，MOCU 已被证明在最优实验设计 [15–19] 和主动学习 [20–22] 中非常有效，这清楚地展示了“基于目标”的不确定性量化在制定稳健的数据/知识获取决策方面的强大能力，这些决策使学习成为可能。

用于描述控制模型不确定性的先验分布可以通过专家咨询（在 32.3.1 节中描述）或 MKDIP（在 32.3.2 节中详细说明）来构建。构建的先验随后可用于存在不确定性情况下的稳健决策制定。此外，我们可以通过 MOCU 模型来量化不确定性对操作目标的影响 [13,14]。请注意，MOCU 估计还涉及设计对当前不确定性具有稳健性的最优操作器。设计空间中的实验可以根据每个实验在减少模型不确定性和提升最优稳健操作器（或决策制定）性能方面的预期效力进行优先排序。通过执行预测的最佳实验所获得的知识（或数据）可以用来更新先验（或获得后验），并且在给定的时间/资源约束内有需要（如果有的话），可以迭代 OED 循环（图 32.1）。

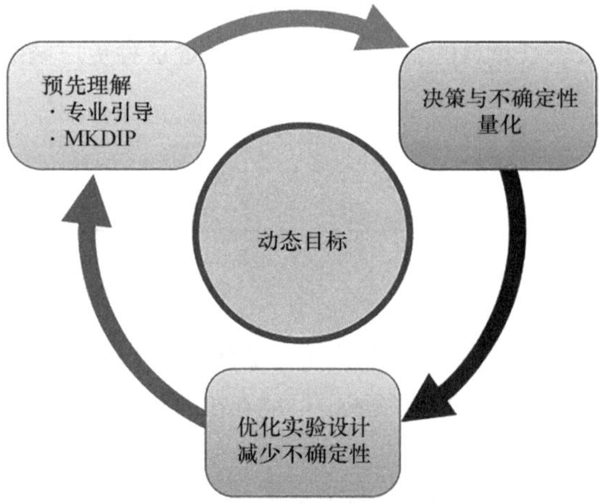

图 32.1　一般的 OED 循环

32.5.3 一个例子：基因调控网络的最优实验设计

考虑一个基因调控网络（GRN），其中某些调控关系是不确定的。如果我们的操作目标是在模型不确定性存在的情况下对哺乳动物细胞周期网络进行最优网络干预（图 32.2），我们应该首先通过实验揭示哪些不确定关系？以前的研究[15,16]基于 32.5.2 节中详细阐述的基于 MOCU 的 OED 方案研究了这个问题。

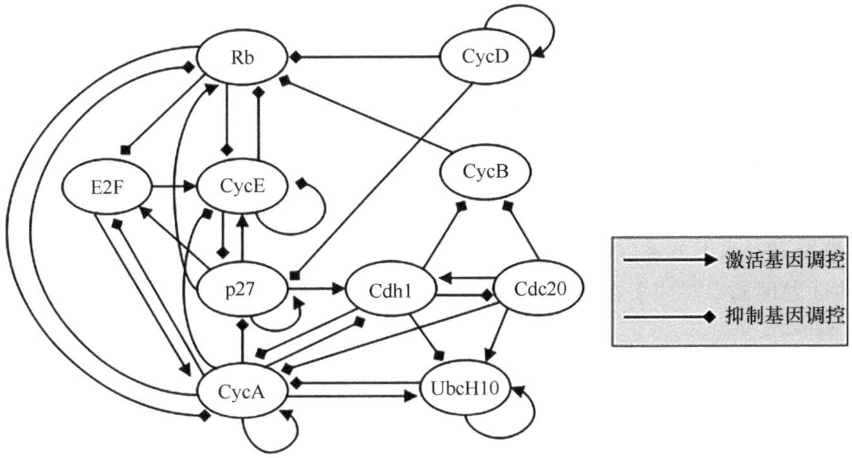

图 32.2 哺乳动物细胞周期的 GRN 模型

节点代表基因，箭头表示基因之间的调控关系

图片来源：文献 [14]

假设我们希望在模型不确定性存在的情况下对哺乳动物细胞周期网络中执行最优网络干预[23]，如图 32.2 所示。该网络由 10 个基因（即 CycD、Rb、p27、E2F、CycE、CycA、Cdc20、Cdh1、UbcH10 和 CycB）组成，如图 32.2 中的节点所示，连接节点的边描绘了基因之间的调控关系。尖箭头表示激活型基因调控，钝箭头表示抑制型基因调控。可以使用扰动的布尔网络（BNp）[16]来模拟这个网络的动态。状态 X1 = X2 = X3 = 0 可能被视为不良状态，它代表癌症表型，因为即使在没有细胞外刺激的情况下，它们也会导致连续的细胞周期。

现在，如果 GRN 中某些边的调控类型（激活与抑制）是不确定的，并且可以执行一系列实验，每个实验都可以揭示给定基因调控的类型，那么应该如何考虑这些实验的优先级？

在文献 [16] 中，基于 MOCU 的 OED 策略被用来根据它们对增强网络干预性能的预期影响来考虑实验的优先级。研究表明，在最简单的 $k = 2$ 不确定调控的情况下（因此只有两个可能的实验可供选择），OED 方案能够找到与另一个未选择的实验一样有效或更有效的实验，概率为 76%。随着模型不确定性的增加，OED 方案选择的实验以更高的概率优于其他替代方案。例如，对于 $k = 5$ 个不确定调控，OED 方案预测最有效的实验在 68% 的情况内（平均 90% 的概率）优于预测效果最差的实验。

32.6 结论：从精炼概率到扩大可能性

到目前为止，我们已经讨论了研究范围内存在的科学问题，我们的目标是进行实验以减少不确定性或获取关于它们的信息。但是，对于那些尚未被发现的元素呢？科学探索不仅关注于完善已有认知的实验，还关注于发现新的哺乳动物物种、化学元素和系外行星[24,25]等。工程和科学中的许多创造性工作也致力于生成新的令人意外的元素[26-28]，以前从未被想象过，现在通常借助计算创造力和生成式 AI 算法[29-31]提供认知支持。

正如文献 [32] 和 [33] 所述，想象一下准备一场探索之旅，可能会估计遇到不同哺乳动物物种的概率：也许最初将大象的概率分配为 1/2，斑马为 1/6，狮子为 1/3。但是，对于从未被发现的新类别或哺乳动物物种，如可能被称为 Nyala 的物种，贝叶斯方法将如何处理呢[34]？

为了解决这种看不见的元素问题，拉普拉斯提出了在每个物种的计数中加上 1，包括在看不见的物种集合中[35]，从而将大象的概率分配为 $(3 + 1)/10 = 0.4$，斑马为 $(1 + 1)/10 = 0.2$，狮子为 $(2 + 1)/10 = 0.3$，看不见的物种为 $(0 + 1)/10 = 0.1$。然而，在可能发现的空间非常大的情况下，这种加常数估计器[36]并不有效；相反，通常会使用像 Good-Turing（GT）估计器[32,33]这样的技术。GT 框架将看不见的元素分配一个概率，这个概率与样本中只出现的事件数量成比例。贝叶斯非参数估计发现概率对应于在具有两个参数的超总体泊松-狄利克雷（Poisson-Dirichlet）分布下的 GT 估计[37]。

展望未来，将看不见的元素估计框架与 MOCU 联系起来，以表征如何在追求新可能性与凝练不确定概率之间取得平衡，这将是一个有趣的方向，以实现高效但偶然的科学发现，使以结果优化为导向的科学研究成为现实。

参考文献

[1] S. Shapin and S. Schaffer (1986). Leviathan and the Air-Pump: Hobbes, Boyle, and the Experimental Life. Princeton University Press, Princeton, NJ, USA.

[2] J. McClellan (2003). Scientific institutions and the organization of science. In R. Porter, (ed.), The Cambridge History of Science. Cambridge: Cambridge University Press, Vol. 4, pp. 87–106.

[3] R. Netz (1999). The Shaping of Deduction in Greek Mathematics: A Study in Cognitive History. Cambridge: Cambridge University Press.

[4] L. Wu, D. Wang, and J. A. Evans (2019). Large teams develop and small teams disrupt science and technology. Nature, 566(7744), 378–382.

[5] S. Fortunato, C. T. Bergstrom, K. Börner et al. (2018). Science of science. Science, 359(6379), eaao0185.

[6] M. Apuzzo and D. D. Kirkpatrick (2020). Racing for cure, scientists unite in global effort. New York Times, 58(651), A1–A10.

[7] T. Lookman, S. Eidenbenz, F. Alexander et al. (2018). Materials Discovery and Design: By Means of Data Science and Optimal Learning. Springer, Cham, Switzerland. T. O'Hagan (2005). Elicitation. Significance, 2(2), 84–86.

[8] T. O'Hagan (2005). Elicitation. Significance, 2(2), 84–86.

[9] A. O'Hagan (2019). Expert knowledge elicitation: Subjective but scientific. The American Statistician, 73 (sup 1), 69–81.

[10] F. A. Moala and A. O'Hagan (2010). Elicitation of multivariate prior distributions: A nonparametric Bayesian approach. Journal of Statistical Planning and Inference, 140(7), 1635–1655.

[11] S. Boluki, M. S. Esfahani, X. Qian et al. (2017a). Incorporating biological prior knowledge for Bayesian learning via

maximal knowledge-driven information priors. BMC Bioinformatics, 18(14), 61–80.

[12] S. Boluki, M. S. Esfahani, X. Qian et al. (2017b). Constructing pathwaybased priors within a Gaussian mixture model for Bayesian regression and classification. IEEE/ACM Transactions on Computational Biology and Bioinformatics, 16(2), 524–537.

[13] B. J. Yoon, X. Qian, and E. R. Dougherty (2013). Quantifying the objective cost of uncertainty in complex dynamical systems. IEEE Transactions on Signal Processing, 61(9), 2256–2266.

[14] B. J. Yoon, X. Qian, and E. R. Dougherty (2021). Quantifying the multiobjective cost of uncertainty. IEEE Access, 9, 80351–80359.

[15] R. Dehghannasiri, B. J. Yoon, and E. R. Dougherty (2015a). Efficient experimental design for uncertainty reduction in gene regulatory networks. BMC Bioinformatics, 16(13), S2.

[16] B. J. Yoon, X. Qian, and E. R. Dougherty (2015b). Optimal experimental design for gene regulatory networks in the presence of uncertainty. IEEE/ACM Transactions on Computational Biology and Bioinformatics (TCBB), 12(4), 938–950.

[17] G. Zhao, X. Qian, B. J. Yoon et al. (2020). Model-based robust filtering and experimental design for stochastic differential equation systems. IEEE Transactions on Signal Processing, 68, 3849–3859.

[18] Y. Hong, B. Kwon, and B. J. Yoon (2021). Optimal experimental design for uncertain systems based on coupled differential equations. IEEE Access, 9 , 53804–53810.

[19] H. M. Woo, Y. Hong, B. Kwon et al. (2021). Accelerating optimal experimental design for robust synchronization of uncertain kuramoto oscillator model using machine learning. IEEE Transactions on Signal Processing, 69, 6473–6487.

[20] G. Zhao, E. R. Dougherty, B. J. Yoon et al. (2021a). Uncertainty-aware active learning for optimal Bayesian classifier. In 9th International Conference on Learning Representations (ICLR).

[21] G. Zhao, E. R. Dougherty, B. J. Yoon et al. (2021b). Bayesian active learning by soft mean objective cost of uncertainty. In 24 th International Conference on Artificial Intelligence and Statistics (AISTATS).

[22] G. Zhao, E. R. Dougherty, B. J. Yoon et al. (2021c). Efficient active learning for Gaussian process classification by error reduction. In 35th Conference on Neural Information Processing Systems.

[23] A. Fauré, A. Naldi, C. Chaouiya et al. (2006). Dynamical analysis of a generic boolean model for the control of the mammalian cell cycle. Bioinformatics, 22(14), e124-e131.

[24] S. Arbesman and N. A. Christakis (2011). Eurekometrics: Analyzing the nature of discovery. PLoS Computational Biology, \gamma (6), e1002072.

[25] A. Vempaty, L. R. Varshney, and P. K. Varshney (2017). A coupon collector model of machine-aided discovery. In KDD Workshop on DataDriven Discovery, Halifax, Canada.

[26] L. Itti and P. Baldi (2009). Bayesian surprise attracts human attention. Vision Research, 49(10), 1295–1306.

[27] L. R. Varshney (2013). To surprise and inform. In Proceedings of the 2013 IEEE International Symposium on Information Theory (ISIT), July, pp. 3145–3149.

[28] J. G. Foster, F. Shi, and J. Evans (2021). Surprise! Measuring novelty as expectation violation. SocArXiv 10.31235/osf.io/2t46f.

[29] L. R. Varshney, F. Pinel, K. R. Varshney et al. (2019). A big data approach to computational creativity: The curious case of Chef Watson. IBM Journal of Research and Development, 63(1), 7:1–7:18.

[30] L. R. Varshney (2019). Mathematical limit theorems for computational creativity. IBM Journal of Research and Development, 63(1), 2:1–2:12.

[31] P. Das and L. R. Varshney (2022). Explaining AI generation and creativity. IEEE Signal Processing Magazine, to appear.

[32] J. Good (1953). The population frequencies of species and the estimation of population parameters. Biometrika, 40(3–4), 237–264.

[33] A. Orlitsky, N. P. Santhanam, and J. Zhang (2003). Always Good Turing: Asymptotically optimal probability estimation. Science, 302(5644), 427–431.

[34] D. J. Navarro and C. Kemp (2017). None of the above: A Bayesian account of the detection of novel categories. Psychological Review, 124(5), 643–677.

[35] M. De Laplace (1995). A Philosophical Essay on Probabilities. New York, NY, USA: Springer-Verlag, a. I. Dale, translated from ed. 5, 1825.

[36] R. E. Krichevsky and V. K. Trofimov (1981). The performance of universal encoding. IEEE Transactions on Information Theory, IT-27(2), 199–207, March.

[37] A. Cerquetti (2019). Exact Good-Turing characterization of the twoparameter Poisson-Dirichlet superpopulation model. arXiv:1901.09665 [math.ST].

第33章 FAIR：让数据为人工智能使用做好准备

Susanna Assunta-Sansone，Philippe Rocca-Serra，牛津大学工程科学系牛津电子研究中心数据准备小组，英国牛津。E-mail：susanna-assunta.sansone@oerc.ox.ac.uk，philippe.rocca-serra@oerc.ox.ac.uk

Mark Wilkinson，马德里理工大学国家农业食品研究和技术研究所，农业、食品和生物系统工程高级技术学院，植物生物技术系，植物生物技术和基因组学中心，西班牙马德里。E-mail：mark.wilkinson@upm.es

Lee Harland，SciBite 有限公司，英国剑桥。E-mail：lee@scibite.com

33.1 FAIR 原则：数据科学的先决条件

实现高效且可信的数据驱动科学需要大规模使用数据，并从目前封闭和基于孤岛的研究方法向更具网络化的学术研究方法过渡。然而，由于多种原因，绝大多数公共领域的数据包括数据集、代码、算法、工作流、模型和软件仍然无法重复使用。这主要是因为数据对第三方使用者来说缺乏有效描述。在研究人员开始使用数据并解决复杂的学术问题之前，仍然需要对数据进行大量准备工作。2016 年，一群国际知名的数据管理领域的权威专家共同撰写了《FAIR 原则》，这套指导原则旨在确保现在的数据资源和学术成果是可查找的、可访问的、共同操作的和可重复使用的[1]。FAIR 原则——在图 33.1 中做了简单描述，不仅强调了增强机器自动查找和使用数据的能力，以及支持个人重复使用数据的能力。

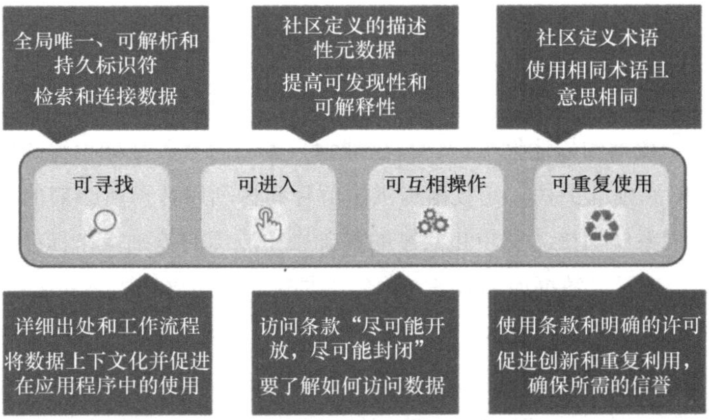

图 33.1　FAIR 原则简明示意图

随着我们开始大量投资数据价值挖掘，FAIR 原则成为不可或缺的一项。FAIR 数据对于用强大的新人工智能分析获取数据以进行机器学习和预测至关重要。FAIR 数据具有机器可读和可操作的特点，本身可以理解语义背景并能提供信息的来源。FAIR 数据对未来的人机协作和自主的机器间交流的实现至关重要。FAIR 数据在所有需要最大限度减少人为干预的决策领域以及以机器就绪性为成功前提的应用场景中都至关重要。

如今，FAIR 原则实际上已成为一种良好的全球数据管理准则，也是数据再创造的先决条件，并指导了公共和私营部门的数据政策和专业实践。在致力于倡导 FAIR 研究数据的过程中，一些国际政策决定会议如 G20 和 G7，以及经济合作与发展组织（OECD）科技政策委员会公开支持了 FAIR 数据；资助机构也将 FAIR 原则合并到其资助协议中；出版商、图书馆和工会联合起来支持 FAIR，将 FAIR 作为开放科研的前沿标准；在私营部门，如生物制药领域，FAIR 被采纳并主要体现在政策中。然而，FAIR 数据不仅仅是技术刚需，它对经济也有益处。欧盟委员会[2] 的一份报告估计，非 FAIR 数据为每年直接亏损 1020 万欧元，但仅 FAIR 对创新的促进就可能再增加 1600 万欧元营收。若分无法量化的因素，如研究质量提高的价值和 FAIR 研究数据的其他间接积极的溢出效应，实际估价可能会高得多。

FAIR 不是一个标准，也不是“一刀切”的解决方案，它不是协议或规范，也不是特定的体系结构、技术或平台；它不是开放的代名词，与质量也无关。公平公正原则是激励人心的。它们并没有严格定义“如何”实现 FAIR 状态，而是描述了一系列使数字资源更接近该目标的特征、属性和行为。尽管这些原则加速了全球对跨学科数据管理的更好讨论，但它们仍需付诸实践。将 FAIR 变为现实需要新的技术性和社会性的基础设施，以及文化和政策变革，并得到教育和培训要素的支持，不仅针对研究人员，而且需要所有利益相关者参与数据生命周期共同支持，如开发人员、服务提供商、图书馆管理员、期刊出版商、资助者，学术界以及商界和政府机构。

FAIR 的旅程才刚刚开始，还有很多路要走。处理 FAIR 生态系统正在进行的活动和倡议数量庞大；涉及该系统的方方面面，我们并不能对其一一进行详细介绍。在本章中，我们关注与大规模数据使用相关的两个不同的视角——一个是技术视角，另一个是实践视角。前者涉及元数据、语义和 FAIR 评估环境的讨论，而后者侧重于一个关键使用实例——制药行业对 FAIR 支持的机器学习和人工智能的需求。

33.2 机器可读的元数据的重要性

元数据（即关于数据的描述性数据）与全球独一无二的持久性标识符和数据的可访问性水平一样，都是 FAIR 原则的支柱。元数据提供了解释和再利用数据所必需的背景信息。标识符和元数据是实现不同系统间信息交换和共享的基础操作流程的基础操作标准，并需要由一系列包括注册表、目录、工具、数据库和服务在内的工具来实施。这些工具和服务用于查找、存储、管理（例如，生成、跟踪来源和版本）以及聚合（例如，互连和映射）数字对象。

现有的社区定义的标识符模式和元数据标准在 FAIRsharing[3]（https://fairsharing.org）中有描述，这是一个全球公认的基于 FAIR 标准的信息和教育资源库。元数据标准包括：报告指南（或最小信息清单）、术语构件（或语义），从字典到本体论、模型和格式。在以下各节中，我们将重点介绍在数据资源层面上元数据的融合实践，以确保在网络上发布的数据是可发现的，然后在数据层面上进行元数据融合实践，使基于人工智能的工具能够探索这些数据。

33.2.1 数据资源层面

总体而言，主要的“通用”数据发布者，如 Zenodo、Dataverse 和 Dryad，已经满足了 FAIR 原则对元数据的大部分要求。尤其是它们提供了全球唯一的标识符，该标识符通常是数字对象标识符（https://doi.org/10.25504/FAIRsharing.hFLKCn），其可被解析为元数据记录和/或包含人类和机器可读元数据的登录页面。元数据记录也可以满足其他 FAIR 要求，如包含对描述数据的本体概念的引用，以及外部交叉的引用链接。通过这种方式，使用这些服务的数据作者将“免费”获得 FAIR 的大部分内容。除此之外，FAIR 对“数据”的定义非常广泛，其中包括那些往常不适合数据库模型的各种数字资源，如软件、工作流、可通过网络访问的特定领域注册表和“精品”数据库。此外，这些通用数据发布平台目前都没有提供可靠或易被发现的方式，让数据创建者将自己特定领域的元数据添加到数据记录中，而这些元数据恰恰是对数据内容、上下文及其出处的详细描述，是数据真正可靠地重复使用的关键。作为填补 FAIR 出版空白的有效途径，各种标准、工具和新兴技术如今获得了更为广泛的认可。

通用元数据适用于多种通用和特定领域的数据资源，如资源库、注册表、数据目录和数据库，其中有两个标准值得特别注意：schema.org（https://doi.org/10.25504/FAIRsharing.hzdzq8）和 DCAT（https://doi.org/10.25504/FAIRsharing.h4j3qm）。schema.org 由 Google、Yahoo、Microsoft Bing 和 Yandex 合作开发，是一种结构化数据模式的集合，旨在帮助互联网搜索引擎变得更易被发现和更好地索引。schema.org 的标记被设计用于嵌入网页和站点地图中，这样机器可以对其直接进行抓取、索引和聚合等操作。因此，这是一种简单而强大的元数据获取机制，而不需要额外的 API。然而，schema.org 提供了一个核心的通用词汇表，并期望这个词汇表在实践中可以获得扩展以满足自己构建的社区需求，正如生命科学领域（Bioschemas，https://bioschemas.org，https://doi.org/10.25504/FAIRsharing.20sbr9）和地球与环境科学领域所倡议的那样[4]。数据目录（DCAT 及其更新版本 DCAT2，https://www.w3.org/TR/vocab-dcat-2，以及最新的版本 DCAT3，https://www.w3.org/TR/vocab-dcat-3）是一种资源描述框架（RDF）词汇表，它提供了一种机制用于捕获关于网络资源（如目录、数据仓库、数据集和数据文件）的信息，从而促进了资源的互操作性。此外，DCAT 模型是分层的，为人工智能服务“向下深挖”获取目录级的元数据、数据集存储库元数据、数据集元数据，最后再到数据本身的可下载格式提供了可靠的路径。每一层都有适当的元数据，允许人工智能服务自己决定选择哪条路径最有可能实现其目标，同时提供了一个可预测的位置用来自动定位数据许可证，这将在一定程度上帮助确定数据是否可用。虽然许可证本身无法由机器解读，但我们围绕创作共用（CC）许可证套件（https://creativecommons.org）进行了一些协调工作，为每种许可证都提供了全球唯一且可解析的标识符，以及一个机器可读并易读的 RDF 表示形式。这将使得人工智能服务至少在 CC 许可的情况下，可以更可靠地确定其对使用数据的授权。最近发布的 DCAT2 规范还支持对其他类型的数字资源（如接口和应用程序接口）进行描述，但是直到最近，还没有任何一种可以预见的方法来为应用程序接口背后的数据编写元数据描述等。虽然长期以来一直有一些方法使应用程序接口本身更具机器可读性（例如，OWL-S，https://www.w3.org/Submission/OWL-S；WSMO，https://www.w3.org/Submission/WSMO；openAPI，https://www.smart-api.info），然而无论是为了 FAIR 发现的描述，还是为了利用人工智能工具就接口效用进行自动决策的描述，都还没有被标准化。schema.org 和 DCAT 在全球范围内得到了广泛应用，而在不久的将来，它们对网络接口描述的影响也可能会变得非常大。科学研究联盟（RDA）研究模式工作组（https://www.rd-alliance.org/groups/research-metadata-schemas-wg）将使用或致力于扩展这些标准的网络社区的聚集，以识别并弥补现有模式中的差距，并将定义使用结构化数据标记发布元数据登录页面的通用模式。

为了简化 DCAT 记录的发布，我们开发了一款软件，它既能协助记录的编写，也为在网络上发布记录提供了捷径。FAIR 数据点（FDP，https://www.fairdatapoint.org）是一个元数据注册中心，它遵循两个可由代理访问的标准——DCAT（2）和关联数据平台（LDP，https://www.w3.org/TR/ldp）。LDP 不仅提供了一种将 FAIR 内容添加到网络中的标准化方法（即允许网络变得可写，而不仅仅是可读），而且还提供了另一种标准化方法来引导代理通过一个复杂的、分层的存储库。因此，DCAT 和 LDP 的结合极大地促进了人工智能代理对复杂数据空间的智能探索，甚至更加丰富。此外，FDP 客户端还提供了 DCAT 记录的编写界面，用户可以手动为其数字资源创建格式正确的 DCAT 描述符。FDP 的部署被简化设计为一个自启动的平台服务（docker）镜像，因此被描述为“FAIR-in-a-box”并且在非洲新冠疫情期间（https://www.vodan-totafrica.info），作为 VODAN 计划的一部分得到了广泛部署。

虽然 VODAN 部署 FAIR 侧重于可发现的元数据，但其他“FAIR-in-a-box”计划正在探索将数据本身动态转换为更适合人工智能操作的 FAIR 格式的方法，这样数据提供者就可以变得更加满足 FAIR 标准，而无需具备特定的 FAIR、建模甚至编码的专业知识。欧洲罕见病联合计划（EJPRD）提出的“临床数据盒”（CDE-in-a-box）计划就是该计划施行的一个例子，该计划对罕见病通用数据元素进行了本体建模，供人工智能代理使用，并对这些模型进行了模板化，使 CSV 格式的源数据可以用于自动创建本体实例数据[5]。该模型和转换引擎以 docker 镜像的形式发布，这样就形成了一个只需要正确格式化的 CSV 数据就能完成 FAIR 转换的“盒子”。

33.2.2 桥接到数据层面

最后，也许最关键的一点是，出现了一种新兴的标准可以发布特定领域的数据级描述符，并与现有的通用数据发布程序相兼容。研究对象容器（RO-Crate，https://doi.org/10.25504/FAIRsharing.wUoZKE）[6] 提供了一种简单直接的方法来打包研究数据及其丰富的元数据，这样就可以对单个数据文件及其内容进行注释，从而使人工智能代理能够直接对其进行探索。RO-Crate 利用 schema.org 对其最高级别的元数据元素进行注释。但是，随着人们越来越接近数据本身，RO-Crate 模型可带来更多的实验元数据，如 ISA 格式（https://doi.org/10.25504/FAIRsharing.53gp75）[7] 和其他模型[8] 的领域特点结构化表示。此外，通过基于 URI 的方式，它还能“虚拟聚合”多个位置的数据。最后，RO-Crate 为探索这些元数据提供了一个可预测的切入点，通过该切入点，已经深入 Zenodo 中的单个数据存储的人工智能代理可以轻松识别进入剩余元数据层的网关，从而检查每个储存文件的性质、目的和来源。

33.3 FAIR 评估体系：进展如何

需要注意的是，FAIR 体系没有规定或推广任何应用于实现 FAIR 标准的方法、技术、框架或语法范例。这是为了确保这些规范不会对数据源的好坏进行评价，并且更重要的是认识到实现能复用机器数据这一目标所需用到的诸多方式、方法、技术和标准会不可避免地随时间发展演变。因此，即使看似是在数据资源的 FAIR 标准化方面整合成了一组特别有用的结果（在前面的部分中描述），但许多学术领域仍然存在空缺或采用了替代方法。那么潜在的其他方法是否符合 FAIR 原则？值得注意的是，是否符合 FAIR 原则的标准在很大程度上是根据数字资源产生的作用来决定的，而不是通过特定手段使数字资源满足 FAIR 原则，那么是否有可能对数字资源的 FAIR 特性进行评判？

自 2019 年左右开始，出现了一种为 FAIR 测试和评估服务的小型产业。在这些公司依赖的各种人工和自动评价测试工具的努力下，已经发布了多达 13 种不同的 FAIR 度量标准（https://fairassist.org）。其中大多数是基于问卷的，问卷中的每个问题都涉及 FAIR 性的一个不同方面（例如，数字资源是否具有全球唯一标识符？数字资源是否需获得许可证？），而其他方法则是完全或部分自动化的。这种 FAIR 测试框架的“爆发”在某种程度上是积极的，因为它反映了数据发布社区真正希望做到 FAIR 并确保这些社区在“正确推进”这一决心。但不幸的是，这些评价体系大多独立定义，使用不同的标准，并以不同的尺度把握这些标准。因此，任何一个评价体系的结果都不能与其他任何一个评价体系的结果进行比较。它们可能产生截然不同的结果。例如，在一个案例中，使用相同的元数据对两个自动化的评估系统进行测试，结果是一个系统通过比例为 2/24，而另一个系统通过比例为 20/22！

这带来了一个显而易见的问题：哪个结果是正确的？

要评估评估者，首先需要考虑应该评估什么、为谁评估以及由谁评估。从后者开始——谁应该承担评估责任？我们立即遇到了一个棘手的场景。数据发布者往往是非信息科学领域的专家。因此，信息科学领域的专家无法直接向临床的专家询问其首选数据存储库的全局唯一标识符或元数据持久性策略是什么（因为医学专家听不懂）。同样，不能要求数据库管理员对一份数据是否遵循临床专业的最佳实践和标准进行评价（码农不懂医学）。这个问题在早期基于问卷的 FAIR 评估中得到了证实，其中能够发现不同的受访者根据自己的专业知识对给定问题的解释不同[9]。这就表明，基于人类问卷的 FAIR 评估方法将是不可靠和不可比较的。

谈到评估结果使用者的问题，FAIR 生态系统中有许多利益相关者——从资助机构到期刊出版商，再到数据库管理员和数据使用者。这些团体中的每一个都可能或多或少地重视 FAIR 规范的不同方面或个别的子规范。特别是在可复用性领域，试图正确引用他们希望使用的数据的学者可能对用于获取数据的标准格式不太感兴趣。因此，值得思考的是，如何根据使用者需求对总体 FAIR 分数与目的性 FAIR 分数进行权重划分。因此，这更多地说明了使用模块化 FAIR 标准的必要性，而不是广泛的单一问卷。因此，“为谁”和“由谁”问题为 FAIR 标准的自动化评价提供了新的方向，其中单一标准的细节应该由需要信息的利益相关者群体来制定。此外，计算机代理的 FAIR 评估方法实现了 FAIR 体系的主要目标，即智能代理进行自动查找、访问、整合和适当采纳处于 Web 环境的数据的能力。这是仅靠人力无法测试完全的东西（太多了），因此绝对需要一种完全机械自动化的评估方法。

FAIR 评估的最后问题是：什么是 FAIR 以及如何进行评估。从现有的两个完全自动化且客观的评估系统 [10,11] 中出现的迥乎不同的分数可以证明，不同“小厂”的工人之间显然没有就各种原则的意图或含义是什么，以及应如何衡量资源是否符合该意图上达成一致。RDA 的一个工作组最近完成了迄今为止 FAIR 体系制定领域最全面的调查和制定工作 [12]，这些标准中的很大一部分已经包含在前面描述的两个完全自动化的评估系统中，因此结果的差异似乎是源于评价实施的不同。正如 RDA 工作组的输出文件中所述：成熟的标准化方案的重点不在于制定统一的评价标准，而是标准地进行标准化评价。那么，谁来管理应该测试的内容，更重要的是，如何进行测试呢？到目前为止，对此还没有明确的答案。

33.4 工业中的 FAIR 数据策略

尽管 FAIR 起源于公共研究体系，但它也在信息和生物制药领域的企业内部研究组织中得到了广泛应用。尽管这些公司内部的数据不太可能超出公司防火墙的访问范围，但 FAIR 原则仍然极具价值。事实上，据估计商业研究人员花费了太多时间在搜索和整合历史数据上，这导致了巨大的效率提升空间 [13]。此外，在生命科学和其他领域，知识工作者通过将内部数据与公共领域数据相结合而受益。通过在两种类型的数据上应用一致的标准，研究人员可以确保强大的新人工智能分析能够更全面地访问机器学习和预测数据集。这些观点已经被预竞争的匹斯托亚联盟（Pistoia Alliance）（https://www.pistoiaalliance.org）的成员非常明确地表达出来，他们认为缺乏可发现、可重用、高质量的数据是制药行业内部机器学习项目的最大障碍 [14]。像辉瑞（Pfizer）这样的大公司已经宣布了在未来几年内将“我们所有的数据转变为 FAIR 数据”的雄心壮志（https://www.bio-itworld.com/news/2021/07/20/pfizer-s-digital-strategy-and-transformation）。许多生物制药公司，这些高度复杂、大型、跨国企业，已经在内部启动了战略和运营项目，以展示 FAIR 数据的实际影响和商业价值 [15]。

“FAIR 专业人士”为“FAIR 实践者”提供的工具资源也已经出现，如 Pistoia Alliance FAIR Toolkit（https://fairtoolkit.pistoiaalliance.org），以及由主要制药公司和 ELIXIR 成员创建的 FAIR Cookbook（https://faircookbook.elixir-europe.org）。这些资源正在帮助推动我们在公司之间将 FAIR 转化为现实的方式趋于一致 [16]。FAIR 被视为工业界利用人工智能/机器学习整合利用数据资产的重要一环 [17]，尽管现有的例子是在生命科学领域，但类似的断言也可以在其他知识密集型行业中提出。

33.4.1 这是一个语义问题

如果行业研究人员无法找到数据，或者即使找到了数据，数据描述得过于简略以至于无法理解其来源，他们就无法从数据中生成新的见解。工业中的 FAIR 特别旨在解决这些关键问题。

然而，生命科学中数据的多样性也带来了特别的挑战。大致上，我们可以将数据分为结构化（例如，存储在关系数据库中的定量值）、半结构化（基于字段值的混合数据，如 ClinicalTrials.gov，https://clinicaltrials.gov）和非结构化文本（专利、期刊文章和内部文档）。所有 3 种类型的数据都可以通过应用标准而显著受益于 FAIR。

对于结构化数据，模式提供了有价值的元数据，但如果使用临时约定命名，仍然会让研究人员感到沮丧。幸运的是，本体论为这些数据的标准化提供了基础，并且像基于 OBO Foundary 架构的 OBI[18] 和其他关键资源 [19] 为数据结构化提供明确、一致的定义。结构化和半结构化数据中的定量数据也可以通过与 QUDT（https://doi.org/10.25504/FAIRsharing.d3pqw7）这样的本体论进行标准化，从而促进在不同尺度上测量的相似数据的自动比较和整合。最后，我们面对的是所有数据中最难处理的，即非结构化的自由文本。事实上，非结构化数据被估计占组织内全部数据的 80%[20]。非结构化文本的体量和异质性可能令人不知所措，从专利到期刊文章，再到各种各样的内部文档，查找重要信息可能极其困难。特别是文本数据，由于人类对任何特定“事物”命名缺乏一致性，这一问题尤为突出。例如，药物对乙酰氨基酚也被称为扑热息痛、泰诺、Panadol 等许多其他名称。信息系统通常不会返回与这些名称中的任何一个相关的数据，即使它们在许多目的上可以被认为是本质上相同的物理事物。幸运的是，近年来出现了“语义”搜索系统来缓解这个问题。这些系统不通过搜索用户在搜索框中输入的字符串来提取，而是理解用户通过这些词所表达的意思，并搜索所有具有相同意义的同义词。语义搜索系统可以大大提高组织内历史信息的可发现性。这对于搜索相关数据集的实验元数据的机器学习用例来说尤其重要。没有语义搜索，数据科学家就有可能因为使用错误的关键词而错过大量数据集。PubTator（https://www.ncbi.nlm.nih.gov/research/pubtator/）和 Europe PMC（https://europepmc.org/）等系统在标准文献搜索中整合了语义概念，为所有研究人员提供了这种增强能力。语义搜索系统通过使用高吞吐量的自然语言处理（本身由人工智能算法驱动）来注释文本与“基石”本体论，如开源疾病数据库（DO）用于疾病（https://doi.org/10.25504/FAIRsharing.8b6wfq）[21]，人类基因组命名委员会（HGNC）用于基因（https://doi.org/10.25504/FAIRsharing.amcv1e），生物检测本体论（BAO）用于化验（https://doi.org/10.25504/FAIRsharing.mye76w）等。机器学习和语义形成了一个良性循环，语义可以为机器学习方法准备准确的高质量数据，而这些机器学习方法本身可以识别新的概念来添加到本体论中 [22]。

33.4.2 开放本体论：共同利益

对于行业来说，本体论是 FAIR 数据的基石，无论它们在不同系统中如何被命名，都提供了对相同“事物”的一致描述。尽可能地，行业倾向于为此目的使用开放的、公共领域的本体论。起初，这可能看起来有些违反直觉，因为公共本体论不像内部构建的那样“受控”。然而，只有当一个标准能够在多个参与方之间无限制地使用时，它才能真正成为一个标准。一个好的案例研究是由 Genentech 公司（https://www.gene.com）描述的，强调了一个常见的行业模型，其中不同的实验作为项目的一部分被外包给不同的合同研究组织（CRO）。首席科学家的角色是将所有这些数据汇集在一起，形成对研究系统的整体画面。Genentech 科学家描述了主要的阻碍因素是合同研究组织之间缺乏标准化[23]，即使是最基本的数据，如性别、日期和治疗，也有不同的表示方式。基于本体论的归档显然是FAIR表示这些数据更好的方式，但专有本体论会阻碍这种广泛采用，因此不是一个解决方案。直到最近，工业界才发现与公共本体论合作有些困难[24]。虽然最初的项目运作良好，但随着时间的推移，公司会希望对本体论进行添加，而这些变化并不总是与原始维护者沟通。因此，本体论的内部版本和公共领域版本可能会很快出现分歧。工业界发现随后"重新同步"非常困难，最终内部版本的本体论变得陈旧，成为FAIR数据长期稳定性的主要障碍。幸运的是，本体论管理的最新发展通过开发新的本体论同步方法解决了这个问题，从而允许内部和公共版本的同一本体论保持不断对齐（https://www.scibite.com/platform/centree）。

33.5 前瞻

以数据为中心的原则是任何数字化转型的关键。在FAIR原则下进行最佳的数据管理这样的例子并不罕见，但在全球利益相关者团体中推动形成了一套被共同认可的数据管理指南是前所未有的成功。坦率地说，这段旅程才刚刚开始，仍有一些不足，这些不足将阻碍我们创造能够对全球数据进行自我探索的人工智能，扩展性就是其中之一。迄今为止，FAIR化主要是集中于已有的数据集，但我们预计未来会有更多关于可能的FAIR化的研究，以实现根据需求产生"天生FAIR"的数据。

FAIR不仅仅是数据活动的必要前提。FAIR标准将成为人工智能工具包的一部分。语义丰富的数据也已被证明可以直接提高许多以机器学习为中心的研究框架的性能。以最成功、最著名的人工智能项目为例，IBM Watson Jeopardy-playing系统，是人工智能和本体驱动语义数据相结合的一个例子。FAIR数据协助了机器学习系统的构建，解决"垃圾输入/垃圾输出"问题，并且解释了机器学习生成的结果。这些技术在临床领域协同工作的例子很多，如有一款可以自动扫描皮肤图像以寻找癌症迹象的人工智能工具，并且模仿了皮肤科医生问诊[25]。作者指出，在构建该系统的过程中，使用临床皮肤病分类法以及提供医学相关结果对生成机器学习分类器中最佳的训练类至关重要。另一个例子是一个突破性的病情诊断系统，它用于诊断进入急诊室的青少年患者的病情，其准确性在某些情况下甚至超过了执行任务的医生[26]。这些平台的构建遵循了类似的模式，这些模式在训练数据的构建和人工智能结果的解释中很大程度上依赖于以统一医学语言系统（UMLS）风格为核心的FAIR标准——将数据置于与临床相关的环境中进行解释。

在一个快速发展的日益由人工智能驱动的世界，FAIR数据比以往任何时候都更有用。所有迹象都表明，未来FAIR数据将成为常态，并且FAIR能力是高效数据科学、知识发现和发展人工智能的必要标准。

参考文献

[1] M. D. Wilkinson, M. Dumontier, I. Jan Aalbersberg et al. (2016). The FAIR Guiding Principles for scientific data management and stewardship. Scientific Data, 3, 160018.

[2] European Commission (2018). Cost-benefit analysis for FAIR research data: Cost benefit analysis for FAIR research data. http://doi.org/10.2777/02999.

[3] S. A. Sansone, P. McQuilton, P. Rocca-Serra et al. (2019). FAIRsharing as a community approach to standards, repositories and policies. Nature Biotechnology, 37, 358–367.

[4] M. B. Jones, R. Richard, D.Vieglais et al. (2021). Science-on-Schema.org v1.2.0 (Version 1.2.0). Zenodo.

[5] R. Kaliyaperumal, M. D. Wilkinson, P. Alarcón Moreno et al. (2021). Semantic modelling of Common Data Elements for Rare Disease registries, and a prototype workflow for their deployment over registry data. medRxiv 2021.07.27.21261169.

[6] S. Soiland-Reyes, P. Sefton, M. Crosas et al. (2021). Packaging research artefacts with RO-Crate. Data Science, 1–42, 1 January 2021.

[7] S. A. Sansone, P. Rocca-Serra, D. Field et al. (2012). Toward interoperable bioscience data. Nature Genetics, 44(2), 121–126.

[8] A. González-Beltrán, P. Li, J. Zhao et al. (2015). From peer-reviewed to peer-reproduced in scholarly publishing: The complementary roles of data models and workflows in bioinformatics. PLOS ONE, 10(7), e0127612.

[9] M. D. Wilkinson, S. A. Sansone, E. Schultes et al. (2018). A design framework and exemplar metrics for FAIRness. Scientific Data, 5, 180118.

[10] M. D. Wilkinson, M. Dumontier, S. A. Sansone et al. (2019). Evaluating FAIR maturity through a scalable, automated, community-governed framework. Scientific Data, 6, 174.

[11] R. Huber and A. Devaraju, F-UJI: An automated tool for the assessment and improvement of the FAIRness of research data. In Proceedings of the European Geosciences Union General Assembly Conference Abstracts, EGU21, 15922 pp.

[12] RDA FAIR Data Maturity Model Working Group (2020). FAIR data maturity model: Specification and guidelines. Research Data Alliance. https://doi.org/10.15497/RDA00050.

[13] J. Wise, A. Moller, D. Christie et al. (2018). The positive impacts of real-world data on the challenges facing the evolution of biopharma. Drug Discovery Today, 23, 788–801.

[14] M. R. Barnes et al. (2009). Lowering industry firewalls: Pre-competitive informatics initiatives in drug discovery. Nature Reviews Drug Discovery, 8(9), 701–708.

[15] I. Harrow, L. Harland, S. M. Foord et al. (2022). Maximizing data value for biopharma through FAIR and quality implementation: FAIR plus Q. Drug Discovery Today, 20 January, S1359-6446(22)00024-1.

[16] V. A. Makarov, T. Stouch, B. Allgood et al. (2021). Best practices for artificial intelligence in life sciences research. Drug Discovery Today, 26(5), 1107–1110.

[17] J. Wise, A. Grebe de Barron, A. Splendiani et al. (2019). Implementation and relevance of FAIR data principles in biopharmaceutical R&D. Drug Discovery Today, 24(4), 933–938.

[18] A. Bandrowski, R. Brinkman, M. Brochhausen et al. (2016). The ontology for biomedical investigations. PLOS ONE, 11(4), e0154556.

[19] B. Smith, M. Ashburner, C. Rosse et al. (2007). The OBO Foundry: Coordinated evolution of ontologies to support biomedical data integration. Nature Biotechnology, 25(11), 1251–1255.

[20] C. C. Shilakes and J. Tylman, Enterprise Information Portals. Merrill Lynch. 1998. Archived from the original (PDF) on 24 July 2011.

[21] W. A. Kibbe, C. Arze, V. Felix et al. (2015). Disease Ontology 2015 update: An expanded and updated database of human diseases for linking biomedical knowledge through disease data. Nucleic Acids Research, 43(D1), D1071–D1078.

[22] H. Liu, Y. Perl, J. Geller et al. (2020). Concept placement using BERT trained by transforming and summarizing biomedical ontology structure. Journal of Biomedical Informatics, 112, 103607.

[23] M. D. Sorani, W. A. Ortmann, E. P. Bierwagen et al. (2010). Clinical and biological data integration for biomarker discovery. Drug Discovery Today, 15(17–18), 741–748.

[24] L. Harland, C. Larminie, S. A. Sansone et al. (2011). Empowering industrial research with shared biomedical vocabularies. Drug Discovery Today, 16(21–22), 940–947.

[25] A. Esteva, B. Kuprel, R. A. Novoa et al. (2017). Dermatologist-level classification of skin cancer with deep neural networks. Nature, 542, 115–118.

[26] H. Liang, B. Y. Tsui, H. Ni et al. (2019). Evaluation and accurate diagnoses of pediatric diseases using artificial intelligence. Nature Medicine, 25, 433–438.

第五部分

智能辅助科研前景

第34章

科学大型语言模型

Austin Clyde，阿贡国家实验室数据科学和学习部，美国伊利诺伊州莱蒙特市。E-mail：aclyde@anl.gov

Arvind Ramanathan，芝加哥大学计算机科学系，美国伊利诺伊州莱蒙特市。E-mail：ramanathana@anl.gov

Rick Stevens，阿贡国家实验室计算、环境和生命科学局，美国伊利诺伊州莱蒙特市。E-mail：stevens@anl.gov

34.1 引言

人工智能正在产生新的数据思维方式[1,2]、处理数据方法[3,4]，以及提高数据产品推理的能力[5,6]。数据分析和生成建模正在成为科学的关键因素（与人类及其创造力一起）[7]。科学家如何读取、解释和把数据概括成一个连贯的理论是科学实践的核心[8,9]。AI for Science（AI4Science）旨在促进数据、计算和科学方法之间的深层联系，以推进下一代科学发现，从而解决当前这一代的问题[10]。AI for Science 的基础模型是“基于大规模广泛数据训练并能够适应的任何模型”[11]。在本章中，我们将讨论当代基础模型，即大型语言模型（LLM）。

这些基础模型应用广泛，如化学人工智能或材料设计人工智能[12,13]，COVID-19 中的人工智能（科学家利用对新数据源的深入学习来快速识别感染个体[14,15]，人工智能在液滴中模拟 SARS-CoV-2，以了解传播过程及其与刺突蛋白的关系[16,17]），或利用人工智能理解候选药物的机制[18]，甚至筛选庞大的化合物库以定位药物[19-22]，都属于这个范畴。科学家利用多年来积累的大量模拟、结构数据和计算能力来推进蛋白质工程和折叠的知识（以及能力）[23,24]。由此可知，AI for Science 具有巨大的进步前景。

然而，由于可预见的挑战，人工智能在科学研究中未来的潜力可能会受到限制。要确定科学实践的方向，就必须努力识别这些障碍并加以解决。本章关注的一个挑战是处理自然语言。随着人工智能自动执行大部分数据分析并转向自主发现的理念[25]，科学家必须反思性地认可计算“科学”。这需要科学家理解人工智能模型得出结论、平衡支持或反对假设的证据、提出假设甚至创建新概念和理论的证据和方法。此外，一个更实际的问题是人工智能无法超越历史科学文献中的自然推理，甚至无法分析过去文献或电子健康记录中的非结构化数据。我们称这一挑战为互操作性挑战。

互操作性是不同系统交互、共享信息和相互理解的能力。在软件工程中，互操作性侧重于不同系统以协同方式理解并相互通信的能力[26]。例如，在物联网文献中，它指的是不同平台相互交换数据的能力[27]。当系统交换数据时，它们都能够从交换中协同获益。同样，我们也可以考虑可解释人工智能（X-AI）的一般问题，即在人工智能模型与人类社会交流之间存在一个基本的互操作性问题[28]。

首先，由于缺乏与人类语言的互操作性，模型无法与数百年的科学文献和发现进行交互。当科学家训练模型时，模型通常是在数据集上训练的，而未能将用于解释这些数据的科学理论与先验知识融入建模过程，这可能导致科学文献和模型预测结果之间出现偏差。这方面已经取得了一些进展。例如，科学家可以使用基于物理学的损失函数来确保模型受物理学定律约束[29]。以过去文献为基础的一般能力依赖于数据以及背景科学假设的能力，这些假设与科学论文的语言密切相关[30]。

其次，计算模型缺乏对语言的理解，使得模型无法用人类可理解的人类语言解释甚至推理它们的预测。因为人工智能系统不能用语言来支持或反驳他们的主张，所以人类几乎不可能利用模型来理解他们的主张。这是一个充斥着人机交互新研究的问题[31-33]。

再次，如果模型不能使用人类语言，就会限制AI for Science的应用范围。虽然在可解释性方面的研究努力在追求一个本体一致的系统（人工智能系统可以根据所提供的数据来解释其预测），但这一雄心壮志最终限制了机器推理的视野，因为机器推理能够超越我们先前对数据的理解[34]。人工智能系统解释声明甚至重新理解数据的能力需要使用语言，理想情况下最好使用自然语言。

最后，远见卓识。它对科学哲学提出了巨大的挑战，如概念形成、类比推理以及将生活世界经验整合到无生命的系统中。克服这个语言问题可以为气候变化设计新材料或发现新的疗法创造一个机会。虽然互操作性是基本的，涵盖了与AI for Science相关的广泛问题，但也存在其他同等的挑战，如开发使用高性能计算机的机会和营造更民主的科学环境[35]。

人工智能基础模型是“根据大规模广泛数据训练并能够适应任何任务”[11]。当前基础模型（如GPT-3）是基于许多不同的数据源进行训练的[36]。这就意味着，基础模型在应用于从文本生成到代码生成的非常不同的任务时，性能令人印象深刻[37]。随着模型变得越来越大，它们持续作为应用特定模型的基础，如ProtTrans，一种预测蛋白质序列的模型[38]。基础模型是科学建模的一种新范式，因为它们表现出越来越多的同质化和涌现性。增强的同质化意味着更多的建模任务开始依赖于相同的基础模型、架构和学习算法（这也增加了错误传播到下游任务的总体风险[39]）。反过来，这意味着必须投资于基础模型，以创建下一代能力，尤其是在硬件和工程前沿[11]方面。出现率的增加意味着系统的行为主体是“隐性诱导而非显式构建”（进一步增加了对模型变得过于强大的担忧[40]）[11]。

在本章中，我们提出LLM可以通过将科学文献与可解释能力、概念形成能力的直接整合来推进AI for Science，进而推进人工智能和HPC的协同效应（图34.1）。LLM是AI for Science当前的基础模型，尽管基础模型的未来不一定是LLM。LLM在生成文本和不同的推理任务（例如，结构化数据和形成知识库、生成声明之间的蕴涵以及生成新文本）方面取得了令人印象深刻的性能。第二部分介绍了LLM在NLP方面的进展。然后概述当前工作如何应用于科学领域，同时概述区分NLP和科学推理所带来的挑战。最后概述了为自动化科学推理设计互操作系统所面临的一系列挑战。

图34.1 LLM和AI for Science

LLM在各种特定领域和多模式学习任务上显示出同样显著的成功。在将这种成功转化为科学的过程中，必须开发一套技术库，将LLM应用于整个科学发现、总结和理论化过程

NLP是计算机科学的一个基础学科[41]。NLP起源于20世纪由政府资助的、因各种冲突驱动的机器翻译活动[42]。20世纪50年代，人们对英语和俄语之间的自动翻译产生了浓厚的兴趣。人们的想象力随着计算能力的提高而增长，数据库检索和结构化数据中的新机会激发了计算机对论点和科学结论的合理性进行推理的想象力[43]。例如，“计算机推理”或“自动推理”的理念最终成为正式语义研究计划（如鲁道夫·卡尔纳普[44]）的核心主题之一。在人工智能的寒冬期，正式推理程序的发展放缓，而现代的LLM处理与以前使用的扎根（基于实证）技术相去甚远[45]。形式逻辑技术需要将基本事实编码成逻辑关系。这些技术最终成为了单独但密切相关的数学定理证明项目的一部分[46]。机器推理的形式化技术与现代LLM中使用的语言理论大相径庭。

下一节将简要概述LLM设计中最常用的理论框架，并讨论最先进的基准测试。

34.1.1 NLP准备

现代NLP面临的一个挑战是将单词编码成从NLP的前几个步骤获得的向量：词汇识别、标记化和嵌入（图34.2）。这里有许多不同的技术可供选择，我们仅概述当前最先进的LLM所需的基础知识。词汇表是通常从初始文本语料库中构建的有效标记的集合。词汇表将定义向量嵌入，以使自然语言和向量之间的翻译成为可能。

简单的标记化方法是从语料库中取出所有由空格分割的单词，并为其分配一个唯一的编号。然后将每个字编码为大小为V的独热矢量。这种技术的问题，特别是对于科学领域，如果在初始文本语料库中没有遇到一个词，那么它必须被分配一个未知的标记。未知的标记（UNK），要么应用于各种重要词语，要么必须用添加到语料库中的稀有词语重新训练模型。

考虑到在各种科学学科中遇到的罕见词的数量和频率，不得不重新训练模型或无法处理看不见的词并不是一个理想的特征。

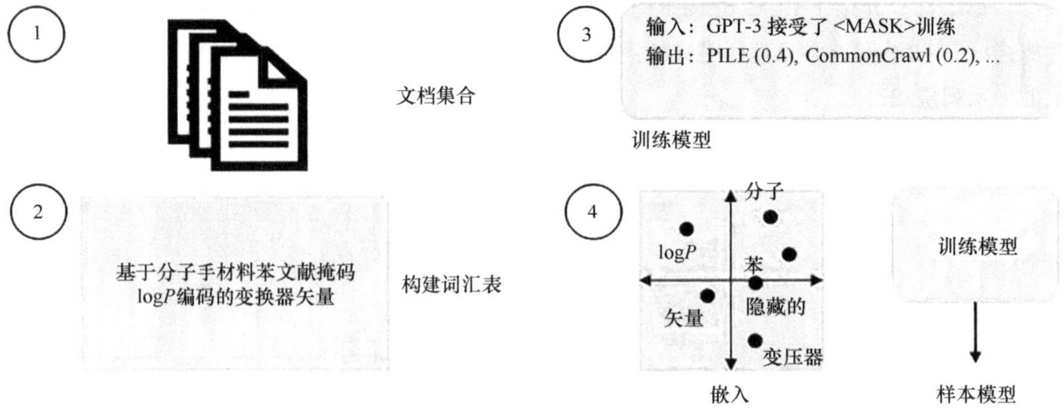

图 34.2　NLP 概述

4 个主要组件包括管理文档集合①、构建词汇表②、训练模型③，以及利用模型或其单词嵌入用于下游任务④

故而，对于所有现代 LLM，如转换器的双向编码器表示（BERT），生成预训练转换器 GPT-2 和 GPT-3 都使用字节对编码（BPE）。BPE 通过结合词级和字符级编码，将重复出现的字符模式分解为可变长度的 n-gram 块[47]。GPT-2 和 GPT-3 的词汇量固定为 50257，但这是一个超参数[48]。因为嵌入空间和标记之间的映射是同构的，当我们用 w 指代一个词时，可以指代 $w \in V$——我们词汇表中的标记 w——或者 $w \in \mathbb{R}^{50257}$。现代 LLM 有两种常见的范式。第一种是掩码语言建模，它利用词汇表中的特殊标记，这个标记可以出现在句子中的任何位置。例如，输入序列可能看起来像“My dog go [MASK] to get his toy”，模型应该预测出现 [MASK] 正确单词。模型预测词汇表中所有单词的概率，所以最有可能的单词也许包括“inside”或“outside”，而可能不包括“car”或“bed”，因为介词不正确。该模型可以使用来自掩码之前或之后的标记的信息，因此该模型表示的是上下文中单词的概率。该方案适用于 BERT 模型[49]。

另外，因果语言模型（CLM）不显式地使用 [MASK] 标记，而只预测具有从左到右依赖关系的下一个单词[50]。在前面的例子中，如果想查询哪些单词可能会进入掩蔽位置，那么当因果模型预测下一个单词时，输入看起来像“My dog go”。因果模型将自回归地处理语言，因为每个单词都依赖于前一个单词。CLM 提供给定单词列表的词汇表上的下一个标记概率，从而可以将句子进行似然性建模：

给定模型参数 Φ。这使得可以以直接生成的方式对句子进行采样，这对于像 BERT 这样的多模态大语言模型（MLM）来说是不可能的，因为似乎没有办法对句子概率进行建模，尽管人们可以想象出一些伪度量方式，诸如：

$$P_{\Phi}(w_1,\cdots,w_n)=\prod_{i=1}^{n}P_{\Phi}(w_i \mid w_i,\cdots,w_{i-1}) \tag{34.1}$$

$$P_{\Phi}^{(\text{psuedo})}(W)=\prod_{i=1}^{n}P_{\Phi}(w_i \mid w_1,\cdots,W_{\setminus t}) \tag{34.2}$$

其中，$W=(w_1, \cdots, w_n)$，$W_{\setminus t}$ 是向量 $(w_1, w_{t-1}$[MASK]，$w_{t+1}, \cdots, w_n)$ 的简写[51]。

34.1.2 体系结构

最先进的 LLM（如 BERT 和 GPT-3）基于转换器块架构[52]。转换器模型遵循编码器-解码器结构，其中一组标记（$w_1, \cdots, w_n$）被编码为潜在表示向量（$z_1, \cdots, z_n$），然后被解码到输出空间。如 34.1.1 节所述，在输出空间中，可以在因果或掩蔽设置中进行解码。

基于转换器的模型的核心层类型称为注意层。注意层的灵感来源于日常生活中“注意力”一词的通俗用法。例如，在考虑“it”一词的含义时，回忆或“注意”上述主题可能有所帮助。注意力有几种不同的形式[53-55]，最常见的是缩放点积注意力，它由一组称为查询 Q、键 K 和值 V 的向量组成，计算如下：

$$\text{Attention}(Q, K, V) = \text{softmax}\left(\frac{QK^{\mathrm{T}}}{\sqrt{d_k}}\right)V \tag{34.3}$$

其中 d_k 是向量 k 的维数。给定一个包含符号的输入向量 $X \in R^{s \times d_x}$，这些符号嵌入维数为 d_x 的空间中，序列长度为 X，可以用线性权重 W 来生成向量。

$$Q = XW^Q, \quad K = XW^K, \quad V = XW^V \tag{34.4}$$

应该明确的是，给定 W^Q 和 W^K 的维数，均为 $R^{d_k \times s}$，QK^{T} 是维数 s 乘 s 的平方矩阵，在归一化后应用 softmax 函数。直观地理解，对于表示一个令牌 i 的每一行，表示另一个令牌 j 的列被分配接近 1 或 0 的值。因此，当 V 在右边乘以这个平方矩阵并“思考”令牌 i 时，它会注意到令牌 j 与之相关。

这可以被认为是一种类似于查字典的信息检索机制，其中 softmax 项的计算正是为了执行查找任务。这些值是从中检索信息的位置。想想“I heard my cat meow”这句话。当考虑 cat 后面可能出现什么时，我们可能想注意“heard”这个词，因为它表示后面应该有噪声。因此，查询和关键字矩阵应该为对应于单词 meow 应该出现的最后一行中的那些上下文单词的 j 个位置产生接近 1 的值。编码器-解码器模型中可能出现 3 种类型的注意力：编码器中的自注意力、解码器中的自注意力或编码器-解码器中的注意力。在编码器-解码器关注的情况下，输出序列用于关注来自输入序列的某些信息：

$$Q = X_{\text{output}}W^Q, \quad K = X_{\text{input}}W^K, \quad V = X_{\text{input}}W^V \tag{34.5}$$

注意力也可以是带掩码的或不带掩码的。对于因果语言模型来说，如果注意力被掩盖，这样来自序列后面部分的信息就不会影响当前标记。相反，不加掩饰的注意力会使用所有信息和位置，如 BERT。

注意力建立在神经网络中的递归思想之上，如递归神经网络、双向递归神经网络和卷积神经网络。这些递归神经网络受到长程信号退化的影响[56,57]。注意力是为了减少与传统重复层相关的信息瓶颈[54]。继续举一个简单的例子，即在句子中找到“it”的指代对象，定位出现在许多单词位置的主题需要在记忆通道、长短期记忆网络或整个上下文表示的本身中保持一个向量[58]。在注意力网络中，由于每个标记都可以通过注意力查询专门的索引并引用另一个标记，因此上下文不需要嵌入到句子的单一表示中，而是可以通过检索获得。最近，开发了用于建模这些长距离依赖的基于非注意力的技术，如 LambdaNetworks[59]。

当前 LLM 使用了多层注意力块，其中注意力层具有多个方向。这些多向注意力层有效地执行了许多循环，并将结果拼接在一起[36,48,52]。这些块可以是编码器、解码器或编码器-解码器类型，取决于所使用的注意力类型是掩码的或非掩码的。块可以组合线性前馈网络和可能的归一化层或残差连接。例如 GPT-2 和 GPT-3 模型仅使用解码器块，并且因为它们是自回归的，所以注意力是带掩码的自注意力。

34.1.3 训练和微调

LLM 需要专门的训练硬件，因为自回归语言建模随序列长度的变化而变化，且对于一些最大的模型，可训练参数的数量超过 1000 亿[36]。训练 LLM 是不能掉以轻心的。考虑到大量的可训练权重和所需数据，这不是一项非比寻常的计算任务，通常需要使用计算集群和许多天的训练时间。甚至，有些人将环境危害与 LLM 的训练联系起来[39]。

超过几十亿量权重的 LLM 训练成本高昂，需要数千个最先进的 GPU 集群耗时几天到几个月进行训练。考虑到最初训练这些模型的巨大成本，LLM 的范式通常是在一种语言的大型重叠语料库上预训练模型，这也是一笔大额的前期投资，如从所有的网络爬取的材料中训练模型。根据这个初始的预训练模型，可以使用专门的数据集对下游任务进行微调。这降低了跨多个任务专门化模型的成本，并允许少量数据在模型上进行泛化，前提是预训练中对语言的一般理解和结构使模型更容易学习。

GPT-3 是在 CommonCrawl 的一个子集上训练的，该子集由超过 570GB 的纯文本组成，即超过 4000 亿个 BPE 编码的令牌[36]。CommonCrawl 是从面向公众的网站中提取的原始网络数据的集合。The Pile 是一个 800GB 的精选集，包含来自少数高质量来源的开源生成脚本[60]。该团队表明，在 Pile 上训练 GPT-3，与在 CommonCrawl 上训练相比，可以在某些领域获得更好的表现。GPTNeoX 是目前最大的公开 LLM，量超过 200 亿个权重，并且已在 Pile 上进行了预训练[61]。目前有一些不同的公开可用的培训基础设施管理器，如 Megatron 和 DeepSpeed[62,63]。

34.1.4 语言嵌入

这些模型的起点大多数是独热编码的令牌；然而，作为训练过程的结果，令牌可以被投影到嵌入空间中。与只有一个轴具有非零值的热编码矢量不同，嵌入将使单词从其定义的轴上移动。虽然独热编码可以快速解释且易于实现，但它们并不能将任何关于一种语言的初始信息编纂成法典，如“king”和“queen”代表着相似的概念，与“plant”或“car”这两个词大不相同，同时都具有“monarchy”或“royalty”的含义。

与独热编码相反，词嵌入试图通过向量空间中单词之间的距离来学习这种自然的语义联想和相似性。然而，这可能会导致基于数据样本的归纳偏差，如识别具有错误和偏差联系的单词（如某些职业和性别[64,65]）。

如前几节所述，单词嵌入不一定需要来自 LLM。两个模型，如连续单词袋（CBOW），试图将周围的单词 w_{t-2}、w_{t-1}、w_{t+1}、w_{t+2} 投影到潜在空间，以预测输出单词 w_t[66]。Skip 语法模型则相反，它将单词 w_t 投影到一个潜在空间，并预测 4 个上下文单词。用于单词表示的全局向量

（CloVe）改进了这些方法，利用了较小的向量大小，在较小的词汇大小上表现更好[67]。

34.1.5 少样本学习

目前，很少有仅使用少量数据示例来学习的任务[68]。经过预训练的 GPT-3 和其他 LLM 已被证明是少样本学习模型[36]。此外，Brown 等的研究表明，权重越大，模型在上下文信息中使用的次数就越多（样本数量越少）。其基本思想是，通过提供一个以 2～3 个期望响应类型开头的句子，模型将从最初的几个例子中学习，并在概括结构、风格和内容的基础上构建其反应。模型能够处理的上下文或序列中示例的数量受模型上下文内容量的限制，对于 GPT-3，上下文窗口为 2048 个令牌。除了只显示一个示例外，单样本学习与少次学习相同。

少样本学习是 GPT-3 执行众多任务的基础。将 GPT-3 用作少样本学习器的过程称为“提示”[69]。给定预先训练的 LLM，特定任务经过一系列专业化训练，可以从零样本学习到微调。微调需要预先改变训练的模型的权重，以专门化模型来执行任务，这仍然被认为会产生最佳结果。少样本学习到零样本学习不会改变模型的权重，但会改变所提供的上下文信息量。

34.1.6 信息检索

信息检索适用于各种任务，例如搜索、问答，甚至基本的事实核查[70]。信息检索是一个具有挑战性的计算问题，因为在某种情况下它是不明确的。给定一个特定的背景和问题，最好的信息在现实世界的场景中往往并不明确。有些事实性或分析性问题存在一系列明确的答案范围（例如，“对于小学生来说，什么是行星？”）。有些问题缺乏明确的答案，或者答案取决于上下文（“对于患有癌症的 50 岁男性来说，什么是好的癌症药物？”）。信息检索将信息视为一个基本事实，把问题表述为查找操作。在思考科学文献和推理时，这种区别将显得尤为重要。

给定一组文档（例如，在搜索的情况下是网页），神经信息检索将文档编码到潜在空间中。它使用余弦相似性从查询中检索文档[71,72]。

然而，此方法仅通过非上下文全局嵌入来链接文档。它们不会根据查询到的详细信息来检索特定信息。交叉编码解决了 LLM 使用查询嵌入文档的问题[73]。通常，经典检索技术用于限制一小组文件，然后模型[74]从中选择最相关的段落。LLM 的信息检索已经被大规模用于网络搜索[69]。

Thorne 等利用维基百科的模块内容作为基本事实声明[70]。如果他们支持或反驳某一说法，他们会对维基百科中的段落进行注释。他们提出的流程是，利用信息检索系统定位 n 个相关文件，最后使用模型评估是否有任何文件包含输入声明，从而检查声明是否有支持证据或可以“验证”。

同样，Guu 等利用完全可微分的检索-预测模型[75]。给定掩码查询，找到正确的术语，如“MASK 是单元的动力源”。为了创建端到端训练的完全可区分的模型，他们利用如基于 LLM 的系统之类的差异文档检索系统来实现从所检索的文档上下文输入信息以及对模型本身的查询。这个系统的一个优点是适用于监督任务，而不仅仅是像问答系统那样的掩码术语。Izacard 和 Grave 利用学生-教师范式，在基础问题-答案（QA）任务上迭代训练 LLM 注意力得分模型，从而产生比非迭代训练模型更好的效果[76]。

尽管如此，一些学科数据集已经对超过 15000 道试题的集合进行了汇总[77]。本集包含基于文本段落的多项内容，涵盖了从社会科学到自然科学的各个学科。研究者称，非结构化自回归LLM缺乏复杂分析任务（如法律数据集或逻辑推理）所需的推理，随机性能一般，在市场营销和管理试题上的表现反而更好，准确度超过60%（以及问答式微调LLM，如UnifiedQA[78]，在这两项任务中的准确度为80%）。

34.2 从自然语言到科学语言

我们现在讨论将LLM从日常语言使用范围拓展到科学推理的各种方法。首先我们将概述应用语言建模技术所面临的技术挑战，然后通过回顾一些最近的转化研究，探讨这些模型如何在科学实践中发挥作用。

34.2.1 科学语言与自然语言

科学推理、假设和文化都包含在科学家所创作的文本中；然而，科学文本的内容和上下文与来自Reddit甚至StackExchange在PILE或CommonCrawl中发现的言论大不相同。科学写作通常分为：①观察，即关于真实发生的事物的陈述；②分析，在科学假设以及明确模型和理论的背景下解释这些观察；③讨论，这可能引起复杂的问题，如数据错误、与先前工作不一致以及需要研究的新想法。虽然这些分类并不全面，但科学写作中的这3种不同模式对于作为科学主张的独特构成成分进行解析是必不可少的。这些组成部分将科学写作与NLP中的其他来源区分开来。

科学的目的是追寻真理，而重要的是对“真”的理解。不论是一个启发式概念，如科学家在实践中对先前的科学文献并结合他们的理念进行合理分析，还是把他们的逻辑应用于观察到的实验证据的基础上，科学家都保持着对推测与科学事实的热忱。因此，科学推理和自然语言之间的本质区别在于如何根据跟踪科学真理来证明陈述的合理性。科学界的声明需要有正当理由，在某个时候需要被论证或提出依据来捍卫其可信性。

对科学事实的这种观念也有一个需要注意的地方，它也与长期思考问题的行为有关：科学事实确实会改变。一个理想化的科学家可以持有某些确信的理念，可能逐渐或突然地更新这些信念，这取决于出现的证据。这些变化可能只是对“BRCA1基因不参与癌症”等事实的改造，而不是目前认为“BRCA1基因参与癌症”的观点。但是，改变也可以扩展到更多概念和本体方面，从而改变如“BRCA1”这样的实体在科学推理中的地位，甚至可以完全创造出新的概念。

34.2.1.1 自举理解

虽然科学家和哲学家很难就如何系统化科学理解达成一致，但在将科学理论编码成大规模数据集方面已经取得了一些进展。首先，科学文献具有很强的网络性，在引文网络分析领域对此进行了充分研究[79-81]。这意味着，大量的科学文献可以存在于一个基于引文的网络中，提供了一种从文章的内容中分析概括声明的模式（可以从引文中检查声明的含义，以评估支持的强度）。其次，被广泛接受的正规科学理论在一定程度上已经在在线门户网站和数据库中进行结构和编码。例如，以基因组破解（KEGG）路径数据为例，这些数据将各种基因、蛋白质和化学相互作用途径编码为图表，其中包含结构良好的关系集、实体集，甚至是记录的引用信息[82–84]。这些大的结构图为思考科学理论提供了基础，并推动了相关领域的进展。在 34.2.1.2 节中，我们将转向一些示例问题和实验。

34.2.1.2 词汇

科学文献分析史上的一个挑战是词汇的复杂性[85]。人民采取了各种方法来处理这个问题。首先，使用 BPE 方案可防止从输入模型中漏掉复杂和罕见的科学词语，因为科学词语经常被分解为携带术语成分含义的前缀[86]。其次，医学本体和分类工作已经创建了大量具体术语和实体的嵌套列表[87]。最后，NLP 模型本身可用于对相似上下文和特定不确定性范围内使用的词语[88]进行分类。

另一个问题是，将具有不同名称的实体链接在一起[89]。例如，基因有许多经常可互换使用的其他名称。一个只跟踪字面词汇表的程序可能会认为它们是相似的，但无法将两个术语折叠成一个实体进行推理。像 NLP 模型（如 BERT）已用于提取这些命名实体并将其联系在一起[90,91]。

34.2.2 真实性

真实性指的是作为事实的品质或方面。一般来说，NLP 的基调与科学略有不同。在 NLP 中，验证事实的想法通常是在处理错误信息的背景下提出的，其中验证的质量与科学背景（即简单地检查信息是否出现在声誉良好的来源，如维基百科或国家新闻机构）、被验证事实的复杂性（出生年份）以及所需推理的稳健性有关。然而，NLP 的进步可以为建立一个对 LLM 有更严格要求的系统奠定一些基础想法。人们可以从两个角度来看这个问题：确保 LLM 的输出有事实根据或确保模型受限于事实或有根据的声明。这两个角度对应验证和过滤输出，或者对 LLM 上施加一些结构和体系结构设计，使得输出可能是可验证的、真实的、或有根据的。对于本次讨论，我们将采用更宽松的验证标准，即信息可从可靠的来源以类似声明的形式找到。

第一个角度是简单地将 NLP 模型的输出与一些其他源联系起来，可以将其梳理为信息检索问题，如 34.1.6 节所述。例如，如果在 LLM 的输出中检测到声明，则可以在如维基百科的数据库中搜索该声明。如果声明以等效形式出现，则 LLM 的输出可报告为已验证。如果索引未出现，则表明索引未经核实。如果索引出现，但以不兼容的形式提出，则可作为反证据提出。参考文献检查的这种基本形式可以扩展到关于科学声明的输出，如在科学文献中定位推导、蕴含和支持该声明的句子。这种方法的一个缺点是，可能存在不直接由当前声明直接蕴含的声明（即它不是以存在命题形式出现的）。然而，结合应用不同的科学推理技术，它仍然可以被推导出来。我们将在以下章节中处理此问题。

使用实体检测来替换维基百科“事实”声明中的类似实体是一种独特的策略，根据标准类型的实体之间应共享一组可推广声明的假设，生成更广泛的声明集[92]。这种方法依赖于改变模型的训练集，使得事实信息在不太可信的数据基础上得到加强。研究认为，LLM 在特定句子上的训练次数与模型输出中该句子重现的可能性密切相关，因此，为科学用途精心设计的训练数据模型可能会提高其产生声明的可验证性性能[93]。

34.2.3 推理

科学推理允许确认模型声明的验证，但需要查看它们是否可以合理地遵循其他声明。科学推理产生的模型可能对科学家来说是新的信息，但需要以现有文献中已有的材料为基础。我们提出两种推理方法：一种基于通过知识图建立最先进知识的内部表示；另一种基于上下文推理，但是这种方法不能始终保持文献或真理的完整状态。

随着科学文献的增长，参考文献的检查和更新成为一个问题。随着时间的推移，论文中的具体主张可能会被证伪、泛化或进一步限定——这是科学的本质，而不是缺陷。然而，目前引用完整的研究论文来支持命题主张的科学实践有时难以被追溯。同行评审就是要解决这个问题，但是如果那些声明经常引用参考文献，则让审稿人检查引用参考文献中的每项声明就会成为不合理的负担。这个问题在数学领域已经得到了很好的研究，在数学中，索引可以被形式化以理解索引的确切谱系和基础术语[94]。自然语言在科学中的使用使得这种方法在缺乏进一步研究的情况下变得难以处理。

知识图是一种推理实体之间的联系的启发式方法。基本公式由构成图 $G = (E, R)$ 的一组实体 E 和一组关系 R 组成。由于可以存在不同的关系，可以设想一组形式为（p, e_1, e_2）的三元组，其中 p 是一组关系 $p \in R$ 中的命题关系，且 e_1，$e_2 \in E$。这组材料可以使用 NLP 文献中的声明提取技术[95-98]，更广泛地称为知识蒸馏技术[99-101]。这个问题可以作为一个机器翻译问题而被提出来，给定作为 NLP 标记序列的句子，目的是将其翻译成三元组空间，以便保留句子的某些含义。

另一种方法是从句子中建立局部知识图谱，然后在知识图谱空间中将其与已知数据库（如维基百科）进行比较[102]。这是事实声明检查的另一种形式，不同之处在于，在本例中，验证在图谱空间中进行，而不是 34.2.1 节中的自然语言空间，贪婪神经定理证明器就是这样一个例子[103]。

在另一种方法中，通过改变训练数据来增强模型中的真实性；然而，这在训练目标仅涉及共现和概率而不是事实的情况下是困难的。然而，有理由相信给定 LLM 可以通过形式化语法在模型中嵌入子任务[37,104]。例如，Clydeetal 将化学品之间的知识图嵌入转换模型中。首先，生成图 $G = (M, E)$，其中 M 由分子支架组成，E 是超图关系。M 中的分子 m 由文本 SMILES 字符串表示，该字符串是对化合物图结构进行广度优先搜索的列表。这些 SMILES 字符串除了由字母序列组成之外，与自然文本没有任何关系。该模型经过训练，可将 m 转换为 m_{sup}，其中 $m_{sup} \in E(m)$。有趣的是，该模型是在 $E(m)$ 的子集上进行训练的，因为尚不完全清楚哪些较大的分子将该分子支架作为子图包含在内。但是，该模型可以从训练示例集中正确推断出完整的图。此示例强调了获取知识图、将其嵌入模型并检查它是否可以正确地从图中学习某些结构以推断出新连接的可能性。鉴于这项任务是关于分子结构的，并且该模型没有科学文献预训练，因此问题仍然悬而未决：对特定任务数据集的预训练是否可能产生协同作用，或者基于某些信息检索目标的上下文是否提供了，或提供了什么样的信息检索目标？这些问题有待探讨。

34.3 机遇和未解决的问题

本节概述了将 LLM 应用于科学实践的 3 个机遇领域。

34.3.1 结构化检索

预测模型可用于工程和优化问题的逆向设计，如药物发现或材料设计。例如，药物搜寻者可能希望找到一种能够最大限度地提高抑制作用的可能性并满足各种属性限制（例如，分子量）的化合物。

具有深度学习的属性预测模型在这项任务中非常成功；然而，它们需要表格形式的结构化数据。虽然许多数据集已经可用于描述以表格形式存在的简单属性，但科学文献中充满了未聚合为任何表格格式的化合物的实验属性。根据预先确定的本体检索结构化表将解锁历史、科学文献的预测模型。

此外，在非结构化电子健康记录（EHR）中，由于无法将文本、图像和手写数据快速转换为基于通用本体的表格形式等原因，预测建模的广泛应用受到了阻碍。尽管近年来随着软件中更通用标准的不断增多，这一问题已有所缓解，但这种做法远未达到标准化。它仍然在很大程度上妨碍了对纸质医疗记录的回顾性分析，甚至使其在某些情况下难以开展。

这些示例将从采用本体（所需的表格字段）、将其应用于文档语料库以及为下游学习项目构建数据表的机制中显著受益。如 34.1.5 节所述，LLM 已被证明能够从结构化数据中解析非结构化数据。适应上述问题需要使用多模态文档的新方向，即与 LLM 一起处理科学论文和电子病历中的表格和图形，设计衡量从非结构化文本到结构化文本转换质量的指标，解决不同论文之间量的标准化问题，并防止仅从某一类非结构化文档中检索结构化数据而产生偏差。

例如，考虑当前 EHR 分析项目的流程包括：①提取目标人群的临床记录并预处理数据；②使用分层结构定义注释模式；③使用注释模式执行文档级分层注释；④为搜索引擎系统建立索引注释 [105]。LLM 几乎可以用于每个级别，并在第二阶段进行一些干预，以过滤注释方案，使其准确成为临床医生所需的方案 [106]。

34.3.2 未来的工作

34.3.2.1 自主发现

自主发现有两个主要组成部分 [107,108]。第一是通过使用机器人和人工智能来实现实验室自动化 [109]。第二是目标设定、分析和假设生成 [110]。我们相信 LLM 可用于加速研究并将数据纳入现有理论和知识图谱中。首先，LLM 可用于从科学数据中提取主张并将其嵌入预先存在的知识图中。这可以用来检测不一致性、支持证据，甚至有趣的联系。根据实验证据更新知识图，采样和预测技术可用于预测新的实验或出现的问题 [111–114]。King 等使用一种图形方法进行自动选择和计划实验 [115]。

LLM 不仅可以在知识图的范围内生成新的假设，还可以在整个文献范围内生成新的假设 [116]。显然，即使在特定的科学时刻或范式内，科学也可以清晰地构建为计算事实。然而，对于超出当前理解的创造性新思想和理论，很明显以前的结构将不起作用或最少需要重新调整——这种本体论转变在计算上很难阐明 [117]。因此，通过使用类比推理的各种总结来学习语言 [118,119] 并使用 LLM 来阐明自然中的创造力可能会有一定好处。

34.3.2.2 型号统一

在实践中，许多科学实验室根据共享数据或实验数据创建自己的一套专业学习模型。这导致许多未版本化的科学模型在不同的实验室组中可能略有不同并且缺乏组织性。此外，一种模型并不了解其他模型的存在，而科学思维通常尊重其他科学思维的背景信息。因此，有理由希望有一个统一的模型，可以吸收其他模型，保留其准确性和信息，并形成协同效应。鉴于LLM是唯一经过数千亿权重训练的模型类型，我们有理由相信该架构可能允许在其中嵌入和统一其他模型。

考虑以下设置［图34.3（c）］：设 (D_x, D_y) 由监督数据组成，L 为 D_y 上的损失函数。设 C 为有关数据的一些文本上下文，设 S 为特定任务语法。我们说 $T=(D_x, D_y, L, C, S)$ 是一个任务。例如，分子量任务可能由 D_x 中的SMILES字符串及其 D_y 中对应的权重组成，$L(x, y)=\Sigma(\hat{y}-y)^2$，上下文是“由SMILES字符串表示的分子及其对应的分子量组成的数据集”，语法为MolWgt(·)。令 $T=\{T_0, T_1, \cdots\}$ 为一系列任务。目的是训练模型 M，使得对于每个任务 $T\in T$：

$$\mathop{\mathbb{E}}_{(x,y)\sim(D_x^T, D_y^T)}[L^T(M(S^T(x)), y)] \leqslant \mathop{\mathbb{E}}_{(x,y)\sim(D_x^T, D_y^T)}[L^T(M^T(x), y)] \tag{34.6}$$

其中 M^T 是最佳的特定任务模型。换句话说，目标是创建一个单一模型 M，使其性能至少与任何特定任务模型 M^T 一样好。

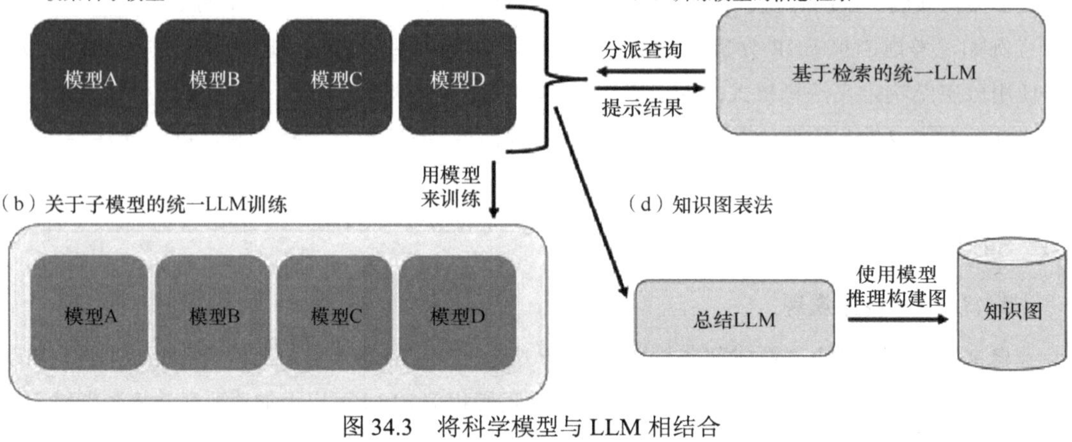

图34.3 将科学模型与LLM相结合

（a）经过专门训练的科学模型的集合。（b）（a）的推论可用于训练LLM，将这些特定任务捕获到单个模型中。（c）可以用一群模型来训练模型，如信息检索任务。分两步，首先选择要查询的模型和要查询的内容，其次利用所得的推理来生成结果。（d）蒸馏模型可用于尝试从模型集合中提取推论，并将其存储在知识图中以回答查询

在这个表述中，有许多悬而未决的问题。例如，“没有免费的午餐”定理指出，不存在 M 使其在所有 T 上都比每个 M^T 表现更好[120]。自然发生的科学数据是否是所有可能任务的子集，使得式（34.6）可以成立？在某个文献集上对模型进行预训练是否可以提高其整合另一个模型的能力？通过 S 特定于语言提示的数字输入 D_x 如何影响学习？L 的模型容量如何影响学习一定数量任务的能力？遗忘效应如何？使用上下文 C 是否可以提高性能？

34.4 结论

LLM 是旨在模仿语言的深度神经网络。语言是通过使用前一个单词来预测下一个单词来进行自回归建模的。这个简单的概念实现了检索信息、通过注意力划分信息关系以及生成新文本的能力。信息检索、信息链接和生成是可用于科学进步的基本任务，如验证科学主张、建立知识库和生成新假设。我们概述了 LLM 从 NLP 领域转移到科学语言的几个主要研究领域，重点关注科学事实跟踪问题。我们提出了一些 LLM 可以立即应用的项目，如进行深入的文献综述、结构化电子健康记录以及为特定实验设置创建即时知识图。这些项目可以被视为 AI for Science 更宏大未来的一部分，其中 LLM 用于生成新颖的假设，甚至将其他数据驱动的建模技术统一到一个单一来源中。

参考文献

[1] S. Stall, L. Yarmey, J. Cutcher-Gershenfeld et al. (2019). Make scientific data FAIR. Nature, 570, 27–29, doi: https://doi.org/10.1038/d41586-019-01720-7, http://www.nature.com/articles/d41586-019-01720-7.

[2] A. J. Hey, S. Tansley, K. M. Tolle et al. (2009). The Fourth Paradigm: Data-intensive Scientific Discovery, Vol. 1. Microsoft Research Redmond, WA.

[3] N. Artrith, K. T. Butler, F.-X. Coudert et al. (2021). Best practices in machine learning for chemistry. Nature Chemistry, 13(6), 505–508.

[4] S. Leonelli (2016). Data-centric Biology. University of Chicago Press, Chicago.

[5] V. Dhar (2013). Data science and prediction. Communications of the ACM, 56(12), 64–73.

[6] J. Sadowski (2019). When data is capital: Datafication, accumulation, and extraction. Big Data & Society, 6(1), 2053951718820549.

[7] C. Anderson (2008). The end of theory: The data deluge makes the scientific method obsolete. Wired Magazine, 16(7), 16–107.

[8] V. Mayer-Schönberger and K. Cukier (2013). Big Data: A Revolution that will Transform How We Live, Work, and Think. Houghton Mifflin Harcourt.

[9] L. Floridi (2014). The Fourth Revolution: How the Infosphere is Reshaping Human Reality. OUP Oxford.

[10] R. Stevens, V. Taylor, J. Nichols et al. (2020). AI for Science: Report on the Department of Energy (DOE) Town Halls on Artificial Intelligence (AI) for Science. United States. https://doi.org/10.2172/1604756.

[11] R. Bommasani, D. A. Hudson, E. Adeli et al. (2021). On the opportunities and risks of foundation models. arXiv preprint arXiv:2108.07258.

[12] M. H. S. Segler, M. Preuss, and M. P. Waller (2018). Planning chemical syntheses with deep neural networks and symbolic AI. Nature, 555, 604–610.

[13] Q. Vanhaelen, Y.-C. Lin, and A. Zhavoronkov (2020). The advent of generative chemistry. ACS Medicinal Chemistry Letters, 118, 1496–1505.

[14] A. S. Imran, I. Posokhova, H. N. Qureshi et al. (2020). AI4COVID-19: AI enabled preliminary diagnosis for COVID-19 from cough samples via an app. Informatics in Medicine Unlocked, 20, 100378.

[15] X. Mei, H.-C. Lee, K. Diao et al. (2020). Artificial intelligence-enabled rapid diagnosis of patients with COVID-19, 26(8), 1224–1228, https://doi.org/10.1038/s41591-020-0931-3, http://www.nature.com/articles/s41591-020-0931-3.

[16] L. Casalino, A. C. Dommer, Z. Gaieb et al. (2021). AI-driven multiscale simulations illuminate mechanisms of SARS-CoV-2 spike dynamics. The International Journal of High Performance Computing Applications, 35(5), 432–451.

[17] A. Dommer, L. Casalino, F. Kearns et al. (2021). # covidisairborne: AI-enabled multiscale computational microscopy of delta SARS-CoV-2 in a respiratory aerosol. International Journal of High Performance Computing Applications 37(1), 28–44, January.

[18] A. Clyde, S. Galanie, D. W. Kneller et al. (2021). High-throughput virtual screening and validation of a SARS-CoV-2 main protease noncovalent inhibitor. Journal of Chemical Information and Modeling, 62(1), 116–128.

[19] A. Clyde, S. Galanie, D. W. Kneller (2022). Ultrahigh throughput protein–ligand docking with deep learning. In Artificial Intelligence in Drug Design. Springer, pp. 301–319.

[20] H. Achdout, A. Aimon, E. Bar-David et al. (2020). Covid moonshot: Open science discovery of SARS-CoV-2 main protease inhibitors by combining crowdsourcing, high-throughput experiments, computational simulations, and machine learning. COVID-19 Research. The COVID Moonshot Consortium. https://doi.org/10.1101/2020.10.29.339317.

[21] A. A. Saadi, D. Alfe, Y. Babuji et al. (2021). Impeccable: Integrated modeling pipeline for COVID cure by assessing better leads. In 50th International Conference on Parallel Processing, pp. 1–12.

[22] A. P. Bhati, S. Wan, D. Alfè et al. (2021). Pandemic drugs at pandemic speed: Infrastructure for accelerating COVID-19 drug discovery with hybrid machine learning-and physics-based simulations on high-performance computers. Interface Focus, 11(6), 20210018.

[23] K. K. Yang, Z. Wu, and F. H. Arnold (2019). Machine-learning-guided directed evolution for protein engineering. Nature Methods, 16(8), 687–694.

[24] J. Jumper, R. Evans, A. Pritzel et al. (2021). Highly accurate protein structure prediction with AlphaFold. Nature, 596(7873), 583–589.

[25] C. W. Coley, N. S. Eyke, and K. F. Jensen (2020). Autonomous discovery in the chemical sciences part I: Progress. Angewandte Chemie International Edition, 59(51), 22858–22893.

[26] Y. Naudet, T. Latour, W. Guedria et al. (2010). Towards a systemic formalisation of interoperability. Computers in Industry, 61(2), 176–185.

[27] M. Noura, M. Atiquzzaman, and M. Gaedke (2019). Interoperability in internet of things: Taxonomies and open challenges. Mobile Networks and Applications, 24, 796–809.

[28] T. Nickles (2020). Alien reasoning: Is a major change in scientific research underway? Topoi, 39(4), 901–914.

[29] J. Willard, X. Jia, S. Xu et al. (2020). Integrating physics-based modeling with machine learning: A survey. arXiv preprint arXiv:2003.04919, 1(1), 1–34.

[30] E. Rocca and F. Andersen (2017). How biological background assumptions influence scientific risk evaluation of stacked genetically modified plants: An analysis of research hypotheses and argumentations. Life Sciences, Society and Policy, 13(1), 1–20.

[31] D. Wang, J. D. Weisz, M. Muller et al. (2019). Human-AI collaboration in data science: Exploring data scientists' perceptions of automated AI. Proceedings of the ACM on Human-Computer Interaction, 3 (CSCW), 1–24.

[32] D. Dellermann, A. Calma, N. Lipusch et al. (2021). The future of human AI collaboration: A taxonomy of design knowledge for hybrid intelligence systems. arXiv preprint arXiv:2105.03354.

[33] P. Khadpe, R. Krishna, L. Fei-Fei et al. (2020). Conceptual metaphors impact perceptions of human AI collaboration. Proceedings of the ACM on Human-Computer Interaction, 4 (CSCW2), 1–26.

[34] R. M. Byrne (2019). Counterfactuals in explainable artificial intelligence (XAI): Evidence from human reasoning. In IJCAI, pp. 6276–6282.

[35] A. Clyde (2022). AI for science and global citizens. Patterns, 3(2), 100446.

[36] T. Brown, B. Mann, N. Ryder et al. (2020). Language models are few-shot learners. Advances in Neural Information Processing Systems, 33, 1877–1901.

[37] M. Chen, J. Tworek, H. Jun et al. (2021). Evaluating large language models trained on code. arXiv preprint arXiv:2107.03374.

[38] A. Elnaggar, M. Heinzinger, C. Dallago et al. (2020). Prottrans: Towards cracking the language of life's code through self-supervised deep learning and high performance computing. arXiv preprint arXiv:2007.06225.

[39] E. M. Bender (2021). On the dangers of stochastic parrots: Can language models be too big? In Proceedings of the 2021 ACM Conference on Fairness, Accountability, and Transparency, pp. 610–623.

[40] S. A. Wright (2020). AI in the law: Towards assessing ethical risks. In 2020 IEEE International Conference on Big Data (Big Data). IEEE, pp. 2160–2169.

[41] K. R. Chowdhary (2020). Natural Language Processing. Springer India, ISBN 978-81-322-3970-3 978-81-322-3972-7, pp. 603–649, ISBN 978-81-322-3970-3 978-81-322-3972-7, https://doi.org/10.1007/978-81-322-3972-7 19, http://link.springer.com/10.1007/978-81-322-3972-7 19.

[42] K. S. Jones (1994). Natural language processing: A historical review. Current Issues in Computational Linguistics: In Honour of Don Walker, pp. 3–16.

[43] W. A. Woods (1973). Progress in natural language understanding: An application to lunar geology. In Proceedings of the June 4–8, 1973, National Computer Conference and Exposition, pp. 441–450.

[44] W. A. Woods (1978). Semantics and quantification in natural language question answering. In Advances in Computers. Elsevier, Vol. 17, pp. 1–87.

[45] J. Hendler (2008). Avoiding another AI winter. IEEE Intelligent Systems, 23(2), 2–4.

[46] M. Davis, G. Logemann, and D. Loveland et al. (1962). A machine program for theorem-proving. Communications of the ACM, 5(7), 394–397.

[47] R. Sennrich, B. Haddow, and A. Birch (2016). Neural machine translation of rare words with subword units. In Proceedings of the 54th Annual Meeting of the Association for Computational Linguistics (Volume 1: Long Papers). Association for Computational Linguistics, Berlin, Germany, pp. 1715–1725. https://doi.org/10.18653/v1/P16-1162; https://aclanthology.org/P16-1162.

[48] A. Radford, J. Wu, R. Child et al. (2019). Language models are unsupervised multitask learners. OpenAI blog, 1(8), 9.

[49] J. Devlin, M.-W. Chang, K. Lee et al. (2018). Bert: Pre-training of deep bidirectional transformers for language understanding. arXiv preprint arXiv:1810.04805.

[50] Y. Bengio, R. Ducharme, and P. Vincent (2000). A neural probabilistic language model. In T. Leen, T. Dietterich and V. Tresp (eds.), Advances in Neural Information Processing Systems, Vol. 13. MIT Press, https://proceedings.neurips.cc/paper/2000/file/728f206c2a01bf572b5940d7d9a8fa4c-Paper.pdf.

[51] J. Salazar, D. Liang, T. Q. Nguyen et al. (2019). Masked language model scoring. arXiv preprint arXiv:1910.14659.

[52] A. Vaswani, N. Shazeer, N. Parmar et al. (2017). Attention is all you need. In I. Guyon, U. V. Luxburg, S. Bengio, H. Wallach, R. Fergus, S. Vishwanathan and R. Garnett (eds.), Advances in Neural Information Processing Systems, Vol. 30. Curran Associates, Inc., https://proceedings. neurips.cc/paper/2017/file/3f5ee243547dee91fbd053c1c4a845aa-Paper.pdf.

[53] D. Britz, A. Goldie, M.-T. Luong et al. (2017). Massive exploration of neural machine translation architectures. arXiv preprint arXiv:1703.03906.

[54] D. Bahdanau, K. Cho, and Y. Bengio (2014). Neural machine translation by jointly learning to align and translate.

arXiv preprint arXiv:1409.0473.

[55] Y. Kim, C. Denton, L. Hoang et al. (2017). Structured attention networks. arXiv preprint arXiv:1702.00887.

[56] S. S. Talathi and A. Vartak (2015). Improving performance of recurrent neural network with relu nonlinearity. arXiv preprint arXiv:1511.03771.

[57] Z. C. Lipton, J. Berkowitz, and C. Elkan (2015). A critical review of recurrent neural networks for sequence learning. arXiv preprint arXiv:1506.00019.

[58] S. Hochreiter and J. Schmidhuber (1997). Long short-term memory. Neural Computation, 9(8), 1735–1780.

[59] I. Bello (2021). Lambdanetworks: Modeling long-range interactions without attention. arXiv preprint arXiv:2102.08602.

[60] L. Gao, S. Biderman, S. Black et al. (2020). The pile: An 800gb dataset of diverse text for language modeling. arXiv preprint arXiv:2101.00027.

[61] S. Black, S. Biderman, E. Hallahan et al. (2022). GPT-NeoX-20b: An open source autoregressive language model, arXiv preprint arXiv:2204.06745.

[62] D. Narayanan, M. Shoeybi, J. Casper et al. (2021). Efficient large-scale language model training on GPU clusters using megatron-lm. In Proceedings of the International Conference for High Performance Computing, Networking, Storage and Analysis, pp. 1–15.

[63] J. Rasley, S. Rajbhandari, O. Ruwase et al. (2020). Deepspeed: System optimizations enable training deep learning models with over 100 billion parameters. In Proceedings of the 26th ACM SIGKDD International Conference on Knowledge Discovery & Data Mining, pp. 3505–3506.

[64] T. Bolukbasi, K.-W. Chang, J. Y. Zou et al. (2016). Man is to computer programmer as woman is to homemaker? Debiasing word embeddings. In Advances in Neural Information Processing Systems, 29.

[65] J. Zhao, Y. Zhou, Z. Li et al. (2018). Learning gender-neutral word embeddings. In Conference on Empirical Methods in Natural Language Processing. arXiv preprint arXiv:1809.01496.

[66] T. Mikolov, K. Chen, G. Corrado et al. (2013). Efficient estimation of word representations in vector space. arXiv preprint arXiv:1301.3781.

[67] J. Pennington, R. Socher, and C. D. Manning (2014). Glove: Global vectors for word representation. In Proceedings of the 2014 Conference on Empirical Methods in Natural Language Processing (EMNLP), pp. 1532–1543.

[68] Y. Wang, Q. Yao, J. T. Kwok et al. (2020). Generalizing from a few examples: A survey on few-shot learning. ACM Computing Surveys (CSUR), 53(3), 1–34.

[69] P. Liu, W. Yuan, J. Fu et al. (2021). Pre-train, prompt, and predict: A systematic survey of prompting methods in natural language processing. arXiv preprint arXiv:2107.13586.

[70] J. Thorne, A. Vlachos, C. Christodoulopoulos et al. (2018). Fever: A large-scale dataset for fact extraction and verification. arXiv preprint arXiv:1803.05355.

[71] P.-S. Huang, X. He, J. Gao et al. (2013). Learning deep structured semantic models for web search using clickthrough data. In Proceedings of the 22nd ACM International Conference on Information & Knowledge Management, pp. 2333–2338.

[72] H. Palangi, L. Deng, Y. Shen et al. (2016). Deep sentence embedding using long short-term memory networks: Analysis and application to information retrieval. IEEE/ACM Transactions on Audio, Speech, and Language Processing, 24(4), 694–707.

[73] R. Nogueira and K. Cho (2019). Passage re-ranking with bert. arXiv preprint arXiv:1901.04085.

[74] W. Yang, Y. Xie, A. Lin et al. (2019). End-to-end open-domain question answering with bertserini. arXiv preprint arXiv:1902.01718.

[75] K. Guu, K. Lee, Z. Tung et al. (2020). Realm: Retrieval-augmented language model pre-training. arXiv preprint arXiv:2002.08909.

[76] G. Izacard and E. Grave (2021). Distilling knowledge from reader to retriever for question answering. arXiv, abs/2012.04584.

[77] D. Hendrycks, C. Burns, S. Basart et al. (2020). Measuring massive multitask language understanding. arXiv preprint arXiv:2009.03300.

[78] D. Khashabi, S. Min, T. Khot et al. (2020). Unifiedqa: Crossing format boundaries with a single QA system. arXiv preprint arXiv:2005.00700.

[79] K. Asatani, J. Mori, M. Ochi et al. (2018). Detecting trends in academic research from a citation network using network representation learning. PloS one, 13(5), e0197260.

[80] C. C. Loving and W. W. Cobern (2000). Invoking Thomas Kuhn: What citation analysis reveals about science education. Science & Education, 9(1), 187–206.

[81] S. Fortunato, C. T. Bergstrom, K. Börner et al. (2018). Science of science. Science, 359(6379), eaao0185.

[82] M. Kanehisa and S. Goto (2000). Kegg: Kyoto encyclopedia of genes and genomes. Nucleic Acids Research, 28(1), 27–30.

[83] M. Kanehisa (2019). Toward understanding the origin and evolution of cellular organisms. Protein Science, 28(11), 1947–1951.

[84] M. Kanehisa, M. Furumichi, Y. Sato et al. (2021). Kegg: Integrating viruses and cellular organisms. Nucleic Acids Research, 49(D1), D545–D551.

[85] S. Meystre and P. J. Haug (2006). Natural language processing to extract medical problems from electronic clinical documents: Performance evaluation. Journal of Biomedical Informatics, 39(6), 589–599.

[86] M. Pinnis, R. Krišlauks, D. Deksne et al. (2017). Neural machine translation for morphologically rich languages with improved sub-word units and synthetic data. In International Conference on Text, Speech, and Dialogue. Springer, pp. 237–245.

[87] Y. Zhang, Q. Chen, Z. Yang et al. (2019). Biowordvec, improving biomedical word embeddings with subword information and mesh. Scientific Data, 6(1), 1–9.

[88] K. Denecke (2014). Extracting medical concepts from medical social media with clinical NLP tools: A qualitative study. In Proceedings of the Fourth Workshop on Building and Evaluation Resources for Health and Biomedical Text Processing. Citeseer, pp. 54–60.

[89] A. B. Abacha and P. Zweigenbaum (2011). Medical entity recognition: A comparison of semantic and statistical methods. In Proceedings of BioNLP 2011 Workshop, pp. 56–64.

[90] U. Naseem, M. Khushi, V. B. Reddy et al. (2020). Bioalbert: A simple and effective pre-trained language model for biomedical named entity recognition. arXiv, abs/2009.09223.

[91] A. Liu, J. Du and V. Stoyanov (2019). Knowledge-augmented language model and its application to unsupervised named-entity recognition. arXiv, abs/1904.04458.

[92] W. Xiong, J. Du, W. Y. Wang (2020). Pretrained encyclopedia: Weakly supervised knowledge-pretrained language model. arXiv, abs/1912. 09637.

[93] S. Biderman and E. Raff (2022). Neural language models are effective plagiarists. arXiv preprint arXiv:2201.07406.

[94] J. Harrison, J. Urban and F. Wiedijk (2014). History of interactive theorem proving. Computational Logic, 9, 135–214.

[95] P. West, C. Bhagavatula, J. Hessel (2021). Symbolic knowledge distillation: From general language models to commonsense models. arXiv preprint arXiv:2110.07178.

[96] H. Lu Open-ended generative commonsense question answering with knowledge graph-enhanced language models.

[97] Y. Sun, S. Wang, S. Feng et al. (2021). Ernie 3.0: Large-scale knowledge enhanced pre-training for language understanding and generation. arXiv preprint arXiv:2107.02137.

[98] T. Kim, Y. Yun and N. Kim et al. (2021). Deep learning-based knowledge graph generation for COVID-19. Sustainability, 13(4), 2276.

[99] J. Gou, B. Yu, S. J. Maybank et al. (2021). Knowledge distillation: A survey. International Journal of Computer Vision, 129(6), 1789–1819.

[100] S. Lee and B. C. Song (2019). Graph-based knowledge distillation by multihead attention network. arXiv preprint arXiv:1907.02226.

[101] C. Lassance, M. Bontonou, G. B. Hacene et al. (2020). Deep geometric knowledge distillation with graphs. In ICASSP 2020-2020 IEEE International Conference on Acoustics, Speech and Signal Processing (ICASSP). IEEE, pp. 8484–8488.

[102] I. V. Logan, L. Robert, N. F. Liu et al. (2019). "Barack's wife hillary: Using knowledge-graphs for fact-aware language modeling." arXiv preprint arXiv:1906.07241.

[103] P. Minervini, M. Bošnjak, T. Rocktäschel et al. (2020). Differentiable reasoning on large knowledge bases and natural language. In Proceedings of the AAAI Conference on Artificial Intelligence, Vol. 34, pp. 5182–5190.

[104] A. Clyde, A. Ramanathan, and R. Stevens (2021). Scaffold embeddings: Learning the structure spanned by chemical fragments, scaffolds and compounds. arXiv preprint arXiv:2103.06867.

[105] J. Park, S. C. You, E. Jeong et al. (2021). A framework (socratex) for hierarchical annotation of unstructured electronic health records and integration into a standardized medical database: Development and usability study. JMIR Medical Informatics, 9(3), e23983.

[106] I. Li, J. Pan, J. Goldwasser et al. (2021). Neural natural language processing for unstructured data in electronic health records: A review. arXiv preprint arXiv:2107.02975.

[107] T. Dimitrov, C. Kreisbeck, J. S. Becker et al. 2019. Autonomous molecular design: Then and now. ACS Applied Materials & Interfaces, 11(28), 24825–24836.

[108] E. Mjolsness and D. DeCoste (2001). Machine learning for science: State of the art and future prospects. Science, 293(5537), 2051–2055.

[109] P. S. Gromski, J. M. Granda and L. Cronin et al. (2020). Universal chemical synthesis and discovery with 'the chemputer'. Trends in Chemistry, 2(1), 4–12.

[110] J. H. Montoya, M. Aykol, A. Anapolsky et al. (2022). Toward autonomous materials research: Recent progress and future challenges. Applied Physics Reviews, 9(1), 011405.

[111] H. Xiao, M. Huang, and X. Zhu (2015). From one point to a manifold: Knowledge graph embedding for precise link prediction. arXiv preprint arXiv:1512.04792.

[112] A. Rossi, D. Barbosa, D. Firmani et al. (2021). Knowledge graph embedding for link prediction: A comparative analysis. ACM Transactions on Knowledge Discovery from Data (TKDD), 15(2), 1–49.

[113] R. Patel and Y. Guo (2021). Graph based link prediction between human phenotypes and genes. arXiv preprint arXiv:2105.11989.

[114] P. Rosso, D. Yang, and P. Cudré-Mauroux (2020). Beyond triplets: Hyper relational knowledge graph embedding for link prediction. In Proceedings of the Web Conference 2020, pp. 1885–1896.

[115] R. D. King, K. E. Whelan, F. M. Jones et al. (2004). Functional genomic hypothesis generation and experimentation by a robot scientist. Nature, 427(6971), 247–252.

[116] S. Spangler, A. D. Wilkins, B. J. Bachman et al. (2014). Automated hypothesis generation based on mining scientific literature. In Proceedings of the 20th ACM SIGKDD International Conference on Knowledge Discovery and Data Mining, pp. 1877–1886.

[117] T. S. Kuhn (1970). The Structure of Scientific Revolutions, Vol. 111. Chicago University of Chicago Press, Chicago.

[118] S. M. Glynn, B. K. Britton, M. Semrud-Clikeman et al. (1989). Analogical reasoning and problem solving in science textbooks. In Handbook of Creativity. Springer, pp.383–398.

[119] P. Abrantes (1999). Analogical reasoning and modeling in the sciences. Foundations of Science, 4(3), 237–270.

[120] S. P. Adam, S.-A. N. Alexandropoulos, P. M. Pardalos et al. (2019). No free lunch theorem: A review. In I. C. Demetriou and P. M. Pardalos (eds.), Approximation and Optimization. Springer International Publishing, Cham: Springer, Vol. 145, pp. 57–82. ISBN 978-3-030-12766-4978-3-030-12767-1, https://doi.org/10.1007/978-3-030-12767-1 5, http://link.springer.com/10.1007/978-3-030-12767-1 5.

第35章

自动驾驶汽车领域的人工智能

Tom St. John，Cruise 公司，美国加利福尼亚州旧金山。E-mail：tom.stjohn@getcruise.com

Vijay Janapa Reddi，哈佛大学工程和应用科学学院，美国马萨诸塞州剑桥市。E-mail：vj@eecs.harvard.edu

35.1 引言

据美国国家公路交通安全管理局（NHTSA）最近的一份技术报告报道，94% 的交通事故是由人为失误引起[1]。2021 年，美国年度报告中的交通事故死亡人数接近 43000 人[2]，因此，利用技术手段减少或消除因人为失误造成的交通死亡，已成为一个至关重要的研究领域。

预计到 2030 年，自动驾驶汽车市场将超过 2 万亿美元[3]。人工智能的进步使得自动驾驶汽车领域面临的海量工程难题变得容易处理，促使这场变革能够得以实现。然而，为了满足大规模商用所需的安全保障等级，仍需在技术前沿领域取得进一步突破。

本章将针对自动驾驶汽车领域的研究现状进行概述，并描述该行业的未来发展方向。

35.2 传感器

尽管自动驾驶汽车中部署的传感器的种类和数量因公司而异，但它们通常可以分为三类：①激光雷达；②摄像机；③毫米波雷达。

图 35.1 所示为 Waymo 公司的第五代 Waymo Driver[4] 平台。可以想见，每一种类型都有多个传感器同时使用，既可以补偿单个传感器模态可能存在的缺点，又可以提供性能冗余。

35.2.1 激光雷达

激光雷达（光探测和测距）的工作原理是不断旋转和发射激光，并测量这些光束返回传感器所需的时间，然后将这些数据表示为 3D 点云模型。图 35.2 所示正是由 Velodyne 激光雷达生成的激光雷达点云数据[5]。

激光雷达能够捕捉 200～300m 范围内环境的详细 3D 信息。但由于传感器的频率固定，数据密度随着距离增加而递减，因此需要在激光雷达有效范围之外的距离使用其他传感器模态协同工作。此外，恶劣的天气条件（雨、雪等）也会影响所收集数据的准确性。

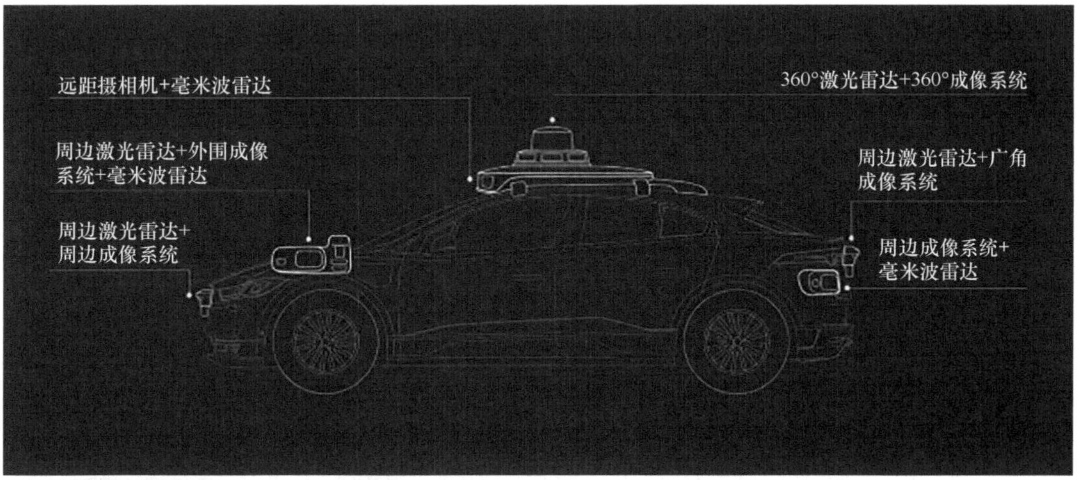

图 35.1　Waymo 公司第五代 Waymo Driver 平台中的传感器组合

图 35.2　由 Velodyne 激光雷达生成的激光雷达点云

35.2.2　摄像机

摄像机由于其低成本、高分辨率和色彩识别的能力而被广泛应用于自动驾驶汽车。然而，摄像机也面临获得深度信息困难的问题，并且容易受到不良照明条件的影响。

35.2.3　毫米波雷达

毫米波雷达在弥补其他传感器类型的短板时非常有用。它在恶劣天气下运行良好，并能够提供精确测距数据。然而，它通常很难在远距离检测到小物体，因此需要通过其他传感器来弥补这一点。

35.3　视听系统架构

视听（AV）系统架构可以被认为是一个接收输入数据的管道，并随后进行几个计算阶段来确定车辆应该采取哪些行动的流程系统。

其主要阶段如下。

（1）感知：在这一阶段，系统对来自传感器的输入数据进行处理，以识别车辆周围的环境状态。

（2）预测：在这一阶段，系统利用感知阶段生成的数据，预测环境状态将如何变化（如行人的移动等）。

（3）规划：在这一阶段，系统利用预测阶段的结果，来决定车辆适当的行进路线。

35.4 感知

由于感知是人工智能在自动驾驶汽车领域应用最广泛的部分，因此我们将在本章的剩余部分重点介绍这一点。如图 35.3[6] 所示，可以观察到一辆自动驾驶汽车正在进行目标检测。

图 35.3　目标检测示例

3D 目标检测是自动驾驶技术流程中大量使用深度学习技术的模块之一。

尽管已有研究尝试仅使用摄像机图像执行 3D 目标检测的工作 [7–9]，但是由于缺乏深度信息，其效果受限，因此利用基于激光雷达点云的神经网络架构 [10–15] 目前占据主导地位。

35.4.1 PointPillars

在此本节以 PointPillars 架构为示例，介绍基于激光雷达的 3D 目标检测模型。

PointPillars 网络的主要组件是一个支柱特征网络、2D 卷积主干网络和单次多推控制器（SSD）[16] 检测头。支柱特征网络将点云转换为稀疏伪图像，卷积主干网络将伪图像处理为高级表征，而检测头则实现检测 3D 物体框。

一些较新的模型利用多个输入模态来提高 3D 目标检测的准确性。这些模型包括 MV3D[17]、AVOD[18] 和 PointPainting[19] 等 [20–22]。

35.4.2　PointPainting

本节探究将 PointPainting 架构中使用的方法（图 35.4）。

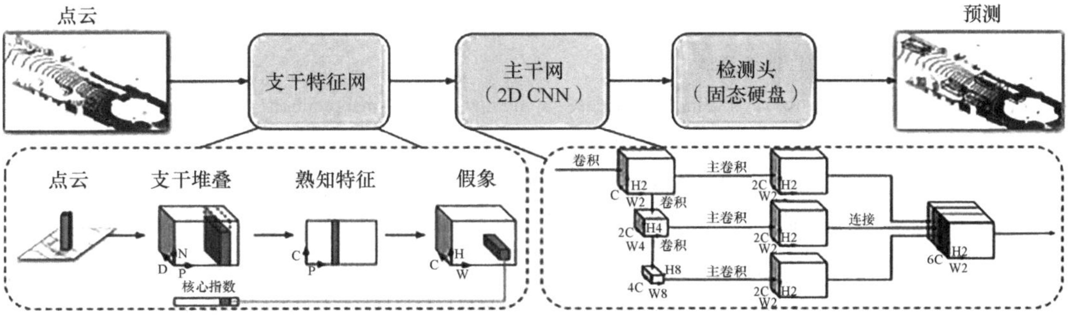

图 35.4　PointPainting 网络概述

PointPainting 网络通过同步处理点云和图像数据，实现 3D 目标检测。首先，对输入图像进行语义分割，提供像素级别的分割分数。其次，将激光雷达点与前一步计算出的语义分割分数（融合）。最后，基于激光雷达的 3D 目标检测网络来检测 3D 物体框。

PointPainting 最初是使用 DeepLabv3+[23] 作为图像分割模型开发的，但随着技术的进步，更新的模型可以被替换进来，使 PointPainting 架构能够持续获得性能提升（图 35.5）。PointPainting 中利用的几个基于激光雷达的 3D 检测模型包括 PointPillars[11]、VoxelNet[15] 和 PointRCNN[13]。然而，正如图像分割模型的情况一样，也可以使用新的 3D 目标检测模型，如 Range Sparse Net[24] 作为替代。

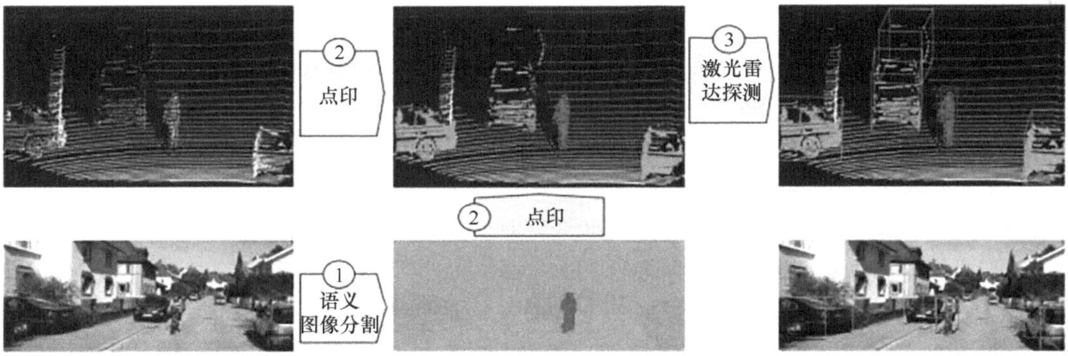

图 35.5　PointPainting 架构概述

35.5　总结

至此，本章总结了人工智能在自动驾驶车辆领域的若干应用场景。目标检测与识别是实现自动驾驶的关键能力，而与更传统的检测技术相比，深度学习技术显著提高了识别的准确性。

本章描述了不同传感器模态的优势和劣势，以及它们的互补协同机制。

随着深度学习持续应用于自动驾驶系统的其他核心模块（如目标追踪、路径规划等），未来将涌现更多突破性的技术创新机会。

参考文献

[1] S. Singh (2018). Critical reasons for crashes investigated in the national motor vehicle crash causation survey. Tech. Rep., 2018.

[2] National Center for Statistics and Analysis (2022). Early estimates of motor vehicle traffic fatalities and fatality rate by sub-categories in 2021. Tech. Rep.

[3] https://www.alliedmarketresearch.com/press-release/autonomous-vehicle-market.html.

[4] https://blog.waymo.com/2020/03/introducing-5th-generation-waymo-driver.html.

[5] https://velodynelidar.com/blog/guide-to-lidar-wavelengths/.

[6] https://blogs.nvidia.com/blog/2018/08/10/autonomous-vehicles-perception-layer/.

[7] X. Chen, K. Kundu, Z. Zhang et al. (2016). Monocular 3D object detection for autonomous driving. In 2016 IEEE Conference on Computer Vision and Pattern Recognition (CVPR), pp. 2147–2156. doi: 10.1109/CVPR.2016.236.

[8] X. Shi, Q. Ye, X. Chen et al. (2021). Geometry-based distance decomposition for monocular 3D object detection. In 2021 IEEE/CVF International Conference on Computer Vision (ICCV), pp. 15172–15181.

[9] Y. Wang, W.-L. Chao, D. Garg et al. (2019). Pseudo-LiDAR from visual depth estimation: Bridging the gap in 3D object detection for autonomous driving. In 2019 IEEE/CVF Conference on Computer Vision and Pattern Recognition (CVPR), pp. 8437–8445. doi: 0.1109/CVPR.2019.00864.

[10] R. Q. Charles, H. Su, M. Kaichun et al. (2017). PointNet: Deep learning on point sets for 3D classification and segmentation. In 2017 IEEE Conference on Computer Vision and Pattern Recognition (CVPR), pp. 77–85. doi: 10.1109/CVPR.2017.16.

[11] A. H. Lang, S. Vora, H. Caesar et al. (2019). PointPillars: Fast encoders for object detection from point clouds. In 2019 IEEE/CVF Conference on Computer Vision and Pattern Recognition (CVPR), pp. 12689–12697. doi: 10.1109/CVPR.2019.01298.

[12] G. P. Meyer, A. Laddha, E. Kee et al. (2019). LaserNet: An efficient probabilistic 3D object detector for autonomous driving. In 2019 IEEE/CVF Conference on Computer Vision and Pattern Recognition (CVPR), pp. 12669–12678. doi: 10.1109/CVPR.2019.01296.

[13] S. Shi, X. Wang, and H. Li (2019). PointRCNN: 3D object proposal generation and detection from point cloud, pp. 770–779. doi: 10.1109/CVPR.2019.00086.

[14] B. Yang, W. Luo, and R. Urtasun (2018). PIXOR: Real-time 3D object detection from point clouds. In 2018 IEEE/CVF Conference on Computer Vision and Pattern Recognition, pp. 7652–7660. doi: 10.1109/CVPR.2018.00798.

[15] Y. Zhou and O. Tuzel (2018). VoxelNet: End-to-end learning for point cloud based 3D object detection. In 2018 IEEE/CVF Conference on Computer Vision and Pattern Recognition, pp. 4490–4499. doi: 10.1109/CVPR.2018.00472.

[16] W. Liu, D. Anguelov, D. Erhan et al. (2016). SSD: Single shot multibox detector. In B. Leibe, J. Matas, N. Sebe, M. Welling, (eds.), Computer Vision — ECCV 2016. Lecture Notes in Computer Science, Vol. 9905, pp. 27–37, Cham: Springer. doi: 10.1007/978-3-319-46448-0_2.

[17] X. Chen, H. Ma, J. Wan et al. (2017). Multi-view 3D object detection network for autonomous driving. In 2017 IEEE Conference on Computer Vision and Pattern Recognition (CVPR), pp. 6526–6534. doi: 10.1109/CVPR.2017.691.

[18] J. Ku, M. Mozifian, J. Lee et al. (2018). Joint 3D proposal generation and object detection from view aggregation. In 2018 IEEE/RSJ International Conference on Intelligent Robots and Systems (IROS), pp. 1–8. doi: 10.1109/IROS.2018.8594049.

[19] S. Vora, A. H. Lang, B. Helou et al. (2020). PointPainting: Sequential fusion for 3D object detection. In 2020

IEEE/CVF Conference on Computer Vision and Pattern Recognition (CVPR), pp. 4603–4611. doi: 10.1109/CVPR42600.2020.00466.

[20] G. P. Meyer, J. Charland, D. Hegde et al. (2019). Sensor fusion for joint 3D object detection and semantic segmentation. In 2019 IEEE/CVF Conference on Computer Vision and Pattern Recognition Workshops (CVPRW), pp. 1230–1237. doi: 10.1109/CVPRW.2019.00162.

[21] V. A. Sindagi, Y. Zhou, and O. Tuzel (2019). MVX-Net: Multimodal VoxelNet for 3D object detection. In 2019 International Conference on Robotics and Automation (ICRA), pp. 7276–7282. doi: 10.1109/ICRA.2019.8794195.

[22] M. Zhu, C. Ma, P. Ji et al. (2021). Cross-modality 3D object detection. In 2021 IEEE Winter Conference on Applications of Computer Vision (WACV), pp. 3771–3780. doi: 10.1109/WACV48630.2021.00382.

[23] L. C. Chen, Y. Zhu, G. Papandreou et al. (2018). Encoder-decoder with atrous separable convolution for semantic image segmentation. In V. Ferrari, M. Hebert, C. Sminchisescu, and Y. Weiss (eds.), Computer Vision — ECCV 2018. Lecture Notes in Computer Science, Vol. 11211. Springer, Cham. https://doi.org/10.1007/978-3-030-01234-2 49.

[24] P. Sun, W. Wang, Y. Chai et al. (2021). RSN: Range Sparse Net for efficient, accurate LiDAR 3D object detection. In 2021 IEEE/CVF Conference on Computer Vision and Pattern Recognition (CVPR), pp. 5721–5730. doi: 10.1109/CVPR46437.2021.00567.

第36章

自动化人工智能驱动科学发现未来

Hector Zenil，剑桥大学化学工程与生物技术系，英国剑桥；牛津大学凯洛格学院，英国牛津。E-mail：ector.zenil@cs.ox.ac.uk

Ross D. King，查默斯大学计算机科学与工程系，瑞典；艾伦·图灵研究所，英国。E-mail：rk663@cam.ac.uk

36.1 引言

现如今计算机和机器学习无处不在，渗透到我们的社会、文化和科学研究的方方面面。学术领域也受到了影响，其在许多领域的影响已经到了如果不集成机器学习组件，未来的进步几乎是不可想象的。

大多数现代机器学习方法产生了非常大型的现象模型（就参数数量和它们相互作用的复杂性而言），而人类科学家仍需追问“模型究竟学到了什么？”模型解释的新兴领域［例如，局部阐释模型（LIME）[1]］试图帮助人类简洁地理解这些大型模型在做什么。但这种方法仅仅是试图补救我们自身所制造的问题。

用于科学发现的人工智能必须聚焦于突破当前阻碍科学进步的壁垒。其中一些与对基本原理的理解不足有关，如生命的起源，另一部分则更偏向实践层面，与如何高效开展大规模实验有关，如系统生物学和药物发现。

其他明显的挑战与气候变化、能源环境以及废物管制有关，如材料科学可以在这些方面发挥关键作用。另一个领域是人口增长停滞，这也将影响科学体系及其实践模式，因为专业人员可能更少，为保证科研的效率，自动化将变得更加必要。当医学和工程等领域的人员短缺变得比现在更加难以弥补时，将需要开辟全新途径，这也就创造了一种需求，即用更少的人力资源为老龄化社会提供更高效的服务[2]。

更紧迫的问题包括住房、迁移（例如，由当前气候变化模式导致的迁移），以及更多社会内在的问题，如化学物质、废物、回收、资源管理（例如，冷却和能源分配）[3,4]。

一个更宏大、更紧迫的全球性问题是疾病，包括慢性病和传染病，前者主要影响高收入国家，后者则不分贫富地区威胁全球社会。其中尤为严峻的问题是抗生素耐药性问题，而药物研发创新正是攻克这一挑战的关键[4,5]。

当探讨人工智能引导的科研自动化对可突破的科学挑战时，人们不禁要问，某些挑战是无法通过实验手段解决，是否仅仅是因为人类想象力的匮乏。例如，考虑与黑洞有关的问题，诸如信息悖论和无毛定理（即黑洞，像基本粒子一样，除了质量、电荷和角动量之外，没有其他特征）等命题[6]。如果有人声称实验自动化可以验证此类理论陈述的有效性，听者或许会有些难以置信，但实际上，人工智能引导的自动化设备可以基于无毛定理的假设来设计实验，无论这些假设的推论将被证实还是证伪[7]。这需要科学家发挥创造力和远见，即找到将高度理论化的假设转化为可实验的验证路径，这虽是科学家并不陌生的任务，但其艰巨性早已被历史印证：从耗费数十年时间和数十亿欧元的投入验证希格斯玻色子，到设计验证爱因斯坦广义相对论的寥寥数个精妙实验，皆需天才般的构思与执着求证。因此，我们必须在这个背景下理解以下挑战，某些物理学等领域的问题乍看之下或许难以转化为由人工智能主导或辅助的科学实验。但科学界的共识是，所有问题都终将通过实验手段得以解决。这意味着，人工智能主导的实验不仅是可行的，更是与科学方法论一脉相承，尽管在科学发现的早期阶段部署这类技术仍面临实现性障碍。

36.2 人工智能主导的科研自动化

人工智能在科学中的应用虽多元却仍有局限，其部署既缺乏系统性也尚未形成统一标准。人工智能在科学中的成功应用案例之一是通过机器学习从气候数据中发现气候偶极子[8]。另一个应用的典型案例是开发自动驾驶机器人，其不仅被用于探索行星表面，如火星，还用于海底作业，确定工作优先级和决定电缆的最佳路线，以及在石油勘探或其他行星的表面进行探测[9,10]。人工智能也对机器人自动化产生了深远影响，已经在不同程度上被纳入商业和学术实验室，但目前主要是公司引领着实验室自动化的应用。

科研中的自动化涉及机器实施，模拟人类科学家的表现，仪器驱动的方法，其中机器人能够操作仪器做物理实验。如果没有具体化，科学实验可能会变成一个数据分析和推理的问题，这只是科学研究周期的一小部分。只能触及可能发现空间中某些限定区域的边界。神经网络可助力物理机器将自己嵌入现实世界以完成表征任务，因为神经网络在表示各种内容方面已被证明是有用的，如数字矩阵中的图像或作为向量语言。但是，为了适应科学实验的全面深化探索，需要在机器人技术和机电一体化领域进行创新，不仅要攻克精度和准确性难题，更需解决当前科研中高度依赖人为因素的可重复性难题[11]。这类创新有望显著提升科研的可重复性，因为自动化科学本质上要求语义级的准确性。

科学自动化的一个基本目标是在选定的关键研究中心开发和运行高度自主的人工智能/机器人实验体系。体系将使人工智能科学家能够单独开发硬件和软件，并且研究新人工智能软件的研究人员将不会面临与运行物理实验室相关的困难。需要开发的基础设施包括开放标准化配置、软件和云平台、应用程序接口体系和协议共享机制，以构建可扩展和可共享的人工智能科学家原型组件，初期优先服务于微生物学、哺乳动物细胞系统和合成生物学的基础科学研究。

可在一个或多个协调中心建立最初的核心中心，在验证概念后外推到其他点。这些实验室需具备远程操作能力，全部建设应在 5 年内完成[12]。但是，在考虑科学自动化时，应该优先考虑哪些方面呢？我们已经就一系列关键评估标准达成了共识，现以动态人工智能驱动的优先级排行榜形式呈现，其核心特征包括：

（1）可行性和成功概率（基于历史成功案例动量效应）；

（2）研究/开发的预期成本；

（3）技术复杂度；

（4）数据可用性；

（5）参数空间规模；

（6）跨学科性（竞争空间）；

（7）跨学科方法分类（方法论多样性）；

（8）科学/概念突破；

（9）人工智能突破；

（10）受影响生命的数量（如 DALYs-伤残调整生命年数）；

（11）解决全球不平等问题的能力。

36.3 关键里程碑

传统意义上的实验室自动化是指在执行实验室过程中，只需极少或无须人工干预[13]。自动化可以在任何地方使用，既可以在实验过程的单个步骤中使用，也可以贯穿整个工作流程。虽然实验室自动化可以分阶段实现，且各环节自动化能系统性集成，迄今仍鲜有实现全实验周期闭环自动化，从假设提出到特征筛选、模型构建到假设检验的完整闭环。

人工智能驱动科研的最终目的必须是学习紧凑、模块化、层次化的理论体系，以反映当前人类的科学发现。我们的人工智能系统需要提出新的概念并明确其属性；建立或使用现有的自洽数学对象来优化理论框架；比较替代理论的一致性，即使它们可能适用于不同的概念。这个学习过程也应当借鉴我们多年来在检索、优化和知识表示方面的工作，但这是一个独立的研究方向。

根据现有的科学知识对采集的数据进行优先排序。当前科研的趋势是越来越多的人使用机器人进行物理实验。这将提高科学的生产力，因为机器人比人类工作更低成本、更高效、更准确且无间断运作。

一项关键任务是创建用于科学发现的人工智能系统，该系统能够独立于人类指令或在几乎没有人类指令的情况下进行实验和假设检验。这是因为，要将科学发现提升到一个新的水平，所需要的并不是只能够进行实验的算法编程，而是能够自主设定目标，并利用既往实验（自己的实验或从他人文献中提取的实验）设计实验的开放式算法。

在科学发现领域，有两个实验室自动化的成功案例，它们贯穿整个实验周期，实现了从提出假设到验证假设的闭环。

艾伦·图灵研究所的研究小组目前正在研究如何将这些初步成功案例推广到工业应用。亚当机器人科学家项目（图 36.1）的一个重要发现是，重复使用实验结果至关重要[14]。通过语义标注技术，该系统将既往研究数据重新定向利用，最终取得新的生物学发现。亚当能够自主研究酵母中的基因功能，甚至在当前的酵母生长模型中发现了矛盾，而这种发现往往会被写入科学方法论的教科书中。此外，还成功定位了长期来源不明的“孤儿”酵母酶的基因，这是另一个由人工智能主导的全闭环科学发现实例。

图 36.1 亚当机器人科学家

亚当是一个全流程自动化执行科研进程的计算机系统。在一定范围内，该系统可自主提出新的假设，设计并进行实验来检验它们

人工智能“机器人科学家”夏娃通过大幅降低药物筛选的成本、不确定性和时间，显著加速了药物研发进程，这一突破有望改善全球数百万人的生活[15]。夏娃机器人科学家（图 36.2）还发现了一种名为三氯生的化合物（用作防腐剂）能有效靶向抑制日疟原虫（Plasmodium vivax）的关键生长[3]。鉴于传统制药公司的商业模式旨在最大限度地从发达国家获得利润，而不是为发展中国家服务，因此往往难以取得此类针对热带疾病的研究结果。即使有了计算机辅助工具，现有药物研究也是建立在反复试验的基础上，效率低下。

图 36.2 夏娃机器人科学家的第一个任务是识别和测试药物

艾伦 · 图灵研究所的研究小组正在推进多项创新方案，其中之一就是试图将这种循环和再利用的概念制度化，亚当和夏娃都提供了这种概念的证明。这需要建立特定领域的实验室，将

领域知识、实验室自动化和人工智能连接起来，使这些领域的科学思想以同一个科学目标关联起来并深入互动。另一项方案是找到衡量标准，以正确评估人工智能在特定领域或学科中的贡献，这方面的进展情况将在第 36.4 节进行阐述。还有一项方案是创建并采用自动化协议公共库，以加快自动化协议在各领域的采纳和转换。但必须考虑到协议库和 API 的开放性和稳定性，突破私有垄断保障科研公共性。

36.4 人工智能引领科学发现的未来

目前，亚当和夏娃机器人科学家的功能扩展正在开发中，如开发与现代科学核心挑战有关的真核细胞的系统生物学模型。这些模型是未来医学（人类是真核生物）、农业生产（植物是真核细胞）和生物技术（抗体、食品等）的核心。系统生物学对传统的人工科研方法提出了极大的挑战，因为现有的模型（成千上万个因果相互作用的组件）非常复杂，超出了人类的直觉理解。生物系统传奇般的复杂性也意味着，建立全面系统模型的唯一途径是将假设驱动性实验数量增加几个数量级。范德比尔特大学开发的 Genesis 硬件就是为了应对这一挑战而设计的。该系统将由 10000 个可独立编程的微型恒化器构成，与最先进的质谱仪和 RNA 测序技术联动，使 Genesis-AI 能够每天并行设计和执行 10000 个闭环实验（每个闭环循环将包括假设形成、实验规划、实验室执行和结果解析全流程）。每个实验都旨在优化复杂系统生物学模型。该系统并行循环的实验规模是以前任何人工智能闭环系统的 1000 倍，标志着人工智能自动化科学方法的一个阶跃式变革。

在药物研发领域，人工智能系统将主导化合物设计与筛选决策，其在某些任务上具有人类无法比拟的速度与精度优势。在经验主义（或实验，第一种范式）、理论推演（第二种范式）、计算模拟（第三种范式）和数据密集型统计（第四种范式）之后，自动化可以成为科学研究的第五种范式。经验方法通常是可归纳的，在某种意义上可理解为，人们试图在观察到的数据中找到共同的模式、规则或规律。数据密集型统计调查（第四种范式）可以被看作计算机主导的第一种范式的加速，因此也是归纳的。另外，第二种范式，理论推演，从某种意义上说是人们根据一个有待检验的候选假设命题做出预测，这是目前统计机器学习方法无法做到的。计算机模拟（第三种范式）可视为这种理论推演方法的算力加速版，它基于规则，有时与物理相关并遵循物理定律（例如，天气预报）。而第五种终极人工智能范式的突破性在于：将包括归纳和演绎过程在内的整个周期深度融合并自动化。人工智能拥有这种能力，但即使在已经获得令人印象深刻的结果的情况下，如 AlphaFold 2 在蛋白质折叠挑战中的应用也仍尚未得到开发，没有持续或系统地应用 [16,17]。

除了高度自动化的发现之外，当前高度自动化的科学发现体系仍缺失的关键一环是科学的综合能力，这部分被添加到教科书中。目前，AlphaFold 2 的发现仍需要科学家在结果的粗略分类之外进行解释。当前缺少的以及深度学习等当前方法所欠缺的，并且超越机器人化实验的，是自动执行溯因推理的手段，该方法将数据归纳处理（如分类）的结果转换为可用于演绎推理（或模拟）所需的假设和模型，从而真正实现科学闭环。

在行星探测等领域，这一发现很可能完全由自动化的人工智能系统主导，该系统将能够通过定义明确的特征对各种行星物体进行精确分类，这些特征涵盖了物体的一些或大部分属性，如大气条件，甚至生物标记。毫无疑问，用于科学发现的人工智能将有助于处理人类不断产生的大量数据。

在生物学领域，与当今的技术水平相比，研究很可能变得更加快速和难以辨认。核心挑战可能包括预测基因扰动引发的多层级影响，从基因编码到行为表征层面的完整链条将被解析，大脑图谱的绘制精度将进一步提升，最终实现从表观遗传到神经活动的全通路解码。在人工智能的帮助下，癌症有望在 30 年内被攻克，若采用先进的科学发现人工智能系统，这一进程可能大幅度提前。尽管人类社会或将面临新挑战（如流行病或气候变化），其他疾病也将会出现，但科学始终是人类应对这些挑战的核心武器。

在环境科学领域，人工智能将极有可能帮助人类找到共建清洁世界的方法，并在废物管理效率上实现百年未有之突破。其潜力包括：清除海洋塑料污染、发现分解微塑料的新型酶制剂。研发替代塑料的环保材料，以及推动全领域技术能效的跃升。

数学领域或将迎来最显著的人机协作变革[18,19]，未来，因为人类好奇心将引领人工智能探索方向，而人工智能将通过半监督或无监督的自动化理论验证系统完成大部分繁重的技术性工作。数学家将得以解放创造力，专注于跨数学领域的类比挖掘与应用场景拓展，因为其自带可计算的形式生成理论，可以更容易地用于其他领域。

36.5 人工智能辅助科研的评级

当前，科学界在研究激励体系、课题遴选机制与项目评审标准上仍缺乏完美解决方案，但以下角度或许可成为破局关键：提升结果可重复性、建立更精准的影响力量化模型、聚焦研究目的而非方法论。人工智能有望优化高影响力课题的筛选，但即便这些决策是基于纯量化指标并通过可解释性系统阐明，这仍将引发围绕这些选择以及人类如何与它们建立联系的新辩论。

虽然人类智商测试是对智力的一种衡量，但它们可能并不能很好地衡量科研能力。我们已经知道，当前机器在大多数智商测试的技能上如逻辑、算术和微积分，都已远超人类。但其短板在于：脱离语境的问题理解能力以及应对同一问题的多角度表述时的适应性，这可能使它们无法通过某些智商测试问题。因此，大多数挑战都与内部建模和输入接口优化有关，尽管神经网络在这方面已起到了推动作用，但机器仍无法提出假设、筛选问题、从数据和噪声中合成模型、抽象出突出特征、非结构化推理、重新解释结果以及完成整个发现周期（从上一节点重启发现周期）。

可以采用类似于美国汽车工程师学会（SAE）（BS ISO/SAE 21434：2021）的自动驾驶分级标准并结合上述内容，来评估人工智能在科学领域的自动化程度。但科学领域的人工智能与自动驾驶汽车不同的是，在自动驾驶汽车上，各家公司都在以百万为单位比谁的汽车行驶的里程数更多，而科学领域的人工智能则应反其道而行之，减少对数据的依赖，更多地依赖于生成模型，这样才能用越来越少的数据做出更多更好的预测。

以下是受 SAE 启发的一个层次结构，但与量化科学发现过程中人工智能主导的自动化程度有关。

第0级：无自动化，传统的、过去没有机器干预的人工实验、涵盖手动计算、人工数据处理和分类。

第1级：机器辅助，数据科学、统计机器学习。在一套封闭的规则内解决问题（如定理证明器）。在封闭世界假设下搜索问题。

第2级：部分自动化，科学发现周期的一个重要方面是完全自动化，如仿真模拟或知识提取。仅限在开放世界中测试一个命题（包括提出测试命题所需的实验），突破封闭世界假设的局限。

第3级：模型选择和生成，相当于拥有一定代理权的知识渊博的同行。给定一组假设，系统能够跟踪其结果，对其进行测试，并得出否定或验证，即结论。

第4级：用生成假设（作为新知识候选的命题）的方式，测试它可以最大限度地获取信息，获取信息的程度由人类按指定的标准界定。该系统具备第3级能力，但也可以自行生成和探索假设空间。此时，发现周期中至少有一个方面或一个模块尚未完全自动化。

第5级：全自动化，可达到第4级水平。任何步骤都无须人工干预。能够在系统内自主定义第3级的信息获取标准。系统能够处理现有文献，且可以从中提取所有相关要素来生成假设，并可开放访问全部假设空间（或与人类假设空间相当的空间），此外，当结果具有科学意义时，能将科学过程，从结果逆转回假设（诱导（计算偶然性）。像人类一样解决逆向问题、等同于（或优于）人类科学家。

未来科学领域的复杂性将远超现今，可能催生与当前完全无关的新挑战和新方向。例如，在物理学领域，标准模型的替代品可能会在未来出现（无论是否是人工智能推动的结果），这个替代品会更简单还是更复杂仍无定论——即使其被证明更全面，也未必能立即解决如统一量子引力等难题。因此，建立评估人工智能对科学发现贡献的工具对于指导和衡量这一过程至关重要。

36.6 结论

当涉及科学发现时，研究目的将变得越来越重要，越来越突出，而不再隐藏在当今人工智能“黑匣子”的复杂性背后。科学目的必须明确，并需以明确的方式进行评估。

在未来25年，3D生物打印[20]等技术将为人工智能在科学发现、创造材料和物品方面提供更广泛的可能性。这在细胞层面已经成为可能，甚至在分子层面也很有可能很快实现。例如，蛋白质和核链，并能创造或操纵从最小尺度到解剖学水平的生命。

这一进程还将催生更先进、更灵活的机器人系统，从而在日常生活和科研领域带来更深远的变革与技术升级，推动科学研究呈现滚雪球式加速发展，以至于很快我们可能就会被数据、信息和知识压得比今天更加喘不过气来。而人工智能会帮助我们重新定位，也可以说若没有人工智能，我们很可能将彻底迷失。

一个共识是，我们应该同步探索所有可能的方法：用先进的人工智能工具增强人类科学家的能力；基于纯人工智能的解决方案，并行测试成千上万个假设，进行深入、无缺陷的迭代推理，以及人机协同科研的科学工具。

人类和科学家群体必须共同定义科学目的，即什么值得科学追求，为了什么目的。未来可能出现以“探索人机认知边界”为唯一使命的学科领域，无论是在数学等抽象领域，还是在医学和医疗保健等具有直接影响的领域。正如当下所需，需要有机制来确定哪些领域值得政府去研究或推动的。而要决定他们应该推动和资助哪些课题，可能会像今天一样困难，但人工智能或能提供一个机会，找到以更好、更系统、更少偏见的方式决定这些问题的机制，也许矛盾的是，这个过程会更加人性化。

参考文献

[1] M. T. Ribeiro, S. Singh, and C. Guestrin (2016). “Why should I trust you?” Explaining the predictions of any classifier. In Proceedings of the ACM SIGKDD International Conference on Knowledge Discovery and Data Mining, Vol. 13, 17 August. https://doi.org/10.1145/2939672.2939778.

[2] P. Skobelev (2018). Towards autonomous AI systems for resource management: Applications in industry and lessons learned. In Advances in Practical Applications of Agents, Multi-Agent Systems, and Complexity: The PAAMS Collection, Lecture notes in Computer Science, Springer International Publishing, Cham, pp. 12–25.

[3] B. K. Bose (2017). Artificial intelligence techniques in smart grid an renewable energy systems — Some example applications. Proceeding IEEE Institute of Electrical and Electronics Engineering, 105(11), 2262–2273.

[4] S. K. Jha, J. Bilalovic, A. Jha et al. (2017). Renewable energy: Present research and future scope of artificial intelligence. Renewable and Sustainable Energy Reviews, 77, 297–317.

[5] M. C. R. Melo, J. R. M. A. Maasch, and C. de la Fuente-Nunez (2021). Accel-erating antibiotic discovery through artificial intelligence. Communications Biology, 4(1), 1050.

[6] S. D. Mathur (2009). The information paradox: A pedagogical introduction. Classical and Quantum Gravity, 26(22), 224001.

[7] S. Bhagwat, X. J. Forteza, P. Pani, and V. Ferrari (2020). Ringdown overtones, black hole spectroscopy, and no-hair theorem tests. Physical Review D, 101(4), 044033.

[8] J. Liu, Y. Tang, Y. Wu et al. (2021). Forecasting the Indian ocean dipole with deep learning techniques. Geophysical Research Letters, 48, 20.

[9] M. Bajracharya, M. W. Maimone, and D. Helmick (2008). Autonomy for mars rovers: Past, present, and future. Computer (Long Beach, CA), 41(12), 44–50.

[10] A. Shukla and H. Karki (2016). Application of robotics in offshore oil and gas industry — A review part II. Robotics and Autonomous Systems, 75, 508–524.

[11] M. Baker (2016). 1, 500 scientists lift the lid on reproducibility. Nature, 533(7604), 452–454. doi: 10.1038/533452a.

[12] D. J. Hicks and R. Simmons (2019). The national robotics initiative: A five-year retrospective. IEEE Robotics & Automation Magazine, 26(3), 70–77.

[13] T. Chapman (2003). Lab automation and robotics: Automation on the move. Nature, 421(6923), 661, 663, 665–666.

[14] R. D. King, M. Liakata, C. Lu et al. (2011). On the formalization and reuse of scientific research. Journal of the Royal Society Interface, 63, 8.

[15] K. A. Williams, E. Bilsland, A. Sparkes et al. (2015). Cheaper faster drug development validated by the repositioning of drugs against neglected tropical diseases. Journal of the Royal Society Interface, 104, 12.

[16] J. Jumper, R. Evans, A. Pritzel et al. (2021). Highly accurate protein structure prediction with AlphaFold. Nature, 596(7873), 583–589.

[17] J. Skolnick, M. Gao, H. Zhou et al. (2021). AlphaFold 2: Why it works and its implications for understanding the

relationships of protein sequence, structure, and function. Journal of Chemical Information and Modeling, 61(10), 4827–4831.

[18] K. Hartnett (2021). Proof assistant makes jump to big-league math. https://www.quantamagazine.org/lean-computer-program-confirms-peter-scholze-proof-20210728/#.

[19] P. Scholze (2021). Liquid tensor experiment — Xena. https://xenaproject. wordpress.com/2020/12/05/liquid-tensor-experiment/.

[20] A. Tong, Q. L. Pham, P. Abatemarco et al. (2021). Review of low-cost 3D bioprinters: State of the market and observed future trends. SLAS TECHNOLOGY: Translating Life Sciences Innovation, 26(4), 333–366.

第37章 科学智能系统中的反思能力

Yolanda Gil，南加利福尼亚大学信息科学研究所和计算机科学系，美国加利福尼亚州。E-mail：gil@isi.edu

37.1 引言：80年来的人工智能辅助科研

如何辅助科学发现一直以来都是人工智能研究者的兴趣所在。赫伯特·西蒙（诺贝尔奖得主和图灵奖获得者）早在20世纪40年代就开始进行科学发现的认知建模研究[1]。爱德华·费根鲍姆（图灵奖获得者）与乔舒亚·莱德伯格（诺贝尔奖得主）等同事在60年代与大学合作，开发人工智能系统来自动识别有机分子的质谱[2]。多年来，越来越多的人工智能系统被开发出来，用于解决科学发现中的重要工作，如问题构建、实验设计和数据收集、数据分析、机器学习和模型修订[3]。正如，最近《科学》杂志的封面上宣称的"人工智能重塑科学"[4]。

如今，人工智能在科学领域主要聚焦于机器学习。在过去几十年，机器学习和海量数据计算的进展推动了科学现象的维度和规模。强大的学习范式和分布式计算协同工作，以处理大规模数据，助力高能物理、生物医学和地球科学等各个领域取得了惊人的发现。最近，深度学习方法与数据挖掘智能技术的突破，催生了现代数据科学的崛起，将这些强大的数据驱动发现能力与可扩展的计算和数据系统深度融合，彻底革新了人类认知数据的范式。

除了机器学习，人工智能的许多其他领域也在为科学做出重要贡献。例如，利用自然语言处理从海量文献中提取知识[5]，采用约束推理搜索最佳解决方案[6]，进行实验设计并执行[7]，以及构建语义数据存储库以促进多源信息的整合[8]。

未来的人工智能系统可以为科学做出更多的贡献。当今用于科学发现的人工智能系统在科学研究过程中的作用非常有限，因为它们被赋予学习目标，被给定数据，并且被给定优化指标。人工智能系统的作用仅限于解决由科学家指定的具体任务，其中数据和技术也由科学家规定。将智能机器局限于这个狭窄领域严重限制了人们真正发挥人工智能潜力以解决复杂科学问题的能力。智能系统在科学中的有限应用还妨碍了人们在科学前沿领域实现根本性突破。人类科学家面临的科学问题日益复杂，其能力已逼近极限。设想新一代的人工智能系统，能够自主制定解决给定科学问题所需的学习框架，获取或生成适当质量的必要数据，并能够融入背景知识，如理论和科学原理，以判断评估任何新发现所需的度量标准是否合适。然而，许多学者揭示了科学推理中人工智能仍未解决的多样丰富的认知过程，从发现定律[1]到理解因果机制[9,10]，再到科研协作[11]，问题优先级判定[12-15]，以及最终产生范式转变[16]。

本章将论证在科学发现中，人工智能的作用需要更加扩大，以应对我们这个时代的许多挑战。科学家将需要与能够进行独立探究、主动学习和严谨推理的人工智能系统合作。新一代人工智能系统将实现人机真正协同。这种协同将是解决新一代科学问题所必不可少的。同时，在科学发现过程中扩大智能机器的角色将进一步推动知识表征、推理、规划、元推理和智能体系结构的重大进展。

37.2 人工智能对科学的重要性

随着科学问题日益复杂且跨学科融合，科学家亟须提升运用智能机器进行研究的能力。例如，对比分析小儿麻痹症的治愈方法与癌症治愈方法之间所面临的挑战。小儿麻痹症，这一困扰人类数千年的疾病，最终通过一位科学家发现的疫苗得以治愈。而胶质母细胞瘤，一种脑癌，其发展至晚期仅需数月，且难以检测和治疗，正由多个专业的科学家团队进行研究。这些研究小组各自掌握了关于该疾病的互补信息，包括基因组学、蛋白质组学、转录组学、核磁结果（MRI）、治疗方法等方面的不同数据。将这些独立的部分发现结合起来并综合出重大发现是一项关键挑战。同样地，对比分析早期河流水文学和物理建模与理解我们环境生态中水-生物-农业-人类相互作用的复杂过程时，两者面临的挑战。每个领域的专家都开发了互补的模型，但这些模型在探索跨系统的复杂相互作用时，面临高度整合难题。当今科学过程所需的工作量，已超出了人类科学家在面对研究问题的复杂性和多学科性时所能承受的范围。这一问题涉及以下几个关键方面。

首先，对于任何科学家来说，跟上研究创新的步伐，需要面对既具挑战性又成本高昂这两大障碍。每个学科都在迅速发展，不断涌现新的先进方法。任何研究小组要跟上所有最新方法都非常困难，因此只有少数方法可能被采纳。另外，了解哪些新方法正变得重要和关键，学习它们的微妙假设并培训年轻研究人员正确使用复杂方法，都需要投入大量成本。而目前科学家仍缺乏智能辅助工具来促进快速学习和采用新方法。

其次，合作研究需要付出巨大的努力。单独一个研究人员越来越难以应对更先进的科学问题。整合所需的所有信息极具挑战性，尤其是跨学科的研究，这需要建立伙伴关系和合作。例如，将气候学、水文学和农业模型整合起来以理解和预测粮食短缺可能需要十几名科学家一年的工作。进行全球气候研究需数百名科学家花费两年的时间来组装和分析数据，以观察过去几十年的趋势。发现希格斯玻色子则需要数千名科学家多年的努力。这些研究需要大量的协调配合（包括确保资金、组织工作、协调责任、监控进展、汇总结果等），它们远超常规科研，在某些情况下甚至堪称非凡之举。然而，科学家目前缺乏智能辅助工具来支持这类合作研究任务。

再次，对新数据的解释需要不断更新以前的发现，而科学界在这方面的装备不足。当一组新的癌症患者队列数据公布时，应重新审视此前针对类似队列发表的研究结果，更新以纳入新数据。当通过传感器不断捕获新的环境数据，或通过新型传感器提高数据质量时，应重新考虑和扩展以前的调查结果以说明新数据。当一种新的、更强大的分析方法出现时，应将其应用于之前分析过的数据。在已发表的文献中，每篇论文都提供了科学家如何回答此问题的静态快照，但研究人员很少有资源重新审视已发表的结果。科学家目前没有智能工具辅助来自动重现方法并更新结果。

最后，通过重新构想研究方法和流程，可以实现重大创新。科学研究的许多方面都可以自动化、改进或重新设计，以纳入有能力的智能系统。这可以为通过处理新类型的问题和创造非传统的方法打开新大门，从根本上将科学前沿推向全新的方向。科学家目前缺乏智能辅助工具来补充和增强在研究中创造创新变革的能力。

总之，为了有效和高效地解决日益复杂的科学问题，我们需要做以下工作：

（1）帮助科学家快速采用新方法的人工智能系统，以便他们能够跟上其领域内不断前进的步伐。

（2）减少跨学科整合知识难度的智能辅助工具，使科学家能够以更少精力解决复杂的交叉学科问题，从而更频繁地开展相关研究。

（3）能够将新近可用法人数据整合到已发表研究中的自动化 AI 系统，旨在持续更新研究发现，使科学家能及时跟进并持续不断地收集所有新数据。

（4）能够综合和创新科学研究方法与流程的人工智能方法，使科学家获得探索全新问题的研究路径。

相应地，这些人工智能研究的途径将催生出新一代智能系统，它们能够理解科学研究流程，掌握完成各环节的不同方法，并能持续学习新方法所需的技能以跟上技术发展，甚至具备自主创新的能力。这些能力将普遍适用于科学领域之外的更广泛的范畴，因为它们将成为人类解决复杂问题的重要工具。那么为了应对这些科学领域的需求，我们需要开拓哪些人工智能研究新方向？

37.3　科研导向的通用智能能力体系：深思型人工智能

具有一些基本科研用人工智能功能的智能系统很快将成为全体科研工作者的标配工具。起初，它们将被简单地用作无自主决策能力的辅助工具。随后，人工智能系统很快将开始承担研究助理的职能，执行实验室助理或研究助理会做的任务。智能系统将逐步实现科研自主化，其研究成果或将达到共同作者署名标准，部分先进系统甚至能够独立撰写完整学术论文 [17]。最后，它们将突破辅助角色的局限，进化为科学家的合作伙伴。前沿学者预测，人工智能系统不仅能够做出重大科学发现，甚至有望获得诺贝尔奖 [18]。

为了成为科学家的助手和合作伙伴，智能系统需要更具协作性、更具资源整合能力与独立性，并且更加负责任。这些技能可归类于“深思型人工智能系统”范畴，其行为模式需符合人类对助手和合作伙伴的预期标准。表 37.1 总结了此类系统的关键设计原则，并在文献 [19] 中进行了深度解析。

表 37.1　深思型人工智能系统的设计原则 [19]

序号	原理	描述
1	合理性	行为受知识驱动
2	情景理解	努力理解任务的目的和意义

续表

序号	原理	描述
3	主动性	主动学习与任务相关的新知识
4	网络化	访问外部知识和能力来源
5	清楚表达	用有说服力的理由和论据来回应
6	系统	促进与其他系统的集成与协作
7	道德标准	传达范围和限制的行为

未来基于这些原理的人工智能研究将为开发能与科学家协同合作的智能系统提供成功的路径。

37.4　人工智能科学系统的具体能力：核心能力

智能系统在开展科学研究时需承担何种任务和活动？考虑到科学工作的多样性和复杂性，确定跨学科共享科学研究所需的核心能力并不是一项容易的工作。基于此，我们提出了科学智能系统必备的六大核心能力。

（1）反思能力。这种能力专注于对科学知识进行推理论证，以构建研究问题，制定探索策略，并将新发现置于已知的背景下定位。它将推动人工智能在推理、元推理和问题解决等领域的前沿发展。

（2）观察能力。该能力侧重于通过实验室实验、传感器管理、远程控制机器人和无人机等方式收集数据，以及其他专注于与物理世界或所研究系统交互的科学任务。该项能力将显著推动人工智能在机器人学和信息物理系统（CPS）领域的研究突破。

（3）建模能力。这种能力专注于分析复杂的科学数据，以揭示潜在规律，并构建具有解释力与预测力的模型。该项能力将推动人工智能在机器学习、因果关系和不确定性推理等领域的全面创新。

（4）探索能力。该能力侧重于通过高效搜索策略来设计和探索解决方案。这种能力在许多不专注于建模世界的科学领域很重要，而是聚焦于合成新的人工制品，如药物设计和材料发现。这种能力将强调人工智能搜索、约束推理和优化。

（5）信息提取能力。该能力的重点是从文献、在线数据存储库和其他网络资源中提取和整合关键信息。该功能将推动人工智能在自然语言处理、视觉理解和信息集成三大领域的突破性进展。

（6）创造能力。这种能力专注于产生新的理论、设计新方法、构建新仪器和其他发明，这些新事物能够带来重大发明和范式变化，从而为科学开辟全新的方向。该能力将推动人工智能在创造性思维、颠覆性设计和表达转变方面的进步。

图 37.1 总结了这六大核心能力。每一项都将推进人工智能研究的互补领域，并需通过协同整合构建服务于科学探索的强大智能系统。每项能力都可以单独探索，以推动人工智能界取得重大进展。迄今为止，人工智能科学的大部分研究都集中在观察能力、建模能力、探查能力和信息提取能力上，而反思能力和创造能力的研究仍显不足。接下来，以下将结合 Yolanda Gil 团

队在反思能力领域的先进工作进行探讨。

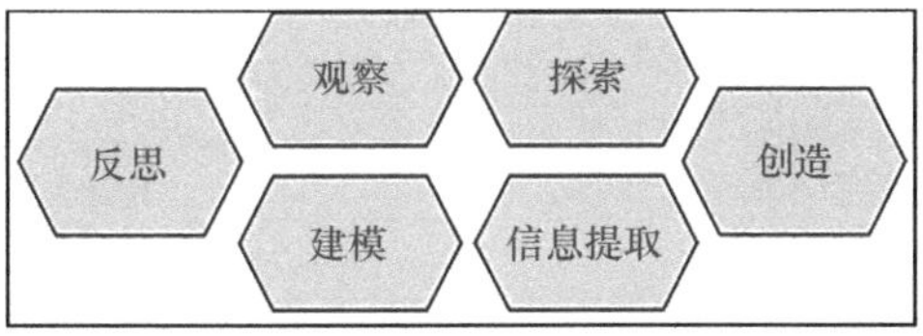

权限	描述	AI研究领域
反思	提出问题，确定策略，理解调查结果	推理和问题解决
观察	通过实验室实验或传感器收集数据	机器人、信息物理系统
建模	分析数据以发现模式并创建预测模型	机器学习、因果关系、不确定性推理
探索	通过高效的搜索和优化设计探索解决方案	搜索、约束推理、优化
信息提取	从不同的在线资源中提取和整合信息	自然语言处理、视觉理解、信息集成
创造	重大发明和范式变化	创造性思维、颠覆性设计、表达转变

图 37.1　人工智能科学家的六大核心能力

37.5　科学智能系统中的反思能力

科学智能系统需要具备反思能力，以便制定科学问题，设计回答这些问题的一般策略，执行实施这些策略的方法，并将新发现置于原始问题的背景下。并且，无论问题或领域如何，这些反思能力对自动生成新的科学发现至关重要。

反思能力的关键研究挑战包括以下几点：

（1）构建科学知识体系以捕捉研究问题、理论假设和方法路径，并建立起三者的动态关联；

（2）对研究假设、验证方法及实验结果进行系统性推理；

（3）实施回答不同类型问题所涉及的科学过程和步骤，这些过程和步骤在不同科学领域之间既可能高度相似，也可能显著不同；

（4）将新发现与现有理论模型有机整合，自动检测不一致性，并通过理论修订或进一步提出新研究问题来解决它们；

（5）适当地解释发现和支持证据，在已知的背景下，回答关于这些发现的后续问题。

这些反思能力的发展将推动人工智能在许多领域取得显著进展，包括认知架构、知识表示、推理、规划、元推理、解释、问题回答、理论修订和论证。图 37.2 展示了一个基于科学研究六大核心步骤的反思概念框架[3,20,21]。科学研究通常始于探索，这种探索既可以是一个可验证的假设，也可以是一个待探索的开放性问题。接下来，科学家将决定采取什么方法来解决这个问题，即需要什么类型的数据以及如何分析这些数据。然后，进入数据采集阶段，这可能意味着需要通过实验获取或从现有数据库中调取。一旦数据可用，需针对不同数据子集或不同假设进行差异化分析。将这些分析的结果与原始问题或假设相关联。最后，由科研人员评估发现的本质与科学价值，并修订这些领域中的现有理论和模型。

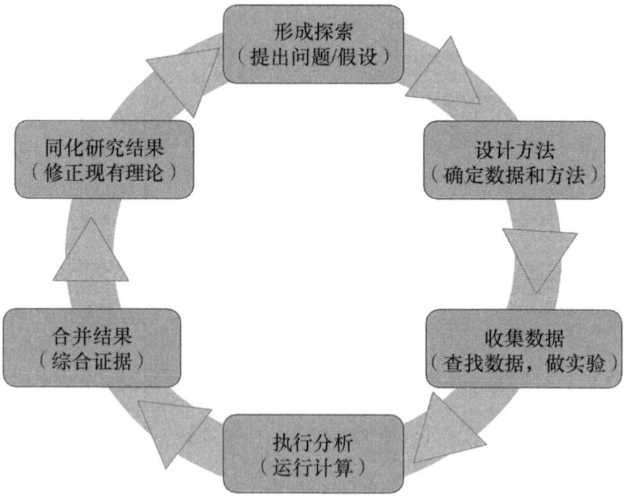

图 37.2　科学研究中反思的初步概念框架

该反思框架侧重于探究驱动型研究，其核心逻辑是：科学问题或假设促使研究者收集必要证据以解答所提出的问题。但这绝不是所有科学研究过程的唯一范式，这些过程可能更具探索性（从一些数据开始而不是由问题驱动）、分析性（由表示变化和某些知识体系的重新设计驱动）、仪器聚焦（设计新仪器）、综合（例如，新方法或算法）等。这是一个高度概括的研究流程框架，凝练了许多科学探索的共性问题。该范式的反思框架可以根据不同科学领域的具体研究方法和流程进行细化拓展。

图 37.3 通过在癌症组学 [22]、神经科学 [23] 和洪水预测 [21] 的实例展示了这种概念框架在反思中的应用。这突出了这个框架的普适性优势和其适应不同类型探索、数据类型和分析的灵活性。在癌症组学中，有许多先前研究的共享存储库中的数据，以及许多专门用于分析蛋白质组和基因组数据的软件工具。将这些不同模态的结果结合起来是一个开放的研究领域。在神经科学中，

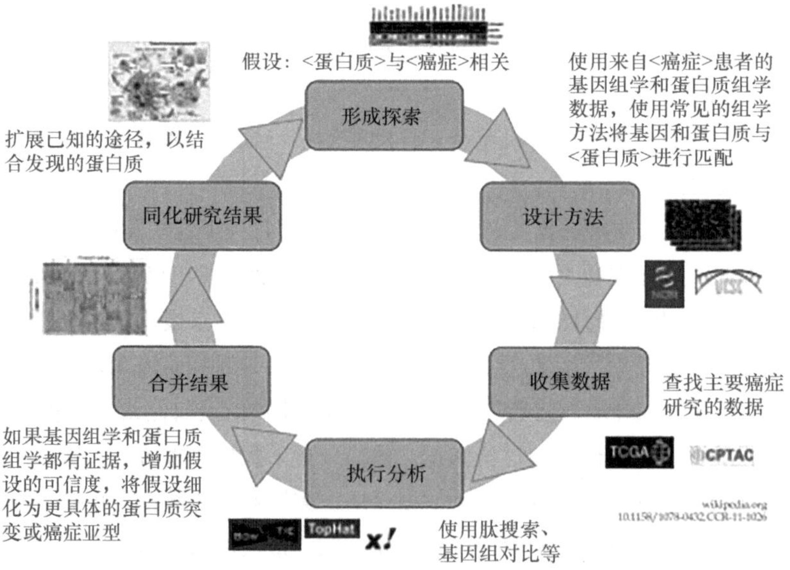

（a）

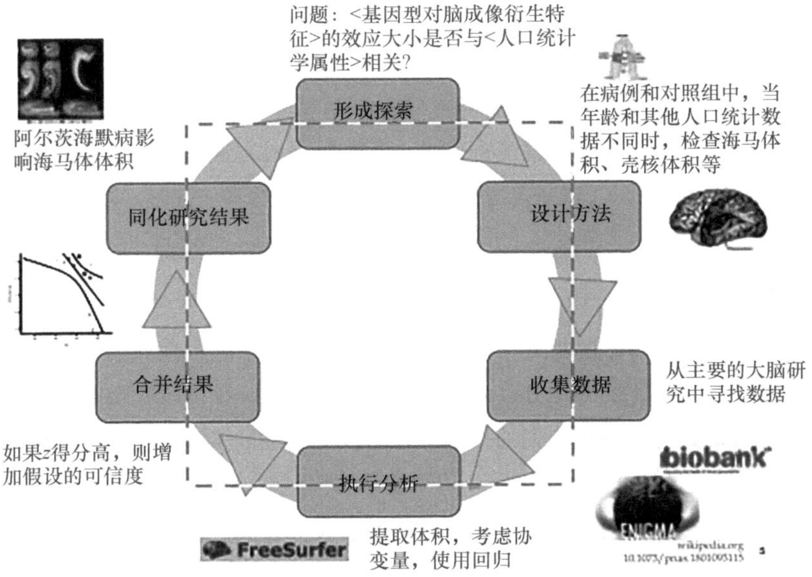

（b）

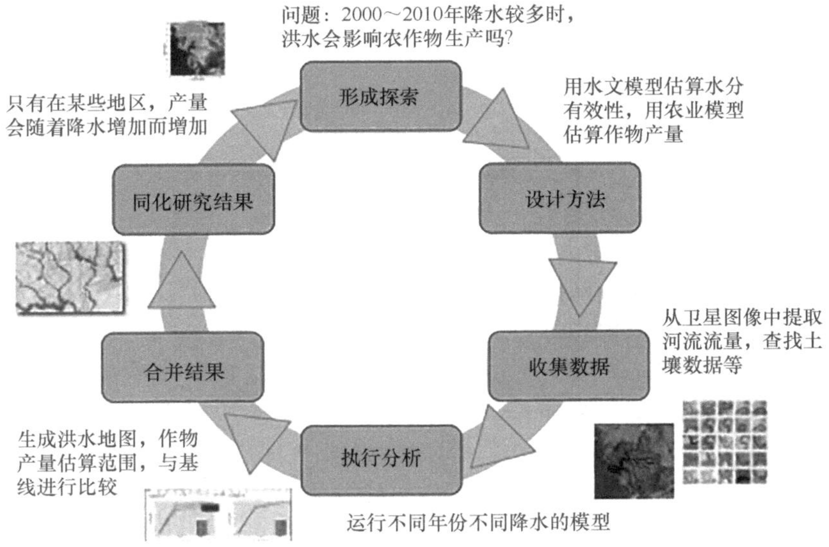

（c）

图 37.3　利用三个科学领域的真实例子说明反思框架：癌症组学（a）、神经科学（b）和洪水预测（c）

虽然脑影像数据可获取，但必须从中提取特定目标特征。同时，需要进行元分析以整合不同研究的结果。例如，在洪水预测中，需进行大量模拟，通过元分析生成预测区间并评估不确定性。

反思框架说明了这项核心能力如何推动其他能力的发展：

（1）实验能力将由收集数据步骤的需求触发。反思过程可以为实验能力提供上下文，包括需要什么类型的数据、数据收集的要求以及应推动实验的质量指标。

（2）建模能力将由进行分析步骤的需求引发。反思过程将确定需要进行什么样的建模，可用的数据，最终模型的性能标准，以及建模任务的其他重要信息。

（3）探索能力将由行为分析步骤的需求驱动。反思过程可以确定搜索目标、优化标准，以及可以使搜索更有效的领域知识和数据。

（4）信息提取能力将由所有 6 个步骤的需求触发，因为它可以从提出问题步骤中提取理论，指导收集数据，进行分析，并用融合和整合方法来综合巩固结果和理解发现。

（5）当设计分析步骤无法生成适当的策略来寻找数据或方法来回答关键问题，或者在循环多次迭代后仍没有发现结果，又或者经过迭代，发现结果仍然不一致时，就需要创造能力。

37.6 结论

未来用于科学研究的人工智能系统将能够独立进行研究，并因此做出自己的发现。它们将能够通过制定自己的研究目标、提出和测试假设、设计理论、讨论替代选择并综合新知识来解决重大问题。 它们还将能够解释它们的推理，并与其他可能的推理路线进行定位和客观评估其发现。此外，这些系统还能够与具有不同专业背景和理解层次的科研人员进行深度学术对话。

这些必要的能力只有通过在人工智能的多个领域取得实质性研究进展才能实现，包括认知系统、机器学习、知识表示、约束推理、问题解决和规划、元推理、不确定性推理、多主体系统、自然语言处理、协作和机器人技术等。科学中的人工智能研究还将强调过去受到较少关注的智能能力，如表达变化和创造性。

参考文献

[1] H. A. Simon (1997). Models of Discovery and Other Topics in the Methods of Science. Springer. ISBN 978-94-010-9521-1. https://link.springer.com/book/10.1007/978-94-010-9521-1.

[2] R. K. Lindsay, B. G. Buchanan, E. A. Feigenbaum et al.(1980). Applications of Artifcial Intelligence for Organic Chemistry: The Dendral Project. MeGraw-Hill. ISBN 978-0070378957. https://profiles.nlm.nih.gov/spotlight/bb/catalog/nlm:nlmuid-101584906X7379-doc.

[3] Y. Gil, D. Garijo, V. Ratnakar et al. (2017). Towards continuous scientific data analysis and hypothesis evolution. In Proceedings of the Thirty-First AAAI Conference on Artifcial Intelligence (AAA1-17), San Francisco, CA.

[4] AI transforming science. Science Special Issue, 357(6346), 7 July 2017. https://science.sciencemag.org/content/357/6346.

[5] A. Callahan, M. Dumontier, and N. H. Shah (2011). HyQue: Evaluating hypotheses using Semantic Web technologies. Journal of Biomedical Semantics, 2, S3.

[6] C. Gomes, ‘T. Dietterich, C. Barrett et al. (2019). Computational sustainability: Computing for a better world and a sustainable future. Communications of the ACM, 62(9). https://doi.org/10.1145/3339399.

[7] P. Groth and J. Cox (2017). Indicators for the use of robotic labs in basic biomedical research: A literature analysis. PeerJ, 5, e3997. https://doi.org/10.7717/peerj.3997.

[8] V. Tshitoyan, J. Dagdelen, L. Weston et al. (2019). Unsupervised word embeddings capture latent knowledge from materials science literature. Nature, 571, 95–98. https://doi.org/10.1038/s41586-019-1335-8.

[9] C. F. Craver and L. Darden (2013). In Search of Mechanisms: Discoveries across the Life Sciences. University of Chicago Press.

[10] J. Pearl (2018). The Book of Why: The New Science of Cause and Effect. Basic Books Publishers.

[11] S. B. Trickett, C. D. Schunn, and J. G. Trafton (2005). Puzzles and peculiarities: How scientists attend to and process

anomalies during data analysis. In M. E. Gorman, R. D. Tweney, D. Gooding, and A. Kincannon (eds.), Scientifc and Technological Thinking. Mahwah, NJ: LEA, pp. 97–118.

[12] P. Thagard (2012). The Cognitive Science of Science: Explanation, Discovery and Conceptual Change. Cambridge, MA: MIT Press.

[13] R. Samuels and Wilkenfeld (eds.) (2019). Advances in Experimental Philosophy of Science. London, UK: Bloomsbury.

[14] M. Addis, P. D. Sozou, P. C. Lane et al. (2016). Computational scientific discovery and cognitive science theories, In V. C. Müller (ed.), Computing and Philosophy. Synthese Library, Vol. 375. Cham: Springer. https://doi.org/101007/978-3-319-23291-1_6.

[15] S. Chandrasekharan and N. J. Nersessian (2015). Building cognition: The construction of computational representations for scientific discovery. Cognitive Science, 39, 1727–1763.

[16] T. S. Kuhn (1962). The Structure of Scientifc Revolutions. University of Chicago Press.

[17] Y. Gil (2021). Will AI write the scientifc papers of the future? AI Magazine, 42(4). https://doi.org/10.1609/aimag.v42i4.18149.

[18] H. Kitano (2016). Artifcial intelligence to win the Nobel Prize and beyond: Creating the engine for scientifc discovery. AI Magazine, 37(1). https://doi.org/10.1609/aimag.v37i1.2642.

[19] Y. Gil (2017). Thoughtful artificial intelligence: Forging a new partnership for data science and scientific discovery. Data Science, 1, 119–129.

[20] Y. Gil, D. Khider, M. Osorio et al.(2022). Towards capturing scientific reasoning to automate data analysis. Proceedings of the Annual Conference of the Cognitive Science Society, 44. Retrieved from https://escholarship.org/uc/item/85d2d1xf.

[21] Y. Gil, D. Garijo, D. Khider et al. (2021). Artificial intelligence for modeling complex systems: Taming the complexity of expert models to improve decision making. ACM Transactions on Interactive Intelligent Systems, 11(2), 1–49.

[22] A. Srivastava, R. Adusumilli, H, Boyce et al. (2019). Semantic workflows for benchmark challenges: Enhancing comparability, reusability and reproducibility, Proceedings of the Pacific Symposium on Biocomputing (PSB), 24, 208–219.

[23] Y. Gil, J. Honaker, S. Gupta et al. (2019). Towards human-guided machine learning. Proceedings of the 24th ACM International Conference on Intelligent User Interfaces (IUl). New York, NY, USA: Association for Computing Machinery, pp.614–624. https://doi.org/10.1145/3301275.3302324.

第38章

机器学习与因果推理的接口

Mohammad Taha Bahadori，David E. Heckerman，亚马逊公司。E-mail：ahadorm@amazon.com，heckerma@amazon.com

38.1 引言

科学的核心工具是发现和量化因果关系与机制的能力。特别是在了解因果关系的过程中可以让我们在干预下做出预测，这是科学的一个关键目标。只发现相关性而不发现因果关系并不能使干预下的预测成为可能——它只是发现因果关系的垫脚石。

机器学习专注于从数据中识别和量化相关性。对相关性的关注在图像识别、机器翻译和语音识别等预测任务中取得了巨大的成功。然而，在这些任务中，我们没有发现任何因果关系。因果推理中的一个重要区别是数据是干预的结果还是严格的观察结果。根据干预措施，特别是随机干预措施产生的数据来推断因果关系，是相对直接的。相比之下，用纯粹的观测数据来推断因果关系要困难得多。观测因果推理在20世纪起步相对缓慢，但正在加速发展[1-6]。甚至最近，因果推理和机器学习这两个领域开始分享彼此的见解，在两个领域都取得了进展。

在此，我们将探讨这两个领域的进展，以及它们如何开始互相帮助。首先，我们讨论了机器学习中的一个常见问题——无法解释深度神经网络模型。我们展示了因果推理领域的洞察力如何实现更好的解释。其次，我们展示了在因果关系是连续和非线性的困难情况下，如何利用机器学习中优化和端到端学习的见解来推断因果关系。

38.2 解释深度神经网络的预测

现代深度神经网络是由多层非线性函数组成的。理解神经网络预测背后的原因是一项艰巨的任务[7,8]。例如，众所周知的ResNet152神经网络[9]有约6000万个参数，通过检查权重来有效地理解其决策是不可能的。此外，解释神经网络的一个关键要求是解释出的内容应该是人类专家能理解的。

在这里，我们研究了一种改进神经网络预测解释的方法，该方法利用模型构建器提供的高级概念[10-13]。该方法利用了领域知识，已被应用于医学成像[14]、乳腺癌组织病理学[15]、心脏MRI[16]和气象学[17]等领域。我们在这里考虑的例子来自CUB 200-2011数据集[18]。该数据集包括 200 种不同鸟类的 11788 张图片，并对每张图片的鸟类类型和 312 个不同的概念进行了注释。示例概念包括“咽喉色黑”、“头纹素”和“前额色黑”。目标是在每个图像中标记鸟类类型，并通过列出有利于预测标签的所有概念的子集来解释该标签。

在该方法的原始版本中，我们拟合了一个概念瓶颈模型（CBM），其中判别信息从特征向量 x 流过概念向量 c 并到达标签 y。假设在训练阶段，我们得到三联体 (x_i, c_i, y_i)，$i = 1, \cdots, n$。除了常规特征 x 和标签 y 之外，我们还为每个数据点提供了一个人类可解释的概念向量 c。概念向量的每个元素都度量了相应概念在特征中存在的程度。为了预测标签，我们学习了两个模型：一个模型根据特征估计 c［记为 $c(x)$］，另一个模型根据 c 估计 y［记为 $y(c(x))$］。为了解释预测，我们列出了 $c(x)$ 值较大的概念。这种方法的一个关键问题是，特征和概念向量之间可能存在隐藏的共同原因（即隐藏的混杂因素）。我们的目标是考虑这些混杂因素，以便 c 更准确地解释预测。

38.2.1 建立信任措施的新因果图模型

因果模型是一个有向无环图，其中节点表示变量，每个弧点从一个原因指向一个结果。与每个节点相关联的是给定其父节点的概率分布。除了作为因果关系的规范之外，每个因果模型还提供了如何从中生成数据的配方：①从根节点开始，从该节点的分布中生成数据；②当一个节点的父节点的所有数据都生成后，根据与其父节点相关的数据为该节点生成数据。

图 38.1（a）中的因果模型显示了 CBM 方法中的理想情况，其中标签导致概念，这些概念导致特征。图 38.1（a）对应的生成模型表明，为了生成每个特征 x_i，我们首先需随机绘制标签 y_i。给定标签，我们画出概念 c_i。给定概念，我们生成特征。该图中的数据生成流是从信息不太详细的节点（标签）到更详细的节点（概念，然后是特征）。

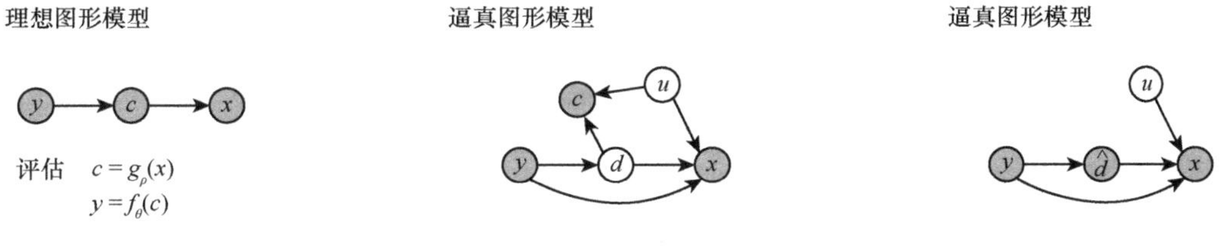

（a）理想情况图　　（b）现实情况图　　（c）添加 $\hat{d}(y)$项的图

图 38.1 （a）特征 x、概念 c 和标签 y 之间因果关系的理想视图。（b）在更现实的情况下，未观察到的混淆变量 u 同时影响 x 和 c。x 和 y 之间的共享信息通过概念 d 的鉴别部分实现。（c）当使用 $d(y) = E(c \mid y)$ 代替 d 时，消除了混淆链接 $u \to c$。阴影节点和未阴影节点分别表示被观察到和未观察到

为了对概念和特征之间的混淆进行建模，我们在图 38.1（b）中提出了一个新的因果模型。我们的模型对应于一个生成过程，在这个过程中，为了生成一个观察到的三元组（x_i, c_i, y_i），首先独立地绘制一个标签 y_i 和一个混杂向量 u_i。然后，基于标签绘制判别概念 d_i，并基于概念和混杂因子共同生成特征 x_i。最后，根据绘制的概念向量和混杂向量来绘制观察到的概念向量 c_i。

图 38.1（b）中模型的估计具有挑战性，这是因为从标签 y 到特征 x 的信息有两条不同的路径。我们的方法是使用工具变量文献中的一种技巧来消除影响特征和概念向量的混杂因素。使

用工具变量可以简化因果关系的学习过程[4,19,20]。典型的设置如图 38.2（a）所示。这里一个或多个工具变量 z 对治疗 a 有影响，且与混杂因素 u 无关。变量 z 也不直接影响结果 y。在这种情况下，估算治疗对结果影响的技巧是首先确定 $E(a|z)$（例如，通过对 a 对 z 的回归），然后用这个期望值代替治疗来预测结果。如图 38.2（b）所示。z 和 u 的独立性意味着该期望值与 u 具有独立性，因此对 a 对 y 的因果效应的估计是 a 对 y 的因果效应不会被混淆。

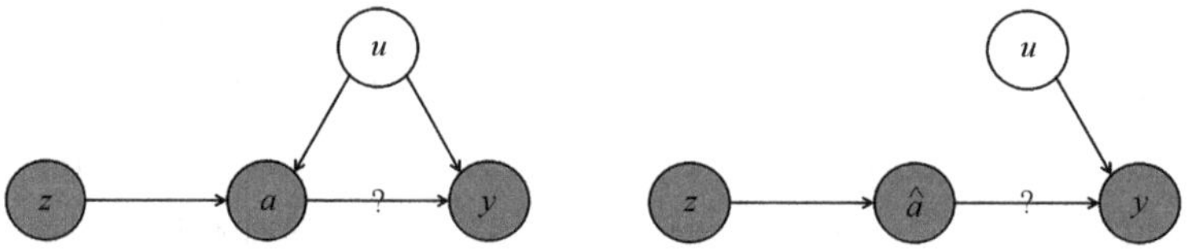

（a）理想情况图　　（b）现实情况图

图 38.2 （a）用于估计原因 a 对结果 y 的因果效应的经典工具变量设置 z 是工具变量，假设：①直接影响 a，②独立于混杂因素 u，③不直接影响结果 y。（b）z 和 u 的独立性意味着 $E(a \mid z)$ 和 u 具有独立性，因此对 a 及对 y 的因果效应的估计不会混淆

我们通过将 c 作为 y 的函数进行机器学习（例如，使用神经网络），以此来确定数据中 c 作为 y 的函数的期望值。我们将 d 设为 $E[c|y]$。如图 38.1（b）所示，其中 c 不再相关，被忽略。然后，根据工具变量技巧的核心思想，我们可以得到 $d \perp u$，因此我们可以用标准的 CBM 程序学习 $y(d(x))$，而不会产生混淆。关于去杂程序的更多细节，请参考文献 [21]。

38.2.2 CUB 200-2011 实验

让我们将这种方法应用于 CUB 200-2011 数据集。数据集中的 11788 张图片被分为 5994 张训练集和 5794 张测试集。概念注释是二进制的，即概念是否存在。然而，对于每个陈述，还分配了一个四级确定性评分：1 表示不可见，2 表示猜测，3 表示可能，4 表示肯定。我们将二进制注释和确定性评分结合起来为每个图像创建一个 7 级有序变量作为注释，如表 38.1 所示。简单起见，我们将 7 级序数映射为在 [0, 1] 区间内均匀间隔的值。我们将随机抽取 15% 的训练集作为验证集。

表 38.1　将概念注释映射到实际值

注释	确定性	顺序得分	数字地图
不存在	明确	0	0
不存在	可能	1	1/6
不存在	猜测	2	2/6
不存在	不可见	3	3/6
存在	不可见	3	3/6
存在	猜测	4	4/6
存在	可能	5	5/6
存在	明确	6	1

38.2.2.1 定量结果

与基线算法相比，我们的去偏技术将 $\hat{c}(x)$ 和 $\hat{c}(y)$ 之间的平均斯皮尔曼（Spearman）相关性从 0.406 增加到 0.508。基于以上概念，我们的算法将平均斯皮尔曼相关性从 0.283 增加到 0.389。我们的去偏算法还提高了图像标签预测的泛化能力。去偏还将预测标签的前五名准确率从 39.5% 提高到 49.3%。

为了证明我们提出的去偏算法对预测准确性进行排序，我们使用了 RemOve And Retrain（ROAR）框架[22]。在 ROAR 框架中，我们对概念使用得分按 $E[\hat{d} \mid x_i]-\frac{1}{n}\sum_{i=1}^{n}E[\hat{d} \mid x_i]$ 进行升序排序。然后，我们屏蔽得分最低的 x%，重新训练概念中的预测标签模型。我们执行 $x\in\{0, 10, 20, \cdots, 80, 90, 95\}$ 并记录预测标签 y 的测试前五名的准确性。我们重复 ROAR 实验 3 次，并在改变掩蔽百分比时报告平均准确性。

图 38.3 显示了规则算法和去偏算法的 ROAR 评估结果。由于去偏算法更准确，为了更容易进行比较，我们通过将两条曲线除以它们在掩蔽百分比 x = 0% 时的精度来归一化它们。一个直接的观察结果是，去偏算法的图保持在常规算法之上，这清楚地表明了它在将解释性概念从重要到不重要排序方面的优越性能。研究结果显示了一些其他有趣的见解。首先，对鸟类物种的预测在很大程度上依赖于一组稀疏的概念，因为我们可以掩盖 95% 的概念，并且仍然具有相当的准确性。其次，掩盖一小部分不相关的概念会减少噪声。消除了特征中的噪声，提高了两种算法的泛化性能。我们的去偏算法更成功，因为它在 x = 20% 掩蔽之前能够更好地找到有噪声的特征。最后，在 x = 80% 之后，去偏精度曲线不那么陡峭，这再次表明它成功地找到了最具解释性的概念。

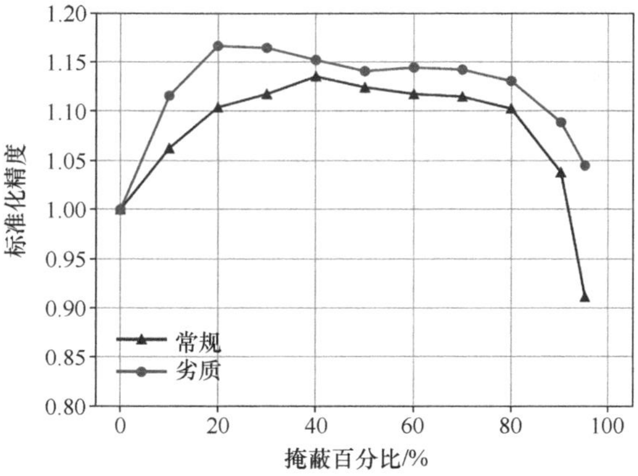

图 38.3 ROAR 评估

我们将算法识别的掩蔽百分比（%）的概念掩盖为对标签的解释较少，并在给定预测概念的情况下重新训练标签模型。随着掩蔽百分比的增加，我们测量预测标签 y 的准确性的变化。为了更好地比较趋势，我们通过它们的第一个数据点（x = 0%）对其进行了归一化

38.2.2.2 结果的定性分析

在图 38.4 中，我们显示了 12 个图像，其中 d 和 c 的真实值明显不同。示例中的一个常见模式是，图像的上下文不允许注释器进行准确的注释。在图 38.4 中的图③～图⑦、图⑪和图⑫中，

开头列出的 10 个与颜色相关的概念都设置为 0.5，表明注释器注释失败。然而，我们的算法正确地识别出，如象牙鸥没有通过预测 $\hat{c} = 0.08$，其比真实 $c = 0.5$ 更接近 $\hat{c}(y) = 0.06$。另一种模式是环境颜色对注释准确性的影响。例如，图②是海鸬鹚，其背部和尾部上部的颜色不太可能是绿色，每类平均值分别为 0.12 和 0.07。然而，由于图片的颜色和反光，注释者将“具有背部颜色：绿色”和“具有尾部上部颜色：绿色”这两个概念都赋值为 1.0。我们的算法对这两个特征的预测值分别为 0.11 和 0.16，这更接近每类特征的平均值。在表 38.2 中，我们列举了 6 个例子来说明去偏 CBM 在对概念的解释能力进行排序方面具有更高的准确性。

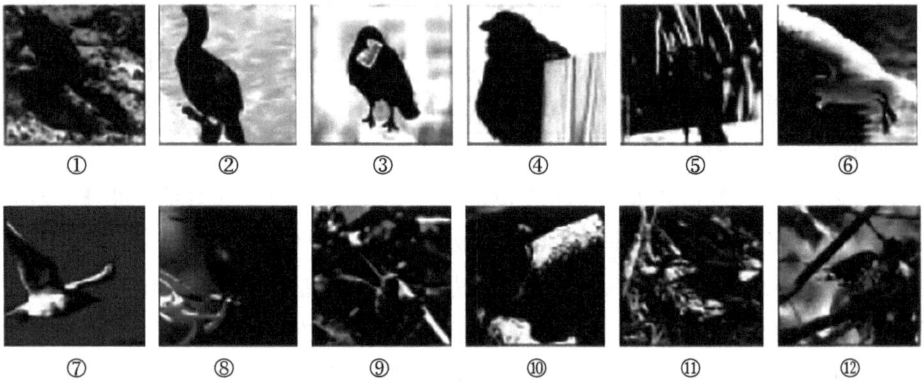

图 38.4　12 个示例图像展示去偏的有效性

一种常见的模式是，图像上下文阻碍或误导了注释者对概念的准确注释。①～⑫ 依次为勃氏鸬鹚、海鸬鹚、鱼鸦、鱼鸦、鱼鸦、象牙鸥、象牙鸥、绿耳蜂鸟、绿耳蜂鸟、好望角辉椋鸟、北森莺和北森莺

表 38.2　常规算法和去偏算法在概念排序方面的差异示例

图片	前 15 个概念
红翼黑鸟 	有争议的： 喉部颜色：黑色，头部花纹：普通，前额颜色：黑色，胸部颜色：黑色，下半身颜色：黑色，颈部颜色：黑色，冠部颜色：黑色，主要颜色：黑色，喙颜色：黑色，腹部颜色：黑色，翅膀颜色：橙色，胸部花纹：纯色，上半身颜色：橙色，翅膀花纹：多色，喙长度：与头部差不多 常规的： 黑色，背部颜色：黑色，颈部颜色：黑色，上半身颜色：黑色，胸部颜色：黑色，主要颜色：蓝色，下半身颜色：黑色，腹部颜色：黑色，背部颜色：黑色，颈部颜色：黑色，上半身颜色：蓝色，尾部图案：纯色，冠部颜色：蓝色
紫红朱雀 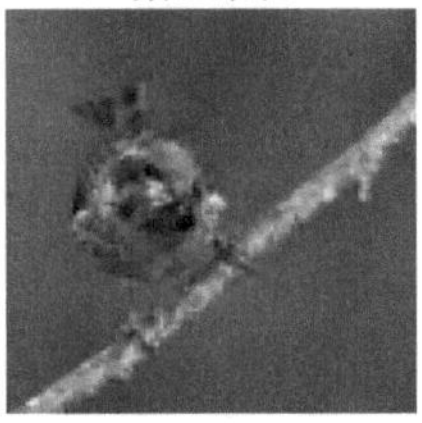	有争议的： 主要颜色：红色，头冠颜色：红色，前额颜色：红色，喉部颜色：红色，颈部颜色：红色，胸部颜色：红色，下身颜色：红色，腹部颜色：红色，额头颜色：红褐色，上半身颜色：红色，头冠颜色：红褐色，颈部颜色：红褐色，翅膀花纹：多色，主要颜色：红褐色，喉部颜色：红褐色 常规的： 下身颜色：灰色，胸部颜色：灰色，腹部颜色：灰色，腹部花纹：五彩，胸部花纹：五彩，颈部颜色：灰色，喙长度：比头短，胸部颜色：红色，喉部颜色：灰色，上半身颜色：红色，背部花纹：多色，下半身颜色：红色，主要颜色：灰色，腹部颜色：红色，喉部颜色：红色

续表

图片	前 15 个概念
北鹳鹰 	有争议的： 与头部差不多，腹部花纹：斑点，下半身颜色：黑色，喙形：匕首，胸部颜色：黑色，腹部颜色：黑色，胸部花纹：背部花纹：斑点，翅膀花纹：斑点，颈部颜色：红色，背部颜色：黑色，尾部花纹：斑点，尾部下方颜色：黑色，尾部上方颜色：黑色，主要颜色：水蓝色 常规的： 主要颜色：棕色，翅膀颜色：棕色，上半身颜色：棕色，头冠颜色：棕色，背部颜色：棕色，前额颜色：棕色，后颈颜色：棕色，喉咙颜色：白色，胸部花纹：斑点，尾部下方颜色：棕色，胸部颜色：白色，腹部颜色：白色，下半身颜色：白色，尾部上方颜色：棕色，胸部颜色：棕色
赤膀鸭 	有争议的： 形状：鸭状，喙的形状：匙形，大小：中等（9～16in[①]），喙的长度：与头部差不多，喉部颜色：水蓝色，下半身颜色：棕色，胸部颜色：棕色，腹部花纹：斑点，冠部颜色：棕色，主要颜色：棕色，腹部颜色：棕色，颈部颜色：棕色，前额颜色：棕色，上半身颜色：棕色，腹部颜色：紫色 常规的： 灰色，下半身颜色：灰色，胸部颜色：灰色，腹部颜色：粉红色，腹部颜色：红褐色，腹部颜色：紫色，腹部颜色：紫色，腹部颜色：粉红色，喉部颜色：灰色，胸部颜色：灰色，腹部颜色：绿色，腹部颜色：红褐色，腹部颜色：绿色，腹部颜色：彩虹色，前额颜色：灰色
玫瑰胸雀 	有争议的： 喉部颜色：黑色，额头颜色：黑色，头冠颜色：黑色，主要颜色：黑色，乳头颜色：黑色，胸部颜色：红色，腹部颜色：白色，下半身颜色：白色，下半身颜色：红色，背部颜色：黑色，主要颜色：白色，喙形状：圆锥形，胸部花纹：多色，主要颜色：红色，上半身颜色：黑色 常规的： 头色：黑色，主色：黑色，头色：红褐色，主色：红色，翅色：橙色，头色：红色，胸部颜色：红色. 冠色：黑色，上半身颜色：橙色，冠色：红色，下半身颜色：白色，上半身颜色：红褐色，前额颜色：黑色，喉部颜色：红色，背部颜色：紫色
白胸翠鸟 	有争议的： 翅膀颜色：蓝色，上半身颜色：蓝色，头冠颜色：红褐色，原色：蓝色，胸部颜色：红褐色，背部颜色：蓝色，尾部下方颜色：蓝色，胸部颜色：红色，尾部上方颜色：蓝色，翅膀花纹：多色，颈部颜色：红褐色，头冠颜色：棕色，腹部颜色：棕色，颈部颜色：棕色，下半身颜色：棕色 常规的： 原色：红色，喉部颜色：红色，下半身颜色：红色，胸部颜色：红色，额部颜色：红色，冠部颜色：红褐色，冠部颜色：红色，颈部颜色：红色，腹部颜色：红色，原色：红褐色，喉部颜色：红褐色，前额颜色：红褐色，翅膀颜色：红色，颈部颜色：红褐色，腹下颜色：红褐色

38.3 利用连续处理推断非线性因果关系

在本节中，我们将重点讨论从观测数据中推断因果关系的问题。在这种情况下：①当相关混杂因素已知并被观察到时；②当推测的因果关系是线性的，或者当治疗是离散的且维度较低时（例如，“吃药”或“不吃药”），推断因果关系的方法相对简单。然而，当治疗是连续的且关系是非线性时，即使已知并观察到相关的混杂因素，推断因果关系也是极其困难的[23,24]。幸运的是，在某些情况下，机器学习的进步使得这项任务变得可行。

其中一个例子是量化药物剂量对治疗某种疾病的影响。在这个例子中，我们可以找到有效提高患者存活率的最小药物剂量。在此，我们以估算空气污染物 $PM_{2.5}$ 水平对心血管死亡率的影响为例。文献 [25] 的研究表明，空气质量的改善与心血管死亡率的降低有关。我们的目标是进行因果分析，界定从心血管健康风险控制角度出发的 $PM_{2.5}$ 安全暴露阈值。

用数学方法来描述这个问题，假设我们有一个三元组（x, a, y），其中 x、a 和 y 分别表示一项观察性因果研究中的混杂因素、治疗方法和响应变量。在我们的连续治疗设置中，我们将潜在结果表示为 $y(a)$，这意味着干预 a 治疗并将其值设为 a 后 y 的值。给定大小为 n 的独立同分布（i.i.d.）样本，$\{(x_i, a_i, y_i)\}n_i = 1$，我们的目标是消除混杂因素的影响，确定平均治疗效果函数［$u(a) = Ey(a)$］，也称为反应函数。

倾向得分加权[26,27]和独立或结合基于回归的模型来实现双重稳健性[28,29]是一组已经使用的方法。在这种方法中，对每个观察实例进行加权，以便使混杂因素和处理变量独立于期望。然而，这种方法面临两个挑战：①权重仅在期望中平衡混杂因素，而不一定在给定数据中[30]；②对于某些受试者，权重可能非常大，导致估计不稳定和推断不确定性。

作为一种可能的补救措施，熵平衡[31]估计权重，使其在①中的混杂因素和处理变量之间强制实现零相关性，以及在②中最小化权重上的分散度量，以防止过度权重。关于零相关性的实施，我们选择了一组关于混杂因素 $\Phi_k(\cdot):\mathbb{X}\to\mathbb{R}$，其中 $k=1,\cdots,K$，它们在 L^2 空间中是稠密和完备的。给定 Φ 函数，我们将独立关系近似 $\hat{\mathbb{E}}_n[a\Phi_k(x)] = 0$，其中 $k = 1, \cdots, K$，其中对伪总体执行经验期望 $\hat{\mathbb{E}}_n$。之后，我们将映射的数据点表示为 $\Phi(x_i) = [\Phi_1(x_i), \cdots, \Phi_K(x_i)]$。$\Phi_k(\cdot)$ 函数可以基于先验知识进行选择或学习[32]。按文献 [33]、[34]，在连续治疗的情况下，我们首先为混杂因素 $\Phi(x_i)$ 和处理变量 a_i 去均值，使其在不失去普遍性的情况下它们的均值被视为零。平衡的目标是获取一组权重 w_i，$i = 1, \cdots, n$，满足 $\sum_{i=1}^{n} w_i\Phi(x_i)=0$，$\sum_{i=1}^{n} w_i a_i=0$，$\sum_{i=1}^{n} w_i a_i\Phi(x_i)=0$。我们可以通过定义一个 $(2K + 1)$ 的空间向量 $\boldsymbol{g}_i = [\Phi(x_i), a_i, a_i\Phi(x_i)]$，来将这 3 个约束写成精简的形式。约束条件变为 $\sum_{i=1}^{n} w_i\boldsymbol{g}_i=0$。为了记数紧凑，我们将 $\boldsymbol{g}$ 向量堆叠在一个 $(2K+1)\times n$ 维矩阵 $\boldsymbol{G}$ 中。注意，也可以将约束推广到高阶矩[23,35,36]。

为了防止过度权重，提出了包括权重熵或方差在内的多种离散度指标，作为最小化的目标函数[37]。文献 [31] 最初提出了最小化权重 w 和一组基础权重 $q_i(i = 1, \cdots, n)$ 之间的 KL 散度。关于基础权重的选择将在后续讨论，但需要注意的是，若 q_i 为常数会导致权重熵的最小化。利用这个离散度函数和平衡约束，熵平衡优化如下：

$$\hat{\boldsymbol{w}} = \arg\min_{w}\sum_{i=1}^{n} w_i \log\left(\frac{w_i}{q_i}\right) \tag{38.1}$$

$$\text{s.t.}\quad ① \boldsymbol{G}\boldsymbol{w}=0,\ ② 1^{\top}\boldsymbol{w}=1,\ ③ w_i \geqslant 0 \text{ for } i=1,\cdots,n$$

上述优化问题可以通过拉格朗日对偶高效求解：

$$\hat{\boldsymbol{\lambda}} = \arg\min_{\lambda} \log[1^{\top}\exp(-\boldsymbol{\lambda}^{\top}\boldsymbol{G} + \boldsymbol{\ell})] \tag{38.2}$$

其中 $\ell_i = \log q_i$ 是对数基础权重。给定解 $\hat{\boldsymbol{\lambda}}$，可以计算得到平衡权重 $\boldsymbol{w} = \text{softmax}(-\hat{\boldsymbol{\lambda}}^{\top}\boldsymbol{G} + \boldsymbol{\ell})$，其中 $\text{softmax}(\boldsymbol{\upsilon}) = \dfrac{\exp\boldsymbol{\upsilon}}{1^{\top}\exp\boldsymbol{\upsilon}}$ 适用于任何向量 $\boldsymbol{\upsilon}$。我们也可以在对偶函数［式（38.2)］中添加 L_1 惩罚因子，对应于近似平衡 [37]。

文献 [31] 提出了两种选择基础权重的方法：①使用从传统倾向得分模型获得的权重；②使用关于抽样设计的知识。文献 [38] 表明，使用任意基础权重，使用式（38.1）中获取的权重 $\boldsymbol{w}$ 进行因果估计将是一致的。因此，通过获取这些权重，有可能提高因果估计的质量。

现在，让我们引入机器学习来解决这个任务。端到端的学习是现代深度神经网络的基础。它强调使用梯度下降直接优化估算所需量的误差，无需中间特征工程的步骤 [39]。这里描述了一种端到端学习 [38] 的应用，用于在熵平衡中学习权重，从而改善因果估计的质量。

在此方法中，我们将对数基础权重 $\boldsymbol{\ell}$ 定义为处理变量的参数函数（例如，神经网络），即 $\boldsymbol{\ell}_{\theta}(\cdot)$。我们学习基础权重的目的是提高随后加权回归的准确性。这个任务颇具挑战性，因为简单地优化加权回归损失（例如，加权 MSE）会导致退化结果。也就是说，学习 $\boldsymbol{\ell}$ 以最小化回归损失将导致从回归中排除难以预测的数据点，这是不可取的。因此，我们需要找到另一种损失函数来优化，理想情况下，是一个直接最小化响应函数 $\mu(a)$ 估计误差的损失函数。为此，我们生成多个伪响应 $\bar{y}$，其响应函数 $\bar{\mu}(a)$ 为随机生成。我们知道随机生成数据中的真实响应函数 $\bar{\mu}(a)$ 后，可以进行因果推断，并使用优化后的权重获得已知响应曲线 $\hat{\mu}(a)$ 的估计。具体地说，首先，我们通过回归 mry 对 $(a, \boldsymbol{x})$ 上的残差来估计噪声的分布，捕捉噪声中可能的异方差性。其次，在每次迭代中，我们都抽取一批可能的数据集。为了生成每个数据集，随机选择一个响应函数 $\bar{\mu}(a)$，并用它来生成整个数据集。对于这些数据集的集合，我们使用 ℓ_{θ} 来计算对数基础权重，然后学习权重 $\boldsymbol{w}$。然后，我们使用加权回归算法找到随机生成的 $\hat{\mu}(a)$ 估计值 $\bar{\mu}(a)$。最后，我们更新 θ 以最小化损失函数［$\hat{\mu}(a)$ 和 $\bar{\mu}(a)$ 之间的均方误差］并迭代。有关这个算法的更多细节、理论分析和实证评估，称为端到端平衡（E2B），可以在文献 [38] 中找到。

在选择随机响应函数 $\bar{\mu}(a)$ 的类别时，理想情况下应依赖领域专家选择包含真实响应函数的函数集。或者，可以选择广泛的函数类，如随机分段光滑函数或带有随机系数的多项式函数。我们还可以使用生成对抗网络来生成与样本更相似的数据 [40]。

回到我们的应用场景，我们使用美国空气污染与健康研究报告提供的数据 [41]，研究了 $PM_{2.5}$ 颗粒物水平对美国 2132 个郡心血管疾病死亡率（CMR）的影响。这些数据在公共版权（U.S. Public Domain）的许可下公开可用。$PM_{2.5}$ 颗粒物水平和死亡率分别以 μg/m^3 和 10 万人/a 死于心血管疾病的人数来衡量。我们仅使用 2010 年的数据以简化实验设置，使用 25%～75% 的随机训练测试分割。除了处理变量和响应变量外，数据还包括贫困率、人口规模和家庭收入等 10 个变量，这些变量被看作混杂因素。

为了训练 E2B 模型，我们使用最大次数为 3 的埃尔米特（Hermite）多项式创建随机数据集，并设定 $\mu_y = |h_{yxy}(\beta_{xy}^{\top}X/\|\beta_{xy}^{\top}X\|2) + h_{yay}(a)|$ 以捕捉响应变量的正值特性。数据中还显示出异方差性，

因此我们将噪声建模为均值为零、方差为 $\sigma^2(\hat{y}) = 6.00\hat{y}$ 的高斯变量。在回归分析阶段，我们采用非参数局部核回归算法。为了衡量曲线中的不确定性，我们利用深度集成技术[42]，采用 100 个随机集成体进行评估。这意味着，在每次实验中，我们都用不同的随机初始值初始化神经网络。为了进一步降低不确定性，在每次训练过程中我们也重新采样数据集。

图 38.5 展示了 $PM_{2.5}$ 浓度对心血管疾病死亡率平均治疗效果曲线，标准差区间用阴影区域表示。当 $PM_{2.5}$ 浓度约为 5.3μg/m³ 时，曲线以陡峭斜率上升，这证实了先前研究结果，即 $PM_{2.5}$ 水平升高会增加心血管疾病死亡率。当 $PM_{2.5}$ 浓度超过 6.4μg/m³ 后，曲线趋于平台期，死亡率维持在较高水平。通过查看图 38.6 中 $PM_{2.5}$ 浓度的直方图，我们可以观察到大多数郡的 $PM_{2.5}$ 浓度为 6～8μg/m³，这可能解释了这一区间内的波动现象，并暗示可能存在未测量到的混杂因素。

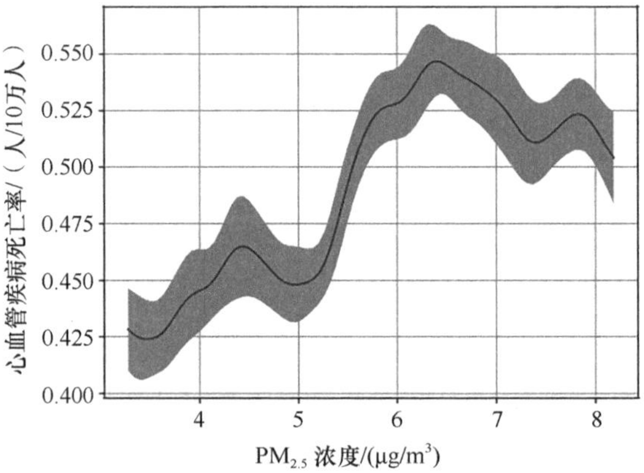

图 38.5　用于测量 $PM_{2.5}$ 浓度对心血管疾病死亡率影响的平均治疗效果曲线

基于 100 次实验，报告了平均值和平均误差范围

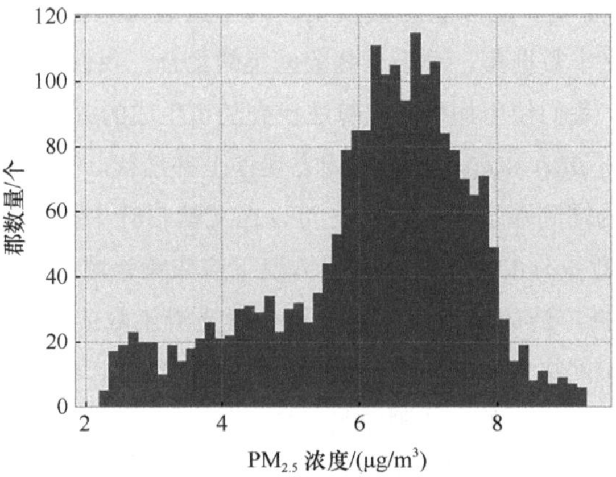

图 38.6　$PM_{2.5}$ 浓度直方图

38.4　结论

在过去的 10 年中，机器学习和因果推断都取得了巨大的进步。此外，这两个领域的巧妙重叠也促进了思维的加速共享和相应的进展。我们相信这样的进步只是一个开始。

第 38 章 机器学习与因果推理的接口

参考文献

[1] D. B. Rubin (2005). Causal inference using potential outcomes: Design, modeling, decisions. Journal of the American Statistical Association, 100(469), 322–331.

[2] J. M. Robins and A. Rotnitzky (1995). Semiparametric efficiency in multivariate regression models with missing data. Journal of the American Statistical Association, 90(429), 122–129.

[3] P. Spirtes, C. N. Glymour, R. Scheines et al. (2000). Causation, Prediction, and Search. Cambridge, MA: MIT Press.

[4] J. Pearl (2009). Causality. Cambridge, United Kingdom: Cambridge University Press.

[5] G. W. Imbens and D. B. Rubin (2015). Causal Inference in Statistics, Social, and Biomedical Sciences. New York, NY: Cambridge University Press.

[6] J. Peters, D. Janzing, and B. Schölkopf (2017). Elements of Causal Inference: Foundations and Learning Algorithms. The MIT Press.

[7] Z. C. Lipton (2018). The mythos of model interpretability: In machine learning, the concept of interpretability is both important and slippery. Queue, 16(3), 31–57.

[8] C. Molnar (2020). Interpretable Machine Learning. Lulu. com.

[9] K. He, X. Zhang, S. Ren et al. (2016). Identity mappings in deep residual networks. In European Conference on Computer Vision. Springer, pp. 630–645.

[10] B. Kim, M. Wattenberg, J. Gilmer et al. (2018). Interpretability beyond feature attribution: Quantitative Testing with Concept Activation Vectors (TCAV). In ICML, pp. 2668–2677.

[11] A. Ghorbani, J. Wexler, J. Y. Zou et al. (2019). Towards automatic concept based explanations. In NeurIPS, pp. 9273–9282.

[12] L. Brocki and N. C. Chung (2019, December). Concept saliency maps to visualize relevant features in deep generative models. In 2019 18th IEEE International Conference on Machine Learning and Applications (ICMLA) pp. 1771–1778. IEEE.

[13] M. Hamidi-Haines, Z. Qi, A. Fern et al. (2018). Interactive naming for explaining deep neural networks: A formative study. arXiv:1812.07150.

[14] C. J. Cai, E. Reif, N. Hegde et al. (2019). Human-centered tools for coping with imperfect algorithms during medical decision-making. In Proceedings of the 2019 chi Conference on Human Factors in Computing Systems, pp. 1–14. 2019.

[15] M. Graziani, V. Andrearczyk, and H. Müller (2018). Regression concept vectors for bidirectional explanations in histopathology. In Understanding and Interpreting Machine Learning in Medical Image Computing Applications. Springer, pp. 124–132.

[16] J. R. Clough, I. Oksuz, E. Puyol-Antón et al. (2019). Global and local interpretability for cardiac MRI classification. In Medical Image Computing and Computer Assisted Intervention-MICCAI 2019: 22nd International Conference, Shenzhen, China, 13–17 October, 2019, Proceedings, Part Ⅳ 22, pp. 656–664. Springer International Publishing.

[17] C. Sprague, E. B. Wendoloski, and I. Guch (2019). Interpretable AI for deep learning-based meteorological applications. In American Meteorological Society Annual Meeting. AMS.

[18] C. Wah, S. Branson, P. Welinder et al. (2011). The Caltech-UCSD Birds-200–2011 Dataset. California Institute of Technology, Tech. Rep. CNS-TR-2011-001.

[19] R. Blundell and J. L. Powell (2003). Endogeneity in nonparametric and semiparametric regression models. Econometric Society Monographs, 36, 312–357.

[20] J. H. Stock (2015). Instrumental variables in statistics and econometrics. International Encyclopedia of the Social & Behavioral Sciences, 1, 7577–7582.

[21] M. T. Bahadori and D. Heckerman (2021). Debiasing concept based explanations with causal analysis. In International Conference on Learning Representations. https://www.amazon.science/publications/debiasing-concept-based-explanations-with-causal-analysis.

[22] S. Hooker, D. Erhan, P.-J. Kindermans et al. (2019). A benchmark for interpretability methods in deep neural networks. In Advances in Neural Information Processing Systems 32.

[23] D. Galagate (2016). Causal Inference with a Continuous Treatment and Outcome: Alternative Estimators for Parametric Dose-Response Functions with Applications. Ph.D. dissertation, University of Maryland.

[24] C. Ai, O. Linton, and Z. Zhang (2022). Estimation and inference for the counterfactual distribution and quantile functions in continuous treatment models. Journal of Econometrics, 228(1), 39–61.

[25] L. H. Wyatt, G. C. Peterson, T. J. Wade et al. (2020). The contribution of improved air quality to reduced cardiovascular mortality: Declines in socioe conomic differences over time. Environment International, 136, 105430.

[26] J. Robins, M. Hernán, and B. Brumback (2000). Marginal structural models and causal inference in epidemiology. Epidemiology, 11(5), 550–560.

[27] K. Imai and D. A. Van Dyk (2004). Causal inference with general treatment regimes: Generalizing the propensity score. Journal of the American Statistical Association, 99(467), 854–866.

[28] I. Díaz and M. J. van der Laan (2013). Targeted data adaptive estimation of the causal dose–response curve. Journal of Causal Inference, 1(2), 171–192.

[29] E. H. Kennedy, Z. Ma, M. D. McHugh et al. (2017). Nonparametric methods for doubly robust estimation of continuous treatment effects. Journal of the Royal Statistical Society. Series B, Statistical Methodology, 79(4), 1229.

[30] J. R. Zubizarreta, C. E. Reinke, R. R. Kelz et al. (2011). Matching for several sparse nominal variables in a case-control study of readmission following surgery. The American Statistician, 65(4), 229–238.

[31] J. Hainmueller (2012). Entropy balancing for causal effects: A multivariate reweighting method to produce balanced samples in observational studies. Political Analysis, 20(1), 25–46.

[32] S. Zeng, S. Assaad, C. Tao et al. (2020). Double robust representation learning for counterfactual prediction. arXiv:2010.07866.

[33] C. Fong, C. Hazlett, K. Imai et al. (2018). Covariate balancing propensity score for a continuous treatment: Application to the efficacy of political advertisements. The Annals of Applied Statistics, 12(1), 156–177.

[34] B. G. Vegetabile, B. A. Griffin, D. L. Coffman et al. (2021). Nonparametric estimation of population average dose-response curves using entropy balancing weights for continuous exposures. Health Services and Outcomes Research Methodology, 21(1), 69–110.

[35] R. K. Wong and K. C. G. Chan (2018). Kernel-based covariate functional balancing for observational studies. Biometrika, 105(1), 199–213.

[36] C. Hazlett (2020). Kernel balancing: A flexible non-parametric weighting procedure for estimating causal effects. Statistica Sinica, 30, 1155–1189.

[37] Y. Wang and J. R. Zubizarreta (2020). Minimal dispersion approximately balancing weights: Asymptotic properties and practical considerations. Biometrika, 107(1), 93–105.

[38] M. T. Bahadori, E. T. Tchetgen, and D. E. Heckerman (2022). End-to-end balancing for causal continuous treatment-effect estimation. In International Conference on Machine Learning, pp. 1313–1326. PMLR. https://proceedings.mlr.press/v162/bahadori22a.html.

[39] T. Glasmachers (2017). Limits of end-to-end learning. In Asian Conference on Machine Learning. PMLR, pp. 17–32.

[40] S. Athey, G. W. Imbens, J. Metzger et al. (2021). Using wasserstein generative adversarial networks for the design of monte carlo simulations. Journal of Econometrics.

[41] A. Rappold (2020). Annual $PM_{2.5}$ and cardiovascular mortality rate data: Trends modified by county socioeconomic status in 2, 132 US counties. https://doi.org/10.23719/1506014.

[42] B. Lakshminarayanan, A. Pritzel, and C. Blundell (2017). Simple and scalable predictive uncertainty estimation using deep ensembles. In NeurIPS, pp. 6405–6416.

第六部分

结语：AI 工具与概念

第39章 深度学习与机器学习概述

Alok Choudhary，西北大学电子和计算机工程系，美国，伊利诺伊州，埃文斯顿市。E-mail：a-choudhary@northwestern.edu

Geoffrey Fox，弗吉尼亚大学生物复杂性研究所和计算机科学系，美国，弗吉尼亚州，夏洛茨维尔市。E-mail：vxj6mb@virginia.edu

Tony Hey，英国国家科研与创新署卢瑟福实验室，英国迪德科特镇。E-mail：tony.hey@stfc.ac.uk

39.1 引言

本书表明，当前人工智能在科学研究中的应用以深度学习为核心，一些旧的机器学习方法也仍被有效地使用。第 40 章总结列出了深度学习和经典机器学习的方法和工具集。深度学习利用大数据构建基于相关神经网络的权重参数化的模型。经典的方法通常要求用户提供模型，而这通常很难做到。以下我们总结了 3 种经典的机器学习方法，而 39.3 节则描述了用于构建深度学习网络的组件。在 39.4 节中说明了特定的网络。这些领域都发展得非常快，因此有些文献将不可避免地过时。我们注意到维基百科涵盖了我们所有的主题，其中深度学习相关资料是 Good-Fellow 和合作者编写的[1]，以及 AndrewNg 的在线课程[2]。请注意，本书中有许多关于两种重要人工智能的例子。

监督学习：当你根据先前开发的方案理解新数据时，将使用监督学习，因此训练数据样本都被标记。

无监督学习：其被用于发现以前未知的结构，如聚类和自动编码器。它不需要带标记的数据。

此外，在本章中，我们没有区分深度学习和人工神经网络，认为前者是后者应用的大数据集。优化问题通常被分为回归和分类。前者涉及连续变量，在科学中很常见，而后者涉及离散类别，在商业应用中较为常见。

39.2 经典人工智能/机器学习

39.2.1 决策树、LightGBM、XGBoost 和随机森林

决策树是图 39.1 所示的树状结构，其中一个内部节点代表一个“测试”，每个分支代表测试的结果，每个叶节点代表从根到该叶节点的路径上与测试结果对应的决策。随机森林是一个典型的集成学习方法，它使用决策树的集合来表示常见的情况，即测试没有特定的决策，最终的结果可以是组成树的平均值。

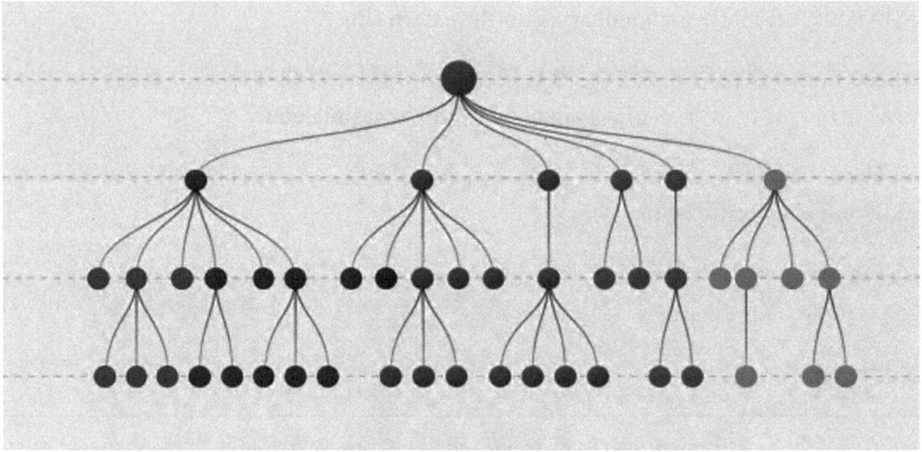

图 39.1 决策树示意图

助推是一种建立“弱”（不那么好）学习者集合，并将这些集合组成“强”学习者的技术。当函数为可微损失函数时，采用梯度提升方法，核心思想是沿损失函数的梯度（一阶导数）的负值方向移动。应用于决策树的梯度增强通常优于随机森林。LightGBM 和 XGBoost 是两种流行的渐变增强实现。

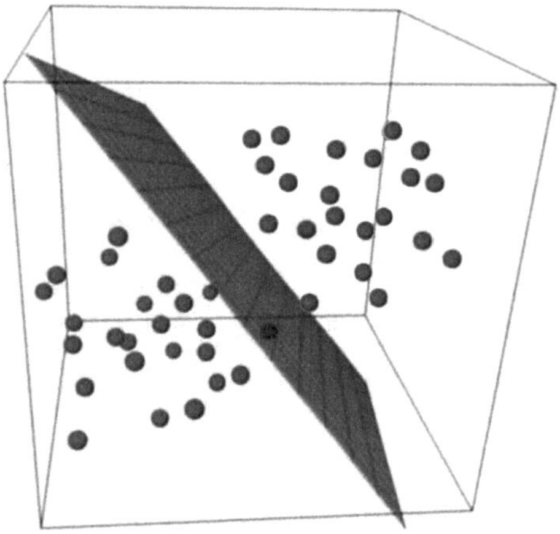

图 39.2 SVM 将特征空间划分为两类超平面示意图

扫码见彩图

39.2.2 支持向量机

支持向量机（SVM）是历史上用于分类问题的最成功的机器学习算法之一。如图 39.2 所示，SVM 找到了将任意维度空间切割成图中对应于一个具有两个可能状态的量的最佳超平面：红色和蓝色，尽管已经力求寻找最优类别间隔。当然，就像在本例中一样，最佳的解决方案仍然可能是对某些点进行错误分类。SVM 有一个重要的扩展，它使用内核将输入数据映射到一个特征空间，并在这个新空间中找到超平面。深度学习经常被认为可取代 SVM，在这里我们看到了前者能够学习模型的明显优势，因为前者的内核是自然学习变化的。

39.2.3 聚类

这是一个无监督学习问题，如图 39.3 所示，数据呈现分块结构。每个集群中的点彼此邻近，在理想情况下，远离其他集群中的点。该算法主要依赖于被聚类空间中距离度量的存在性。研究者可规定集群的数量规模。*K*-means 是最经典的聚类算法之一，可衍生出许多变体。在重要的聚类问题中，样本聚类通常难以分开，而是通过算法将数据集划分为附近点的范围集合，如国家被划分为州和县。

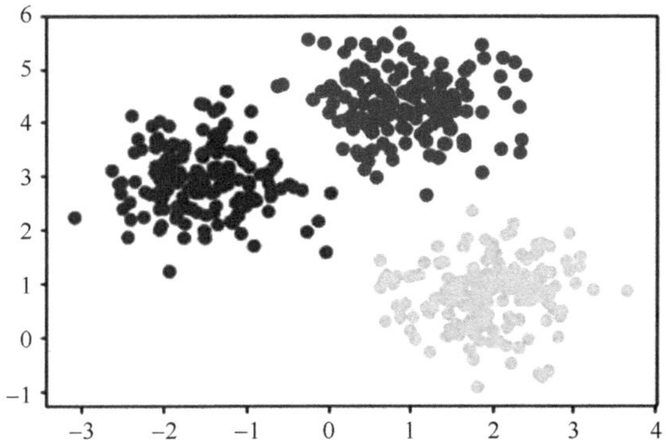

图 39.3 点聚类的示意图（显示为 3 个聚类）

扫码见彩图

39.2.4 遗传算法

神经网络受到人类大脑机制的启发，而遗传算法（GA）则源于生物进化理论。旨在优化通常由离散值变量组成的序列所描述的系统，并使依赖于该序列的已知损失函数最小化。其核心思想是进化出一套解决方案，如突变、交叉和选择。决策树和超参数优化是遗传算法的自然候选算法。

39.3 深度学习组件

39.3.1 神经元、权重和链接

如图 39.4（a）所示，人工神经网络构建的图结构的节点类似于细胞核，输入和输出类似于树突和轴突的图。人工神经网络模型由与节点连接相关的权重参数化。信号传递给初始输入层，并通过网络传递，如图 39.4（b）所示乘以权重。

扫码见彩图

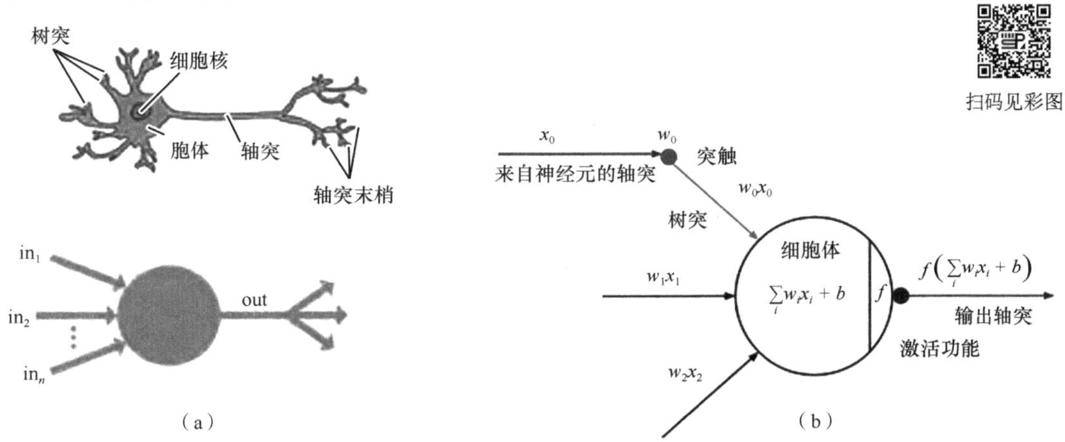

图 39.4 （a）一个生物神经元与一个神经网络的数学节点特点对比图；（b）活化层的详细结构示意图

39.3.2 激活（ReLU、Sigmoid、Tanh、SELU、Softmax）

在节点处，先将输入数据求和，再加上可能的偏置。在最简单的身份激活情况下，这个结果信号会传递到该节点的输出链接。然而，通常情况下，会应用一个激活函数f。这一步引入了非线性，并且由 Sigmoid 激活 $\sigma(x) = 1/[1 + \exp(-x)]$ 和其他激活函数如 Tanh 和 ReLU 类似地将输出映射到有界的域。其中 Softmax 是一种特殊的激活函数，用于在节点层中将节点输入数据映射到对应概率，这些概率在所有节点上加起来等于 1。

39.3.3 层

功能强大的软件模型加速了深度学习的进程。允许人们以模块化的方式作为一组连接层（通过加权弧）构建一个模型，其中各层是由称为层的神经元集合分层构造的。如图 39.5 所示，展示了 7 层结构：一个输入层，一个输出层，以及 5 个内部层或隐藏层。通常，会指定其中一些层与非身份激活函数相关联。

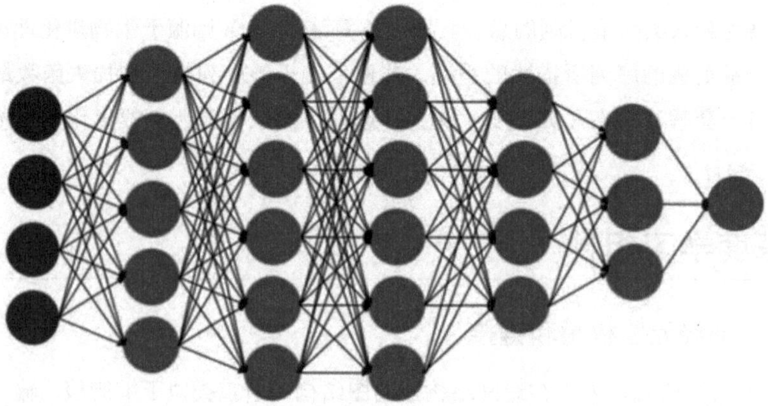

图 39.5　一个含有输入层、输出层和隐藏层的神经网络结构示意图

39.3.4 损失函数、优化器

优化问题定义了一个量——即需要最小化的损失函数。例如，损失函数是似然函数的负对数、均方误差和平均绝对误差。深度学习框架提供了许多内置的损失函数选择，并允许用户指定自己的损失函数。对于深度学习，直接使用牛顿-拉夫森二阶方法由于需要确定的权重数量巨大而不实用，因此使用变体的一阶最陡下降方法，下降是在第一导数梯度的负方向上进行。最简单的情况下，这只需要一个步长（称为学习率），但有许多变体试图加快收敛速度；其中一些变体有效地估计了二阶效应。知名的优化器包括 AdaGrad、RMSProp 和 Adam。

39.3.5 随机梯度下降算法和数据集规模

在经典算法中，对特定数据集的分析通常会有多次迭代，其中每次迭代的操作都依赖于整个数据集的计算。然而，深度学习中使用的一个重要策略是将数据分成批次（可能小到 64 个），现在一个时期由一系列步骤组成，每个批次一个。因为更新很快，没有大量基于黑塞（Hessian）

的计算，结果的随机梯度下降算法特别适合于一阶方法。随机梯度算法有以下几个优点：首先，如果数据集很大且与样本相关，在冗余样本上的求和不会浪费时间。其次，基于统计的趋势可能比每个时期更新一次的方法更好地避免局部波动的影响。

39.3.6 反向传播

给定一个损失函数，以及需要确定的权重参数，需要计算损失值及其相对于权重的导数。如果我们有一个层级 f_i 的级联，那么损失采取函数形式 $f_N(f_{N-1}(f_{N-2},\cdots,f_1(f_0(\text{weights}))\cdots))$，其中输入层是 f_0。为了找到损失值，需使用链式法则从 f_0 开始迭代前进，从另一端开始用 f_N 计算第一导数。导数计算被内置于深度学习包中，这被称为反向传播。

39.3.7 “One-hot”特征向量

“One-hot”特征向量用于分类问题，指的是长度为 N 的向量，其中唯一的选择是向量分量中有 $N-1$ 个零和 1 个一。然后，如果有一个量由每个在 N 个类别中的一个项目组成，那么第 i 个项目将具有一个“One-hot”特征表示，其第 $i-1$ 个分量为 1，其他分量为零。

39.3.8 梯度消失

在大型网络中，有时会发现导数很小，由于这些导数乘以学习速率可得到参数的变化，这意味着收敛速度可能很慢。这种小导数梯度通常是由非线性激活层引起的。可以通过设计具有“残差连接”或“跳过连接”的网络来缓解这种梯度消失问题，这些连接提供了避免激活函数压缩效应的长距离层之间的连接。因为这些激活只在单方向上饱和，所以还可以通过分层训练方法或在激活中使用激活函数单元（rectified linear units，ReLU）来减少梯度消失的影响。

39.3.9 超参数

深度学习问题中的关键参数是权重和偏置，但除此之外，还必须选择指定方法的元数据。这些元数据包括批量大小、隐藏层数、LSTM 层数、隐藏变量大小、学习速率、时期数、优化方法、转换头数、正则化方法、决策树分支数以及聚类算法中的聚类数。这些超参数通常通过在这些参数值网格上循环或使用遗传算法进行单独优化来研究。这可能会在计算上浪费资源，并可能将训练时间增加 100 倍左右。该领域扩展来是一个探索不同的网络选择的研究领域，被称为神经架构搜索。

39.3.10 Dropout

Dropout 是一个令人惊讶的强大方法，如第 30 章所介绍的，它既可以避免过拟合（提高泛化能力），又可以正则化，并可以用来估计不确定性。可以指定某些层为 dropout 层，并设置一个概率 p（可能为 0.2～0.5）。然后在每个批量优化中，以概率 p 随机丢弃 dropout 层中的独立节点。

39.4 深度学习网络

39.4.1 多层感知机、前馈网络、全连接网络

如图 39.1 和图 39.5 所示，最直接但仍然重要的深度学习架构的每一层都有一组节点，这些节点完全连接到前一层和后一层，每个节点都连接到相邻层的所有节点，并且每个连接都有一个权重附加。通常，一些层但不包括所有层会分配非特征激活。

39.4.2 卷积神经网络

人类非常擅长许多任务，如图像和视频识别、模式识别和自然语言处理。这样的数据（例如，图像）具有空间关系。特征（边缘、颜色、对象等）存在于不同的层次。卷积神经网络受到人类执行对象识别、模式识别等任务方式的启发。如图 39.6 所示，神经网络结合这些特征进行预测。因此，与传统的机器学习方法不同，这些方法需要特征工程，卷积神经网络架构能够执行特征提取、特征层次化以及使用深度神经网络从标记数据中学习的任务。卷积神经网络层包括连接邻域的输入像素数据的滤波器。这可以产生经典边缘检测图像处理算法中熟悉的差分算子。然而，它们更为通用，因为交互的宽度（最简单的 1）是灵活可变的。更有趣的是，不同运算符中的权重不是人为输入的，而是从数据中学习得到的。

扫码见彩图

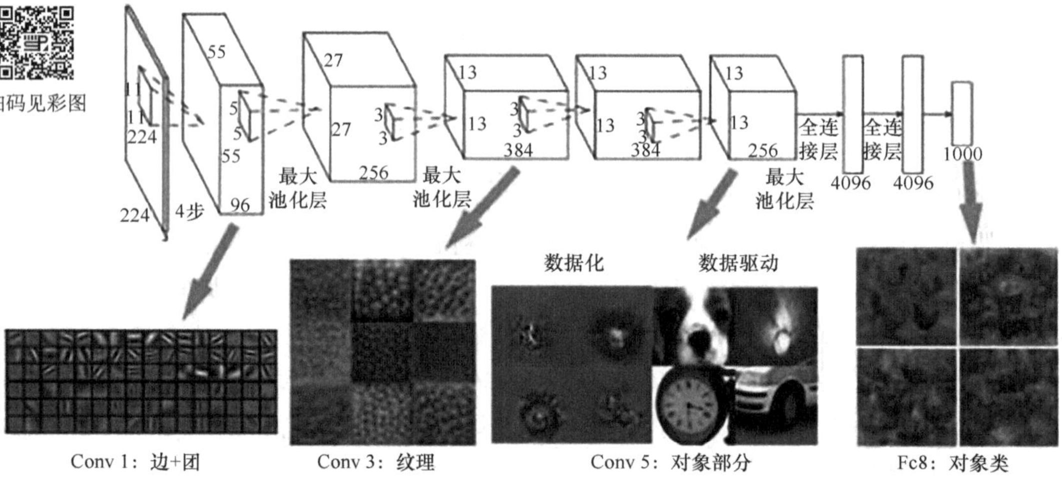

图 39.6 在卷积神经网络 AlexNet 的不同阶段识别的图像的各个方面

39.4.3 编码器-解码器网络

许多深度学习网络都是通过两个步骤构建的，如图 39.7 所示。第一步是编码器接收输入，并构建包含此步骤中识别的特征的表示。随后是解码器，将内部表示转换为最终形式。卷积层、循环层、注意层和完全连接层可以出现在编码器或解码器两个部分中。图 39.7 显示了一个编码器-解码器架构，各步骤的架构截然不同。然而，有时很自然地使用类似的结构（解码器与编码器相反），如 39.4.4 节所述。

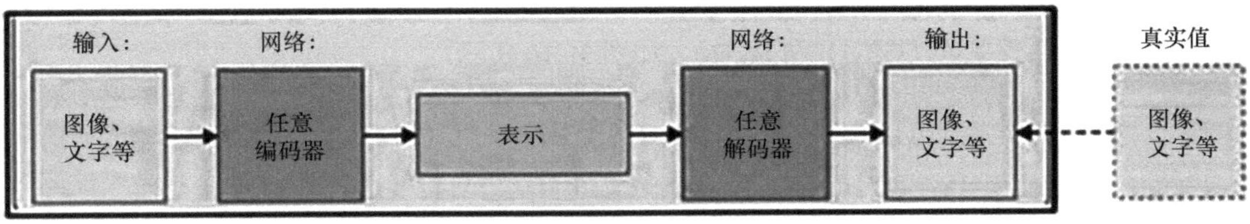

图 39.7 一种通用的编码器-解码器网络架构

39.4.4 自动编码器、变分自动编码器

编码器-解码器网络的一个重要分支是自动编码器，它具有输出与输入相同的关键特性。自动编码器通过压缩—解压过程学习数据的紧凑表示（如图 39.8 中的瓶颈部分所示）。它们还可用于消除输入噪声。它们可以用作经典机器学习的降维方法的复杂替代方法，如主成分分析（PCA）和多维标度（MDS）。变分自动编码器是利用特殊损失函数生成概率分布的特殊自动编码器。

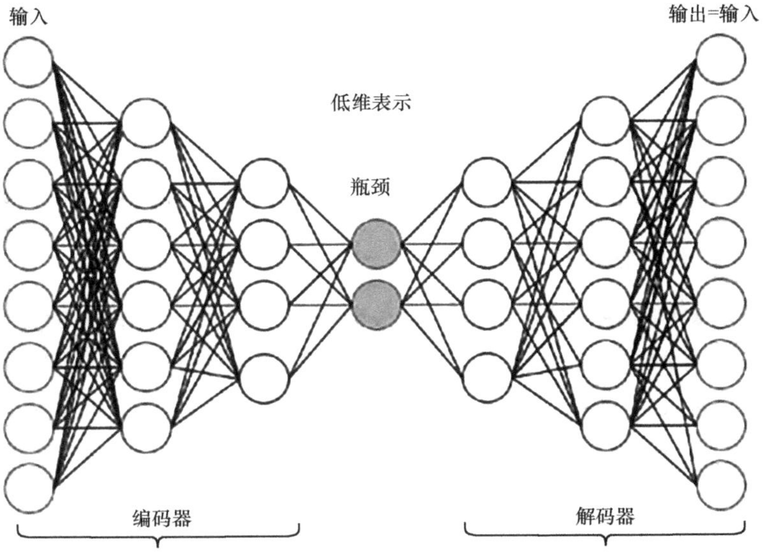

扫码见彩图

图 39.8 具有相同输入和输出的自动编码器

39.4.5 递归神经网络

许多实际应用中的各种数据以顺序或串行方式呈现。任何时间或序列数据集，如自然语言、股票市场、天气数据和视频，都具有这种特性。因此，对于这样的数据集，预测不仅取决于当前数据，而且还取决于学习的顺序模式。有两类重要的问题称为序列到序列模组（sequence to sequence）（例如，将英语流转换为不同语言）和序列预测（sequenceto prediction），如文字处理器建议下一个要键入的单词。这两个问题都可以用 RNN 来解决。该策略的基本层结构如图 39.9（a）所示，其重复多次便等同于图 39.9（b）所示的序列长度。因此，训练 RNN 涉及来自先前输入和输出（在存储器或状态中捕获）的数据，以及训练数据的当前输入和输出。然而，原始基础 RNN 面临所谓的“消失梯度”问题。梯度通常携带用于网络参数更新的信息。但是，当长

序列的梯度变得非常小时，参数更新实际停止，也就是说，学习不起作用。这导致引入了更复杂的网络门控复杂性单位（GRU）和 LSTM，如图 39.10 所示。

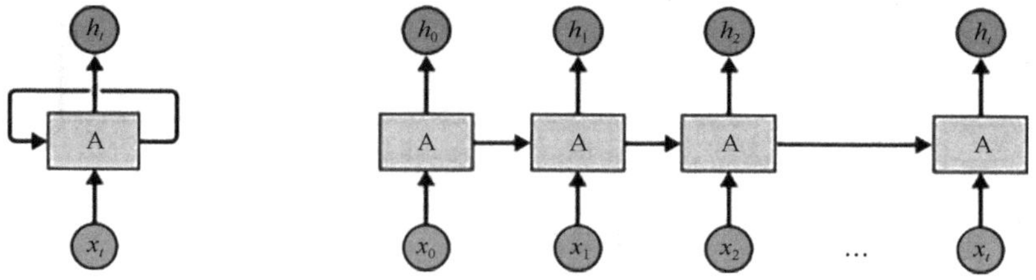

（a）基本单元　　（b）序列

图 39.9　在基本单元和序列上复制的单元中表示的基本 RNN

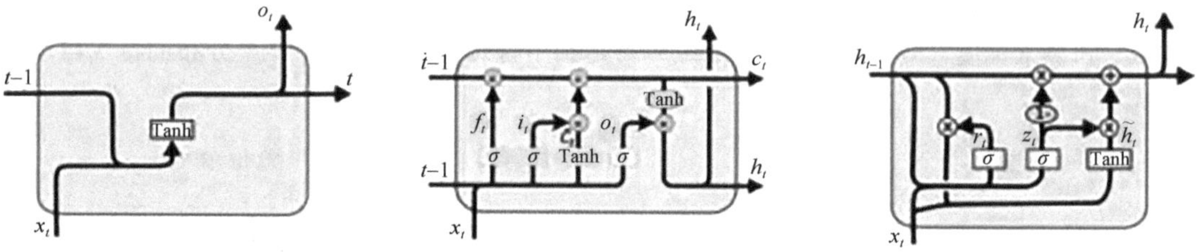

（a）基本RNN　　（b）LSTM　　（c）GRU

图 39.10　三种 RNN 的比较

图片来源：https://deepai.org/machine-learning-glossary-and-terms/gated-recurrent-unit

39.4.6　长短时记忆网络

为了解决基本 RNN 的局限性，尤其是“消失梯度”的局限性，使用了 LSTM 网络。图 39.10（b）显示了 LSTM 的典型节点。它解决了单元结构和各种栅极的长期依赖性问题。LSTM 有 3 个门，即遗忘门、输入门和输出门。这些门控制单元的状态。遗忘门使用 S 形函数确定要忘记多少信息，作为门控功能。输入门确定使用来自当前输入（x_t）的信息量。状态单元对长期依赖性和关系进行编码。

39.4.7　门控复发性单位

目前，基本 RNN 很少使用，但 LSTM 的简化（即门控单元 GRU）被广泛应用，并产生了良好的效果。当序列较长且有大数据能够训练增加的权重数目时，LSTM 通常是优选的。注意，GRU 有两个门（复位门和更新门），而 LSTM 有 3 个门（即输入门、输出门和遗忘门）。

39.4.8　Transformer

Transformer 已经彻底改变了深度学习，变革始于 Google 团队发表的论文 [3]“Attention is all you need”开始，该团队介绍了围绕早期开发的注意力机制构建的 Transformer。Transformer 具有顺序到顺序的架构，用注意力头取代了循环网络。这篇论文在 2017 年 NeurIPS 大会上发表，已有超过 45000 篇引文，并提供了优秀的在线参考教程 [4]。注意力机制会查看序列并识别常见模式，最常见的形式是所谓的“定标点积”公式，它引入了 3 个向量 $\boldsymbol{Q}$（查询）、$\boldsymbol{K}$（密钥）和

V（值），这些向量是通过将嵌入的输入通过 3 个单独的密集层形成的。标记序列 $s(i)$，通过比较查询向量 $\boldsymbol{Q}(i)$ 并使用 Softmax 激活层为每个其他项目找到与关键字 $\boldsymbol{K}(j)$ 的重叠进而选择具有最大点积的项目 j，来确定两个输入项目之间的注意力。然后，$\boldsymbol{V}(j)$ 就是注意力的结果表示。在数学上，注意力 $A(i) = \text{Sofmax}(\boldsymbol{QK}^{\text{T}})\boldsymbol{V}$ 经过适当的归一化处理。注意力分几层计算，每层计算多个候选注意力，称为“头”。最初的变换器论文采用了编码器-解码器架构，在编码器和解码器步骤中都计算注意力。图 39.11 显示了一个地震预报应用 [5]，其编码器与最初的 Transformer 论文类似，但解码器的目标是回归（数值预测）。

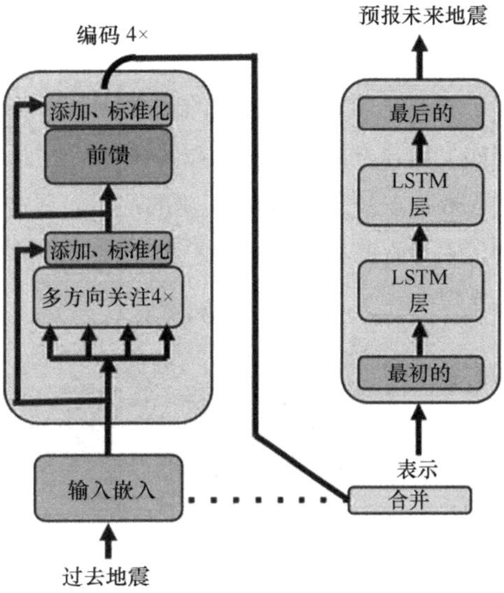

图 39.11 一种基于变压器编码器和 LSTM 解码器的地震短期预报网络

39.4.9 生成对抗网络

GAN 通常用于从现有数据集中生成新数据集，新数据集与现有数据集“相似”。如图 39.12 所示（使用图像作为数据集示例），GAN 有两个部分，即生成器和判别器。生成器生成“假图像”，判别器的目标是预测“假图像”是“假”还是“真”。换句话说，生成器学会生成新样本，而判别器学会区分真实样本和生成的样本。GAN 有很多实际应用，有好有坏。例如，GAN 已被用于生成“深度伪造”。GAN 在许多应用中也很有用，如当多种原因导致观察到的数据集数量较少时，GAN 可以生成更多的数据。为了提高学习效率，需要生成遵循特定分布和约束条件的更大数据集。例如，在网络安全领域，可以训练模型学习“伪造”模式，从而在向网络展示时检测出“伪造”模式。或者，在医疗保健领域，GAN 可用于了解癌症肿瘤图像与良性肿瘤图像之间的区别，而在这些领域，不可能或很难创建具有特征的大型数据集。

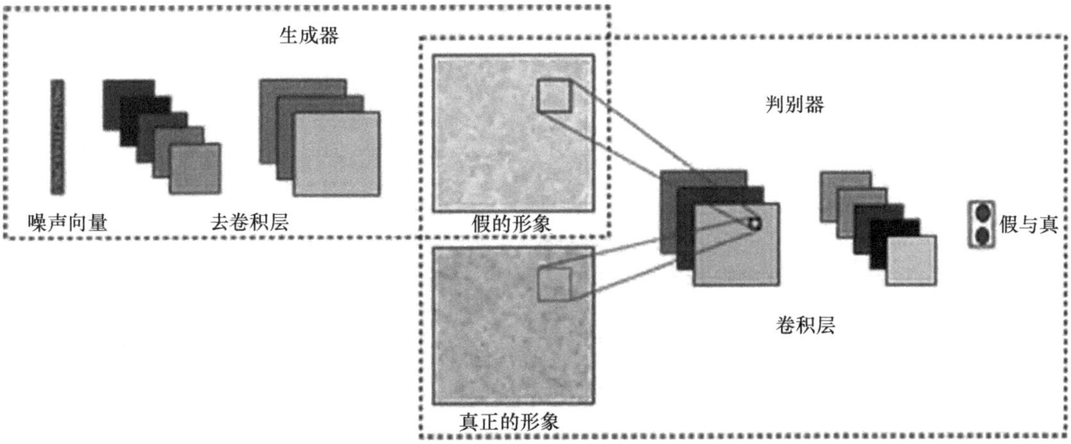

图 39.12 GAN 的结构

39.4.10 强化学习

强化学习背后的理念非常简单。一个智能体（学习者）学习最佳行为，以获得最大回报。例如，狗学习如何探测爆炸物或毒品的方法就是基于强化学习的概念。学习者会遇到不同的情景（数据点），如果做出正确的决定，就会得到奖励；如果没有做出正确的决定，就不会得到奖励。它与监督学习的不同之处在于，学习者会独立发现能使奖励最大化的行动和决策。

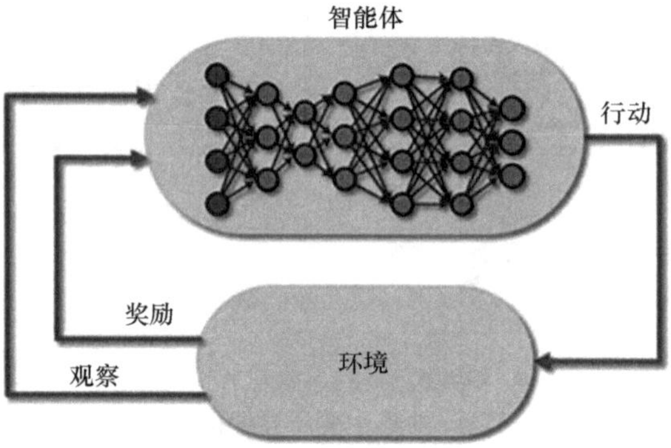

图 39.13 强化学习架构

在监督学习中，学习者会收到训练数据，其中每个点的结果都是已知的。因此，强化学习是在看不见的环境中进行学习的一项非常重要的技术。重要强化学习的应用实例包括 AlphaGo、自动驾驶汽车、机器人等。如图 39.13 所示，我们通常将智能体构建为深度学习网络，并结合状态-行动策略映射进行学习。在书中，我们多次看到这种方法，尤其是在自主实验和网络中。它在 AlphaGo 等游戏中取得了著名的成功[6]。

39.4.11 迁移学习和预训练

本节我们使用的是在大型数据集上训练过的预训练模型，该数据集解决的问题与我们要解决的问题类似。如图 39.14 所示，我们使用感兴趣的新数据集，并对预训练网络进行微调，以解决新问题。还有其他一些有用的预训练形式，如对比学习[7]，它可以让网络了解哪些数据点是相似的，哪些是不相似的。我们可以在第 17 章中看到一个迁移学习的例子，在遥感中往往缺乏标注数据。我们可以利用由 ImageNet[8] 预训练的网络，并使用迁移学习和少量数据样本来找到遥感网络[9]。

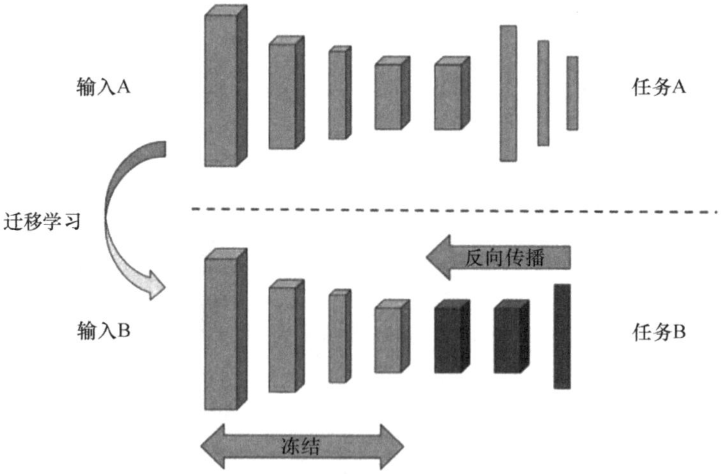

图 39.14 迁移学习

39.4.12 基础模型

基础模型[10]是迁移学习和预训练在令人难以置信的大数据限制下的大胆扩展。来自 OpenAI 的 GPT-3[11]用 1750 亿个学习参数对其进行了说明，本书第 34 章也对其进行了探讨。这些模型在大量多模态数据（如文本和图像）样本上进行训练，发现它们在成功回答原始模型未内置的数据集和领域中的问题时具有新出现的特征。第 34 章强调，与私营公司相比，训练此类模型的计算成本使许多研究机构处于劣势。我们可以设想为微分方程求解器或地理空间时间序列建立基金会模型。这些模型可能需要像大型科学仪器一样由政府资助。

39.4.13 什么是 PyTorch、TensorFlow、JAX 和 MXNET?

39.3 节我们介绍了深度神经网络是如何从链接层模块化构建的，以及如何使用反向传播调用复杂的优化器进行训练。例如，39.4.12 节讨论的 GPT-3 包含 96 个变换层，而在图像处理方面，ResNet152[12]有 152 个层。由此产生的层图（每个层都可能是许多子层）以及自动区分的需要，是一个非同小可的挑战。因此，出现了几款支持该模型的软件包。这些软件包通常使用 Python 等流行脚本语言，但通过调用高效（C++）库来实现高性能。Facebook 的 PyTorch[13]、TensorFlow[14]、Google 的 JAX[15]和 Apache 的 MXNET[16]都是著名的框架。

参考文献

[1] I. Goodfellow, Y. Bengio, and A. Courville (2016). Deep learning. MIT Press. https://play.google.com/store/books/details?id=omivDQAAQBAJ.

[2] A. Ng, Y. B. Mourri, and K. Katanforoosh. Deep learning specialization online courses. https://www.deeplearning.ai/courses/deep-learning-specialization/(accessed 25 June 2022).

[3] A. Vaswani, N. Shazeer, N. Parmar et al. (2017). Attention is all you need. Advances in Neural Information Processing Systems, 30, 5998–6008. https://arxiv.org/abs/1706. 03762 https://proceedings.neurips.cc/paper/2017/file/3f5ee243547dee91fbd053c1c4a845aa-Paper.pdf.

[4] The TensorFlow Authors. Transformer model for language understand-ing: Google Colab Tutorial. https://colab.research.google.com/github/tensorflow/text/blob/master/docs/tutorials/transformer.ipynb (accessed 13 November 2020).

[5] G. Fox, J. B. Rundle, A. Donnellan et al. (2016). Nowcasting earth-quakes. Earth Space Science, 3(11), 480–486. http://doi.wiley.com/10.1002/2016EA000185.

[6] AlphaZero is a computer program developed by artificial intelligence research company DeepMind to master the games of chess, shogi and go. https://en.wikipedia.org/wiki/AlphaZero (accessed 25 June 2022).

[7] T. Chen, S. Kornblith, M. Norouzi et al. (2020). A simple framework for contrastive learning of visual representations. In Proceedings of the 37th International Conference on Machine Learning, 13–18 July 2020, Vol. 119, pp. 1597–1607. https://proceedings.mlr.press/v119/chen20j.html.

[8] Stanford University. ImageNet image database organized according to the WordNet hierarchy. http://www.image-net.org/(updated 11 March 2021).

[9] J. Lin, Z. Jiang, S. Sarkaria et al. (2019–2020). Special issue of Remote Sensing ‘Deep Transfer Learning for Remote Sensing’ MDPI. https://www.mdpi.com/journal/remotesensing/special issues/DeepTransfer Learning (accessed 25 June 2022).

[10] R. Bommasani, D. A. Hudson, E. Adeli et al. (2021). On the opportunities and risks of foundation models, arXiv [cs. LG], 16 August 2021. http://arxiv.org/abs/2108.07258.

[11] OpenAI. GPT-3 Playground. https://gpt3demo.com/apps/openai-gpt-3-playground (updated 18 November 2021) (accessed 25 June 2022).

[12] K. He, X. Zhang, S. Ren et al. Deep residual learning for image recogni-tion: ResNet-152 pre-trained model for PyTorch. https://www.kaggle.com/datasets/pytorch/resnet152, https://arxiv.org/abs/1512.03385 (accessed 25 June 2022).

[13] PyTorch Home page. An open source machine learning framework that accelerates the path from research prototyping to production deployment (Facebook). https://pytorch.org/(accessed 14 March 2020).

[14] TensorFlow Home Page. An end-to-end open source machine learning platform (Google). https://www.tensorflow.org/(accessed 14 March 2020).

[15] Google. JAX Quickstart. https://jax.readthedocs.io/en/latest/notebooks/quickstart.html (accessed 25 June 2022).

[16] MXNET Home Page. A flexible and efficient truly open source library for deep learning (Apache Software Foundation). https://mxnet.apache.org/(accessed 14 March 2020).

第40章 各章讨论的主题、概念和人工智能方法

Alok Choudhary，西北大学电子和计算机工程系，美国伊利诺伊州埃文斯顿市。E-mail：a-choudhary@northwestern.edu

Geoffrey Fox，弗吉尼亚大学生物复杂性研究所和计算机科学系，美国弗吉尼亚州夏洛茨维尔市。E-mail：vxj6mb@virginia.edu

Tony Hey，英国国家科研与创新署卢瑟福实验室，英国迪德科特镇。E-mail：tony.hey@stfc.ac.uk

我们总结了各章中的关键思想。同时，列出了人工智能应用的信息、概念、主题和目标。我们确定了教育讨论和电子资源 E（如数据集）、物理资源 R（如仪器）。非常重要的是在此列出的人工智能和计算领域的方法和工具（称为解决方案）。我们还列出了如可解释性和 FAIR 原则等质量标准。

从本质上讲，所有章节都讨论了深度学习，更详细地说，常见的深度学习包括 AlphaFold14、Bayes16、CNN23、deep31、Explainable9、FAIR22、GAN3、Generative10、LSTM9、RNN9、SVM2、Uncertainty18 和 XGBOOST3。

第 3 章　人工智能时代的数据驱动科学：从模式到实践

Alexander Sandor Szalay

贡献：中等规模的实验平均 1000 万～1 亿美元

主题：需要哪些类型的人才；生物信息学；材料科学；颠覆性的协助合作模式

概念：大数据之所以能长期存在，是因为它太难被替代；基于云访问取代了“家里的磁盘”；来自模拟和观测的数据；容错；冗余；并行性；基准测试

解决方案：联合学习；本地计算；云计算；分布式计算

计算：Kubernetes；数据库

关键词：FAIR，成本；价值；可持续性

资源：Planet Labs；SkyServer 和 SDSS；SciServer 通用科学数据库访问；湍流模拟数据库；海洋循环模拟数据库；Indra 宇宙学模拟

第 4 章　数据科学大背景下的人工智能

Rafael C. Alvarado，Philip E. Bourne

概念：在这个“4+1”框架内的人工智能，重点从算法转移到系统、人机交互、伦理、政策、法律、司法、心理学等领域；综合性跨学科方法

解决方案：AlphaFold

计算：DIKW（数据、信息、知识、智慧）管道；GPU CUDA

关键词：更好的数据；可理解的可解释性 AI；FAIR

第 5 章　AlphaFold——蛋白质折叠问题的终结还是更伟大事物的开端

David T. Jones，Janet M. Thornton

贡献：CASP 比赛每两年进行一次；演进的复杂度量 GDT-TS，并且范围有限；人类 20000 种蛋白质；AF2（AlphaFold2）将使结构生物学领域得以发展，并为我们在分子水平上理解生命做出更多贡献

主题：包括配体和碳水化合物链的延伸；必不可少的是 AF2 中的多序列比对

概念：旋转和平移不变性得到加强

解决方案：基于 AlphaGo 部分；用于端到端的单一完全可微分神经网络；从氨基酸到位置的变换器集合；序列到序列映射

资源：AlphaFold 蛋白质结构数据库中的 AF2 结果；ftp://ftp.ebi.ac.uk/pub/database/alphafold；数据库中有 100 万种结构，覆盖了 49 个生物体的序列；AlphaFold 源代码（https://github.com/deepmind/alphafold/）和 Colab 笔记本（https://colab.research.google.com/github/deepmind/alphafold/blob/main/notebooks/AlphaFold.ipynb）；https://medium.com/@salwasayeed236/alphafold-a-scientific-breakthrough-9cfe8364bb21

第 6 章　人工智能在天文学中的应用

S. G. Djorgovski，A. A. Mahabal，M. J. Graham，K. Polsterer，A. Krone-Martins

贡献：多信使天文学可观察包括中微子在内的多种波长

主题：AI 用于星系图像和去除仪器伪影；星空调查提供数十亿个对象——AI 标记有趣的对象；异常识别；分析出版物；识别引力透镜；Photo-Z（多色）用于红移

概念：监督学习给出已知对象；无监督发现新现象；需要实时的时间依赖性调查；将领域知识与 AI 结合以给出基于物理的 AI

解决方案：用不确定性量化估计误差；基于物理的人工智能；用于缺失数据的高斯过程回归（GPR）；模拟的替代品；AIFeynman 使用符号/模因回归来学习方程；监督学习/分类（人工神经网络、决策树、深度学习）；时间序列分析（GPR 和递归神经网络）；降维（深度学习和 XGBOOST）；回归分析和预测

第40章 各章讨论的主题、概念和人工智能方法

第7章 基于机器学习的复杂仪器设计与优化

Barry C. Barish，Jonathan Richardson，Evangelos E. Papalexakis，Rutuja Gurav

贡献：描述了用于设计收集数据的仪器的AI，强调了拥有超过10000个通道或LIGO的仪器数据的丰富性

概念：基于模拟器优化仪器设计——与超参数搜索相似；需要领域知识来识别高效的数据集；通过物理引导的AI和循环中的专家来解决GAN难题；用GAN替换模拟器

主题和解决方案：LIGO中的噪声故障（张量因子分解）；LIGO需要激光腔体以共振模式运行——失败是由于异常识别的控制故障（使用基于树的离群检测算法，称为Isolation Forest）；非线性噪声去除（无监督学习，因为无法建模）；通过识别（例如，聚变和地震）故障的前兆来避免控制故障（使用有限的监督进行二进制分类，判断失败/成功）

其他主题：异常检测；瞬态噪声

计算：包括分析后可解释性ML管道，以及循环中专家使用和有限监督

关键词：使用可解释的AI来识别前兆信号

教育：弱或有限的监督；可解释的模型；理论/物理引导模型；人（专家）在循环中的实时监督和主动学习；GAN

资源：LIGO（引力波）；LHC（强子）；EIC（电子-离子）；列出公共数据集

第8章 实验设备中的人工智能和机器学习

J. A. Sethian，J. J. Donatelli，A. Hexemer，M. M. Noack，D. M. Pelt，D. M. Ushizima，P. H. Zwart

贡献：通过设计/选择专家来指导科学探究

教育：避免对AI的过度炒作，进行正反两方面的全面讨论

概念：为自动驾驶实验设计自动驾驶实验室；AI用于实验科学——错误代价很高

主题：理解复杂数据；跨实验检测模式；调整和优化（自动驾驶）实验；通过代理（计算机是实验室）推进理论和模拟；AI/ML用于发现和理解建立在共同社区方法、标准和资源基础上的广泛科学领域

主题（解决方案）：①AI/ML与优化的自动驾驶实验（gpCAM系统）；②冷冻电子断层扫描图像（针对有限科学训练数据的AI/ML，多尺度密集卷积神经网络——需要较少数据的新架构）；③AI/ML用于X射线散射的自动化高通量数据分析（pyCBIR识别和分类图像）；④从X射线自由电子激光器进行的波动X射线散射FXS实验中重建3D大分子结构：重建PBCV-1病毒（用于复杂反演问题的多层迭代投影M-TIP）；⑤AI/ML用于材料设计（推荐系统）

高级解决方案：贝叶斯不确定性量化；随机过程；随机场；高斯过程；ML增强反演；约束函数优化；计算谐波分析；优化理论；数值线性代数

核心（解决方案）：pyCIBR用于基于内容的图像检索；VGG-16；VGG-19；ResNet-50；Xception；Inception ResNet；Random Forest；LightGBM；XGBoost；Extra Trees；Cat-boost

第 9 章　第一台艾次超级计算机：加速人工智能辅助科研及在更多领域的应用

Satoshi Matsuoka，Kento Sato，Mohamed Wahib，Aleksandr Drozd

要点： Fugaku 超级计算机拥有 A64FX Fujitsu 处理器，具有 CPU 和 GPU 特性，不仅覆盖带宽限制内核，而且通过宽矢量化覆盖计算限制内核；设计针对 3 种主要类型的内核：计算限制、带宽限制和延迟限制应用程序。实际上，大多数应用程序是带宽受限的，如 HPCG 基准所代表的，而有些应用程序是延迟受限的，如 Graph500 基准所代表的；讨论未来的体系结构

主题（解决方案）： 包括洪水损害遥感（Attention U-Net 和 LinkNet）；模拟集群聚类（生成拓扑映射）；海啸洪水（代理）；多组分固体构型抽样（神经网络势）；密度泛函理论（代理）；圆柱体周围的三维流场的非线性模态（卷积神经网络）；航空航天设计（遗传算法、多层感知器、拉丁超立方抽样、卷积神经网络、深度卷积生成对抗网络）；超新星模拟（代理）；量子自旋系统（玻尔兹曼机）；压缩（PredNet）；量子计算机中的数据表示（张量网络）

实质（解决方案）： 包括可解释的人工智能和基因网络以及癌症药物抵抗性的因果关系（宽泛学习加 DeepTensor 和基于张量重建的可解释预测）技术

资源： Top500；MLCommons MLPerf HPC 基准测试 CosmoFlow 和 DeepCAM

计算： PyTorch TensorFlow MXNET 计算深度学习 CuDNN；OneDNN（英特尔 MKL）；ML 的模型和数据并行性；支持 BLAS 和 Horovod；ONNX 交换格式

第 10 章　人工智能辅助科研的基准测试

Jeyan Thiyagalingam，Mallikarjun Shankar，Geoffrey Fox，Tony Hey

教育： 讨论科学人工智能

要点： 发现性能不同于运行时性能（必须包括在内），并且可以给出相同的（更好的系统）和不同的（更好的科学）目标

主题： 天气，气候，电子显微镜

概念： 发展分类学和组织；管理和分布；训练用于分析观测数据模型的建模（理论）；科学模型与人工智能模型

解决方案： 深度学习；大型语言模型；卷积神经网络；针对新数据的生成模型；替代品

计算： 系统堆栈，以支持基准测试

资源： 引用其他 7 个基准资源；MLCommons

第 11 章　射电天文学与平方千米阵列

Anna Scaif

要点： 科学案例介绍了 SKA 天文台的需求以及在澳大利亚和南非建设两个望远镜的必要性；描述了 SKA 设备的概念。所有处理都使用软件而非定制信号处理硬件完成；建立区域数

据中心网络；从原始数据生成图像；时间域数据如此庞大，必须在线进行处理；新天文观测台最重要的科学任务是发现；通过深度学习方法，在各种天体物理系统类型中进行目标检测和形态分类；标记数据稀缺，需要增强数据集；旋转、反射对称性保持；无监督学习用于发现新结构

主题（解决方案）： 包括去噪无线电图像（卷积自编码器）；范罗夫·里雷（Fanaroff-Riley）分类无线电星系（卷积神经网络，区域卷积神经网络）；合成人口（结构化变分推断与变分自编码器和解码器）；消除射频干扰（U-net）；脉冲星分类［多层感知器、高斯赫林格（Hellinger）极快决策树（GH-VFDT）在线算法、单比特量子神经网络］

解决方案： 胶囊网络；迁移学习；Transformer 模型；注意力门控卷积神经网络；高斯过程建模以增强训练数据；贝叶斯深度学习和冷后验效应；半监督学习算法

计算： 每个望远镜每年的数据速率为 300PB；使用 Apache Storm 进行计算

第 12 章　天文学中的人工智能：机器学习的崛起

Andy Connolly

要点： Vera C. 鲁宾天文台之前被称为大型巡天望远镜（LSST），将在 2034 年完成空间和时间的遗产巡天，观测 370 亿颗恒星/星系，每颗恒星/星系进行 1000 次观测；Netflix（于 2007 年首次向订阅用户提供流媒体选项）每两小时的数据流量比鲁宾天文台的望远镜在 2024～2034 年巡天期间累积的总数据还要多；南希·格雷斯·罗曼空间望远镜将在鲁宾天文台建成之后不久发射；帕洛马瞬变工厂（PTF）目前正在进行巡天调查；绘制了不同时期的天文学论文数，分为 3 个机器学习类别

概念： 实时在线分析和批处理时间序列数据；斯隆数字巡天有 40 万次引用；将物理学集成到深度学习中，如红移；需要培训和软件工程师辅助进行研究计算

主题（解决方案）： 包括天文时间序列分类挑战赛，用于分类如超新星等天体物理变化源（高斯过程，光梯度提升机加上物理洞察力的数据增强）；使用真伪分类器（随机森林，Bloom）去除噪声；在图像的时间序列上应用卷积神经网络、循环神经网络、长短时记忆网络

计算： LSST 跨学科合作和计算网络（LINCC）支持所需的软件框架的开发；无服务器云计算；Apache Parquet；Apache Kafka；AXS 天文学扩展 Spark；射线；Dask

第 13 章　人工智能辅助净零排放

Alberto Arribas，Karin Strauss，Sharon Gillett，Amy Luers，Trevor Dhu，Lucas Joppa，Roy Zimmermann，Vanessa Miller

工具列表如表 40.1 和表 40.2 中所示。

表 40.1　使用人工智能辅助净零排放的总结与例子

问题区域和示例	问题大小	数据来源	CV	NL	DF	TL	UL	RL	GM	IN	CA	LC	CF	MD
检测排放基础设施/跟踪排放/检测温室气体泄漏/监测土地利用造成的排放	计算 2021 年约 50 亿 t/a 温室气体排放量	遥感现场传感器的普查和报告数据	×	×	×	×							×	
发电：平衡可变发电/动态调度与定价/本地电网管理与优化	减少 25% 的温室气体排放	原位传感器遥感	×				×	×	×					
运输：运输系统效率/模式转换/替代燃料研究	减少 14% 的温室气体排放	车辆传感器/移动电话/遥感	×			×	×	×			×			
制造（和建筑）：建筑的实时管理/无碳材料研究	减少 27% 的温室气体排放	原位传感器遥感移动电话的真实状态数据	×	×	×	×		×			×		×	
土地部门：灌溉管理/作物产量预测/排放监测	减少 24% 的温室气体排放	原位传感器遥感无人机	×			×		×			×			
基于自然的解决方案：监测排放	从 2050 年起减少 5～10Gt/a	遥感现场传感器无人机	×					×						
技术：材料研究/储存位置的识别	从 2050 年起减少 5～10Gt/a	原位传感器	×		×		×							

注：CV：计算机视觉；NL：自然语言处理；DF：数据融合或多传感器数据融合；TL：迁移学习；UL：无监督学习；RL：强化学习；GM：生成模型；IN：推论；CA：因果；LC：生命周期分析；CF：计算流体动力学；MD：材料设计。

第一列和第二列来自 Rolnick 等于 2019 年发表的论文《利用机器学习应对气候变化》。排放数据来自政府间气候变化专门委员会的估计报告。

表 40.2　关键的知识差距和解决这些问题的人工智能工具

问题区域和示例	问题大小	CV	NL	DF	TL	UL	RL	GM	IN	CA	LC	CF	MD
计算：温室气体直接测量	2021 年 50 亿 t/a 温室气体排放量	×		×								×	
发电：用于能源储存的材料科学	减少 25% 的温室气体排放量		×				×		×		×	×	×
运输：可持续燃料的材料科学	减少 14% 的温室气体排放量		×				×		×		×	×	×

续表

问题区域和示例	问题大小	CV	NL	DF	TL	UL	RL	GM	IN	CA	LC	CF	MD
制造（和建筑）：无碳材料（如水泥、钢铁和半导体）的材料科学	减少 27% 的温室气体排放量		×				×		×		×	×	×
土地部门：二氧化碳和甲烷的直接测量	减少 24% 的温室气体排放量	×		×								×	
基于自然的解决方案：直接测量-验证和泄漏	从 2050 年起减少 5～10Gt/a	×		×								×	
技术：吸附剂材料材料科学	从 2050 年起减少 5～10Gt/a		×				×		×		×	×	×

第 14 章　人工智能在气候科学中的应用

Philip Stier

要点：模拟需要涵盖广泛的尺度范围，并且需要对次尺度进行参数化处理；很难想象除了混合模型之外还会有其他什么能在短期到中期的未来占据主导地位，混合模型将基于基本物理方程的数值解与更快速和/或更准确的人工智能组件相结合；目前的主要问题仍然是物理气候模型中最终将有多少部分被人工智能所取代

主题：目前在气候模拟中，大部分人工智能应用集中在对现有气候模拟框架中的气候模型参数化进行仿真，以提高速度和准确性；全球和区域气候模型；目前的气候模型开发和评估仅利用了大量地球观测数据中的一小部分信息内容，如对云和船舶航迹进行分类

方法：扰动参数集合是在气候模型的不确定性范围内变化气候模型参数的方法；机制否定、扰动参数集合或伴随方法广泛用于确定和量化因果关系；指纹方法用于检测气候影响并将其归因于特定的人为因素；数字孪生；目标函数；正则化；训练数据集的标记；特征检测；语义分割；基于图的结构因果模型解释和因果推断；近似贝叶斯计算；马尔可夫链蒙特卡罗方法

解决方案：神经网络；卷积神经网络；相关向量机；主动学习；高斯过程；自编码器；可解释的人工智能；随机森林；因果森林；长短时记忆网络；生成对抗网络；可逆神经网络；残差神经网络；梯度提升决策树；K 均值聚类；主成分分析；岭回归；监督或半监督机器学习；超分辨率成像与气候降尺度比较；多传感器融合；U-Net，ResNet；拉丁超立方体；Zooniverse 平台众包；fastai 库；用于检测变化和极端事件（异常）的人工智能

资源：基于 CMIP6、ScenarioMIP 和 DAMIP 模拟的耦合模式比较实验（CMIP6）的 18PB 输出，已经开发出一个基准评估框架，结合一组基于机器学习的模型，通过一个完整复杂的气候模型进行了模拟

第 15 章　应用人工智能加速聚变能源研究

R. Michael Churchill，Mark D. Boyer，Steve C. Cowley

要点： 托卡马克等离子体表现出湍流和等离子体不稳定性；AI 将模拟和数据融合以提高操作效率；模拟速度太慢，因此需要使用深度神经网络作为观察和模拟结果的替代品；反应堆控制

主题（解决方案）： 基于吉罗·兰道（Gyro-Landau）流体理论的等离子体物理模型（TGLF），全卷积网络（FCN）模型代理，速度快百万倍；其他代码（替换碰撞的 XGC 内核）。百万样本提供 5 倍速度提升，来自编码器（CNN）-解码器（RNN）

概念： 边缘处理用于实时传感器分析；基于模型的控制；偏微分方程算子学习

解决方案： 损失涉及物理约束，保持粒子、动量和能量；通过为求解器提供更好的初始猜测来加速迭代求解器，如广义最小余量法；ML 产生更好的预条件器；可微模拟，并使用神经网络有效地学习动力学模拟的子网格模型；端到端可微工作流来设计未来的机器；模拟替代品；基于模拟的推理（无似然推理）；不确定性量化对于在控制关键特性是重要的；基于物理约束的学习；卷积神经网络；迁移学习；主动学习；贝叶斯优化；用于操作控制的强化学习；编码器-解码器神经网络；归一化流（寻找概率分布）

第 16 章　人工智能为灵活弹性电网赋能

Olufemi A. Omitaomu，Jin Dong，Teja Kuruganti

要点： 最近广泛的极端自然灾害以及向清洁可持续能源的转变，需要变革性的运营和技术方法来提高电网的弹性；智能电网的目标是将电力系统从电磁控制的系统转变为电子控制的系统，从反应性系统转变为主动性系统；与遗留电网不同，智能电网允许客户参与电网运营：消费者不仅可以消费电子和生成数据，还可以响应系统中的动态过程

主题： 物理层、传感器层、分析层、市场层；分布式能源资源用于高效电网服务；人机协作用于高效电网运营

概念： 两个黑盒子：人类和 AI 在合作学习循环中连接；数据驱动方法的计算负担比基于模型的方法小得多，因此对于边缘消费者更好；有限训练数据的问题

强化学习： 用于控制和交易；现成的强化学习算法与定制的强化学习或替代的人工智能算法的比较；在边缘进行多智能体 Q-学习，因为集中式解决方案无法应对动作空间的规模

解决方案： 多目标优化；通过迁移学习增强知识

计算： 云计算服务；物联网（IoT）；实时计算；边缘计算；使用雾计算进行 AI 的数据预处理

第40章 各章讨论的主题、概念和人工智能方法

第17章 人工智能和机器学习在从太空观测地球中的应用

Jeff Dozier

要点： 本章主要展望未来

教育： 讨论AI与ML，解释地球系统科学中的AI

主题： 地球观测系统；雪的性质；基于谷歌地图的利用卫星图像及全特征集的多任务观测（MOSAIKS）

概念： 测量变量比识别物体更重要；训练数据的选择比ML方法更重要

解决方案： 高斯过程回归；神经网络拟合；提升和聚合回归树

第18章 植物和农业研究中的人工智能

Sabina Leonelli，Hugh F. Williamson

要点： 描述了许多用例；需要解决气候变化和粮食生产的挑战；AI需要提供“精准”农业

AI角色： 阐明和管理生物数据、生物体和系统的复杂性；应对不断变化的环境和气候条件以促进地球健康；支持生物多样性的保护和可持续利用；AI用于理解我们不断变化的全球气候和环境的影响

主题： 公共共享基因组数据的大数据分析；实验室、温室和田间高通量植物表型平台的发展；田间远程传感设备的普及；将高通量表型数据与其他研究数据整合，包括基因组、田间评估和气候数据；基于澳大利亚国家品种试验收集的大量数据，预测几种不同植物物种的关键农艺性状（包括产量、蛋白质含量和开花时间）

概念： 多样性和变异性是核心；分布式计算用于隐私保护；需要跨学科合作

解决方案： 广泛使用计算机视觉；时间序列；深度监督卷积神经网络正在革新田间评估、农业监测和植物特性研究的规模和准确性；ML在基于图像的植物分析（表型组学）中提供了许多机会，更好地理解植物生长和环境响应的细节，并使用非破坏性手段；ML可以用于增强长期统计方法的作物建模；ML可以用于自动识别物种和特征，从而增强生物多样性；基于智能手机的应用程序，使用计算机视觉为农民提供植物病害检测和诊断服务，这些农民所在地可能缺乏农业咨询服务，如努如行星村（PlantVillage Nuru）

特性： 数据治理很重要，因为有许多利益相关者

第19章 人工智能和病理学：指导治疗和预测结果

Rajarsi Gupta，Jakub Kaczmarzyk，Soma Kobayashi，Tahsin Kurc，Joel Saltz

要点： 数字病理学旨在定量表征疾病状态、预测患者结果和指导治疗；WSI可以超过100000像素×100000像素的大小。WSI可以在不同分辨率下生成；像素通常代表0.25～1μm的组织区域；欧盟大图像计划（BIGPICTURE）将收集数百万张幻灯片；目标是在WSI内检测、分割和分类对象（例如，细胞核和细胞）、结构（例如，基质）和区域（例如，肿瘤区域）；最佳的预测可能需要对微观组织图像、放射学图像以及临床和分子信息进行综合分析

主题：微解剖结构的检测、分割和表征；WSI 级别或患者级别的注释；预测患者结果和治疗反应

概念：AI 优于传统方法；深度学习助手；需要标记数据——可能是众包；在数字病理学中，深度学习方法被用于执行微妙的计算多分辨率组织分析

解决方案：全卷积网络（FCN），卷积神经网络（CNN），多实例学习（MIL），注意力机制，循环神经网络（RNN），变换器；多步深度学习管道用于分割；分水岭算法；CNN 架构，称为 HoVer-Net，用于同时分割和分类细胞核；GAN + CNN U-Net 用于数据增强；两层注意力、MIL 和 RNN/LSTM 用于图像级别分类；ResNet 用于图像级别分类；*K*-Means SVM 用于图像级别分类；Inception-V3 用于图像级别分类；图卷积网络用于图像级别分类；CNN *K*-Means 用于患者结果；全连接神经网络和提升考克斯（Cox）负似然方法；图卷积神经网络用于患者结果；Cox 比例损失函数用于生存分析；多模态深度学习框架中的注意力机制，称为多模态共注意力变换器，用于图像-基因组整合；ResNet-50 CNN 用于图像数据；全连接网络用于其他模态和集成特征表示的临床、成像和组学；实时患者数据上的 AI 的持续学习和改进；在大量数据上训练的基础模型，然后进行定制

特性：可编译和可解释的 AI

第 20 章　人工智能在流行病学建模中的作用

Aniruddha Adiga，Srinivasan Venkatramanan，Jiangzhuo Chen，Przemyslaw Porebski，Amanda Wilson，Henning Mortveit，Bryan Lewis，Justin Crow，Madhav V. Marathe，NSSAC-BII team

---

要点：什么是瘟疫，流行病。没有控制实验的后果；作为复杂的社会技术系统概括；对于长期预测以及理解不同类型干预和反事实分析的影响，机制模型通常更有帮助。短期：隔离（疾病状态）模型与长期基于代理的模型。PatchSim 包括在空间区域之间的通勤；路径仿真可反映接种的离散时间易感-暴露-感染-恢复（SEIR）隔离模型；使用个体互动的基于代理的方法；使用弗吉尼亚建模策略的经验来对抗

主题（解决方案）：接触追踪（通过电话）；决策支持工具以通知政策制定者（可视化，NLP 用户查询）；社交媒体错误信息；用于接触追踪的 AI；用于疫苗接种的 AI；用于药物发现的 AI；用于新变异的 AI；模拟人类行为（强化学习）

概念：在复杂系统中的因果关系、推理和推断，以及 AI 中的一些新思想，包括 AI 系统的可解释性、公平性和偏见，数字孪生和深度学习；实时分析和操作相关的 AI；模型谱；数据驱动的 ML 模型对于预测和短期预测是有帮助的

解决方案：代理；自回归模型，如 ARIMA；过滤方法（卡尔曼）；前馈，LSTM，基于图的时空；混合深度学习和机制；跨不同选择的集成模型；加权与贝叶斯模型平均集成；图神经网络；混合 GNN（因果 GNN）；RNN、GRU、LSTM

特性：过拟合、可解释性

第 40 章　各章讨论的主题、概念和人工智能方法

资源： 更多关于 COVID 的数据：现已提供美国所有县级别的关于确诊病例、住院情况、人类活动、死亡情况以及各种社会干预措施的精选数据；情景中心 https://covid19scenariomodelinghub.org/viz.html，https://viz.covid19forecasthub.org/

第 21 章　大人工智能：大数据与大理论融合下的虚拟人构建

Peter Coveney，Roger Highfield

概念： 深度学习模式不同于其他 ML 的模式；结合 AI 机制模型；相关性并不意味着因果关系；AI 过度拟合存在什么问题；AI 方法只是“黑匣子”，很少揭示其固有的局限性、固有的假设和固有的偏见；AI 在某些方面模拟做得很好

主题： AI 难以进行新冠病毒感染图像诊断；AI 在新冠病毒感染其他方面的应用；乳腺癌；血流量；天气；心电图模拟

解决方案： 基于虚拟脑模型进行癫痫手术的设计；用于对接和模拟的 AI 的杂种示例，用于计算候选药物中结合自由能；AlphaFold 有关于限制的评论；替代对接；药物研发的 GAN；集合方法应对混乱和对输入数据的极端敏感性；增强了模拟相空间的采样；替代模拟组成部分（细粒度计算密集型零件）；当前短期天气预测；嵌入物理的神经网络

资源： 虚拟大脑开源软件

第 22 章　定义生命科学领域中机器学习标准的路线图

Fotis Psomopoulos，Carole Goble，Leyla Jael Castro，Jennifer Harrow，Silvio C. E. Tosatto

要点：“穹顶计划”涵盖了监督的 ML 应用：数据，优化，模型，评估；这些建议已作为 ML 报告清单实施

概念： 任何 ML 方法都需要数据和软件，需保证其公开可用

特点： 可重现；值得信赖和公平（公正）；ML 的公平性可以促进开放和可重复的方法，从而加强利益相关者对结果的信任

人员： CLAIRE 和匹斯托尼亚合体联盟（Pistoia Collaborative Consortia）

计算： 欧洲开放科学云及其与欧洲健康数据空间，美国国立卫生研究院（NIH）数据共享平台和澳大利亚生物共享平台相关的数据服务

资源： Elixir 的穹顶生命科学建议；Bioschemas；生命科学中机器学习操作（MLOPS）的最佳实践工具包

第 23 章　人工智能辅助材料科学研究

Debra J. Audus，Kamal Choudhary，Brian L. DeCost，A. Gilad Kusne，Francesca Tavazza，James A. Warren

训练： 监督、无监督、半监督、迁移、表征学习

概念： 缺乏数据；机器学习与物理学融合 AI；需要设计用于支持 AI 的数据集；蛋白质结构预测挑战赛（CASP）和 AlphaFold 应该推广

主题（解决方案）： 密度泛函理论；相位映射（无监督）；力场（代理）；自动化材料发现（深度生成模型）；设计与控制材料和化学的高通量实验（主动学习）；推荐研究（主动学习）

解决方案： 不确定性定量；AlphaFold；PINN；经典 ML：线性模型（标准回归、逻辑回归等）；高斯过程；支持向量机；基于树的模型；邻近回归/分类；判别式深度学习：卷积神经网络；图形神经网络；递归神经网络；深度生成模型：自动编码神经网络；生成对抗网络；主动学习；科学机器学习

计算： 元数据和语义工具

资源： 材料基因组倡议没有 AI；材料图像数据集；材料模拟数据集；数据集中的文字；开放催化剂是现代面向 AI 方法的一个例子

第 24 章　人工智能加速材料发现

Ankit Agrawal，Alok Choudhary

要点： 处理构效关系（正向模型）；工程是反向的（反向模型）；特殊金属，无机材料（硬冷凝物质）；描述尺寸

概念： 寻找可以通过实验验证的可能材料，是解决问题的一种逆向思维

主题（解决方案）： 迭代前向和逆向（主动学习）；处理小型数据（深度转移学习）；微观结构（深层学习）

资源： IRNet 是个体残差学习，允许在没有消失导数的情况下使用全卷积网络

第 25 章　人工智能与实验粒子物理学

David Rousseau

要点： 4 个分析级别（粒子，事件，实验，跨体验）；1990 年用于识别射流浅神经网；事件级别可以使用较早的粒子级别或原始数据

主题： 实验设计；热量表模拟（GAN，变分编码器）

概念： 使用 AI 将数据增加 1.5 倍；使用相同的工具分析事件模拟以及观察到的数据；虽然深度学习更好，但需要更大的训练集；扰动参数

解决方案：置信度水平，统计（核心）和系统的（认知），基于模拟的推论（以前称为无可能推理）；贝叶斯优化，增强，学习，差异编程，拓扑优化；图神经网络；提高决策树；CNN

计算：触发器中使用的现场可编程门阵列（FPGA）以减少记录的数据量

资源：夫格尔（Kaggle）竞赛 Higgsml 2014（3 级 FCN，XGBoost）

第 26 章 人工智能与理论粒子物理学

Rajan Gupta，Tanmoy Bhattacharya，Boram Yoon

要点：偏差校正的一般方法及误差讨论

概念：AI/深度学习与计算量子色动力学一样，不过是一个“黑匣子”；一如既往，唯一真正的要求不是分析理解，而是通过对预测中的偏差和不确定性的原则性估计来保证正确性；规范不变网络是物理感知人工智能的例子

主题：深度学习以识别和分类喷射；使用神经网络拟合如 Parton 分布之类的功能；使用梯度提升决策树（GBDT）或 FCN 和分布式高斯过程（DGP）回归的替代相位空间的积分作为理论参数的函数；使用二进制变量表示数据压缩

高级解决方案：规范化流程（生成）以实现有效的重要性采样，从而提供更多的步骤并避免临界速度降低；替换马尔可夫链蒙特卡罗以获得更有效的积分与替代物结合

核心解决方案：人工神经网络；高斯过程回归；生成对抗网络；替代模型；梯度提升决策树 GBDT 回归；晶格等效卷积神经网络；标准化流；用二进制变量的表征学习

第 27 章 Schema.org 在科学研究数据中的应用

Alasdair Gray，Leyla J. Castro，Nick Juty，Carole Goble

要点：通过在网页中嵌入机器可解释的标记来提高数据的可发现性和互操作性；Schema.org 是由包括谷歌、微软、Yandex 和雅虎在内的领先搜索引擎合作开发的轻量级术语词汇表；Schema.org 增强了商业动机的网络搜索；电影元数据

教育：包括假期学校培训门户在内的课程和培训

概念：FAIR 原则至关重要；AI 的输出即数据

类型：Schema.org v14 包含 797 种类型和 1453 个属性，主要涉及电子商务；Bioschemas.org 扩展了 Schema.org，为生命科学增加了 23 种类型，Schema.org 中包含 6 种类型：化学物质、分子实体、基因、蛋白质、分类单元、生物样本

工具：配置文件指南；验证器等工具；映射到 Schema.org 的 Datacite 词汇表；知识图谱

计算：微数据、RDFa 和 JSON-LD 是可能的格式。谷歌推荐使用 JSON-LD；BiosChemas.org 具有用于计算工作流的 Computational Workflow 类型

资源：Google 数据集搜索门户

第 28 章　人工智能耦合高性能计算工作流

Shantenu Jha，Vincent Pascuzzi，Matteo Turilli

要点： 工作流类别：①混合 HPC-HTC 工作流；② ML 耦合工作流；③边缘到中心的工作流，其中 ML 与 HPC 工作流结合（例如，边缘上的 ML），ML 改进了通过相空间路径的多尺度集合工作流

概念： 全部或部分应用程序的替代品；ML-in-HPC，完全或部分替代；ML-out-HPC，ML 控制模拟；ML-about-HPC。ML 耦合到仿真；AI 增强的有效性能，从通过相空间的加速到替代品/原始性能的增加

主题（解决方案）： Atlas 粒子事件模拟的物理替代品；分子动力学潜在替代品；Proxima 方法提高计算准确性；Colmena 方法混合代理模型和传统分子动力学；MUMMI 用于药物治疗；强化学习用于控制神经架构搜索网络附属存储（NAS）；IMPECCABLE 用于 COVID-19 治疗，具有所有 3 种 ML-x-HPC 风格（第 21 章中的 AI 对接）；OpenAI Gym 上的 Proxima Python，Colmena Python 和 Parsl，EXARL Python；MUMMI 工作流使用 Flux 调度器；miniGAN 使用强化学习来退火

计算： RADICAL-Cybertools 和 DeepDriveMD；集成云（平台、容器和服务模型）和超级计算机 HPC 系统（大型和长期的单 MPI 作业）；需要在多样化、自适应、异构资源上执行大规模、支持 ML 的工作流应用程序；Python 加上传统的 HPC；EXARL 是有用的强化学习系统

第 29 章　人工智能用于科学可视化

Chris R. Johnson，Han-Wei Shen

总体目标： 解释科学模拟是一个基本问题

主题： ①数据预测（时间、空间、基准的前瞻性）；②特征提取（流线、涡旋、GIS 人工制品、医学图像）；③数据缩减（至关重要，因为除非在原位使用，否则太多数据无法保存，即分析产生的数据，GMM，CNN，自编码器，GAN 和隐式神经网络）；④渲染（代表渲染的替代品）；⑤超分辨率（恢复平均掉的数据，GAN，LSTM-CNN）；⑥模拟替代品（基于可视化和数据的详细示例使用 GAN）；⑦相似性和比较（DL 表示比较，Siamese NN）；⑧交互（PointNet，3D 数据选择）

解决方案： 不确定性量化；CNN；RNN；自动编码器用于无监督特征提取和压缩；用于负载平衡的强化学习；GMM；将域映射到标量值的隐式神经网络；GAN；卷积 LSTM；时间超分辨率（TSR）；孪生神经网络；替代品

第 40 章　各章讨论的主题、概念和人工智能方法

第 30 章　科学领域人工智能中的不确定性量化

Tanmoy Bhattacharya，Christina Garcia Cardona，Jamaludin Mohd-Yusof

---

范围：深度学习和神经网络的不确定性量化与深度学习相同；专注于 MLP 网络

不确定性量化：数据分布的固有属性统计（随机）不确定性，通常不可减少；由模型中编码的不完美假设引起的系统的不确定性

教育：深度学习与样条曲线拟合的比较

主题：交叉验证；用于回归和分类的损失函数；回归（输出连续）；同方差和异方差是正态误差的两种形式。可以使用混合；异方差随机不确定性；负对数似然，分位数损失；分位数随机不确定性

概念：深度学习假设不清晰；在高维空间中，所有点都靠近边界

解决方案：深度集成方法（随机化，增强）；贝叶斯神经网络（BNN）（将任何形式的先验纳入其参数的 NN 模型，从而允许后验推断）；马尔可夫链蒙特卡罗用于 BNN；变分贝叶斯方法；蒙特卡罗 dropout 是一种变分推理（基于 dropout 的变分推理，变分 dropout）；使用指数的期望传播用于后验分布（概率反向传播）；使用留一法（LOO）重抽样的刀切法判别式；深度不确定性网络，其中深度为变量；神经随机微分方程（SDE-net）

示例：NCI 癌症图像［具有弃权类别的数模转换器（DAC），多任务卷积神经网络（MTCNN），CNN］

品质：解释性不确定性量化［局部可解释模型不可知解释（LIME），反事实］

第 31 章　面向下一代全球网络集成系统与测试平台的人工智能

Mariam Kiran，Harvey B. Newman

主题：网络、计算和存储的联合基础设施综述；与道路交通（根据交通量绘制链接权重图）相比；自主网络；图 31.2 中的 AI 和网络架构；工作流和资源管理领域的研究有限；软件定义基础设施；软件定义网络；全球服务设计联盟（SDN）用于在 E 级（图像流解码网络）的端到端网络科学；云网络操作系统开源；P4 网络编程；自动校正文本识别器（RARE）；源路由 PolKA；数据命名网（NDN）；监控（简单网络管理协议）

概念：强调网络在许多领域中实现全球大科学的作用

计算：CERN LHC 实验使用鲁西奥（Rucio）和飞马（Pegasus）工作流

解决方案：分类和异常识别；回归（时间序列预测）；ARIMA，随机森林，SVM 用于预测（被深度学习取代）；图神经网络用于分布式系统操作和优化；深度强化学习；马尔可夫决策过程；自动编码器；编码器-解码器；扩散卷积神经网络；LSTM；GNN 基于链接上的时间序列预测；RL 用于路由决策；RL 用于智能缓存；将最短路径算法与基于 RL 的决策代理进行比较；将 RL 训练分为 100 个决策集

第 32 章 人工智能在最优实验设计与决策中的应用

Francis J. Alexander，Kristofer-Roy Reyes，Lav R. Varshney，Byung-Jun Yoon

概念：发现新事物；大型团队中的生产力降低；在实验假设测试过程中添加贝叶斯更新；贝叶斯视角允许我们通过不确定性量化来编码我们已知的和未知的

主要方法：贝叶斯先验分布有不同的解释：客观贝叶斯和主观贝叶斯（本章中使用）

主题：优化实验设计（OED）；基于目标的不确定性量化（MOCU，不确定性的均值目标成本，主动学习）；设计最优实验以有效减少模型不确定性；用于基因调控网络（GRN）的 OED

解决方案：NLP；数字孪生；替代品；贝叶斯迁移学习；统计引诱；通过“访谈”专家来构建专家诱导机制；基于知识的贝叶斯先验构造；最大的知识驱动信息先验（MKDIP）；最优贝叶斯分类（OBC）；KL 散度

第 33 章 FAIR：让数据为人工智能使用做好准备

Susanna-Assunta Sansone，Philippe Rocca-Serra，Mark Wilkinson，Lee Harland

目的：本章将介绍 FAIR 的历程、状态和接下来的关键步骤

主题：制药部门需要得到 FAIR 交易委员会支持的 ML 和人工智能；以 IT 和/或领域为重点的不同评估方法；使用本体管理来同步不断发展的本体，处理同一项的不同名称

概念：我们需要 FAIR 数据；机器可读和可操作的 FAIR 数据能够理解语义上下文并提供信息来源；公平数据对于未来的人机协作和通信至关重要；公平是一个目标，而不是一个实现；经济效益；数字对象标识（DOI）部分公平；FAIR 描述广义数据，包括软件；DCAT2 规范还可描述其他类型的数字资源，如接口和 API

解决方案：DOI；Schema.org；DCAT 3 https://www.w3.org/TR/vocab-dcat-3 RDF 数据目录；知识共享（CC）许可套件；研究对象板条箱（RO-Crate，打包数据和元数据 https://doi.org/10.25504/FAIR sharing. wUoZKE）；公平性指标（https://fairassist.org），测试和评估；开放医学本体论和隐性乙肝生物医学本体；语义搜索和 NLP；SciBite 本体管理

资源：出版商 Zenodo、Dataverse 和 Dryad；FAIR 数据点（FDP，https://www.fairdatapoint.org）是一个元数据注册表，遵循两个代理可访问的标准，DCAT（2）和链接数据平台（LDP，https://www.w3.org/TR/ldp）。盒子里的 FAIR

第 34 章 科学大型语言模型

Austin Clyde，Arvind Ramanathan，Rick Stevens

模块：科学人工智能在数据、计算和科学方法之间建立了深厚的联系，以推进下一代发现；科学家如何阅读、解释数据并将其概括成一个连贯的理论是科学实践的核心；互操作性挑战：人工智能无法超越历史科学文献中的自然推理，甚至无法分析过去文献或电子健康记录中的非结构化数据

主张：大型语言模型（LLM）可以通过直接整合科学文献、可解释性和概念形成来推进科学人工智能，从而提高人工智能和 HPC 与人类科学实践的互操作性

主题：信息检索；知识图；自然语言处理；人机交互；数学定理证明

解决方案：语料；词汇；嵌入；伪装语言建模；因果语言模型；注意层；尺度点积注意；在编码器、解码器或编码器-解码器中的自我注意；培训威震天（Megatron）和 DeepSpeed 等基础设施经理；连续语袋（CBOW）；词表示的全局向量（GloVe）一次学习，少次学习，提纲；检索-预测模型；本体；推理；贪婪神经定理的证明；地基模型；统一问答，LLM；BERT，GPT-2，GPT-3，GPT-NeoX；LLM；变压器；长短时记忆神经网络和循环神经网络

特点：可解释 AI（XAI）

资源：CommonCrawl；The Pile

第 35 章　自动驾驶汽车领域的人工智能

Tom St. John，Vijay Janapa Reddi

本章概述了自动驾驶汽车领域的现状，并描述了该行业的未来发展方向

要点：94% 的事故是由人为错误造成的

主题：激光雷达摄像头雷达；感知、预测、规划；Waymo；英伟达；Velodyne（激光雷达）点柱；3D 点云；物体检测

解决方案：深度学习；Pillar 特征网络；2D CNN；SSD 单镜头检测；PointPainting；DeepLabv 3 + PointPillars VoxelNet PointRCNN，范围稀疏网络

计算：自主车辆系统架构

第 36 章　自动化人工智能驱动科学发现未来

Hector Zeni，Ross D. King

要点：人工智能科学的一般讨论以及人工智能驱动的实验如何通过加速和改进实验来解决问题

概念：模型规模很大；汽车工程师协会 SAE0-5 条款对比自动驾驶汽车；给出了 11 个判断 AI/Robotics 自主实验室应建立的标准；机器人自动化行业领先

主题：癌症治愈；数学；流行病；行星探索；环境科学；3D 生物打印

解决方案：图灵实验室生物实验中的亚当和夏娃；范德比尔特；AlphaFold2

特点：与模型无关的局部解释系统；但这种方法只是试图解决一个由我们自己造成的问题

第 37 章　科学智能系统中的反思能力

Yolanda Gil

教育：历史人工智能用于科学；人工智能科学综述

主题：在癌症组学、神经科学、洪水预测方面的反映（作者先前的工作）的例子

概念：全球团队科学研究的启示需要更快地学习新方法；需要自动更新新数据；新的人工智能方法；人工智能助手现在成为人工智能合作者

特点：6 种能力——反思（焦点）、观察、建模、探索、提取和创造

第 38 章　机器学习与因果推理的接口

Mohammad Taha Bahadori，David E. Heckerman

概念：ML 相关性强；这不是因果关系；观察自然会得出相关性；干预产生因果关系

主题：解释 CUB 200-2011 Bird 数据集的深层神经网络模型；ML 中的优化和端到端学习的见解可以用来推断因果关系，在这种关系是连续和非线性的困难情况下；适用于空气污染物 $PM_{2.5}$ 水平对心血管疾病死亡率的影响

解决方案：特征→概念→标签；隐藏的共同原因（即隐藏的混杂因素）；工具变量；混杂因素、治疗和响应变量；倾向评分加权；双重稳健性；熵平衡；最小化权重离散度；Resnet 152；概念瓶颈模型（CBM）；移除再训练方法（ROAR）框架；KL 发散；端到端平衡（E2B）；用于生成辅助数据的 GAN
